比例尺　1：250000

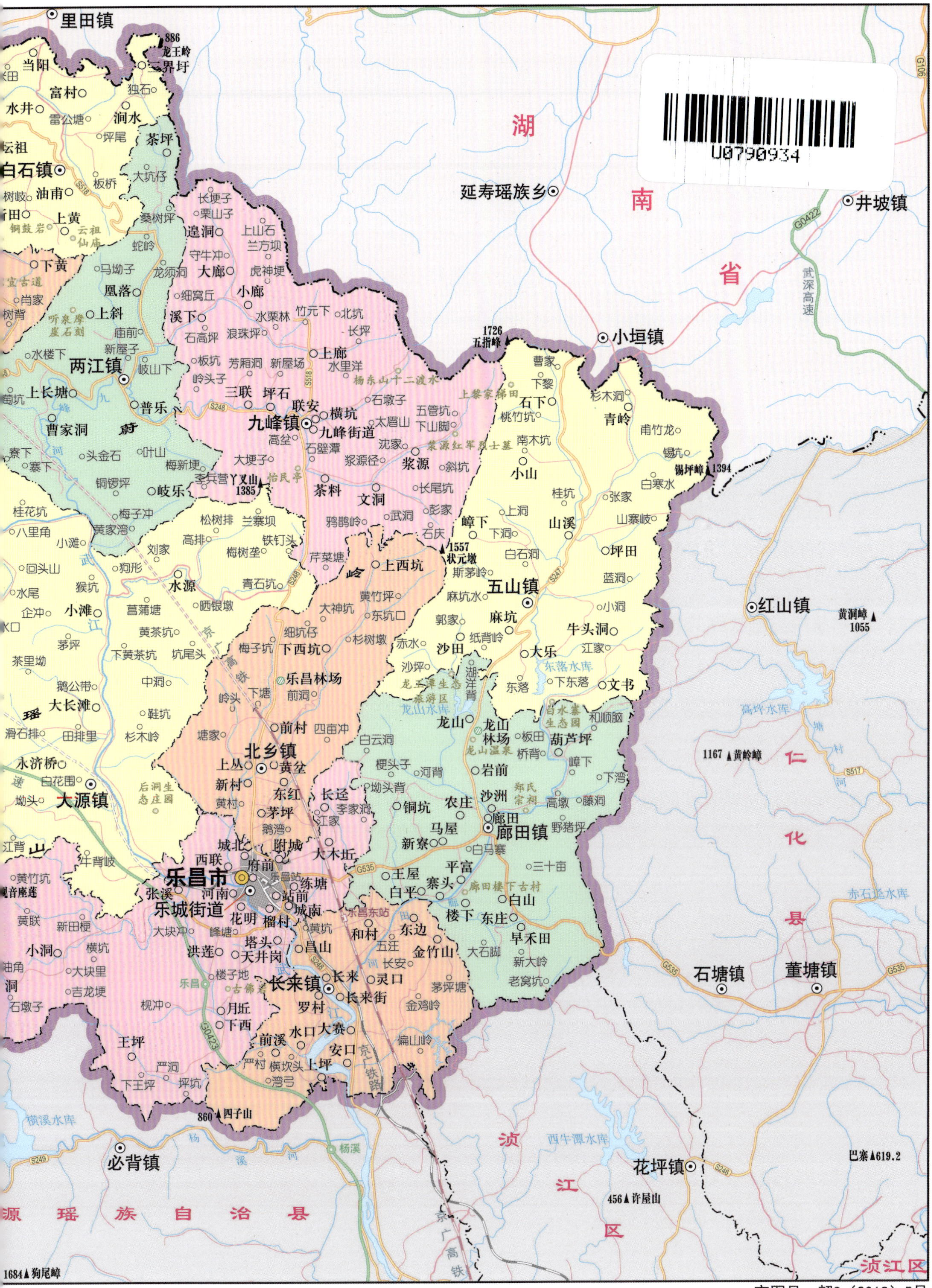

审图号：韶S（2018）5号

乐昌年鉴

2021

乐昌年鉴编纂委员会　编

方志出版社
Publishing House of Local Records

图书在版编目（CIP）数据

乐昌年鉴. 2021 / 乐昌年鉴编纂委员会编. -- 北京:
方志出版社, 2021.11
ISBN 978-7-5144-5018-7

Ⅰ. ①乐… Ⅱ. ①乐… Ⅲ. ①乐昌—2021—年鉴
Ⅳ. ①Z526.53

中国版本图书馆CIP数据核字（2021）第258838号

乐昌年鉴（2021）

编　　者：乐昌年鉴编纂委员会
责任编辑：罗　滔

出 版 者：方志出版社
地址　北京市朝阳区潘家园东里9号（国家方志馆4层）
邮编　100021
网址　http://www.zgfzcb.cn
发　　行：方志出版社图书经销中心
电话（010）67110500
经　　销：各地新华书店
印　　刷：韶关市典经社彩印有限公司

开　　本：889×1194　　1/16
印　　张：25.5
字　　数：681千字
版　　次：2021年11月第1版　　2021年11月第1次印刷
印　　数：001～500册

ISBN 978-7-5144-5018-7　　定价：230.00元

编辑说明

一、《乐昌年鉴》以马克思列宁主义、毛泽东思想、邓小平理论、“三个代表”重要思想、科学发展观、习近平新时代中国特色社会主义思想为指导，坚持辩证唯物主义和历史唯物主义的立场、观点和方法，旨在逐年记述本行政区域年度内自然、政治、经济、文化、社会等方面的情况，所载资料全面、系统、翔实、准确，是国内外各界人士了解乐昌的年度资料性文献。

二、《乐昌年鉴（2021）》所收录的资料上限起自2020年1月1日，下限截至2020年12月31日。为了较完整地保存和积累地方文献资料，对一些史实作了简要的上溯。所收录的先进集体和个人，是2020年度获韶关市级以上表彰的先进集体和个人。由于个别单位未按要求提供资料，以致缺载，请予以谅解。

三、《乐昌年鉴（2021）》主要收集2020年乐昌市各项事业发展的基本情况。主体内容分为类目、分目、条目三个层次，少数条目下设子目，条目标题采用黑体字并加【 】表示，少数包含多方面内容的条目则在文内用楷体标题标示各段内容的主题。全书设特载、年度关注、大事记、全市概述、中共乐昌市委员会、乐昌市人民代表大会、乐昌市人民政府、政协乐昌市委员会、纪检监察、民主党派、群众团体、法治、军事、经济管理、农·林·水·气象、工业·商贸、交通、邮政·通信、城建·环保、财政·税务、金融·保险、教育·科技、卫生、文化·旅游·体育、社会生活、镇（街道、办事处）、荣誉榜、统计资料、附录共29个类目。

四、稿件大部分由市直各部门、各单位、各镇、街道办及上级驻乐昌有关单位提供，《乐昌年鉴（2021）》编辑部撰写部分稿件并统纂全书。所提供的稿件资料均经供稿单位主要领导审阅，撰稿人署名于各相应条目文末。因统计时间、口径不同等原因，个别数据在不同稿件中可能不尽一致，敬请读者采用时引起注意。反映全市国民经济和社会发展情况的数据，以乐昌市统计局资料为准。

乐昌年鉴编纂委员会

《乐昌年鉴》编辑部

数字乐昌·2020

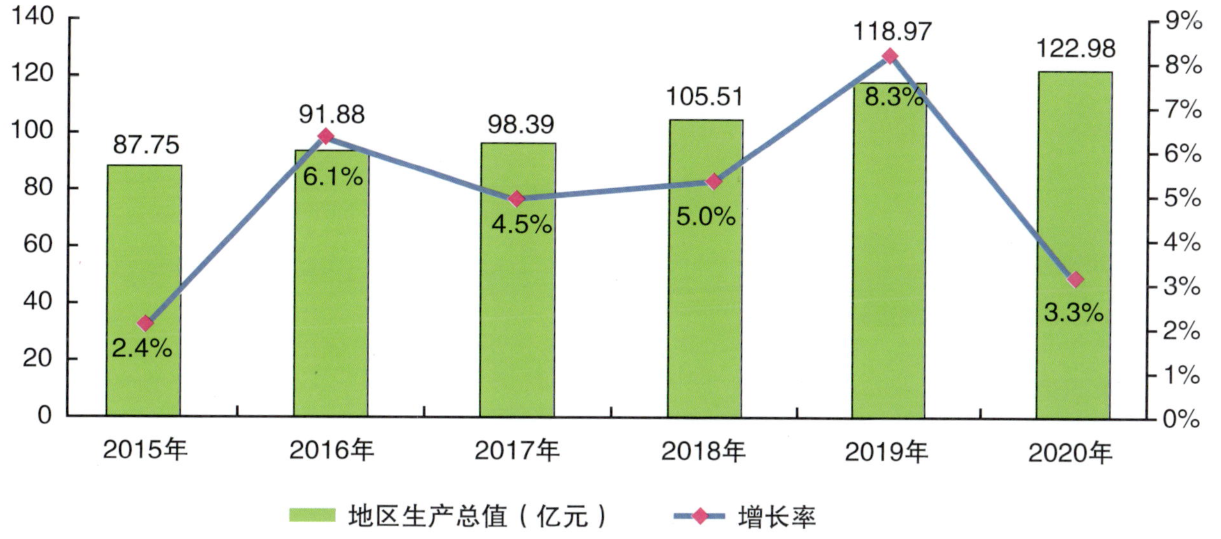

2015—2020年乐昌市地区生产总值及其增长速度示意图

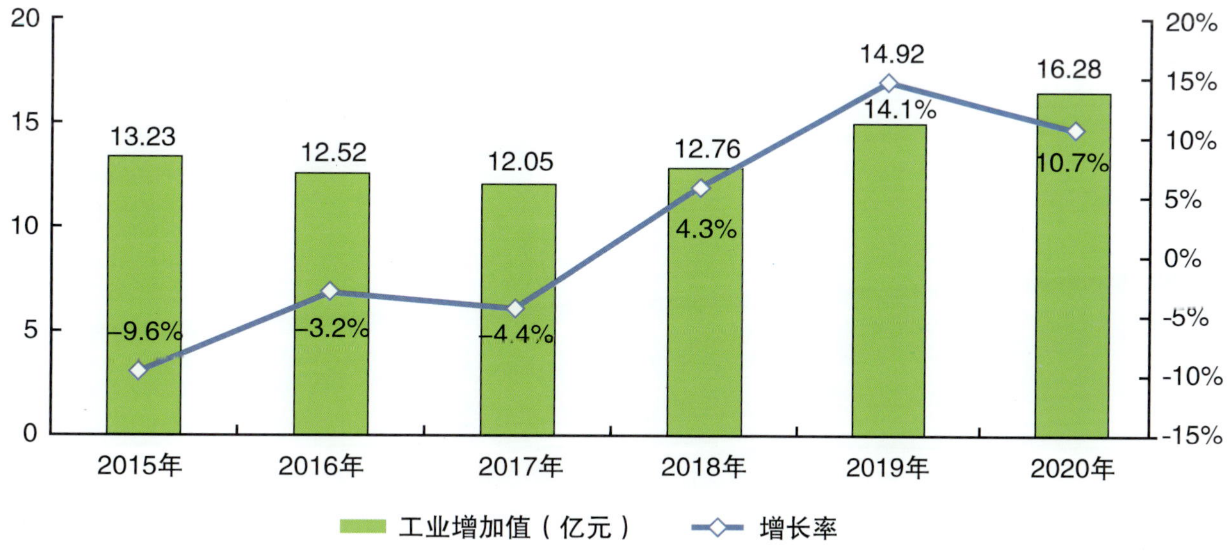

2015—2020年乐昌市工业增加值及其增长速度示意图

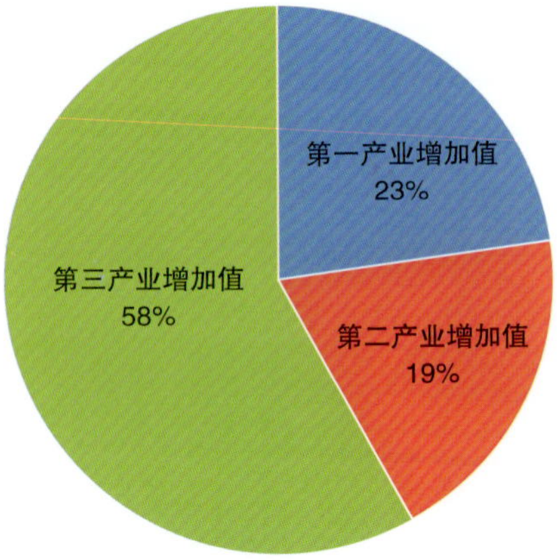

2020年乐昌市产业增加值示意图

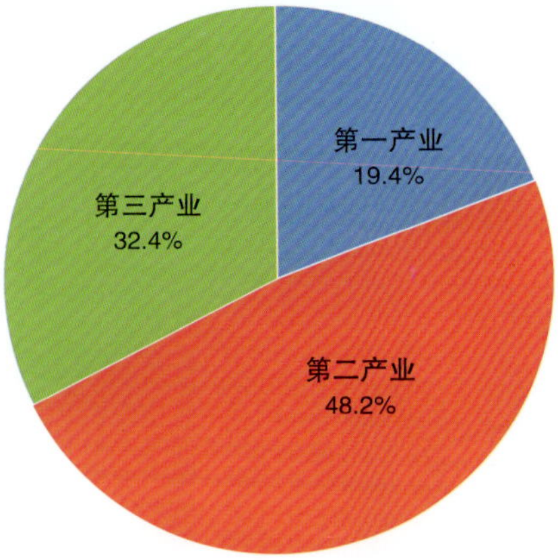

2020年乐昌市各产业对GDP增长的贡献率示意图

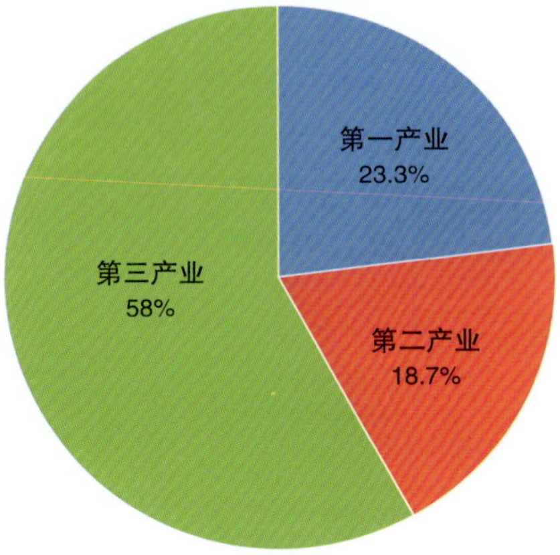

2020年乐昌市产业结构比重示意图

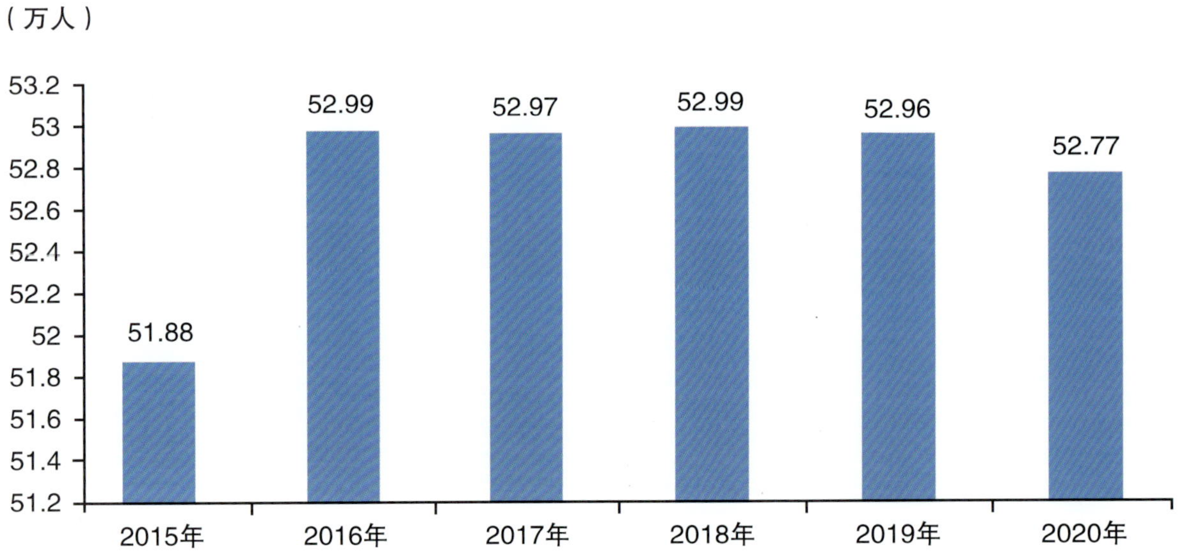

2015—2020年乐昌市户籍人口数示意图

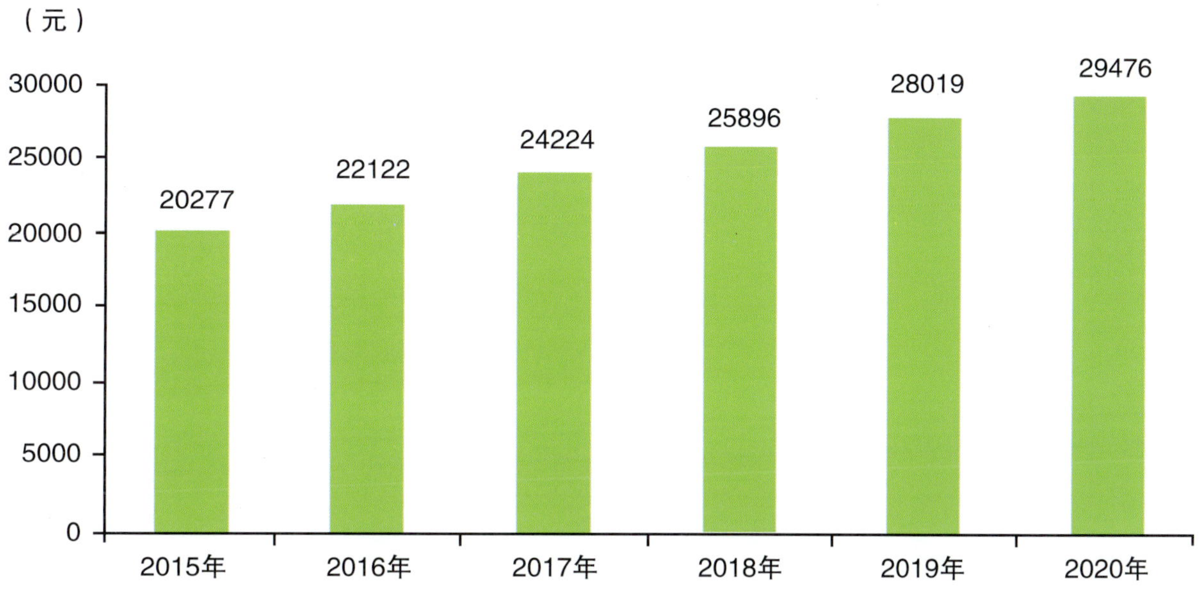

2015—2020年乐昌市城镇居民人均可支配收入示意图

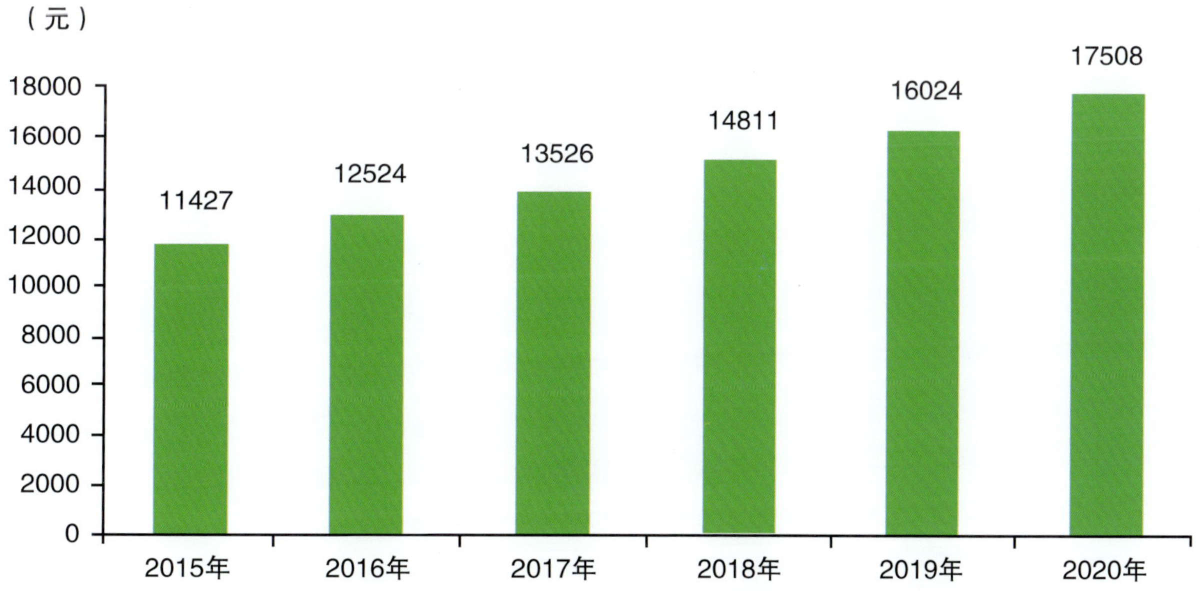

2015—2020年乐昌市农村居民人均可支配收入示意图

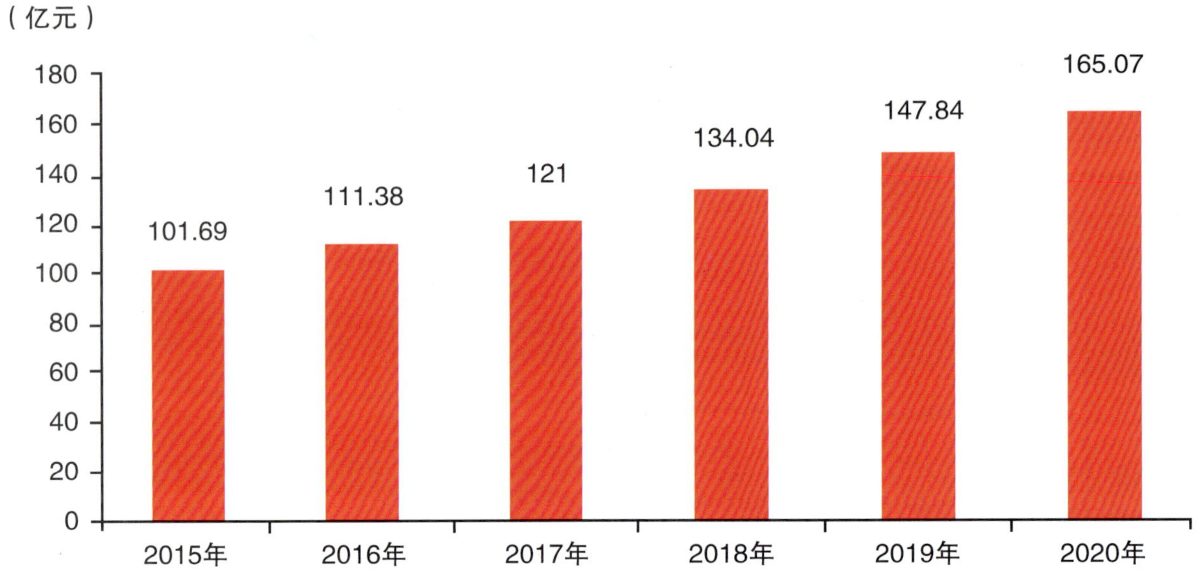

2015—2020年乐昌市城乡居民储蓄存款示意图

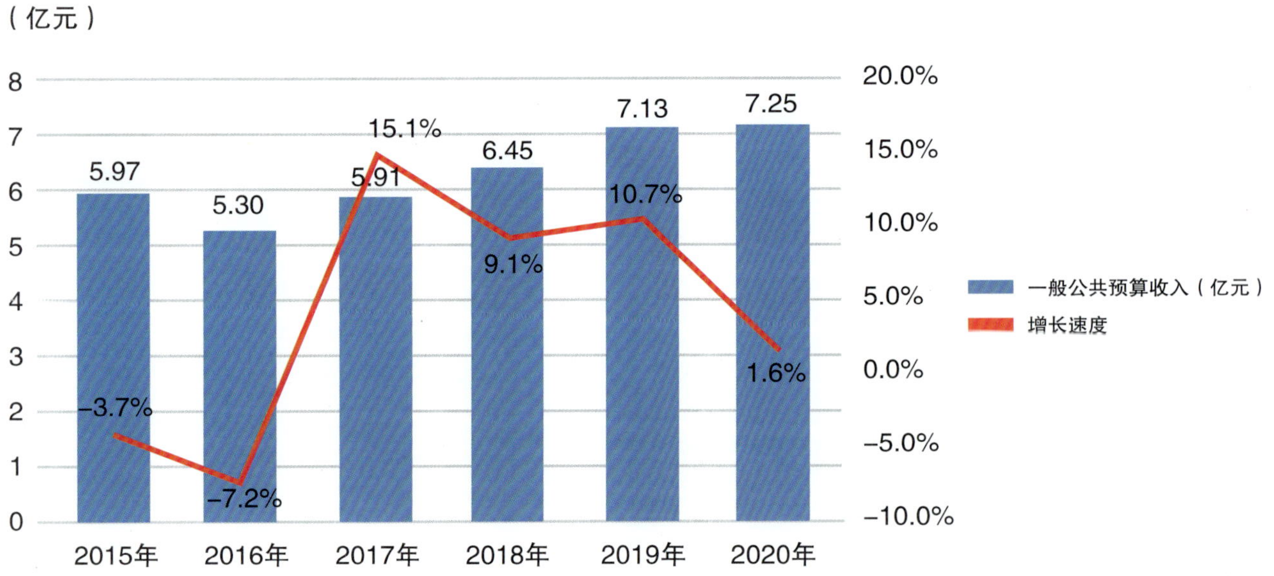

2015—2020年乐昌市一般公共预算收入与增长速度示意图

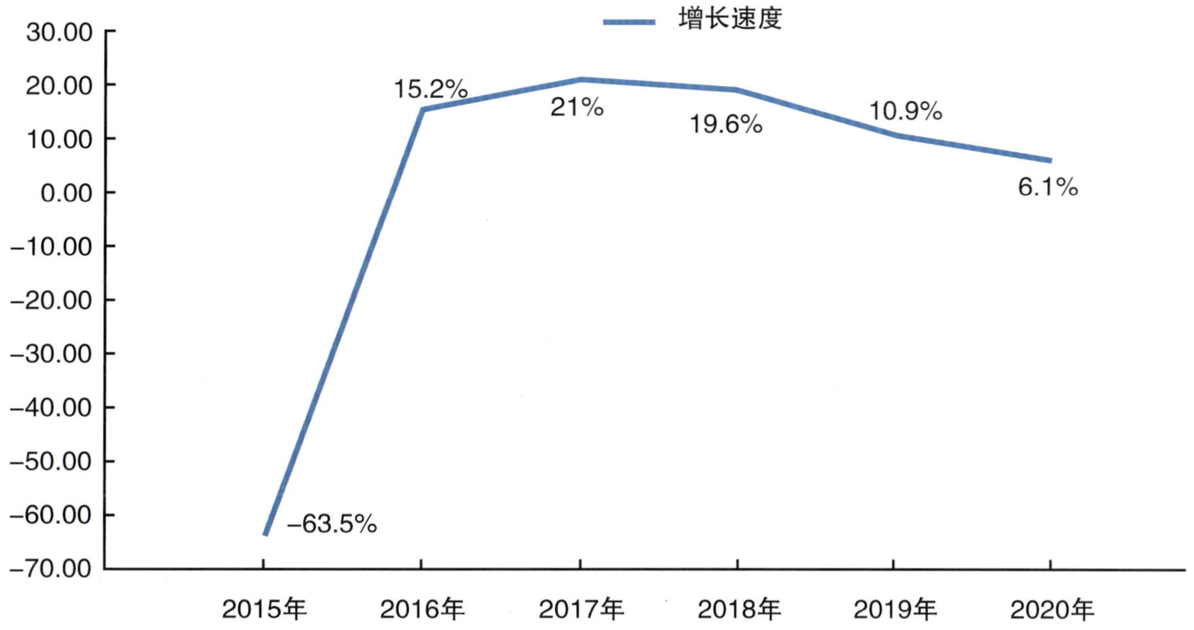

2015—2020年乐昌市固定资产投资增长速度示意图

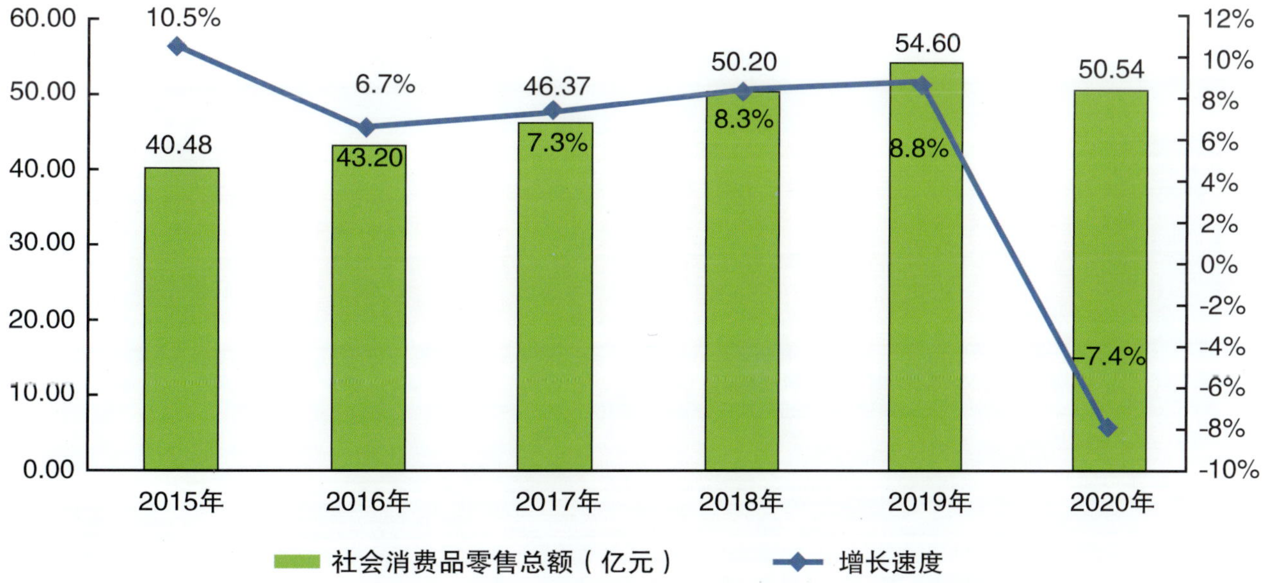

2015—2020年乐昌市社会消费品零售额与增长速度示意图

◆2020年1月16日，中国共产党乐昌市第十三届委员会第九次全体会议在市政府礼堂召开 （何海松 摄）

◆2020年11月5日，中国共产党乐昌市第十三届委员会第十次全体会议在市政府礼堂召开 （何海松 摄）

◆2020年12月29日，中国共产党乐昌市第十三届委员会第十一次全体会议在市政府礼堂召开　（何海松　摄）

◆2020年5月25—27日，乐昌市第十五届人民代表大会第六次会议在市政府礼堂召开　（何海松　摄）

◆2020年5月25日，中国人民政治协商会议第十届乐昌市委员会第五次会议在乐昌市凤凰酒店召开（肖全招 摄）

◆2020年3月30日，中国共产党乐昌市第十三届纪律检查委员会第五次全体会议在市政府礼堂召开

（乐昌市纪委监委 供）

◆2020年1月9日，广东省委书记李希（右一）到乐昌誉马葡萄酒庄园调研 （市扶贫办 供）

◆2020年6月8日，广东省副省长许瑞生（左一）到华南教育历史研学基地（坪石）调研 （市史志办 供）

◆2020年2月15日，广东省副省长陈良贤（左一）到粤北站检查疫情防控工作 （市公安局 供）

◆2020年3月5日，广东省自然资源厅厅长陈光荣（右二）到坪石镇调研 （市史志办 供）

◆2020年4月2日，广东省文化和旅游厅党组书记、厅长汪一洋（右三）到华南教育历史研学基地（坪石）调研

（市史志办　供）

◆2020年6月11日，广东省农业农村厅副厅长冯彤（左二）到九峰阿坚水果专业合作社、九峰绿峰果菜农民专业合作社调研黄金柰李绿色生态生产及品牌化营销体系等项目建设情况

（九峰镇　供）

◆2020年12月3日，广东省人大常委会副主任王学成（右二）到北乡镇调研镇街提升项目 （市史志办　供）

◆2020年3月7日，韶关市委书记李红军（左三）到九峰镇粤港澳大湾区菜篮子基地调研统筹疫情防控和春耕复工复产工作 （九峰镇　供）

◆2020年8月15日，韶关市委副书记、市长王瑞军（前右二）到乐昌市长来镇调研乡村振兴和精准扶贫工作
（市扶贫办　供）

◆2020年9月22日，乐昌市“中国农民丰收节”启动仪式暨消费扶贫月活动在廊田镇马屋村委会白马寨村小组启动
（市扶贫办　供）

◆2020年12月30日，菜丁·乐昌农产品电商物流园开业。图为菜丁·乐昌农产品交易中心全景 （何海松 摄）

◆2020年9月1日，乐昌市凤凰小学建成投入使用 （市史志办 供）

◆2020年6月，韶关市“十大樟树王”遴选活动结果揭晓，位于乐昌市长来镇贝兴村拥有1300多年历史的乐昌樟树王拔得头筹。9月29日，樟树王公园开园 （张春玲 摄）

◆乐昌产业转移工业园535沿线鸟瞰图　　（市产业园　供）

◆乐昌产业转移工业园一角
（何海松　摄）

◆ 乐昌产业转移工业园碧水湖公园（市产业园　供）

◆ 乐昌产业转移工业园休闲运动区（何海松　摄）

◆ 艾尔康电子元器件（韶关）有限公司 （何海松　摄）

◆ 深圳艾尔康电子元器件有限公司乐昌分公司生产现场 （市产业园　供）

◆ 乐昌城区全貌 （何海松　供）

◆武江两岸 （何海松　供）

◆粤北粮仓——廊田镇 （张三达 摄）

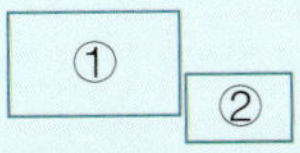

① 坪石镇白竹湾村　　（陈建良　摄）

② 北乡镇黄坌村　　（市扶贫办　供）

13 中猪料

① 芋头收获季　（刘松胜　摄）

② 春耕　（何海松　摄）

③ 桃园下再致富　（周丽萍　摄）

"学习新思想 筑梦新时代"2020年乐昌市元旦千人书画大赛
乐昌国际商贸城
墅铺 世代皆守富
核心区 乐昌城市新中心
5589 666
HEALONG 赫尔龙
篮球服·篮球全品类产品
联系人：罗先生

2020年"青春情暖·'村'暖花开"
广东青年企业家助力乡村振兴"村"晚活动
扶精准办实事　情系百姓三

有我
人民放心
新年快乐
赤心护万家灯火
忠诚铸钢铁长城

① 2020年1月1日，“学习新思想 筑梦新时代”2020年乐昌市元旦千人书画大赛在市体育馆举行 （市文化馆 供）

② 2020年1月14日，团广东省委在定点扶贫村廊田村举办“青春情暖·‘村’暖花开”文艺晚会，青年歌唱家冯珊珊与少年儿童共同演出 （市扶贫办 供）

③ 2020年1月20日晚，乐昌市军民迎春联欢晚会在职工文化广场举行 （市文化馆 供）

5G 2020 南粤古驿道
定向大赛第一站·韶关乐昌
暨华南教育历史研学基地(坪石)之旅
廣同會館

“文化和自然遗产日”乐昌分会场

① 2020年6月13—14日，2020南粤古驿道“Hello 5G杯”定向大赛首站在坪石镇举行（何海松　摄）

② 2020年6月9日，乐昌市第六届民俗民间艺术展演在职工文化广场举行（市文化馆　供）

③ 2020年6月14日，市非物质文化遗产保护项目狮舞《青蛙狮》在2020南粤古驿道“Hello 5G杯”定向大赛（韶关乐昌）活动中演出（市文化馆　供）

④ 2020年6月24日，大朗乐昌书法摄影作品联展在市文化馆举行，图为乐昌市委书记沈河民（前排右二）陪同东莞市大朗镇党委书记陈福坤（前排右一）在现场参观（市委办　供）

◆2020年7月5日，团广东省委扶贫点廊田村开展“乡村第二课堂”书法课 （市扶贫办　供）

◆2020年9月，同饮一江水歌唱大赛2020年广东劳动者歌唱大赛乐昌赛区现场 （市文化馆　供）

◆2020年1月始，市文化馆开展送戏下乡惠民演出活动，图为11月27日在廊田镇演出现场 （市文化馆　供）

◆2020年9月3日，烽火中的课堂——坪石抗战教育主题研学活动在坪石镇举行 （市史志办 供）

◆乐昌市长来镇“过会”（糍粑节）习俗，图为村民在制作鸡蛋糍粑 （市委办 供）

坪石老街国立中山大学校本部办学纪念园

◆“铭刻”雕塑　（吴青　摄）

◆“坪石先生”雕像群　（吴青　摄）

◆广同会馆　（市史志办　供）

◆定友图书馆
（市史志办　供）

华南研学（坪石）基地

◆ 纪念柱　　（吴青　摄）

◆ 遗址景观亭　　（何海松　摄）

◆ 中师剧场　　（市史志办　供）

三星坪国立中山大学工学院办学纪念地

◆ 国立中山大学工学院旧址
（市史志办　供）

◆ 游客服务中心　（市史志办　供）

◆ 风雨展廊　（吴青　摄）

◆ 平台栈道　（吴青　摄）

铁岭国立中山大学文学院办学纪念地

◆《烽林墨书》雕像 （何海松 摄）

◆诗书园 （何海松 摄）

◆铁岭国立中山大学文学院纪念地河岸绿化 （何海松 摄）

◆铁岭国立中山大学文学院旧址 （何海松 摄）

武阳司国立中山大学法学院办学纪念地

◆《资本论》与中国经济学教育历史陈列馆 （市史志办 供）

◆ 读书径 （何海松 摄）

◆ 炮楼 （何海松 摄）

◆ 武阳司法学院旧址 （何海松 摄）

管埠国立中山大学师范学院旧址

◆《马思聪与王慕理》雕像（市史志办　供）

◆ 当年马思聪、许幸之经常散步谈艺的“诗音漫道”（吴青　摄）

◆ 管埠国立中山大学师范学院教师住所遗址（市史志办　供）

◆ 管埠国立中山大学师范学院历史陈列馆（市史志办　供）

长尾洞培正培道联合中学办学纪念地

◆ 培正培道联合中学牌坊　（何海松　摄）

◆ 体育公园篮球场　（何海松　摄）

◆ 体育公园足球场　（何海松　摄）

① 2020年防疫初期（1月底至3月初期间），乐昌市组建联合检疫队伍，在粤北高速设立检疫站，开展疫情防控工作 （市卫生健康局 供）

② 2020年2月，乐昌市新冠肺炎疫情防控检查点——广乐高速乐昌出口处 （何发祥 摄）

③ 2020年2月，乐昌市新冠肺炎疫情防控检查点——省道248线乐昌与乳源交界处 （何发祥 摄）

乐
昌
交警

交警

◆2020年新冠肺炎疫情防控初期，乐昌市机关企事业单位组织党员干部志愿者进社区，协助社区工作人员分组进行网格化疫情防控工作
（市史志办　供）

◆全覆盖消杀　（黄传辉　摄）

◆2020年2月9日，乐昌市中医院呼吸内科张树培（第二排，右六）、ICU李江山（第二排，右七）支援湖北抗疫出征

（市中医院　供）

◆白衣执甲——张树培在湖北省武汉市东西湖方舱医院工作照

（市中医院　供）

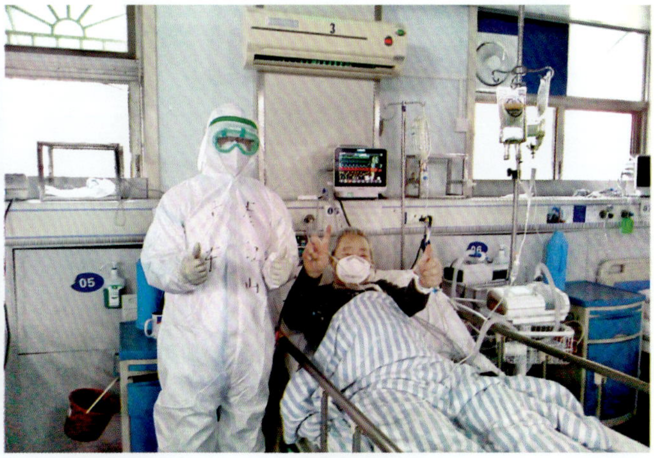

◆白衣执甲——李江山在湖北省荆州市第一人民医院工作照

（市中医院　供）

◆防疫春耕两不误——2020年2月，广东省茶科所博士团队到大源镇开展茶叶嫁接换种示范工作

（大源镇　供）

◆2020年3月7日，大朗镇携手乐昌市促进贫困人口复工就业招聘面试现场　（乐昌市扶贫办　供）

◆2020年3月11日，南方电网广东韶关乐昌供电局工作人员到乐昌市宝创环保新材料制品有限公司介绍电网支持企业复工优惠电价政策

（刘尉斌　摄）

目 录

特 载

年度关注

大事记

全市概述

中共乐昌市委员会

乐昌市人民代表大会

乐昌市人民政府

政协乐昌市委员会

纪检监察

民主党派

群众团体

法 治

军　事

经济管理

工业·商贸

交 通

邮政·通信

城建·环保

财政 · 税务

金融 · 保险

教育·科技

卫　生

文化·旅游·体育

社会生活

镇（街道、办事处）

荣誉榜

统计资料

附　录

索　引

特 载

弘扬实干精神 勇担当善作为 全力打造粤北绿色发展先行地

——在中共乐昌市委十三届九次全会上的报告

（2020年1月16日）

中共乐昌市委书记 沈河民

同志们：

现在，我受市委常委会委托，向全会作工作报告。

一、2019年乐昌各项事业取得新进步

过去一年，在以习近平同志为核心的党中央和省委、韶关市委的坚强领导下，市委坚持以习近平新时代中国特色社会主义思想为指导，全面贯彻党的十九大和十九届二中、三中、四中全会精神，深入学习贯彻习近平总书记视察广东重要讲话和重要指示批示精神，按照省委和韶关市委工作部署，团结带领全市广大党员干部群众，坚持以生态优先、绿色发展为引领，坚定不移融入粤港澳大湾区和支持深圳先行示范区建设，系统推进稳增长、促改革、调结构、惠民生、防风险、保稳定工作，推动各项事业取得新进展，在全面建成小康社会道路上迈出坚实步伐。

一年来，我们主要抓好了以下工作。

（一）深入学习贯彻习近平新时代中国特色社会主义思想。我们坚持把学习贯彻习近平新时代中国特色社会主义思想作为头等大事和首要政治任务，推动学习贯彻不断往深里走、往实里抓。一是坚持学习常态化制度化。坚持把学习贯彻习近平新时代中国特色社会主义思想作为各级党委（党组）会议第一议题、党委（党组）理论中心组学习常设议题和党支部“三会一课”学习长期主题，及时跟进学习。市委常委会会议专题学习39次，市委理论学习中心组开展集体学习23次，带动全市广大党员干部理论学习做到常学常新、入脑入心。二是扎实开展“不忘初心、牢记使命”主题教育。坚持市领导带头，将“学习教育、调查研究、检视问题、整改落实”四项重点措施有机融合、贯穿始终，推动主题教育取得明显成效，韶关市委第一指导组给予充分肯定，广大党员干部总体评价良好。三是继续深化“大学习、深调研、真落实”工作。举办8次市领导专题学习研讨，开展2轮19个课题55个专题“深调研”，进一步明确乐昌改革发展的思路举措，解决一批群众“急难愁盼”问题，切实把学习成果转化为推动工作、为民服务的强大动力。

（二）全面从严治党向纵深发展。我们认真履行管党治党责任，全面加强党的领导和党的建设，为推动乐昌振兴发展提供坚强政治保证。一是旗帜鲜明讲政治抓政治。持续深入抓好中央巡视反馈意见整改落实，加强对贯彻落实重大决策部署等十个方面的督导检查，推动全市党员干部增强“四个意识”、坚定“四个自信”、做到“两个维护”。二是全面落实意识形态工作责任制。组织开展庆祝新中国成立70周年系列活动，突出抓好网络意识形态阵地管理，市融媒体中心正式挂牌运营，意识形态安全“防火墙”更加牢固。三是加强干部队伍建设。坚持严管和厚爱结合、激励和约束并重，有序实施公务员职务与职级并行制度，用好干部实绩档案和考验性管理，在全市开展“模范机关”创建、“双争双促”“双周讲坛”活动，干部担当作为氛围更加浓厚。四是深入实施党的基层组织建设三年行动计划。创新开展基层党建现场观摩交流和“乡村夜话”活动，通过实施“头雁”工程选拔村级党组织书记后备人选430名，转化提升软弱涣散党组织25个，基层党组织组织力不断提升。五是坚定不移正风肃纪反腐。扎实开展形式主义、官僚主义专项整治，严格落实为基层减负各项要求，大力整治基层干部“走读”问题，干部作风持续好转，反腐败斗争压倒性胜利进一步巩固。全年查处违反中央八项规定精神问题11起、处理18人，全市纪检监察机关立案122件、处分112人。发挥巡察利剑作用，开展对26个单位常规巡察、105个村级党组织延伸巡察和39个省定贫困村专项巡察“回头看”，政治生态持续向好。

（三）经济发展实现稳中有进。我们坚持新发展理念，加快构建绿色低碳循环产业体系，推动经济高质量发展。预计全年实现地区生产总值增长7%；一般公共预算收入7.13亿元、增长10.67%，总量韶关排名第2位；固定资产投资增长10.9%，连续三年保持高位增长。一是加快推动工业提质增效。实施招商引资“一把手工程”，新签约项目40个，其中亿元以上项目14个，高新技术企业18家，投资总额超40亿元，提前超额完成三年产业共建“双百计划”目标，产业集聚效应进一步凸显。优化产业共建平台，园区基础配套设施不断完善，大朗（乐昌）产业共建科技园等“园中园”项目顺利推进，通过“增减挂钩”等方式盘活闲置低效用地1135亩，园区承载力和竞争力不断提升，经验做法得到省、韶高度肯定。实施工业技改三年行动和“引优培强”产业共建三年行动，支持16家企业技术改造，推动11个项目落地动工、18个项目建成投产，培育高新技术企业10家，新增规上工业企业15家、新增数排名全韶第一，工业增加值连续2年实现正增长。二是大力发展现代特色农业。涵盖全产业链条的省级香芋现代农业产业园基本建成；九峰黄金柰李、北乡马蹄等12个产品列入省级“一村一品、一镇一业”建设项目，数量名列韶关第一；“沿溪山白毛尖”被认定为省级特色农产品优势区，九峰镇、北乡镇分别被认定为全国“一村一品”示范镇、首批省“一村一品、一镇一业”特色农业专业镇。入选国家级农民专业合作社质量提升整县推进试点县，新增2家省级农业龙头企业，4家企业被认定为粤港澳大湾区“菜篮子”生产基地。新增“三品一标”农产品41个、省级农业类名牌产品10个，新增数量均位居韶关第一，现代农业发展焕发新活力。三是加快发展全域旅游。成功举办九峰花海山地半程马拉松赛、“中国农民丰收节”暨生态农业博览会。九峰镇获评首批省旅游风情小镇，誉马葡萄酒庄园、九福兰花公园等乡村旅游景点成为游客热门“打卡地”。华南教育历史研学基地（坪石）初步成形，接待研学团队近万人次，有效提升了乐昌的知名度和影响力。全年旅游接待人次和旅游收入分别增长10.08%、12.11%。

（四）全面深化改革扎实推进。我们坚持把改革创新作为发展动力源，突出抓好事关全市大局的重点改革，不断增强发展活力。一是深化行政体制管理改革。顺利完成机构改革任务，初步构建起科学规范、运行高效的机构职能体系；有序推进坪石镇省经济发达镇行政管理体制改革试点工作，依法赋予坪石镇县级行政职权325项，进一步激发县域副中心城市发展活力。二是深化“放管服”改革。完善“一门式一网式”政务服务平台，政务服务事项网上可办率达87.5%，实现企业开办“一网办理”“一日办结”；深化工程建设项目审批制度改革，开辟项目落地“绿色通道”，项目落地所需时间大幅缩短；全面落实减税降费政策，降低企业成本1.65亿元，有效激发实体经济发展活力。三是深化农村综合改革。入选国家级农村集体产权制度改革示范县，2073个经济合作社全部完成成员身份确认，为农村产权制度改革工作奠定坚实基础。四是加快推进国资国企改革。完成月岭水电站等6家水电企业整合重组，实现2家国有“僵尸企业”市场化出清，国有资本配置和运营效率进一步提升。五是深化金融体制改革。强化金融支持实体经济、服务“三农”功能，全面完成农信社改制组建农商行，全市金融机构存贷款总量在韶关七县（市）一区中排名第一。

（五）生态安全屏障更加稳固。我们坚持生态保护优先，全面提升生态环境质量，不断厚植绿色发展根基。一是严格落实生态环境保护政治责任。持续抓好中央环保督察“回头看”和省环保督察交办案件办理工作，推进违建别墅清查整治专项行动，森林防火形势总体平稳。二是大力实施生态系统保护和修复工程。稳步推进石漠化治理，完成封山育林2.9万亩、造林更新2.1万亩、碳汇造林8400亩、森林抚育1.1万亩，建成乡村绿化美化省级示范点17个、省级林下经济示范基地3个，创建国家森林城市获国家林草局备案。三是坚决打好污染防治攻坚战。扎实开展道路扬尘、河湖“五清”、畜禽养殖场整治等专项行动，河长制考核被省评为优秀等次，市区饮用水源保护区（武水）规范化建设、备用水源地环境综合整治工程全面完工，市区集中式饮用水源取水口水质100%达标、空气质量优良达标率为95.78%，国家重点生态功能区县域生态环境质量考核排名全省前列。

（六）城乡面貌发生喜人变化。我们坚持统筹推进城乡协调发展，大力开展精神文明建设，着力打造“清和乐昌”城市品牌。一是大力推进县城品质提升“439”行动。城区道路“白改黑”、交通节点提升、农贸市场改造等一批民心工程先后完工，新建小绿地7个、小公园3个，“一江两岸三桥两塔两公园”焕发靓丽光彩，巩固省卫生城市顺利通过复审，城市形象和品位不断提升。循环经济环保园项目顺利开工建设，得到生态环境部和省、韶关市充分肯定。二是全面推进乡镇整治提升“139”行动。坚持试点示范、分批实施，长来、廊田2个首批试点镇整治提升成效初显，带动全市乡镇全面开展垃圾、污水、“六乱”三项整治，镇街环境明显改观。三是全域推进美丽乡村建设。坪石、庆云省际廊道美丽乡村示范区，九峰、两江省级新农村连片示范片，北乡美丽乡村示范镇区，沿市区周边美丽乡村示范带等新农村建设扎实推进；拆除农村破旧泥砖房5.18万间，118个行政村达到干净整洁村标准，145个行政村完成“三清三拆三整治”，农村无害化卫生户厕普及率达99.3%，卫生公厕年度建设任务全面完成，村容村貌大幅提升。四是完善城乡基础设施。张滩闸坝枢纽重建项目主体工程基本完工，实现并网发电。完成3.6万亩高标准基本农田建设、山区五市中小河流治理年度任务，建成11宗镇级标准化水厂，省定贫困村20户以上自然村实现集中供水。深入开展国省道路域环境治理，全面完成国省道和农村公路建设任务，所有建制村实现通客运班车，获评“四好农村路”国家示范县。

（七）社会民生事业持续改善。我们积极回应群众对美好生活的期盼，持续加大民生领域投入，不断增进民生福祉。一是加快脱贫攻坚步伐。坚持把提高脱贫质量放在首位，完成435户贫困户家居环境幸福提升工程，累计实现5065户13791人脱贫、脱贫率达99.57%，39个省定贫困村全部出列。二是深入推进教育现代化。加快教育资源优化布局，凤凰小学、乐园小学动工建设，乐城三小扩建项目建成投入使用。中小学教师“县管校聘”改革获评韶关市先进单位，成功创建国家级农村职业教育和成人教育示范县。三是大力创建卫生强市。市第二人民医院、120急救指挥中心建成投入使用，市中医院、市妇幼保健院升级建设项目顺利完工，公建规范化村级卫生站实现全覆盖，基层医疗卫生服务设施进一步完善。城乡居民基本医疗即时结算延伸至村级，全面实现异地就医医保“一站式”结算。四是繁荣发展文体事业。城乡公共文化基础设施不断完善，群众性文体活动蓬勃发展，举办全国象棋女子甲级联赛等体育赛事，成功创建全国象棋之乡。五是着力保障和改善民生。实施“粤菜师傅”工程，促进异地创业务工人员返乡创业就业，城镇新增就业3103人。扎实抓好社保扩面征缴，城乡居民养老保险参保完成率达98.92%；全面排查整治养老福利机构安全隐患，逐步提高城乡低保、五保、残疾人等弱势群体保障水平，进一步兜牢民生底线。

（八）社会大局保持和谐稳定。我们顺应新时代社会治理新需求，进一步加强和创新社会治理，努力打造共建共治共享的社会治理格局。一是深化平安乐昌建设。大力开展社会矛盾纠纷排查化解和信访积案攻坚行动，严格落实领导包案制度，排查发现社会矛盾纠纷1672宗，化解率达98.74%。完善社会治安防控体系，完成市镇综治视联网系统建设，有序推进基层派出所规范化建设，全面实行公安派出所“八个一”勤务机制和“红袖章”治安联防组织“三个一”工作机制，社会治安治理水平不断提升。深入开展扫黑除恶专项斗争，扎实开展全民禁毒工作，大力开展“飓风2019”专项行动，严厉打击各类突出违法犯罪，全市刑事警情同比下降24.19%。二是大力推进法治乐昌建设。建立多元化矛盾纠纷解决机制，完成13个司法所提质增效和10个司法所社区矫正信息化建设，成功创建31个省级民主法治村（社区），基层法治建设水平得到进一步提升。三是全力维护公共安全。严格落实安全生产及食品药品安全“一岗双责”，组建成立防灾减灾应急救援队伍，全面落实非洲猪瘟防控措施，坚决守好公共安全底线。

我们坚定不移发展社会主义民主政治，坚持加强和改善党委对人大、政协工作的领导，支持人大、政协依法依章履行职责。爱国统一战线持续巩固壮大，工会、共青团、妇联等群团组织作用进一步发挥，党管武装、国防动员、双拥共建等工作扎实推进。

在肯定成绩的同时，我们必须清醒地看到存在的问题和短板：工业对经济支撑作用不明显，传统产业占比大，新兴主导产业尚未形成规模，高新技术企业较少，产业转型升级任务艰巨；中心城区吸引力不强，功能配套设施还存在不少短板；农村人居环境综合整治进展不平衡，乡村振兴和脱贫攻坚任务繁重；民生领域短板突出，教育、医疗、文化、育幼养老、住房保障和饮水安全等公共服务供给水平与城乡居民现实需求还不相适应；生态保护和治理任务繁重，生态效益没有充分发挥，与建设粤北绿色发展先行地的目标仍有差距；党的基层组织建设存在薄弱环节，干部队伍干事创业精气神需进一步提振，等等。我们必须采取有力措施，切实加以解决。

二、聚焦重点真抓实干，全力打造粤北绿色发展先行地

今年是全面建成小康社会和“十三五”规划收官之年，要实现第一个百年奋斗目标，为“十四五”发展和实现第二个百年奋斗目标打好基础，做好全年工作至关重要。今年全市工作的总体要求是：以习近平新时代中国特色社会主义思想为指导，全面贯彻党的十九大和十九届二中、三中、四中全会以及中央经济工作会议精神，深入贯彻落实省委十二届七次、八次、九次全会和李希书记在韶调研讲话精神以及韶关市委十二届十次、十一次全会精神，紧扣全面建成小康社会目标任务，坚持稳中求进工作总基调，坚持新发展理念，坚持以供给侧结构性改革为主线，坚持以改革开放为动力，弘扬实干精神，勇担当善作为，坚定不移融入和服务粤港澳大湾区、深圳先行示范区“双区”建设，深入推进全面从严治党，推动乐昌高质量发展，全力打造粤北绿色发展先行地，确保全面建成小康社会和“十三五”规划圆满收官，得到人民群众认可、经得起历史检验。

市委考虑，今年经济增长的预期目标为6%左右，实际执行时努力争取更好的结果；地方一般公共预算收入增长6%；城镇新增就业3100人，城镇登记失业率控制在3.5%以内；居民人均可支配收入增长与经济增长基本同步。

今年，要重点抓好以下七个方面工作：

（一）坚持不懈强化生态功能，不断夯实绿色发展基础

坚定践行“绿水青山就是金山银山”理念，加强生态系统保护与环境治理，不断厚植生态特色优势，让乐昌的天更蓝、山更绿、水更清、环境更优美。

一是加强全域生态保护。科学编制城镇国土空间规划，合理划定生态保护红线、永久基本农田和城镇开发边界“三条控制线”，整合优化各类自然保护地，持续优化生态功能布局。以创建国家森林城市为抓手，积极参与南岭国家公园创建，加快推进山水林田湖草生态保护修复试点项目建设，高标准建设森林碳汇、生态景观林带、乡村绿化美化等林业重点工程；加强森林资源管护和野外用火管理，严格落实森林防灭火工作“23条”，坚决遏制森林火灾。大力发展油茶、毛竹、中药材种植等林业经济，推进粤北南药基地建设，不断完善森林生态体系，把生态优势转化为经济优势。

二是持续打好污染防治攻坚战。加强水土环境综合治理，高质量规划建设10公里以上“万里碧道”，全面落实河长制，加强城乡饮用水源保护，持续开展河湖“五清”专项整治行动，实施武江河道市区段清淤工程，加快实现水碧岸美、水岸联

动，走出一条以碧道建设牵引生态文明建设的新路子；以土壤污染综合防治先行区建设为抓手，推进重金属污染防治农田安全利用示范项目建设，加快实施历史废弃矿山地质环境修复与治理，开展固体废弃物、建筑垃圾渣土排查整治，推进城区建筑垃圾消纳场建设，持续改善土壤环境。加强大气污染防治，加大建筑工地、道路扬尘和餐饮油烟等面源污染整治力度，巩固“散乱污”企业整治成果，严控建成区非道路移动源污染，严禁露天焚烧和禁燃区烟花爆竹燃放，确保市区空气质量优良天数比例达到95%以上。

三是坚决落实生态环保责任制。严格执行环境保护“党政同责”“一岗双责”，制定实施生态环境保护责任清单和生态环境损害责任追究制度，完善生态文明建设目标体系、考核办法、奖惩机制，着力构建环境保护工作各部门分工负责、齐抓共管的工作格局。加强环境监管执法工作，严守项目建设“绿色门槛”，推动环境行政执法与司法监督、公众监督、舆论监督相结合，严厉查处各类环境违法行为，构建“源头严防、过程严管、后果严惩”的全过程制度体系。健全跨区域环境污染联防联治机制，加强与省际边界地区环保合作，推进环境从末端治理、区域治理向全域治理转变，不断提高生态环境保护水平。

（二）坚持不懈加快产业升级，推动经济高质量发展

产业是实体经济最重要的载体。要坚持绿色发展的方向路径，以创新驱动为引领，不断优化产业结构、产业平台和营商环境，提升经济发展质量和效益。

一是加快产业结构优化升级。制造业发展质量高不高，关键看企业质量高不高、支柱产业强不强。要加快传统产业改造提升，深挖企业技改潜力，支持引导企业运用新技术、新工艺推动技改升级，加快推进坪石发电B厂热网等项目建设；大力发展“互联网＋先进制造业”，推动企业生产方式向绿色化、智能化、信息化转变，着力增强企业核心竞争力。加快推进新兴产业发展，实施产业共建“十百工程”，加强与大湾区城市间产业对接，重点围绕机械装备制造、新型材料两大特色支柱产业招大引强，延伸上下游链条，力争利用3—5年时间培育一批产值超十亿级的企业和百亿级的产业集群；持续推进“育苗造林”计划和“暖风行动”，充分利用政策扶持措施，大力推动“转企升规”，力争年内培育规上企业10家。深化科技创新和产业合作，大力培育高新技术企业、科技型中小企业，推动产业向研发型、智慧型升级，培育富有创新与转化活力的科技创新企业群体。

二是全力优化产业承载平台。坚持把园区作为工业经济发展的主战场，以创建省级高新技术园区为抓手，大力推进园区规范化、集约化、特色化发展。优化园区产业布局开发，按照“2+1”主导产业规划，引导机械装备制造、新型材料和特色轻工业产业集聚发展，加快推进入园项目建设，力争年内新增落地企业20个、新增投产企业20个，打造粤北机械先进装备制造业重要承接地、粤北绿色建筑装饰新材料产业集聚地。按照“一核两翼”的产业布局，加快推进产业园扩容提质，高起点推进城南园区规划建设，继续完善城东园区路网、电网等基础配套设施，加快北部区域地块收储开发，强化项目用地保障；推行大朗乐昌共建“园中园”、标准厂房建设模式，打造“拎包入驻”产业共建新载体，不断提高园区产业集聚能力和承载能力。

三是全面优化营商环境。产业振兴发展离不开良好营商环境的支撑。要大力推进“放管服”改革，发挥“数字政府”改革建设对流程优化、职能转变的牵引作用，全面推行“马上办、网上办、就近办、一次办”审批服务模式，加快新政务服务大厅建设，进一步提升企业和群众办事便利度。深化“大朗效率+乐昌服务”营商环境品牌建设，优化“四个一”项目帮办服务机制，开辟重大产业项目引进“绿色通道”，推动招引项目尽早落地动工、投产达效。大力支持民营企业发展，严格落实减税降费惠企政策，深入开展“一企一策”和暖企服务行动，切实解决企业发展的痛点难点堵点。构建“亲”“清”新型政商关系，完善政企联系沟通、企业诉求处理、涉企政策全流程评估机制，推动营商环境持续优化。

（三）坚持不懈推进全域旅游，构建旅游发展新格局

坚持全域旅游发展理念，优化整合文旅资源，打造一批特色鲜明的旅游精品项目，带动旅游产业

整体提升，全力创建省全域旅游示范区。

一是打造旅游精品线路。大力实施“旅游+”战略，加快推进旅游与农业、文化、教育、体育等产业融合发展。以红色研学游为重点，全力推进华南教育历史研学基地（坪石）项目建设，通过定友图书馆和国立中山大学校本部、工学院、文学院、法学院、培正培道联合中学五个纪念地建设及坪石老街整体提升工程，不断丰富研学内涵，让红色研学与周边红色文化、古驿道文化、古村文化、自然资源有机串联，打造全省红色研学目的地。以特色乡村游为核心，加快誉马葡萄酒庄园、九福兰花公园、梅花百臻生态农业园等农旅融合发展示范项目建设，充分发挥九峰花海、五山梯田等特色景点优势，不断丰富乡村旅游业态，推动乡村旅游多点开花。以绿色生态游为特色，大力引进旅游休闲度假项目，构建以生态观光、休闲度假为重点的生态旅游产业体系。

二是完善旅游配套设施。统筹做好全域旅游交通规划建设，完善连接旅游景区的道路路网，加快推进九峰镇环镇旅游公路建设，谋划建设连接古驿道、历史古迹等生态旅游绿道网，合理配置沿线景观台、停车区、旅游厕所等设施，打造畅美公路，服务全域旅游。建立完善旅游咨询中心等公共服务平台，深入推进智慧旅游城市创建工作，规范旅游市场环境秩序，提升旅游服务管理质量。加快引进高品质度假酒店、旅游饭店、特色民宿项目，切实提升旅游接待能力。

三是加强旅游宣传推介。注重旅游品牌的培育与打造，深度策划桃花节、黄金柰李水果节、农民丰收节暨农业博览会等旅游节庆品牌，办好全国象棋女子甲级联赛、南粤古驿道定向大赛、九峰花海山地半程马拉松赛等高水平体育赛事活动，擦亮旅游特色品牌。紧盯大湾区市场需求，加大旅游宣传推介力度，加强与大湾区城市区域性旅游合作，积极参加大湾区城市举办的旅游产业博览会、文化产业博览交易会，不断提升旅游形象和影响力。大力招引旅游龙头企业，合作开发精品旅游项目，着力打造大湾区休闲旅游度假重要目的地。

（四）坚持不懈推进乡村振兴，加快农业农村现代化

坚持把乡村振兴和脱贫攻坚摆在全市工作重中之重的位置，对标全面建成小康社会“三农”工作必须完成的硬任务，抓重点、补短板、强基础，为实现农业农村现代化总目标打下坚实基础。

一是全面打赢脱贫攻坚战。打赢脱贫攻坚战是全面建成小康社会的重中之重，要紧扣中央“两不愁三保障一相当”和省“八有”脱贫标准，压紧压实脱贫攻坚责任，全面落实全市未脱贫贫困户“十项硬措施”，逐村逐户对账销号，确保现行标准下剩余贫困人口全部实现稳定脱贫。扎实开展脱贫攻坚“回头看”工作，及时做好返贫人口和新发生贫困人口的监测和帮扶，严防数字脱贫、虚假脱贫，确保全面小康路上不漏一户、不落一人。保持脱贫攻坚政策总体稳定，落实摘帽不摘责任、不摘政策、不摘帮扶、不摘监管要求，建立解决相对贫困长效机制，推动扶贫工作从主要解决收入贫困向统筹解决支出型贫困、能力贫困转变，认真做好后脱贫时代的各项工作。

二是大力发展现代特色农业。坚持质量兴农、绿色兴农，打造现代农业产业体系、生产体系、经营体系。深化产业强村行动，建成覆盖全产业链的香芋马蹄产业园，积极筹建岭南落叶水果产业园，加快推进省级“一村一品、一镇一业”项目建设，支持北片地区特别是石漠化地区因地制宜发展小果园、小茶园，构建“一市两园、一镇一业、一村一品”产业体系。以深化农村集体产权制度改革为牵引，引导农村土地承包经营权有序流转，推动农业适度规模经营。以实施国家级农民专业合作社提升整县推进试点为契机，培育壮大新型农业经营主体，引领带动农业产业兴旺。以创建国家农产品质量安全县为抓手，大力实施农业品牌培育工程，发挥新型乡村助农服务平台作用，加快推进优质农产品对接“双区”大市场，打造大湾区“菜篮子”“果盘子”“米袋子”。

三是加快建设生态宜居美丽乡村。全域推进农村人居环境整治，稳妥有序做好农村破旧泥砖房“清拆用”工作，持续抓好农村建房管控和风貌提升，加快推进农村生活垃圾、污水处理设施建设和“厕所革命”，健全农村卫生保洁长效运营机制，确保全市村庄完成“三清三拆三整治”，80%以上村庄达到干净整洁村标准、40%以上行政村达到美丽宜居村标准。加强乡风文明建设，持续开展“美

丽庭院”创建活动，充分调动群众参与美丽乡村建设的积极性主动性。加快推进省际廊道美丽乡村示范区、省级新农村连片示范片、北乡美丽乡村示范镇、沿市区周边美丽乡村示范带建设，提升新农村示范片区整体风貌，带动全域美丽乡村建设。

（五）坚持不懈提升城镇品质，打造“清和乐昌”新形象

持续推进县城品质提升“439”行动和乡镇（镇街）提升“139”行动，着力打造特色鲜明、宜居宜业宜游的粤北门户城市。

一是加快城区扩容提质。实施“东融、西拓、南进、北优”的城市发展战略，启动S248线城区段改线、北立交跨铁路桥拆建、乐昌大道建设工程，加快推进高铁片区国际商贸城项目建设，规划建设新城片区路网、学校、公园、农贸市场等配套设施，逐步优化城市空间布局，拉大城市框架。大力推进旧城改造提质，继续实施城区道路“白改黑”、背街小巷“微改造”，启动市第二污水处理厂及城区污水截污管网工程建设，推进清和公园二期建设，利用城区改造、拆违腾退及闲置土地建设一批小公园、小绿地、停车场，切实优化城市环境、满足群众生活需求。加强城市精细化管理，以开展“四城同创”为抓手，完善城市卫生管理和保洁制度，逐步推进垃圾分类处理，加快推进循环经济环保园项目建设，持续开展城市“六乱”专项整治行动，探索推行路长制和网格化管理，建立多部门共同参与、协调配合、运转高效的城市管理联勤执法机制。落实创文“包联包创”工作机制，广泛开展新时代精神文明宣传教育实践活动，提升市民文明素质。

二是提升乡镇建设水平。乡镇作为城市和农村的纽带，在促进城乡融合过程中发挥着重要作用，要持续用力抓好乡镇（镇街）提升“139”行动，全力补齐镇街人居环境突出短板，增强镇区在县域经济中的辐射作用。总结首批试点镇整治提升经验做法，完善后续管理机制，巩固整治提升成果。充分发挥专项规划引领作用，加快推进坪石、梅花、九峰、北乡等第二批试点镇整治提升工作，深入开展垃圾、污水、“六乱”三项整治，实施道路改造升级、沿街立面提升、绿化美化等九项基础工程，打造各具风貌特色镇区。加快坪石镇发展步伐，以推进坪石镇省经济发达镇行政管理体制改革试点、华南教育历史研学基地（坪石）项目建设为抓手，用好用活赋予的县级行政职权，进一步激发坪石镇自主发展活力，增强坪石镇县域副中心城市辐射带动作用。

三是完善城乡基础设施。做畅做优城乡交通网络，启动G535老坪石至上埇段改建、S248线长来至北乡段改线和S518线上廊至九峰段新建工程，完成X333梅花至秀水段路面改造及农村公路硬化、“畅返不畅”等项目年度建设任务；以北面乡镇为重点深入推进国省道路域环境整治，全面推行农村公路养护市场化，巩固“四好农村路”全国示范县成效，不断提升道路环境和通行能力。完善农田水利基础设施，扎实推进高标准农田和垦造水田建设，实施武水乐昌段河道治理、城区防洪排涝工程。加快推进全域自然村集中供水，实施坪石—梅花供水工程，推动乐城、长来、廊田自来水供水管网扩网建设，建立健全供水设施日常管护机制，切实保障农村饮水安全。

（六）坚持不懈增进民生福祉，着力保障和改善民生

坚持以人民为中心的发展思想，下大力气解决好老百姓最关心、最直接、最现实的问题，织密织牢民生保障大网，不断增强人民群众的获得感幸福感。

一是办好人民满意的教育。教育关系到千家万户，是最大的民生工程，要坚持把教育放在优先发展战略位置，着力补齐短板、提升品质，加快建设现代化教育强市。进一步优化教育资源布局，加快推进凤凰小学、乐园小学、乐昌三中等学校新建扩建工程，合理配置村级教育资源，扩大普惠性学前教育资源供给，鼓励社会力量兴办教育，推进教育优质均衡发展。加强教师队伍建设，巩固深化中小学教师“县管校聘”改革成果，深入推进“强师工程”，落实立德树人根本任务，全面提升教育教学质量。加快发展职业教育和成人教育，依托省工商技校、市中等职业学校，深化校企合作、产教融合、工学结合，大力培养符合产业发展的新型学徒、致富带头人等实用人才。创建文明学校、平安学校，加强校园安全教育管理，营造安全有序的校园环境。

二是实施健康乐昌行动。没有全民健康，就没有全面小康。要树立“大卫生、大健康”理念，以医疗、医保、医药“三医联动”为重要抓手，推动以治病为中心向以健康为中心转变。提升基层医疗卫生服务能力，完善市第二人民医院配套设施，完成市人民医院业务用房改扩建工程。扎实推进紧密型县域医疗卫生共同体建设，建立县镇村三级整合型医疗卫生服务体系，推动医疗卫生工作重心下移、资源下沉。持续深化医药卫生体制综合改革，大力推进公立医院改革、分级诊疗、药品保障和综合监管等领域改革，开展“互联网+医疗健康”便民惠民活动，着力解决群众看病难看病贵问题。加强公共卫生管理，强化疾病监测和风险评估，实施地方病防治攻坚行动，加快省级慢性病综合防控示范区创建，提高医疗卫生服务能力水平。

三是推动文化事业繁荣发展。加快完善公共文化基础设施，启动市体育场、博物馆、文化场馆等提升工程建设，新建2间风度书房，进一步提升公共文化服务水平。传承弘扬优秀文化，深入挖掘红色文化、非物质文化等资源，积极参与长征国家文化公园粤北段建设，推动杨家寨红色遗址修复、龙王潭红军长征路提质等项目，实施乐昌花鼓戏三年提升行动计划，不断厚植文化根基。深入实施文化惠民工程，持续开展文化“三送下乡”，办好广场排舞等群众性文娱活动，推出一批文艺精品，不断满足群众精神文化新需求。

四是完善社会保障体系。坚持统筹城乡就业，落实“广东技工”“粤菜师傅”“南粤家政”三大培训工程，深化与职业学校开展校企合作、定向人才培养模式，搭建大学生、农民工等群体多渠道就业创业平台，引导高校毕业生、贫困劳动力、各类技能人才就近就地就业创业。实施全民参保计划，完善城乡居民基本养老保险制度，重点做好企业职工社会保险扩面征缴工作，加快推进生育保险和职工基本医保合并，提升社会保障水平。按照兜底线、织密网、建机制要求，完善城乡养老服务体系，推进养老服务设施建设，逐步推进农村分散五保户集中供养，健全农村留守儿童和妇女、老年人关爱服务体系，筑牢民生保障底线。

（七）坚持不懈创新社会治理，加快县域社会治理现代化

坚持和完善党委领导、政府负责、民主协商、社会协同、公众参与、法治保障、科技支撑的社会治理体系，持续深化平安乐昌法治乐昌建设，加快推进县域治理体系和治理能力现代化。

一是加强民主法治建设。加强党委对人大、政协工作的领导，保障人大及其常委会依法履职、开展工作、发挥作用，支持政协依章程履行政治协商、民主监督和参政议政职能。扎实做好爱国统一战线工作，充分发挥工会、共青团、妇联等群团组织桥梁纽带作用，不断深化与各民主党派、工商联和无党派人士的合作共事，巩固发展民主团结、安定和谐的政治局面。加强党管武装工作，弘扬双拥优良传统。深入推进全面依法治市，加强法治政府、法治社会建设，完善市、镇、村三级公共法律服务实体平台规范化建设，纵深开展法治建设“四级同创”和省级“民主法治村（社区）”创建，深化司法体制综合配套改革，依法维护社会公平正义。

二是全力防范化解重大风险。牢固树立底线思维，总结运用防范化解重大风险“深调研”成果，聚焦安全生产、防灾减灾、食品药品、房地产等领域，全面落实风险隐患排查预警、源头化解和依法处置等措施，做到滚动排查、及时化解，以大概率思维应对小概率事件，严防发生重特大安全生产事故和群体性事件。加强社会矛盾纠纷排查化解，健全矛盾纠纷排查和分析研判机制，严格落实领导干部接访、下访和包案制度，充分发挥镇村干部、派出所、司法所、综治信访维稳中心和群众性自治组织在矛盾纠纷化解机制中的作用，努力把矛盾化解在萌芽状态、解决在基层一线。

三是加强社会治安综合治理。良好的社会治理是保持社会和谐稳定的前提和保障。深化“中心+网格化+信息化”建设，推动综治信息系统、视联网系统和“雪亮工程”深度融合；健全“红袖章”、治安联防“三个一”工作机制，推动全民参与平安建设，构建群防群治治安防控体系。深化公安派出所规范化建设，严格落实“八个一”勤务机制，推动重心下移、警力下沉、保障下倾。纵深推进扫黑除恶专项斗争，加大打击垄断农村资源黑恶势力、打财断血、打伞破网力度，确保垄断

农村资源黑恶势力重点整治地区如期摘帽。深入推进全民禁毒工程，坚决打赢全民禁毒攻坚战。大力开展打击电信网络诈骗犯罪专项行动，建立健全预防和打击电信诈骗协作机制，全力遏制电信诈骗案件发生。

三、坚持不懈加强党的建设，推动全面从严治党向纵深发展

深入贯彻落实新时代党的建设总要求，全面加强党的领导和党的建设，把全市各级党组织锻造得更加坚强有力，为全面建成小康社会提供坚强政治保证。

（一）持续深入学习贯彻习近平新时代中国特色社会主义思想。坚持把学习贯彻习近平新时代中国特色社会主义思想作为理论武装的重中之重，持续在学懂弄通做实上下功夫，进一步增强各级党组织和党员干部学习贯彻的思想自觉和行动自觉。巩固拓展“不忘初心、牢记使命”主题教育成果，严格落实第一议题制度，完善党委（党组）理论学习中心组等各层级学习制度、干部培训制度，夯实广大党员干部守初心、担使命的思想基础。总结完善“大学习、深调研、真落实”工作方法，把“大学习”与“深调研”有效结合起来，强化调研成果运用，不断把学习贯彻的成效转化为乐昌改革发展的具体行动和扎实成效。抓好基层学习教育，发挥市镇党校、新时代文明实践中心（站、所）、党群服务中心等主阵地作用，加强对基层党员干部的教育培训，推动学习贯彻习近平新时代中国特色社会主义思想走深走实。

（二）旗帜鲜明抓实政治建设。坚持把做到“两个维护”作为第一位的政治要求，不断增强“四个意识”、坚定“四个自信”，自觉在思想上政治上行动上同以习近平同志为核心的党中央保持高度一致。坚决贯彻落实总书记重要指示批示精神和党中央、省委及韶关市委决策部署，严格执行重大事项请示报告制度，确保上级政令在乐昌大地畅通无阻、落地生根。加强政治能力建设，严守党的政治纪律和政治规矩，严格执行新形势下党内政治生活若干准则，杜绝“七个有之”，践行“五个必须”，做到“三个决不允许”，坚决防止“低级红”“高级黑”，以正确的认识和行动做到“两个维护”。大力倡导和弘扬忠诚老实、公道正派、实事求是、清正廉洁的价值观，营造清清爽爽的同志关系、规规矩矩的上下级关系、干干净净的社会关系，着力涵养风清气正的政治生态。

（三）坚决守好意识形态安全。坚持党管宣传、党管意识形态、党管媒体，牢牢掌握意识形态工作的领导权管理权主动权。建立市镇村三级意识形态工作体系，加大对落实意识形态工作责任制的实地检查考核和巡察力度，推动意识形态工作责任落细落实。加强涉意识形态各类阵地管理，健全意识形态分析研判和处置机制，深入开展网信、学校、宗教、新闻媒体、文化市场、出版印刷、户外宣传等重点领域专项整治，严防各类渗透破坏活动，切实维护意识形态安全。牢牢把握正确舆论导向，抓好新闻宣传、网络舆情队伍建设，扩大对外宣传力度，讲好乐昌故事，传播好乐昌声音；拓展完善融媒体中心功能，充分发挥媒体融合成果，打造新时代传播矩阵，增强主流媒体传播力、引导力、影响力和公信力。

（四）筑牢基层党组织战斗堡垒。强化大抓基层的鲜明导向，深入推进加强党的基层组织建设三年行动计划，用好用活“党建观摩”载体，积极开展各领域党组织达标创优评定工作，持续整顿软弱涣散基层党组织，推动基层党组织全面进步全面过硬。深入实施南粤党员先锋工程，继续开展党员评星定级活动，引导基层党员在动员服务群众、推动项目建设中发挥先锋模范作用。深入推进“三有双富”党建强村行动，建强党群服务中心，持续抓好“头雁”工程和“青苗”培养工程，落实村级党组织书记任免县级备案管理制度和村“两委”候选人资格县级联审机制，选优配强基层党组织书记，推动形成强大“头雁”效应；稳步推进村级集体经济增收计划，打造壮大村集体经济示范点，不断夯实农村基层基础。加强城市基层党建，通过模范机关创建、“红色物业”、志愿服务等形式，统筹抓好机关、社区、学校、国企、“两新”组织等领域党建工作，实现各单位、各行业和各领域党组织互联互动，提升城市基层党建整体效应。

（五）打造高素质专业化干部队伍。坚持党管干部原则，落实新时期好干部标准，推进素质培养、知事识人、选拔任用、从严管理、正向激励“五个体系”建设，努力锻造一支政治素质过硬、

治理能力过硬的高素质专业化干部队伍。探索完善领导干部常态化考察、精准化差异化考核评价方式，突出基层、突出一线、突出实干、突出实绩，把对基层群众饱含深情、对重大工作贡献突出、在关键时刻挺身而出、在一线岗位执着奉献的干部识别出来、使用出来。坚持政治素质和专业能力相结合，持续开展“双周讲坛”活动，有计划选派优秀年轻干部到东莞学习锻炼，到乡村振兴、重点项目建设等一线实践锻炼，切实提高干部能力素质。坚持激励和约束并重，充分发挥干部实绩档案、职级晋升、绩效考核的正向激励作用，强化干部考验性管理，建立容错纠错机制，进一步激发干部干事创业热情。深入实施韶关“丹霞英才计划”和“双百”人才工程，发挥人才驿站柔性引才作用，多渠道、多形式引进高层次优秀人才，为乐昌改革发展提供人才保障和智力支持。

（六）持之以恒正风肃纪反腐。坚持全面从严治党永远在路上，不断推进党风廉政建设和反腐败斗争向纵深发展。巩固拓展中央八项规定精神成果，驰而不息纠治“四风”，大力整治形式主义、官僚主义，深化治理文山会海、督查考核过多过滥等问题。严明工作纪律，严格落实市镇干部“5天4夜”坚守工作岗位所在地规定。坚持精准监督执纪问责，贯通运用监督执纪“四种形态”，持续加大执纪问责力度，以严明的纪律激浊扬清。保持惩治腐败高压态势，紧盯腐败易发高发的重大工程、重点领域、关键岗位，坚决查处贪污受贿、滥用职权、玩忽职守、徇私舞弊等职务违法和职务犯罪。深入推进基层正风反腐三年行动，深化扶贫领域腐败和作风问题专项治理，精准查处涉黑涉恶腐败和“保护伞”案件，坚决查处侵害群众利益的各种腐败和作风问题，维护人民群众切身利益。深化标本兼治，积极推进以案治本，构建一体推进不敢腐、不能腐、不想腐的体制机制，不断巩固和发展反腐败斗争压倒性胜利。加大政治巡察力度，高质量完成对29个单位党组织的常规巡察，实现村级党组织延伸巡察全覆盖，切实发挥好巡察利剑作用。

同志们，决战决胜之年要有决战决胜的精神状态，攻坚之年要有攻坚克难的毅力韧劲。让我们更加紧密地团结在以习近平同志为核心的党中央周围，高举习近平新时代中国特色社会主义思想伟大旗帜，在省委和韶关市委的坚强领导下，不忘初心、牢记使命、接续奋斗，以闻鸡起舞、日夜兼程、风雨无阻的奋斗姿态和“脚上有土、心中有谱”的务实作风，只争朝夕、不负韶华，笃定心志、砥砺前行，致力“说一件、做一件，做一件、成一件”，为加快乐昌振兴发展步伐，全力打造粤北绿色发展先行地做出新的更大贡献！

聚焦高质量发展 采取超常规举措 以新担当新作为 奋力推动“十四五”开好局

——在市委十三届十二次全会上的报告

（2021年2月5日）

中共乐昌市委书记　沈河民

同志们：

现在，我受市委常委会委托，向全会作工作报告。

一、坚定信心、攻坚克难，推动2020年乐昌各项事业取得新进步

2020年是极不平凡的一年。面对严峻复杂的国内外形势特别是突如其来的新冠肺炎疫情带来的冲击，在以习近平同志为核心的党中央和省委、韶关市委的坚强领导下，市委常委会坚持以习近平新时代中国特色社会主义思想为指导，全面贯彻党的十九大和十九届二中、三中、四中、五中全会精神，深入贯彻习近平总书记出席深圳经济特区建立40周年庆祝大会和视察广东重要讲话、重要指示精神，按照省委和韶关市委工作部署，团结带领全市广大党员干部群众，紧扣全面建成小康社会目标任务，坚持以生态优先、绿色发展为引领，主动融入和服务粤港澳大湾区、深圳先行示范区建设，统筹推进疫情防控和经济社会发展，扎实做好“六稳”工作、全面落实“六保”任务，推动乐昌各项事业取得新进步。

一年来，我们讲政治、强理论，学习贯彻习近平新时代中国特色社会主义思想不断走深走实。坚持以上率下带头学，全面落实第一议题制度，召开市委常委会、全市干部大会、市委理论学习中心组学习会等专题学习党的十九届五中全会和习近平总书记出席深圳经济特区建立40周年庆祝大会和视察广东重要讲话重要指示精神及《习近平谈治国理政》第三卷，示范带动全市党员干部深入开展学习贯彻工作。坚持丰富形式全面学，充分发挥市镇党校、新时代文明实践中心（所、站）等平台阵地作用，创新开展“双周讲坛”等宣传宣讲活动，实现基层党员学习教育培训全覆盖。坚持学用结合深入学，围绕事关乐昌改革发展全局的9个方面23个专题开展“深调研”，把调研成果融入“十四五”规划中，进一步明确建设粤北绿色发展先行地的思路举措，形成推进现代化建设的具体行动方案和施工图。

一年来，我们固堡垒、转作风，党的领导和党的建设全面加强。旗帜鲜明讲政治抓政治，巩固深化“不忘初心、牢记使命”主题教育成果，严格执行省委坚决落实“两个维护”十项制度机制及市委实施方案，全力支持配合省委巡视工作。全面落实意识形态工作责任制，强化意识形态阵地建设和管理，稳妥做好意识形态风险化解处置，有力维护意识形态安全。突出政治标准选人用人，提拔重用实绩突出的科级干部29名；深入实施韶关“丹霞英才计划”，引进“丹霞英才”178名，干部人才队伍结构不断优化。全面加强基层党组织建设，深入开展市镇干部“民情夜访”、在职党员到社区报到、城乡基层党组织结对共建等活动，扎实推进村（社区）“两委”换届工作，建成村（居）党群服务室508个，党的基层基础更加夯实。持之以恒正风肃纪反腐，查处“四风”问题16起、处分54人，全市纪检监察机关立案138件、处分133人，风清气正的

政治生态进一步形成。

一年来，我们战疫情、稳增长，疫情防控和经济社会发展取得“双胜利”。坚决守好广东疫情防控“北大门”，第一时间建立疫情联防联控机制，因时因势调整完善疫情防控措施，强化市镇村组四级网格化管理，构筑起群防群控群治的严密防线，疫情防控取得重大战略成果。在做好疫情防控的前提下，精准有序推进复工复产复商复市，全面落实减税降费政策，及时出台援企稳岗、促进消费等惠企纾困政策措施，累计新增减税降费超2亿元，新增“四上”企业33家、市场主体2963户，全市经济整体呈现逐季恢复性增长态势，全年实现地区生产总值增长3.3%、排韶关第4位，固定资产投资增长6.1%、排韶关第3位。

一年来，我们重保护、强治理，生态环境质量持续向好。加强生态系统保护修复，积极推进自然保护地整合优化，初步建立生态环境分区管控体系，首批列入粤北南岭山区山水林田湖草生态保护修复试点工程项目基本完成，石漠化土地面积持续缩减，森林防火形势总体平稳，创建国家森林城市获得国家林草局“双备案”。坚决打好污染防治攻坚收官战，顺利完成市区河道清淤工程及西坑水碧道一期、省际廊道美丽乡村示范重要节点碧道建设任务，河长制工作获韶关优秀等次，县级集中式饮用水水质稳定保持在Ⅱ类水质标准，市区空气质量指数优良率为98.89%，污染地块安全利用率达100%。

一年来，我们兴产业、调结构，高质量发展迈出稳健步伐。大力发展现代特色农业，岭南落叶水果省级现代农业产业园获批新建，九峰镇入选全国农业产业强镇建设名单，新增省级“一村一品、一镇一业”专业镇2个、专业村18个；北乡马蹄、乐昌雪毛鸡、乐昌白毛茶获全国名特优新农产品称号，新增粤港澳大湾区“菜篮子”生产基地3家、省“菜篮子”生产基地9家。大力推动工业提质增效，全年新签约项目24个、落地动工项目21个，竣工投产项目21个，新增规上企业11家、亿元企业6家、高新技术企业6家，规上工业增加值增速自2014年以来首次实现两位数增长；加快产业发展平台建设，大朗（乐昌）产业共建科技园基本完工，建成标准厂房面积13.7万平方米，园区产业集聚力和承载力明显提升。大力发展全域旅游，成功举办全国象棋女子甲级联赛、南粤古驿道定向大赛、农民丰收节等系列特色赛事节庆活动，华南教育历史研学基地（坪石）项目入选省文物古迹活化利用典型案例，农文旅体融合发展焕发新的生机活力。

一年来，我们抓重点、促协同，全面深化改革向纵深推进。坚持以重点领域和关键环节改革为牵引，带动各领域改革全面发力、多点突破，11个方面46项年度改革任务全面完成。农村集体产权制度改革、农民专业合作社质量提升整县推进、坪石镇经济发达镇行政管理体制改革等国家级、省级试点取得积极成效，坪石镇入选城乡融合发展省级中心镇试点地区。镇街体制改革顺利完成，基层治理体系不断完善。省定“僵尸企业”市场化出清和国有企业退休人员社会化管理工作全面完成，国有企业改制更加规范。政务服务事项“一窗”分类受理率达82%，网上可办率达90%以上，企业开办登记用时压缩至1小时，社会投资项目审批时限压缩至40个工作日，营商环境不断优化。

一年来，我们强统筹、促提升，城乡发展协调性不断增强。大力推进县城品质提升“439”、乡镇（镇街）提升“139”行动，旧城提质二期工程、老旧小区改造工作扎实推进，循环经济环保园顺利竣工试产，镇级生活污水处理设施实现全覆盖，长来、廊田镇街整治提升工作获评韶关优秀等次，誉马葡萄酒小镇入选省级特色小镇培育库，城镇功能品质明显提升。大力推进美丽乡村建设，村庄卫生保洁覆盖率100%、干净整洁村创建达标率81%，省际廊道美丽乡村示范带、北乡美丽乡村示范镇等“四沿”区域美丽乡村示范效果初显，全域自然村集中供水工程稳步推进，坪石—梅花自来水扩网项目顺利实施，“四好农村路”年度建设任务如期高质量完成，农村生产生活条件大幅改善。

一年来，我们补短板、惠民生，人民群众获得感幸福感更加充实。坚决打赢脱贫攻坚战，39个省定贫困村和建档立卡贫困户全部达到脱贫出列标准。全面发展文化、教育、医疗事业，红军长征乐昌教育基地、西京古道（乐昌段）保护修缮等项目稳步推进，凤凰小学、乐园小学等一批新（扩）建学校建成投入使用，异地新建市第二人民医院全面开业，成功创建全国基层中医药服务先进单位、省级慢性病综合防控示范区。扎实做好就业和社会保障工作，城镇新增就业3123人，城乡居民基本医疗保险、养老保险参保完成率达100%，孤寡老人、困境儿童、残疾人等特殊群体权益得到有效保障。

一年来，我们守底线、防风险，社会大局保持和谐稳定。大力推进平安乐昌建设，全力防范化解各领域重大风险，建立全省首个第三方矛盾纠纷多元化解调处中心，创建全省“维稳工作示范点”工作有序推进，扫黑除恶专项斗争三年攻坚仗胜利收官，禁毒重点整治地区成功摘帽。深入推进全面依法治市，“智能化+公共法律服务”建设提档升级，“七五”普法任务圆满完成，成功创建省级法治文化主题公园。严格落实安全生产和食品药品安全“一岗双责”，市公共卫生应急处置中心建设项目顺利动工，“村村通”应急广播系统建成启用，应急救援管理体制更加健全，突发公共事件应急能力显著增强。

这一年，我们坚定不移发展社会主义民主政治，积极支持人大、政协依法依章程履行职能，持续巩固壮大爱国统一战线，扎实做好民族宗教、台港澳和侨务工作，充分发挥工会、共青团、妇联、工商联、残联等人民团体作用，全面加强党管武装，广泛团结凝聚各方力量，众志成城、共克时艰，打赢了一场又一场硬仗，办成了一件又一件实事，实现“十三五”规划圆满收官，全面建成小康社会胜利在望，为开启全面建设社会主义现代化新征程奠定了坚实基础。这些成绩的取得来之不易，是党中央和省委、韶关市委坚强领导的结果，是全市上下团结奋斗、不懈努力的结果。在此，我代表市委常委会，向全市广大工人、农民、知识分子、干部、驻乐昌部队和公安干警，向各民主党派、无党派人士、人民团体和关心支持乐昌发展的社会各界朋友，表示衷心的感谢！

在肯定成绩的同时，我们必须清醒地看到存在的问题和短板，主要表现在：生态环境保护治理任务艰巨，环保基础设施建设仍需加强；经济恢复基础尚不牢固，工业经济主导地位仍未确立，消费市场复苏缓慢；城乡区域发展不平衡不充分问题仍然突出，乐城、坪石辐射带动能力不强，乡村振兴任重道远；民生领域仍存在短板，实现基本公共服务均等化还有不小差距；干部思想观念不够解放，改革创新意识还不够强；反腐败斗争形势依然严峻复杂，风清气正的政治生态仍需巩固，等等。我们必须采取有力措施，认真加以解决。

二、认真学习、深刻领会习近平总书记系列重要讲话和重要指示批示精神，切实沿着总书记指引的方向谋划和推动乐昌改革发展各项工作

2021年是我们党成立100周年，是实施“十四五”规划、开启全面建设社会主义现代化国家新征程的第一年，做好今年工作至关重要。近段时间，习近平总书记在党的十九届五中全会、中央经济工作会议、中央农村工作会议、省部级主要领导干部专题研讨班等重要会议上发表一系列重要讲话，系统总结2020年和“十三五”时期的非凡成就、宝贵经验，深刻分析国内国际形势，全面部署2021年和“十四五”时期工作，特别是总书记把握时代大势、回答时代之问，指出进入新发展阶段明确了我国发展的历史方位，贯彻新发展理念明确了我国现代化建设的指导原则，构建新发展格局明确了我国经济现代化的路径选择，为我们开启新征程提供了政治上、思想上、理论上、实践上的科学指引，也为我们做好今年工作提供了根本遵循。省委十二届十二次、十三次全会和省人大、省政协“两会”，进一步深化“1+1+9”工作部署，研究谋划“十四五”时期全省经济社会发展，并围绕打造新发展格局战略支点作出部署要求。韶关市委十二届十三次、十四次全会和市人大、市政协“两会”，紧紧围绕争当北部生态发展区高质量发展排头兵目标定位，对“十四五”时期推进新型工业化、信息化、城镇化、农业现代化，加快实现资源资产价值化等作出系统谋划，明确把今年确定为“全面深化改革年”，以改革促发展、以改革促建设、以改革盘活资源，争做北部生态发展区全面深化改革的领跑者。我们要提高政治站位、深化思想认识，自觉把习近平总书记系列重要讲话与总书记出席深圳经

济特区建立40周年庆祝大会和视察广东重要讲话、重要指示精神有机结合起来，一体学习贯彻，按照省委、省政府和韶关市委、市政府工作部署要求，进一步增强“四个意识”、坚定“四个自信”、做到“两个维护”，切实沿着总书记指引的方向谋划和推动乐昌改革发展各项工作。

今年全市工作的总体要求是：以习近平新时代中国特色社会主义思想为指导，全面贯彻党的十九大和十九届二中、三中、四中、五中全会及中央经济工作会议精神，深入贯彻落实习近平总书记对广东系列重要讲话和重要指示批示精神，认真落实省委、省政府和韶关市委、市政府部署要求，坚持稳中求进工作总基调，立足新发展阶段，贯彻新发展理念，积极参与构建新发展格局，以推动高质量发展为主题，以深化供给侧结构性改革为主线，以改革创新为根本动力，以满足人民日益增长的美好生活需要为根本目的，坚持系统观念，巩固拓展疫情防控和经济社会发展成果，更好统筹发展和安全，更加注重生态优先、绿色发展，主动融入对接粤港澳大湾区和深圳先行示范区建设，扎实做好“六稳”工作、全面落实“六保”任务，推动乐昌高质量发展，全力打造粤北绿色发展先行地，确保“十四五”发展开好局、起好步，以优异成绩庆祝建党100周年。

按照“新发展阶段、新发展理念、新发展格局”要求，从乐昌实际出发，市委考虑，今年经济增长的预期目标为7%以上。这个目标略高于全国全省水平，与韶关市确定的增长目标一致，与我市“十四五”和2035年远景目标相衔接，主要体现出我们加快发展的坚定决心和服务大局的责任担当。要实现这个目标必须上下齐心、加倍努力、持续奋斗，落实以下四个方面原则要求。

——坚持新发展理念。新发展理念是习近平总书记思想的重要组成部分，是党的十八大以来我们党对经济社会发展提出的13个方面重大理论和理念中最重要的、最主要的。乐昌是北部生态发展区的重要组成部分，面临的资源环境约束更紧更严，必须坚持完整、准确、全面贯彻新发展理念，把新发展理念贯彻到经济社会发展全过程和各领域，正确处理好生态保护与经济发展的关系，加快构建生态产业体系，着力解决城乡发展二元结构问题，努力在高水平生态环境保护中实现发展新优势。

——坚持参与构建新发展格局。省委提出打造新发展格局战略支点，是贯彻落实总书记、党中央决策部署和参与构建新发展格局的战略定位。乐昌作为广东辐射内陆腹地的“桥头堡”，必须牢牢把握国家激活“双循环”契机，坚持扩大内需这个战略基点，加快产业转型升级、资源综合利用、基础设施建设、消费扩容提质、区域交流合作等，增强经济发展内生动力，使乐昌从改革开放的“边沿”变成扩大内需的“前沿”，着力在参与构建新发展格局中塑造发展新动能。

——坚持全面深化改革。改革既是解放和发展生产力的关键一招，也是推动发展的根本动力。乐昌作为粤北欠发达地区，要实现进位赶超，更要在改革完善体制机制上下功夫，坚持目标导向、问题导向、结果导向，统筹考虑短期应对和中长期发展，以更大气魄推进全面深化改革，加强改革举措的系统集成、协同高效，坚决破除制约高质量发展、高品质生活的体制机制障碍，持续向改革要动力、向创新要活力、向制度要效益，以深化改革推动乐昌实现新发展。

——坚持系统观念。系统观念是习近平总书记教导的具有基础性的思想和工作方法，是“十四五”时期推动经济社会发展必须遵循的重要原则。必须遵循系统观念的内在规律与实践要求，对全市新发展阶段工作作出前瞻性思考、全局性谋划、战略性布局、整体性推进，增强政策配套和工作衔接，坚持综合施策与精准施策并举、重点突破和整体推进并重，充分发挥各方面积极性，用全面、联系和发展的观点分析和解决改革发展稳定问题，推动乐昌各项工作实现新突破。

三、聚焦重点、真抓实干，推动乐昌“十四五”开好局、起好步

韶关市委把今年确定为全面深化改革年，全市上下要自觉把乐昌工作放在韶关发展大局中把握，高举改革这面大旗，采取超常规举措，全力办好自己的事，以新担当新作为奋力推动乐昌高质量发展。钟曦同志一会儿将对今年经济工作作具体安

排。这里，我围绕推动乐昌“十四五”开好局、起好步，重点强调几个方面工作。

（一）突出生态保护优先，加快实现资源资产价值化。绿色生态是乐昌最核心的资源。要坚定不移践行“绿水青山就是金山银山”的理念，积极探索推进资源资产价值化，将绿水青山蕴含的生态产品价值转化为现实环境生产力。

一要全面加强生态保护修复。保护好生态环境是实现资源资产价值化的基础。要强化“三线一单”成果应用，加快编制实施国土空间总体规划，划定并严守生态保护红线、永久基本农田、城镇开发边界等空间管控边界。要积极配合省韶构建以南岭国家公园为主体的自然保护地体系，启动自然保护地勘界立标和信息数据系统建设，强化重要自然生态系统、生物多样性、水源涵养地等核心功能。要以创建国家森林城市为抓手，全面推进生态系统修复工作，实施高质量水源林、乡村绿化美化等林业重点生态工程，加快山水林田湖草生态保护修复试点项目建设，持续推进石漠化综合治理，提升生态系统质量和稳定性。

二要持续开展污染防治行动。治理是生态环境保护的关键之举。要坚持防治结合、标本兼治、综合施策，大力整治大气、水、土壤污染等突出问题，推动生态环境持续改善。要常态化开展扬尘整治，强化大气污染过程监测预警，大力推进挥发性有机物、臭氧污染防治，严格管控露天焚烧行为，全力保卫好一片蓝天。要以河长制为抓手，强化全流域系统治理，加大饮用水源保护力度，高质量推进万里碧道建设，加快城乡污水处理设施建设步伐，全力守护好一江碧水。要强化土壤污染源头管控，落实农用地分类管理，加强固体废物的全过程监管，加快建筑垃圾渣土消纳场建设，扎实开展绿色矿山创建，全力保护好一方净土。

三要探索推进资源资产价值化。资源资产价值化是推动“两山”理论有效转化的重要举措。要全面摸清资源资产家底，稳步推进自然保护地、水流、森林、山岭、荒地、矿产资源等全要素自然资源确权登记、优化整合工作，加强资源资产统一监管，构建归属清晰、权责明确、保护严格、监管有效的自然资源资产产权体系。要推进资源资产价值量化，有序开展矿产资源、森林资源、水资源、农用地资源、大气资源评估核算，探索编制自然资源资产负债表价值量表，让绿水青山有价可依。要加强资源资产转化利用市场化运作，积极引入社会资本和专业运营商参与开发运营，探索碳汇、水权等生态环境资源有偿使用模式，大力盘活闲置低效土地，推动资源资产多元化增值。

（二）加快产业转型升级，推动工业经济提质增效。产业发展不足是乐昌发展最大的不足。要坚定不移走新型工业化道路，加快工业绿色转型，推进产业集群化和产业链现代化，提升绿色低碳循环发展水平。

一要大力发展绿色工业。绿色工业是构建生态产业体系的重要支柱。要坚持把绿色工业作为经济工作的重中之重来抓，按照省“双十”产业集群布局，深入实施产业共建“十百”工程，“一链一策”定制重点产业链配套政策，发展壮大先进装备制造、先进材料、现代轻工等新兴主导产业，改造提升传统产业，推动产业结构由中低端向中高端迈进。要大力实施工业企业倍增工程，积极引导各类资源要素向创新型、成长型企业倾斜，培育壮大规上工业企业、亿元企业规模，增强工业对经济的支撑作用。要大力推进科技创新，依托创建省级高新区建设科技孵化器、众创空间等创新创业载体，继续开展高新技术企业树标提质行动，加大中小微企业扶持力度，引导企业向“专精特新”方向发展。

二要提升招商引资质效。招商引资是产业发展的生命线。要坚持“一把手”带头招商，组建专业化招商队伍，建立健全信息共享、资源共享、项目共享、平台共享机制，完善招商引资考核激励政策，推动形成大招商、招大商、招好商工作格局。要潜心研究、准确把握发达地区产业转移新动向、资本流向新趋势，充分发挥大朗乐昌对口帮扶平台作用，重点加强与粤港澳大湾区等区域产业对接，着力引进一批技术含量高、发展前景好、带动能力强的优质项目。要强化产业链招商，聚焦“2+1”主导产业发展方向，大力开展主题招商活动，积极引进“龙头”企业、“链主”企业，加快补链延链强链，打造特色产业集群。

三要持续优化营商环境。良好的营商环境是产业发展的重要基础。要全面提升政务服务效能，加快“数字政府”建设，推动新政务服务大厅标准化建设，全面推行“在线申办”“全市通办”“证照联办”服务模式，实现更多政务服务事项“进门上网、一次办好”。要深化“大朗效率+乐昌服务”营商服务品牌，严格落实减税降费、减租降息等惠企纾困政策，完善政企常态化沟通机制，建立健全走访企业制度，当好服务企业“贴心人”。要加快推进产业园扩容提质，启动智慧化园区管理平台建设，探索实行“园中园”市场化运营模式，扩大标准厂房等“拎包入驻”产业共建载体建设规模，提升园区承载力和服务力。

（三）坚持全面深化改革，着力破解制约发展难题。改革是引领发展的第一动力。要用足用好改革“关键一招”，坚定不移深化改革、推动变革，用改革思维和改革办法破解难题，为乐昌经济社会发展注入强大动能。

一要加强改革统筹谋划。要坚持改革正确方向，研究吃透中央、省、韶关改革部署，坚持目标导向、问题导向，主动做好协同对接，找准乐昌改革工作的切入口和着力点，推动顶层设计和基层探索良性互动、有机结合。要牢固树立“一盘棋”思想，坚持统筹谋划、协同推进，发挥市委深改委和改革专项小组职能作用，强化各领域改革的联动集成和协同配合，推动形成统筹决策科学、主责实施高效、各尽其职抓落实的良好工作格局。要健全督办落实、考核评价机制，加强对重点改革任务推进落实情况、实施效果的督察，拓展社会各界参与改革决策和评价渠道，推动各项改革举措落地见效。

二要深化重点领域改革。立足乐昌经济社会发展需要，聚焦打造粤北绿色发展先行地目标，加大改革攻坚力度，实施一批符合乐昌实际的更深层次、更高领域改革。要围绕有利于提高资源配置效率，加快推进土地、劳动力、资本、技术、数据等要素领域改革，激发各类市场主体创造力和活力。要围绕有利于提高发展质量和效益，加强自然资源资产管理、科技创新、城市管理、营商环境、招商引资、社会民生等领域改革，推动改革与发展深度融合、高效联动。要围绕有利于调动各方面积极性，加快推进人才机制、财税体制、园区建设等改革，充分激发全面深化改革整体效应，为推动高质量发展提供强大动力。

三要强化改革探索创新。坚持先行先试、大胆创新，在抓好农民合作社质量提升整县推进、坪石镇城乡融合发展、粤湘开放合作先行区等国家、省、韶部署的重大改革试点基础上，注重工作的前瞻性思考谋划，加强与上级部门沟通对接，提前做好政策储备和工作准备，争取更多改革试点落户乐昌。要结合自身资源禀赋和特色亮点，多复制推广先进地区改革经验，多谋划推出一批原创性、差异化改革事项，争取创造更多鲜活的改革创新典型案例，打造具有乐昌特色的改革品牌。要营造改革创新浓厚氛围，强化改革正面宣传引导，建立健全容错免责机制，旗帜鲜明地为改革者撑腰、为创新者鼓劲，不断激发改革创新者热情。

（四）大力推进新型城镇化，提升省际门户城市形象。城镇化是现代化的必由之路。要围绕构建“一市两城四片区中心”城镇发展格局，大力实施城镇更新行动，推进城镇品质整体提升，打造宜居宜业宜游清和乐昌。

一要加快城区扩容提质。县城是新型城镇化的主阵地。要深入实施“东融、西拓、南进、北优”的城市发展战略，持续开展县城品质提升“439”行动，继续实施旧城提质项目建设，加快推进老旧小区改造，完善停车场、公园绿地、农贸市场等公共服务设施，着力提升城市风貌和功能品质。要用“绣花”功夫推进城市精细化管理，大力推行“路长制+网格化”管理模式，加快“智慧城管”平台建设，稳步推进垃圾分类处理，提升城市管理集约化、数字化、智能化水平。要全面推进续创省文明城市工作，以点带面抓好创文整改，着力补齐工作短板弱项，提升市民文明素质和城市文明程度，让城市发展更有内涵。

二要激发坪石发展活力。坪石镇是辐射带动北部乡镇发展的重要引擎。要以推进城乡融合发展省级中心镇试点建设为抓手，分步实施古街提升工程和镇区老旧小区改造，推进镇区公共服务设施提标扩面、环境卫生设施提级扩能、市政公用设施提档升级、产业培育设施提质增效，打造集约发展水平高、带动能力强的县域副中心。要深化省经济发达镇行政管理体制改革，进一步优化内部运行机制，推进行政综合执法规范化建设，完善“互联网+政务服务”综合性公共服务平台，探索构建简约高效的新型基层政府治理架构，不断激发经济社会发展内生动力。

三要提升乡镇建设水平。乡镇是推动城乡融合发展的重要结合点和着力点。要优化乡镇发展定位，因地制宜发展特色优势产业，推动各镇多元化发展，促进形成特色鲜明、分工协作、功能互补的乡镇空间格局。要全力补齐镇街人居环境突出短板，继续实施乡镇（镇街）提升“139”行动，以“三项整治”治理镇区“脏、乱、差”现象，以“九项基础工程”提升镇区风貌品质，着力推动乡镇（镇街）提升全覆盖，打造风貌各异的特色镇区。要健全城乡融合发展体制机制，依托以集镇为中心的农民生活服务圈建设，强化集镇公共服务能力，更好发挥集镇对乡村的带动作用。

（五）实施扩大内需战略，积极参与构建新发展格局。扩大内需是构建新发展格局的关键。要牢牢把握扩大内需这个战略基点，全面促进消费，拓展投资空间，积极参与国内大循环，为参与构建新发展格局提供有力支撑。

一要着力激活消费潜力。消费是经济循环中的重要一环，是推动经济发展的持久动力。要顺应消费结构升级趋势，完善促进消费政策措施，持续改善消费环境，进一步激发居民消费潜力，培育新的经济增长点。要创新发展消费业态，大力推广线上线下相融合消费模式，加快推进国家级电子商务进农村综合示范县创建，打造独具特色的夜间经济消费集聚区，促进消费扩容提质。要激活文旅消费潜力，加快华南教育历史研学基地（坪石）、长征国家文化公园（乐昌段）等重大项目建设，办好农民丰收节、徒步乐昌峡等特色旅游节庆活动，谋划提升旅游服务环境和设施，做旺旅游消费市场。

二要积极扩大有效投资。牢固树立抓投资就是抓发展的理念，大力推进项目攻坚，着力增强有效投资的后劲。要强化项目谋划储备，重点在生态产业、乡村振兴、民生保障等领域谋划一批大项目好项目，探索建立重点项目“全生命周期”管理机制，推动形成谋划一批、实施一批、落地一批的项目滚动式开发格局。要狠抓重点项目建设，聚焦推动高质量发展，加快推动交通、能源、水利、物流等传统基础设施建设，谋划推进5G基站等新型基础设施建设，为经济稳增长提供坚实有力支撑。要强化项目要素保障，落实“资金跟着项目走、要素跟着项目跑”机制，全面优化项目审批、要素保障服务，推动重点项目加快落地建设。

三要务实推动区域协作。开展区域对接合作是拓展乐昌发展空间、融入国内大循环的战略选择。要主动对接融入“双区”建设，依托工业产业园、现代农业产业园等平台，深化与“双区”产业、科技、人才、市场合作交流，大力引进“双区”优质资源，在主动对接、主动支持、主动服务中实现新发展。要深化大朗乐昌对口帮扶，按照“乐昌所需、大朗所能”原则，突出产业和民生两个重点，高水平推进园区产业共建，创新开展多领域帮扶对接，打造具有鲜明大朗特色、乐昌特点的“援建品牌”。要加强与周边邻省地区交流合作，积极谋划开展创建粤湘开放合作先行区综合试点工作，推动跨区域交流合作取得新突破。

（六）全面推进乡村振兴，加快实现农业农村现代化。坚持把解决好“三农”问题作为工作重中之重，以精细农业、精美农村、精勤农民为主攻方向，深入实施乡村振兴战略，着力把“三农”短板变成“潜力板”。

一要大力发展精细农业。产业是推进农业农村现代化的原动力。要突出高质高效，坚持科技兴农、质量兴农、品牌兴农，深化农业供给侧结构性改革，推动生态农业优质化、特色化、品牌化发展。要统筹抓好粮食稳产保供，做优做强特色农产品优势区，建成一批农产品精深加工示范基地，高水平打造“一市多园、一镇一业、一村一品”现代农业产业体系。要深入实施农业品牌提升行动，唱响“乐农优品”农业品牌，强化农业品牌营销，让乐昌农产品风行“双区”、畅销省内外。要大力发展数字农业，探索建立“粤农服”农业综合服务数字平台，建成农业科技示范展示基地和优质水果良种良法示范基地，提升科技助农水平。

二要大力建设精美农村。乡村是乡村振兴的主战场。要突出宜居宜业，持续开展乡村建设行动，深入实施“千村示范、万村整治”工程，梯次打造干净整洁村、美丽宜居村、特色精品村，不断提升乡村精美风貌、文明风尚、岭南风韵。要深化全域农村人居环境整治，全面推进破旧泥砖房清理整治，大力开展农房管控和风貌提升，抓好农村安全饮水等基础设施建设和提档升级，切实改善农村生产生活条件。要以“四沿”为重点，以点带面、连点成线、连线成片推进美丽乡村建设，持续用力抓好沿城市周边美丽乡村示范带、省际廊道美丽乡村示范带、主要交通干线沿线村庄美丽乡村建设，推动形成示范效应。

三要大力培养精勤农民。农民增收是“三农”工作的中心任务。要突出富裕富足，推动农户与现代农业有机衔接，发挥新型助农服务平台作用，健全农民合作组织体系、农业生产服务体系，有效激发农村资源要素活力，着力构建更加长效的利益联结机制，让农民更好嵌入现代农业产业体系、更多分享产业增值收益。要实施高素质农民培育工程，通过就地培养、吸引提升等方式，分层分类培养一批爱农业、懂技术、善经营、会管理的新型职业农民。要做好巩固拓展脱贫攻坚成果同乡村振兴有效衔接，健全防止返贫动态监测和帮扶机制，借力新一轮帮扶乡村工作，推动帮扶脱贫向帮扶全面振兴转变。

（七）保障和改善民生，持续提升人民生活品质。坚持把实现好、维护好、发展好最广大人民根本利益作为发展的出发点和落脚点，持续加大民生领域投入，优化基本公共服务供给，不断实现人民对美好生活的向往。

一要全面推进教育事业发展。教育是民生之基。要进一步优化教育资源布局，统筹抓好学校项目规划建设，引进社会力量兴办优质学校，扩大义务教育尤其是城区初中阶段学位供给，促进各类教育优质均衡发展。要继续深化教育领域综合改革，试点实施义务教育学校（幼儿园）集团化办学，强化师资队伍建设和管理，全面提升教育教学质量。要推动职业教育扩容提质，依托省南方技师学院（乐昌校区）、中等职业技术学校，深化校企合作、产教融合、工学结合，推动职业学校主动融入地方经济社会发展。要加强校园安全教育管理，大力创建文明校园、平安校园，营造和谐稳定的育人环境。

二要大力推进健康乐昌建设。健康是促进人的全面发展的必然要求。要持续提升医疗服务能力，实施县级医院综合能力提升行动，发挥高水平医院组团式对口帮扶作用，强化市中医院中医特色专科建设，完善市镇村三级医疗卫生机构服务网络。要深化医疗卫生体制改革，全面加强紧密型县域医共体建设，大力推进分级诊疗，落实国家组织药品集中采购，持续增强群众基本医疗服务获得感。要完善公共卫生体系，扎实推进国家卫生城市创建工作，深入开展爱国卫生运动，加快市公共卫生应急处置中心等项目建设，健全疾病预防控制网络，提高突发公共卫生事件应急处置能力。

三要繁荣发展文化体育事业。文化建设是促进公民文明素质提升的重要手段。要聚焦庆祝中国共产党成立100周年，组织开展好重大主题宣传和群众性宣传教育，推动理想信念教育常态化、制度化。要完善公共文化服务体系，推进图书馆产业园分馆建设和风度书房中心镇全覆盖，完善镇级综合文化站和村（社区）综合文化服务中心功能，广泛开展群众性文体活动，满足人民日益增长的文体需求。要加快推进优秀传统文化发展，深入挖掘保护和活化利用红色文化、民俗文化、工矿文化、古驿道文化资源，加强高素质文艺人才培养，推出一批具有乐昌文化魅力的文艺精品，不断丰富人民群众精神文化生活。

四要健全完善社会保障体系。社会保障是社会发展的稳定器。要把稳就业摆在突出位置，精准做好高校毕业生、异地务工人员、就业困难人员、退役军人等重点群体就业服务，高质量推进“粤菜师傅”“广东技工”“南粤家政”三项工程，强化创业带动就业，推动实现更加充分更高质量的就业。要深入实施全民参保计划，加大社保扩面征缴力度，稳步推进机关事业单位养老保险制度改革，不断提高保障水平。要加强养老、抚育、优抚、社会救助等保障体系建设，持续提升社会福利机构服务水平，强化特困人员、困境儿童、残疾人等困难弱势群体权益保障，切实兜牢民生底线。

（八）统筹发展和安全，提升平安乐昌法治乐昌建设水平。坚持系统观念，把安全发展贯穿经济社会发展各领域和全过程，落细落小防风险、保安全、护稳定各项措施，努力打造全省全韶最安全稳定、最公平公正、法治环境最好的地区之一。

一要毫不松懈抓好疫情防控。完善常态化疫情防控机制，落实网格化防控措施，慎终如始抓好“外防输入、内防反弹”各项工作，切实巩固来之不易的疫情防控成果。要压紧压实疫情防控主体责任，紧盯重点地区、重点场所、重点环节，突出抓好农村地区及返乡人员闭环管理，强化冷链食品全链条管控，织密织牢疫情防控安全网。要加强疫情防控宣传教育，引导群众养成良好卫生习惯和生活方式，尽量减少人员流动和聚集，提升群众疫情防控意识。要完善核酸检测能力建设，有序开展新冠疫苗接种工作，全力做好冬春季疫情防控工作，提高突发疫情应急处置能力，坚决守护好人民群众生命安全和身体健康。

二要全力防范化解重大风险。坚持底线思维、强化风险意识，全面落实风险隐患排查预警、源头化解、有效处置等措施，用大概率思维应对小概率事件，切实把各类风险隐患化解于未萌。要坚决贯彻总体国家安全观，深入开展维护国家政治安全行动，坚决维护国家政治安全。要密切关注经济领域可能出现的风险隐患，统筹防范化解问题楼盘、金融诈骗、非法集资、工资拖欠等风险，更好实现稳增长和防风险长期平衡。要高度重视安全生产工作，严格落实安全生产责任制，强化食品药品安全监管，完善应急处置机制，确保人民群众生命财产安全。

三要加强和创新社会治理。良好的社会治理是保持社会和谐稳定的前提和保障。要加强民主政治建设，支持人大、政协依法依章程履职，继续做好爱国统一战线工作，充分发挥工青妇等群团组织桥梁纽带作用，加强党管武装工作。要认真贯彻习近平法治思想，稳步推进行政执法、行政复议体制改革，加强执法司法制约监督，全面开展政法队伍教育整顿，启动实施“八五”普法，为推动高质量发展营造良好的法治环境。要深化平安乐昌建设，扎实推进全省“维稳工作示范点”创建工作，坚决打好建党100周年等重要时间节点安保维稳主动仗，常态化开展扫黑除恶工作，深化“枫桥式公安派出所”创建，严厉打击治理“黄赌毒”、电信网络诈骗等违法犯罪行为，切实维护社会大局和谐稳定。

四、不忘初心、牢记使命，坚定不移加强党的全面领导和党的建设

实现高质量发展，关键在党、关键在干部。要牢牢把握新时代党的建设总要求，深入推进全面从严治党，不断提高党的建设质量，把各级党组织锻造得更加坚强有力，为推动乐昌“十四五”开好局、起好步提供坚强政治保证和组织保证。

一要以笃信笃行的精神强化思想武装。坚持用党的创新理论武装头脑，把学习贯彻习近平新时代中国特色社会主义思想作为头等大事和首要政治任务，严格落实市委常委会第一议题和市委理论学习中心组学习制度，持续开展“大学习、深调研、真落实”工作，带动党员干部学深悟透、融会贯通、真信笃行。巩固深化“不忘初心、牢记使命”主题教育成果，充分发挥市镇党校、新时代文明实践中心（所、站）、党群服务中心主渠道作用，持续加强理想信念教育、党性教育、法德教育，引导广大党员干部成为习近平新时代中国特色社会主义思想的坚定信仰者、积极实践者、忠诚捍卫者。

二要以强根铸魂的自觉加强政治建设。始终把党的政治建设摆在首位，进一步增强“四个意识”、坚定“四个自信”、做到“两个维护”，严守政治纪律和政治规矩，自觉在政治立场、政治方向、政治原则、政治道路上同以习近平同志为核心的党中央保持高度一致。坚持和完善党的领导制度体系，着力加强市委常委会自身建设，充分发挥党委议事协调机构职能作用，进一步提高党把方向、谋大局、定政策、促改革的能力。严格落实意识形态工作责任制，健全完善市镇村三级意识形态工作体系，全面加强意识形态阵地建设和管理，牢牢掌握意识形态工作的领导权、管理权、主动权。

*三要以坚定有力的行动贯彻组织路线。*牢固树立大抓基层的鲜明导向，启动实施新一轮加强党的基层组织建设三年行动计划，一体推进各领域基层党组织建设，深入开展城乡基层党组织结对共建、机关党组织“双争双促”实践活动，不断扩大基层党的组织覆盖和工作覆盖。突出政治功能和组织功能，充分发挥村（社区）党群服务中心作用，继续开展“在职党员进社区”“民情夜访”等活动，打通服务群众“最后一米”。坚持党建引领，把抓基层党建与疫情防控、乡村振兴、重大项目建设等重点工作、重大任务结合起来，不断增强党在基层的政治领导力、思想引领力、群众组织力、社会号召力。

*四要以实干实绩的导向激励担当作为。*落实新时期好干部标准，将政治标准贯穿干部“选育用管储”各环节，注重在基层一线、项目一线、业务一线培养干部、锤炼干部、考察干部，着力把工作实绩突出、群众口碑好、想干事能干事的干部选拔使用起来。着眼“十四五”时期发展要求，认真谋划做好市镇两级换届工作，扎实做好村级班子换届后续工作，着力建好建强领导班子和干部队伍。改进推动高质量发展的政治考核，加强对敢担当善作为干部的激励保护，充分激发党员干部干事创业的热情和劲头。完善引才、育才、留才机制，聚焦医疗教育、产业发展等重点领域，深入实施韶关“丹霞英才计划”，为乐昌高质量发展提供有力人才保障和智力支持。

*五要以坚忍执着的决心深化正风反腐。*坚持纠“四风”与树新风并举，锲而不舍落实中央八项规定精神，持续纠治形式主义、官僚主义，防止享乐主义、奢靡之风反弹回潮。深化运用监督执纪“四种形态”，加强对党中央重大决策部署贯彻落实情况的政治监督，不折不扣抓好省委巡视反馈问题整改工作，推动纪律监督、监察监督、派驻监督、巡察监督贯通融合。巩固拓展基层正风反腐三年行动成果，持续整治群众身边腐败和不正之风，坚决查处项目审批、国企改革、公共资源交易等方面的腐败问题，做实以案促改、以案促治，加强廉洁文化和家风建设，一体推进不敢腐、不想腐、不能腐，营造风清气正的政治生态。

同志们，艰难方显勇毅，磨砺始得玉成。让我们更加紧密地团结在以习近平同志为核心的党中央周围，不忘初心、牢记使命、接续奋斗，以一往无前、风雨无阻的奋斗姿态和抓铁有痕、踏石留印的实干作风，加快推动乐昌高质量发展，奋力打造粤北绿色发展先行地，为韶关争当北部生态发展区高质量发展排头兵做出更大贡献，以优异成绩庆祝建党100周年！

政府工作报告

——在乐昌市第十五届人民代表大会第七次会议上的报告

（2021年2月7日）

乐昌市人民政府市长　钟　曦

各位代表：

现在，我代表市人民政府，向大会报告工作，请予审议，并请各位政协委员和列席人员提出意见。

“十三五”发展成就和2020年工作回顾

“十三五”时期，我们坚持以习近平新时代中国特色社会主义思想为指导，在韶关市委市政府和乐昌市委的正确领导下，在市人大及其常委会、市政协的监督支持下，深入学习贯彻习近平总书记视察广东重要讲话、重要指示精神，按照省委省政府“1+1+9”工作部署[1]，坚持稳中求进工作总基调，坚持新发展理念，坚持高质量发展，坚定不移融入和服务“双区”建设，凝心聚力，砥砺奋进，“十三五”规划主要目标任务顺利完成，高质量发展迈出坚实步伐，取得了显著成就。

——五年来，我们坚持转型发展，质量效益实现大提升。全市地区生产总值年均增长5.2%，人均地区生产总值年均增长4.5%，一般公共预算收入年均增长4.89%，农林牧渔业增加值年均增长3.9%，社会消费品零售总额年均增长4.6%，金融机构存贷款余额分别增长44.7%、74.3%。工业经济实力不断增强，规上工业企业增至51家，其中亿元企业14家。高新技术企业数量由“十二五”末的1家增至24家。引进项目158个，投资总额达221.84亿元，成功打造“大朗效率+乐昌服务”营商环境品牌。工业园区实现从落后到先进转变，园区投产企业数量由“十二五”末的15家增至80家，形成了先进装备制造、先进材料和现代轻工“2+1”主导产业，建成标准厂房21.78万平方米，连续三年获评韶关市优秀园区。现代农业快速发展，成功创建香芋和岭南落叶水果两个省级现代农业产业园，新增“三品一标”[2]农产品110个、省级以上“菜篮子”生产基地17家。全域旅游呈现新亮点，荣获“中国象棋之乡”等称号，乐昌知名度、影响力大幅提升。

——五年来，我们坚持协调发展，城乡面貌实现大改观。“一市两城”布局更加明晰，县城品质大幅提升，镇街整治深入推进。户籍人口城镇化率达48.86%。完成道路“白改黑”16公里，改造棚户区25万平方米，安置3024户居民。实施“万里碧道”“一江两岸”、城区公园等一批绿化美化亮化工程，城区更美更宜居。完成6个镇“139”镇街整治提升工程。武广高铁乐昌东站顺利开通，融入粤港澳大湾区城市1小时经济圈。新改建农村公路1788公里，荣获“四好农村路”国家示范县称号。能源、水利基础设施不断完善，铺设城区天然气管道44.5公里，新建小型集中供水工程664宗、镇级标准化自来水厂11个。深入实施乡村振兴战略，省定贫困村创建新农村示范村、省级新农村连片示范片、省际廊道美丽乡村示范带、沿城市周边美丽乡村示范带等建设项目成效明显。农村人居环境显著改善，干净整洁村创建达标率81%。

——五年来，我们坚持绿色发展，生态环境实现大改善。实施林业生态工程，完成造林35.7万亩，全市森林覆盖率达70.64%，石漠化地区森林植被覆盖率由45%提高到63%。完成3个省级自然保护区生态功能提升，建成森林公园17个、湿地公园1个。市区空气质量指数优良率逐年提高，市区集中式饮用水源取水口水质100%达标，重点行业的重金属排放量下降20%，工业危险废物安全处置率、医疗废物安全处置率、污染地块安全利用率均达100%。龙山林场获评全国生态建设突出贡献先进集体。九峰镇荣获首批“广东省森林小镇”称号。

——五年来，我们坚持创新发展，营商环境实现大优化。“数字政府”改革全面推进，商事登记实现全程电子化，“一门式一网式”系统延伸到所有镇村，建立“全市通办”服务模式，网上可办率达90%。“放管服”改革纵深推进，开办企业便利度不断提升，新增市场主体1.36万户。政府投资项目、社会投资项目审批时间压缩至100个和40个工作日内。打造了“12345”政府服务热线“一号通”。基本实现“双随机、一公开”全覆盖。平安乐昌、法治乐昌建设扎实有效，扫黑除恶专项斗争深入推进，社会治理水平明显提升。北乡镇黄坌村获评“全国乡村治理示范村”称号。深入推进政务公开，政府作风建设得到全面加强。

——五年来，我们坚持共享发展，幸福指数实现大提高。民生支出155.09亿元，民生投入占财政总支出比重逐年上升。居民人均可支配收入年均增长7.8%。脱贫攻坚取得决定性胜利，脱贫退出率达100%。投入建设资金6.14亿元，新扩建学校13所、幼儿园7所，成功创建国家义务教育基本均衡县、农村职业教育与成人教育示范县，高考成绩实现八连增。改造农村危房1919户。城镇新增就业1.6万人，城镇登记失业率控制在3.5%以内。基础养老金最低标准、城乡低保逐年提高，城乡特困人员基本生活标准分别增长116%和49%，城乡居民医保参保率达100%。全面完成193个村级卫生站公建规范化建设，县域就诊率连续5年位居韶关市前列，成功创建首批国家级健康促进示范县。公共文化服务均等化水平不断提升，村（社区）综合性文化服务中心实现全覆盖。

2020年是极不平凡的一年，面对新冠肺炎疫情的严重冲击和经济下行的严峻形势，全市上下坚决贯彻习近平总书记关于统筹推进疫情防控和经济社会发展的重要指示精神，按照市委的工作部署要求，坚持稳中求进工作总基调，扎实做好“六稳”工作，全面落实“六保”任务，为“十三五”规划画上圆满句号。2020年，实现地区生产总值122.98亿元、同比增长3.3%，在韶关排名第四。固定资产投资63.36亿元、增长6.1%，在韶关排名第三。规上工业增加值12.3亿元、增长11.8%，在韶关排名第四。一般公共预算收入7.25亿元、增长1.6%。居民人均可支配收入2.47万元，增长6.2%。一年来，我们主要做了以下工作：

一、面对新冠肺炎疫情，我们众志成城，共克时艰，全力筑牢疫情防线

坚持人民至上、生命至上，全面贯彻落实习近平总书记关于疫情防控工作重要指示精神，按照疫情防治十六字总要求[3]，第一时间战备，第一时间行动，组建55人专家组、90人疫情应急处置队伍和1200多人的基层医疗卫生应急队伍，设置16个联合检疫站点，建设核酸检测实验室、发热门诊，构建市镇村组四级防控网络，坚决守好疫情防控广东“北大门”。在这场空前的“战役”中，广大医护工作者、社区工作者、公安干警和党员干部不惧风险、坚守岗位，广大群众众志成城、全力配合，疫情防控取得了重大成果。粤北省际公安检查站荣获全国公安系统抗击新冠肺炎疫情先进集体，市公安局坪石分局荣获省抗击新冠肺炎疫情先进集体。全力抓好企业复工复产复商复市，及时出台10条援企稳岗政策措施，实行“一企一档一专班”和网格化管理工作机制，争取抗疫特别国债1.31亿元，累计新增减税降费超2亿元，新增“四上”企业33家、市场主体2963户，在战风斗雨中有力稳住了经济基本盘。

二、面对经济下行压力，我们迎难而上，稳中求进，全力推动经济增长

全年实现规上工业增加值12.3亿元、增长11.8%，完成工业投资额25.15亿元、增长33.7%。成功引进同向精密机械、共力新材料等项目24个，投资总额61.28亿元。推动21个项目落地动工，21个项目竣工投产。新增博昇乐、创睿极光等11家规上工业企业，新增亿元企业6家、高新技术企业6家、“专精特新”企业5家、市级工程中心6家。大朗（乐昌）产业共建科技园、大朗民营企业产业园等“园中园”项目扎实推进，建成标准厂房13.7万平方米，园区承载力显著增强。农林牧渔业增加值增长3.1%。香芋和岭南落叶水果两个省级现代农业产业园项目扎实推进，辐射带动3884户农户增收，联农带农作用不断显现。完成省级“一镇一业、一村一品”项目14个，新增省级专业镇2个、专业村18个，新增粤港澳“菜篮子”生产基地3家、省“菜篮子”生产基地9家。九峰镇入选全国农业产业强镇建设名单。建成市区和坪石两家生猪定点屠宰厂，生猪存栏量达23.5万头，生猪产能逐步恢复。华南教育历史研学基地（坪石）项目扎实推进，荣获“省中小学研学实践教育基地”称号。成功举办全国象棋女子甲级联赛、南粤古驿道定向大赛等重大活动赛事，打造了白马寨、樟树王公园等一批乡村旅游网红打卡点。服务业平稳复苏，新增限上批发零售业企业5家、限上住宿业企业1家、限上餐饮业企业2家。建成市级电商服务中心，实现镇级电商服务站全覆盖。房地产市场持续回暖，商品房销售面积增长12.6%，销售额增长6%。金融行业平稳运行，存贷比达57.72%，在韶关排名第二。扎实开展“汽车下乡”“家电惠民”行动，大力发展家政、托幼、养老等服务行业，有效增加公共服务供给。

三、面对城乡建设重任，我们统筹兼顾，精准施策，全力改善城乡面貌

启动旧城提质改造二期项目，推进12条道路“白改黑”，梅乐桥辅道、站北路下穿京广铁路涵洞等顺利通车。开展首批25个老旧小区改造提升，市民居住环境明显改善。完成人民南路等多个路段绿化美化，建成主干道景色景观带49公里，建设碧道10公里。新增小型停车场8个、车位1377个，有效缓解城区停车难问题。扎实推进北乡、九峰、坪石、梅花4个镇“139”镇街整治提升工程，打造了“马蹄之乡”“桃李人家”等特色镇街风貌。拆除违法建筑10.26万平方米、户外广告2200平方米。建成镇级污水处理厂14个、镇级公园6个。加快补齐农村基础设施短板，硬化农村公路110公里、“畅返不畅”建设123公里。完成坪石—梅花自来水扩网工程，推进全域自然村集中供水项目。完成高标农田7.14万亩、垦造水田329亩、拆旧复垦570亩。农村人居环境整治成效显著，完成849个自然村污水处理设施建设，改造无害化卫生户厕1067户，农村卫生保洁长效机制实现全覆盖。大力推进农村破旧泥砖房“拆清用”，拆除破旧泥砖房28.62万平方米，拆后利用25.93万平方米。“千村示范、万村整治”取得新进展，G107沿线农房风貌示范带基本建成，省级新农村连片示范片和省际廊道美丽乡村示范带成效明显，农村生产生活环境持续改善。

四、面对绿色发展要求，我们立足长远，综合治理，全力推进生态建设。生态环境不断改善，创建国家森林城市获国家林业和草原局“双备案”[4]。完成石漠化治理14万亩、森林抚育2.5万亩。龙山林场入选省100个森林旅游新兴品牌地。争取中央奖补资金9813万元，实施山水林田湖草生态保护修复试点工程项目7个。完成以食用为目的人工繁育陆生野生动物退出工作。持之以恒抓好森林防灭火，全年未发生较大森林火灾。深入推进污染防治攻坚战，市区空气质量指数优良率达98.89%。完成市区饮用水源地“划立治”工作，县级集中式饮用水水质稳定保持在Ⅱ类水质标准，省考以上断面水质优良率达100%，河长制工作获韶关市优秀等次。完成第二次全国污染源普查，积极推进农业面源污染防治工作，污染地块安全利用率达100%，农用地安全利用率达90%以上，土壤环境质量总体良好。建成市循环经济环保园，垃圾处理能力大幅提升。中央、省环保督察整改任务全面销号。

五、面对发展瓶颈制约，我们积极探索，勇于创新，全力推进改革攻坚

加快政府职能转变，压减行政审批事项34项。完成镇街体制改革，坪石镇入选城乡融合发展省级中心镇试点地区。顺利完成公益三类及从事生产经营活动事业单位改革。深入推进“一门式一网式”政务服务模式，1574项政务服务事项实现“一门式”办理，网上可办率达90%以上，政务服务效率明显提升。深化“放管服”改革，“证照分离”改革实现“24证合一”。扎实开展“房地一体”农村不动产登记发证[5]工作，登记发证任务完成82%以上。全面完成省定“僵尸企业”处置和国有企业退休人员社会化管理移交工作。扎实开展社会信用体系建设。推进农村集体产权制度改革，完成经营性资产股份合作制改革和农民集体资产股份权能登记工作。不断深化医疗卫生体制综合改革，稳步实施分级诊疗制度，推行家庭医生签约服务，群众就医更加便利。

六、面对美好生活向往，我们用心用情，共建共享，全力增进民生福祉

全面完成十件民生实事。全年民生投入37.68亿元，占一般公共预算支出87.06%。全力打好脱贫攻坚战，39个省定贫困村全部出列，4960户13571名建档立卡贫困人口全部脱贫，顺利通过省、韶扶贫成效考核。城镇新增就业3123人，城镇登记失业率控制在3.5%以内。孤儿基本生活费、残疾人两项补贴、低保和特困人员基本生活保障金再次提标。完成学前教育“5080”[6]攻坚任务。凤凰小学、乐园小学投入使用，新增学位2430个。医疗卫生基础设施不断完善，市第二人民医院新建项目投入使用，完成3家县级公立医院发热门诊和17个乡镇卫生院发热诊室的改造建设。成功创建全国基层中医药服务先进单位、省级慢性病综合防控示范区。完成“三馆一站”[7]升级达标工作。全面完成“七五”普法工作，成功创建省级法治文化主题公园，长来和村被评为省级民主法治示范村。积极开展“百镇千村”示范创建[8]，北乡镇获评省级乡村治理示范镇，九峰茶料等6个村获评省级乡村治理示范村。平安乐昌建设深入推进，“飓风”“净网”等专项行动成效明显，扫黑除恶专项斗争取得阶段性成效。妥善处理各类社会矛盾，省维稳工作示范点创建工作有序开展，荣获国家信访工作“三无”[9]市称号，市司法局荣获全国宣传人民调解工作先进集体。高质量完成年度征兵任务，获评省双拥模范市。乐城街道城北社区获评全国文明单位。完成第七次全国人口普查登记阶段性工作。严格落实安全生产责任制，加强食品药品安全监管，防灾减灾救灾能力明显提升，安全生产形势持续稳定。

一年来，政府服务效能加快提升。巩固深化“不忘初心、牢记使命”主题教育成果，切实增强“四个意识”，坚定“四个自信”，做到“两个维护”。全面落实从严治党主体责任和党风廉政建设责任制，积极配合省委第六巡视组巡视工作，抓好巡视反馈问题整改。落实中央八项规定精神，集中整治形式主义、官僚主义，大力精简文件会议，切实做好基层减负工作。严格执行民主集中制，重点工作和重大事项及时向市委汇报，自觉接受市人大、市政协以及社会各界的监督。全年办理人大代表建议23件、政协提案74件，办复率达100%。推进法治政府示范创建，广泛开展民法典学习宣传。重点领域信息发布平台实现全覆盖。坚决过紧日子，财政一般性支出和“三公”经费进一步压减。审计监督力度持续加大，政府公信力不断提高。

一年来，我市编制、代建、统计、物价、气象、农机、烟草、供销、史志、保密、防震减灾、消防、舆情监控、档案管理、机关事务、老促会、关心下一代等工作扎实开展。党管武装、国防动员准备、人民防空、双拥共建、退役军人服务等工作得到了加强。民族宗教、外事、台港澳、工会、共青团、妇联、侨联、残联、文联、社科联、工商联、科协等工作都取得了新的成绩。

各位代表，这些成绩来之不易，这是我们深入贯彻落实习近平新时代中国特色社会主义思想的结果，是韶关市委、市政府和乐昌市委坚强领导的结果，是市人大、市政协监督支持的结果，是全市上下共同努力的结果。在此，我代表市人民政府，向全市人民，向各位人大代表、政协委员，向各民主党派、各人民团体和各界人士，向省韶驻乐昌单位、部队官兵，向所有关心支持乐昌发展的各界朋友，表示衷心的感谢并致以崇高的敬意！

在看到成绩的同时，我们也清醒地认识到，发展不平衡、不充分的问题仍然突出。主要有：经济总量不大，产业结构不优，有效投资不足；工业对经济支撑作用不强，传统产业占比仍然较大，新兴主导产业规模优势不明显；城乡区域发展不平衡不协调；生态文明建设存在短板弱项；社会治理、民生建设任务艰巨；干部队伍担当意识和创新意识还有待加强，推动高质量发展的能力还有待提升，营商环境仍需优化。对此，我们必须高度重视，采取有力措施，尽最大努力加以解决。

“十四五”奋斗目标和主要任务

“十四五”时期是我国“两个一百年”奋斗目标的历史交汇期，也是开启全面建设社会主义现代化国家新征程的重要机遇期。“十四五”时期我市经济社会发展的指导思想是：坚持以习近平新时代中国特色社会主义思想为指导，深入贯彻党的十九大和十九届二中、三中、四中、五中全会精神，坚

持贯彻新发展理念，坚持稳中求进工作总基调，以推动高质量发展为主题，以深化供给侧结构性改革为主线，以改革创新为根本动力，以满足人民日益增长的美好生活需要为根本目的，按照省委省政府“1+1+9”工作部署和“一核一带一区”[10]区域发展格局要求及市委的部署，坚定不移走生态优先、绿色发展之路，以非凡之举加快新型工业化、信息化、城镇化和农业现代化进程，积极参与构建新发展格局，推进治理体系和治理能力现代化，全力筑牢粤北生态屏障，打造粤北绿色发展先行地，为与全国全省同步基本实现社会主义现代化开好局、起好步。

一、实施生态环境提升行动，生态文明迈向新台阶

牢固树立“两山”理念[11]，全域加强生态系统保护与环境治理，积极融入南岭国家公园建设，建立自然保护地体系，推进山水林田湖草生态保护修复，森林覆盖率达71%，城市建成区绿化覆盖率达41.06%，成功创建国家森林城市。加强大气污染防控，不断提升空气质量。加强水环境综合治理，省考以上断面水质优良率和县级以上饮用水源水质达标率继续保持“双100%”，建设天蓝、水清、土净、地绿的美丽乐昌。

二、实施现代产业提升行动，经济发展取得新成效

大力发展绿色工业、生态旅游、生态农业等需要山水而不污染山水的产业，加快实现资源资产价值化，努力提升生态“含金量”、发展“含绿量”。发展壮大先进装备制造、先进材料和现代轻工“2+1”主导产业，培育发展电子信息、新能源、生物医药等新兴产业，推动产业结构向中高端迈进。实施“十百”工程[12]，力争实现规上工业企业、亿元企业、高新技术企业、“专精特新”企业数量全部翻番。成功创建省级高新区、省级特色园区，建成标准厂房100万平方米以上。做大做强现代农业产业园，建设粤港澳大湾区“米袋子”“菜篮子”“果盘子”“茶罐子”，加快农村一、二、三产融合聚变，全力将农业农村短板变为“潜力板”。全域推进生态旅游，依托特色旅游资源，精心打造一批有影响力的赛事活动，推动乡村旅游、红色旅游、研学旅游融合发展，建成“双区”的“后花园”和休闲旅游康养目的地。“十四五”期间，地区生产总值达到190亿元、年均增长7%；人均地区生产总值达5万元、年均增长5.5%；工业增加值占GDP比重每年提升1个百分点；一般公共预算收入达到10亿元、年均增长7%；固定资产投资突破百亿元、年均增长10%。

三、实施城乡融合提升行动，“清和乐昌”展现新面貌

深化实施“东融、南进、西拓、北优”城市发展战略，提升城镇承载力竞争力，引导各类优质资源集聚，促进农村人口向城镇转移，推进以城镇为重要载体的新型城镇化建设，力争户籍人口城镇化率每年提升1个百分点。充分利用好上级资金，谋划一批基础设施、新基建、农田水利等重点项目，补齐城乡公共领域短板。深入开展县城品质提升和镇街整治提升行动，大力推动新城片区和高铁片区建设。加快推进坪石城乡融合发展省级中心镇试点建设，构建“一市两城四片区中心”城镇发展格局。大力实施乡村建设行动，继续完善农村基础设施和公共服务设施，打造宜居宜业宜游美丽乡村。

四、实施融入“双区”提升行动，改革开放迈出新步伐

坚定不移推动深化改革，主动对接融入和服务“双区”建设，实行更高水平开放。谋划乐昌通用机场建设，推动乐昌东站至韶关机场快速通道、北江航道扩能升级上延工程等基础设施建设，提升改造国省道，推动与“双区”基础设施互联互通。深化与“双区”产业共建合作，完善承接“双区”产业转移的平台载体，实施产业共建“新双百”工程[13]，重点招引主导产业项目120个以上，投资总额超150亿元，推动与“双区”形成优势互补、错位发展的区域经济布局。以“放管服”改革为牛鼻子，加强“数字政府”改革建设，深化重点领域和关键环节改革，不断提升政务服务效能，持续优化营商环境，建立与“双区”相衔接的市场体系。

五、实施文化惠民提升行动，社会文明实现新进步

优化城乡文化资源配置，完善公共文化设施，推进新时代文明实践中心（所、站）建设，开展文化惠民工程，持续推进风度书房向基层延伸。实施文艺作品质量提升行动，加强文艺精品创作，扩大

优质文化产品供给。积极发展新型文化业态，激发文化产业发展新动能。加强红色文化资源挖掘、保护和活化利用，打造一批红色教育基地。积极弘扬社会主义核心价值观，大力推进文明城市建设。

六、实施幸福乐昌提升行动，人民福祉达到新水平

居民人均可支配收入增长与经济增长基本同步。强化就业优先政策，推进“粤菜师傅”“广东技工”“南粤家政”“乡村工匠”等培训工程，实现更充分更高质量就业。健全多层次社会保障体系，基本养老保险参保率达95%以上，基本医疗保险参保率稳定在98%以上。推动教育、卫生、文化、体育、民政等社会事业全面发展，基本公共服务水平显著提升。

七、实施社会治理提升行动，治理效能得到新提高

统筹发展和安全，坚决防范和化解各种风险，平安乐昌建设不断深化，突发公共事件应急能力和自然灾害防御水平明显提高，社会保持和谐稳定。推动社会治理向基层放权赋能，构建社会治理新格局。坚持依宪施政、依法行政，行政效率和公信力不断提升，法治政府和法治社会建设水平持续提高。

2021年工作安排

2021年是中国共产党成立100周年，也是“十四五”的开局之年，做好今年的工作至关重要。今年经济社会发展的主要预期目标是：地区生产总值增长7%以上，一般公共预算收入增长6%，规上工业增加值增长10%以上，固定资产投资增长10%，社会消费品零售总额增长7%，城镇登记失业率控制在3.5%以内，居民人均可支配收入增长与经济增长基本同步，完成省、韶关下达的能耗强度控制目标任务，主要污染物排放量继续下降。围绕以上目标任务，重点抓好以下七个方面工作：

一、突出绿色引领，聚力扩大生态优势

坚持生态优先、绿色发展，持续加大生态系统保护力度，狠抓环境整治，强化环境监管，打造粤北绿色发展先行地。

推进生态建设。全面完成国土空间规划编制，落实“三线一单”[14]管控方案。高质量完成新一批山水林田湖草生态保护修复试点工程。主动融入南岭国家公园建设，完成创建国家森林城市年度目标任务，完成水源林造林8400亩、森林抚育1.78万亩。续建石漠化治理试验示范区，治理石漠化土地14万亩。

加强环境保护。加强油路车企污染联合防控，常态化开展扬尘专项整治，从严落实“6个100%”抑尘措施[15]，严禁露天焚烧和禁燃区烟花爆竹燃放，力争市区空气质量指数优良率达到96%以上。全面落实河长制，持续抓好河湖“清四乱”[16]和重点河段专项整治。继续推进农村集中式饮用水源保护地“划立治”和规范化建设工作。开展县级以上饮用水水源地定期监测，地表水考核断面水质优良比例保持100%。完成10公里碧道建设。深化土壤污染综合防治，加强重金属源头污染防控，积极推进农业面源污染防治和农用地分类管理，实施化肥农药使用量零增长行动，提升农用地土地资源开发利用率。全面推行林长制，强化森林资源管护。严格环境保护监管和执法，严厉查处突破生态“红线”、破坏生态环境的行为。

推动资源资产价值化。摸清各类自然资源的分布、面积、权属等情况，开展编制自然资源资产负债表，逐步建立全市统一资源资产数据库。建立生态产品价值评估、自然资源资产有偿使用机制，探索建立“生态银行”[17]模式，开展生态产权融资、生态产权交易、生态补偿、“生态+”等创新，推动山水林田湖草等自然资源和岸线使用权、水权、排污权、用能权等权益性资产价值化。采取赎买、租赁、托管、股权合作、特许经营等方式，将碎片化的资源资产进行统一收储和整体运营，实现生态效益最大化。

二、突出转型升级，聚力壮大工业经济

坚定不移推进新型工业化，加快产业转型升级，培育新兴主导产业，全力推动工业经济高质量发展。

壮大主导产业。引导企业入园发展，依托沃府、宝创等龙头企业发展上下游产业，推动先进装备制造、先进材料和现代轻工“2+1”主导产业集群发展，实现产值50亿元。加强“链主”企业和生态主导型企业培育，新增规上工业企业10家、亿元

企业5家，力争培育出年产值5亿元级企业2家。实施工业企业倍增工程，推动5家企业纳入韶关倍增计划。加快五山100兆瓦风电等项目建设，推动能源产业绿色发展。

提高园区承载力。按照“一园三区”空间布局[18]，完成城南、坪石片区扩园规划编制工作。开展工业园区土地利用专项清理行动，完成收储土地700亩，盘活闲置低效用地150亩。实施产业项目“交地即动工”改革，推广投资项目审批告知承诺制，在产业园区探索实行“企业承诺+先建后验直接落地”改革，力争全市当年动工项目占当年签约项目一半以上。建成园区“一门式一网式”政务服务办事大厅，持续完善园区基础设施。加快推进母婴童智能科技园、大朗民营企业产业园等“园中园”项目，建设标准厂房20万平方米以上，推动20家企业入驻。

强化创新驱动。强化企业创新主体地位，支持企业加大研发投入、组建研发机构，实施高新技术企业树标提质计划，深化与各类创新企业、科研机构、高等院校对接合作，新增高新技术企业5家、工程研究中心5家、“专精特新”企业5家。积极创建省级高新区，实施产业园科技创新智慧化平台项目，建成韶关市级科技孵化器。实施新一轮工业企业技改行动，支持坪石发电B厂、中建材、东锆、恒发等企业改造升级，完成技改投资3亿元。加大知识产权保护力度，支持市场主体创建自主品牌。利用好乐昌众创空间等创新创业基地，吸引初创型小微企业、创新企业落地乐昌。

三、突出统筹协调，聚力推进城乡发展

牢固树立协调发展理念，持续推进新型城镇化，加快美丽乡村建设，打造宜居宜业宜游“清和乐昌”。

完善城镇基础设施。实施城市更新行动，继续推进门户节点提升、老城区道路“白改黑”、人行道铺装等旧城提质改造项目，完成工业大道、站北路、富庭街等18条道路改造工程。实施城区道路联网贯通工程，完成乐棉中路、公主下路连接人民南路道路建设。继续实施老旧小区改造，推动完整社区建设。以文明城市创建为抓手，大力整治“两违”，完成拆违3万平方米，推动生活垃圾分类示范片区建设。推进第二污水处理厂及其配套管网工程。加快推进新基建建设，新建5G基站80个、建成公共充电桩50个。实施S248线北乡至长来段、S518线上廊至九峰段等省道升级改造工程。加快推进坪石城乡融合发展省级中心镇试点建设，提升中心镇辐射带动效应，促进“以镇带村”一体发展。实施黄圃、三溪、五山、沙坪等镇“139”镇街整治提升工程，加快圩镇风貌改造，打造风貌各异的特色镇区。

实施乡村建设行动。落实乡村振兴定点帮扶工作，推进巩固脱贫攻坚成果与乡村振兴有效衔接，抓好扶贫资产管理工作，防止贫困人口返贫和新增致贫。深化全域农村人居环境整治，推进农村破旧泥砖房“拆清用”工作，50%自然村建成农村污水处理设施。持续推进“千村示范、万村整治”工程，实施“五美”行动[19]，全面完成省际廊道美丽乡村示范带建设，开展农房管控和乡村风貌带建设工程，持续建设环城市周边美丽乡村示范带。统筹村庄规划建设，科学治理空心村，妥善保护和活化利用古村落古民居，逐级连点串线成片打造干净整洁村、美丽宜居村、特色精品村，50%以上行政村达到美丽宜居村标准，创建3个特色精品村。加快实施“千年樟王、万里碧道”项目，打造乡村振兴综合体。推进乡村治理“百镇千村”示范创建。持续开展普通公路路长制“136”行动[20]，硬化农村公路80公里。完善农田水利设施，加快推进全域自然村集中供水工程和武江河治理项目。严守耕地保护红线，完成高标农田3.14万亩、垦造水田400亩。

发展现代农业产业。加快构建“一市多园、一镇一业、一村一品”现代农业产业体系，筹建稻米产业园，完成岭南落叶水果产业园九大项目，新增省级“一镇一业、一村一品”项目13个。依托香芋、马蹄、黄金柰李、茶叶、油茶、中药材等特色优势农产品，积极发展农副产品加工业，补强农产品精深加工环节。加强特色农产品优势区建设，完成九峰农业产业强镇项目建设。坚持品牌强农，新增“三品一标”农产品3个以上，全国名特优新农产品2个以上，“粤字号”农产品2个以上，打造粤港澳大湾区特色优质农产品生产供应基地。完成国家农民合作社质量提升整县推进试点工作。落实“米袋子”“菜篮子”工程，推动粮食生产稳定增

收，加强生猪家禽渔业转型升级。加快数字农业平台建设，完善市镇村三级助农平台。

四、突出消费带动，聚力繁荣第三产业

以创建省全域旅游示范县为抓手，以发展商贸物流为引擎，全面促进消费，推动现代服务业提档升级。

推动全域旅游发展。坚持全域旅游发展理念，积极引进大型文旅集团，加快推动廊田农业文化康养小镇、誉马特色小镇、悦宝田园综合体等农旅项目建设。启动华南教育历史研学基地（坪石）二期项目建设，加快推进红军长征突破第三道封锁线遗址群修缮保护、西京古道（乐昌段）等项目建设，积极参与长征国家文化公园（乐昌段）建设，打造全省红色研学目的地。依托红色研学、南粤古驿道、古村落等优质资源，打造2条以上精品旅游线路。完善旅游配套设施，培育一批精品民宿，新增高星级酒店1家，持续提高旅游服务水平。

持续扩大内需消费。结合乐昌地域文化、传统节庆，积极开发文创产品和旅游商品，实施吃住行游购娱旅游业态提升计划。高水平谋划节庆消费活动，高质量办好桃花节、黄金柰李水果节、农民丰收节等特色节庆和赛事活动。积极承办南粤古驿道定向大赛、全国象棋女子甲级联赛等重大赛事，打造体育户外运动品牌。大力发展夜间经济，打造新的消费热点，培育新增2家限上住宿餐饮业企业。继续开展“汽车下乡”“家电惠民”行动，促进家电家具消费，释放农村消费潜力。

大力发展商贸物流。积极发展批发零售业，做好重大商贸企业的招引工作，支持一批工业企业成立商贸公司，新增限上批发零售业企业3家以上。积极创建国家级电子商务进农村综合示范县，培育本土区域电商平台1家以上，健全市镇村三级物流配送体系，实现村级电商服务站点覆盖率达80%以上。

五、突出项目拉动，聚力扩大有效投资

牢固树立抓投资就是抓发展的理念，加快重点项目建设，发挥投资拉动作用，为经济社会发展提供有力支撑。

加大招商引资力度。实施招商引资“一把手”工程，强化产业链招商、中介招商、以商引商、商会招商、行业协会招商，千方百计引进一批示范带动强的大项目。健全招商引资“五个一”工作机制[21]，完善招商引资考核激励机制，组建专业、专责、专注的招商队伍，推动全员招商，构建大招商、招大商、招好商工作新格局。加强与粤港澳大湾区等地的产业对接，发挥对口帮扶和异地商协会资源优势，积极参加韶商大会、城市推介会、产业链专题推介会等招商活动，开展精准招商。实施产业链“链长制”，聚焦重点产业“串链、强链、延链、补链”，全力引进“链主”企业，积极引进一批“瞪羚”企业[22]。力争新招引项目30个，投资总额超40亿元。严格落实“四个一”服务机制[23]和“两线两率”[24]要求，强化项目亩产效益考核评估，要素资源向高效益、高技术、高成长企业倾斜，推动顺驰智能等20个项目动工，悦然科技等20个项目竣工投产。

加强项目组织调度。充分发挥市重点建设项目指挥部作用，建立“一条龙”跟踪服务机制，实施一批补短板强弱项的重点项目，力争完成固定资产投资68亿元以上，推进2个省重点项目、19个韶关市重点项目和60个市重点项目建设。强化项目协调督查，发挥三级调度、“红黄考评”[25]、现场观摩会等制度作用，每季度集中开竣工一批项目。加强重大战略谋划、重大平台规划、重大项目储备，推动形成滚动开发势头，全年储备项目不少于100个，力争更多项目纳入国家、省计划盘子。

强化项目要素保障。打好土地收储攻坚战，连片储备工业和发展用地。推行工业用地“标准地”供应和农旅项目“点状供地”，探索集体经营性建设用地入市改革。建立补充耕地后备资源潜力库，着力保障优质项目用地。推行分阶段办理施工许可，工程建设项目审批时间压缩至35个工作日内。拓宽项目融资渠道，积极争取中央预算内投资和地方政府债券资金，力争到位资金规模不少于上年。引导银企双方用好线上线下融资对接平台，健全贷款贴息、科技信贷、小额信贷等机制，盘活政府投资基金、贷款风险补偿基金，着力扩大社会投资。

六、突出改革开放，聚力增强发展动能

坚定不移全面深化改革，将创新贯穿改革开放的全领域、全过程，积极融入和服务“双区”建设，增强发展新动能。

提升融入“双区”水平。加强与“双区”基

础设施互联互通，积极谋划推动乐昌东站至韶关机场快速通道、北江航道扩能升级上延工程等项目建设。依托工业产业园、现代农业产业园等平台，深化与“双区”产业、科技、人才、市场合作交流，大力引进“双区”优质资源，形成与“双区”优势互补、错位发展新格局。加强与“双区”农产品产销对接，新增省级以上“菜篮子”生产基地2家以上，打造“双区”的“米袋子”“菜篮子”“果盘子”“茶罐子”。加强与“双区”旅游合作，共同开发具有乐昌地域特色的文化旅游项目，打造“双区”旅游休闲目的地和生态文化旅游集散地。

推进重点领域改革。认真落实市委全面深化改革部署。推进重点项目“全生命周期”管理机制改革专项试点，积极开展创建粤湘开放合作先行区试点。深化供给侧结构性改革，继续抓好减税降费。完善支持民营企业加快发展政策措施，破除制约民营企业发展的各种隐性壁垒，优化民营经济发展环境。深化财政体制改革，建立集中力量办大事预算安排机制，推进预算编制执行监督管理。深化投融资体制改革，创新投融资服务和财政资金分配模式。扎实推进国企改革，盘活整合土地、矿产、森林等国有资源资产。推动土地收储整备机制改革，建立政府主导土地收储整备模式。深化土地征收及农村集体留用地安置制度改革，加快农村集体产权制度改革，深化涉农资金统筹整合改革，大力推进土地流转，盘活用好农村闲置的宅基地和农房，推进农村“三变”[26]改革。

深化营商环境改革。开展营商环境补短板强优势专项行动，打造“四最”营商环境[27]。持续深化镇街体制改革，完善镇街权责清单。深化“证照分离”改革，持续开展“减证便民”行动，坚持法无规定一律取消。推进“多审合一”“多证合一”“多测合一”，全面推进建设项目“联合测绘”改革。推广“一业一证”“一企一证”“证照联办”等创新举措，推行涉企经营许可事项告知承诺制。推动不动产一般登记基本实现最多1个工作日、最快1小时办结。推进“12345”政务服务热线优化整合。大力推进“数字政府”改革建设，实施“四办”[28]和全市通办集成服务，确保一窗受理率80%、马上办率65%、网上可办率92%、全流程网办率60%以上。推动更多事项“一网通办”，让企业、群众办事更加方便。推广电子印章、电子证照等改革创新成果应用，实现100项以上政务服务事项“容缺受理”。加强诚信建设，落实“红黑榜”制度，推动企业联合奖惩和信用修复工作。做好“亲商安商稳商”工作，落实走访企业、“服务包”和“服务管家”制度，力争企业诉求办结率达80%以上。

七、突出成果共享，聚力强化民生保障

坚持以人民为中心，尽力而为、量力而行，持续加大民生投入，努力让人民群众的获得感成色更足、幸福感更可持续、安全感更有保障。

毫不放松抓好疫情防控。坚持“人、物、环境同防”，完善应急预案并加强演练，加强应急物资保障，抓好新冠疫苗接种。强化冷链食品等高风险品种全链条监管。发挥医院门诊、药店等“哨点”作用，加强境外和中高风险地区来乐人员管控，严格落实核酸检测、健康监测和隔离管控等措施。健全“四个一”社区网格化疫情防控机制[29]，强化重点地区、重点场所、重点环节、重点人群的常态化疫情防控，织牢织密疫情防控体系。

切实强化社会保障。实施更加积极的就业政策，稳定和扩大就业，强化职业技能培训，高质量推进“粤菜师傅”“广东技工”“南粤家政”三项工程，城镇新增就业3100人。继续提高城乡低保、特困人员、优抚对象等补助标准，加强流浪乞讨人员救助管理。大力实施全民参保计划，继续落实城乡居民基本医疗保险制度和大病保险制度。

协调发展社会事业。办好十件民生实事。推进基础教育高质量发展，完成农村义务教育寄宿制学校达标建设。推动市实验学校、梅花中学、黄圃镇中心幼儿园等新改建项目建设。加快市公共卫生应急处置中心迁建、乐城街道社区卫生服务中心新建、市中医院提升等项目建设。加强紧密型县域医共体建设，提升镇村医疗服务能力。抓好爱国卫生运动。实施新时代精神文明建设提质工程，推进文明创建，加强文化精品创作展播展演和文物保护工作。实施文化惠民工程，推进风度书房中心镇全覆盖，推动市图书馆分馆投入使用。积极办好各类体育赛事，推动全民健身事业发展，基本建成城乡15分钟健身圈。

不断创新社会治理。深入推进平安乐昌建设，

创建粤北公安检查站全省维稳工作示范点。加快智慧新警务建设。持续开展“飓风”等严打整治专项行动，严厉打击电信网络新型违法犯罪行为。推进扫黑除恶专项斗争常态化，创建“无毒社区”“无毒场所”。启动“八五”普法工作，健全村（居）法律顾问制度，建设法治乐昌。开展集中治理重复信访、化解信访积案专项工作，推动社会治理重心下移。开展省级退役军人服务站星级示范创建工作，推动市退役军人服务中心和10个镇（街道）服务站创星达标。高质量完成第七次全国人口普查工作。强化食品药品安全监管。抓好森林防灭火工作。开展农村削坡建房综合整治，全面整治地质灾害大型隐患点。严格落实安全生产“一岗双责”责任制，推进安全生产专项整治三年行动，有效遏制重特大安全事故，全力维护社会大局和谐稳定。

各位代表！立足新发展阶段、贯彻新发展理念、构建新发展格局，对政府工作提出了更高要求。要加强政治建设。深入学习贯彻落实习近平新时代中国特色社会主义思想，把坚持和加强党的全面领导贯穿到政府工作的全过程、各领域，增强“四个意识”，坚定“四个自信”，做到“两个维护”。严守政治纪律和政治规矩，认真落实意识形态工作责任制。要坚持依宪施政、依法行政。围绕建设法治政府，深化行政复议体制改革和镇街综合行政执法改革，做好民法典和地方性法规的宣传工作，积极创建全国法治政府建设示范城市。自觉运用法治思维和法治方式推动工作，主动接受市人大、市政协和社会各界监督，认真办好人大代表议案、建议和政协提案。要提升政府效能。坚持问题导向、目标导向、结果导向，推行工作清单化、闭环式管理。深化模范机关创建，按照“五个过硬”[30]要求，切实提高“七种能力”[31]，打造高素质专业化干部队伍。要加强廉政建设。严格落实全面从严治党主体责任，纵深推进政府系统党风廉政建设。坚决纠正“四风”，力戒形式主义、官僚主义，严肃整治侵害群众利益的不正之风和腐败问题。深入推进审计监督全覆盖。巩固深化省委第六巡视组巡视成果，扎实抓好整改提升“后半篇文章”，营造风清气正良好政治生态。

各位代表！踏上新征程，奋斗正当时。让我们更加紧密团结在以习近平同志为核心的党中央周围，在市委的坚强领导下，不忘初心、牢记使命、勇往直前、接续奋斗，全力打造粤北绿色发展先行地，以优异成绩庆祝建党100周年！

名词解释

［1］“1+1+9”工作部署：“1”指以推进党的建设新的伟大工程为政治保证。“1”指以全面深化改革开放为发展主动力。“9”指九个方面重点，即以粤港澳大湾区建设为重点；以深入实施创新驱动发展战略为重点；以提高发展质量和效益为重点；以构建现代产业体系为重点；以大力实施乡村振兴战略为重点；以构建“一核一带一区”区域发展新格局为重点；以深入推进精神文明建设为重点；以把广东建设成为全国最安全稳定、最公平公正、法治环境最好的地区之一为重点；以打好三大攻坚战为重点。

［2］“三品一标”：指无公害农产品、绿色食品、有机农产品和农产品地理标志。

［3］疫情防治十六字总要求：指坚定信心、同舟共济、科学防治、精准施策。

［4］“双备案”：2019年10月，乐昌市申报创建国家森林城市工作获得国家林业和草原局备案；2020年9月，《乐昌市国家森林城市建设总体规划（2019—2028年）》经专家评审通过并报国家林业和草原局备案。

［5］“房地一体”农村不动产登记发证：指将农村宅基地和集体建设用地使用权及地上的建筑物、构筑物实行统一权籍调查、统一确权登记、统一颁发房地一体不动产权证书。

［6］学前教育“5080”：指公办幼儿园在园幼儿占比达50%、公办幼儿园和普惠性民办幼儿园在园幼儿占比达80%以上。

［7］“三馆一站”：指文化馆、图书馆、博物馆和镇级综合文化站。

［8］“百镇千村”示范创建：指全省创建100个乡村治理示范镇、1000个乡村治理示范村。

［9］信访工作“三无”：指无进京越级上访、无大规模集体上访、无因信访问题引发的极端恶性事件。

［10］“一核一带一区”：“一核”指珠三角地区；“一带”指沿海经济带；“一区”指北部生

态发展区。

［11］“两山”理念：指我们既要绿水青山，也要金山银山。宁要绿水青山，不要金山银山，而且绿水青山就是金山银山。

［12］“十百”工程：指在3—5年内培育年产值十亿级企业，打造百亿级产业。

［13］产业共建“新双百”工程：指2021—2023年招商100个项目，投资总额100亿元以上。

［14］“三线一单”：指生态保护红线、环境质量底线、资源利用上线和生态环境准入清单。

［15］“6个100%”抑尘措施：指施工现场100%围蔽、工地砂土100%覆盖、工地路面100%硬底化、拆除工程100%洒水压尘、出工地车辆100%冲净车身车轮、暂不开发的场地100%绿化。

［16］河湖“清四乱”：指清理河道管理范围内乱占、乱采、乱堆、乱建等四类突出问题。

［17］“生态银行”：指以促进生物和生态事业发展为目的而经营信贷业务的银行，把筹集的资金投入到其他领域使之增值，然后再投入到生态建设领域。

［18］“一园三区”空间布局：指乐昌产业园规划城东片区、城南片区和坪石片区。

［19］“五美”行动：指美丽家园、美丽田园、美丽河湖、美丽园区、美丽廊道建设专项行动。

［20］路长制“136”行动：“1”指制定一个方案，“3”指组建县、镇、村三支队伍，“6”指开展六项重点工作。

［21］招商引资“五个一”工作机制：指成立一个招商引资专项督查组，建立一个工作台账，每周召开一次招商引资和重点项目推进会，每周至少一天去招商或项目实地督导，每季度举办一次重点项目开竣工活动。

［22］“瞪羚”企业：指创业后跨过死亡谷以科技创新或商业模式创新为支撑进入高成长期的中小企业。

［23］“四个一”服务机制：指园区为了优化营商环境、推进项目建设而采取的服务措施，即明确一个项目、一个领导、一个责任人、一跟到底，全程服务跟进项目建设。

［24］“两线两率”：指招商引资坚守环保准入底线、税收强度准线，落地建设动工率、投产率。

［25］“红黄考评”：指重点项目实行“月度红黄榜”“季度流动红黄旗”考评制度，每月、每季度对项目责任单位推进项目的进度、质量和成效等全方面进行考评排名，每月（每季度）评出2名先进单位列入红榜（红旗），评选出1名后进单位列入黄榜（黄旗）。

［26］农村“三变”：指资源变资产、资金变股金、农民变股民。

［27］“四最”营商环境：指政策最优、成本最低、服务最好、办事最快。

［28］“四办”：指马上办、网上办、就近办、一次办。

［29］“四个一”社区网格化疫情防控机制：指一次问询、一次测码、发放一份健康告知书、一次核酸检测。

［30］“五个过硬”：指信念过硬、政治过硬、责任过硬、能力过硬、作风过硬。

［31］“七种能力”：指政治能力、调研能力、科学决策能力、改革攻坚能力、应急处突能力、群众工作能力、抓落实能力。

年度关注

2020年乐昌市政府承诺十件民生实事

2020年，乐昌市政府承诺为民办好十件民生实事共涉及12个项目，全部完成。

第一件，提高低保、特困人员、孤儿基本生活补贴和残疾人两项补贴保障水平：城乡低保对象最低生活保障人均补差水平，分别提高到609元、276元；特困人员基本生活标准不低于当地最低生活保障标准的1.6倍。孤儿基本生活最低养育标准集中供养和分散供养水平分别提高到每人每月1820元和1110元。困难残疾人生活补贴、重度残疾人护理补贴标准分别提高到每人每月175元和235元。

第二件，增加优质学位供给：包括完成新建乐昌市凤凰小学主体工程、改建北乡镇中心幼儿园教学综合楼及改建庆云镇中心幼儿园教学综合楼等三个项目。

第三件，完成预防接种门诊标准化建设：完成18间预防接种门诊标准化建设和数字化管理，提高预防接种服务质量。

第四件，加强学前及普通高中生均经费保障：学前教育生均经费最低标准提高到每生每年400元，公办普通高中生均公用经费最低标准提高到每生每年1000元。

第五件，实施校园安全保障提升工程：为乐城、坪石城区公办中小学幼儿园统一购买安保服务。

第六件，完成农村公路建设90千米：包括完成通村组路面硬底化、砂土路改造、等外路改造等农村公路建设90千米，实现农村公路等级公路占比97%、路面铺装率80%。

第七件，实施河道清淤工程：完成市区武江张滩电站下游清淤段和廊田镇廊田河利廊电站上游清淤段的清淤工作，工程总清淤长度4.25千米，总清淤方量40.65万立方米，提高河道行洪能力，改善河道生态环境。

第八件，完成坪石镇家禽生猪定点集中屠宰厂项目建设：建设面积1.33公顷，设计年屠宰量15万头以上的生猪定点屠宰厂。

第九件：完成坪石—梅花镇自来水扩网工程建设：新建取水口1座，新建加压泵站3座，解决梅花镇镇区及周边村庄3.1万人的用水问题。

第十件，完成乐昌市循环经济环保园（垃圾焚烧发电）项目建设：建成处理规模为日处理生活垃圾500吨，工程安装1×500吨/日机焚烧线及对应配套系统、一套12兆瓦凝汽式汽轮发电机组。

乐昌市获国家信访工作“三无”市称号

2020年4月，乐昌市被国家信访局评为2019年信访工作“三无”县（市、区）。乐昌市开展信访矛盾化解攻坚、让群众“最多访一次”等工作，坚持和发展新时代“枫桥经验”，坚持属地管理分级负责，坚持及时就地解决问题，坚持综合施策化解积案，把矛盾化解在源头，维护群众合法权益，促进社会和谐稳定。2019年，乐昌市无进京越级上访、无大规模集体上访、无因信访问题引发的极端恶性事件。

九峰镇上榜2020年全国农业产业强镇建设名单

2020年5月26日，农业农村部、财政部联合发布《2020年农业产业强镇建设公示公告》，九峰镇跻身榜单。九峰镇围绕“产业兴镇”发展目标，聚焦农业资源优势，培育壮大特色产业示范基地，应用物联网、智能大棚等数字化技术推动传统农业向智能化农业转型升级，增加水果产业的综合效益。普及“互联网+”电商发展模式，依托“黄金柰李王评选”“乐昌水果节”等节庆活动，助力果农脱贫增收，引领全镇水果产业向高质量轨道发展。全镇水果种植面积4333.33公顷，年产量10万吨，培育黄金柰李种植示范基地，农业配套设施日趋完善，产业强镇渐见成效。

2020年南粤古驿道定向大赛在乐昌坪石“首发”

2020年6月13—14日，南粤古驿道“Hello 5G杯”定向大赛第一站赛事在乐昌坪石镇举行。南粤古驿道定向大赛是广东体育近年成功打造的品牌赛事，2020年在韶关乐昌、阳江阳春、清远阳山、肇庆封开、广州从化、潮州潮安、珠海东澳岛、河源东源、汕头南澳岛等特色传统村落、古驿道、海岛开展9站定向赛事，乐昌作为赛事首站，认真贯彻文旅体深度融合的办赛理念。2020年南粤古驿道“Hello 5G杯”定向大赛首站赛事由中国无线电和定向运动协会、省体育局、省自然资源厅、省文化和旅游厅共同主办。大赛设置少儿组、专业组、成年组、休验组四个组别，分设短距离定向赛、团队定向赛，新增古驿道研学定向赛。古驿道研学定向赛通过省体育局与电视台联动，邀约小记者组成研学团，以“研学+定向”的玩法参赛，通过他们的眼光来看南粤古驿道定向大赛与华南教育历史研学基地，呈现更丰富的赛事内容。南粤古驿道定向大赛是广东省体育赛事在疫情防控状态化阶段下的首个比赛，该站比赛结合华南研学之旅，为探索文旅体融合发展，推动乡村振兴留下经验。

莱丁·乐昌农产品电商物流园开业

2020年12月30日，莱丁·乐昌农产品电商物流园开业。该园区是乐昌市第一家农副产品电商集散地，园区集大型农产品批发中心、电商运营中心、物流分拣配送中心、仓储冷链中心、农产品深加工中心为一体，配套现代仓储管理系统，利用现代化智能技术，打通粤、湘、赣物流网络，助力湾区绿色农副产品批发贸易及流通。莱丁·乐昌农产品电商物流园的开业，是乐昌市加快农产品结构优化，推进产业集聚化、规模化、品牌化的里程碑。开业活动中，莱丁·乐昌农产品电商物流园通过爱心协会向乐昌市困难家庭捐赠农特优品，韶关始发物流有限公司向乐昌大源中学捐赠学习文具。

精准扶贫精准脱贫

2020年，乐昌市共有39个省定贫困村，其中8个村由省直单位帮扶，29个村分别由东莞市直单位、大朗镇及清溪镇对口帮扶，2个村由韶关市直单位帮扶。至2020年年底，全市39个省定贫困村全部达到出列标准，建档立卡贫困户4960户13571人均达到脱贫退出标准，达标率100%。2020年有劳动能力贫困户人均可支配收入18510.47元。2016年以来，累计到位各级扶贫专项资金4.2271亿元，实际支出4.2271亿元，其中2020年各级到位扶贫资金共计6676.46万元，支出6676.46万元，支出率100%。

搭建“联合党建+乡村振兴”战略合作平台。以组织振兴带动产业振兴，在产业链、项目和新兴业态上的各级党组织资源聚集起来，形成以党组织为核心，产业链为支撑，“产、供、销、科技、金融”五位一体的党建新品牌，通过联合党建引领乡村振兴之路。由“联合党建+乡村振兴”战略合作单位乐昌农商银行与九峰镇、市现代农业产业园、乐昌市供销社、绿峰合作社等单位签订战略合作协议，为各地“联合党建+乡村振兴”系列活动搭建起政银企合作框架的新样板。

打造特色产业。依托“五带五基地”特色农业产业布局，大力推广“公司+基地+合作社+农户”“基地+公司+贫困户+代管代销”帮扶模式，完善产业扶贫利益连接机制，着力提升贫困户“造血”功能，覆盖带动2628户贫困户每年增收6000—9000元。充分发挥香芋现代产业园及岭南落叶果树产业园示范带动作用，全市建成产业扶贫种养基地72个666.67公顷，其中39个贫困村共建成扶贫产业基地45个。依托誉马葡萄酒庄园优势，出台《乐昌市酿酒型葡萄种植奖补办法》，对示范带动贫困户种植酿酒型葡萄的合作社、家庭农场进行奖补扶持，带动220户贫困户增收。

建立“金融+产业”扶贫模式。精准对接贫困户、扶贫产业等的金融需求，坚持产业创新与金融扶贫有机结合，稳妥推广“托管带种带养”模式，1292户贫困户使用扶贫小额信贷3673.8万元，发展生猪、雪毛鸡、清远棕鹅、兰花、香芋等“金融+产业”项目，年收益320万元。

创新就业扶贫方式。一是创建扶贫车间和开展公益性岗位安置就业工作，创建10个扶贫车间，累计带动600多人就业，其中解决建档立卡贫困户就业60多人，员工年平均收入达3万元。政府购买服务人员优先招聘建档立卡贫困家庭劳动力，累计在公益岗位实现就业101人。二是开展就地就近就业奖补及技能培训工作，安排128万元财政资金用于就地就近就业奖补，完成1099人的就业奖补发放工作；通过开展家政服务员、粤菜师傅、电工等技能培训，提高贫困户各项就业技能，2020年开展就业技能培训663人次、农业技能培训4921人次。

开展保障性扶贫工作。一是创新开展“幸福工程”，共投入本级财政资金853万元对1010户开展家庭用电安装、内墙粉白、室内整理等项目，有效改善贫困户的家居环境，提升贫困户的幸福感和获得感。二是创新开展深化社会扶贫、牵手共建贫困户幸福家居活动，向市直机关单位、各帮扶单位、社会各界发出倡议共同帮助贫困户改善生活条件，提高生活水平。成功推送1568份贫困户家居生活需求心愿，有效促进贫困户家居条件质量提升。

开展全方位的脱贫攻坚主题宣传。上级媒体关于乐昌市脱贫攻坚类用稿500余篇，包括《人民日报》、《经济日报》、“学习强国”等中央媒体及《南方日报》、南方+等，同时本地清和乐昌APP、乐昌发布、乐昌市融媒体中心公众号、抖音等自身新媒体平台持续发布脱贫攻坚相关报道，充分展现乐昌市脱贫攻坚成效，有效激发全市广大党员干部和群众的工作热情，营造良好的社会氛围。

借助微信小程序，精准高效解难题。先后开发扶贫“再遍访”“普查”等小程序，对全市建档立卡贫困户“八有”及脱贫成效质量进行全覆盖核查，全面掌握全市贫困户动态信息，及时发现解决1830个贫困户生产生活实际问题。

守好广东疫情防控“北大门”

2020年，面对突如其来的新冠肺炎疫情，乐昌市坚决贯彻落实习近平总书记、党中央重大决策部署和广东省委、韶关市委工作要求，把人民群众生命安全和身体健康放在首位，坚决守好广东疫情防控“北大门”。乐昌市第一时间建立疫情联防联控机制，成立7个工作小组和15个工作专班，保障防控工作高效有序运转。因时因势调整完善疫情防控措施，在各省际、县际、国省道和“三站”（火车站、高铁站、汽车站）设立联合检疫站，累计拦停车辆54.7万辆次、排查144.1万人次。强化市镇村组四级网格化管理，引导全市各村组组建疫情防控志愿服务队1803个，动员1639个村组在主要入口设置告知牌、拉防控警戒线，累计排查48.6万人。以“关键少数”带动“绝大多数”，带动1.2万多名党员参与到疫情防控工作中。

在做好疫情防控的前提下，精准有序推进复工复产复商复市。举办线上线下招聘24场次，累计为企业新招用工1951人次，解决企业用工难题；促成韶关市坪石发电厂有限公司（B厂）、乐昌市宝创环保新材料制品有限公司等9家企业签订贷款协议，发放贷款1.86亿元，对14家次企业2.67亿元贷款进行展期，授信或拟授信47家次企业金额2.58亿元，缓解企业资金紧缺困局。全面落实减税降费政策，及时出台援企稳岗、促进消费等惠企纾困政策措施，累计新增减税降费超2亿元，新增“四上”企业33家、市场主体2963户，全市经济整体呈现逐季恢复性增长态势，全年实现地区生产总值增长3.3%，排韶关第4位，固定资产投资增长6.1%、排韶关第3位。

乐昌市“五个强化”援企稳岗，推动企业复工复产

2020年疫情防控期间，乐昌市坚持“五个强化”，开展援企稳岗和用工保障工作，推动企业复工复产。

一是强化“点对点”服务，建立就业和用工服务专员制度，做到“点对点”精准服务；建立企业微信服务交流群，及时发布招工用工信息，顺畅供需平台；组建政策宣讲团，扩大政策知晓度和覆盖面；建立重点企业监测制度，实时跟踪31家重点企业的复工复产情况。

二是强化线上招聘服务，开发“乐昌就业”微信小程序线上招聘平台，发挥市镇村三级服务平台作用，结合贫困户遍访工作，引导本地劳动力就近就业，帮助企业新招各类员1568人。

三是强化紧缺人才储备，发挥就业和用工服务专员作用，帮助企业储备人才80余人，开设职中产业园班培养“订单式”技能人才，安排第一批产业园班毕业生46人顶岗实习。

四是强化技能人才培训，开展短期线上培训和适岗培训，通过“老带新”“师带徒”等方式，培训企业员工200多人次。

五是强化惠企“三送”服务，开展“送政策送资金、送技工”活动，走访联系企业400余家，发放高校毕业生就业补贴6万元、岗位补贴78万元，创业带动就业小额担保贷款贴息14万元，减免各项社保费2800万元，惠及各类企业和个体户1455户。

大事记

1月

1日　“学习新思想 筑梦新时代”2020年乐昌市元旦千人书画大赛在乐昌市体育馆举行，全市中小学校、幼儿园等33个单位近1500人参加该次大赛。

2日　韶关市委常委、副市长、东莞对口帮扶韶关指挥部总指挥万卓培到乐昌市调研华南教育历史研学基地（坪石）项目。

3日　广东广播电视台珠江频道《摇钱树》栏目组到乐昌市，对该市农业特色农产品进行采访拍摄。

9日　广东省委书记李希到乐昌市誉马葡萄酒庄园调研，强调要充分发挥产业帮扶作用，做优做强特色农业，带动当地经济发展和群众致富。

10日　乐昌市以“因为有您·华彩四溢”为主题，召开2020年政企迎新座谈会。国务院粤港澳大湾区建设领导小组司长谷沛泽，韶关市直有关单位负责同志，乐昌市“四套”班子领导，以及乐昌市直有关单位主要负责同志、部分金融机构负责人、2017年以来签约项目代表、商会代表、意向企业代表、受表彰企业代表等200余人共聚一堂，搭建政企交流平台，携手面对新形势，共谋乐昌新发展。活动中，乐昌签约4个招商引资项目和1个战略合作协议，招引项目计划投资额达17.4亿元。

16日　中国共产党乐昌市第十三届委员会第九次全体会议在市区召开。全会审议《市委常委会2019年抓党建工作情况报告》和《市委常委会2019年工作总结》，表决通过《中国共产党乐昌市第十三届委员会第九次全体会议决议》。

17日　广东省农业农村厅二级巡视员刘付启荣一行到华南教育历史研学基地（坪石）调研。

20日　2020年乐昌市军民迎春联欢晚会在乐昌市职工文化广场举行。

24日　乐昌市文化广电旅游体育局发布《关于暂停全市文体娱乐场所活动及加强旅游行业疫情防控工作的通告》，暂停举办文艺演出、群众性文化活动、新春下基层等各类人员聚集的活动。全市文化馆、图书馆、博物馆、封闭式体育场馆、风度书房暂停对外开放。全市歌舞娱乐场所、网吧、游艺场所、演出场所、电影院等文化旅游体育经营单位暂停营业。

2月

1日　韶关市委常委、政法委书记李安平到乐昌市检查新型冠状病毒感染的肺炎疫情防控工作，并深入107国道老坪石省际春运执勤点和栗源交界检查点，察看车辆信息登记、来往人员体温测量、防控知识宣传等情况。

4日　大朗镇人大副主席、第三轮对口帮扶指挥部总指挥叶建华带领第三轮对口帮扶指挥部成员到乐昌市开展对口帮扶工作交接。

5日　韶关市副市长陈磊到乐昌市检查指导疫情防控工作和调研物资储备情况。

9日　乐昌市中医院医生张树培和李江山成为韶关支援湖北应对新型冠状病毒肺炎疫情的医疗队成员，根据安排分批奔赴湖北支援前线医务人员，共同抗击新型冠状病毒肺炎疫情。

10日　大朗乐昌对口帮扶指挥部代表东莞市大

朗镇向乐昌市援助一批疫情防控物资，为乐昌市奋战一线的抗疫工作者提供支援。该批援助物资包括口罩1.5万个、84消毒水60支、医用洗手液100支、手套1000对。

17日　经乐昌市行业主管部门现场核查符合企业复工复产要求，清溪镇帮扶坪石镇扶贫车间两间企业（东莞顺阔电子有限公司乐昌分公司、乐昌市特旺包装制品有限公司）正式复工复产；19日，莲塘村扶贫车间（乐昌市特旺包装制品有限公司）开工试产。复工初期，省定贫困村仁里村扶贫车间员工15人，其中贫困户3人；省定贫困村肖家湾村扶贫车间员工18人，其中贫困户2人；省定贫困村莲塘村扶贫车间员12人；三间扶贫车间复工员工基本上是当地本村村民（贫困户）。

19日　韶关市委常委、宣传部部长、韶关市疫情防控指挥部副总指挥刘启宇率队到乐昌市检查督导防疫社会宣传和企业复工复产工作情况。

同日　大朗乐昌对口帮扶指挥部代表莞韶指挥部和深圳狮子会松岗服务队，将一批疫情防控物资移交乐昌市疾病预防控制中心。该批防疫物资合计口罩6000个、测温仪10台、橡胶手套6000双、方便面60箱、饼干15箱、牛奶50箱。

20日　乐昌市廊田镇被广东省爱国卫生运动委员会评选为广东省卫生镇。

28日　以“与山为邻、与树为伴、与花为缘、与果为友”为主线的乐昌市九峰镇互联网桃花节在九峰镇启动。活动融合“网红直播、社区拼团、村播孵化”等主流玩法，让疫情中宅家的朋友可以感受到九峰花海的壮丽盛景，提升乐昌桃花节品牌价值。

3月

5日　广东省自然资源厅党组书记、厅长陈光荣一行到华南教育历史研学基地（坪石）调研。

5—6日　中国资本论研究协会副会长董小麟、省委党校教授黄铁苗到《资本论》中文首译者王亚南抗战时执教的武阳司村调研，并召开座谈会，指导《资本论》研讨会筹备工作。

7日　韶关市委书记李红军到坪石镇调研华南教育历史研学基地建设情况。

10日　韶关市禁毒办到乐昌市督查指导禁种铲毒工作。

11日　珠江电影制片厂编导人员一行到华南教育历史研学基地（坪石）踩点，深入了解抗战时期中山大学等高等院校办学历史及“坪石先生”精神。

13日　韶关市政务服务数据管理局副局长叶新年一行到乐昌市坪石镇调研经济发达镇改革试点工作。

23日　乐昌市举行2020年第一批招商引资项目签约暨产业共建项目集中奠基动工仪式。活动中，集中签约2个投资意向协议，奠基动工项目8个，基础配套工程竣工3个。

同日　乐昌市首家镇级电商服务站两江镇电商服务站举办揭牌仪式。

30日　中共乐昌市第十三届纪律检查委员会第五次全体会议在市政府礼堂召开。

是月　乐昌市组织部组织全市21858名党员为新冠肺炎疫情捐款166万余元。

4月

5日　东莞驻乐昌扶贫工作组携手乐昌市扶贫办发起“心愿卡”活动，向社会各界发放感谢信和活动倡议书，动员帮扶单位及爱心人士摘取“心愿卡”，东莞市有关帮扶单位及爱心人士共捐赠总价值超过65万元的“心愿”物资一批。

10日　韶关市委常委、副市长、东莞韶关对口帮扶指挥部总指挥罗晓勤到乐昌市调研督导脱贫攻坚工作。

同日　中央党校课研组教授王华栋、陈思危、吴轲等一行到乐昌市供销社土产公司调研乐昌市现代农业产业园农产品批发中心项目建设情况。

16日　莞韶指挥部在乐昌市召开莞韶对口帮扶“十组团”座谈会，现场考察大朗（乐昌）产业共建科技园、博昇乐企业、机械园，听取乐昌市招商情况介绍，了解大朗乐昌对口帮扶和园区建设情况，推广大朗乐昌先进经验。

21日　韶关市委常委、宣传部部长刘启宇到乐昌市五山镇调研红色革命遗址保护利用及红色教育实地教学点建设工作，要求强化革命遗址遗迹保护利用，活化红色文化资源，讲好韶关红色故事，为韶关高质量发展凝聚起强大精神力量。

26日 乐昌市农村人居环境整治暨重点项目调度现场会在坪石镇召开。

同日 韶关市首家社保卡即时发卡服务点揭牌仪式在乐昌农商行北郊支行举行。

是月 乐昌市“乐昌青蛙狮”传承人邝治彬被列入第六批省级非物质文化遗产代表性传承人名录。

5月

8日 韶关市委常委、政法委书记李安平到乐昌市调研扫黑除恶专项斗争工作开展情况。

12日 广东省体育局局长王禹平率队到乐昌市调研南粤古驿道定向大赛筹备工作。

13—14日 韶关市生态修复办和韶关市林业局组织专家组对乐昌市山水林田湖草修复试点乐昌市石漠化治理项目工程进行中期督导检查。

21日 韶关市委常委、宣传部部长刘启宇带队到乐昌市调研红色文化及文物保护等工作。

25日 中国人民政治协商会议第十届乐昌市委员会第五次会议在乐昌市凤凰酒店召开。

同日 中国邮政集团有限公司市场部总经理姜春华一行，到乐昌市调研各项惠农政策的实施情况。

25—27日 乐昌市第十五届人民代表大会第六次会议在市区召开。

26日 九峰镇上榜2020年全国农业产业强镇建设榜单。

28日 2020年乐昌市第二批招商引资项目签约暨产业共建项目集中奠基动工、投产项目集中剪彩仪式在市产业园举行。集中签约6个入园工业项目，投资总额7.5亿元，奠基动工项目4个，建成投产项目8个。

6月

5日 广东省广播电视局局长刘小毅到乐昌市调研华南教育历史电视纪录片拍摄工作。

8日 广东省副省长许瑞生率省文化和旅游厅、省自然资源厅、省体育局等单位领导赴华南教育历史研学基地（坪石）调研。

11—12日 广东省农业农村厅副厅长冯彤率队到乐昌市调研粮食生产、“一村一品”“一镇一业”、高标准农田建设工作。

19—20日 乐昌市委书记沈河民率队到大朗进行为期两天的调研，大朗镇党委副书记、镇长方德佳陪同。19日下午，在大朗镇召开乐昌对口帮扶联席会议暨新时期精准扶贫工作会议。

22日 广东省农业农村厅党组副书记许典辉、二级巡视员黄智饶一行到乐昌市调研农民专业合作社及新农村建设等情况。

同日 广东农民合作社服务中心授牌暨乐昌市联合社揭牌仪式在乐昌市举行，该中心为广东省首批成立的县级农民合作社服务中心之一。省农业农村厅党组副书记许典辉、二级巡视员黄智饶、乐昌市委书记沈河民、市委副书记黄艺坤参加活动。

24日 大朗乐昌对口帮扶指挥部联合东莞市大朗镇文学艺术界联合会、东莞市大朗镇宣传文体局、乐昌市文化广电旅游体育局在乐昌市举办大朗乐昌书法摄影作品联展，征集110件美术书法摄影作品进行展出。

是月 广东省生态公益林管理办公室、中国新闻社、中国报道、中国绿色时报、南方日报、羊城晚报、广州日报、南方都市报等11家媒体到乐昌市开展石漠化综合治理成效宣传采访，推广乐昌市以石漠化治理试验示范区建设为抓手，紧密结合“精准扶贫”“乡村振兴”等工作，积极打造粤北南药基地，加快推动粤北南岭山区山水林田湖草生态保护修复的先进经验做法。

7月

1日 华南研学“七一”主题党日活动暨探寻历史的足迹——粤北华南教育历史研学实践成果征集大赛在乐昌市坪石镇武阳司启动。位于坪石镇武阳司村国立中山大学法学院旧址的亚南书舍、《资本论》与中国经济学教育历史陈列馆正式开馆。

1—2日 大朗镇党委书记陈福坤率队到乐昌市开展“广东扶贫济困日”捐赠和“七一”党建主题活动。

6日 韶关市政协副主席卢春燕率队到乐昌市部分企业走访调研。

7日 韶关市副市长陈磊到乐昌市国际商贸城、产业园、城关中学、乐昌峡绿色米业有限公司调研。

8日 广东省司法厅党委委员、副厅长陈建一行到乐昌市司法局调研指导司法行政系统指挥中心和信息化建设工作。

13日 韶关市人大常委会党组副书记、副主任邓小杰一行到坪石镇调研华南教育历史研学基地和镇人大工作，到坪石镇和梅花镇走访部分韶关市人大代表。

13—14日 广州美术学院美术教育学院党总支书记、教授吴慧平率队到乐昌市开展党建、调研和座谈活动。

16日 中华优秀传统文化岭南传统舞蹈传承研究基地授牌仪式暨研讨会在韶关市文化馆举行，乐昌市非物质文化遗产保护项目狮舞（青蛙狮）被列入首批教研项目。

18日 乐昌市在坪石镇主会场和市区河堤广场分会场举行决战决胜扫黑除恶专项斗争誓师大会，向全市广大人民群众展示乐昌市扫黑除恶专项斗争以来取得的战果，提振打赢专项斗争收官战的信心和决心。

23日 大朗乐昌对口指挥部联合大朗镇人大办开展“乐善行”爱心捐赠活动，组织大朗镇人大代表到九峰镇敬老院和学校慰问，共捐赠慰问金、物资等合计6万多元。

25日 乐昌市举办“云游畅享 与‘李’有约”乐昌黄金柰李水果节，运用网络直播带货的形式对产品进行推介和线上销售。

29日 韶关市自然资源局调研组到乐昌市开展国土空间总体规划和村庄规划调研。

31日 2020年乐昌市第三批招商引资项目签约暨产业项目集中奠基动工、投产项目集中剪彩仪式在市产业园举行。集中签约3个产业项目，投资总额6.15亿元，奠基动工项目5个，建成投产项目5个。

8月

1日 “追忆先辈足迹·重温烽火岁月”华南研学纪念“八一”建军节系列活动在乐昌坪石镇皈塘古村、武阳司村举行。

同日 乐昌市消防志愿者队伍成立。

10日 乐昌市“七彩假期 情暖童心”关爱乡村青少年志愿服务活动暨第二届“乐绘假期”爱心夏令营开营仪式在乐昌市第四中学举行。共30名留守儿童、城市随迁子女、防疫一线医护人员子女齐聚于此，开启为期5天的“爱心之旅”。

15日 韶关市委书记王瑞军到大朗乐昌共建科技园考察调研，乐昌市委副书记、市长钟曦陪同。

19日 广州美术学院党委书记谢昌晶一行到华南教育历史研学基地（坪石）调研。

20日 来自广州美术学院等学校的30多名师生深入乐昌市华南教育历史研学基地（坪石）、古驿道开展采风写生，共绘美丽坪石。

29日 中华全国供销合作总社党组成员、理事会副主任邹天敬一行到乐昌市调研供销社综合改革工作。广东省供销合作联社党组书记、理事会主任叶梅芬，理事会副主任翁少能，乐昌市委副书记、市长钟曦及韶关、乐昌市供销社有关负责同志陪同调研。

30日 乐昌市乐园小学举行落成庆典仪式。该学校位于乐昌市产业园区内，由德金乐房地产投资有限公司捐建，建筑面积5000多平方米，建有教学楼、图书室、实验室等各种功能室，提供800多个优质学位。

31日 2020年乐昌市直单位业务骨干综合能力提升培训班开班仪式在大朗镇举行，50多名市直干部参加为期5天的培训。

是月 乐昌市发现长岗岭古道。长岗岭古道是古代西京古道的主要线路，是坪石大捷中长岗岭战斗的发生地，位于乐昌市坪石镇武阳司村委长岗岭，东北至西南走向，从三星坪村西北约380米的京港澳高速高架桥西侧的农庄后起，至武阳司村委邱家村北侧止，全长2977米。

是月 《广东省乐昌市国家森林城市建设总体规划（2019—2028年）》通过国家专家评审会评审

通过，经乐昌市常务会审议通过后正式印发实施。

9月

1日 乐昌市凤凰小学举行落成仪式。该校建筑面积1.27万平方米，建有教学楼、报告厅、图书室、实验室等功能室，提供1620个优质学位。

3日 铭记烽火历史、传承红色基因——走进华南教育历史研学基地系列活动在坪石镇举行。

同日 定友图书馆与管埠村国立中山大学师范学院历史陈列馆对外开放。

7日 由江西省中医药管理局医政处李中方处长等成员组成的全国基层中医药工作先进单位评审专家组莅临乐昌市，对乐昌市2020年创建全国基层中医药工作先进单位进行评审。

同日 韶关市副市长高冬瑞率韶关市生态环境局领导到乐昌市挂点联系企业走访调研，倾听企业心声，帮助企业纾困解难。

同日 韶关市“十大樟树王”周边人居环境整治工作现场推进会在乐昌市长来镇召开。

10—11日 东莞市道滘镇副镇长袁文志、王建平率队到乐昌考察，推进“1+N+1”产业共建帮扶新模式。

11日 京东物流韶关乐昌营业部进驻乐昌市供销社农产品批发市场，为促进市场农产品物流便利助力。

同日 乐昌市万里碧道建设项目西坑水碧道建设（一期）工程建设完成，并投入使用。

15日 韶关市政协副主席张文铭、吴春腾率领视察组，到乐昌市开展“现代农业产业园发展”民主监督专题视察活动。

17—18日 东莞市大朗镇党委副书记、镇长方德佳率领部分镇领导以及有关单位负责人到乐昌市调研。

21日 韶关市人大常委会党组副书记、副主任邓小杰率队到乐昌调研现代农业示范产业园建设情况等工作。

22日 2020年乐昌市“中国农民丰收节”启动仪式暨消费扶贫月活动在乐昌市廊田镇马屋村委会白马寨村小组启动。活动对最美乡味、最美农特产品、最美创业致富能手、最美扶贫干部、最美庭院、最美村庄的“乐农·六美”各系列进行颁奖。其中，桃花酥、粳米糍粑、黄金柰李焗排骨等获10大“最美乡味”；炮弹香芋、北乡马蹄、九峰黄金柰李等获10大“最美农特产品”；长来镇和村村和村组、廊田镇马屋村白马寨组、坪石镇龙珠村白竹湾组等获最美村庄奖。

同日 乐昌市长来镇前溪村供销合作社正式挂牌成立，成为乐昌市首家村级供销合作社。

26日 乐昌九峰山妇女农民专业合作社联合社在乐昌九峰镇举行揭牌仪式，标志全省首家镇级妇女农民专业合作联社正式成立。

27日 广东省见义勇为基金会、韶关见义勇为协会相关人员对见义勇为牺牲的革命烈士王华的家属进行慰问。

29日 樟树王公园开园。该公园位于乐昌武江河东岸长来镇安口贝兴村，规划面积约22460平方米，对古树最少干预，通过自然材料、乡土植物配置，建设健康步道，串联古树与休闲空间，增设科普与教育展示，丰富游览体验。长来镇安口贝兴村古樟树群中，拥有百年树龄以上的古樟树有20多棵，其中一棵树龄1300多年的古樟树被评选为韶关市“十大樟树王”之首。

同日 “共建生态区、共享绿色发展”韶关市全域创建国家森林城市巡回主题宣传活动（乐昌站）在樟树王公园举办。

是月 由乐昌市革命老区发展史编委会编纂的全国革命老区县发展史丛书广东卷之一《乐昌市革命老区发展史》出版发行。

10月

1日 乐昌市供销社助农服务综合平台暨农产品批发市场开业庆典仪式举行，标志乐昌市供销社新型乡村助农服务示范体系建设取得关键性成果，有力提升供销社农业社会化水平和促进乡村振兴。

同日 乐昌风度书房中原路分馆和坪石分馆对外开放。

10日 广东省第二中医院和乐昌市中医院开展“组团式”义诊活动。

13日 广东省委第六巡视组巡视乐昌市工作动员会议召开。根据省委巡视工作统一部署，省委第六巡视组从10月13日至12月11日对乐昌市开展巡视。省委巡视组主要受理反映乐昌市委、市人大、市政府、市政协领导班子及其成员和重要岗位领导干部问题的来信来电来访，重点是违反政治纪律、组织纪律、廉洁纪律、群众纪律、工作纪律和生活纪律等方面的举报和反映。

21日 韶关市委宣传部副部长刘炎生到乐昌市调研新时代文明实践工作。

28日 由广州市七封印公司牵头研发的电影《坪石先生》项目商讨会暨黄小安女士捐赠纪念品仪式在乐昌市举行。

29日 乐昌市长来镇和村村成功创建省级“民主法治示范村（社区）”。

30日 乐昌市召开干部大会，传达学习贯彻习近平总书记出席深圳经济特区建立40周年庆祝大会和视察广东重要讲话、重要指示精神以及全省干部大会精神，对乐昌市学习贯彻落实工作进行动员部署。

11月

1日 由国家体育总局棋牌运动管理中心、中国象棋协会、乐昌市人民政府主办，广东省象棋协会、乐昌市文化广电旅游体育局承办的2019—2020年“乐昌桃花杯”全国象棋女子甲级联赛在乐昌市九福兰花公园闭幕，历经14个月18轮的鏖战，北京九重汇队获得冠军，广东省乐昌队获得亚军，上海九城集团队获得季军。

2—5日 乐昌市委副书记、市长钟曦率队到东莞大朗开展招商活动。3日，参加指挥部在中国（大朗）国际毛织产品交易会上举行的招商推介会开幕式，该次推介会为期3天，接待20多批领导和客商朋友。

4日 省委宣传部副部长、省文明办主任蒋斌到乐昌市调研群众性精神文明创建工作。

5日 中国共产党乐昌市第十三届委员会第十次全体会议在市政府礼堂召开。

6—8日 东莞驻乐昌扶贫工作组在大朗举办乐昌市农产品消费扶贫展销会活动。活动上大朗本土企业广东宝康供应链管理有限公司与乐昌市昌农农业投资有限公司签订100万元的乐昌农产品采购合同。展位现场吸引500余人次进场，现场农产品销售额超3万元，达成采购意向5万元。

11日 广东省委政法委副书记江楷鑫到乐昌市考察“邓火坚调解工作室”工作。

19日 乐昌市电子商务公共服务中心揭牌仪式在佛坳香芋小镇举行，正式对外提供服务。服务中心配有展厅、众创空间、共享直播间、会议室、茶室，供入孵的电商人才或企业使用，并配备专门的车库咖啡馆及路演中心，供大家分享交流、组织培训以及活动。

20—21日 “红色文化滋养人心 全域旅游助推乡村振兴”第二届韶关市网络媒体采风活动走进乐昌市。韶关民声网、韶关新闻网、韶关旅游等媒体聚焦乐昌市全域旅游和乡村振兴建设成果，了解红色文化、感受新时代红色精神，深挖乐昌市红色旅游新亮点。

22日 广东省2020年南粤古驿道定向大赛总决赛和表彰大会在汕头市南澳县深澳镇总兵府举行，乐昌市人民政府、乐昌市文广旅体局荣获“优秀组织单位”。

23—24日 大朗乐昌对口帮扶指挥部联合共青团大朗镇委员会大朗志愿者协会到乐昌援建第17间“希望图书室”，捐出一批书架、文具和2500册图书，合计4万多元。

30日 韶关市举办重点项目开工、竣工活动，乐昌市同步设立分会场，举行重大项目开工、竣工和集中签约活动，共集中开工、竣工和签约17个项目，其中开工项目7个、竣工项目5个、签约项目5个，合计投资总额25.57亿元。

同日 中国工程院院士徐祖信到乐昌市调研。

12月

1日 乐昌市获得“广东省双拥模范市”荣誉称号。

同日 乐昌市村（社区）“两委”换届工作会议召开，动员和部署全市村（社区）“两委”换届工作。

同日 乐昌市“决战决胜扫黑除恶、建设平安清和乐昌”主题宣传活动暨扫黑除恶专项斗争成果展在市职工文化广场举行。

3日 乐昌市纪检监察干部业务培训班在北乡镇九福兰花公园人才驿站正式开班，来自全市110余名纪检监察干部参加培训。

7日 乐昌市司法局被中华全国人民调解员协会评为全国宣传人民调解先进集体。

8日 韶关市人大常委会党组副书记、副主任邓小杰到乐昌市调研脱贫攻坚工作。

9日 邓火坚被司法部授予“全国模范人民调解员”荣誉称号。

11日 韶关市委常委、政法委书记李安平到乐昌市调研社会治理维稳及扫黑除恶专项斗争等工作。

15日 乐昌市在梅花镇敬老院举行特困老人“暖冬行动”启动仪式，该市投入经费110万元，为6间敬老院（长来镇、白石镇、梅花镇、沙坪镇、三溪镇、黄圃镇敬老院）安装热水供暖一体化设备，为17间敬老院380位老人定制冬装。

15—16日 广东省卫健委疾控处二级调研员张琳率队到乐昌市就省级慢性病综合防控示范区建设工作开展现场调研。

25日 韶关市副市长、公安局局长谢超武到乐昌市督导检查岁末年初安全生产工作。

29日 中国共产党乐昌市第十三届委员会第十一次全体会议在市政府礼堂召开。

北乡镇被省委农办，省农业农村厅、省委组织部评为广东省乡村治理示范镇。廊田镇马屋村、九峰镇茶料村、长来镇和村村、梅花镇大坪村、坪石镇三拱桥村、三溪镇三溪村被评为广东省乡村治理示范村。

30日 莱丁·乐昌农产品电商物流园开业。

同日 乐昌市2020跨年农旅嘉年华活动在乐昌市农产品电商物流园启动。

31日 乐昌市举行2021年“百信花苑杯”迎新年环城跑活动，全市59支队伍近500人参加环城跑活动。

是月 乐昌市开展公务员信息更新采集和统计，截至12月31日，乐昌市共有公务员2071人，参照公务员管理人员236人，共计2307人完成信息采集更新采集。

是月 乐昌市万里碧道建设项目武江坪石镇段碧道建设工程（一期工程）完成工程建设，投入使用。

是月 乐昌市金鸡小学、长来中学、坪梅中学、坪石实验学校、九峰中学、北乡中心学校、五山中心学校7所学校通过韶关市的评估检查，被评为“广东省绿色学校”；乐昌小学、凤凰小学、坪梅中学、金鸡小学、乐昌一中、乐昌二中、乐昌三中、乐昌四中、新时代学校、乐城一小10所学校成功创建韶关市卫生工作示范校。

全市概述

历史·地理·人文

【建置沿革】 先秦，乐昌属百粤之地。秦属南海郡。秦末，赵佗为南海尉，称帝岭南，建南越国，乐昌属之。

汉武帝元鼎六年（前111），南越归汉，乐昌属桂阳郡曲江县地。三国吴甘露元年（265），分桂阳郡南部置始兴郡，乐昌属始兴郡曲江县地。南齐建元元年（479），析曲江县地置灵溪县，县治在今乐昌市长来镇灵口，旧志无载。

南朝梁天监七年（508），分曲江县西北境（含灵溪县）置梁化县，治所无考（旧称郭东都），隶属于东衡州。天监十七年（518），分梁化县北置平石县，治所在今乐昌市西北老坪石。

隋开皇九年（589），县治迁赵佗城（今乐昌市西南二里武水西傍）。开皇十二年（592）废平石县入梁化县。开皇十八年（598），改梁化为乐昌县，治所仍在今乐昌市西南二里武水西，隶属于广州。

唐，郡州变更频繁，乐昌隶属亦随之变更。

宋，乐昌隶属于韶州。北宋开宝五年（972），撤仁化县并入乐昌。咸平三年（1000），复置仁化县。南宋乾道二年（1166），乳源县建置，将县西南依化乡划乳源县。

元，设行中书省（简称行省），乐昌属江西行省广东道韶州路。

明、清，乐昌隶属于韶州府。明初乐昌县移治今乐昌市政府大院。

民国初废府制，乐昌直属广东省。民国3年（1914），乐昌隶属于岭南道。民国9年（1920），乐昌先后属北江区善后公署、北江绥靖公署。民国25年（1936）撤销绥靖公署后，乐昌属广东第二区行政督察专员公署。

1949年10月6日，乐昌解放。10月19日，成立乐昌县人民政府。1950年1月，广东省北江人民行政督察专员公署（以下简称北江专署）成立，乐昌隶属于北江专署。1952年11月，广东粤北行政公署成立，乐昌隶属于粤北行政公署。1956年改粤北行政公署为韶关专员公署，乐昌隶属于韶关专员公署。韶关地区成立后，乐昌隶属于韶关地区。

1983年6月，韶关地区与韶关市合并，以市辖县，乐昌隶属于韶关市。1994年4月28日，国务院批准乐昌撤县设市，为韶关市代管的县级市。

【行政区划】 明朝之前，行政区划无考。清康熙五年（1666）至同治十年（1871），全县分为5个乡、13个都，郭下乡管辖城南都、郭东都、郭西都；建福乡管辖河南都、柏沙都、里田都、荣村都；辛陂乡管辖辛田都、土头都；灵口乡管辖安口都、曲合都；依化乡管辖皈上都、皈下都。

清同治以后，全县分为附城、东乡、南乡、西乡、北乡、九峰、黄圃、坪石8个乡。

民国18年（1929），全县改为8个区，城内及附城为第一区，东乡为第二区，南乡为第三区，西乡为第四区，北乡为第五区，九峰乡为第六区，黄圃乡为第七区，坪石乡为第八区。

民国20年（1931），增设五山为第九区。

民国26年（1937），全县划为3个行政区17个乡2个镇。第一区管辖附城镇、昌山乡、正东乡、上东乡、下东乡、长来乡、罗村乡、杨溪乡、五山乡、西乡等九乡一镇；第二区管辖南乡、九峰乡、大源乡等三乡；第三区管辖坪石镇、莲塘乡、京河乡、田头乡、庆云乡、卢溪乡等五乡一镇。

民国30年（1941），全县设2个区11个乡1个镇。附城乡、西乡、五山乡、上东乡、下东乡、南乡属第一区，黄圃乡、坪石镇、皈上乡属第二区，北乡、大源乡、九峰乡直属县政府。

民国37年（1948），全县分为11个乡（镇）。附城镇、西乡、南乡、北乡、五山乡、上东乡、下东乡、黄圃乡、坪石乡、大源乡、九峰乡。

1949年10月19日，乐昌解放，成立中华人民共和国乐昌县人民政府。全县设5个区，一区辖城关镇、北乡、河南；二区辖长来、安口、上西、下西；三区辖廊田、五山；四区辖九峰、两江、大源、西坑；五区辖坪石、水牛湾、罗家渡、黄圃、白石、庆云。

1952年3月，为便于土地改革工作，将乳源县的四区（梅花、秀水、云岩、三溪，老坪石、坪石镇、罗家渡的部分区域）和三区的部分区域（清源、三元、岐石、新安、茶园、柘洞、太平、亚婆寮、沙坪等乡）并入乐昌。1953年土地改革结束后，清源、三元、岐石、新安、茶园、柘洞、太平、亚婆寮、沙坪等9个乡仍划归乳源县。

1957年7月1日，韶边瑶族自治县成立。将必背、王茶、桂坑、杨溪等乡从乐昌县划出归韶边瑶族自治县管辖。1958年9月，撤销韶边瑶族自治县和乳源县，桂头、瑶山、大山、沙坪划入乐昌县。是年，全县有红旗、桂头、瑶山、廊田、坪石、黄圃、梅花、大山共8个农村人民公社。

1963年10月1日，乐昌县管辖的大桥、桂头、游溪、必背、东坪5个公社划给乳源瑶族自治县。全县辖17个公社、1个镇、161个大队。

1964年4月，增设三溪公社。1977年5月，增设罗家渡公社。1978年3月，增设两江公社。全县为19个公社、2个镇、197个大队。

1983年11月，全县19个公社2个镇改为18个区公所2个镇（安口公社并入长来区公所），下辖167个乡、11个管理区、12个居委会。

1986年冬，撤销全县18个区公所和167个乡、11个管理区。设乐城、长来、廊田、北乡、九峰、坪石、老坪石、三溪、黄圃、梅花10个镇与河南、五山、大源、两江、庆云、白石、罗家渡、秀水、云岩、沙坪10个乡，乡镇下设178个村民委员会和11个居委会。1989年，全县乡镇下辖的村民委员会改为190个管理区办事处。1993年8月，河南等10个乡改为镇建制，全县共设20个镇、196个管理区、12个居委会。

1994年4月28日，国务院批准乐昌撤县设市（县级市）。7月16日，撤县设市正式挂牌，行政区划未变。2000年，镇管辖的管理区改村民委员会，全市设20个镇、195个村民委员会、12个居委会、1953个村民小组。

2002年4月12日，撤销罗家渡镇，所辖10个村民委员会，其中田头、河丰、罗家渡、长排寮、天堂5个村民委员会划归坪石镇管辖，清洞、铜山、石溪、鹿村、坪溪5个村民委员会划归梅花镇管辖。

2003年7月25日，撤销乐城、河南镇，设乐城街道办事处，管辖原乐城、河南11个居委会和16个村民委员会。撤销老坪石镇，将其管辖的15个村民委员会、1个居委会划入坪石镇管辖。全市设16个镇1个街道办事处，17个居民委员会，195个村民委员会。

2004年2月，增设坪石、梅田办事处。

2020年年末，全市辖16个镇、1个街道办、2个办事处，30个居民委员会（含坪石、梅田办事处10个），195个村民委员会。

【自然地理】 乐昌位于广东省北部，武江的中上游。地理位置优越，素有“广东北大门”“楚粤孔道”之称，西京古道和宜乐古道途经乐昌境内，京广铁路、京广高铁、京港澳高速、乐广高速、国道107线、国道240线（原省道249线）、省道247线、省道248线纵贯境内。东与仁化县为邻，南与浈江区交界，西南与乳源瑶族自治县相连，北部、西部与湖南省宜章县毗连，东北与湖南省汝城县接壤。介于北纬24°57′至25°31′、东经112°51′至113°34′之间。东起五山镇青岭村委会锡坑坳，西起三溪镇丫告岭村委会欧菜冲村，南起沙坪镇八宝山老蓬顶，北起白石镇三界圩上旗头村。乐昌地势自北向南倾斜，构成北高南低的地貌，受亚热带季风气候影响，属中亚热带为主的湿润季风型气候，由于地理位置及地形因素的影响，境内各地气候差异很大。乐昌地质构造复杂，境内地层发育较全，出露的地层有震旦系、寒武系、泥盆系、石炭系、二叠系、三叠系、侏罗系、白垩系、第三系及第四系。境内群山属南岭山脉，西南部有大东山，中部有大瑶山，东北部有五指山、九峰山。

【人口·语言·宗教】　2020年年末户籍人口52.77万人，比2019年年末减少1849人；常住人口38.35万人。全年出生人口5751人，出生率10.4‰；死亡人口3053人，死亡率5.5‰；自然增长人口2698人，自然增长率4.9‰。乐昌语言丰富，方言土话较多，有客家话、广州话（粤语）、楼下话、长来话、北乡话、黄圃话、皈塘话、莲塘话、梅田话、蓝山话、连滩话、船民话和瑶族讲的勉语方言等。乐昌市有佛教、基督教、天主教等宗教教派。依法登记的宗教活动场所8个。其中，佛教场所2个（乐城西石岩寺、居士林），基督教场所3个（乐城基督教福音堂、乐城大洞基督教福音堂和三溪镇石村基督教福音堂），天主教场所3个（廊田镇白山天主堂、楼下墟坪天主堂和北乡镇经堂村天主堂）。

【资源·环境·物产】　2020年年末，乐昌市权属土地总面积2419.28平方千米，其中耕地面积2.7万公顷。年农作物播种面积1.43万公顷，粮食总产量9.88万吨。林业用地面积19.15万公顷，占土地面积79.14%；全市森林覆盖率70.64%，森林蓄积量1094.21万立方米。年水资源总量25.23亿立方米，同比减少10.2%；年平均气温20.9℃，比往年偏高1.0℃；年灰霾天气日数2天，比2019年减少2天；年平均日照时数1466.3小时，较常年偏高7%；年平均降水量1421.3毫米，较2019年偏少4%。重要矿产资源有锑、钨、铅锌、铁、硫铁、萤石矿、煤和石灰石等。土特产有马蹄、张溪香芋、沿溪山白毛茶、九峰柑橘、九峰黄金柰李、坪石水蜜桃、梅花猪、“梅花牌”子姜辣椒、黄圃板栗等。主要旅游景点有龙王潭生态旅游区、古佛洞天风景区、金鸡岭风景名胜区、后洞省级森林公园、九峰花果园、九峰薛岳旧居、“7011”工程旅游点、华南教育历史（坪石）研学基地、五山梯田、廊田楼下古村落、庆云户昌山古村落、梅花大坪古村、云岩西京古道与青莲山、西石岩寺、白水寨生态园、北乡九福兰花公园、广东誉马葡萄酒庄园、梅花百臻生态农业园、长来镇和村等。

（张春玲）

经济建设

【计划指标完成情况】　2020年，乐昌市实现地区生产总值122.98亿元，同比增长3.3%，实现比2010年翻一番；固定资产投资完成额63.36亿元，同比增长6.1%；社会消费品零售总额50.54亿元，同比下降7.4%；地方一般公共预算收入7.25亿元，同比增长1.6%；外贸进出口总额2630万美元，同比增长20.7%；实际利用外资799万美元，同比增长50.2%；居民人均可支配收入24665元，同比增长6.2%；城镇登记失业率2.3%。

【新冠疫情防控推动复工复产情况】　2020年，乐昌市应对突如其来的新冠肺炎疫情严重冲击，出台支持企业复工复产的“十条”政策措施，执行水价、电价、气价、房租临时减免以及减税降费政策，推动复工达产、复商复市。2020年1—11月，全市累计新增减税降费2.02亿元。全年减免水费约36.61万元、惠及市场主体户数20284户，减免电费约1232.43万元、惠及市场主体户数16532户，减免燃气费用约73.62万元、惠及市场主体户数286户，减免房租约344.4万元。扩大中小企业贷款风险补偿基金规模，通过风险补偿基金完成贷款1.71亿元，帮助企业解决贷款约25亿元。争取抗疫特别国债1.31亿元。

【三次产业发展情况】　*农业提质增效*　2020年，全市完成农作物总播种面积3.39万公顷，实现农林牧渔业增加值29.12亿元，同比增长3.1%。建设香芋产业园二期服务园项目以及岭南落叶水果产业园项目，形成“一市两园”现代农业发展新格局。九峰镇入选全国农业产业强镇建设名单，完成14个省级“一村一品、一镇一业”项目建设，新培育2个省级专业镇、18个省级专业村，新增粤港澳大湾区“菜篮子”生产基地3家、省“菜篮子”生产基地9家。新增省级农业龙头企业1家、省级农业专业合作示范社10家，开展国家农民专业合作社质量提升整县推进试点工作。北乡马蹄、乐昌雪毛鸡、乐昌白毛茶获2020年全国名特优新农产品称号，新增“三品一标”农产品14个。

工业平稳运行 2020年，乐昌市开展挂点联系工业企业以及“一企一策”暖企服务行动，加大对拟上规企业培育、高新技术企业创建、研发机构建设等支持力度，全年新增博昇乐、创睿极光等11家规上工业企业以及宝创、沃府等6家亿元企业，鑫东穗、艾尔康等6家企业获得高新技术企业认证，高尔德、科优、宝创等18家企业被认定为科技型中小企业，华翔木业、中博等6家企业成功申报市级工程技术研究中心，规模以上工业企业设立研发机构比例达到44%。完成中建材2500吨生产线综合节能技术改造、龙督铝制品生产线技术升级改造等技改项目。恒胜等企业“上云上平台”。顶厨电器、优泰德电器、鑫瑞智能装备、欧匹特等重大工业项目建成投产。全市实现规上工业增加值12.3亿元，增长11.8%，自2014年以来首次达到两位数增长。推进大朗（乐昌）产业共建科技园、大朗民营企业产业园等“园中园”项目，建成标准厂房13.7万平方米。园区实现规上工业增加值5.95亿元，同比增长32%，产业集聚发展水平持续提升。

服务业稳步发展 2020年，乐昌市推进九峰环镇公路建设，增设3个临时停车场，建设10座旅游公厕，完善一批旅游标识导向牌等旅游基础设施。举办全国象棋女子甲级联赛、南粤古驿道定向大赛等活动，打造和村、白马寨等一批网红打卡点。举办九峰镇互联网桃花节和线上桃花节抖音挑战赛，同步上线各景区门票、民宿、农特产品的优惠福利活动。建成市级电子商务公共服务中心、市级农村电商物流运营中心和154个镇村两级电商服务站点，市镇村三级电商公共服务体系基本形成。第一、第二、第三产业增加值分别完成28.61亿元、23.06亿元和71.31亿元，同比分别增长3.1%、8.9%和1.7%，三次产业结构调整为23.3：18.7：58。

【投资消费出口情况】 投资关键作用持续增强 全年完成固定资产投资完成额63.36亿元，同比增长6.1%；年度重点建设项目完成投资35.05亿元，为年度投资计划的111.9%，列入省、韶年度重点建设项目实际完成投资总额均超计划完成。

消费基础作用不断夯实 2020年，乐昌市坚持“房住不炒”，商品房销售面积45.88万平方米、销售额22.8亿元，同比分别增长12.6%和6.0%。鼓励商家、市民参与韶关各类电子消费券活动，累计直接带动消费约520万元。全年新增限上批发零售业企业5家、限上住宿业企业1家、限上餐饮业企业2家。

对外经济持续增长 2020年，乐昌市外贸进出口总额2630万美元，同比增长20.7%；实际利用外资799万美元，同比增长50.2%。

（吴素琴）

政治建设

【法治政府建设】 2020年，乐昌市推进行政执法三项制度落实，抓好行政执法“两平台”推广应用，做好民法典涉及行政规范性文件清理工作，开展行政执法案卷评查，举办全市综合行政执法培训班。推进镇街综合行政执法改革，全面履行“一统筹四统一”职责，加强行政执法证的管理，组织开展综合法律知识考试。依法承办行政复议案件，做好市政府行政应诉工作。审查市政府重大合同、重要协议和其他重要法律文书，抓好行政规范性文件合法性审查、报备工作。做好乐昌市政府法律顾问室日常工作，指导各单位法律顾问工作。

【依法治市】 2020年，乐昌市完成“七五”普法任务，开展落实党政主要负责人履行推进法治建设第一责任人职责情况列入年终述职内容试点工作，加强宪法和民法典普法宣传，开展民法典进千家万户系列活动。组织全市领导干部旁听庭审学法活动2次，现场参加领导干部60余名。组织开展第三届国家机关“谁执法谁普法”履职报告评议活动。巩固推进省级“民主法治村（社区）”创建活动，以白马寨村、武阳司村等10个村为试点加强乡村法治文化建设。全年开展“法律六进”活动2675场次。

【行政执法指导监督和聘请法律顾问】 2020年，乐昌市开展行政执法“两平台”推广应用，落实行政执法三项制度。17个镇街在广东省行政执法信息公示平台开设单位账户。建立乐昌市行政执法粤政易工作群，动员执法人员学习《广东省行政执法流程和执法文书范本（2020年版本）》等文件精神，为职权下放做好准备。完善政府法律顾问和公职律师制度，督促指导各党政机关、企事业单位和各镇、街道、办事处聘请法律顾问工作。2020年，全市22个市政府组成部门、19个乡镇（街道、办事处）聘请政府法律顾问。

【履行行政复议、行政应诉和合法性审查】 2020年，乐昌市司法局健全行政复议案件审理机制，提高行政复议办案质量，纠正违法和不当行政行为。全年行政复议申请16件，办结16件，其中不予受理2件，维持5件，撤销5件，终止4件，驳回申请0件。落实行政诉讼案件行政负责人出庭应诉制度，督促各单位做好案情分析和应诉材料准备工作，对答辩意见进行合法性审查。全年乐昌市政府一审行政诉讼案件27件，行政机关负责人出庭应诉12件，超额完成应出庭件数。

【乡镇街道综合行政执法改革】 加强学习贯彻。按照“一统筹四统一”职责，全面厘清分工职责，深刻领会上级改革决策部署。召开座谈会并前往镇街听取意见建议，积极与编办、政数局对接沟通，探索解决权力清单和执法队伍建设问题。加强执法队伍建设。严把执法主体“入口关”，抓好行政执法人员持证上岗，组织动员镇街骨干力量参加考试培训并充实到执法队伍。2020年，全市完成执法证考试培训近1000人；组织8次全市综合行政执法培训，2000余人参加培训。对现持有执法证人员进行统计管理、制作花名册，全面掌握执法队伍情况。

【政务信息公开】 2020年，乐昌市通过乐昌市政府公众信息网、政府信息公开平台、重点领域公开专栏及微信和报刊、广播、电视等方式，依法、及时、全面主动公开政府信息。截至2020年12月31日，乐昌市有信息公开单位51个、重点领域信息公开单位43个、政务新媒体4个。通过乐昌市政府公众信息网公开信息3380条，政府信息公开平台发布信息4116条，重点领域公开专栏发布信息1706条，政务新媒体发布信息766条。

（刘会青 马丽君）

城镇化与社会建设

【城镇扩容提质有序推进】 2020年，坪石镇列为省级城乡融合发展试点镇，坪石镇美丽小城镇建设迎来重要契机，为“一市两城”战略实施提供支持。完成旧城提质项目一期、首批25个老旧小区改造提升工程，推进旧城提质改造二期项目、新建乐棉中路工程、清和公园（二期）建设工程，完成乐梅桥新建辅道、站北路下穿京广铁路涵洞拓宽、人民南路改造等项目建设，新增小型停车场8个。推进垃圾分类处理工作，全市三色分类垃圾桶布点5449个、投放2.3万个，智能垃圾分类投放站5座。启动乐昌市第二污水处理厂一期及配套管网工程建设，城镇生活垃圾无害化处理率达到100%。新建成城区公园4个，森林公园1个，地质公园1个。完成主干道景色景观带49千米、碧道10千米建设任务。开展镇（街）整治提升“139”行动，基本完成坪石、梅花、北乡、九峰四个镇“139”提升工程，长来、廊田获韶关市乡镇（镇街）整治提升行动首批试点镇考核“优秀”等次。新建镇级公园6个。14个镇级污水处理厂全部建成。普通公路路长制“136”行动全面落实，完成X357线坪石至中村段、Y651线长来至廊田段、省道518线白石至两江段、省道249线秀水大罗岭至沙坪段、X332梅花至沙坪段等改造（建）工程。加强信号薄弱区域补盲加密覆盖建设，完成原址改造4G站址119个，新建4G站址9个。加快5G布局建设，建成5G站点91个。

【民生社会事业加快发展】 2020年，乐昌市落实就业优先政策，开展“粤菜师傅”“广东技工”“南粤家政”等技能培训工程。提升就业服务水平，全年城镇新增就业3123人、城镇失业人员再就业2809人、就业困难人员实现就业263人，城镇登记失业率为2.3%。加强医疗卫生服务体系建设，第二人民医院新建项目全面投入使用，公共卫生应急处置中心异地新建项目稳步推进，乐城街道社区卫生服务中心异地新建项目、新建妇女儿童医院项目和人民医院异地新建项目等前期工作扎实开展，紧密型县域医共体全面建立。推进“强师工程”，引进教育人才。完成凤凰小学、乐园小学、新建教师发展中心综合楼等项目建设，推进乐一中、二中教学综合楼项目建设。增加公办学前教育学位供给，完成学前教育“5080”攻坚任务。坪石长尾洞社区体育公园足球场和篮球场、乐昌市体育场等项目完成，建成图书馆产业园分馆和3间风度书房。

精神文明建设

【文明城市创建】 2020年8月28日，乐昌市召开市精神文明委员会2020年全体成员（扩大）会议暨四城联创工作推进会议，对续创省文明城市进行动员。乐昌市文明办成立“包联包创”考评小组，对城区15个“包联包创”责任片区开展文明城市创建工作进行季度考核，督促各社区开展各项创文工作。

【典型示范引领】 2020年，乐昌市向韶关市文明办推荐12名候选人参加“韶关好人”评选，李有生获得2020年第二季度见义勇为“韶关好人”、2020年第三季度见义勇为“广东好人”称号。表彰2019年度“乐昌好人”邓世强等10名同志。

【公民道德建设】 乐昌市道德讲堂总堂活动设在市教育局、市卫生健康局、市市场监管局、市林业局、韶关市生态环境局乐昌分局、乐城街道办事处、长来镇、廊田镇、坪石镇。2020年，各道德讲堂开展以抗击新冠肺炎为主题的系列宣讲活动，如“致敬最美逆行者”“道德云端讲堂，致敬当代雷锋”“透过战‘役’的思考”等为主题的道德讲堂，累计覆盖党员干部职工500多人。

【乡风文明建设】 截至2020年年末，全市所有行政村基本完成文明乡风建设任务，39个省定贫困村基本达到省级文明村创建标准，37个省定贫困村为乐昌市文明村，2个省定贫困村为韶关市文明村；评选出2020年乐昌市“星级文明户”5392户。

【城乡文明共建】 2020年，乐昌市成功创建全国文明单位1个；省级文明单位5个，省级文明村1个；市级文明单位16个，市级文明镇3个，市级文明村6个；县级文明单位14个，县级文明镇17个，县级文明村191个，县级文明社区11个。

【新时代文明实践】 2020年，乐昌市按照“试点先行、以点带面”的原则，围绕打造理论宣讲、教育服务、文化服务、科技与科普服务、健身体育服务5个服务平台，推进新时代文明实践中心（所站）建设。截至2020年年底，全市成立1个中心、66个实践点、35个实践所、194个实践站。

（龙玉洁）

生态文明建设

【污染防治攻坚战】 截至2020年12月31日，乐昌市全年有效监测天数361天，其中优良天数357天，空气质量指数（AQI）优良率98.89%。推进污染防治攻坚战，打好蓝天保卫战，常态化开展扬尘整治，落实“6个100%”；加强工业企业监管，鼓励开展循环化清洁化改造，降低工业废气废渣对环境的污染。打好碧水攻坚战，加强水源地环境保护，完成乐昌市辖区内的饮用水源划定以及整治工作；推进村镇污水处理设施建设，完成农村环境综合整治年度任务；打好净土防御战，推进涉重金属行业污染防控工作，完成涉重金属企业整治提升建设重点任务；落实农用地分类管理和建设用地准入管理，防控土壤环境风险，2020年辖区受污染耕地安全利用率达90%以上，全市化肥农药使用量实现零增长，2020年主要农作物测土配方施肥技术覆盖率达90%以上。

【造林绿化】 2020年，乐昌市以石漠化治理试验示范区建设为抓手，加快推动粤北南岭山区山水林田湖草生态保护修复。在巩固前期工程建设成果基础上，集中使用中央奖补资金，对全市实施重点治理，突出森林植被保护与建设，兼顾地方特色经济种植业的发展，实现“治石”与“治贫”相结合。在广东省粤北南岭山区山水林田湖草生态保护修复试点工程项目中争取5148万元，用于石漠化治理试验示范区建设，治理石漠化土地9333.33公顷，其中实施封山育林8200公顷，人工造林706.67公顷，种植油茶、吴茱萸、光皮树等经济林426.67公顷。采用“山水林田湖草”的生态治理模式，完成石漠化治理试验示范区建设工程人工造林1183.93公顷（其中含森林碳汇重点生态工程任务650.6公顷），落实石漠化治理试验示范区8200公顷封山育林区管护人员及封育宣传牌、围栏等封育措施等工作。通过封山育林、人工造林、大力发展经济林、试验示范性的推广种植药材林，引导当地群众自发性地进行种植结构调整，从而增加森林植被覆盖率，控制水土流失，遏制土地石漠化，改善石漠化地区生态环境，提高当地农民收入；完成新建省级林业龙头企业的补植、抚育、改培工作，完成省级林下经济基地内经济树种（油茶）200公顷的抚育工作；完成9个村乡村绿化美化建设；完成中幼林抚育6878.33公顷；推动面上社会造林工作，完成封山育林1947.67公顷、造林1977.53公顷。

【义务植树活动】 2020年，乐昌市林业局规划义务植树点25个，总面积50公顷。建立义务植树基地1个，面积2公顷，参加义务植树人数达到25万人，完成义务植树90万株，义务植树尽责率99.2%。

（郑芳芳　李慧荣）

全面深化改革

【把好改革正确方向】 始终把学习贯彻习近平新时代中国特色社会主义思想作为头等大事和首要政治任务，坚持把学习习近平总书记关于全面深化改革重要论述、重要指示批示精神作为市委常委会、市委深改委会议、理论学习中心组会议第一议题，认真学习领会中央、省委和韶关市委深改委会议精神，及时跟进学习习近平总书记出席深圳特区成立40周年庆祝大会和视察广东重要讲话、重要指示批示精神等内容，正确把握全面深化改革的方向、总目标和方法论，确保改革沿着正确的方向推进。

【强化统筹协调】 市委深改委切实履行牵头抓总的职能作用，市委主要领导亲自谋划重要改革方案制定、亲自部署重要改革工作推进实施，全年筹备召开4次市委深改委会议，审议通过《乐昌市公益三类及从事生产经营活动事业单位改革工作方案》等9份重要改革文件，专题听取经济体制等11个改革专项小组工作情况汇报，为各项改革工作推进定调子、定方向、定思路。坚持以重点领域和关键环节改革为牵引，带动各领域改革全面发力、多点突破，制定实施市委深改委2020年工作要点，11个方面46项年度改革任务全面完成。

【强化探索创新】 紧抓中央和省、韶关市改革试点，大胆探索，积极作为，在改革创新上实现新突破。完成农村集体产权制度改革国家级试点任务，国家农民专业合作社质量提升整县推进、坪石镇经济发达镇行政管理体制改革、老旧居住区物业管理改革等国家级、省级、韶关市级试点取得积极成效。坪石镇入选省城乡融合发展中心镇试点。总结改革创新经验做法，组织推荐改革项目参与韶关市改革创新典型案例评选活动，不断激发全市探索创新的积极性。

【强化督查落实】 完善改革督查考核机制，将改革任务落实情况作为干部实绩档案、考验性管理、机关绩效考核和镇级考核的重要内容，让抓改革落实考核有据可依。加强改革自查和联合督查，整合市委改革办、市委督查室力量，制定《中共乐昌市委全面深化改革委员会2020年工作要点完成情况汇总表》，通过明确责任、量化指标等措施，定期跟踪并报告改革落实情况，确保各项改革工作落地落实。

（邓　权）

中共乐昌市委员会

重要会议

【市委十三届九次全会】 中国共产党乐昌市第十三届委员会第九次全体会议于2020年1月16日在市政府礼堂召开。市委常委会主持会议。市委书记沈河民代表市委常委会作工作报告和总结讲话。全会审议《中国共产党乐昌市第十三届委员会第九次全体会议决议（草案）》和市委常委会2019年工作总结，表决通过全会《决议（草案）》。

【市委十三届十次全会】 中国共产党乐昌市第十三届委员会第十次全体会议于2020年11月5日在市政府礼堂召开。市委书记沈河民代表市委常委会作报告，传达省委十二届十次全会精神和韶关市委十二届十二次全会精神，全会审议通过《加大有效投资力度 推动乐昌绿色发展的实施方案（稿）》，表决通过全会《决议（草案）》。

【市委十三届十一次全会】 中国共产党乐昌市第十三届委员会第十一次全体会议于2020年12月29日在市政府礼堂召开。市委书记沈河民代表市委常委会作报告，传达省委十二届十一次、十二次全会精神和韶关市委十二届十三次全会精神，审议通过《中共乐昌市委关于制定乐昌市国民经济和社会发展第十四个五年规划和二〇三五年远景目标的建议（稿）》，表决通过全会《决议（草案）》。

中共乐昌市委领导班子成员名单

市委书记：沈河民

市委副书记、市长：钟　曦（女）

市委副书记、常务副市长：黄艺坤（—4月）

市委副书记：黄艺坤（4月—）

市委常委、政法委书记：卢保新（4月—）

市委常委、组织部部长：陈继平

市委常委、统战部部长：刘允曾

市委常委、纪委书记、监委主任：邹有胜（—4月）

市委常委、副市长：邹有胜（4月—）

市委常委、市委办公室主任：林柏居

市委常委、宣传部部长：林砂胜

市委常委、纪委书记、监委代理主任：许细桥（4—5月）

市委常委、纪委书记、监委主任：许细桥（5月—）

市委常委、人武部政委：张　波

市委常委、副市长、大朗乐昌对口帮扶指挥部总指挥：曾　悦（—2月）

市委常委、副市长、大朗乐昌对口帮扶指挥部总指挥：叶建华（2月—）

市委办公室工作

【概况】 中共乐昌市委办公室（以下简称市委办公室）是协助市委领导处理市委日常工作的部门。机关行政编制29名，后勤服务编制4名，其中，主任1名（由市委常委兼任）、副主任3名，正股级领导职数10名，副股级领导职数10名。挂市委保密委员会办公室（市国家保密局）、市委机要局、市委全面深化改革委员会办公室、市委国家安全委员会办公室、市档案局牌子。内设秘书一股、秘书二股、文电法规室（市委法律顾问室）、政策研究室（档案发展和管理股）、市委督查室、改革综合股、新闻信息股、机要股、保密股、绩效考评管理股。

【综合材料撰写】 2020年，市委办公室做好综合文稿起草工作，选派精干力量充实疫情防控指挥部，为乐昌市委决策提供服务。是年，完成乐昌市委十三届九次、十次、十一次全会报告等重要文稿和乐昌市“两会”、乐昌市干部大会等重要会议的领导讲话、汇报、材料的撰写工作，先后起草领导讲话、汇报等各类材料100余篇，撰写疫情汇报材料140余篇、市委常委会会议及各类专题会议纪要90余篇。

【调研活动】 2020年，市委办公室坚持以发现问题、提出对策为目的，开展调研工作，做好调研成果的转化，为乐昌市委决策提供参考，形成调研报告报送上级部门，《赴浙江考察学习乡村振兴工作的调研报告》《深耕“三精”农业 绘就乡村振兴新画卷》《乐昌市“六个围绕”抓好“四好农村路”建设》等文章被《韶关调研》采用。

【党委信息报送】 2020年，市委办公室围绕乐昌市委中心工作和重点工作，及时反映全市各方面的创新性举措、对策建议、经验做法及突发事件情况，做好党委信息和重要紧急信息报送工作。全年上报党委政务信息102篇，80余篇信息被省、韶关市采用；上报舆情信息99篇、紧急信息19篇。乐昌市委办公室被韶关市委办公室评为“2020年度全市党委系统政务信息工作先进单位”和“2020年度全市党委系统舆情信息工作先进单位”，4名同志分获评“2020年度全市党委系统政务信息工作先进个人”和“2020年度全市党委系统舆情信息工作先进个人”。

【新闻宣传报道】 2020年，市委办公室围绕新时期新闻宣传重点，及时对接省、韶关市媒体，准备上级媒体对乐昌市委主要领导的专访材料，采编报道乐昌市委十三届十次、十一次全会及疫情防控等重点工作，宣传推介乐昌经济社会发展情况。

【改革统筹协调】 2020年，市委办公室加强改革谋划，全年筹备召开4次市委深改委会议，审议通过9份重要改革文件，专题听取11个改革专项小组工作情况汇报。坚持以重点领域和关键环节改革为牵引，制定实施市委深改委2020年工作要点，11个方面46项年度改革任务全面完成。强化探索创新，完成农村集体产权制度改革国家级试点任务，国家农民专业合作社质量提升整县推进、坪石镇经济发达镇行政管理体制改革、老旧居住区物业管理改革等国家级、省级、韶关市级试点取得积极成效。完善改革督查考核机制，加强改革自查和联合督查，定期跟踪并报告改革落实情况，确保各项改革工作落地落实。强化改革典型案例宣传，上报韶关改革办简报信息4篇，在中央、省、韶关市官方媒体报道改革信息8篇，营造全社会关注改革、促进改革的浓厚氛围。

【会议统筹协调】 2020年，市委办公室组织筹备市委十三届九次、十次、十一次全会、省委第六巡视组巡视乐昌市工作动员会议等以市委、市政府名义或市委办公室、市政府办公室名义召开的全市性大会103次、市委常委会会议46次、书记专题会议32次，统筹协调市委主要领导各类调研行程160多次，接待省、韶关市领导到乐调研（督导、慰问）106次。参与农民丰收节、扫黑除恶成果展、创文整改动员、招商引资项目动工签约仪式等全市性大型会议活动的统筹协调。

【抓督查求实效】 2020年，市委办公室加强与人大常委会、政府、政协办公室，各镇（街道、办事处）和市直有关部门的联系沟通，向基层和部门传达市委的安排部署和工作指示。建立《省、韶专项督办事项台账》《市委常委会、书记专题会督办事项台账》《领导批示件台账》，围绕市委、市政府中心工作，开展疫情防控、重点项目、乡村振兴项目、校园安全、关心关爱弱势群体等专项督查，定期对督办事项的落实情况进行调度，强化跟踪督办，保证政令畅通。是年，落实省、韶关市专项督办事项38次，跟踪常委会议定事项91次，书记专题会议事项27次，书记调研交办事项58次，领导交批办件的落实47次，完成2019年度机关绩效考核工作。9月底，制定下发《2020年乐昌市机关绩效考核实施办法》。

【机要保密】 2020年，市委办公室收办电报500多份，中央、省文件300多份。组织涉密人员参加2020年全市保密员岗位培训班，开展保密普法宣传教育活动，印制相关宣传资料1200份。7月，配合乐昌市招考中心做好2020年高考试卷押运、保密室巡查等工作，确保试卷全过程安全保密无纰漏，为高考保驾护航。11月，对全市机关、单位进行保密检查。

【常态化学习教育】 2020年，市委办公室以室务会、集中座谈研讨和支部“三会一课”等形式，组织开展集中学习研讨36次，组织外出参观学习1次，开展纪律教育学习月活动，集中签订反“四风”承诺书，开展党章党规党纪教育。常态化开展周五学习日活动，利用学习强国、干部网络培训学院、清和乐昌等资源载体，发挥韶关发布、韶司在线等平台作用，组织党员读原著、学原文、悟原理，教育引导党员干部增强“四个意识”、坚定“四个自信”、做到“两个维护”。紧扣乐昌发展大局，强化职责使命意识，梳理汇总市委领导批示180余条，高质量办理文件3000余份，2020年市级层面共制发重点精简文件670份，同比减少29%。

【服务保障】 2020年，市委办公室坚持把对领导服务和对机关、基层工作服务有机统一起来，做到既确保重点又兼顾全面。认真完成接待、采购、印章管理、车辆管理、办公用品管理、文件速印（复印）、报刊、文件收发等各项日常工作，统筹做好会务保障、人事、党务、计生、档案等工作。同时，把学习实践活动、党风廉政建设工作、执行力活动、创先争优活动、纪律教育月活动及年底各单位的考核考评等与办公室业务工作有机结合，做到相互促进、共同提升。

【新冠肺炎疫情防控】 2020年，市委办公室按照上级新冠肺炎疫情防控工作统一部署，选派2名精干力量充实疫情防控指挥部力量，1名党员干部加入市防控疫情党员先锋突击队，入驻京港澳高速粤北省际检查站，派出党员干部300人次协助社区开展疫情防控，排查商户132家，检查672户，排查约2200人，发放宣传资料数3000余份，提醒、劝导居民积极参与疫情防控约1200人次。代拟《关于加强入粤通道防疫站管理的通知》《加强疫情防控期间出租屋管理的通知》等疫情防控文件，印发《关于成立乐昌市新型冠状病毒感染肺炎疫情应对处置工作领导小组的通知》《关于落实市领导挂点联系工业企业制度做好企业复工复产疫情防控工作的通知》等通知，撰写疫情汇报材料140余篇。

市委保密委员会成员名单

主　任：黄艺坤
副主任：邹有胜（10月—）
　　　　林柏居
　　　　邹坚峰
　　　　邱　湘（女，—7月）
专职副主任：
　　　　邱　湘（女，7月—）

市委办公室领导班子成员名单

市委常委、市委办公室主任：
　　　　林柏居
常务副主任：李志龙（4月—）
副　主　任：李志龙（—4月）
　　　　彭彰茂
　　　　邱　湘（女）
室务会成员：邓文星
　　　　陈良发
　　　　钟思城（7月—）

组织工作

【概况】 中共乐昌市委组织部是市委管理乐昌市党的基层组织建设和干部队伍建设的职能部门，承担乐昌市的党员教育管理、党费收缴和管理使用、党员组织关系接转、党的基层组织建设调研、科级干部的调整配备、干部培养及选拔任用、市镇村三级换届的组织领导、公务员录用管理及工资福利等工作任务。内设办公室、干部室、干部监督室、干部培训室、人才室、组织一室、组织二室、调查研究室、公务员一室、公务员二室。机关总编制31名，其中行政编制28名，后勤服务人员编制3名，2020年年末实有公务员26人、后勤服务人员2人；下属事业单位乐昌市农村党员干部现代远程教育中心，事业编制3名，2020年年末实有人员0人。2020年，市委组织部获得韶关市“双周讲坛”活动先进单位、乐昌市平安创建暨综治工作优秀单位、乐昌市无偿献血先进单位等荣誉称号。

【理论学习】 2020年，乐昌市委组织部以党的政治建设为统领，把“四个意识”“四个自信”“两个维护”要求落实到行动上。贯彻落实《中国共产党地方委员会工作条例》《党委（党组）落实全面从严治党主体责任规定》《关于巩固深化“不忘初心、牢记使命”主题教育成果的意见》等党内法规和制度，以贯彻落实省委、韶关市委以及乐昌市委部署要求为重点，建立《省、韶专项督办事项台账》《市委常委会、书记专题会督办事项台账》，围绕疫情防控、乡村振兴、重大项目落实等中心工作开展专项督查，确保中央各项政令在乐昌畅通无阻。完善党委（党组）理论学习中心组学习制度，市委理论学习中心组开展集中学习15次，其中举办专题学习研讨4次、宣讲报告会10次。做好理论宣传宣讲工作，组建各类主题宣讲团深入基层开展宣讲216场。依托新时代文明实践中心（所、站）和镇街党校，开展习近平新时代中国特色社会主义思想普及教育活动，各镇街党校共开展学习培训861期，培训覆盖率100%。通过“三会一课”、主题党日、“党课开讲啦”、“双周讲坛”等方式，利用“学习强国”“广东党建云”“乐昌党建”等网络学习平台，推动理论学习引向深入，全市各级党组织开展“党课开讲啦”活动1145次，领导干部讲党课744次。全市各级党组织和广大党员干部将疫情防控作为“不忘初心、牢记使命”主题教育成果生动实践，共组建党员突击队（或先锋队等）162个，设立党员先锋岗195个，建立“市—镇—村—组—户”五级防控体系，全市85个机关企事业单位到城区11个社区报到，在疫情防控中扛起政治责任，坚守广东疫情防控“北大门”。

◆2020年6月30日，乐昌市委组织部在云岩镇云岩村开展“结对共建迎七一 不忘初心谋发展”结对共建主题党日活动　（市委组织部　供）

【基层组织建设】 开展“头雁工程” 推进村（社区）“两委”换届工作，共联审新进村（社区）“两委”干部名单17批次，候选人1229人，完成215个村（社区）党组织换届，共产生新一届村（社区）党组织委员1068人，总体实现学历、年龄“一升一降”的既定目标。抓好基层党组织书记培训，全市轮训基层党组织书记410人次。实施“党员人才回乡计划”，实行“村推镇选市考察”，动态完善村（社区）党组织书记储备人选台账。从优秀村（社区）党组织书记中择优招聘乡镇事业编6人。

开展基层党组织达标创优活动 整顿软弱涣散基层党组织，完成整顿事项54项，投入整顿资金1240万元，化解矛盾纠纷358件，开展党员干部培训208人次，9个软弱涣散村党组织已全部完成整顿验收工作。严把发展党员“门槛”，实施村干部近亲属发展党员备案制度，100%完成发展党员任务指标，其中吸收在疫情防控一线表现优秀的干部入党3人。

推进各领域基层党组织建设 落实村（社区）党组织“三个在先”工作机制和“三有双富”党建强村行动，统筹乐城街道天井岗村等8个扶持壮大村级集体经济试点村的财政扶持资金共计400万元投资入股扶穷电站，实现每村每年新增收益4万元。开展城乡基层党组织结对共建活动。结对共建基层党组织172个，累计开展共建活动801次，参与党员3267人次。开展“机关党员进社区”、党员志愿服务等活动，将138个机关企事业单位5323名党员统筹安排到20个社区和16个镇中心所在的村、居民区

184个网格，形成“社区吹哨、党员报到”的工作格局，全年开展6271次党员志愿服务。强化中小学校党组织政治核心作用，全市中小学全部实现书记、校长“一肩挑”。开展非公有制企业党建摸排和组织建设“双同步”工作，扩大“两新”组织党组织覆盖质量，共对200家非公有制企业的党建情况进行全面摸排，其中建立党组织的有44家，建立联合党组织的有3家，实现党建指导员全覆盖，全面完成国企退休党员组织关系接转。

夯实基层基础保障 加大党建工作经费投入力度，确保兑现215个村（社区）每年各10万元办公经费，195个村每年每村6万元党组织服务群众专项经费。村（社区）“两委”干部每月补贴提标到3000元，其中党组织书记3100元。高标准建设基层党群服务中心，继续投入资金800万元推进32个村级党群服务中心改造升级。推动村级党群服务向村小组延伸，高标准打造村（居）民小组党群服务室508个，韶关市委组织部在乐昌市召开村（居）民小组党群服务室建设工作推进现场会，推广乐昌市经验做法。

加强基层社会治理 严格执行领导干部驻点普遍直接联系群众工作制度，各镇（街道）通过民情夜访、访贫问效等活动联系群众12.85万户，解决群众问题1718个，其中市四套班子成员累计开展民情夜访活动207次，走访群众447户，收集群众问题237个，解决问题219个。加强网格化管理。发动“红袖章”、网格员开展排查2万余人次，通过网格化管理移动终端上报问题隐患26979宗，其中办结26867宗。推进扫黑除恶专项斗争，持续清理“三类”人员［受过刑事处罚、存在“村霸”和涉黑涉恶问题等不适宜继续担任职务的村（居）委会成员、村（居）务监督委员会成员、村（居）民小组长］，调整“四不”书记［政治上不合格、经济上不廉洁、能力上不胜任、工作上不尽职的村（社区）党组织书记］。开展党员信教排查专项行动，以各党（工）委为主体，以各基层党支部为单位，逐一排查每个党员的宗教信仰情况，落实党员不得信仰宗教、不得参加宗教活动的要求。

【干部队伍建设】 2020年，乐昌市委组织部抓好《党政领导干部选拔任用工作条例》《干部选拔任用工作监督检查和责任追究办法》等规章制度的贯彻落实，完善政治考察机制，调整（含提拔）科级干部9批162人次，其中提拔67人。执行《乐昌市关于考准考实干部政治表现的实施意见（试行）》《关于进一步考察党员领导干部抓党支部建设情况的实施意见》等规章制度，考准考实干部政治素质和政治表现。加强公务员队伍管理，招录公务员144名、选调生12名，做好公务员职级套转后的配套政策落实。

贯彻执行《乐昌市管干部预警监督“三示三书”制度》，发出“三示三书”91份，其中温馨提示5份，勤廉提示23份，任职提示62份，函询通知书1份。抓好干部选拔任用监督检查，组成5个工作组，对全市72个单位党委（党组）开展选人用人专项调研。完善干部实绩档案和干部考验性管理，上报韶关市管干部实绩档案29人次。

把学习贯彻习近平新时代中国特色社会主义思想和中共十九届四中、五中全会精神作为干部教育培训的重中之重，组织办好公务员初任培训、全员培训等各类培训班，举办科级领导干部学习贯彻《习近平谈治国理政》第三卷专题培训班3期，参训学员400多名。落实干部调训制度，选派95名领导干部参加省、韶关各主体班次学习培训。坚持实施走出去培训计划，实施领导干部综合素能提升工程，选派53名干部到东莞大朗镇参加乐昌市直单位业务骨干综合能力提升培训班，选派1名领导干部到东莞市开展为期一年的挂职锻炼。

引进“丹霞英才”党政储备类33人，卫生类21人，教育类106人，企业类18人；招聘事业单位人才203人；“三支一扶”岗位共申报45个；完成全科医生招聘34人。落实拎包入住“英才公寓”55套，解决“丹霞英才”住宿难问题。落实就业创业扶持政策，发放高校毕业生到基层就业补贴18万元，发放岗位补贴26.29万元，发放“三支一扶”生活补贴13.15万元。

【模范机关建设】 2020年，乐昌市委组织部以持续建设“讲政治、重公道、业务精、作风好”的模范部门为目标，聚焦“围绕中心、建设队伍、服务群众”，拓展主题教育成果，推进党风廉政教育，加强组工部门建设。凝心聚力抗击新冠疫情。召开专题会议研究部署防疫工作6次，安排党员干部到挂点站前社区联动开展疫情排查防控工作，参与入户排查、防疫宣传等活动达378人次。加强支部建设。延伸“不忘初心、牢记使命”主题党日活动，开展党性锤炼活动13次，将党员志愿活动贯彻于中心工作中，结合开展疫情防控、文明创建、森林防火、访贫问效、法治宣传等党员志愿活动，践行党员到社区报到服务宗旨，全年党员干部人均参加志愿服务10次，服务时长26.5小时。依托红色读书会、“双周讲坛”、“党课开讲啦”学习机制，全年开展集中学习25次，打造严实型、学习型、能力型、活力型的“铁军”组工干部队伍。推进党风廉政建设。推进党风廉政建设目标化管理，全年开展廉政警示教育5次，工作谈话提醒16人次，排查风险点25个，多维度构建廉政体系，推动党风廉政教育工作常态化、制度化。全力打赢脱贫攻坚收官战。落实扶贫帮扶组长单位职责，因地制宜、因人而异地制定29户贫困户的帮扶规划和措施，召开精准扶贫联席会议6次。强化扶贫帮扶力度，投入扶贫帮扶资金26499元，推进“幸福工程”项目；推进消费扶贫工作，消费扶贫采购金额19073元，激发扶贫工作活力。

（熊　明）

中共乐昌市委组织部领导班子成员名单

部　　长：陈继平

常务副部长：陈东旺

副 部 长：李正恒

邱华松

陈华山（兼）

部务委员：聂晓峰（—8月）

李学勤

刁　彪

李　伟

肖剑光

宣传工作

【概况】　中共乐昌市委宣传部内设7个职能股室：办公室、理论股、宣传股、网络安全和信息化股、新闻出版文化艺术股、精神文明建设股、思想道德建设股，对外加挂市人民政府新闻办公室、市精神文明建设委员会办公室、市新闻出版局（市版权局）、市互联网信息办公室牌子。市舆情监控中心、新时代文明实践中心为部直属单位，副科级事业单位建制；市文联和市社科联均为正科级事业单位（参公管理），挂靠市委宣传部。市委宣传部行政编制18名，事业编制10名，行政工勤编2名。2020年，在职干部职工24人，其中行政干部16人，事业编制2人，行政工勤编2人，政府购买服务人员2人，丹霞英才2人。

【理论学习】　2020年，乐昌市委理论学习中心组带头落实理论学习中心组学习制度，开展集中学习18次，内容涵盖习近平新时代中国特色社会主义思想、习近平总书记出席深圳经济特区建立40周年庆祝大会和视察广东重要讲话、重要指示精神、中共十九届五中全会精神、《习近平谈治国理政》第三卷、民法典等重大主题。发挥新时代文明实践中心（所、站）、市镇党校、红色教育基地等平台阵地作用，开展理论宣讲活动，推动学习培训全覆盖。围绕意识形态工作、中国制度故事、“小康故事”、“抗疫故事”、乡村振兴、《习近平谈治国理政》第三卷、中共十九届四中和五中全会精神、习近平总书记出席深圳经济特区建立40周年庆祝大会和视察广东重要讲话、重要指示精神等重大主题，成立市委宣讲团和百姓宣讲团，深入基层开展宣讲，实现机关、村（社区）、学校、企业等基层一线全覆盖，2020年开展宣讲1050多场次。推动“学习强国”“清和乐昌”等平台在乐昌的覆盖面和参与度。“学习强国”注册激活人数达29513人，激活总人数在韶关各县市区中排名第一，在广东学习平台上稿260余条，“学习强国”总台20余条，上稿数排在韶关前列，被评为2020年度韶关市推广使用“学习强国”学习平台先进单位。

【新闻宣传】　2020年，乐昌市委宣传部突出宣传重点，弘扬正能量。在疫情期间，借助“清和乐昌”APP客户端、双微等平台发布防疫科普知识、抗疫感人事迹。统筹做好疫情防控、复工复产和恢复生产生活秩序的宣传报道，发布通知、公告、就业网络招聘信息等各类资讯2000多条，最高阅读量10万+，制作播发短视频、抖音、H5互动等融媒体产品100多条。坚持团结稳定鼓劲、正面宣传为主的方针，围绕中心工作，突出抓好疫情防控、脱贫攻坚、全面建成小康社会等的宣传报道，全市在中省韶媒体发表稿件1327篇。利用全媒体传播的优势，做好南粤古驿道定向大赛和华南研学“七一”主题党日活动等活动宣传报道，策划水果节、“八一”建军节纪念活动等全市重大活动的宣传报道，对外展示乐昌形象，传播乐昌故事。推动融媒体中心和应急广播系统建设，乐昌市融媒体中心通过省级验收，建成19个镇（街道、办事处）应急广播站，负责本地日常服务及应急广播的播发，乐昌人民广播电台正式复播，打通基层宣传“最后一公里”。

【舆论引导】 2020年，乐昌市舆情监控中心做好网络舆情信息的研判和网络舆情事件的处置工作。在疫情防控、“两会”等特殊时间节点，安排专人24小时做好舆情监控，落实舆情汇报工作制度。坚持把网络舆论作为正面引导意识形态领域的重要工作，配合韶关市委网信办做好舆论引导工作，净化网络环境。市舆情监控中心编辑《每日舆情》366期，发布舆情月报12期、季报4期、年报1期。

【网络管理】 2020年，乐昌市委网信办将责任和分工细化到各个单位，明确网络安全协调工作、网络安全信息报告和通报工作的要求，确保各成员单位高效联动、长效运作。强化网络安全建设，落实每日巡查制度，坚持每天对属地网站和平台的内容开展巡查，落实信息发布“三审三校”制度，确保网站和平台内容安全。规范网络应急值班制度，坚持24小时值班，畅通应急响应机制，在中华人民共和国成立70周年、网络安全宣传周等重要节点，市委网信办落实韶关市委网信办应急响应，严厉打击网上各类非法谣言和犯罪活动，净化舆论生态。全年完成上级交办的网络安全事件8件。

【文化宣传】 2020年，乐昌市委宣传部开展“扫黄打非”进机关、学校、企业和景区，全面完成“扫黄打非”基层站点规范化标准化建设，在41所学校开展“绿书签”扫黄打非专项工作。开展“扫黄打非”五大专项行动，加强对网络、学校、周边文化市场、新闻采访和非法出版物的专项整治，营造健康文明的文化市场，强化电影院疫情防控和消防设施检查。2020年，农村公益电影放映2340场，乐昌市坚持195个行政村每月放映一场电影的宗旨，为农村群众提供丰富的文化食粮。

（刘明君）

市委宣传部领导班子成员名单

部　　　长：林砂胜

常务副部长：杨会标

副　部　长：王　卫（兼任市社科联主席）

　　　　　　欧建军（兼任市文联主席）

部务委员：付景浩（兼市舆情监控中心主任）

统战工作

【概况】 中共乐昌市委统一战线工作部（以下简称市委统战部）是市委主管统一战线的职能部门，对外加挂市民族宗教事务局、市台港澳事务局牌子，内设办公室、党派联络工作股、民族宗教工作股、台港澳侨工作股。设机关行政编制10名，2020年实有在职行政编制人数7名，其中部长由乐昌市委常委兼任。下属事业单位有乐昌市民族宗教事务服务中心，设事业编制3名，在职0人。

【大统战工作格局】 2020年3月，市委统战部组织召开全市统战工作会议，8月和11月先后组织召开市委统一战线工作领导小组会议和市委统一战线工作领导小组扩大会议，对全市统战工作进行研究部署，着力解决统一战线重难点问题。将统战工作纳入乐昌市机关和镇级考核内容、纳入年度学习培训计划、纳入市委理论组第一议题学习内容，作为党校必修课程。建立健全与组织部、宣传部联席会议制度，密切党委与各民主党派、市工商联、无党派人士、新的社会阶层人士的联系，落实民主党派与市政府有关部门对口联系制度、党政领导干部与党外代表人士联系交友制度等。

【多党合作事业】 2020年，市委统战部加强共识教育，组织各民主党派、无党派代表人士开展调研活动和召开座谈会，推动市各民主党派和市知联会做好“市委出题、党派调研”工作，拟好5年调研课题计划，开展调查研究。各民主党派开展“不忘合作初心，继续携手前进”主题教育活动，夯实主题教育成果，增强共同奋斗的思想政治基础。帮助各民主党派加强自身组织建设，对各民主党派办公场所进行修缮，购置电脑、复印机等改善各民主党派的基本办公条件；各民主党派打造各自特色品牌，不断盘活和创新党派社会服务形式，开展“扶贫助学”“下农村、到社区，送医送药暖民心”等系列特色活动。协助各民主党派完成基层组织换届。强化联谊平台作用，8月，召开乐昌市党外知识分子联谊会第一届一次常务理事会，增强理想信念教育，谋划下阶段工作。加强对新的社会阶层人士代表走访联系，做好成立新的社会阶层人士联合会前期筹备工作。

【非公有制经济工作】 2020年，市委统战部深化理想信念教育，组织非公有制经济代表人士学习领会习近平总书记关于支持民营企业发展的重要论述。发挥乐昌市工商联联系市委、市政府与民营企业之间的桥梁和纽带作用，加强与基层商协会、乐昌市外的异地商会沟通联系，凝聚乡贤力量。推动构建“亲”“清”新型政商关系。弘扬新时代优秀企业家精神，发动非公有制经济人士参与“广东扶贫济困日”募捐活动，推进“万企帮万村”活动和“光彩事业”系列活动，为乐昌市抗击疫情捐款捐物达120万元，扶贫济困日活动期间捐款140多万元。

【民族宗教工作】 2020年，市委统战部加强干部队伍建设，9月，设立乐昌市民族宗教事务服务中心。促进少数民族聚居区加快发展，加强少数民族聚居村重点项目调研建设工作。加强对城市外来少数民族流动人口的服务和管理。开展民族团结进步宣传月活动，凝聚平等、团结、互助、和谐的民族力量。做好少数民族聚居区少数民族大学生资助金的申报工作，全市7名少数民族大学生享受资助金。推动6个少数民族聚居村同步全面建成小康社会、实现高质量发展。加强少数民族村民生项目建设工作。2020年，争取上级少数民族发展资金40万元，为北乡镇下西坑瑶族村委会新建10座便桥、利用本级少数民族发展资金12万元解决6个少数民族聚居村道路硬化等民生实事。研究和部署年度消防安全工作，开展“铁拳执法行动”，组织宗教界人士参加“宗教政策法规学习月”“安全生产月”等活动，增强场所人员的安全防范意识，提高防灾避害和自救互救能力。注重抓好新冠肺炎疫情期间对宗教活动场所的防控督导检查工作，要求宗教活动场所严格执行“双暂停一延迟”，开展风险评估，做到有序开放。引导宗教界参与“四进”活动和参与抗击疫情、“广东扶贫济困日”、捐资助学等社会慈善公益活动。

【台港澳侨工作】 2020年，市委统战部加强香港乐昌同乡会和海外联谊会队伍建设，发展壮大爱国爱港爱澳爱乐力量。引导港澳台爱国人士和全市统一战线成员投身服务粤港澳大湾区建设。强化联谊平台建设，1月，组织召开第五届乐昌市海外联谊会第一次常务理事会并举办2020年迎春招待会。提高对台工作水平，加强台胞台属台企服务，疫情期间，多次走访调研台资企业，在巩固疫情防控成果的同时，帮助企业尽快复工复产。争取政府支持资金50万元，培育台企“一村一品”项目。开展对困难台胞台属的慰问活动。开展台港澳侨情普查工作，建立台港澳侨情台账。加强与港澳乡亲的来往联系。协调解决港资企业乐发水泥厂的历史遗留问题。开展台港澳侨事务重大风险排查，研究制定防范化解重大风险工作方案。9月，组织召开第七次归侨侨眷代表大会，选举产生第七届委员会委员成员。走访慰问困难归侨侨眷，开展贫困归侨扶贫救助补助基金绩效自评核查工作，做好各项信访工作。

（欧　靖）

市委统一战线工作部领导班子成员名单

市委常委、市委统战部部长：
　　刘允曾
市委统战部副部长、市民宗局局长：毛志鹏
市委统战部副部长、市侨联主席、市台港澳事务局局长：
　　谢勋燕（女）
市委统战部副部长：谢忠文
市委统战部部务委员、党派联络工作股股长：李君仪（女）

老干部工作

【概况】 中共乐昌市委老干部局是市委负责老干部管理的工作部门，内设办公室、老干部活动室（老干部大学合署办公）。机关总编制11名，其中行政编制6名，设局长1名、副局长2名、正股长（主任）2名，后勤服务人员编制5名。

【落实老干部政治待遇】 2020年，乐昌市委老干部局组织老干部开展形式多样的学习活动；市委、市政府召开重大会议均邀请老干部代表参加；组织离休干部以及享受副处级以上待遇退休干部在乐昌市范围内开展考察活动；召开经济社会情况通报会，使老干部及时了解乐昌和社会发展状况。为老干部订阅《秋光》769份，老干部活动中心阅览室订阅各类党报党刊等文娱杂志80多份。

【落实老干部生活待遇】 2020年，乐昌市委老干部局抓好离休干部“两费”（离休费、医药费）的落实和兑现。及时调整老干部的福利待遇及离休干部护理费标准。全年走访慰问老干部45人次，对全市离退休干部及居住外地的原四套班子离退休老领导进行春节慰问。组织全市副处级以上退休干部到市人民医院进行身体健康检查。

【开展活动】 2020年1月17日，乐昌市委老干部局召开乐昌市离退休干部经济社会发展情况通报会。7月8日，组织部分享受副处级以上待遇退休干部到廊田马屋村白马寨参观及召开“我看脱贫攻坚新成就”座谈会。9月10日，举办离退休干部《习近平谈治国理政》第三卷专题辅导会。9月24日至25日，举办第三十五届老干部运动会。10月14日，组织收看深圳经济特区建立40周年庆祝大会。10月21日，组织全市离退休干部党支部书记学习《习近平谈治国理政》第三卷专题培训。10月23日，组织全市离休干部及享受副处级以上待遇退休干部开展重阳节游园活动。10月27日，组织部分享受副处级以上待遇退休干部参加“重阳”暨参观乐昌发展新成就活动，参观长来镇樟树王公园、大朗乐昌共建科技产业园、廊田镇岗九村。11月10日至11日，举办第三十五届老干部门球赛。11月12日，市委老干部局工会换届。

（陈锦妹）

◆2020年9月10日，乐昌市离退休干部学习《习近平谈治国理政》第三卷专题辅导班在市委老干部局举办　（市委老干部局　供）

市老干部局领导班子成员名单

局　　　长：陈华山
二级主任科员：邓广明
副局长、二级主任科员：
李　慧（女）

机构编制

【概况】 中共乐昌市委机构编制委员会办公室（以下简称市委编办）单独设置于2010年5月21日，正科级单位，列市委机构序列，办公地址位于市政府大院办公楼二楼，核定编制数13名。内设综合股、机构编制股、体制改革股、监督检查股4个股，设直属行政机构1个：事业单位登记管理局。2019年，经机构改革，单位性质由“既是党委部门，又是政府部门”调整为“党委部门”；归口中共乐昌市委组织部管理；单位名称由“乐昌市机构编制委员会办公室”更名为“中共乐昌市委机构编制委员会办公室”。

【行政管理体制改革】 2020年，市委编办根据乐昌市深化乡镇街道体制改革完善基层治理体系有关文件精神，以健全党的全面领导制度为着力点，做好乐昌市乡镇街道体制改革任务。统筹优化镇街党政机构，整合组建各镇街公共服务中心，建立“一个窗口”对外，办事只进“一扇门”的便民服务机制。镇财政所划归镇街管理，基层司法局、市场监督管理所等市直派驻机构继续实行派驻体制，纳入镇街统一指挥协调。各镇街建立综合治理委员会、公共服务委员会、综合行政执法委员会等工作平台，统筹负责镇街各相关领域的工作。配合有关部门推进镇街权限下放和综合行政执法工作，激发乡镇街道经济社会发展活力，夯实国家治理体系和治理能力的基础，为加快乐昌振兴发展，打造粤北绿色发展先行地提供体制机制保障。深化坪石镇经济发达镇行政管理体制改革试点工作，在调整优化坪石镇党政机构的同时，细化梳理出《乐昌市深入推进坪石镇经济发达镇行政管理体制改革试点工作实施项目清单（2021年）》，跟踪改革试点工作任务落实，确保改革取得成效。

【事业单位改革】 2020年，市委编办完成公益三类及从事生产经营活动事业单位改革。撤销市农业机械技术学校、市鱼苗场、市对外加工装配服务公司3个职能弱化事业单位；调整市防洪排涝工程管理处、市交通管理总站、市殡仪馆、市林业调查规划与资源资产评估中心4个事业单位类别；推进市人民政府坪石招待所转企改制。理顺政府与市场关系，将该交由市场的生产经营活动回归市场，不再保留经营服务类和公益三类事业单位。规范事业单位设置，精简事业单位数量，统筹民政、社保、卫生健康等不同部门承担的事项明确由公共服务中心集中办理，为乡镇党委抓好党群服务工作提供抓手。

【机构编制资源优化】 2020年，市委编办结合各项改革和经济社会发展需要，撤销“散弱小”事业单位123个，定期梳理全市机关事业单位空编，盘活编制资源，提高编制使用效率，建立高层次和紧缺人才编制周转池。优化调整机构设置、机构编制事项，优先保障重点领域人员力量，加强组织、巡察、财经、农业农村、自然资源、住房管理领域编制力量，通过挖掘内部潜力，置换一批执法编制下放到镇街，充实基层执法力量。应对新冠疫情影响，加大用编力度，增加高校毕业生就业机会，缓解乐昌市人才紧缺问题；简化一线医务防疫人员入编手续，为新冠肺炎疫情防控阻击战一线医护人员开通列编绿色通道。

【事业单位登记管理】 2020年，市委编办印发《关于做好2019年事业单位法人年度报告工作的通知》，开展2019年事业单位法人年度报告工作，各事业单位提交年度报告共231份。办理设立登记事业单位7个，变更登记事业单位113个，注销登记事业单位10个，遗失声明3个，拟注销公告12个，办理机关群团统一社会信用代码证书的单位共有91个。

（张　华）

市委机构编制委员会办公室领导班子成员名单

主　任：黄发祥

副主任：温智强

党校（开放大学）工作

【概况】 中共乐昌市委党校、乐昌开放大学（以下简称市委党校开大）地处乐城街道西石岩路14号。中共乐昌市委党校的主要职能是负责市委组织部门举办的专题性或短期性党员、干部教育培训的组织和教学工作；开展有关本地经济社会发展问题的调研、科研工作。承办市委和上级业务主管部门交办和委托的其他事项。乐昌开放大学的主要职能是服务全民终身学习，面向基层、面向行业、面向社区、面向农村，开展本科、专科层次学历教育、职业教育、社区教育。内设办公室、行政股（总务室）、教务股（室）、科研培训股、电教室、招生办。

2020年年末，市委党校开大有教职员工30人。其中党校定编17人，在职10人（行政编制7人，专技人员2人，工勤技能人员1人）；开大定编16人，在职15人（管理人员1人，专技人员13人，工勤技能人员1人）；后勤服务人员2人；购买社会服务人员1人；“丹霞英才”2人。2020年，市委党校开大有高级讲师5人。

【教师队伍建设】 2020年，市委党校开大通过不同平台促进市委党校开大干部职工尤其是教师队伍理论水平、政治素养、业务能力的提升，使用年轻教师，通过外出学习、“传、帮、带”、组织参加各种竞赛、实战等方式使他们成为教学骨干力量。2020年，有7名中青年教师在各红色教育现场教学点和主体班教学中发挥作用，教师队伍规模扩大，整体素质得到提高。

【干部培训工作】 2020年，市委党校把党员干部教育培训作为主要工作，在各类培训班上突出党校教育的党性特色，立足于党校的职责和功能，在办学方向、教学内容、教学方法、教学管理上突出重点、注重实效。配合市委组织部、市直属机关工委举办各类干部培训班，安排骨干教师承担授课任务，按要求、按质量完成工作。2020年，该校承担或协办乐昌市初任公务员培训、乐昌市村（社区）主任培训、乐昌市公务员全员培训等，协助党委和政府其他职能部门的其他培训任务。根据市委的安排和要求，选派理论功底深、政治素质好、业务能力强的同志参与市委的理论宣讲，做好理论宣讲工作。

【红色教育】 2020年，市委党校开大打造5个红色教育现场教学点，形成《红军长征在乐昌》《中山大学在坪石》《朱德在坪石的革命活动》《红七军与梅花血战》《杨家寨军事会议始末》5个红色教育现场教学精品课程。各红色现场教学点接待105个班次，参与党性教育人数4500多人。

【创新学历教育管理方法】 2020年，受新冠肺炎疫情影响，乐昌开放大学调整招生报名的方法，启动线上报名方式，按招生季建立微信群。全校教师利用互联网平台宣传招生信息，专人全程指导新生在线报名，专人负责招生录入工作，严格审核学生入学资格。在招生结束后，微信招生群改为学生服务群，服务学生至毕业。乐昌开放大学通过乐昌财政系统开通微信账号，学生通过微信实现缴费，不需要到校即可完成报名流程。是年，乐昌开放大学春季招生101人（其中专科48人、本科53人），秋季招生95人（其中专科58人、本科37人），在校生499人（其中专科280人、本科219人）。根据疫情防控要求，2020年暂停社区教育的招生工作。

（杨慧玲）

中共乐昌市委党校、乐昌开放大学领导班子成员名单

市委党校常务副校长、开放大学校长：周建明

市委党校副校长：丘山田

开放大学副校长：

李建青

薛代立

欧三养（6月—）

机关党建

【概况】 中共乐昌市直属机关工作委员会（以下简称市直机关工委）是市委派出机构，内设有市直机关纪检监察工作委员会（副科级）、办公室和组织股。2020年有在编人员7人，其中行政编6人、工勤编1人；设书记1名，副书记2名（其中1人兼任纪工委书记）。截至2020年年底，所辖党组织包括机关党委5个、党总支部14个，党支部120个，党员2550名。

【学习教育】 2020年，市直机关工委坚持把学习习近平新时代中国特色社会主义思想等政治理论纳入理论学习中心组、“三会一课”“主题党日”“双周讲坛”“党课开讲啦”、工委各类培训、民主生活会和组织生活会、党建考评及书记述评的重点内容，落实“第一议题/课题/主题”制度，突出政治机关建设，规范党内政治生活，推动学习贯彻抓在经常、融入日常。工委及所属各党组织共开展集中学习研讨637次，革命传统、形势政策、先进典型、反面警示教育893次；开讲“双周讲坛”1226期、党课258节，参与近4万人次，向组织部推荐精品党课2个。

【基层组织设置】 2020年，乐昌市共有23个党（总）支部完成换届选举，1个机关党委调整支部设置，26个党组织调整支委或书记，2个党支部更名，新成立4个党支部委员会、25个临时党支部，撤销1个关破企业党总支。

【党员干部培训】 2020年6月和9月，市直机关工委分别举办

发展党员工作业务培训班和党员发展对象培训班各1期，共培训130人。12月，举办党组织书记和党务干部培训班2期，培训180人。

【规范发展党员工作】 2020年，市直机关工委严格发展党员5个阶段25个程序，设计57种配套材料模板和对照检查清单，使发展党员工作更加严谨、规范。全年审批预备党员38人、预备党员转正40人。

【基层组织建设】 2020年，市直机关工委以落实好机关党建工作目标管理责任制考核实施办法和党组织书记述职评议考核为抓手，明确基层党组织和党员在党建工作中的主要任务和责任，推动党建工作各项任务落到实处。常态化开展“模范机关创建”“双争双促”等党内主题实践活动，促进政治机关建设和机关效能提升。以“民情夜访”和结对共建为活动载体，组织机关党员每月到挂点村与党员群众交流讨论，帮助解决环境整治、森林防火等现实问题，助推城乡基层党建优势互补、互促共融。有90个机关基层党组织开展共建活动503次，参与1969人次；开展“民情夜访”5068户，解决群众问题1007个。落实机关在职党员到社区报到服务，深化共驻共建共享城市基层党建大格局，设立党员先锋岗125个，开展党员志愿服务3984次。表彰一批机关“双争双促”先进基层党组织和先进个人，形成较好示范带动效应。

【党费收缴和党内关怀】 2020年，市直机关工委共收到各基层党组织交来党费1049090.75元，全部上缴组织部。走访慰问疫情防控工作一线基层党员干部128名人次6.4万元，春节和“七一”走访慰问困难党员、老党员和老干部34人次2.9万元。

【党风廉政建设】 2020年，市直机关工委修订《2020年落实党风廉政建设主体责任清单》，坚持“一把手”负总责和班子成员逐级落实党廉责任制。定期对党廉工作进行研究安排，重点抓好党建工作制度落实和报备及督导基层党廉建设。对韶关、乐昌巡察发现的共性问题逐一对照检查抓整改。以市直机关工委被巡察为契机，结合巡察反馈问题清单，健全实施制度规定，建立防范共性问题发生的长效机制。

【民主评议政风行风】 2020年，市直机关工委制发《2020年乐昌市直机关民主评议政风行风工作方案》，采取单位内部自查、群众满意度微信测评、民主测评、暗访评议和“民声热线”上线测评等五种方式，对机关单位党风政风行风6个方面问题进行民主评议，督促被评议单位认真查摆整改突出问题，优化乐昌政治生态环境。

【新冠肺炎疫情防控】 2020年新冠疫情防控期间，市直机关工委及所属各基层党组织开展入户排查、为群众测量体温和做好宣传教育，广大党员干部坚守在防疫一线执勤岗位，在大战中践行初心使命，让党旗在防疫一线高高飘扬。全年成立8个防疫检查站临时党支部，有50个机关企事业单位1635名在职党员被统筹安排到城区11个社区和17个挂点镇村报到协助防疫。发动2431名机关党员自愿为抗疫捐款238902元，以乐昌市委名义对在疫情防控一线表现突出的128名优秀党员进行关怀慰问。

（叶国君）

乐昌市直机关工委领导班子成员名单

工 委 书 记：李正恒

工委副书记、纪工委书记：
向秀珍（女）

工委副书记：利志明

乐昌市人民代表大会

综　述

【概况】　乐昌市人民代表大会常务委员会是市人民代表大会的常设机关，对市人民代表大会负责并报告工作。在市人民代表大会闭会期间，依法对市人民政府、市监察委员会、市人民法院和市人民检察院的工作实施监督。市人民代表大会下设2个专门委员会，分别是财政经济委员会，社会建设委员会。市人大常委会下设办公室和法制工作委员会、财政经济工作委员会、教育科学文化卫生工作委员会、选举联络人事任免工作委员会、城乡建设环境与资源保护工作委员会5个工作委员会（均属正科级，以下统称为市人大常委会机关）。市人大常委会机关为市人民代表大会、市人大常委会行使职权服务，根据市人大常委会划定的职能履行职责，办理市人民代表大会、市人大常委会和主任会议的有关事项和重要日常工作。市人大常委会机关总编制20名，其中行政编制18名（不含市人大常委会主任、副主任），设办公室主任1名、副主任2名，工作委员会主任5名、副主任5名，科员5名；后勤服务人员控制数2名。办公地址位于乐城街道公主上路市政府大院办公大楼。

2020年，乐昌市选举的韶关市人大代表43人，乐昌市人大代表201人。

【服务大局】　2020年，市人大常委会在中共乐昌市委的领导下，依法履职尽责、主动担当作为，完成市十五届人大六次会议确定的目标任务。全年召开常委会会议10次，听取和审议专项工作报告26项，作出决议决定9项；召开主任会议17次；开展视察、调研和执法检查35次，为应对重大风险挑战、推动经济社会发展作出贡献。

重要会议与决议、决定

【十五届人大六次会议】　2020年5月25日至27日，市第十五届人民代表大会第六次会议在市府礼堂举行。市人大代表共201人，出席会议代表194人。会议议程有：1. 听取和审议乐昌市人民政府工作报告；2. 审查和批准乐昌市2019年国民经济和社会发展计划执行情况与2020年计划（草案）报告；3. 审查和批准乐昌市2019年预算执行情况和2020年预算（草案）报告；4. 听取和审议乐昌市人大常委会工作报告；5. 听取和审议乐昌市人民法院工作报告；6. 听取和审议乐昌市人民检察院工作报告；7. 补选乐昌市第十五届人民代表大会常务委员会委员；8. 补选乐昌市监察委员会主任；9. 票决乐昌市人民政府2020年度民生实事项目。会议通过各项工作报告决议，会议代表提出建议、批评和意见22件。

【市人大常委会会议】　2020年，召开市人大常委会会议10次。主要内容有：1.听取和审议专项工作报告。听取和审议《市政府关于企业国有资产（不含金融企业）专项管理情况的报告》、《关于“七五”普法终期检查验收工作情况的报告》、《关于2019年债务管理情况和2020年计划的报告》、《关于乐昌市教育系统开展思政教育情况的报告》、《关于2020年支出预算和政策情况的报告》、《关于乐昌市打赢脱贫攻坚战工作情况的报告》、《关于多元化纠纷解决机制改革工作情况的报告》、《关于2019年市本级财政决算的报告》、《关于2019年县级财政预算执行及其他财政收支情况的审计报告》、《关于乐昌市医疗保障工作情况报告》、《关于2020年上半年国民经济和社会发展计划执行情况的报告》、《关于2020年上半年预算执行情况的报告》、《关于乐昌市贯彻实施〈广东省野生动物保护管理条例〉情况的执法检查报告》、《关于重点项目推进情况的报告、市发改局、市财政局、市水务局关于落实“谁执法谁普法”工作情况的报告》、《关于乐昌市十五届人大六次会议代表建议办理情况的报告》、《关于2020年乐昌市十件民生实事进展情况的报告》、《关于农村安全饮用水保障工程资金筹措、使用管理情况的报告》、《市政府关于乐昌市2019年度生态环境状况和生态环境保护项目完成情况的报告》。2.听取专项工作报告。听取市人大常委会法工委关于规范性文件备案审查工作情况的报告、市政府关于乐昌市禁毒工作情况的报告。3.审议重大事项。包括《乐昌市人民代表大会常务委员会关于召开乐昌市第十五届人民代表大会第六次会议的决定》《乐昌市第十五届人民代表大会代表资格审查报告（草案）》，审议召开市十五届人大六次会议的有关事项，包括《乐昌市人民代表大会常务委员会关于推迟召开乐昌市第十五届人民代表大会第六次会议的决定》《乐昌市第十五届人民代表大会代表资格审查报告》《关于提请审议原坪石矿棚改项目相关配套道路和跨轨天桥工程设计变更的议案》《关于提请审议2020年乐昌市债券转贷资金收支预算调整方案的议案》《关于提请审议〈关于将预算稳定调节基金调入一般公共预算的报告〉的议案》《关于提请审议2020年乐昌市抗疫特别国债及8月新增债券转贷资金收支预算调整方案的议案》《关于提请审议乐昌市2020年结转结余资金收回本级财政统筹安排的报告的议案》《关于提请审议乐昌市结转结余资金（2020年第三批）收回本级财政统筹安排的议案》《关于提请审议乐昌市2020年政府财政收支预算调整方案的议案》《乐昌市人民代表大会常务委员会关于在发改等有关选区补选市十五届人民代表大会代表的决定》和人大代表及有关人员辞职请求。4.讨论市人大常委会工作报告。5.审议人事任免事项。

【决议、决定】 2020年，市人民代表大会作出决议6项 分别为：乐昌市第十五届人民代表大会第六次会议关于政府工作报告的决议、关于乐昌市2019年国民经济和社会发展计划执行情况与2020年计划的决议、关于乐昌市2019年预算执行情况和2020年预算的决议、关于乐昌市人大常委会工作报告的决议、关于乐昌市人民法院工作报告的决议、关于乐昌市人民检察院工作报告的决议。

市人大常委会作出决议、决定12项 分别为：关于批准原坪石矿棚改项目相关配套道路和跨轨天桥工程设计变更的决议、关于批准2020年乐昌市债券转贷资金收支预算调整方案的决议、关于批准乐昌市2019年本级决算的决议、关于批准将乐昌市预算稳定调节基金调入一般公共预算的报告的决议、关于批准2020年乐昌市抗疫特别国债及8月新增债券转贷资金收支预算调整方案的决议、关于批准乐昌市2020年结转结余资金收回本级财政统筹安排的报告的决议、关于批准将乐昌市结转结余资金（2020年第三批）收回本级财政统筹安排的决议、关于批准乐昌市2020年政府财政收支预算调整方案的决议、关于召开乐昌市第十五届人民代表大会第六次会议的决定、关于推迟召开乐昌市第十五届人民代表大会第六次会议的决定、关于乐昌市第十五届人民代表大会第六次会议召开时间的决定、乐昌市人民代表大会常务委员会关于在发改等有关选区补选市十五届人民代表大会代表的决定。

主要工作和活动

【坚持党的领导】 2020年，市人大常委会完成市十五届人大六次会议确定的目标任务。全年召开常委会会议10次，听取和审议专项工作报告26项，作出决议决定9项；召开主任会议17次；开展视察、调研和执法检查35次，为应对重大风险挑战、推动经济社会发展作出贡献。防控新冠肺炎疫情期间，市人大常委会奔走防疫一线参与疫情防控，深入养老机构、社会福利院、农贸市场、养殖场所和部分乡镇，引导全社会增强依法防控意识，强化公共卫生法治保障。审议批准抗疫特别国债1.31亿元纳入预算管理，推动企业复工复产。落实重大事项请示报告制度，全年提请市委常委会会议研究人大工作7项。坚持党管干部和人大依法任免的有机统一，依法任免国家机关工作人员29名，保证地方国家机关的有序运转。

【监督工作】 2020年，市人大常委会围绕“打造粤北绿色发展先行地”，精准谋划人大工作，运用法治思维和法治方式，发挥人大在做好“六稳”“六保”工作中的推动作用。聚焦生态优先、绿色发展，围绕环保工作组织代表开展约见活动，约见行政机关负责人，通过以“约”促改、以“约”解难的履职方式，推动全市大气、水污染防治攻坚工作。围绕脱贫攻坚持续发力，听取审议政府专项工作报告，巩固提升脱贫攻坚成果。助力美丽乡村建设，开展农村人居环境整治专题调研，形成参考价值较高的调研报告，推动农村人居环境整治向纵深发展。关注农村饮水安全，制定《关于开展推动农村安全饮用水保障工程建设专题活动方案》。发挥市人大财政经济委员会作用，凡提交常委会审议的财政经济报告，均召集财经委组成人员提前研究、集中审查，全年提出初审意见、审查报告15份，提升常委会审议意见的专业性、权威性。把人大监督与审计监督有效结合起来，形成听取年度审计报告、委托开展专项审计、狠抓审计查出问题整改的递进式监督链条，实现审计查出问题整改工作制度化、规范化。开展国有资产管理情况监督，督促政府出台关于加强和规范国有资产处置、交易、租赁等一系列的管理制度，让国有资产管理的“账本”更透明。持续加强全口径预决算审查监督，依法审查批准市级财政决算报告、债券转贷资金方案、结转结余资金方案等重大事项，推动各项年度目标任务的落实。突出以人民健康为中心，对全市公共卫生服务体系建设情况进行深入调研，建议政府健全完善经费保障、人才引进等工作机制，提升公共卫生服务能力。首次听取和审议市医疗保障工作情况报告，建议政府加大政策宣传力度，加强医保基金监管，提升服务水平，把老百姓每一分“救命钱”用在刀刃上。开展《广东省野生动物保护管理条例》实施情况执法检查，压紧压实野生动物保护管理工作责任，提升市民公共卫生安全和生态保护意识。听取禁毒工作报告，督促政府保持对毒品的“零容忍”，打赢新时代禁毒人民战争。听取审议部分单位落实“谁执法谁普法”工作报告，开展满意度测评，推动国家机关落实普法主体责任。听取审议“七五”普法终期检查验收工作报告，确保普法工作不漏项、不跑偏、不走样，为通过终期评估验收打好基础。听取审议多元化纠纷解决机制改革工作报告，支持法院完善诉调对接平台建设，开展诉源治理，满足人民群众日益增长的多元化司法需求，提升社会治理法治化水平。

【代表工作】 2020年，市人大常委会加强和改进代表工作，发挥代表来自人民、植根人民的优势和特点，做好人大代表工作。组织学习培训，采取集中培训、委托培训、外出学习等方式，对各级人大代表进行培训，提高代表的政治素质和履职能力。邀请人大代表列席常委会会议，参与重点项目、民生工程等方面的视察、调研，推动代表履职与常委会工作相融合；推荐代表参加检察院开放日、法院旁听庭审和见证执行活动，参与政风、行风评议等活动，拓宽代表履职尽责渠道。召开全市人大代表工作座谈会，分享和总结代表工作经验，凝聚集体智慧。开展代表主题月活动，全市累计1043名各级人大代表参加活动，收集群众意见建议194件，推动解决问题134件，赢得人民群众的称赞。推动民生实事项目人大代表票决制，把群众的呼声作为第一信号，全市各镇票决出民生实事项目80项，总投资规模约10亿元。市政府十件民生实事全面完成，得到广大代表和人民群众的一致好评。提升代表建议办理质量，把代表建议、批评和意见办理情况纳入“一府一委两院”年底述职报告内容。市十五届人大六次会议共收到代表建议23件，代表建议办理回复率100%，代表对建议办理的满意或基本满意率100%。

【自身建设】 2020年，市人大常委会坚持把全面从严治党的要求贯彻到全市人大工作中，打造“信念过硬、政治过硬、责任过硬、能力过硬、作风过硬”

的人大干部队伍。坚持把传达学习习近平总书记系列重要讲话、重要指示批示精神和党中央决策部署作为党组会议的第一议题、理论学习中心组学习的常设议题、人大代表和人大干部培训的第一课程，推动理论学习走深走细走实，筑牢做好新时代地方人大工作的思想基础。以市委巡察反馈意见整改为契机，加强市人大常委会机关党的政治建设。落实党风、党纪、意识形态主体责任和工作责任，健全完善各项党内制度，开展城乡党支部结对共建等党日活动，持续加强作风建设，坚持不懈纠“四风”、转作风。贯彻落实省委人大工作会议精神，巩固县乡人大建设成果。印发《关于进一步做好乡镇人大工作和建设经费使用工作的通知》，督促各镇人大规范经费使用范围，加快经费支出进度，并将其列入镇级人大工作绩效考核内容加以推动。加强乐城街道人大工委建设，帮助其解决代表联络站建设经费。为规范代表履职经费的管理和使用，印发《乐昌市人大代表履职经费管理办法》，保障代表依法履职。坚持把人大宣传工作纳入年度工作要点，评选表彰2020年度人大新闻信息工作先进单位和优秀通讯员。2020年，市人大新闻宣传工作获奖总数居韶关各县（市、区）首位。

专委工作

【财政经济委员会工作】 2020年，财政经济委员会，围绕经济运行及民生工作的热点难点问题开展调研，审查审议决算草案报告、预算调整方案报告、计划、预算及其执行情况报告、审计报告、民生实事、民生项目进展情况报告、国有资产管理情况报告等共18个，开展调研活动15次，发出审议意见7份，发出决议7份，撰写专题调研报告1份。

【社会建设委员会工作】 2020年，社会建设委员会以推进民主法治建设、创新社会治理、保障改善民生为重点，履行法定职责，推动乐昌社会建设工作。

（邓渲艳）

乐昌市第十五届人大常委会主任、副主任名单：

主　任：许新华

副主任：杨剑云（女）

孔少川

徐国秀

王昭良

邹志忠

陈　雄

乐昌市第十五届人大常委会办公室、各工作委员会正副主任名单：

办公室主任：郑成永

办公室副主任：吴国林

刘宏伟

法制工作委员会主任：（空缺）

法制工作委员会副主任：

张捷军（—4月）

财政经济工作委员会主任：

李敏瑶

财政经济工作委员会副主任：

毛亮英（女，4月—）

教育科学文化卫生工作委员会主任：姚建来

教育科学文化卫生工作委员会副主任：陈　源

选举联络人事任免工作委员会主任：余梅秀（女）

选举联络人事任免工作委员会副主任：黄胜平

城乡建设环境与资源保护工作委员会主任：李小伟（女）

城乡建设环境与资源保护工作委员会副主任：（空缺）

乐昌市人民政府

综　述

【市政府常务会议】 2020年，共召开市政府常务会议23次。

2020年市政府常务会议情况表

表1

期　号	议　题
十五届84次	一、审议《乐昌市城区公厕运营管理服务工作实施方案（送审稿）》 二、审议《关于支付石子坑（二期）土地收储整理合作资金及利息的请示》 三、审议《关于推动我市民族聚居村加快高质量发展的工作方案》 四、审议《乐昌市重点建设项目总指挥部组建方案（送审稿）》 五、审议《关于大源镇新镇区政府大楼建设实施方案的请示》 六、审议《关于搭建乐昌市公务用车社会化租赁服务平台的请示》 七、审议《乐昌市发展乡村旅游助推乡村振兴行动方案（送审稿）》 八、听取《关于乐昌市博物馆二期工程建设设想的情况汇报》 九、审议《关于请求同意实施乐昌市河道保洁项目运营实施方案的请示》 十、审议《关于请求返还乐昌市廊北灌溉工程管理处、龙山水库管理处资产拍卖的请示》 十一、审议《关于使用自筹资金建设现代农业服务园（二期）的请示》 十二、审议《关于请求安排市民政局一楼大门右侧三间门面给市妇幼保健院作为优生优育婚前检查办公室的请示》 十三、审议《2018年乐昌市计划生育目标管理责任制考核奖励方案》 十四、审议《乐昌市公立医院薪酬制度改革试点工作实施方案（送审稿）》和《乐昌市公立医院薪酬制度改革试点实施细则（试点）（送审稿）》 十五、审议《乐昌市麒麟山公墓建设用地中林地林种变更问题》 十六、审议《关于设置机关公务员职务与职级并行制度职级序列规范津补贴标准的请示》

续表

期　号	议　题
十五届85次	一、传达学习《中共中央关于加强党的领导、为打赢疫情防控阻击战提供坚强政治保证的通知》、习近平总书记在北京市调研指导新型冠状病毒肺炎疫情防控工作时的重要讲话、习近平总书记在中央政治局常委会议上的重要讲话以及《中共广东省委关于深入贯彻落实习近平总书记重要批示精神加强党的领导团结带领人民群众构筑群防群治严密防线的通知》精神，研究全市贯彻落实意见 二、传达学习省政府《关于积极应对疫情影响研究促进经济稳定运行的会议纪要》、省推动企业复工复产工作暨重大工程建设项目总指挥部全体会议、《机关企业及工厂节后复工防控新型冠状病毒肺炎工作指引》《新型冠状病毒肺炎疫情期间公共场所电梯消毒工作指引》以及省、韶关市支持企业复工复产若干政策措施精神，研究乐昌贯彻落实意见 三、关于审议《关于应对新型冠状病毒感染的肺炎疫情支持企业复工复产的若干政策措施》的议题 四、关于审议《乐昌市2020年重点建设项目计划（送审稿）》的议题 五、听取《乐昌市财政局关于深化涉农资金统筹整合改革实施意见的解读及贯彻实施意见》
十五届86次	一、传达学习习近平同志对全国春季农业生产工作重要指示、李克强同志对全国春季农业生产工作批示以及全国春季农业生产工作电视电话会议精神，研究全市贯彻落实意见 二、审议《关于申报乐昌市岭南落叶水果省级现代农业产业园的请示》 三、听取《乐昌市国土空间规划编制工作开展情况汇报》 四、审议《关于启动乐昌市各镇区国土空间规划的请示》 五、审议《关于乐昌市基础设施建设临时租用农村集体土地价格的指导意见（送审稿）》 六、审议《关于乐昌市北部九镇生活垃圾往南运项目25T转运实施方案（送审稿）》 七、审议《关于要求安排坪石镇旧电厂跨铁路桥梁项目房屋收购补偿资金的请示》 八、审议《关于拨付乐昌市乐昌街道办事处月坵村马糍塘一、二组征地款的请示》 九、审议《关于启动乐昌市清淑东乡田园康养综合体项目的请示》 十、审议《关于调整我市机关事业单位工作人员死亡后遗属生活困难补助标准的请示》的议题 十一、审议《关于招聘我市社会救助经办工作人员的请示》的议题 十二、审议《乐昌市创建国家卫生城市工作方案》的议题 十三、审议《关于请求同意坪石—梅花自来水扩网工程可行性研究修编报告的请示》的议题 十四、审议《乐昌市2020年度河湖管理范围划定实施方案》 十五、审议《关于请求解决乐昌市九峰镇和两江镇集中连片示范村集中供水工程建设资金的请示》
十五届87次	一、传达学习习近平总书记在决战决胜脱贫攻坚座谈会上的重要讲话精神，研究全市贯彻落实意见 二、传达韶关市工程项目复工工作电视电话会议精神，听取乐昌市重点项目进展情况汇报 三、学习《韶关市防汛防旱防风工作责任追究办法（试行）》

续表

期　号	议　题
十五届87次	四、审议《乐昌市推动义务教育优质均衡发展实施方案》 五、传达学习《全省决战决胜污染防治攻坚战的命令》，研究全市贯彻落实意见 六、审议《关于请求批准乐昌市2020年交通建设项目的请示》 七、审议《乐昌市2020年度本级财政用于扶贫方向资金分配方案》 八、审议《乐昌市大盛昌实业投资开发有限公司关于申请以股权公开交易方式转让乐昌市朗富实业投资开发有限公司100%股权的请示》 九、审议《关于申请同意大盛昌公司账户借款支付产业共建科技园工程款的请示》
十五届88次	一、传达学习《3月27日中共中央政治局会议精神》 二、传达学习《韶关市审计工作电视电话会议精神》 三、听取《乐昌市山水林田湖草生态修复试点工程项目工作进展情况汇报》 四、审议《乐昌市乐城街道瘌痢山石场采矿权设置、出让资料编制等事宜议题的请示》的议题 五、审议《关于启动坪石污水处理厂扩容提质工程项目建设的请示》 六、审议《关于请求同意实施乐昌市梅花镇镇街提升项目（主干道提升工程）》的议题 七、听取《2020第一季度污染防治攻坚战工作开展情况汇报》 八、审议《关于提请审定乐昌市普通公路路长制“136”行动工作方案的请示》 九、审议《关于请求同意国道G535老坪石至上埔村段改建工程桥梁合并实施的请示》 十、听取《乐昌市打击非法改装机动车以及“飙车”违法行为百日行动专项整治的工作情况汇报》 十一、听取《2020年扫黑除恶专项斗争工作情况汇报》 十二、听取《我市脱贫攻坚推进情况的汇报》 十三、审议《关于新建乐城街道社区卫生服务中心项目的请示》 十四、审议《关于深化乐昌市预算编制执行监督管理改革的实施意见（送审稿）》的议题 十五、审议《乐昌市老旧小区改造工作实施方案（试行）》的议题
十五届89次	一、传达学习习近平总书记近日对安全生产重要指示精神，研究全市贯彻落实意见 二、学习解读新《中华人民共和国土地管理法》 三、听取《乐昌市山水林田湖草生态修复试点工程项目工作进展情况汇报》 四、审议《乐昌市2020年重点项目建设工作“红黄”考评制度的实施方案（试行）》 五、审议《乐昌市全面实施预算绩效管理工作方案（2019—2022年）》 六、审议《关于申报乐昌市岭南落叶水果省级现代农业产业园的请示》 七、审议《关于请求重新确定乐昌市坪石镇家禽生猪定点集中屠宰厂异地新建选址的请示》 八、审议《乐昌市坪石镇家禽生猪定点集中屠宰厂异地新建方案》 九、审议《关于请求同意实施乐昌市全域自然村集中供水工程2020年项目的请示》 十、审议《关于请求市政府同意市第二人民医院加快使用2020年提前债券资金的请示》 十一、审议《乐昌市紧密型县域医疗卫生共同体建设实施方案（试行）》

续表

期　号	议　题
十五届90次	一、听取《2020年全市第一季度应急管理工作情况汇报》 二、听取《全市固定资产投资和重点项目1—4月进展情况汇报》 三、听取《乐昌市国土空间规划编制工作开展情况汇报》 四、听取《乐昌市山水林田湖草生态修复试点进展情况汇报》 五、审议《关于对原坪石矿棚改项目相关配套道路和跨轨天桥工程设计变更的请示》 六、审议《关于请求批准实施乐昌产业转移工业园道路建设提升及边坡防护工程（一期）的请示》的议题 七、组织学习《广东省教育现代化2035》的议题 八、审议《乐昌市人民政府关于桥梁水域内禁止停泊的公告（送审稿）》的议题
十五届91次	一、传达学习中央政治局常务委员会会议精神，研究全市贯彻落实意见 二、审议《关于将乐昌市部分行政村沿主要交通干线自然村纳入省际廊道建设范围的报告（送审稿）》的议题 三、审议《乐昌市房地一体的农村宅基地和集体建设用地确权登记颁证工作领导小组（送审稿）》和《乐昌市房地一体的农村宅基地和集体建设用地确权登记颁证工作方案（送审稿）》的议题 四、听取《乐昌市山水林田湖草生态修复试点进展情况汇报》 五、审议《乐昌市“联创”工作机制（送审稿）》的议题 六、听取《关于对韶关市财政局〈关于进一步加强涉农资金管理的通知〉的解读和我市贯彻落实意见》 七、审议《乐昌市2019年预算执行情况和2020年预算草案的报告（送审稿）》的议题 八、审议《2019年国民经济和社会发展计划执行情况及2020计划草案的报告》的议题 九、听取《乐昌市自然保护地整合优化预案》工作情况汇报
十五届92次	一、组织学习《广东省行政检查办法》 二、听取《全市固定资产投资和重点项目1-5月进展情况汇报》 三、听取《乐昌市山水林田湖草生态修复试点工程项目工作进展情况汇报》 四、审议《乐昌市乡村应急广播体系建设实施方案》的议题 五、审议《乐昌市2020年扬尘治理“碧空”专项行动工作方案》的议题 六、审议《关于请求同意实施九峰镇镇街提升项目（第一期）》的议题 七、审议《关于请求同意建设乐昌市循环经济环保园（垃圾焚烧发电）PPP项目炉渣综合利用厂的请示》议题
十五届93次	一、传达学习习近平总书记在宁夏考察时的重要讲话精神，研究全市贯彻落实意见 二、听取2020年1月至5月经济运行情况，研究下一步经济工作 三、听取《乐昌市普通公路路长制“136”行动工作情况汇报》 四、审议《关于推动完成我市职业年金补缴和补发养老保险待遇工作的请示》 五、听取《乐昌市山水林田湖草生态保护修复试点工程建设项目进展情况的汇报》

续表

期　号	议　题
十五届93次	六、听取《乐昌市2020年涉农资金统筹整合工作情况汇报》 七、审议《关于乐昌市2019年政府债务管理情况和2020年计划的报告（送审稿）》的议题 八、审议《关于2020年乐昌市债券转贷资金收支预算调整方案的报告》的议题 九、审议《关于贯彻落实人大预算审查监督重点向支出预算和政策拓展情况的报告（送审稿）》的议题 十、审议《乐昌市农用地分类管理实施方案（送审稿）》的议题 十一、审议《乐昌市农民专业合作社质量提升整县推进试点项目资金分配方案（送审稿）》的议题 十二、审议《关于2020年省级涉农专项转移支付资金使用分配的请示》的议题 十三、审议《乐昌市以食用为目的人工繁育陆生野生动物退出工作方案》的议题
十五届94次	一、传达学习习近平总书记关于防汛救灾工作重要指示精神，研究全市贯彻落实意见 二、审议《乐昌市贯彻落实2020年省〈政府工作报告〉责任分工表》《乐昌市贯彻落实省（厅局）下达韶关市必须在2020年完成的约束性指标和硬任务责任分工表》《乐昌市贯彻落实2020年韶关市〈政府工作报告〉责任分工表》《乐昌市贯彻落实2020年韶关市十件民生实事责任分工表》《2020年市〈政府工作报告〉重点任务责任分工》《2020年乐昌市十件民生实事责任分工》的议题 三、审议《关于采取政府购买服务、租赁等方式解决我市小型汽车、摩托车驾驶人全科目考场的请示》的议题 四、听取《乐昌市“十四五”规划编制工作的情况汇报》 五、听取《乐昌市山水林田湖草生态保护修复试点工程建设项目进展情况的汇报》 六、听取《乐昌市国土空间总体规划编制工作开展情况汇报》的议题 七、审议《关于将机关事业单位退休人员退休生活补贴归并入社保养老金发放的请示》的议题 八、审议《关于落实乐昌市机关公务员职级序列工资待遇的请示》的议题 九、审议《乐昌市国有企业退休人员社会化管理移交和接收工作实施方案》的议题 十、审议《乐昌市新型冠状病毒感染的肺炎疫情防控资金使用管理实施细则》的议题 十一、听取《乐昌市2020年上半年信访工作情况汇报》 十二、审议《关于请求乐昌市人民政府解决我市公共卫生应急处置中心建设项目的请示》的议题 十三、审议《关于请求同意实施〈乐昌市坪石镇古街实施省新型城镇化城镇提升工程项目（一期）〉的请示》的议题 十四、审议《关于请求同意实施乐昌市万里碧道建设项目武江坪石镇段碧道建设工程的请示》的议题
十五届95次	一、组织学习《中华人民共和国民法典》 二、听取《乐昌市2019年度行政复议和行政应诉案件情况分析报告》 三、审议《乐昌市精准扶贫资产管理办法（试行）》的议题 四、听取《关于镇级污水处理PPP项目工作进展情况的汇报》

续表

期　号	议　题
十五届95次	五、审议《关于请求同意实施〈乐昌市长岭头公租房4#和5#楼装修方案〉》的议题 六、听取《乐昌市工程建设项目审批制度改革工作情况汇报》 七、听取《乐昌市山水林田湖草生态修复试点工程建设项目工作进展情况汇报》 八、审议《关于请求支付长来农贸市场改造资金的请示》的议题 九、审议《关于提请审定新能源公交推广应用、老年人免费乘车政策等有关事宜的请示》的议题
十五届96次	一、传达学习广东省涉农资金统筹整合改革暨扩大农业农村有效投资电视电话会议精神，研究全市贯彻落实意见 二、传达学习全国农村乱占耕地建房问题整治会议精神，听取全市2019年度卫片执法整改工作情况汇报 三、学习《韶关市国土空间规划委员会章程》 四、听取《乐昌市水田指标情况汇报》 五、审议《乐昌市促进消费工作实施方案（送审稿）》的议题 六、审议《关于请求同意实施乐昌市“英才公寓”“拎包入住”配备方案的请示》的议题 七、审议《乐昌市病死畜禽及其产品无害化处理实施方案（2020年版）（送审稿）》的议题 八、听取《关于我市打赢脱贫攻坚战工作情况的汇报》 九、审议《关于启动实施坪石镇省际廊道美丽乡村示范特色精品村提升项目的请示》的议题 十、审议《关于请求同意实施乐昌市新建乐棉路工程的请示》的议题 十一、审议《乐昌市生活垃圾卫生填埋场扩容项目实施方案》的议题
十五届97次	一、传达学习全国全省第三季度防范重特大生产安全事故暨消防工作视频会议、全省安全生产事故分析视频会议精神暨听取全市上半年应急管理工作情况汇报 二、听取《全市固定资产和重点项目1—6月进展情况汇报》 三、听取《乐昌市省级现代农业产业园建设情况汇报》 四、审议《乐昌市农村宅基地审批管理工作指引（试行）（送审稿）》的议题 五、审议《乐昌市推动制造业高质量发展任务清单》的议题 六、审议《乐昌市竹林公园小区、欧式小区、通用花园小区三个老旧小区改造设计方案》的议题 七、听取《乐昌市“三馆一站”评估定级进展情况的汇报》 八、审议《关于请求同意实施乐昌市凤凰小学雨污管网工程的请示》的议题 九、学习《关于进一步加强韶关市全面推行河长制工作十条措施的意见》的议题
十五届98次	一、传达学习中共中央政治局关于分析研究当前经济形势和经济工作会议精神 二、审议《关于请求开展乐昌经济开发区城南片区（乐昌产业转移工业园城南片区）及坪石片区（粤湘开放合作试验区）控制性项目规划编制工作的请示》的议题 三、审议《关于乐昌市2020年上半年国民经济和社会发展计划执行情况的报告（送审稿）》的议题

续表

期　号	议　题
十五届98次	四、审议《乐昌市2020年重点项目建设工作考核细则（送审稿）》的议题 五、审议《乐昌市2020年重点建设项目计划》（中期调整送审稿）的议题 六、审议《乐昌市乡村振兴战略规划（2018—2022年）》的议题 七、审议《关于乐昌实验学校1、3号教学楼维修加固的请示》的议题 八、审议《关于乐昌市2019年本级决算草案的报告》的议题 九、审议《关于乐昌市2020年上半年预算执行情况的报告（送审稿）》的议题 十、审议《乐昌市2020年结转结余资金收回本级财政统筹安排的报告》的议题 十一、审议《关于申请将预算稳定调节基金调入一般公共预算的请示》的议题
十五届99次	一、传达学习贯彻省委十二届十次全会精神 二、审议《广东省乐昌市国家森林城市建设总体规划（2019—2028年）》的议题 三、听取《我市食品安全工作有关情况的汇报》 四、审议《关于深化改革加强食品安全工作的实施方案》的议题 五、审议《2020年乐昌市食品安全重点工作安排》的议题 六、审议《关于加强行政事业单位国有资产处置管理的意见》的议题 七、审议《关于对原毛巾厂房屋土地进行公开处置的请示》的议题 八、审议《乐昌市农村卫生长效保洁工作实施方案（试行）（送审稿）》的议题 九、听取《关于学习落实曲江区创新“小额工程建设模式”共谋共建新农村示范村经验做法的情况汇报》 十、审议《乐昌市城南购物城小区（半封闭）提升改造方案》的议题 十一、审议《关于请求同意实施梅花镇中心幼儿园建设项目的请示》的议题
十五届100次	一、传达学习习近平总书记在全国抗击新冠肺炎疫情表彰大会上的讲话精神 二、审议《乐昌市征收农用地区片综合地价成果》的议题 三、听取《乐昌市国土空间总体规划编制工作开展情况汇报》 四、听取《乐昌市山水林田湖草生态修复工程工作进展情况汇报》 五、审议《关于请求批准创建乐城产业转移工业园科技企业孵化器的请示》的议题 六、审议《关于同意对〈乐昌市原坪石矿棚户区改造工程项目可行性研究报告〉进行调整的请示》的议题 七、审议《乐昌市建筑公司小区、昌山西路四巷小区、建筑公司宿舍小区、新时代学校教师宿舍小区四个老旧小区改造方案》的议题 八、审议《关于实施乐昌市清和公园（二期）建设工程的请示》 九、审议《乐昌市2020年道路交通安全隐患路段治理工作方案》的议题 十、审议《关于确定乐广高速公路乐昌段茶园头、黄泥坑、桥头、滑石排弃渣公开处置底价的请示》的议题 十一、审议《关于增加机关公务员职务与职级序列住房改革补贴标准的请示》的议题 十二、听取《关于对〈广东省教育领域省级与市县财政事权和支出责任划分改革实施方案〉分析解读及我市贯彻落实意见》 十三、审议《乐昌市“十四五”专项规划及区域规划编制目录清单》的议题 十四、强调市政府近期有关工作

续表

期　号	议　题
十五届101次	一、听取《乐昌市秋冬季新冠肺炎疫情防控工作情况汇报》 二、听取《乐昌市工程建设项目审批制度改革工作情况汇报》 三、审议《关于实施乐昌市旧城提质二期工程的请示》的议题 四、审议《关于开展乐昌市S248线及G535线连接城区交通节点路段路灯建设工程的请示》的议题 五、审议《关于下拨2019年省级保障性安居工程补助资金的请示》的议题 六、审议《乐昌市党政机关和事业单位经营性国有资产集中统一监管试点工作方案》的议题 七、审议《关于2020年乐昌市抗疫特别国债及8月新增债券转贷资金收支预算调整方案的报告》的议题 八、听取《关于2020年乐昌市抗疫特别国债和专项债券项目调整情况的报告》
十五届102次	一、学习《广东省行政规范性文件管理规定》 二、听取《关于我市脱贫攻坚近期工作情况的汇报》 三、审议《关于确认乐昌市精准扶贫资产所有权、经营权、收益权权属的请示》的议题 四、审议《关于实施乐昌市旧城提质二期二标段佗城路、富庭街、西乡街提质改造工程的请示》的议题 五、审议《关于进一步规范市属国有企业改制工作的实施意见》的议题 六、审议《关于拍卖罚没砂石一批和罚没石英石一批的请示》的议题 七、审议《乐昌市2020年结转结余资金收回本级财政统筹安排（第二批）的报告》的议题 八、审议《外贸局宿舍、明新花苑等十七个老旧小区改造方案及外贸局宿舍、明新花苑、建筑公司等二十一个老旧小区安防涉及方案》的议题 九、审议《关于实施乐昌市乐棉中路新增铺设沥青工程的请示》的议题
十五届103次	一、听取全市固定资产投资和重点项目1—9月进展情况汇报 二、审议《乐昌市农村乱占耕地建房问题摸排工作情况报告》 三、审议《乐昌市储备补充耕地整改工作方案》 四、听取《乐昌市普通公路路长制“136”行动工作情况汇报》 五、审议《关于请求批准“四好农村路”示范县奖补资金使用方案的请示》 六、审议《乐昌市国家森林城市建设实施方案（2020—2022年）》 七、听取《乐昌市贯彻落实2020年省、韶、乐十件民生实事进展情况报告》 八、审议《关于确定利廊水电站清淤料和五山扶村水电站清淤料一并公开处置底价的请示》 九、审议《关于请求同意乐昌市水利投资有限公司参与竞购东洛公司资产的请示》 十、审议《中央财政土壤污染防治专项资金预分配使用方案》 十一、审议《关于实施人民南路通往公主下路市政道路建设工程的请示》 十二、审议《关于请求同意实施乐昌市中等职业技术学校体艺馆音乐厅设备采购及信息网络建设项目的请示》

续表

期号	议题
十五届104次	一、专题学习《广东省生态环境损害赔偿工作办法（试行）》 二、传达学习贯彻习近平总书记对供销合作社工作重要指示、李克强总理批示及中华全国供销合作社第七次代表大会和广东省供销合作社第五次代表大会会议精神，并听取全市推进供销合作社综合改革工作的情况汇报 三、听取《乐昌市国土空间总体规划编制工作推进情况汇报》 四、审议《乐昌市“房地一体”农村不动产确权登记发证工作实施意见（送审稿）》 五、学习《中共广东省委 广东省人民政府关于高质量建设万里碧道的意见》，听取全市河长制工作落实情况汇报 六、审议《关于请求同意实施梅花镇中学教学综合楼建设项目的请示》 七、审议《关于请求拨付乐昌市2019年第二批次征占林地手续的森林植被恢复费的请示》、《关于请求拨付乐昌市2019年第三批次征占林地手续的森林植被恢复费的请示》 八、审议《关于进一步加强专业看护队伍建设的请示》 九、审议《乐昌市不动产登记历史遗留问题处理补充意见》 十、审议《关于解决城市广场历史遗留问题的请示》
十五届105次	一、传达学习《政治要件台账工作指引》 二、审议《乐昌市依申请类政务服务事项下放目录（第一批）（送审稿）》 三、审议《乐昌市加强个人诚信体系建设分工方案》 四、审议《关于请求批准调整乐昌市2020年交通建设项目》 五、听取《关于农村安全饮水保障工程资金筹措使用管理情况的报告》
十五届106次	一、听取乐昌市2020年度应急管理工作情况汇报 二、听取《乐昌市贯彻落实2020年省、韶、乐十件民生实事进展情况报告》 三、听取《关于乐昌市十五届人大六次会议代表建议和市政协十届五次会议提案办理情况的报告》 四、审议《乐昌市2019年度审计查出突出问题整改情况报告》 五、审议《关于坪石等镇供水价格调整及居民用水阶梯水价实施方案》 六、审议《乐昌市农业用水分类价格及有关管理规定》 七、审议《乐昌市成品粮储备管理实施细则》 八、审议《乐昌市级成品粮储备包干轮换实施方案》 九、听取关于乐昌市公安局推进电信网络新型罪犯综合治理工作情况的汇报 十、审议《乐昌市2020年结转结余资金收回本级财政统筹安排（第三批）的报告》 十一、审议《乐昌市2020年政府财政收支预算调整方案的报告》 十二、审议《关于提高我市事业编制定额公用经费标准的请示》

【市长办公会议】 2020年，共召开市长办公会议15次。

2020年市长办公会议情况表

表2

期　号	议　题
一	专题研究地方政府专项债券申报工作
二	专题研究地方政府专项债券申报工作
三	专题研究地方政府专项债券申报工作
四	乐昌市镇村污水处理设施建设项目约谈会
五	专题研究乐昌市镇级生活污水处理设施项目相关事宜
六	专题研究坪石镇调研镇级污水处理设施建设PPP项目进展情况
七	专题研究乐昌市镇级生活污水处理设施建设PPP项目
八	专题研究乐昌市镇级生活污水处理设施建设PPP项目相关事宜
九	专题研究镇村污水处理设施、循环经济环保园、老旧小区等重点项目建设
十	传达韶关调研指示精神和韶关全会精神
十一	专题研究铁路沿线环境综合整治工作
十二	专题研究乐昌市棉纺厂应诉有关事宜 听取乐昌市征收农用地区综合地价项目成果
十三	专题研究研究省数字政府改革和省级政府一体化政府服务推动工作
十四	专题研究研究招商引资项目
十五	招商引资项目评审会

【市政府工作会议】 2020年，共召开市长办公会议152次。

2020年市长办公会议情况表

表3

期　号	议　题
一	专题研究城关中学受损房屋协调相关事宜
二	专题研究乐昌市国际商贸城补征地青苗补偿及乐昌东站进站道路工程项目被征地农民养老保障相关事宜
三	专题研究乐昌市国土空间规划编制工作前期筹备相关事宜

续表

期　号	议　题
四	专题研究审计整改及老旧小区前期工作等事宜
五	专题研究乐昌市生活垃圾卫生填埋场整改工程项目投入增加相关事宜
六	专题研究春季赏花旅游安全保障工作相关事宜
七	专题研究征地工作相关事宜
八	专题研究关于审议解决共建科技项目资金支出问题相关事宜
九	专题研究养老机构消防设施整治有关事宜
十	专题研究江苏雨润集团200万头生猪屠宰加工项目资产处置相关事宜
十一	专题研究云岩废砷矿区初步风险管控项目相关事宜
十二	专题研究高尔德公司技改项目相关事宜
十三	专题研究环保园征地等相关事宜
十四	专题研究乐昌市国土空间规划工作相关事宜
十五	专题研究江苏雨润集团200万头生猪屠宰加工项目资产处置工作相关事宜
十六	专题研究金鸡岭省级风景名胜区核心区违建观景台拆除项目相关事宜
十七	2020年重点项目建设专项指挥部第二次项目调度会议纪要
十八	专题研究乐昌市国土空间规划及2020年土地收储推进有关事宜
十九	专题研究水族文化综合体项目落地相关事宜
二十	专题研究九福兰花公园项目相关事宜
二十一	专题研究坪石镇污水处理设施二期建设等相关事宜
二十二	专题研究原坪石矿棚改安置区相关配套道路和跨铁路桥梁工程推进工作相关事宜
二十三	专题研究乐昌市循环经济环保园（垃圾焚烧项目）建设工作相关事宜
二十四	专题研究义务教育均衡发展工作相关事宜
二十五	专题研究《乐昌市2020年清明节祭扫工作方案》
二十六	专题研究江苏雨润集团200万头生猪屠宰加工项目资产处置工作相关事宜
二十七	专题研究乐昌市国土空间规划编制工作相关事宜
二十八	2020年重点项目建设专项指挥部第四次项目调度会
二十九	专题研究异地新建人民医院项目和新建妇女儿童医院项目动工前期工作相关事宜
三十	专题研究二院新建医院项目附属工程建设工作相关事宜

续表

期　号	议　题
三十一	专题研究乐昌五山风电场项目及乐昌市金扬光伏发电项目相关事宜
三十二	专题研究江苏雨润集团200万头生猪屠宰加工项目资产处置工作相关事宜
三十三	专题研究医疗卫生重点项目工作推进工作
三十四	专题研究乐昌市坪石—梅花自来水扩网工程相关事宜
三十五	专题研究西坑水碧道建设工程相关事宜
三十六	医疗卫生重点项目工作推进会
三十七	乐昌市2019年度卫片执法集中整治推进工作会议
三十八	专题研究循环经济环保园项目相关事宜相关事宜
三十九	专题研究乐昌市城镇老旧小区改造工作相关事宜
四十	2020年重点项目建设专项指挥部第五次项目调度会议纪要
四十一	医疗卫生重点项目工作推进例会
四十二	专题研究乐昌市自然保护地整合优化工作相关事宜
四十三	专题研究乐昌市村镇污水处理设施PPP项目相关事宜
四十四	专题研究金鸡岭省级地质公园地质遗迹保护项目相关事宜
四十五	专题研究全市科技工作及拆违控违工作相关事宜
四十六	专题研究扶持壮大村级集体经济试点工作相关事宜
四十七	2020年文教旅体重点项目建设专项指挥部第六次项目调度会议纪要
四十八	2020年新增政府债款教育项目推进会会议纪要
四十九	专题研究凤凰小学项目有关事宜
五十	专题研究乐城水源置换工程敷设管道优化调整及乐昌市清和公园（二期）建设相关事宜
五十一	专题研究自然保护地整合优化工作相关事宜
五十二	专题研究水族文化综合体项目落地相关事宜
五十三	专题研究全市安装道路交通危险警示灯工作相关事宜
五十四	专题研究新建乐城社区卫生间服务中心相关事宜
五十五	专题研究乐昌市循环经济环保园（垃圾焚烧发电）项目建设相关事宜
五十六	专题研究南药产业发展相关事宜

续表

期　号	议　题
五十七	专题研究乐昌市云岩废砷矿区污染源综合整治项目相关事宜
五十八	专题研究坪石污水厂（雅喜）扩容提质项目相关事宜
五十九	专题研究乐棉路、公租房装修、老旧小区改造工作相关事宜
六十	教育重点项目和2020年新指的债券教育项目协调会
六十一	专题研究乐昌市芭田新型肥料项目相关事宜
六十二	专题研究“6·12”敬老院消防整改相关事宜
六十三	专题研究坪石、白石、两江污水处理厂及配套项目建设相关事宜
六十四	专题研究2020年高考考场空调农资项目相关事宜
六十五	专题研究市新城服务中心项目建设用地报批相关事宜
六十六	专题研究乐昌市2020年新增中央投资项目申报及乐昌市生态保护红线评估调整事宜
六十七	专题研究市扶贫资产监督管理专项工作相关事宜
六十八	专题研究以食用为目的人工繁育陆生野生动物退出工作相关事宜
六十九	专题研究二院新建医院项目搬迁相关事宜
七十	专题研究乐昌市产业园区征地工作及施工许可证办理相关事宜
七十一	专题研究村镇污水处理设施建设PPP项目工作相关事宜
七十二	教育重点项目指挥部第七次项目调度会议
七十三	乐昌市产业园发展协调会
七十四	乐昌市五山镇新建道路林地指标事宜协调会
七十五	专题研究乐昌市农村污水处理设施PPP项目整村推进事宜
七十六	专题研究乐昌市新城乐棉路建设方案等事宜
七十七	凯旋新都6号楼问题协调会
七十八	专题研究乐昌市第二污水处理厂征地（长来镇猪场征收）相关事宜
七十九	2020年重点项目建设专题指挥部第八次项目调度会
八十	专题研究园区发展协调事宜
八十一	专题研究乐昌市万里碧道建设项目西坑水碧道建设工程相关事宜

续表

期　号	议　题
八十二	2020年重点项目建设专题指挥部第九次项目调度会
八十三	专题研究人民医院消防报建的相关事宜
八十四	专题研究韶关市“十大樟树王”周边环境整治工作相关事宜
八十五	专题研究2018年保障性安居工程审计发现问题整改工作和梅花镇“139”镇街整治提升工作有关事宜
八十六	2020年重点项目建设专题指挥部第十次项目调度会
八十七	“7·16”专题研究公共卫生应急处置中心项目相关事宜
八十八	“7·17”专题研究公共卫生应急处置中心项目相关事宜
八十九	“7·21”专题研究公共卫生应急处置中心项目相关事宜
九十	“7·26”专题研究公共卫生应急处置中心项目相关事宜
九十一	专题研究廊田镇垦造水田项目管护问题相关事宜
九十二	华南教育工作例会
九十三	专题研究云岩、秀水、白石3镇污水处理厂的相关事宜
九十四	专题研究潜江—韶关输气管道工程乐昌段项目协调会推进工作相关事宜
九十五	专题研究广东华电韶关乐昌五山100MW风电项目推进会有关事宜
九十六	专题研究“7·30”公共卫生应急处置中心项目有关事宜
九十七	原卫生学校家属楼地质灾害隐患治理工作协调会
九十八	华南教育工作例会第三期
九十九	华南教育工作例会第四期
一百	2020年重点项目建设专题指挥部第十一次项目调度会
一百〇一	专题研究研究乐昌市竹林公园小区、欧式小区、通用花苑小区三个老旧小区改造方案及坪石雅鲁污水处理厂二期建设的相关事宜
一百〇二	专题研究《广东省乐昌市国家森林城市建设总体规划》及韶关市樟树王公园建设项目相关事宜
一百〇三	专题研究“8·4”公共卫生应急处置中心项目
一百〇四	华南教育工作例会第五期
一百〇五	专题研究“8·24”公共卫生应急处置中心项目相关事宜

续表

期　号	议　题
一百〇六	2020年文教旅体重点项目建设专项指挥部第十二次项目调度会议纪要
一百〇七	华南教育历史研学基地工作例会第六期
一百〇八	新建凤凰小学项目调度会议纪要
一百〇九	专题研究三溪镇神步村安全饮水问题的相关事宜
一百一十	专题研究粤北第一示范牧场职工退休待遇相关事宜
一百一十一	空号
一百一十二	空号
一百一十三	空号
一百一十四	镇级综合文化站工作研讨会
一百一十五	2020年文教旅体重点项目建设专项指挥部教育项目第十三次调度会议纪要
一百一十六	华南教育历史研学基地工作例会第七期
一百一十七	审计反馈问题探讨会
一百一十八	专题研究适龄残疾儿童少年教育安全工作相关事宜
一百一十九	市区生猪定点屠宰厂异地新建工作协调会
一百二十	专题研究坪石镇区域性敬老院投入运营问题
一百二十一	凤凰小学建设现场会会议纪要
一百二十二	专题研究新建乐城街道社区卫生服务中心项目迁拆事宜
一百二十三	华南教育历史研学基地工作例会第八期
一百二十四	华南教育历史研学基地工作例会第九期
一百二十五	坪石镇污水处理厂扩容提质项目用地权权属会会议纪要
一百二十六	乐昌市义务教育教师工资收入数据核查工作联席会议纪要
一百二十七	气象灾害防御重点单位评审会
一百二十八	大源镇卫生院医养结合项目推进会
一百二十九	专题研究西坑水碧道管理移交工作

续表

期 号	议 题
一百三十	专题研究铅锌矿山地质灾害环境恢复治理工程推进会
一百三十一	“10·10”乐昌市镇级污水处理厂工作协调会
一百三十二	乐昌市国家重点生态功能区县域生态环境质量考核工作会议
一百三十三	专题研究乐昌市民办技工学校循环经济人才产业链项目引进相关事宜
一百三十四	乐棉中路项目建设专题会议纪要
一百三十五	“12345”政府服务热线工单投诉协调会
一百三十六	华南教育历史研学基地工作例会第10期
一百三十七	“11·3”市公共卫生应急处置中心项目协调会
一百三十八	“11·9”市公共卫生应急处置中心项目协调会
一百三十九	2020年文教旅体重点项目指挥部第十四次会议
一百四十	市政道路凤凰小学路段建设调度会
一百四十一	华南教育历史研学基地工作例会第11期
一百四十二	乐昌实验学校维修加固工程议题会议
一百四十三	专题研究消除原城关建材厂房屋安全隐患相关事宜
一百四十四	专题研究城关中学体育场建设项目相关事宜
一百四十五	市人民医院消防整改会议
一百四十六	农村违法占用耕地建房执法问题协调会
一百四十七	华南教育历史研学基地工作例会第12期
一百四十八	关于义务教育学校教师工资待遇落实整改情况
一百四十九	乐昌实验学校建设项目专题会
一百五十	华南教育历史研学基地工作例会第13期
一百五十一	高标准农田建设联席会
一百五十二	35千伏乐昌峡用地划拨和收回乐昌监狱划拨用地工作推进会

【市政府党组会议】 2020年，共召开市政府党组会议14次。

2020年市政府党组会议情况表

表4

期　号	议　题
乐府组〔2020〕1号	一、传达学习习近平总书记在中共中央政治局第十三次集体学习时的重要讲话及《习近平总书记关于应急管理、安全生产防灾减灾重要讲话、批示指示摘编》精神，研究乐昌市贯彻落实意见 二、传达学习省委十二届九次全会、李希书记到韶关市调研时的讲话以及韶关市贯彻落实意见精神，研究乐昌市贯彻落实意见 三、讨论有关人事议题
乐府组〔2020〕2号	一、传达学习习近平总书记2020年3月29日至4月1日在浙江考察时的重要讲话精神，研究乐昌市贯彻落实意见 二、讨论有关人事议题
乐府组〔2020〕3号	一、传达学习习近平总书记在全国两会上的重要讲话精神和全国两会精神，研究乐昌市贯彻落实意见 二、讨论有关人事议题
乐府组〔2020〕4号	一、传达学习习近平主持中央政治局第二十一次集体学习讲话精神，研究乐昌市贯彻落实意见 二、讨论有关人事议题
乐府组〔2020〕5号	一、传达学习国务院、省、韶关市廉政工作会议精神，研究乐昌市贯彻落实意见 二、讨论有关人事议题
乐府组〔2020〕6号	一、通报有关情况 二、强调规矩意识和纪律意识
乐府组〔2020〕7号	一、学习《习近平谈治国理政》第三卷第一专题 二、学习《关于建立健全坚决落实“两个维护”十项制度机制的意见》 三、学习《关于加强党员干部联系服务群众工作的意见》
乐府组〔2020〕8号	一、学习《习近平谈治国理政》第三卷第二专题 二、审议《乐昌市人民政府关于落实“三重一大”事项集体决策制度的实施意见》的议题 三、审议《中共乐昌市人民政府党组理论学习中心组学习制度》 四、讨论有关人事议题
乐府组〔2020〕9号	一、学习习近平总书记在湖南考察时的重要讲话精神 二、学习《中国共产党宣传工作条例》和《党委（党组）意识形态工作责任制实施办法》 三、讨论《关于核查处理省环保督察组交办畜禽养殖清理整治工作不严不实问题的函》反馈问题的有关情况
乐府组〔2020〕10号	传达学习习近平总书记出席深圳经济特区建立40周年庆祝大会和视察广东重要讲话重要指示精神
乐府组〔2020〕11号	传达学习中国共产党第十九届中央委员会第五次全体会议精神
乐府组〔2020〕12号	一、传达学习习近平总书记在中央全面依法治国工作会议的讲话精神 二、讨论有关人事议题

续表

期　号	议　题
乐府组〔2020〕13号	一、传达学习习近平总书记在中央政治局第二十六次集体学 习时的重要讲话精神 二、讨论有关人事议题
乐府组〔2020〕14号	一、传达学习习近平总书记在中央经济工作会议上的重要讲话精神 二、讨论有关人事议题

（刘涵秋）

乐昌市人民政府领导班子成员名单

市　长：钟　曦

党组副书记、副市长：

黄艺坤（—4月）

邹有胜（5月—）

党组副书记、副市长（挂职）：

曾　悦（—1月）

叶建华（2月—）

党组成员、副市长：

邱才郁

彭桂珍（女）

朱锋麟（—11月）

刘洪生

姚兴伍（—8月）

副市长：邓洪炜

政府办工作

【概况】　乐昌市人民政府办公室位于市区公主上路23号，内设秘书股、调研股、市人民政府督办室、建议提案股、金融工作股、人事股、综合一股、综合二股、外事股、信访股。挂牌单位2个：市外事局、市信访局。2020年年末，在职干部43人（其中行政编制32人、老工勤1人、政府购买服务人员10人）。

【文会工作】　2020年，市政府办共组织常务会议23次、市政府党组会议14次，组织、承办上级和本级等大小会议568次，完成上级领导到乐昌考察行程安排144次，组织或承办2020年南粤古驿道定向大赛、2020年乐昌市招商引资项目签约暨产业共建项目集中奠基动工仪式、“四好农村路”建设和路长制“136”行动部署动员现场会、华南研学“七一”主题党日活动暨探寻历史的足迹——粤北华南教育历史研学实践成果征集大赛启动仪式活动、乐园小学落成仪式、凤凰小学落成仪式、“铭记烽火历史、传承红色基因”——走进华南教育历史研学基地（坪石）系列活动、韶关市全域创建国家森林城市巡回主题宣传活动（乐昌站）暨安口村“樟树王”公园开园仪式、2019—2020年“乐昌桃花杯”全国象棋女子甲级联赛“广东凌空实业”第三阶段竞赛闭幕式等大型活动14次。

【调研综合工作】　2020年，市政府办做好“三服务”工作，当好政府工作参谋助手。落实节假日值班制度，坚持每周安排人员值班，值班人员随时待命，确保有急件工作任务时能第一时间投入到工作中。撰写各类综合文稿400余篇，编印各类会议纪要200余篇，其中，重点完成《近三年乐昌市经济社会发展情况汇报》《乐昌市2020年工作总结及2021年工作计划》《2021年政府工作报告》等涉及面广、情况复杂、业务性强的综合材料。创办《乐府信息》信息平台，发布8期，反映乐昌市经济社会发展困难，制定政务信息考核办法和信息报送制度，将信息报送工作纳入各单位年度考核，报送各类信息100余条，其中被《韶府信息》采用10余条。发布《企业心声》9期，帮助企业解难题。

【督办协调】　2020年，市政府督办室以市政府确定的贯彻省、韶关市、乐昌市政府工作报告要点483项、省、韶关市、乐昌市十件民生实事共30项及市政府各类纪要议定事项为跟踪督办要点，实行每周一台账、每月一汇报。加强对项目的督促检查，紧密跟进项目进展情况，开展实地督查督办70多次，发出督办通知17次，发出提醒函17次，形成督查督办报告30份，发出督查通报5期。

【建议提案】　2020年市十五届人大四次会议和市政协十届四次会议期间，市政府办共收到人大代表建议23件，政协提案74件（其中，立案53件，转作来信处理21件）。全部建议、提案均按时限要求办理完毕，答复率100%。

【政府信息公开】 2020年，市政府办公开政府信息共74次，确保公开的及时性和准确性；受理群众来电来访，及时回复和回访热线，回复“12345”热线共14次。

【金融工作】 2020年，落实金融支持“稳企业、保就业”各项工作，发放普惠性支小再贷款4000万元，扶贫再贷款1000万元，信用贷款支持计划2597万元，延期贷款支持计划7952万元。加强政银企合作，引导金融机构精准对接、精准服务，银行业金融机构对604家次中小微企业发放贷款17.01亿元，对2001家次个体工商户发放贷款4.45亿元，对180家次企业5.99亿元贷款实行延期、展期，多措并举帮助企业纾困，落实金融监管职责，维护地方金融稳定。在乐昌市内19个镇（街道、办事处）建立金融风险监测点，常态化开展金融风险监测防范，创新运用短视频宣传方式开展金融知识宣传，加强辖区内金融领域风险排查，全市未发生重大区域性金融风险，总体形势保持稳定。

【外事工作】 2020年，成立乐昌市委外事工作委员会及办公室，召开外事工作委员会第一次全体会议，审议通过《中共乐昌市委外事工作委员会工作制度》《中共乐昌市委外事工作委员会办公室工作制度》《乐昌市2020年对外工作要点》等。落实落细疫情防控工作，组成乐昌市专班转接工作组，2020年转运境外返韶返乐人员共5批次13人，全力防控疫情境外输入。做好乐昌市领导干部离任后因公出国护照注销工作，做好因公出国报审相关工作。落实韶关市委外办要求，推进乐昌市外事工作，在服务经济社会发展和维护社会稳定中彰显外事力量和贡献。

（刘涵秋）

乐昌市人民政府办公室领导班子成员名单

党组书记、主任：邹坚峰

党组成员、副主任：吴章继

邓培成

党组成员：罗新和

肖　云

邓培养（8月—）

龚猷学（3月—）

高　卷（12月—）

副 主 任：林阿昕

副主任（挂职）：

陈集良（—4月）

叶政樑（5月—）

政务服务数据管理

【概况】 乐昌市政务服务数据管理局（以下简称市政数局）成立于2019年3月，属市政府工作部门。主要职责是：统筹推进全市“数字政府”改革建设；负责对全市政务信息化项目建设实施集约化管理；负责全市行政审批制度改革；负责全市政务服务事项目录管理和标准化建设；统筹协调部门业务系统应用，统筹管理政务云平台和电子政务外网，指导和监督检查各镇街各部门网上政务应用；指导推进全市政务服务和电子政务标准化工作；组织协调推进政务数据资源共享和开放；统筹全市电子政务基础设施、信息系统、数据资源等安全保障工作，负责“数字政府”平台安全技术和运营体系建设，监督管理政务应用平台和信息系统安全；负责公共资源交易平台监督管理；统筹推进全市政务服务体系建设，指导政务服务机构开展工作；承担政府公众信息网规划建设工作。办公地址位于市区公主上路23号乐昌市政府大楼一楼。内设办公室、基础设施与数据安全股、政务服务和公共资源管理股。局机关行政编制9名，设局长1名、副局长2名。局后勤服务人员1名。2020年年末，局机关实有公务员3人，购买社会服务工勤人员1人。局下属单位有乐昌市行政服务中心和乐昌市信息中心。

【行政审批制度改革】 2020年，根据《韶关市人民政府关于调整实施一批市级权责清单事项的通知》（韶府〔2020〕8号）文件要求，乐昌市对省、韶取消和调整的事项进行梳理，其中乐昌市对应取消事项59项、承接省重心下移事项44项、新增事项5项、承接省委托事项1项。根据各部门在广东省政务服务事项管理系统认领行政审批事项和部门实际情况，形成《乐昌市市级行政许可事项目录（2020年版）》。2020年纳入乐昌市市级目录的许可事项涉及28个部门共

244项（主项），较2018年减少34项。推进县级管理职权下放乡镇。根据乡镇街道体制改革工作要求，乐昌市围绕加快推进乡镇政府职能转变、提升乡镇政府服务能力的目标，牵头推进县级管理职权下放乡镇的各项工作。形成《乐昌市依申请类政务服务事项下放目录（第一批）》，涉及8个部门，主项共计47项。

【政务服务改革】 2020年，市政数局推进政务服务事项只进“一个窗”。乐昌市大厅进驻35个单位1574项事项，进驻率87%；进驻依申请类事项1287项，进驻率86.1%。推行政务服务事项“一窗办”，全面推行“一窗”分类受理模式，23个单位进驻市行政服务中心综合窗口，“一窗”受理事项数1484项，“一窗率”81.9%。乐昌市行政审批单位按照“两集中两到位”“应进必进”的要求进驻行政服务中心，为群众提供“一站式、一网式”服务。推动政务服务事项网上办。截至2020年12月底，全市公布八大类政务服务事项1809项，其中可在线申办1657项，网上可办率91.6%。宣传推广省“粤省事”“粤商通”等移动服务便民APP小程序，提高群众办事便捷度。截至2020年年底，乐昌市“粤省事”户籍注册人数突破25万人，“粤商通”企业本地注册数突破1万户。

【数字政府建设】 2020年，市政数局梳理乐昌市政务信息系统，集约化整合、关闭下线使用率低或功能重复相似的政务信息系统，截至年底乐昌市政务系统上云率达80%。部署电子政务办公业务系统集约化平台，推广政务微信移动办公应用，完成全市旧OA系统到新OA系统的更替工作，实现市、县、镇、村（居）四级电子政务网络联通。优化基础设施，在乐昌市政务网络边界部署防火墙、VPN安全网关等安全设备，加强网络攻击防范措施，对有害信息及时进行过滤，确保政务网络通信安全。疫情防控期间推广使用“粤康码”“入粤登记”等应用，发挥政务数据、信息化应用对新型冠状病毒肺炎疫情防控等重点工作的信息化技术支撑优势，助全市各单位提高疫情排查效率。为加强疫情防控工作，防止人群高度聚集，乐昌市完成市、县、镇三级联通的“云视讯”视频会议系统的建设，减轻基层会议负担。

（张晋文　罗　勇）

市政务服务数据管理局领导班子成员

局　长：王　俊
党组书记、副局长：邓阳周
党组成员、副局长、工会主席：
　　黄明秀（女，—9月）
党组成员：王小林
党组成员、市信息中心负责人：
　　唐清发

行政服务

【概况】 乐昌市行政服务中心（以下简称中心）成立于2004年12月，是市政务服务数据管理局下属参照公务员法管理的正科级公益一类事业单位，中心编制10名，内设1室2股（综合办公室、业务股和协调股）。2020年年末，在编人员10名。办事大厅面积约1000平方米，设窗口17个，进驻部门35个，共有工作人员28人。2020年，中心协调股黄碧睿获乐昌市三八红旗手荣誉称号，市热线办获乐昌市三八红旗荣誉集体称号。

【推进“一门式一网式”政务服务模式】 2020年，中心推进政务服务办事只进“一扇门”。乐昌市大厅进驻35个单位1574项事项，进驻率87%；推行政务服务事项“一窗办”，全面推行“一窗”分类受理模式，23个单位进驻市行政服务中心综合窗口，“一窗”受理事项数1484项，“一窗率”81.9%。加强信息平台应用，推动政务服务办事只上“一张网”。推动县镇村非涉密政务服务事项全部“入网”，实现只进“一张网”。全市公布八大类政务服务事项1809项，其中可在线申办1657项，网上可办率91.5%；依申请事项1483项，依申请可网办事项1483项，可网办率100%。推行政务服务事项全流程网办，推广“一门市一网式”信息系统，实现“一门市一网式”信息系统县镇村全覆盖。全市各级窗口使用一门一网系统受理业务32053件，其中市级窗口22950件、镇村窗口9103件。

【推广“政务服务好差评”工作】 2020年，中心统筹落实乐昌市政务服务好差评工作，保障政务服务机构、镇（街）和村

（社区）政务服务事项“好差评”渠道全方位畅通、大厅和事项评价全覆盖，完成全市县级政务服务大厅（含部门专业大厅）、镇（街）、村（居）窗口静态评价二维码的布设。自7月起，政务服务质量稳定在9.7分以上，每月大厅推广度基本实现100%，办事评价覆盖度提升。将政务服务“好差评”工作实行月度通报制度，将推广情况列入年度绩效考核。

【推广“全市通办”】 2020年，中心以市级政务服务事项标准化建设为抓手，规范统一通办事项，在广东政务服务网设立“全市通办”专栏，对全市通办事项进行集中展示，为群众和企业提供网上申办入口。依托粤省事、省政务服务网、韶关市一门一网系统，推行“全市通办”。完成444项全市通办事项配置工作。

【政务服务事项标准化工作】 2020年，中心完成县级（第一、二、三批）政务服务事项标准化工作，组织全市32个市直单位开展县级政务服务事项标准化培训，明确工作要求，对相关要素进行全市标准化。市统筹的第一、第二批、第三批政务服务事项共1275项，其中乐昌市认领发布1180项。开展韶关市（第一批、第二批、第三批、第四批）镇村事项标准化工作，组织相关单位对镇村事项进行认领、确认、修改、完善并延伸至镇村，在镇村配置并绑定窗口；有镇级468项，村级132项事项可直接在镇、村窗口登记和受理。

【推行政策兑现“一窗办结”】 2020年，中心在省目录管理系统认领韶关市行服梳理的29项政策兑现事项并发布。梳理乐昌市商务、工信、人社、农业农村等7个部门出台的扶持政策，形成乐昌市第一批43个扶持政策事项清单。在市政务服务大厅建立“政策兑现”专窗，制作政策兑现专窗流程图、办事指南。2020年，共办理政策兑现业务403件，居韶关市前列。

【推进工程建设项目审批制度改革】 2020年，中心推行用能报装“一站服务”。在市行政服务中心设立供水供气窗口，为企业和群众提供报装、缴费、咨询等服务。设立市政公用服务综合窗口，政务用能报装事项进驻，统一规范供水、供电、燃气、排水及有线广播电视服务标准，明确业务办理名称、所需材料、办理流程、办理时限等要素，纳入全市各级政务服务事项统一管理和应用，制定办事指南和操作手册，统一服务标准，推行事项全市范围内无差别办理。制定《乐昌市工程建设项目主要审批事项清单》，明确审批事项，加强沟通协调，收集乐昌市业务联系清单，完成工程建设项目事项第二轮培训，实行动态培训制。制定乐昌市可实行告知承诺审批事项清单，实现工建事项告知承诺办理。截至12月底，乐昌市使用工建系统办理业务464件，居全韶关市前列。

【“12345”热线服务工作】 2020年，乐昌市“12345”热线办坚持为人民服务的工作态度和“群众利益无小事”的工作理念，做好“12345”政府服务热线工单的转派、跟踪、检查、催办和回复审核等各项工作，疏通百姓心头的堵点、痛点，为百姓解决身边的烦心事、糟心事。年初新冠肺炎疫情发生以来，市“12345”热线办围绕中央、省、韶关市和乐昌市委关于疫情防控的要求，把疫情防控工作作为最重要的工作来抓，建立并启动疫情防控快速联动机制，强化各职能部门间协调联动，对于群众反映的相关涉疫信息，通过“电话＋短信”方式第一时间转派相关承办部门，及时解决各类紧急诉求。市热线办组建乐昌市“12345”热线政务微信工作群，全市83个上线单位，除无政务OA的单位，其他单位“12345”热线工作人员均入群。有效发挥好政务微信等新媒体沟通便捷的优势，通过加强沟通联系，开展业务工作交流、信息传输等工作，促进工作开展。全年，受理各类工单6234件，同比增长70.84%，满意率97.33%。

（陈振文）

乐昌市行政服务中心领导班子成员名单

主　任：叶志坚

副主任：邓拥军

　　　　邓良开

公共资源交易

【概况】 韶关市公共资源交易中心乐昌分中心（以下简称乐

昌分中心）是韶关市公共资源交易中心设在乐昌的分支机构，属公益一类，副科级，办公地点位于乐昌市昌山北路23号。负责开展使用乐昌市财政资金的建设工程、政府采购的进场交易工作；协助开展乐昌市管理的国土资源、产权项目的进场交易工作。2016年6月29日正式挂牌成立。2020年年末，在职人数12人。

【公共资源交易工作】 2020年，乐昌分中心共完成公共资源交易项目200宗，成交金额143056.35万元，其中建设工程公开招标项目95宗，预算金额112782.96万元，成交金额109143.97万元，节约资金3638.99万元，节约率3.23%；小额建设工程项目54宗，成交金额6570.76万元；土地和矿业权交易11宗，成交金额20682万元；政府采购项目3宗，成交金额1119.12万元；产权交易37宗，成交金额1901.51万元。

【规范业务流程】 2020年，乐昌分中心注重细节管理，做好资料核对工作，确保交易的各个环节处处留痕；固化开标评标流程；加强项目信息保密工作；规范招标代理机构的场内行为；做好评标专家集中工作；控制产权项目报名现场和拍卖现场秩序，避免竞拍人之间相互接触。注重提升服务质量，采取主动融入的方式，配合水利、交通、住建和国土等相关部门，实行专人跟踪服务，加强与项目建设单位（招标人）沟通联系；开辟“绿色通道”，经行业监管部门审批备案后容缺受理；按照“能快则快、能简则简、能优则优”的原则，倒排招投标时间节点，增设开评标场次等多项服务措施，确保一批重点民生项目完成招标投标工作，如期开工建设。

（黄伟明）

韶关市公共资源交易中心乐昌分中心班子成员

主　任：孙显光

副主任：雷　德

　　　　沈　毅

机关事务

【概况】 乐昌市人民政府机关事务中心（以下简称市机关事务中心）是管理市委、市政府机关大院事务的机构。1994年4月县行政科改为市行政科，1996年改为市政府机关事务管理处，2001年机构改革更名为市人民政府机关事务中心，属市政府正科级参公事业单位。内设职能股室6个，核定参公事业编制21人，2020年年末实有在职人数19人。归口管理公益一类事业单位乐昌市人民政府汽车队，核定事业编制6人。办公地址于乐城街道公主上路市政府大院内。

【党建工作】 2020年8月，市机关事务中心成立中共乐昌市人民政府机关事务中心党组。执行市委、市政府的决策部署，疫情期间设立综合组、疫情防控组、物资保障组、督察督办组，架起疫情防控枢纽，严把“入口关”“消杀关”“餐饮关”三道关口；党员先锋作用明显，市政府大院报账中心、市政府机关饭堂获得“巾帼文明岗”称号，党员干部先后获得“最美巾帼奋斗者”“先进党员”“先进个人”“2020年乐昌好人”等称号。

【新时期精准扶贫精准脱贫工作】 2020年，市机关事务中心挂扶的贫困户脱贫“八有”条件均达标，全部退出摘帽，完成脱贫攻坚任务。市机关事务中心开展消费扶贫，提供销售平台，为贫困户带来稳定收入超过2万元。争取捐赠资金，在“6·30”捐赠活动中为三溪镇石村争取10万元的定向捐赠资金。2月至3月，出资1.3万元为5户贫困户房屋补漏，新建独立厨房、厕所，翻新墙面。4月，出资1万元为6户贫困户建厕所、安装厨房排气扇，硬化门前道路。6月，出资3300元为3户贫困户购买电视机。

【财务管理】 2020年，市机关事务中心计划财务股负责市政府大院17个一级预算单位和关工委、老促会的行政经费及其他专项经费的财务管理工作，编制相关单位的财务计划、单据报销、会计核算、报表编制、凭证管理等工作。配合做好第三方审计、市委第十一轮巡察、十二届省委第七轮巡视工作，做好部门年度预、决算公开工作，做好部门年度预、决算编制工作，做好2019年度行政事业单位内部控制报告工作，接收市委“不忘初心、牢记使命”主题教育办办公设备等固定资产。

【会务服务】 2020年，市机关事务中心办会406场次，添置智能全面屏电视机、超高清电视机，保障视频会议召开，完成乐昌市委、市政府的各项会议要求。规范办会流程，制定《市政府机关大院礼堂会议室使用申请表》。规范会务服务流程，建立健全《礼堂会务服务保障管理制度》。

【公务用车管理】 2020年5月，全市一般公务用车管理职能划入市机关事务中心，稳步推进全市公车编制重核工作，完善办公系统内单位、车辆信息，理顺车辆归属问题。市政府车队全年零事故，确保市领导用车安全；做到随派随出，未出现耽误领导用车时间的情况。

【机关饭堂管理】 2020年，市机关饭堂就餐人数超10万人次，防疫期间，坚持无休息日保障干部职工用餐。强化监管，通过政府采购，与1家外包服务采购项目供应商和6家物资供应资格采购项目供应商达成协议，确保伙食价格稳定和菜肴制作质量。厉行节约，每天按照订餐人数来采购食材用量。严把“餐饮关”，对用餐人员进行餐前体温测量，三餐后对碗筷、用餐区域、后厨区域等全面消毒。

【资产管理】 2020年，市机关事务中心物业股负责保障市政府大院用水、用电、电梯、监控、音响、空调等设备的正常运作。推动乐昌市委党校（乐昌开放大学）原学员宿舍楼修缮改造项目完工及通过验收。根据市委、市政府的中心工作要求，购置一批办公设备和办公用品，做好物资保障工作，做好物资的再次分配。按期完成市政府大院内零星维修和改造工程。

【行政保障】 2020年，市机关事务中心行政保障工作主要由安保消防和绿化、卫生保洁工作组成。安保消防工作方面，购置一批消防器械用于市政府院内应急避险，加大消防巡查力度，配合大院各种防疫要求，推进各项安保后勤服务保障工作。绿化卫生方面，做好大院各处绿化的浇水、施肥、补植、修剪、病虫害防治工作和院内环境卫生整治、防“四害”消杀工作；配合城东社区做好创文巩卫工作，投入资金2万余元用于加强社区环境卫生治理工作，提高社区群众的生活环境水平。

（罗伶俐）

市机关事务中心领导班子成员名单

党组书记、主任：邓东梅（女）

党组成员、副主任：

唐良庆

连细云（女）

张小坚（女）

党组成员、二级主任科员：

陈月明

党组成员、三级主任科员：

黄辉明

接待工作

【概况】 乐昌市接待办公室（以下简称市接待办）为市委、市政府直属参照公务员管理的事业单位，正科级，编制4名，其中主任1名、副主任1名。2020年，各项接待任务共计779批13220人次，接待批次同比下降19.44%，其中：二类客人（省、部级领导）10批389人次；三类客人［厅（司）及以下领导］769批12831人次。

【重要接待对象和任务】 2020年，市接待办接待的重要领导有广东省委书记李希，省委常委叶贞琴，副省长许瑞生、陈良贤、李春生、张虎，省人大常委会副主任王学成等，国务院部委以及省直、韶关有关领导。同时，完成南粤古驿道定向大赛（乐昌站）、华南教育历史坪石研学基地系列主题活动、农博会、政企迎新座谈会等重大节庆活动，全省高标准基本农田建设、韶关市“四好农村公路”、省级现代农业产业园建设等工作现场会，抗击疫情后勤食宿保障和省委第六巡视组巡视工作等专项接待任务，以及市党代会、党政代表团外出考察的服务工作。

【接待基地】 乐昌市恒泰餐饮服务有限公司位于乐昌市北乡镇麒麟山侧市国防教育基地内，系乐昌市城区的公务接待场所，隶属市国资局；金鸡宾馆位于乐昌市坪石镇，主要承担乐昌市北部地区的公务接待工作，隶属市国资局。

【优化公务接待“345”工作法】 2020年，市接待办坚持“围绕中心，服务大局”的工作思路，完善规范化建设，突出政务辅助功能，工作职能从服务型向管理型转变，优化公务接待“345”工作法，确保工作落在实处。规范公务接待流程，严把审批审核关，细化“任务受理—任务执行—任务审核”三个环节。根据任务要求分为四种用餐模式（围餐式、自助餐式、快餐式、分餐式），加强市场调研和下乡指导，利用本地食材，挖掘文化内涵，将本地美食视作宣传和推介乐昌的一张文化名片。财务报账实行“五单合一”制度（即公务接洽函、行程单、消费清单、发票和公务接待审核清单表），严格公务接待经费管理，加强报账台账式管理，确保账目明晰、有据可查。

（李劲民）

市接待办领导班子成员名单

主　任：邓东梅

副主任：叶云峰（4月—）

信访工作

【概况】 乐昌市信访局编制隶属乐昌市人民政府办公室，机构级别正股级，挂乐昌市信访局牌子。2020年年末，在职人员7人，其中局长1名（二级主任科员）、副局长1名（三级主任科员）、科员3名、工勤人员2名。办公地址位于乐城街道西门口街30号。

2020年，乐昌市信访局受理群众网信来信来电来访等信访件共376批次/866人次，其中集体访34批次403人次；进京非正常上访1批次1人次；到国家信访局走访3批次3人次，到省信访局走访22批次49人次，到韶关信访局走访15批71人次。市四套班子领导接访约访群众190批次/395人次，其中签处由市信访局协调相关职能部门联合调处的信访件16宗，办结16宗。全年组织召开信访矛盾调处会议16场，推动重大矛盾纠纷调处化解。2020年4月，乐昌市被国家信访局授予2019年信访工作“三无”县（市、区）称号。

【办理上级交办案件】 2020年，乐昌市共收到省信访局交办的“省专件”7宗，中央联席办交办的重复信访事项45宗，均落实市领导和责任单位领导包案。7宗“省专件”全部按程序办结上报韶关市信访局，其中2宗案结事了；22宗重复信访事项按工作要求上报韶关办结，其中3宗签订息诉罢访书。

【重要节点信访保障】 2020年，在全国两会以及庆祝经济特区建立40周年活动等重点防护期间，乐昌市信访工作联席会议制定工作方案，成立市应急劝返处置组。是年，乐昌市没有出现重要节点到省进京非访的情况。

【信访矛盾攻坚和“最多访一次”工作】 2020年，乐昌市被纳入国家攻坚件11宗，化解10宗，1宗办理中；纳入“最多访一次”信访件20宗，办结19宗，1宗办理中；自行梳理出来的历史积案20宗，化解2宗。

【信访事项办理情况回访】 2020年，乐昌市对纳入满意度评价的信访件进行满意度评价指引和回访，对群众评价不满意的信访事项，记录该信访事项评为不满意的原因，作为进一步改进信访工作的依据。是年，信访人对信访部门评价满意率97.24%；对责任单位评价满意率97.19%。

【网上信访】 2020年，新冠肺炎疫情期间，乐昌市信访局在来访大厅门口粘贴网上信访指引，引导群众通过网上反映诉求，避免来访人员聚集。印发500份网上信访宣传海报，倡导群众通过网上信访投诉平台反映诉求，发挥网上信访快速便捷的优势。是年，乐昌市受理网上信访139宗，占信访总量36.97%。

【建立扫黑除恶专项斗争长效机制】 2020年，乐昌市信访局发挥贴近群众的优势，从每天接访群众中及时收集整理与举报黑恶势力有关的信息，全年收集相关信息3条。对敏感性信息和苗头性信息做到第一时间会商研判、预警通报和跟进处理，有涉黑涉恶问题的信访反映和信息线索，及时向扫黑除恶办移交、转送。定期召开线索研判会，对上访群众反映的诉求逐一分析研判，从中发现、挖掘涉黑恶势力有关信息。

（余玲丽）

乐昌市信访局领导班子成员名单

局　长：肖　云

副局长：曾令芳（女）

政协乐昌市委员会

综　述

【概况】　中国人民政治协商会议乐昌市委员会于1980年9月成立，由中国共产党、各民主党派、无党派人士、人民团体、各民族和各界的代表，台湾同胞、港澳同胞和归国侨胞的代表以及特别邀请的人士组成。主要职能是政治协商和民主监督，组织参加政协委员会的各党派、团体和各民主各界人士参政议政。市政协十届五次全体会议以来（截至2020年年末）共有政协委员208人，24个界别，其中主席1名、副主席5名、秘书长1名。政协机关内设办公室、宣传（提案）科、组织联络科等机构，机关行政编制（不含领导班子）11名，后勤服务事业编制1名。机关总编制12名。办公地址位于乐城街道公主上路市政府大院内。

【服务全市发展大局】　2020年，市政协坚持以习近平新时代中国特色社会主义思想为指导，学习贯彻习近平总书记关于加强和改进人民政协工作的重要思想，贯彻落实中共中央大政方针和省委、韶关市委以及乐昌市委的决策部署，坚持发扬民主和增进团结相互贯通、建言资政和凝聚共识双向发力，发挥专门协商机构作用，紧扣统筹推进常态化疫情防控和经济社会发展工作履职尽责、凝心聚力，为完成决战决胜脱贫攻坚目标任务、全面建成小康社会贡献政协智慧和力量。

重要会议

【市政协十届五次会议】　中国人民政治协商会议第十届乐昌市委员会第五次全体会议于2020年5月25日至26日在乐昌城区召开，会议审议并通过邬贤有代表常务委员会所作的工作报告和李锡洪所作的提案工作情况报告，表彰2019年优秀委员和优秀提案。会议期间，委员们列席乐昌市第十五届人民代表大会第五次会议，听取并协商讨论钟曦所作的政府工作报告。会议选举何国志为政协第十届乐昌市委员会副主席。

【市政协常委会议】　政协十届常务委员会第十五次会议：2020年1月17日，市政协召开十届常务委员会第十五次会议。会议传达学习中央经济工作会议精神，听取市政府办理提案情况通报，市纪委、市发改局和市财政局的工作情况通报。会议审议通过常委会工作报告、提案工作报告和关于召开政协十届五次会议有关事宜，通报2019年委员履职考核情况和优秀委员、优秀提案及提案办理先进单位评选情况。

政协十届常务委员会第十六次会议：2020年1月22日，市政协召开十届常务委员会第十六次会议。会议传达学习乐昌市疫情防控指挥部关于做好疫情防控会议精神，协商增补陈玉林、汤诚正、谢忠文、李杰等12名政协委员，调整十届五次会议召开时间。

政协十届常务委员会第十七次会议：2020年4月27日，市政协召开十届常务委员会第十七次会议。会议传达学习广东省统筹推进新冠肺炎疫情防控和经济社会发展工作会议精神，审议并原则通过《政协乐昌市委员会常务委员会2020年工作要点》。

政协十届常务委员会第十八次会议：2020年5月26日，市政协召开十届常务委员会第十八次会议。会议听取各组召集人汇报各组关于各报告及会议决议、选举事项的意见建议，审议政协副主席候选人，审议并将决议（草案）、选举事项（草案）提交全体委员会。

政协十届常务委员会第十九次会议：2020年10月15日，市政协召开十届常务委员会第十九次会议。会议传达学习习近平总书记在全国抗击新冠肺炎疫情表彰大会上的重要讲话精神，听取市法院、市检察院、市禁毒办2020年上半年工作通报。会议审议通过《中国人民政治协商会议乐昌市委员会提案工作条例（修订草案）》及各专委调研、视察报告。

【市委专题协商会议】 2020年10月28日，市委书记沈河民主持召开乐昌市委“农村人居环境综合整治长效机制建设”专题协商会，听取市政协委员意见建议。与会委员在深入调研的基础上，围绕“加快乐昌市农村人居环境综合整治长效机制建设”从不同角度指出农村人居环境整治存在的问题，提出有针对性的意见建议。

【市政协专题议政会】 2020年11月18日，市政协主席邬贤有主持召开“农村饮水安全巩固提升工程建设”专题议政会，与会委员围绕乐昌市在农村集中供水工程建设、分散供水、水源保护、运行管护、水费收缴、安全责任落实、安全应急建设及安全用水宣传七个方面存在的问题进行深入剖析，提出针对性建议。

主要工作

【提案工作】 2020年，政协第十届乐昌市常委会共收到提案74件，经审查，立案53件，立案率71.6%，其中4件被列为重点提案。立案提案中，委员提案48件，占90.6%；集体提案5件，占9.4%；城市建设与管理类提案15件，占28.3%；文化旅游类提案10件，占18.9%；交通运输类提案8件，占15.1%；环境保护类提案5件，占9.4%；教育医疗类提案5件，占9.4%；社会治理类提案4件，占7.5%；经济发展类提案3件，占5.7%；农业农村类提案2件，占3.8%；其他1件，占1.9%。提案交17家单位办理。53件提案办复率100%，委员满意率和基本满意率100%。

【调研、视察、对口协商】 2020年，市政协紧扣乐昌市经济社会高质量发展，开展推动建立乐昌老旧小区改造后自治共管机制和多元化管理模式、深入挖掘利用历史人文资源努力提升乐昌城市文化品位、进一步推进乐昌市中医药传承工作等课题的调研。通过深入基层、深入群众走访座谈，广泛听取意见建议，到先进地区考察学习先进经验，认真总结分析，形成一批调研报告送市委、市政府。

市政协常委会围绕市委、市政府的重点工作，组织政协委员深入各重点项目建设现场，对乐昌市省级现代农业产业园、循环经济环保园、镇级“139”提升工程、省际廊道美丽乡村示范带等建设项目开展专题视察，与人大联合开展工业路路域整治工作视察，形成4份视察报告。所报送的专题视察报告均得到市委、市政府的重视和采纳。

市政协各专委会聚焦经济发展、社会热点，就加快企业复工复产、预防未成年人犯罪、防止医疗卫生人才流失、加快华南教育历史研学基地（坪石）建设等议题开展对口协商，提出意见建议36条。所提建议得到市委、市政府主要领导的肯定，要求各职能部门认真采纳吸收并抓好落实。

【民主监督】 2020年，市政协召开常委会听取市政府、市法院、市检察院、市禁毒委员会、市发改局、市财政局的工作情况通报，召开政协主席会议听取市委政法委关于创建全省“维稳工作示范点”工作的情况通报。选派30多名政协委员担任民主监督员，旁听法院、检察院有关案件审理工作和参加党政部门征求意见、协商讨论、监督评议、行风评议等活动。

【委员建设】 2020年，市政协依托各专门委员会组织各界别委员开展学习活动21次，举办“双周讲坛”12期，通过培训，提升委员履职能力，强化委员政治责任。完善多层次联络服务委员制度，做到委员活动服务保障全覆盖。落实委员履职工作考核，建立健全委员履职档案，实行量化管理。完善委员履职评价及激励机制，执行《委员履职工作规则》，严格会议和活动请假制度，对委员履职情况进行通报和表彰优秀委员，促进委员主动履职、积极参政。

【对接工作】 2020年，市政协主动对接上级政协，协助韶关市政协开展“乐昌市岭南落叶水果产业园发展”民主监督、“农村破旧泥砖房‘拆清用’工作”专题视察、“农村饮水安全饮用水保障工程”重点提案督办等工作，做好韶关市政协领导班子挂点联系乐昌省定贫困村、工业企业、重点项目的服务工作。接待汕尾市政协、江西省信丰县政协等5批40多人次到乐昌开展调研考察，讲好乐昌故事。扩大对外交流，组织6批40多人次到江西省、江苏省和广州、佛山等地考察调研。

【社情民意】 2020年，市政协把履职为民作为工作的出发点和落脚点，引导南部、北部政协委员联络室开展服务群众、服务社会实践活动，举办“同在蓝天下·关爱单亲妈妈”“关爱留守儿童·助力脱贫攻坚”捐资助学活动，为单亲妈妈和留守儿童送去温暖。开展走访委员活动，了解掌握委员工作、学习、生活情况，引导委员发挥在本职工作中的带头作用、政协工作中的主体作用、界别群众中的代表作用。

【中心工作】 2020年，市政协树立全市一盘棋思想，班子领导落实挂点联系责任，加强对挂点联系镇、村（居）、工业企业的督促指导，对疫情防控、森林防火、村“两委”换届、信访维稳、扫黑除恶、安全生产、老旧小区改造等工作进行督促检查、出谋划策。落实脱贫攻坚挂镇包村工作，开展访贫问效活动，协调各方力量，助推打赢脱贫攻坚战，推进乡村振兴。市政协机关采取措施帮扶联系贫困户，组织机关干部、政协委员对贫困户开展家居环境整治、捐资助学等，完成脱贫攻坚任务。加强与广大乡贤、珠三角乐昌商会和企业政协委员的走访，与市委统战部在深圳联合举办“港澳及内地乡贤联谊会”，搭建政府与港澳同胞、乡贤、商会、企业的交流平台，宣传招商引资政策，协助做好招商、暖商、安商工作，助力构建“亲”“清”新型政商关系，优化营商环境。举办“广东扶贫济困日”港澳同胞、华人华侨、民族宗教界爱心人士座谈会，引导与会人员参与公益活动。

◆2020年12月4日，市政协在坪石中心学校举办“关爱留守儿童，助力脱贫攻坚”捐资助学活动 （欧阳昀 摄）

【宣传及文史工作】 2020年，市政协通过政府公众信息网、“乐昌政协”微信公众号、《乐昌政协》、电视台等媒体，加强理论宣传，报道政协动态，交流工作体会，搭建协商平台，刊登委员履职风采，增强政协影响力、凝聚力和感召力。发挥文史资料“存史、资政、团结、育人”作用，编撰《乐昌市政协志》，反映乐昌政协发展历程；出版2期《乐昌政协》，完成《乐昌瑶族历史和变迁》编纂工作。

【新冠肺炎疫情防控】 2020年，市政协常委会统筹领导班子成员和全体机关干部到挂点镇、村（居）开展重点防控人员排查、防控知识宣传、环境卫生整治以及参与疫情联合检疫站等工作，协助做好疫情防控工作。强化主动服务意识，市政协领导走访联系挂点企业、委员企业，帮助解决生产经营难题，推动有序复工复产。发出《致全市政协委员的一封信》，动员全市政协委员特别是医卫界委员积极投身抗疫工作，带头参与、全力支持落实疫情防控措施。据统计，市政协委员、政协干部和委员企业为抗击疫情捐款捐物达80多万元。

（李国平　欧阳昀）

市政协领导班子成员名单

一、政协班子成员名单

主　席：邬贤有

副主席：黎跃飞

谭桂明

李锡洪

孙俊华

何国志（5月—）

二、政协秘书长名单

郑荣生

三、各专委会正副主任名单

1. 文化和文史资料委员会

主　任：孙俊华（兼任）

副主任：陈京雄

曾德利

陈懿茜

2. 经济委员会

主　任：谭桂明（兼任）

副主任：陈辉强

华　瑛

李国平

3. 社会和法制委员会

主　任：李锡洪（兼任）

副主任：黄育雄

邓小兰（女）

谢勋燕（女）

4. 民族宗教委员会

主　任：孙俊华（兼任）

副主任：毛志鹏

邓忠超

5. 台港澳侨联络委员会

主　任：谭桂明（兼任）

副主任：罗邦壮

肖全招

6. 科教卫体委员会

主　任：何国志（兼任）

副主任：朱兰镇

薛陆平

7. 提案委员会

主　任：何国志（兼任）

副主任：王　俊

陈清发

李志红（女）

8. 农业与人口环境资源委员会

主　任：黎跃飞（兼任）

副主任：李正桓

刘翠岩（女）

易丘文

四、机关各科室正副职领导名单

1. 办公室

主　任：郑荣生

副主任：肖全招（—12月）

廖清寿

李国平（12月—）

2. 宣传科（提案科）

科　长：黄育雄

副科长：李国平（12月—）

李志红（女，12月—）

3. 组联科

科　长：（空缺）

副科长：李志红（—12月）

肖全招（12月—）

纪检监察

综　述

【概况】　乐昌市纪委监委机关行政编制44名。其中市纪委常委7名（书记1名、副书记2名）。市监委主任由市纪委书记兼任；2名市监委副主任由市纪委副书记兼任；2名市监委委员由市纪委常委兼任，2名市监委专职委员。机关设室主任12名，为副科级领导职务；副主任13名。后勤服务人员6名。内设12个机构：办公室、干部管理监督室、宣教调研室、党风政风监督室、信访室、案件监督管理室、第一至第五监督检查和审查调查室、案件审理室。

市纪委监委实行派驻机构管理体制，设立市纪委监委派驻纪检监察组8个，每个派驻纪检监察组设组长（正科级）、副组长（副科级）、其他干部各1名，行政编制24名。

市委巡察工作领导小组办公室为市委巡察工作领导小组的办事机构，列市委办事机构序列，设在市纪委，市委巡察组由市委巡察办管理。市委巡察机构核定行政编制19名，后勤服务人员1名。其中巡察办设主任1名，副主任1名，正股级干部2名。5个巡察组设组长（正科级）、副组长（副科级）、其他干部各1名。

【廉政建设】　2020年，全市累计摸排党员干部涉嫌违纪违法问题线索336条，立案138件，给予党纪政务处分133人，移送司法机关4人。开展明察暗访206次，查处违反中央八项规定精神16起54人，通报曝光典型案例9起17人。累计查处形式主义、官僚主义问题7起27人，其中给予党纪政务处分10人，组织处理17人。组织19轮巡察，完成对77个单位的常规巡察，对215个村级党组织的延伸巡察和对全市39个省定贫困村专项巡察“回头看”。组织67名拟提拔科级领导干部开展任前廉政法规考试和集体廉政谈话教育，举办乐昌市2020年党章党规党纪教育培训班。

重要会议

【市纪委十三届五次全会】　2020年3月30日，中共乐昌市第十三届纪律检查委员会第五次全体会议召开。市委书记沈河民出席会议并讲话。市委副书记、市

◆2020年9月29日，乐昌市领导干部2020年党章党规党纪教育培训班在市府礼堂举行　（市纪委办　供）

长钟曦出席会议并传达中央、省、韶关纪委全会精神。市委常委、市纪委书记、市监委主任邹有胜主持会议并作工作报告。市四套班子成员，法检“两长”，纪委副书记；市纪委委员；各镇（街道、办事处）纪（工）委书记；市直副科以上行政事业单位、条管和省韶驻乐昌有关单位主要领导；市监委委员、市纪委监委机关各室、市纪委监委各派驻纪检监察组、市委巡察办（组）负责同志出席会议。各镇（街道、办事处）班子成员在各分会场参加会议。全会回顾总结2019年全市纪律检查工作，部署2020年的工作任务。

【市2020年党章党规党纪教育培训班】 2020年9月29日，乐昌市2020年领导干部党章、党规、党纪教育培训班举行，市委书记沈河民出席会议并讲话，市委常委、市纪委书记、市监委主任许细桥主持会议并作专题辅导报告。市四套班子成员、法检“两长”、纪委副书记；各镇（街道、办事处）党（工）委书记、镇长（主任）、纪（工）委书记；市直、条管和省韶驻乐昌有关单位主要领导；市纪委监委、市纪委监委派驻纪检监察组和市委巡察机构科级干部参加培训班。

主要工作

【践行“两个维护”】 2020年，乐昌市纪委监委健全完善纪委常委会（扩大）会议和理论学习中心组学习制度，全年召开纪委常委会会议学习第一议题25次、组织理论学习中心组专题学习10次。各党支部集体学习63次、上党课20次。开展“大学习、深调研、真落实”，把党委决策部署与纪检监察职能结合起来，推动全市纪检监察干部自觉做到“两个维护”。全市纪检监察机关参与疫情防控工作1360余人次，开展监督检查和明察暗访171次，推动解决问题73个。对全市19个镇（街道、办事处）和58个市直单位贯彻落实习近平总书记重要指示批示精神以及党中央重大决策部署情况开展全覆盖综合督导，督促全市党员干部把“两个维护”落实到实际行动中。

【日常监督常态化】 2020年，乐昌市纪委监委深入贯彻《党委（党组）落实全面从严治党主体责任规定》，紧盯各级党委（党组）主体责任特别是一把手第一责任人职责，分类开展日常谈话、提醒谈话、警诫谈话，全市开展提醒谈话523人次。探索开展村级党组织主要负责人“提级监督”试点工作。对乐城街道附城村、北乡镇茅坪村和长来镇昌山村三个村级党组织书记开展“提级监督”，推动党委（党组）主体责任、书记第一责任人责任和纪委监委监督责任贯通联动、一体落实。精准把握政策策略，深化运用监督执纪“七个看”和问责“六字诀”，推动日常监督具体化常态化。全市纪检监察机关运用“四种形态”处理342人次，同比增长8.92%。坚持抓“关键少数”和管“绝大多数”相统一，严格落实领导干部个人有关事项报告、外出请示报告、函询等监督制度，审核备案市管干部操办婚丧喜庆事宜20件。严把党风廉政意见回复关，市纪委监委共回复党风廉政意见3140人次。

【纠治“四风”顽疾】 2020年，全市纪检监察机关查处形式主义、官僚主义问题7起27人，给予党纪政务处分10人。开展节假日专题明察暗访41次，通报典型案例9起17人，查处违反中央八项规定精神16起54人。通报曝光3起党员干部和公职人员酒驾醉驾典型案例和3起党员领导干部违规收送礼品礼金案例。

【政治巡察】 2020年，乐昌市纪委监委开展十三届乐昌市委第十一轮、第十二轮巡察，组建1个交叉巡察组参加韶关市委第三轮县级交叉巡察，完成对24个党组织的常规巡察，对42个村级党组织的延伸巡察，发现问题478个，移交问题线索13条，推动立案15件。完成十三届乐昌市委第十轮、第十一轮巡察反馈工作，向27个被巡察党组织反馈问题307个。全市常规巡察覆盖率100%，村级党组织延伸巡察覆盖率100%。

【肃纪倡廉】 2020年，全市纪检监察机关受理信访举报260件，处置问题线索336条，立案138件，结案139件，给予党纪政务处分133人。查处乡科级干部11人，采取留置措施2人，移送检察机关4人。开展党员和公职人员受行政刑事处罚但未被给予处分的专项清查工作，立案52件，给予党纪政务处分40人。针对查办案件发现的问题，发出纪律检查建议书8份、监察建议书6份。对67名拟提拔科级领导干部开展廉政谈话、廉政考试，推动拟提拔科级干部廉政教育常态化。组织70余名党员领导干部旁听庭审，编印并发放《勿越雷池 严守底线——乐昌市党员干部警示教育读本》1万余册，举办党风廉政警示教育和预防职务犯罪专题巡回讲座21场。打造北乡镇茅坪村、长来镇昌山村等村级廉洁文化教育基地，营造崇廉尚廉的浓厚氛围。

【优化治理效能】 2020年，乐昌市纪委监委坚持党对纪检监察工作的集中统一领导，落实纪检监察双重领导体制，严格执行请示报告制度。印发《关于加强和规范向市纪委监委报告工作的通知》，加强对派驻机构和下级纪委的组织领导、业务指导，市纪委常委会先后听取19个镇级纪委、8个派驻纪检监察组工作情况汇报。通过“划片会审”形式，现场指导镇级纪委会审案件11次，审核案件49件。研究制定《乐昌市纪委监委办案协作区工作方案（试行）》，深化协作办案机制，提升审查调查工作质效。发挥反腐败协调小组统筹协调作用，密切与公检法司等部门的沟通联系，健全完善工作会议、信息共享和问题线索移交处置机制，增强反腐败工作合力。依规依纪依法履行职责，主动对接以审判为中心的诉讼制度改革，完善办案程序、证据标准衔接机制，促进与司法机关、执法部门互相配合、互相制约。与检察院联合印发《关于加强公益诉讼工作协作配合机制的意见》，推动法法衔接工作规范化。

【锻造纪检监察铁军】 2020年，乐昌市纪委监委巩固拓展“不忘初心、牢记使命”主题教育成果，全覆盖开展谈心谈话和家访活动，开展培训和实战练兵。树立正确的用人导向，提拔任用正科级领导干部2人，副科级领导干部6人，交流轮岗干部4人。贯彻落实镇级纪检监察机构干部队伍建设和深化“三转”问题专项整治工作，调整镇级纪委专职副书记11人、副书记3人、纪检专干13人、纪委委员13人，召开镇级纪检监察干部队伍建设工作座谈会3次，推动镇级纪委工作标准化规范化。汲取纪检监察干部严重违纪违法案教训，对照“五个摆进去”的要求，组织开展纪检监察干部违纪违法案例专题警示教育。开展全市纪检监察干部队伍专题调研，开展集体廉政谈话，召开全市纪检监察干部监督工作会议，督促纪检监察干部强化自我约束，自觉接受监督。坚持刀刃向内，坚决防止“灯下黑”。收到反映纪检监察干部问题线索7件，函询了结4件，批评教育1人，立案1件，给予党纪处分1人。

（欧纯纯）

市纪委监委领导班子成员名单

纪 委 书 记：邹有胜（—4月）
　　　　　　许细桥（5月—）
纪委副书记：曾培伟
　　　　　　杨忠荣
纪 委 常 委：段定刚
　　　　　　欧阳勋
　　　　　　杜利雷
　　　　　　周　欢（女）
监 委 主 任：邹有胜（—4月）
　　　　　　许细桥（5月—）
监委副主任：曾培伟
　　　　　　杨忠荣
监 委 委 员：段定刚
　　　　　　欧阳勋
　　　　　　许期新
　　　　　　周　欢（女）
市委巡察办主任：欧阳勋

民主党派

民革乐昌市总支部

【概况】 中国国民党革命委员会乐昌支部成立于1984年11月。2013年10月25日，成立民革乐昌总支。2020年，有民革党员30人，分别来自基层政府、教育、医卫、环保、民营经济、烟草、工商等不同领域。党员中有韶关市人大代表2人、韶关市政协委员1人、乐昌市政协委员7人（含政协常委2人）。2020年，民革乐昌市总支被评为2020年度民革韶关市委“参政议政工作先进集体”；刘翠岩、李玉云、陈美莉、陈庆生、邓忠超获得2020年度政协委员考核优秀等次；韩德香、王笑芳、胡燕芬分别获得2020年度民革韶关市委“党务先进工作者”“参政议政先进工作者”“社会服务先进工作者”称号。

【换届工作】 2020年11月26日，召开民革乐昌总支第二届党员大会，选举产生民革乐昌总支第二届支委及2个支部支委。

【参政议政与建言献策】 2020年，民革乐昌总支提交《关于加快推进市区雨污分流管网及截污工程建设进度的建议》《关于规范整合各类“进校园”活动、创建活动的提案》《关于乐昌至长来镇安装路灯的提案》《关于解决我市老旧住宅小区停车难问题的建议》《关于整理美化大瑶山路59号附近各类电缆的建议》《关于加强全市城区雨污分流管网及截污工程建设的建议》等6件建议提案。政协委员陈美莉所提的《关于乐昌至长来安装路灯的提案》被列为2020年度重点提案，获得2020年优势提案；政协委员陈昌明所提的《关于解决我市老旧住宅小区停车难问题的建议》获得2020年度优秀提案。

2020年，民革乐昌总支在市委专题协商会和市政府议政会上作《乐昌市村庄布局和建设规划方面建议》《关于农村生产生活垃圾治理工作的建议》《乐昌市农村供水工程运行管护建议》等发言。

【新冠肺炎疫情防控】 2020年新冠肺炎疫情防控期间，民革乐昌总支全体党员落实防控措施，捐款捐物，委派党员韩德香、刘翠岩到坪石镇捐献口罩一批。党员医生陈庆生、邱述建在抗疫工作中从事检验检测工作。

（邓忠超）

民革乐昌总支及支部领导班子成员名单

主　委：邓忠超

副主委：谢　冲

　　　　孙显光

委　员：王笑芳（女）

　　　　张少兵

　　　　赖　海

　　　　陈美莉（女）

民盟乐昌市总支部

【概况】 中国民主同盟于1985年9月在乐昌市建立基层组织，1997年11月发展为民盟乐昌市总支。2020年年末，有盟员34名。2020年10月10日，民盟乐昌市总支完成领导班子换届选举任务，新增班子成员1名。

2020年，民盟乐昌市总支被盟市委评为盟务工作先进集体；总支副主委曾德利获得盟市委“参政议政、社情民意信息工作先进个人”称号；总支委员吕眉洁荣获盟中央“社会服务工作先进个人”称号、盟市委“宣传工作先进个人”称号以及2020年度乐昌市优秀政协委员；盟员林记珍先后被乐昌市委市政府、西藏自治区教育厅、林芝市政府评为优秀教师、优秀指导老师和优秀辅导教师。

【参政议政】 2020年，民盟乐昌市总支在韶关市、乐昌市“两会”上，共提出各类政协提案、人大建议和意见13件。李敏瑶所提的《关于提高我市医护人才待遇，促进卫健事业持续发展的建议》《关于加强农村公厕管理，促进美丽乡村建设的建议》《关于进一步强化灌装燃气市场监管，切实维护我市安全生产形势的建议》、华瑛所提的《关于推动我市电网建设规划与国土空间规划深度融合的建议》、曾忠所提的《关于积极组织“送戏下乡”活动，弘扬和发展本地优秀传统文化，丰富农村文化生活的建议》、曾德利所提的《关于打造红军长征教育基地，助推我市乡村振兴的建议》、吕眉洁所提的《关于重视我市教师心理健康问题的建议》、孔庆义所提的《关于解决我市老旧住宅小区停车难问题的建议》等均得到政府及相关部门的重视和采纳。曾德利在市政协常委会上作《关于推动建立乐昌老旧小区改造后自治共管机制和多元化管理模式调研报告》的会议发言，该调研报告被列为市政协年度优秀调研报告。

【社会服务】 2020年，民盟乐昌市总支根据自身优势，通过不同服务载体推进社会服务工作。抗击新冠肺炎疫情期间，总支全体盟员投入到疫情防控的阻击战中，疾控、医护工作者彭记伍、李铁来、伍基优冲锋在疫情防控第一道防线；李首魁、沈毅全程组织参加市场疫情防控工作；全体盟员捐款献爱心，共计捐款3500余元。吕眉洁教学论文《写好教学反思案例，促进乡村语文教师专业发展》获韶关市教育教学一等奖，论文《提高教学反思有效性促进乡村中学语文教师专业发展》发表在《教育天地》杂志上；林记珍报名参加新一批教育人才“组团式”援藏工作，到西藏林芝地区第二小学支教，西藏教育厅以“雪域高原追梦人，痴心不改援藏情”为题对林记珍进行报道，得到社会赞誉。

（吕眉洁）

民盟乐昌总支领导班子成员名单

主　委：李敏瑶
副主委：彭记伍
　　　　华　瑛
　　　　曾德利
支　委：周丽萍（女）
　　　　吕眉洁（女）
　　　　沈　毅

民建乐昌市基层委员会

【概况】 1990年7月，成立民建乐昌县直属小组。1994年4月6日，成立民建乐昌县支部。2020年7月23日，民建乐昌市基层委员会召开第一次代表大会，选举产生第一届领导集体，民建乐昌市基层委员会成立，王俊任第一届基层委员会主委。2020年年末，有会员38人，平均年龄44岁，其中大专以上学历32人，非公有制经济代表人士18人。会员中任乐昌政协副主席1人，韶关政协委员1人，乐昌政协委员8人（其中政协常委2人），人大代表2人（其中人大常委1人），特约监督员1人，特约审计员1人。2020年5月25日，会员林斌、薛建军被政协乐昌市委员会评为2019年度优秀委员；12月，民建乐昌市一支部被评为韶关民建先进基层组织，会员陈国雄被评为省委社会服务工作优秀会员，会员黎跃飞、穆湘潮被评为韶关民建2020年度优秀会员。

【参政议政】 2020年，民建乐昌市基层委员会向各级人大、政协提交建议案、提案共9件，其中韶关市政协提案1件，乐昌政协提案4件，乐昌人大建议案4件。5月15—16日，在韶关市政协十二届四次会议中，原民建乐昌支部主委黎跃飞等2人提交《关于将传染病防控检查作为长期常规工作的建议》提案；在乐昌政协第十届五次会议期间，会员林斌提交《关于进一步加强对采石场等矿山资源利用管理，推进县城扩容提质的建议》《关于治理公路晒谷的建议》提案，会员王广隆提交《山茶油产业发展建设》提案，会员薛建军提交《关于餐厨废弃物无害化处理和资源化利用的建议》提案；在乐昌人大第十五届五次会议期间，会员罗发明提交《关于扩建碧桂园候车站（塔头公交候车站）的建议》《关于建立加强街道、公安派出所与各小区对高空抛物管理的建议》《关于完善乐梅桥配套工程建设的建议》提案，会员穆湘潮提交《关于完善市域交通干线安全设施及管理的建议》提案。11月18日上午，会员王俊、林斌参加乐昌市政协“农村饮水安全巩固提升工程建设”议政会。

【“会员之家”揭牌】 2020年6月9日，民建广东韶关乐昌支部举行“会员之家”揭牌仪式。该会员之家设在民建会员企业乐昌市中航城乡环卫有限公司内，面积56平方米。“会员之家”的建立，为展示乐昌民建形象和会员学习、活动提供良好平台，有利于促进全体会员自身素质的提高、增强民建组织的凝聚力，为本地经济社会发展做贡献。

【社会服务】 2020年，民建乐昌市基层委员会会员企业乐昌市中航城乡环卫有限公司共吸纳贫困户就业40人，带动40个家庭215人脱贫。是年，各项捐款合计11.75万元，其中：在疫情防控中，会员陈国雄捐赠1万元至韶关市武江慈善会；会员高文学向武汉市慈善总会捐款200元。共募集174本（册）价值约2500元的图书、杂志捐赠支援省委统战部帮扶点仁化平甫村。在“6·30”广东扶贫济困日活动中捐款3000元。在韶关民建市委会“八一”慰问退伍军人活动中，募集捐款8100元。在助学捐款活动中，会员黎跃飞联系乐昌市森隆纺织有限公司捐款1.18万元资助大学生2名，会员陈国雄捐款3.4万元资助大学生7人、高中生13人，会员企业乐昌市中航城乡环卫有限公司捐款2万元资助20名高中生，会员吴伟捐款1500元资助高中生1名，联系民建深圳宝安热心人士为市关工委捐款5000元资助中学生4人，会员王首香捐资助学300元。在乐昌市黄圃镇里村村委开展扶贫济困献爱心活动中，民建乐昌市基层委员会联同薛建军、陈国雄、王广隆、骆屹、罗杰等会员和会员企业共捐款2.65万元用于贫户困房屋修缮、家居环境整治等，陈国雄给7名扶贫户发放慰问金1600元。

【信息报送】 2020年，民建乐昌市基层委员会报送各类信息22条，其中刊登民建中央网站信息4条、广东民建网站信息9条、韶关民建微信公众号9条。

（林　斌）

◆2020年6月9日，民建乐昌支部举行“会员之家”揭牌仪式

（民建乐昌基层委员会　供）

民建乐昌市基层委员会领导班子成员名单

主　委：王　俊
副主委：薛建军
　　　　穆湘潮
　　　　陈国雄
委　员：林　斌
　　　　王海玲（女）
　　　　王广隆

民进乐昌市支部

【概况】 中国民主促进会（以下简称民进）是以从事教育文化出版工作的高中级知识分子为主的、具有政治联盟性质的、致力于建设中国特色社会主义事业的政党，是同中国共产党通力合作的参政党。民进乐昌于1986年11月成立小组，于1987年成立支部。2020年发展吸纳乐昌市人民政府副市长邓洪炜入会，实现支部会员结构的突破。至2020年年末，有会员27人。会员中有乐昌市政协委员7人，其中常委1人；人大代表2人，其中常委1人。2020年，支部召开第十一次全体会员大会，选举以余梅锋为主委的新一届支委班子，完成支委换届工作。民进乐昌支部会员邓洪炜、余梅锋参与省重点文旅项目——华南教育历史研学基地（坪石）项目建设。

2020年，李红梅提交的教学资源被广东省教育研究院评为2020年广东省义务教育英语教学资源优秀作品。童丽瑜获乐昌市农商行2020年中收保险业务营销第二名、云闪付电子银行业务营销第三名。朱金鹏撰写的6篇稿件被学习强国、工信部网站、韶关日报等线上线下媒体采用刊发。付常幸课例《多情自古伤离别——送别诗（词）鉴赏》在乐昌市中学语文课例评选活动中获二等奖、教学论文《情由心生，文自笔成——探索体验式作文教学》在《中学课程辅导》第2020年6月期发表、《巧妙设置任务，激发文言文学习兴趣》被《中学生作文指导》2020年11期选用刊登。

【参政议政】 2020年，民进乐昌支部提交人大代表建议和政协提案9件。集体提案《关于尽快提升改造工业大道和站北路的建议》和付常幸的提案《关于在我市开设汽车、摩托车（电动车）驾照考点的意见和建议》获评优秀提案且被列为重点提案，分别由乐昌市委书记沈河民和政协主席邬贤有领衔督办。

【社会服务】 2020年，民进乐昌支部会员丘韦国春节前到五山敬老院慰问孤寡老人，发放衣物糖果饼干等物资和红包等5000元；参加韶关民进慰问贫困户互动并捐款3000元。支部会员投身抗击新冠肺炎疫情行动，徐小燕向天井岗村委会防控疫情点捐赠价值约7000元的米面油水等物资，被民进广东省委评为抗疫先进个人；余梅锋、白田嫒等参加防疫抗疫工作，深入村居和企业入户排查、到防疫点执勤值守达上百人次。11月27日，支部联合韶关心理辅导协会到乐昌市两江镇中心学校开展“护苗成长”活动，为80余名留守儿童进行心理健康辅导，并向30名贫困学生发放爱心书包和文具一批。

（付常幸）

民进乐昌支部领导班子成员名单

主 任 委 员：余梅锋
副主任委员：周国松
李红梅（女）
朱金鹏
白田嫒（女）
付常幸（女）
童丽瑜（女）
支 部 委 员：徐小燕（女）
丘韦国

农工党乐昌市总支

【概况】 农工党乐昌市总支下辖两个支部，有党员46人（2020年新发展党员1名），在职36人，占总党员数的78.26%；在职党员中中高级职称35人，占比97.2%，来自医药卫生界的32人，占比88.89%；来自教育界4人，占比11.11%；退休10人，占总党员数的27.78%。一支部党员为人民医院、佗城门诊、微笑口腔门诊、肖垣辉诊所等单位人员，在职党员22人，平均年龄48岁，男性7人，女性15人，退休党员6人；二支部党员来自中医院、中英文学校、卫生监督所、廊田卫生院、坪石卫生院、第二人民医院、乐昌监狱医院等单位，在职党员14人，平均年龄43岁，男性12人，女性2人，退休4人。

【换届工作】 2020年7月31日，农工党乐昌市总支委员会召开第三届第一次全体党员大会，选举产生新一届总支和两个支部领导集体，梁松茂当选农工党乐昌市总支委员会主委，刘金生、张娟当选副主委，吴伟雄、戴厚永当选委员；选出一支部主委张娟，副主委吴伟雄、孟凡琦、张娟花，委员张莹、袁学文、丘兆有；二支部主委刘金生，副主委戴厚永、杨凌青、郭建兵，委员胡波、卢春莲、潘冬平。

【参政议政】 2020年，农工党乐昌市总支梁松茂任韶关市、乐昌市人大代表，朱兰镇为乐昌市政协常委，刘金生、吴伟雄、戴厚永、杨凌青、张莹、孟凡琦、谢秀萍为乐昌市政协委员。是年，总支党员在人大、政协作为主笔人员提出议案提案共6件，参与提案4件。其中，梁松茂提交《关于加快推进市人民医院异地新建的建议》议案，朱兰镇提交《关于打造南药种植基地和中医药产业基地建设的建议》集体提案，张莹提交《关于加强我市出租摩托车管理的建议》提案，刘金生提交《加大推进中医医术确有特长人员考核及传承工作》提案，吴伟雄提交《关于提高中小学生的学习质量和规避学生上下学交通隐患的建议》提案，孟凡琦提交《关于“乐昌市人民医院传染科医护人员按一类事业单位人员由财政供给的”的建议》提案。

梁松茂参加《广东省爱国卫生条例》在乐昌市实施情况的视察；朱兰镇、刘金生等参加市政协就乐昌卫生人才状况开展的专题调研工作；9月22—25日梁松茂参加农工党韶关市委会组织的赴安徽省亳州市进行推动乐昌市中医药产业高质量发展的专题调研，形成调研报告；10月9—10日，梁松茂参加省现代农业产业技术体系南药创新团队调研组开展的《中药材规范化种植调研》活动。

【社会服务】 2020年10月11日，农工党乐昌市总支组织农工党广州市委会（广药集团基层委员会）、农工党韶关市委会（粤北人民医院总支、乐昌市总支、韶关医学院支部）到廊田镇开展扶贫义诊活动，开展现场急救教学，向廊田镇各村卫生站捐赠药箱和药品一批，价值近6万元，接收群众义诊300余人次，发放急救知识和健康宣传资料400多份。11月3日，乐昌二支部刘金生、戴厚永、胡波、潘冬平到困难户扶燕锋家庭看望慰问，给予1200元慰问金。党员吴伟雄、丘兆有参加各类爱心社会活动，捐资扶贫、捐资助学等，以不同形式参加扶贫济困，助力脱贫攻坚。扶贫济困日，农工党乐昌市总支捐助1000元。

【新冠肺炎疫情防控】 2020年，农工党乐昌市总支党员做好抗击疫情工作。黄海辉被省委省政府授予“广东省抗击新冠疫情先进个人”荣誉称号，黄海辉、袁学文、丘兆被农工党省委会授予“新冠肺炎疫情防控工作先进个人”荣誉称号，梁松茂被农工党省委会授予“新冠肺炎疫情防控相关宣传工作先进个人”荣誉称号。吴伟雄、丘兆有收到农工党中央的慰问信。

（梁松茂）

农工党乐昌市总支领导班子成员名单

主　委：梁松茂

副主委：刘金生

　　　　张　娟（女）

委　员：吴伟雄

　　　　戴厚永

群众团体

总工会

【概况】　乐昌市总工会，位于乐昌市人民中路张家巷9号，内设机构有办公室、组宣部、维权部（含女职工部）、财务部和经审办，下属事业单位有市工人文化宫。机关编制15名，其中行政编制14名，后勤服务人员编制1名；工人文化宫编制4名。2020年，市总工会在职12人，退休22人；工人文化宫在职3人，退休19人；聘有社会化工会工作者10人。

【推动职工文化发展】　2020年，乐昌市总工会发挥劳模工匠和技术骨干作用，创建各级创新工作室3个，在市农业发展银行、建设银行建立爱心驿站2个，打造一批“展示+交流+培训+竞赛+服务”的创新集聚平台。开展“大培训、大学习、大比武”岗位练兵和技能竞赛，完成2020年“乐昌峡”杯粤菜师傅工匠技能竞赛；与供电局联合举办配电运行专业技能竞赛，与卫生健康系统开展抗疫情、工会同行活动，协助乐昌经济开发区（产业园）管委会举办第二届干部职工运动会。开展“中国梦·劳动美”系列宣传教育，组织参加韶关市总工会举办的“致敬最美劳动者”主题征文比赛，乐昌市中航城乡环卫有限公司吕小优的报告文学作品《致敬最美乐昌中航环卫工人》获得一等奖、南方电网广东韶关乐昌供电局袁珩的散文《战疫记》获得三等奖、乐昌供电局北乡供电所李正韬的散文《万家灯火，南网情怀》获得优秀奖。在广东省总工会干部学校举办乐昌市工会系统干部综合素质提升培训班，50余人参加培训。

【弘扬劳模精神、劳动精神、工匠精神】　2020年，乐昌市总工会完成全国、省劳模推荐评选工作，潘国平作为农民代表被评为2020年全国劳动模范，江海燕、李江山、张智、唐汉发、余文军5人被评选为2020年韶关市劳动模范（先进工作者），乐昌市沿溪山茶场有限公司被评选为2020年广东省先进集体，乐昌市交通运输局、乐昌市沃府新材料有限公司被评选为2020年韶关市先进集体。拍摄完成弘扬乐昌“爱岗敬业、争创一流，艰苦奋斗、勇于创新，淡泊名利、甘于奉献”的劳模精神专题纪录片，引导广大群众增强中国特色社会主义道路自信、理论自信、制度自信、文化自信。做好劳模管理服务工作，开展劳模调查摸底，乐昌共有全国、省、韶关、乐昌级劳模98人。对潘浩然、林宏章、李秋兰等劳模代表进行慰问关心，为生活困难劳模发放补助金13.54万元。

【困难职工解困脱困工作】　2020年，乐昌市总工会通过创新“两个阶段入户调查、四部门联合核查、两次过班子会审议”的年审方式，印发《乐昌市城市困难职工解困脱困“一对一”结对帮扶工作方案》（乐工总〔2020〕7号）及《关于做好城市困难职工解困脱困确认工作的通知》（乐工总〔2020〕8号），建立常态帮扶机制，做到帮扶档案信息的真实准确，措施精准，基层工会帮扶责任压实。筹集解困脱困帮扶资金，全年省、韶关、乐昌三级共投入帮扶资金56.1万元帮助困难职工家庭实现解困脱困，如期完成“一个总体目标”及“两项重点任务”，受到上级工会的肯定和表扬，有7家被帮扶单位、被帮扶职工家庭为乐昌市总工会送上锦旗及感谢信。

◆2020年1月7日，乐昌市坪石发电厂向市总工会赠送“情系全市职工群众 展现人民公仆本色”锦旗　（市总工会　供）

【维权工作】　2020年，乐昌市总工会开展普法宣传教育，深入坪石B厂、乐昌市华翔木业有限公司、乐昌市沃府新材料有限公司、乐昌市大澎皮具有限公司等企业开展禁毒、民法典宣传活动，发放宣传资料近3000份。组织开展职工维权、法律讲座培训，8月围绕民法典最新规定组织开展二胎时代女职工保护管理及工资集体协商事务专题讲座，各基层工会主席和女职工代表共计260余人参加。推进“工会+法院”劳动争议诉调对接工作室、“工会法律顾问团”“集体协商指导员队伍”建设，有效预防化解劳动关系领域重大风险。落实弱势群体权益保障摸排工作，经摸排职工范围内弱势群体有51户，列入困难职工帮扶档案系统，开展常态化帮扶。

【工会服务】　2020年，乐昌市总工会开展“春送岗位、夏送清凉、秋送助学、冬送温暖”品牌帮扶活动和慰问活动，共帮扶服务职工近5000人次。其中“夏送清凉”为全市奋战在一线近1000名职工送去3.7万元消暑物资；“秋送助学”为43个困难职工家庭提供13.5万元助学资金，对就读重点高校的困难职工子女实施全程跟踪助学，直至完成学业；“冬送温暖”为基层工会困难职工及回乡、返乡农民工送去温暖，共发放8.1万元物资。推进职工医疗互助保障四大计划，2020年参加职工医疗互助保险、女职工安康保险和在职职工住院医疗保险合计4327人。

【工会组织建设】　2020年，乐昌市总工会开展建会行动，新组建规上企业龙督装饰材料有限公司、民生重点工程光大环保能源（乐昌）有限公司、乐昌市第一家民营企业永业纸制品有限公司及瀚蓝驼王科技有限公司等基层工会组织。全市基层工会累计255家，涵盖单位358家，会员14801人，农民工会员7880人。争取省总工会为全市20个乡镇（街道）和园区下拨的补助经费55万元，在产业园区建成和完善一家“会、站、家”一体化的“三个一批”示范点。

【公开招聘社会化工会工作者】
2020年，乐昌市总工会首次面向社会公开招聘社会化工会工作者12名。对社会化工会工作者作出跟岗学习安排和培训。12名新聘社会化工会工作者安排到企业（镇、街）基层工会中去，开展工会工作。

【新冠肺炎疫情防控】　2020年，乐昌市总工会助力企业（学校）复工复产复学，履行工会职能。安排专项资金17万元，支持疫情防控工作任务重的单位的防控保障和防疫一线医务人员及广大职工的关爱慰问工作；为奋战在抗疫一线的658名职工购买职工“住院二次医保”；组织机关党员干部到挂点的花明社区、五山镇石下村参与抗疫防控工作，发挥先锋模范作用。

（华文薏）

市总工会领导班子成员名单

主　　席：邹志忠
常务副主席：邓小兰（女）
副 主 席：刘细坤
　　　　　薛陆平

共青团

【概况】　共青团乐昌市委员会（以下简称团市委）机关设有办公室、青少年发展与权益保护部，代管乐昌市志愿者行动

◆2020年2月18日，乐昌市工青妇慰问一线疫情防控工作人员
（何云秀　摄）

指导中心，指导乐昌市志愿者联合会、乐昌市大学生联合会。行政编制5人，设书记1人、副书记2人、正部长（主任）2人；事业编制2人；后勤服务人员编制1人。2020年，在职干部5人，其中，行政在编4人、事业编制1人。挂职干部1人，兼职干部1人。办公地址位于乐城街道职工文化广场旁总工会大楼二楼。

截至2020年12月，智慧团建系统共有团支部663个，团员11771人，其中学校团员6189人。全市志愿服务组织及团体372个，i志愿系统注册志愿者23846人，活跃志愿者15325人。各志愿服务组织开展志愿服务活动3162次，服务群众约5万人次，累计志愿服务时长2367892.73小时，是年人均志愿服务时长99.3小时。

2020年，邓惠群被评为“2019—2020年度广东省优秀共青团干部”，邹志源被评为“2019—2020年度广东省优秀共青团员”。

【强化青年思想引领】 2020年，团市委以线上线下相结合的形式开展“青年大学习”行动，覆盖青年1万多人次。组织召开学习传达习近平总书记致中国少年先锋队第八次全国代表大会的贺信和第八次全国少代会精神座谈会。开展以“全面小康・书香芬芳”为主题的读书活动；开展以“读书，让人生更美好”为主题的读书交流分享活动；组织全市近50名大队辅导员学习《习近平谈治国理政》第三卷。开展2020年乐昌籍大学生“践行新思想・建设新乐昌”主题活动；开展“绽放战疫青春・坚定制度自信”主题活动；开展“从小学先锋，长大做先锋”活动；举办“五四表彰”“最美南粤少年”“青年文明号”等评先评优活动，超过150名个人和集体获得荣誉。

【加强团队组织建设】 2020年，团市委坚持党建带团建，团建促党建，形成党团互促互进共同发展的局面。组织市直机关、企事业单位团组织60多名团干、团员参加团务培训暨党团建经验分享交流活动，开展团务知识培训、交流团建经验分享、参观党团建阵地。弘扬“五四”精神，培育践行社会主义核心价值观以及青年干部爱党、爱国、爱团的坚定信念，使青年干部在思想上、行动上自觉向党组织靠拢。“五四”期间举办新团员线上入团仪式，落实严格发展团员制度，使团员和团员管理实现有序规范。“六一”期间举办入队仪式，团结教育全市少年儿童听党话、跟党走，做共产主义事业的接班人。是年，新发展共青团员997名，新发展少先队员3500多名。

【围绕中心服务大局】 助力打赢脱贫攻坚战　2020年，团市委动员党员干部参与全市“每周消费扶贫日”活动，到对口帮扶村开展“对口帮扶大扫除迎两会”活动。动员志愿者投身参与深化社会扶贫、牵手共建爱心家居活动，为50户贫困户开展家居卫生清洁活动。“六一”期间，对18户贫困学生进行走访、慰问，帮助贫困户子女与帮扶志愿者建立结对帮扶关系。端午节前后，组织50多名志愿者对30户困难家庭进行走访慰问。常态化开展“两帮两促”行动和“青年云支教”志愿服务工作，走访对接41名贫困生。“广东省扶贫济困日”期间，开展“一元捐赠、一份爱心”募捐活动，共筹集善款30669.6元。开展新时代文明实践活动——“义诊义剪”敬老志愿服务活动，为100余名老人提供免费看诊和理发服务。

助力疫情防控阻击战 疫情防控期间，倡议全市团员青年抗击疫情、携手共进，组织全市各团组织参与疫情防控工作。广泛招募青年志愿者，成立乐昌市青年志愿者战“疫”突击队，协助检查站人员做好重点排查。募集爱心物资，支援防疫前线。截至2020年11月，募集爱心物资总额55830元，开展慰问活动24场次。设立党团员先锋岗，组织青年团干主动开展健康排查及防疫知识宣传，协助当地党委政府和各村（社区）委会做好疫情防控各项工作。加强宣传舆论引导，依托微信公众号“青春乐昌”，全面及时准确发布权威信息，有效引导群众规范防控行为；挖掘宣传各类正能量信息、正面典型，营造众志成城抗击疫情的积极氛围。截至2020年11月，共发布相关信息250多篇。

助力生态文明建设 植树节期间，号召各级团组织、志愿者队伍开展植树护水、护河巡河志愿服务活动；世界环保日期间，组织青年团员开展“美丽中国，我是行动者”为主题的公益宣传活动，助力乐昌市生态宜居美丽乡村建设，深化新时代文明实践志愿服务行动。

【服务青年成长成才】 在文化体育方面，举办“探访古村历史，感受乡土文化”采风摄影活动；开展“全民健身日”团建交流系列活动。在关爱未成年人方面，开展“七彩假期·情暖童心”活动；开展“关爱留守儿童成长营”活动；开展“青春聚力暖童心，共筑乡村振兴梦”活动。在青年交友方面，举办“我们的节日”系列活动；举办第六期“乐青缘·爱满昌”之“幸福乐昌，缘来有你”青年交友联谊活动；举办“青春梦·汇乐昌”青年人才主题团建联谊活动，活动吸引超过100名青年参加。在青年就业方面，实施“展翅计划”，为在校大学生提供共217个实习岗位；举办“青春筑梦·助考成‘公’”公务员考试公益线上培训班；推广“圆梦计划”，帮助50名新生代产业工人上大学。在农村志愿服务方面，开展“乡村振兴、志愿同行”村级志愿服务活动；实施希望乡村教师计划，组织15名优秀志愿者前往各乡镇开展支教活动；实施大学生暑期“三下乡”社会实践活动，选拔61名优秀乐昌籍大学生到基层兼职。2020年，团市委累计开展超过20场文体活动，覆盖青年4万多人次。

（胡志民）

共青团乐昌市委员会领导班子成员名单

书　记：张其彬（4月—）
副书记：邓惠群（女）
　　　　李小伟
　　　　高成良（挂职）
　　　　李丽娟（女，挂职）

妇女联合会

【概况】 乐昌市妇女联合会（以下简称乐昌市妇联）是负责妇女儿童工作的群众团体，是党和政府联系妇女群众的桥梁和纽带。内设办公室和权益部（家庭和儿童工作部在权益部挂牌），乐昌市妇女儿童工作委员会办公室设在乐昌市妇联。2020年有在职干部职工9名，其中挂职副主席1名，挂职干部1名。组建乐昌市巾帼志愿者服务队20支，共有巾帼志愿者399名。

2020年，乐昌市妇联先后被韶关市妇联评为乡村振兴巾帼行动工作先进单位、“儿童之家”项目建设先进单位、“善美儿童之家”项目建设先进单位、“妇女之家”项目建设先进单位、妇女维权服务先进单位、“两癌”筛查宣传工作先进单位、妇联系统信息报送工作先进单位、家庭教育工作先进集体、妇女儿童发展规划实施先进集体、选派挂职干部工作先进集体；被乐昌市文明委评为2018—2019年度文明单位；被乐昌市委、市政府评为“2020年农民丰收节”先进组织单位。

【思想政治引领】 2020年，乐昌市妇联深入农村“妇女之家”“儿童之家”“巾帼驿站”，团结带领广大妇女参与疫情防控，开展寻找“最美巾帼志愿者”“最美巾帼奋斗者”活动；开展“致敬最美巾帼奋斗者——‘三八’妇女节慰问活动”，筹集一批防疫物资慰问奋战在基层一线疫情防控的妇女干部和巾帼志愿者；开展关爱赴鄂医护人员及家属服务活动，为乐昌市2名赴鄂医护人员争取关爱金4080元，开展“您家的菜我来送”“您家的活我来干”“您的健康我呵护”公益活动；开展“万众一心、共克时艰”网上家庭亲子才艺视频比赛；开展“迎三八·抗疫情”随手拍活动，鼓励全市家庭通过各种活动宣传防控知识、歌颂抗“疫”英雄；开展巾帼大宣讲各类宣传活动共23场，参与活动的妇女干部和群众3678人次；与市融媒体中心联合开展“巾帼风采一周展”活动，对4名先进妇女典型和家庭进行广泛宣传报道；选送原创作品《最可爱的人》参选广东省《岭南童谣·2020难忘的记忆》评选活动；选送节目《共圆中国梦》参加韶关市“巾帼心向党 奋进新时代”——迎国庆巾帼建功授牌仪式暨韶关市巾帼广场舞大赛，获得银奖；召开乐昌市妇联十一届六次执委（扩大）会议，评选表彰一批先进个人和集体，34名同志被授予乐昌市“最美巾帼逆行者”称号，112名同志被授予乐昌市“最美巾帼奋斗者”称号，评选出各5个乐昌市“巾帼文明岗”“巾帼创业示范基地”；申报4个韶关市“三八红旗手”、1个韶关市“三八红旗集体”、5个韶关市“巾帼文明岗”、1个韶关市“巾帼创业示范基地”、1个广东省“巾帼文明岗”、1个全国维护妇女儿童权益先进单位；选举产生乐昌市出席韶关市妇女第十三次代表大会代表37名。

【乡村振兴】 2020年，乐昌市妇联开展“美丽庭院”示范户创建活动，评选表彰200户“美丽庭院”示范户，引领广大妇女参与改善农村家庭生活环境，以小家带大家，共建共享生态宜居美丽庭院；组织各级妇联、农村致富女能手、巾帼志愿者参与“中国农民丰收节”活动，与市委农办联合在全市开展十大“最美庭院”评选活动；实施“家越美 粤幸福”美丽家园示范点项目建设，廊田镇马屋村等9个村创建为第二期“家越美 粤幸福”美丽家园示范村。

【创业创新】 2020年，乐昌市妇联创建韶关市级巾帼创业示范基地5个、乐昌市巾帼创业示范基地3个，创建韶关市巾帼文明岗2个，乐昌市巾帼文明岗8个。在九峰镇成立全省首家镇级妇女农民专业合作社联社，通过资源整合、抱团取暖，发挥合作社作用，带动农村妇女实现增收致富，第二家妇女农民专业合作社联社在秀水镇筹备组建中。此项工作做法得到省、韶关市妇联的表扬和肯定，并在《中国妇女报》上刊登宣传报道。实施“百千万妇女培训计划”，全年开展妇女农业科技、网络直播带货、高级母婴（月嫂）、SYB创业等各类技能培训27场次，参与培训的农村妇女达1584人次。是年，有2个单位创建韶关市“巾帼文明岗”，8个单位创建乐昌市“巾帼文明岗”。开展“把爱带回家——广东省助力消费扶贫推动妇女创业就业公益行动”，组织发动9名女致富带头人的17个产品参与直播带货消费扶贫行动。

【新时期精准扶贫精准脱贫工作】 2020年，乐昌市妇联发放妇女创业小额担保贷款19笔，计95万元。开展“巾帼健康行动·妇女健康知识”宣传活动20场，受益群众达5000多人；联合卫健部门为4485名妇女群众进行“两癌”免费筛查；开展“关爱女性保障计划”行动，鼓励女性积极参加“两癌”健康保险，全市有4300多人参保。开展“姐妹携手互帮互助”活动，依托乐昌市富树山农业科技开发有限公司作为韶关市“十百帮扶贫困妇女”项目，发挥致富女带头人作用，对10户贫困妇女进行精准帮扶，为贫困户送技能、送项目、送资金，帮助贫困妇女脱贫致富。争取上级妇联关心支持，为4名“两癌”贫困妇女争取专项救助资金3.3万元。

【家庭文明建设】 2020年，乐昌市妇联在全市开展家庭教育、弘扬好家教好家风、亲子活动等32场，1800多人参加。乐昌市妇联深入大源、九峰、廊田、北乡、坪石、庆云、白石、秀水、云岩、三溪、乐城街道办事处等11个镇（街道）开展家庭教育工作调研。了解妇女群众在家庭建设方面的新需求。组建婚姻家庭服务志愿者专家团队，为广大家庭提供婚姻调适、亲子关系、心理疏导和家庭教育等方面的服务。开展寻找“最美家庭”“美丽庭院”“星级文明户”“平安家庭”“书香家庭”等创建活动，2020年评选乐昌市“星级文明户”5392户，韶关市“最美家庭”1户，韶关市“文明家庭”4户，韶关市“十大优秀书香之家”1户，韶关市“优秀书香家庭”1户；廊田镇楼下村创建为韶关市首批“好家风好家训实践基地”。

【关心关爱妇女儿童】 2020年，乐昌市妇联实施单亲特困母亲安居房工程项目，争取韶关、乐昌两级安居房款17.2万元，第一期安居房建设完工，于10月30日验收合格可入住，第二期2户安居房在年底完成验收；春节期间对全市68户单亲特困母亲家庭开展走访慰问，送上慰问金3.4万元；携手顺德爱心人士开展帮扶济困活动，为50户困境家庭和74名困境儿童筹集善款物资12.5万多元；与市政协联合开展关爱单亲妈妈健康活动，为10名特困母亲发放“暖心关爱礼包”“防癌医疗保险”。疫情防控期间，为贫困儿童发放口罩一批；开展“童奔康”项目工作，为20名贫困儿童购买保险；推进“访贫助学乐昌行”活动，开展“中秋思亲访贫童慰问”活动，开展“春蕾女童班”助学活动，开展中山大学丘元禧教授牵手困境儿童活动，全年共资助学生1500人次，资助款共计77.8万元；开展佳贝艾特优爱计划“爱心捐赠活动”，为31个贫困家庭0—12岁的孩子捐赠120罐奶粉，价值人民币5万元；联合韶关乐善义工会、市教育局、团市委在新时代学校开展2020年壹基金净水计划乐昌市项目捐赠暨启动仪式，捐赠17所学校总价值77万元净水设备20台。

【推进妇女儿童发展规划实施】 2020年，乐昌市妇联调整市妇女儿童工作委员会成员单位，组织收听收看韶关市妇儿工委电视电话会议，并在会议上作经验介绍；做好2020年《乐昌市妇女儿童发展规划（2011—2020年）》统计监测工作；召开2020年全市妇女儿童工作会议、妇女儿童发展规划重难点指标攻坚研判会、部门反家庭暴力专项协商会议，重点解决实施规划中的重难点问题，通报两纲规划评估监测情况，研究部署迎接2020年两纲规划终期评估验收和新一轮的编制工作；完成第四期中国妇女社会地位调查工作；举办乐昌市“性别平等与家庭教育”培训班；将男女平等基本国策知识列入市委组织部、市委党校培训课程。

【维护妇女儿童合法权益】 2020年，乐昌市妇联开展线上普法宣传活动。落实《“七五”普法规划》，做好《中华人民共和国反家庭暴力法》和《平安家庭宣传手册》宣传，面向全市家庭宣传“平安家庭”建设；开展以“倾听妇女心声 关护妇女权益”为主题的“12338”热线妇联主席接听活动；疫情防控期间开展“您有需 我就在——广东妇联防控疫情心理援助”活动；发挥团体会员和巾帼志愿者作用，全市各级妇联组织开展反家暴、禁毒防艾、扫黑除恶、扫黄打非、安全生产和“六防六无”知识等宣传活动149场，参加群众12327人次，发放各类宣传资料和用品25318份。组织全市妇联维权干部参与线上维权专题讲座2期、《中华人民共和国反家庭暴力法》讲座3期、婚姻家庭纠纷调解知识1期，在“乐昌妇联”微信公众号上推送民法典知识宣传信息10条。举办2场基层妇联干部维权工作培训，着重对《中华人民共和国民法典》《中华人民共和国反家庭暴力法》以及基层妇联组织维权工作基本知识进行专题培训，培训人数74人次；选派3名维权干部参加韶关市妇联维权工作培训。2020年，接到来电、来信、来访32件（次），其中来访24件、来电7件、来信1件，调处率100%。做好人民陪审员、家事调查员和法律援助工作，参与陪审案件20宗，分别在1起未成年人犯罪案件和未成年人受侵犯案件中担任法定代理人并参与庭审和询问。制定印发《关于实施“关爱女童 护苗成长”保护女童人身权益三年行动的工作方案》，与9个责任部门联合召开“关爱女童 护苗成长”保护女童人身权益三年行动专题工作会议，在梅花镇开展“守护童年 健康成长”护苗行动主题宣传活动，参与人数达800多人。落实妇联执委联系妇女群众制度，市镇村三级妇联执委必须挂钩联系1名以上特殊困难女童，对135名智力残疾和精神残疾女童进行走访约540人次。

【妇联组织建设】 2020年5月29日，乐昌市妇联召开乐昌市妇联十一届五次执委会议，选举秦琳当选为乐昌市妇联副主席。2020年9月24日，召开乐昌市妇联十一届七次执委会议，选举黄萍为乐昌市妇联挂职副主席。建立《乐昌市妇联执委挂钩联系点制度》《乐昌市妇联干部直接联系妇女群众制度》《乐昌市妇联机关干部"每月下基层工作周"制度》《乐昌市妇联机关干部到居住地报到制度》4项制度，结合机关党员到社区报到，班子成员分别挂钩联系2个镇（街道、办事处）和1个村（社区），要求定期深入挂钩联系点帮助、指导、协调联系点在妇女儿童工作中遇到的困难和存在的突出问题。同时妇联执委结合挂钩联系点，每人联系10户以上的特殊重点妇女儿童，建立联系妇女儿童工作台账，开展结对帮扶，定期走访掌握困难妇女及其家庭的需求，做好跟踪服务工作。成立乐昌市首个"两新组织"妇联——乐昌市中航城乡环卫有限公司妇联，成立爱心协会妇委会，打造10个"妇女微家"示范点。2020年，廊田镇廊田村、大源镇水源村创建韶关市"妇女之家"示范点；乐城街道办事处、两江镇凰落村、坪石镇肖家湾村创建广东省"妇女之家"示范点；北乡镇前村村、九峰镇茶料村创建韶关市"巾帼驿站"示范点。

【教育培训】 2020年5月29日，乐昌市妇联在妇联会议室举办基层妇联干部维权业务专题培训会，市妇联全体班子及镇（街道、办事处）妇联主席、机关妇委会主任共33人参加活动。10月，举办基层妇联干部业务专题培训，乐昌市妇联全体在职干部、19个镇（街道、办事处）妇联主席、副主席共55人参加培训，培训内容涵盖政治理论学习、《中华人民共和国民法典》、《妇联组织反家庭暴力工作流程》和"护苗行动"等。

（谭璐华）

乐昌市妇女联合会领导班子成员名单

党组书记主席：陈晓霞（女）
党组成员二级主任科员：
　　苏佩颖（女）
党组成员副主席：
　　毛亮英（女，—4月）
　　刘卫瑜（女）
　　秦　琳（女，5月—）
　　黄　萍（女，挂职，9月—）

工商业联合会

【概况】 乐昌市工商业联合会（以下简称市工商联），是中国共产党领导的以非公有制企业和非公有制经济人士为主体，具有统战性、经济性、民间性有机统一基本特征的人民团体和商会组织，2020年，在职联机关干部职工6人，下设党组书记、主席（会长）室、副主席（副会长）室，办公室，投诉中心；截至2020年12月31日，工商联共有下属11个基层商（协）会。办公地址位于乐城街道人民北路94号。

【思想建设】 2020年5月4日，市工商联组织非公有制经济党员赴坪石镇华南历史研学基地、坪石镇皈塘村南昌起义军旧址开展缅怀革命先烈、传承红色基因主题党日活动。7月24日、30日，邀请市"七五"普法讲师团成员刘仲华律师为全体执委就有关《民法典》、"扫黑除恶"、禁毒等相关法律知识作专题讲座，引导广大会员特别是年轻一代民营企业家树立诚信、守法、创新、责任理念。

【"万企帮万村"精准扶贫】 2020年6月30日，市工商联在乐昌市2020年"广东扶贫济困日"活动认捐募捐座谈会上认捐100多万元。发动企业家参与助力乡村振兴、"万企帮万村"活动，有9个基层商（协）会及22家会员企业与贫困村和贫困户签订30份帮扶协议书，投入帮扶资金1000多万元。组织各基层商（协）会、企业家们开展消费扶贫、网上带货，坪石商会组织会员到贫困户家中购买农特产品，帮贫困户解决滞销的农产品。中秋节、重阳节期间，坪石商会、乐城商会组织会员分别到坪石镇敬老院、乐城敬老院开展慰问活动。

【创文巩卫】 2020年，市工商联引导会员参与志愿者活动，坪石商会、乐城商会、装饰行业协会及会员企业文杰职业培训学校响应市创文巩卫工作，出动志愿者300多人次。

【先进典型宣传】 2020年，工商联与韶关日报社联合推出专版，报道乐昌民营企业家风采，弘扬乐商精神，推荐工商联会员参加先进人物评选活动。会员潘国平被评为全国劳模；会员扶双文被评2020年度助人为乐乐昌好人；会员邬学文被评为2020年诚实守信乐昌好人；会员薛建军被评为2020年度爱国拥军先进个人；会员付文胜、郑泰栋被评为2020年第一届“乐昌最美退役军人”。

【市工商联十二届五次执委会】 2020年11月27日，市工商联召开乐昌市工商联（总商会）十二届五次执委会，增补8名常委、15名执委和1个团体会员。

【新冠肺炎疫情防控】 2020年，市工商联号召会员投身到新冠肺炎疫情抗疫阻击战，发动会员捐款捐物共计100多万元，参与社区疫情防控100多人次。

（罗胜玉）

市工商联机关领导班子成员名单

市委统战部副部长兼党组书记、秘书长：谢忠文

党组成员、副秘书长：左世平

党组成员：白深兰（女）

文学艺术界联合会

【概况】 乐昌市文学艺术界联合会（以下简称乐昌市文联）是群众文艺社团组织，为正科（局）级单位（参公管理），与乐昌市委宣传部合署办公，编制2人（设主席、专职副主席兼秘书长各1名）。下辖有书法、作协、美术、戏剧、音乐、摄影、诗社、舞蹈、曲艺、盆景10个协会，会员共620多人。

2020年，市文联新增会员2人，其中本市级会员1人，国家级会员1人；诗社的邝岳云被吸收为中国国际诗词协会会员。全市各协会20多人次获得奖项，其中，获得国家级1人次、省级11人次、韶关市级10多人次。邝岳云诗词《延安游》参加《中国最美游记》第三届文学艺术大赛获入选作品奖、市书法协会推送的10名学生获得“翰墨青春，传承岭南”广东省青少年书法大赛优秀奖，欧伦彬被评为“广东省宣传文化能人”。

◆2020年1月4日，“同心同书——祖国新春好”韶关文艺界书法家送万福进万家志愿服务活动主会场在乐昌市工人文化广场启动

（市文联　供）

【文艺活动与文艺服务】 2020年，市文联与韶关市文联联合开展“同心同书——祖国新春好”书法家送万福进万家志愿服务公益活动，韶关市文联、韶关市书法家协会和中共乐昌市委宣传部、市总工会、市文联、市书法家协会40多名书法家参与活动，共送出书法作品2000多幅；组织文艺家开展众志成城同心战“疫”作品创作活动，市文联共收到全市文艺家创作有关文艺作品1000多份，推送上级500多份，用文艺作品展示全市疫情防控中的先进事迹；组织乐昌市坪石盆景协会开展迎春盆景展；组织完成市“文艺两新”组织调研上报工作；与东莞中华诗词学会清溪分会开展交流学习，两协会共20多人共聚市委宣传部会议室参加座谈会；邀请韶关市文联共同组织开展“讲好红色故事·弘扬长征精神”文艺创作活动，共30多名文艺家前往五山镇开展文艺创作采风活动；出版《乐昌文艺》防疫专刊；与书法协会、曲艺协会、美术协会等部门联合开展文艺活动46场次，其中，市曲艺协会举办粤剧社进校园、迎春晚会、新年茶话会、“文明祭祖新风尚”等11场活动，市书法协会举办送春联、“大美乐昌，醉墨雅集”、乐昌市“小白兔杯”儿童书画大赛等5场活动，诗社开展到庆云户昌山古村采风、专题诗词大赛等3场次活动，美术协会开展公益美术培训班、美术交流、采风写生等18次活动，九峰书画院开展桃花林书法挥毫活动等5次活动，戏剧协会开展古道、古亭和乐昌含笑采风活动、“献爱心·送温暖”文艺演出等4次活动。

（肖文桥）

乐昌市文联领导班子成员名单

主　席：欧建军
副主席：肖文桥（专职）
　　　　王锦标
　　　　陈良茂
秘书长：肖文桥（兼）

残疾人联合会

【概况】 乐昌市残疾人联合会（以下简称市残联）是在乐昌市委、乐昌市政府领导下，根据《中国残疾人联合会章程》成立的正科级群团单位，是中国残疾人联合会的地方组织，是依法履行“代表、服务、管理”职责，服务全市残疾人的独立法人机构，内设办公室、下设残疾人综合服务中心。负责乐昌市残疾人的康复和预防、教育培训、劳动就业、社会保障、精准扶贫、文化体育、无障碍环境建设、维权、组织建设、二代残疾证换发等工作。2020年度定编参公事业编制5名，实际在编4名，设理事长1名、副理事长2名；事业编制6名，实际在编4名。

【残疾人康复】 2020年，市残联开展残疾人康复工作。是年，乐昌市有康复需求残疾人1224人，其中获得康复服务1162人，完成率94%；开展0—6岁儿童抢救性康复工作，为28名0—6岁智残儿童进行康复训练，其中智障儿童11名，脑瘫儿童17名；投入资金13.86万元为197名残疾人配备269件辅助器，其中42人配备助听器，辅助器具适配完成率99.49%。

【精准扶贫、教育、就业工作】 2020年，市残联与乐昌市扶贫办核实建档立卡贫困残疾人数据。2020年，全市有建档立卡贫困残疾贫困户1689户、2498人，均纳入低保供养和免费医保社保范围。为209人贫困户办理残疾证；符合条件的均落实“两项补贴”政策。乐昌市残疾人贫困户均实现脱贫。建立返贫监测机制，开展返贫问效，排查返贫监测对象，共排查出易返贫户和边缘户15户，制定巩固帮扶措施，落实相关政策，防止脱贫后返贫。做好有劳动能力残疾人的就业工作。和企业沟通联系，推荐残疾人到企业就业，完成韶关分配的新增城镇就业任务42人，完成率100%，农村62人，完成91人，完成率146.77%；企业年审117家，按比例安排残疾人就业217人。为有就业需求的残疾人免费开展职业技术培训和农业技术培训，全年培训132人，其中农村实用技术培训99人次，网上职业技术培训33人次，建档立卡贫困户41人；对乐昌市6—15周岁的适龄残疾儿童少年受教育情况进行核查统计，共有已办证适龄残疾儿童少年483名，在乐昌市残疾人联合会采取送教上门、随班就读和送特殊教学校等方式实现入学468名，未入学15名，入学率96.89%。

【第二代残疾人证换发】 2020年，市残联宣传落实残疾人二代证办理政策，开展疑似残疾人排查工作，特别是对建档立卡贫困户疑似残疾人的排查力度，组织市人民医院、市慢病站的工作人员下乡开展精准扶贫评残办证，帮助建档立卡疑似残疾人贫困户办理残疾人证，让残疾人享受到各项政策和优质服务。2020年，乐昌市总办证数量10889人，新办理残疾证983人，其中建档立卡贫困户209人。

【残疾人社会保障】 2020年，市残联落实残疾人民生和社会保障政策，核实乐昌市符合条件的残疾人按政策享受到两项补贴等政策，将精神、智力三四级残疾人纳入两项补贴发放范围，配合市民政局审核全市残疾人两项补贴审核发放工作，按月发放到残疾人手中，平均每月发放困难残疾人生活补贴2938人次（175元/人·月）、重度残疾人护理补贴5966人次（235元/人·月），发放资金平均每月约190万元；落实残疾人医保、社保购买政策，为乐昌市残疾人购买医保9284人，社保5873人。在春节、国庆、中秋节期间组织干部到各镇（街道、办事处）慰问特困、贫困残疾人200余人次，发放慰问金64800元。

【残保金年审和征收】 2020年，市残联加大残保金年审工作力度，落实小微企业残保金减免政策，依法对全市机关、企事业单位开展残疾人就业保障金的年审工作，年审征缴残疾人就业保障金281万元。

【全国残疾人服务状况和需求动态更新专项调查】 2020年，乐昌市组织举办2020年全国残疾人基本服务状况和需求信息数据动态更新培训班，对全市19个镇（街道、办事处）残疾人的生活救助、生活保障、康复服务、辅具服务、接受教育、就业帮扶、托养照料、扶贫开发、住房保障、无障碍改造、权益维护等方面的状况和需求信息进行专项调查，全年入户调查11438人。

【信访维稳】 2020年，市残联共办理网络问政、“12345”热线、市委督办室转办件9份，回复群众来电210余人次，帮助外来困难残疾人10余人次，办结率和满意率均达到98%以上。

【贫困残疾人家庭无障碍改造】 2020年，市残联对全市2020年贫困残疾人家庭无障碍改造对象进行入户调查摸底核实，筹措无障碍改造资金26万元，完成52户贫困残疾人家庭无障碍改造任务。

【残疾人社区康园中心建设】 2020年，乐昌市在大源、九峰、两江、梅花、沙坪镇各新建1家残疾人社区康园中心。至2020年年底，全市各镇街均完成建设1家社区康园中心的工作任务。

（邓文峰）

市残联领导班子成员名单

理 事 长：陈孝生

副理事长：骆　辉

　　　　　邓永安

社会科学联合会

【概况】 乐昌市社会科学学会联合会（以下简称市社科联）于1986年11月15日成立，是在中共乐昌市委和乐昌市人民政府领导下的群众性学术社团组织，是市委、市政府广泛联系和团结全市社会科学工作者的桥梁和纽带，由全市各群众性社会科学学术团体联合组成，成立有哲学、教育学等7个学会（研究会）联合组织。乐昌市社会科学学会联合会为正科（局）级单位（参公管理），与乐昌市委宣传部合署办公，编制2人，设主席、副主席兼秘书长各1名。办公地址位于乐城街道公主上路市政府大院内。

2020年，乐昌市坪石镇皈塘村获得第二批“韶关市社会普及基地”称号；乐昌市图书馆在“阅读，伴我成长——2020年世界阅读日粤港澳创作比赛乐昌赛区”获得“优秀组织奖”；乐昌市图书馆被评为乐昌市文明单位；林斌被政协乐昌市委员会评为2019年度优秀委员。

【社团学术活动】 2020年，市社科联组织各学会（研究会）围绕乐昌经济社会发展实际开展研究，为市委、市政府科学决策提供理论依据和智力支持。在乐昌市第四中学开展“尚善尚美”社科知识基层行活动之学生心理问题与情绪管理讲座。在坪石镇华南教育历史研学基地（坪石）举行“追忆先辈足迹·重温烽火岁月”华南研学纪念“八一”建军节活动，举办“听党话，感党恩，跟党走”宣讲活动，举办“党建引领、乡村振兴、建设社会主义新农村暨庆国庆迎中秋文艺晚会”。乐昌市坪石镇皈塘村史馆免费开放，接待观众近1万人次。

【各学会（研究会）工作】 2020年，乐昌市哲学学会组织开展《习近平谈治国理政》第三卷、习近平总书记出席深圳经济特区建立40周年庆祝大会和视察广东重要讲话重要指示精神宣讲活动，采取集中宣讲、送课下乡、送教上门等形式，共30多场次。乐昌市图书学会开展“阅读，伴我成长——2020年世界阅读日粤港澳创作比赛乐昌赛区”活动，收到参赛作品246篇。举办诗词生活主题书展、泛阅读主题书展、趣味阅读主题书展、答题战疫等系列线上活动。举办阅读马拉松全国挑战赛（暑假赛季）乐昌赛区活动。举办“社会主义核心价值观教育实践活动暨乐昌市公民道德宣传日‘道德模范——乐昌好人’”专题展览。举办“采撷青春的花絮——阅读分享会”。

（陈祝容）

市社科联领导班子成员名单

主　席：王　卫

副主席兼专职秘书长：

　　　　陈祝容（女）

法 治

政法委及综治

【概况】 中共乐昌市委政法委员会（以下简称市委政法委）是中共乐昌市委领导和管理政法工作的职能部门，在中共乐昌市委领导下履行职责、开展工作。乐昌市政法机关包括乐昌市人民法院、乐昌市人民检察院、乐昌市公安局、乐昌市司法局。乐昌市委政法委机关内设办公室、综治工作室（基层社会治理室）、维稳工作室、政治安全和反邪教工作室、法治监督工作室、政工室及乐昌市法学会等机构。行政编制18名，事业编制（法学会）2名，后勤服务人员3名，2020年年末，实有在职公务员19人、在职事业编制人员1名。

2020年，乐昌市反邪教工作得到省委政法委、韶关市委政法委肯定，韶关市委政法委以工作简报形式报道《乐昌市“十条举措”强力推进反邪教工作》，向各县（市、区）推广乐昌市的经验做法；2020年7月25日，韶关市委副书记、市长王瑞军在《韶关市扫黑除恶专项斗争简报》（第78期）“乐昌市‘六个强化’开展打击垄断农村资源黑恶势力专项整治”上批示：乐昌的做法值得借鉴推广；乐昌市被省委政法委定为全省“维稳工作示范点”创建地区之一，有七个创新亮点项目推进；建立“乐昌市第三方矛盾纠纷多元化调处中心”，成为全省首个第三方矛盾纠纷多元化调处中心，是韶关、乐昌共建社会治理创新项目；韶关市2020年决战决胜扫黑除恶专项斗争誓师大会在乐昌召开，乐昌市承办誓师大会的筹备和组织工作突出，受到韶关市扫黑除恶专项斗争领导小组通报表扬；乐昌市Y库建设在全省公安机关DNA技术破案冲刺专项工作会议上作经验介绍；乐昌市司法局获得全国“组织宣传人民调解工作”先进集体，邓火坚被司法部授予“全国模范人民调解员”称号，梅花镇人民调解员李增清获司法部通报表扬；乐昌市粤北公安检查站获评全国公安系统抗击新冠肺炎疫情先进集体，乐昌市公安局坪石分局获评广东省抗击新冠肺炎疫情工作先进集体、广东省先进基层党组织。

【维护国家政治安全工作】 2020年，市委政法委推进维护政治安全8个专项行动，防范打击邪教捣乱破坏、境外宗教渗透和非法宗教活动，防范化解政治领域重大风险，抓好防颠覆、防渗透、防倒灌工作，消除政治安全的风险隐患。

【社会稳定工作】 2020年，市委政法委开展创建全省“维稳工作示范点”工作。乐昌市被省委政法委确定为创建全省“维稳示范点”地区之一，制定《乐昌市创建全省“维稳工作示范点”实施方案》，成立工作专班，制定《乐昌市创建全省“维稳工作示范点”责任清单》，健全完善《乐昌市2020年维稳安保工作总体方案》《乐昌市信访维稳突出问题处置化解工作专班组建运行方案》《乐昌市进一步深化矛盾纠纷多元化解决机制改革实施方案》等11项维稳安保工作长效机制。建立“大维稳、大综治”工作格局。乐昌粤北公安检查站、乐昌市循环经济环保园（垃圾焚烧发电）、“邓火坚调解工作室”、乐昌法院矛盾纠纷多元化解决工作机制、乐昌市第三方矛盾纠纷多元化调处中心、省际边界平安建设、社会心理辅导中心建设为“维稳工作示范点”创新项目；排查化解矛盾纠纷，全市受理纠纷1826件，邻里纠纷、山林土地纠纷、婚姻家庭纠纷，调解矛盾1805件，调解率100%，成功率98.85%；做好新冠肺炎疫情防控工作，成立乐昌市三人领导小组，排查研判疫区及境外到乐昌市人员信息；落实“乐昌市四套班子领导包案”制度。全市梳理出55宗信访积案，化解10宗，45宗在稳控中，未出现新的不稳定因素；做好重要节点的维稳工作。在2020年全国两会、深圳经济特区建立40周年系列庆祝活动、国庆、中共十九届五中全会、第三届中国国际进口博览会等重要节点，没有发生不稳定情况。

【综治和平安乐昌建设】 2020年，市委政法委推进社会治理现代化。印发《乐昌市关于加快推进社会治理现代化的行动方案》。完善党委领导机制、政府负责体制、民主协商体制、社会协同体制等17大项，45小项具体任务，94项具体工作要求，建立全省首个第三方矛盾纠纷多元化调处中心，对涉及医疗、教育、住建、人社等领域开展第三方调处；加强“中心+网格化+信息化”建设管理。推动市（县）、镇（街道、办事处）、村（社区）三级社会服务站（室）建设。全市16个镇（街道、办事处）、114个村（居）完成心理服务站（室）建设；做好网格员巡查事件线上流转处理工作，全市录入平台的网格事件为43070件，办结42872件，办结率99.2%，月均网格账户活跃度92.3%；推进市、镇两级综治视联网应用，投入140多万元开展村级综治视联网试点建设，全市32个村（居）综治视联网系统建设试点完成建设和验收；推进“雪亮工程”一期建设，投入203万元，完善公共安全视频监控联网应用系统，完成市（县）级汇聚平台、指挥调度中心大屏显示系统、11条重点链路租赁；开展男性家族排查系统建设。全市195个村委会100%完成家系调查，图谱绘制工作，血样采集等工作，录入家系人员信息237475人，家系人员血样采集13592人；推进开放半开放居民区封闭式管理提升工作。全市25个小区基本完成改造提升工作；抓好护路爱路联防工作。全年开展各类护路宣传活动276次，受教育人数达80238人次，排查出影响铁路安全运行的隐患43处，完成整改42处；开展社会治安综合治理重点问题和重点地区整治。完成2020年被列为社会治安突出问题挂牌整治的6个村和13个社会治安重点整治地区的整治工作；发挥“金牌调解员”优势，引导社会力量参与基层社会治理，构建“大调解”工作格局，打造“邓火坚调解工作室”调解品牌，开展“线上调解”，强化疫情期间社会矛盾纠纷化解。

【扫黑除恶专项斗争】 2020年，市委政法委打击黑恶势力违法犯罪。全市立涉恶类案件54宗，破获37宗，刑拘101人，逮捕83人，打掉涉恶犯罪团伙3个，涉恶犯罪集团1个，投案自首13人，查封、收缴、扣押、冻结涉案资产33万余元。立案查处涉黑涉恶腐败和“保护伞”人员9人；深入开展“六清”行动。全市掌握线索373条，核查373条，核实涉黑涉恶线索53条。中央、省、韶关市交办的线索全部办结；通过“铁网3”“云剑”等追逃行动及网上网下布控、媒体通报、家属劝投等形式，共到案涉恶网上通缉的在逃人员17人，劝投自首29人；被省公安厅挂牌督办的2宗完成审查起诉，完成积案清零；严打突出违法犯罪。全市公安机关以各项专项打击行动为抓手，重拳整治盗骗抢等群众反映强烈的突出违法犯罪。全市公安机关侦破刑事案件502宗，刑拘犯罪嫌疑人345人，逮捕298人，移送起诉419人，打掉各类犯罪团伙25个，破获电信诈骗案件32宗，累计止付涉案银行账户、第三方账户939个，止付赃款近2140多万元。追逃到案率、护苗行动、命积案完成率均为100%。先后侦破“5·22”特大非法储存、运输、销售假烟案，省厅“飓风171号”专案李某等人污染环境案，侦破2000年“5·12”杨某被抢劫杀害案、1994年“10·23”杀人焚尸命案积案等，有效打击和震慑各类违法犯罪。

【政法领域全面深化改革】 2020年，市委政法委出台《乐昌市关于政法领域全面深化改革的实施方案》和《乐昌市法学会改革方案》；加强繁简案件有效识别与繁简分流程序优化以及与普通案件衔接的研究，推进民事速裁制度建设和团队建设，开展诉前、诉中调解，深化以审判为中心的刑事诉讼制度改革和刑事认罪认罚从宽制度改革，执行庭前会议、非法证据排除、法庭调查“三项规程”，推进刑事速裁程序；深化“放管服”改革，“网上办、掌上办、不见面办”逐步实现。户籍改革取得突破，实现“零门槛”落户；“智能化+公共法律服务”建设提档升级。2020年市司法局投入23台公共法律服务自助服务一体机，实现公共法律服务线上线下平台一体化；推进公证制度改革，疫情期间推进“互联网+公证”，提供电话、邮件咨询，加强公证质量管理，完善办证程序，配合市政府完成各类证据保全工作，公证服务水平提高。

（邓家全）

市委政法委领导班子成员名单

市委常委、政法委书记：卢保新

副市长、市委政法委第一副书记、市公安局局长：刘洪生

常务副书记：沈家辉

副书记：罗虹萍（女）

薛宏科

二级主任科员：李根泉

三级主任科员：李泉辉

尹文波

法治政府建设

【概况】 乐昌市司法局承担统筹推进法治政府建设职责，正科级政府组成部门。由依法治市工作股、政府法律事务股两个内设机构具体负责法治政府建设工作，政府法律事务股加挂市人民政府法律顾问办公室。两个内设机构实有工作人员5人。

【行政复议】 2020年，乐昌市司法局健全行政复议案件审理机制，提高行政复议办案质量，纠正违法和不当行政行为。全年行政复议申请16件，办结16件，其中不予受理2件，维持5件，撤销5件，终止4件，驳回申请0件。

【行政应诉】 2020年，乐昌市司法局落实行政诉讼案件行政负责人出庭应诉制度，督促各单位做好案情分析和应诉材料准备工作，对答辩意见进行合法性审查。全年乐昌市政府一审行政诉讼案件27件，行政机关负责人出庭应诉12件，超额完成应出庭件数。

【合法性审查】 2020年，乐昌市司法局加强合法性审查工作队伍建设，加强重大行政决策、规范性文件、重大行政执法决定合法性审查机制建设。全年审查市政府规范性文件2份，政府部门规范性文件2份，审查各类合同、协议书、征求意见稿、各类法律文书并出具书面意见1250余件。

【乡镇街道综合行政执法改革】 2020年，乐昌市司法局按照“一统筹四统一”职责，厘清分工职责，领会上级改革决策部署。召开座谈会并前往镇街听取意见建议，与编办、政数局对接沟通，探索解决权力清单和执法队伍建设问题。加强执法队伍建设，严把执法主体“入口关”，抓好行政执法人员持证上岗，组织动员镇街骨干力量参加考试培训并充实到执法队伍。是年，全市完成执法证考试培训近1000人；组织8次市级综合行政执法培训，2000余人参加培训。对持有执法证人员进行统计管理、制作花名册，掌握执法队伍情况。

【行政执法指导监督】 2020年，乐昌市司法局开展行政执法“两平台”推广应用，有效落实行政执法三项制度。17个镇街在广东省行政执法信息公示平台开设单位账户。建立乐昌市行政执法粤政易工作群，动员执法人员学习《广东省行政执法流程和执法文书范本（2020年版本）》等文件精神，为职权下放做好准备。

【法律顾问】 2020年，乐昌市司法局完善政府法律顾问和公职律师制度，督促指导各党政机关、企事业单位和各镇、街道、办事处聘请法律顾问工作。全市22个市政府组成部门、19个乡镇（街道、办事处）聘请政府法律顾问。

（刘会青）

公　安

【概况】 乐昌市公安局位于碧桂路1号。1949年10月，乐昌解放，乐昌县人民政府接管原国民党乐昌警察局。1950年初，改组县公安局机构，设秘书股、治安股、调查股、执行股和公安队。2008年，设置6个综合管理机构、6个大队、24个派出所，以及分局、看守所、拘留所各1个。

2020年，乐昌市公安机关

战疫情、防风险、护稳定、保平安，做到改革创新和固本强基“两手抓”，抓好“扫黑除恶、飓风2020、社会基层治理现代化”等各项公安工作落实，维护国家政治和社会治安平安稳定，为韶关争当北部生态发展区高质量发展排头兵做出乐昌公安贡献。

【专项严打】 2020年，乐昌市公安机关刑拘犯罪嫌疑人360余人，提请逮捕300余人，移送起诉450余人，打掉各类犯罪团伙26个，禁毒“两打两控”（打击制毒犯罪、打击贩毒犯罪和管控制毒物品、管控吸毒人员）、打击电信网络诈骗等专项行动名列韶关第一，“飓风2020”专项行动成绩韶关排名第二。打好扫黑除恶专项斗争收官战，全市破涉恶九类案件30多宗，刑事拘留100余人，提请逮捕80余人，移送起诉100余人，打掉恶势力犯罪集团1个，涉恶犯罪团伙3个，查扣涉案财产33万余元。打击电信网络诈骗活动，全年抓获电信诈骗犯罪嫌疑人28人，破案32宗，累计止付涉案银行账户、第三方账户1226个，冻结涉案银行账户、第三方账户121个，冻结赃款420余万元。

【优化行政管理服务】 2020年，乐昌市公安机关深化、推进“放管服”措施，让更好惠民、利民的措施落实、落地。出入境户政部门受理公民出国（边）境证件2097人次，自助一体机共签注港澳台通行证365本，自助填表机填表2085次，自助发证机发证320本，身份证自助申领机受理102人，身份证自助领证机发放206张。全市机动车入户18446台，通过开展百日行动，摩托车入户量激增，共入户15138辆，电动自行车入户5793辆。铺开摩托车带牌销售工作，在乐城、坪石、梅花、廊田、黄圃、庆云等乡镇，开通带牌销售经营商47家，电动自行车入户24家。推动摩托车、汽车考场建设工作，2020年，梅花、长来、坪石摩托车考场投入使用。推进汽车考场建设工作。全市道路交通事故、死亡人数、受伤人数同比分别下降13.89%、11.76%、6.06%，“减量控大”工作考核位列韶关第一，全市道路交通安全保持平稳态势。

【治安防控】 2020年，乐昌市公安机关推进“雪亮工程”视频监控，完成全市130间药店、78间医疗诊所视频监控设备推广安装工作，强化以现代科技防控。保障倾向基层，全年投入经费约485万元配置警车、警用装备等，推进派出所规范化建设，累计投资884万元，夯实基层基础，新建7个派出所和修缮13个派出所，推进检查站升级增效工作。全市公安派出所落实“八个一”［每周一研判、每周一提示、每日一设卡、每周一走访、每月一检查、每村（居）一组织、每日一内查、每周一训练］勤务机制和红袖章“三个一”［每村（居）一群组、每日一巡访、每周一调解］工作制度，提高见警率、管事率，社会治理水平和服务群众工作能力提升。2020年，全市公安派出所出动警力2600余人次，设卡6200余次，盘查人员270490人次，盘查车辆165621辆次，抓获在逃人员、违法犯罪嫌疑人280余人，查处交通违法行为5600余宗；发布警情提示9000余次，走访群众15600余人，检查重点场所、企业4100余间（家），送治精神障碍患者30人。落实“护学岗”工作制度，做好校园安全、高考中考安保等各项校园安全工作，共出动警力4900多人次，设立护学岗900多次，全面清查重点场所430多间次，检查督促学校落实人防物防技防措施265家（次），查验校车142辆。

【智慧新警务】 2020年，乐昌市公安机关突出视频云建设，共采集信息3500万余条，智慧新警务考核在韶关排名第四。Y库建设经验在全市推广应用，警务大数据进一步整合，实现警务信息“强度整合、高度共享、深度应用”，提升公安工作整体效能和核心战斗力，举全警之力，以智慧赋能打防管控，促进反诈中心、刑侦、网警、经侦等警种合成作战，各办案单位运用智慧新警务手段，共破获各类案件100余宗，抓获犯罪嫌疑人70余人。

【队伍建设】 2020年，全市公安机关以接受巡视巡察、开展教育整顿为契机，从严管党治警、学习习近平新时代中国特色社会主义思想和全国公安工作会议精神，学习习近平总书记重要讲话、重要指示批示、重要训词精神，执行《中国共产党重大事项请示报告条例》《中国共产党政法工作条例》，向市委和市委政法委请示报告工作自落实省、市工作安排。完善“第一议题”制度和党委理论学习中心组学习制度、落实加强党的基层组织建设三年行动计划，规范基层党组织建设，落实“三会一课”等制度，建强基层战斗堡垒。党委中心组集中学习16次、研讨10次，专题辅导3次，开展“双周讲坛”活动76次，利用线上线下各类红色阵地开展学习，推动“党员突击队”“党员先锋岗”“党员社区报到”等活动，自创战时奖证书，完善队伍管理度，开展自查自纠、警示教育、警务督察、廉政审查，公安队伍形象明显提升。

【新冠肺炎疫情防控】 2020年，面对突如其来的新冠肺炎疫情，全市公安机关担起保护人民群众生命安全和身体健康的政治责任，闻警而动、向疫逆行、全警参战，以粤北公安检查站为主阵地，在各交通要道设点联合检疫，发挥公安大数据精准支撑疫情防控优势，抓实抓细防控工作，共检查车辆50万余辆，检测人员116万余人。乐昌公安助力打赢疫情防控阻击战的经验做法得到省、市领导的赞扬，粤北公安检查站被评为“全国公安系统抗击新冠肺炎疫情先进集体”，坪石分局被评为“广东省抗击新冠肺炎疫情工作先进集体”“广东省先进基层党组织”。

（王孝毅）

市公安局领导班子成员名单

副市长、公安局党委书记、局长：刘洪生

党委副书记、政委：李　洋

党委委员、副局长：

张文东（4月—）

李福根

陈红兵

党委委员、副局长、坪石分局局长：李　剑（7月—）

党委委员、纪委书记：连新光

党委委员、政工办主任：朱兰旭

检　察

【概况】 乐昌市人民检察院内设机构有第一检察部、第二检察部、第三检察部、政治部、办公室（司法警察大队）、派驻坪石检察室。2020年有检察人员59人，其中在职干警39人、合同制书记员16人、工勤人员4人，其中，党组班子成员6名（含1名挂职）。办公地址位于乐城街道公主下路76号。

年内，乐昌市人民检察院获得2019年度平安创建暨综治工作优秀单位，第一检察部获得韶关市人民检察院授予的集体三等功，办公室获得韶关市人民检察院授予的集体嘉奖。

2020年，乐昌市人民检察院受理审查逮捕案件520件799人，批准逮捕218件335人；受理审查起诉刑事案件302件464人，提起公诉302件464人。

【扫黑除恶】 2020年，乐昌市人民检察院受理审查逮捕涉恶案件39件121人，批准逮捕19件57人；受理审查起诉涉黑恶案件20件107人，提起公诉涉黑案件2件43人、涉恶案件8件36人。办理韶关市首例黑社会性质组织犯罪案件“7·10专案”和乐昌市梅花镇“大坪案”“丘家组案”、秀水镇“周家组案”等恶势力犯罪集团案。

【保障“平安乐昌”建设】 2020年，乐昌市人民检察院打击“盗抢骗”等多发性侵财犯罪，提起公诉77件115人。打击聚众斗殴、寻衅滋事、赌博等扰乱公共秩序类犯罪，提起公诉46件100人。保持打击毒品犯罪高压态势，提起公诉30件39人。重视网络信息安全，依法办理李某明帮助信息网络犯罪案。保护市民“舌尖上的安全”，在杨某想销售有毒有害食品案中，依法提出由杨某想支付销售金额10倍的赔偿金并向社会公众赔礼道歉的诉讼请求，得到判决支持。

【护航民营企业发展】 2020年，乐昌市人民检察院慎捕慎诉经营中涉嫌犯罪的民营企业负责人，保证民营企业正常生产经营。把握刑民界限，慎重处理涉民营经济案件，防止“办了案子、垮了厂子”。与市工商联共同举办“服务‘六稳’‘六保’护航民企发展”检察开放日活动，倾听民企呼声，护航民营经济健康发展。

【未成年人司法保护】 2020年，乐昌市人民检察院落实“一号检察建议”，从重从快惩处性侵、故意伤害未成年人等犯罪，批准逮捕20件27人，提起公诉23件44人。深化教育、感化、挽救工作，对犯罪情节轻微、有悔改情节的未成年犯罪嫌疑人依法不批捕4人、相对不起诉6人、附条件不起诉1人。对7位涉罪未成年人和5位涉案未成年被害人的家长开展家庭教育指导。为避免和减少因反复接触未成年被害人而造成“二次伤害”，与公安机关建立集询问、生物样本提取、身体检查、心理辅导等功能于一体的乐昌市未成年被害人一站式询问救助中心。

【三大攻坚战】 2020年，乐昌市人民检察院防范化解重大风险，严惩非法吸收公众存款、集资诈骗等破坏社会主义市场经济犯罪8件14人，力促追赃挽损。巩固脱贫攻坚成效，继续选派3名干警驻村帮扶，筹集15.3万元用于帮扶镇村疫情防控，提升村居及贫困户家居环境。助力污染防治攻坚，起诉破坏环境资源保护类犯罪20件25人，恢复林地0.3公顷。对王某非法倾倒生活垃圾污染环境案提起刑事附带民事公益诉讼，诉求支付生态修复费用78万余元，获判决支持。提前介入李某等人非法倾倒危险废物污染环境案，引导行政机关做好生态修复前期工作，督促违法行为人主动先期缴纳生态修复赔偿金500万元。依法办理韶关市首例增殖放流修复生态环境的公益诉讼案件——罗某非法捕捞水产品案。

【参与社会治理】 2020年，乐昌市人民检察院坚持司法为民，开展“民有所呼，我有所应”新时代检察宣传周活动。“12309”检察服务中心共接访群众89批次110人，均按照“群众来信件件有回复”要求，在7日内进行回复。受理控告、申诉、民行监督12件，依法解决群众正当合理诉求。审查办结刑事申诉案件1件，办理司法救助案件1件，向困难当事人家庭发放救助金2万元。保障村（社区）“两委”换届风清气正的政治生态，协助查询候选人有无犯罪记录2911人次。

【刑事检察】 2020年，乐昌市人民检察院批准逮捕各类刑事犯罪案件199件308人，依法提起公诉292件429人。监督公安机关立案9件、撤案5件，建议行政执法单位移送涉嫌犯罪案件9件；追捕26人、追诉11人。通过侦查监督平台发现存在问题的案件28件，发出侦查活动监督通知书22份、纠正违法通知书4份、检察建议书24份。提前介入案件28次，提高侦查机关取证质量。完善监检衔接机制，起诉职务犯罪案件3件4人。对刑事执行违法情形提出纠正意见200件。适用认罪认罚从宽制度审结263件360人，提出量刑建议343人，被审判机关采纳323人，适用速裁程序占比66.1%。

【民事、行政检察】 2020年，乐昌市人民检察院办理民事检察监督案件8件，提请抗诉2件均获得韶关市检察院支持，发出审判程序违法行为监督检察建议2件。办理实质性化解行政争议案件1件，办理行政非诉执行监督案件15件，发出社会治理类检察建议1件。加强与市自然资源局、市场监督管理局、司法局的沟通联系，签订加强行政检察与行政执法衔接工作机制。

【公益诉讼检察】 2020年，乐昌市人民检察院受理公益诉讼线索15件，立案15件，在生态环境保护、国有资产保护、未成年人保护、文物保护等领域发出诉前检察建议10份，均被相关行政机关采纳，立案数、诉前检察建议数位居韶关市检察机关前列。提起刑事附带民事公益诉讼2件，均得到判决支持。针对大源镇“龙沟坑”弃渣场被他人大量盗窃石渣现象，发出诉前检察建议督促相关行政单位依法履职，挽回国有资金损失3500多万元。与湖南省宜章县、汝城县检察院签订公益诉讼协作机制，共同守护北江中上游生态环境和自然资源。与市纪委、监委建立线索双向移送机制，实现监督检查和审查调查工作与公益诉讼检察有效衔接，形成保护社会公共利益合力。

【综合素能建设】 2020年，乐昌市人民检察院启动干警素能提升工程，坚持集中学习和个人自学相结合、政治学习和业务学习相结合、理论与实践相结合，用好“检答网”，有力提升“看家本领”。强化“岗位练兵”，举办18期“双周讲坛”，授课人实现院领导、中层干部、普通干警全覆盖。与肇庆市封开县检察院开展为期3年的结对共建活动，做到资源共享、优势互补、相互促进、共同提高。

【司法规范建设】 2020年，乐昌市人民检察院构建正面激励与负面评价相结合的检察官业绩考评体系，强化业务数据分析研判、案件评查等工作。深化检务公开，公开案件程序性信息997条、生效法律文书220份，接待律师阅卷81次。接受社会各界监督，向人大常委会报告检察工作情况，专题向市政协通报预防未成年人犯罪工作情况。举办3次检察开放日活动，听取人大代表、政协委员、民营企业家对检察工作的意见建议。举办案件听证会5次，让检察权在阳光下运行。

【新冠肺炎疫情防控】 2020年，乐昌市人民检察院组织党员干警投入社区和粤北检查站、秀水检查站等防疫一线，参与值班值守、调查摸排、防疫宣讲、人员测温登记等基层防控工作。与其他部门沟通商议，加大视频审讯工作的保障力度，确保案件办理工作在疫情期间顺利开展。与看守所共同排查对在押人员管理方面存在的安全隐患。

（彭丽萍）

市人民检察院领导班子成员名单

党组书记、检察长：许细桥
党组成员、副检察长：胡远峻
党组成员、副检察长：曾　波
党组成员、副检察长：
　　邱伟京（女）
党组成员、副检察长：
　　李华明（挂职，7月—）
党组成员、检委会专职委员：
　　刘志伟

广东省乐昌中山地区人民检察院

【概况】 广东省乐昌中山地区人民检察院成立于1986年10月，作为韶关市人民检察院的派出机构，科级建制，行使县一级人民检察院职权，政法专项编制共13人，2020年在编干警12人，另有合同制书记员2人。单位设检察长1人（县处级副职），副检察长2人，内设机构2个（检察业务部、办公室），有员额制检察官7名，独任检察官办案组7个。

2020年6月，政工部门被省院政治部评为全省检察机关2019年度政工信息工作先进集体；9月，冯日田获得广东省人民检察院关于给在办理河源监狱腐败系列案专案中涌现出的先进个人记功嘉奖。

【刑事执行检察工作】 2020年，乐昌中山地区人民检察院逐案审查各类刑事执行案件，共审查广东省乐昌监狱提请减刑、假释案件1401件，针对提请减刑假释不当案件，建议不予减刑71件，被采纳68件；建议不予假释14件，均被采纳；建议从严掌握减刑幅度19件，被采纳18件；依法监督纠正减刑裁定（决定）不当案件4件4人。其中，与市院二部共同办理的罪犯何某某严重违反监管规定利用不正当手段获取减刑的违法减刑案件，被最高检第五厅评选为2020年度全国检察机关刑事执行检察和司法工作人员相关职务犯罪侦查精品案例。对新犯开展入监法制教育，处理控告、申诉信件95封，对即将刑满释放人员进行个别谈话教育32人次，发放调查问卷539份，找罪犯谈话139人次。办理罪犯死亡检察案件10件10人，均属于正常死亡案件，依法对其中2件家属有疑义案件进行死因鉴定，均未引发负面舆情。依法列席乐昌监狱每月狱情分析会8次、监狱每月生产安全例会6次、服刑人员病残认定会议1次，进行节假日前安全大检查6次。

【队伍建设】 2020年，乐昌中山地区人民检察院党支部集中学习19次，开展主题党日活动14次，上党课7次，召开支委会16次、组织生活会3次、党员大会8次、“双周讲坛”10次，开展谈心谈话21次，发展党员1名。全体在职党员利用休息时间参加“社区吹哨，党员响应”下社区活动，参加疫情防控、给贫困人员送温暖、红袖章巡防、指挥交通、人口普查、卫生清洁等活动，10名党员全年下社区接单服务246小时，支部干警捐赠防疫扶贫资金5100元。履行“一岗双责”，加强党风廉政建设，落实记录、通报和责任追究制度，如实记录和报告过问、干预、插手具体案件处理的行为。开展“双争双促”主题实践活动、“创新创优”和“典型示范”行动，创建“一院两品”（一个检察院创建党的建设工作品牌和检察业务工作品牌）党建品牌，参加市直机关举办的韶关市第四届机关工作创新创优，按照程序每季度评选出1位“党员示范岗”，开展党员“评星定级”和党支部创先争优活动，为党员干部创先争优营造氛围。2020年7月，支部被评为2019—2020年度韶关市人民检察院党支部达标创优工作“优秀党支部”，党支部书记、检察长潘全民在2019年度民主评议党员中被评为韶关市检2019年度优秀党支部书记。

【全面配合巡回检察工作】2020年9月，乐昌中山地区人民检察院派出3名干警参与省院组织对英德监狱展开的交叉巡回检察，完成检察任务，针对发现的英德监狱监管问题和驻监检察室问题进行自查自纠，在配合巡回工作的同时注重补强短板弱项，促进自我提升。2020年2月，乐昌中山院2019年向高检院申请立项的应用理论研究课题“监狱检察监督‘派驻+巡回’模式探究”，高检院批准结项，是广东省唯一由基层院申报成功的国家级重点课题。

【诉讼档案专项整理】　2020年，乐昌中山地区人民检察院按照高检院的统一部署，梳理统一业务应用系统中2014—2018年受理的诉讼案件，核查未归档的诉讼档案归档情况，共整理归档2014年至2019年诉讼案件4792件，其中系统内4548件，系统外244件，归档率100%。

【新冠肺炎疫情防控】　2020年，乐昌中山地区人民检察院监督监狱落实疫情防控措施，及时完善新犯关押点的隔离防护设施设备，做好新犯的入监体检、核酸检测工作落实，杜绝疫情输入风险。结合狱情“日收日议日解”情况，通过监控视频查看狱内重点部位、重点时段、重点人员情况，及时掌握拟释放人员的名单、户籍、出监去向等情况，了解拟释放人员的隔离工作方案、户籍为防疫重点地区的刑满释放人员临时安置方案、每日隔离（安置）的人数、隔离（安置）工作开展情况、隔离期满后人员去向、安置人员的交接情况等，做好隔离期间谈心谈话、答疑释法等心理疏导工作。

（李　勇）

广东省乐昌中山地区人民检察院领导班子成员名单

检　察　长：潘全民

副检察长：何泳川（女）

　　　　　潘学贤

法　院

【概况】　乐昌市人民法院位于乐昌市乐城街道公主下路74号。现有政法编制81名，地方定额工勤编11名，合同制司法辅助人员编制28名，实有干部职工109人。内设机构8个，分别是：政治部（机关党委、督察室）、执行局、综合办公室（司法警察大队）、立案庭（诉讼服务中心）、刑事审判庭、审判管理办公室（研究室）、民事审判庭、综合审判庭。派出中心法庭3个，分别是：乐城人民法庭、坪石人民法庭、梅花人民法庭。

乐昌市人民法院负责办理辖区内一审民商事、刑事、执行等案件。2020年，该院受理各类案件4705件，办结4353件，同比分别上升11.4%、13.9%，结案率92.5%，法官人均结案207件，同比增长25件。

2020年，经中共乐昌市委员会、乐昌市人民政府批准，授予乐昌市人民法院为2019年度平安创建暨综治工作优秀单位；该院家事审判团队被韶关市妇女联合会决定命名为韶关市“巾帼文明岗”；该院坪石法庭党支部被中共乐昌市委组织部、中共乐昌市直属机关工作委员会评为2019年度乐昌市“双争双促”主题实践活动“先进党组织”；该院坪石法庭被中共韶关市中级人民法院党组记集体三等功。何双庆被广东省高级人民法院评为“全省法院联络工作先进个人”；叶林和因在新冠肺炎疫情防控工作中表现优秀，被广东省高级人民法院通报表扬；赵美蓉被韶关市妇女联合会评为2019年度韶关市“三八红旗手”；彭淑贞被中共韶关市中级人民法院党组记个人三等功。

【刑事审判】　2020年，乐昌市人民法院受理刑事案件311件，审结298件，同比分别下降16.7%和16.4%。贯彻总体国家安全观，维护国家政治安全特别是政权安全、制度安全，审结李某强等人利用邪教组织破坏法律实施案。依法惩处妨害疫情防控违法犯罪，审结涉疫情刑事案件8件12人，无一人适用缓刑。保护人民群众的生命财产安全，维护社会稳定，审结盗窃、电信诈骗、赌博、毒品犯罪等多发案件103件165人。坚持反腐高压态势，营造风清气正的良好政治生态，审结贪污、贿赂、渎职等职务犯罪案件3件4人，联合市纪委监委、普法办组织市直机关领导干部旁听乐昌市住建局原党组成员、建筑工程质量中心原主任赵某平、副主任胡某义贪污及受贿一案的庭审，起到惩戒和预防职务犯罪的效果。践行“两山”理念，守护碧水蓝天，打击破坏生态犯罪行为，审结非法采矿、盗伐滥伐林木等破坏环境资源犯罪案件17件。推行附带民事公益诉讼，实现惩治犯罪与修复生态、纠正违法的有效统一，审结附带民事公益诉讼案件3件3人，判决被告人承担修复费用105万元。

【民商事审判】 2020年，乐昌市人民法院受理民商事案件2458件，审结2243件，同比分别上升8.3%和7.6%。保障妇女、儿童的合法权益，维护婚姻家庭和谐稳定，审结婚姻家庭、继承、抚养等纠纷案件448件。发挥民商事审判的规范、引导、调节和保障作用，促进市场经济持续健康发展，审结买卖、建设工程、承揽等合同类纠纷案件867件。依法维护劳动者权益，构建与发展和谐稳定的社会劳动关系，审结劳动争议纠纷案件94件。坚持化解纠纷和防范风险相结合，防范重大金融风险，审结民间借贷、金融借款合同纠纷案件618件。坚持“调解优先，调判结合”的工作原则，力争民商事纠纷案件通过调解方式解决，如原告乐昌某商业银行股份有限公司与被告乐昌市某房地产开发有限公司等金融借款合同纠纷一案，涉案标的3000多万元，经市人民法院组织调解，双方达成分期履行协议，维护金融秩序稳定，缓解企业资金困难，取得法律效果和社会效果。全年民商事案件调解、撤诉结案1034件，调解撤诉率46.1%。

【执行工作】 2020年，乐昌市人民法院受理执行案件1878件，结案1758件，同比分别增长22.7%和31.5%，执行到位6345.2万元。开展“发挥执行职能、做好‘六稳’工作落实‘六保’任务”专项执行行动，执结韶关某节能新材料有限公司拖欠工程款、材料款等12件系列案，为债权人挽回经济损失680万元，维护债权人的合法权益。加大涉民生案件执行力度，执结涉民生案件60件，执行到位286万元，并对符合司法救助条件的6名申请执行人给予救助10万元。加大涉职务犯罪财产刑案件执行力度，执结案件6件，执行到位53.7万元。完善网络司法拍卖工作机制，提高网拍成交率，全年发布拍卖标的物658件，成交金额1470万元，溢价率20.1%。严惩规避执行行为，将601名被执行人纳入“失信被执行人名单”，对935名被执行人限制高消费，对33名被执行人采取罚款、拘留等强制措施，推动“一处失信、处处受限”的信用惩戒体系形成。

【司法为民】 2020年，乐昌市人民法院推行诉讼引导、案件查询、法律咨询、诉前调解、跨域立案、网上立案等“一站式”便民服务。铺开预立案调解综合化解矛盾纠纷工作，完成与19个镇（街道、办事处）及相关群团组织、行业协会等部门的对接工作，建立矛盾纠纷多元化解联动机制。全年通过多元化调解工作平台委派案件348件，调解成功110件，调解率31.6%。推动矛盾纠纷多元化解机制纳入基

◆2020年7月25日，乐昌市人民法院组织党员干部在府前社区开展民法典宣传（市人民法院 供）

层社会治理体系，助力提升社会治理现代化，7月“矛盾纠纷多元化解机制改革”工作纳入乐昌市创建第二批全省“维稳工作示范点”的七个创新项目之一，“万人成讼率”纳入“平安广东”建设考评指标体系。8月与韶关市律协建立律师参与诉前调解、协助处理涉诉信访案件工作机制，每周三安排1名社会律师在该院驻点，共同打造“法院+律协”多元解纷机制韶关特色示范点。9月与湖南省宜章县人民法院签订合作备忘录，共同探索建立跨省矛盾纠纷多元化解合作机制。10月在全市19个镇（街道、办事处）建立法官联络点，联合基层调解力量，深入村、社区对接“诉源治理”，引导当事人选择非诉讼方式解决纠纷，前移司法服务窗口，延伸解纷触角至基层。落实“谁执法谁普法”责任制，将司法审判资源转化为法治教育资源，在国家宪法日等重要节点举办法治宣传活动，结合访贫问效、森林防火、疫情防控等工作到镇、村（社区）开展法律宣传。开展“法律六进”活动，迅速掀起学习宣传民法典热潮。制作《以法之名，严惩黑恶》《坚持把非诉讼纠纷解决机制挺在前面，全力打造多元解纷“乐昌模式”》两部专题宣传片，展示惩恶扬善、司法为民的法治理念。

【司法体制综合配套改革】 2020年，乐昌市人民法院推进司法责任制改革，实现“让审理者裁判，由裁判者负责”的目标，细化审判人员审判权力和责任清单。健全院、庭长办案常态化机制，院、庭长充分发挥示范引领作用，全年办结各类案件2775件。推进审判执行方式改革，深化以审判为中心的刑事诉讼制度改革，坚持以庭审为中心，执行“三项规程”（庭前会议规程、法庭调查规程、非法证据排除规程），准确适用认罪认罚从宽制度。推进刑事速裁程序，全年适用速裁程序审结案件170件，平均审限7天，占刑事收案总数的54.7%。推进民事案件繁简分流改革，实现简案快审、繁案精审、快慢分道，民事速裁团队全年结案662件，占民事收案总数的26.9%。推行执行事务集约、繁简分流、团队办案三项机制，实现简案快执快结，速执团队全年结案697件，占执行收案总数的37.1%。利用市场化、社会化资源，将网络拍卖、档案电子扫描、立案指引等审判辅助事务外包。加强公文处理、机要收发、后勤保障等司法政务工作标准化建设，促进政务标准化与信息化应用融合，提升司法政务工作效率和水平。

【强化监督】 2020年，乐昌市人民法院推进审判监督管理工作，严格办案流程管理，对长期未结案件挂牌督办、限期结案，对改判、发回重审以及重大涉诉信访案件进行逐案评查。加强审判质量监督，定期开展庭审、裁判文书和审判质量评查活动。健全案件监管的全程留痕制度，落实内外部干预过问办案留痕记录和追究制度。定期开展审务督察，加强组织监管和内部监督。接受人大监督，完善与人大代表、政协委员联系沟通机制，邀请人大代表、政协委员视察法院工作、参加重要会议、旁听案件庭审、参与见证执行。10月29日至30日，广东省高级人民法院邀请30名全国、省两级人大代表和省法院特邀廉政监督员在韶关法院开展“攻坚扫黑除恶，建设平安广东”专题视察调研活动，在该院旁听周某履等10人涉恶犯罪集团案公开宣判，通过“智慧执行”平台见证2起案件现场执行。支持、配合检察机关履行法律监督职责，确保办案程序合法，裁判实体公正。深化司法公开，完善“四大公开平台”建设，规范庭审直播和裁判文书公开管理。接受当事人、社会公众、新闻媒体等社会各界的监督，回应群众关切。

（温　馨）

市人民法院领导班子成员名单

党组书记、院长：李　芳（女）
党组成员、副院长：
　　罗忠铭
　　丘辉华
　　罗　红（女，—6月）
党组成员：苏　桦
党组成员、政治部（督察室）主任：邓培权（—5月）
党组成员、执行局局长：
　　李细龙（9月—）

司法行政

【概况】 乐昌市司法局位于乐昌市人民中路70号，为市政府工作部门，正科级建制。2020年，实有干部职工94人，其中公务员编制55人（含司法所），参照公务员管理的事业单位编制4人，事业编制8人，后勤服务人员2人，司法所辅助人员、专职人民调解员和其他人员25人。内设机构8个，分别是办公室、依法治市工作股、社区矫正管理股、政府法律事务股（市人民政府法律顾问办公室）、人民参与和促进法治股、公共法律服务管理股、律师工作管理股、政工科；派出驻镇（街道、办事处）司法所共19个；直属事业机构4个，分别是乐昌市法律援助处、广东省乐昌市公证处、广东百姓信律师事务所、乐昌市公职律师事务所。

2020年，乐昌市司法局获评全国宣传人民调解工作先进集体，邓火坚被司法部授予“全国模范人民调解员”荣誉称号；被评为韶关市关心下一代工作先进单位，乐昌市司法局被评为乐昌市2019年度平安创建暨综治工作优秀单位；成功创建省级“法治文化主题公园”1个，长来镇和村村成功创建省级“民主法治示范村（社区）”，全市26个村（社区）成功创建省级“民主法治村（社区）”。

【依法治市】 2020年，乐昌市司法局完成“七五”普法任务，开展落实党政主要负责人履行推进法治建设第一责任人职责情况列入年终述职内容试点工作，加强宪法和民法典普法宣传，开展民法典进千家万户系列活动。组织全市领导干部旁听庭审学法活动2次，现场参加领导干部60余名。组织开展第三届国家机关“谁执法谁普法”履职报告评议活动。巩固推进省级“民主法治村（社区）”创建活动，以白马寨村、武阳司村等10个村为试点加强乡村法治文化建设。全年开展“法律六进”活动2675场次。

【法治政府建设】 2020年，乐昌市司法局推进行政执法三项制度落实，抓好行政执法“两平台”推广应用，做好民法典涉及行政规范性文件清理工作，开展行政执法案卷评查，举办全市综合行政执法培训班。推进镇街综合行政执法改革，履行“一统筹四统一”职责，加强行政执法证的管理，组织开展综合法律知识考试。依法承办行政复议案件，做好市政府行政应诉工作。审查市政府重大合同、重要协议和其他重要法律文书，抓好行政规范性文件合法性审查、报备工作。做好乐昌市政府法律顾问室日常工作，指导各单位法律顾问工作。

【社区矫正和安置帮教】 2020年，乐昌市司法局落实社区矫正和安置帮教工作制度，学习贯彻《中华人民共和国社区矫正法》，加强疫情排查和管控，预防和减少重新犯罪，维护社会稳定。是年，在册社区矫正对象156人；完成远程会见234件，参与会见家属593人次；协助完成社会调查评估57人。刑满释放人员重点人员接送率、回执率均为100%。

【人民调解】 2020年，乐昌市司法局发挥“金牌调解员”优势，打造“邓火坚调解工作室”人民调解品牌。落实“以案定补”制度，开展4批卷宗审核。开展专职人民调解员年度考核，通报表彰10名“十佳人民调解员”。新建行业性专业性人民调解委员会17个。加强部门沟通协作，完善人民调解、行政调解、诉讼调解衔接机制。是年，全市各级人民调解委员会共开展矛盾纠纷排查667次，预防易激化的

◆2020年11月11日，广东省委政法委书记江楷鑫（左二）调研邓火坚调解工作室（市司法局 供）

矛盾纠纷127件，受理案件总数1971件，成功调解1949件，调解率100%，成功率98.88%，涉及金额 754.77万元；法院委托移交诉前调解133件。

【公共法律服务】 2020年，乐昌市司法局完善三级公共法律服务实体平台建设，投入使用公共法律自助服务一体机23台，“智能化+公共法律服务”建设提档升级。制作投放120套公共法律服务报刊宣传栏、20个宣传架、7万套法律法规单行本，满足群众的法律服务需求。

【律师管理工作】 2020年，乐昌市司法局保障律师执业权利。开展一村（社区）法律顾问工作，完成定量服务、日志录入等工作。是年，全市拥有律师事务所4家，法律援助机构1家，律师41名，其中公职律师30名、法援律师4名、社会律师7名。全市结对村（社区）法律顾问47人，为群众提供法律咨询、法律意见等3869次。

【法律援助】 2020年，乐昌市司法局推进刑事案件律师辩护全覆盖和认罪认罚从宽制度工作，依法保障诉讼参与人的诉讼权利。积极配合法院参与诉前联调有效化解大量矛盾纠纷，指派律师到法院、看守所值班，为群众提供法律服务。2020年，办理法律援助案件529件，其中刑事案件445件、民事案件84件；完成刑事案件律师辩护全覆盖案件395件，其中认罪认罚从宽刑事案件218件。

【公证工作】 2020年，乐昌市司法局积极探索推进公证制度改革，全面推进“互联网+公证”，加强公证质量管理，配合市政府完成各类证据保全工作。2020年，受理公证案件768件，收费30余万元。

【新冠肺炎疫情防控】 2020年，乐昌市司法局依法抓好新冠肺炎疫情防控各项工作。成立领导小组，开展本系统排查，落实值班值守制度，发动党员捐款捐物，全体党员干部到社区、挂扶镇村报到开展一线疫情防控。其中，1名党员参加乐昌市党员先锋突击队并到粤北检查站支援防疫坚守工作25天，受到省司法厅表扬。发挥律师、村（社区）法律顾问、法律服务工作者优势，开展疫情防控公益普法和微信群法律讲座、线上解答法律问题，印发防疫法治宣传海报1200份（套），引导群众学习疫情法律知识，配合全市联防联控工作。

（刘会青）

市司法局领导班子成员名单

党组书记、局长：周　毅

党组成员、副局长：

何伟雄

丁海锋

邓培权（3月—）

钟洪雯（女）

党组成员、政工科科长：邓回荣

广东省乐昌监狱

【概况】 广东省乐昌监狱始建于1951年11月，占地面积314.53公顷。其前身为广东省乐昌县公安局劳改股，后相继更名为“中山农场”“乐昌茶厂”“乐昌劳改支队”。1995年，挂牌成立广东省乐昌监狱，机关设7个部室2个中心，属于省属大型监狱。2020年，乐昌监狱实现连续24年监管安全、连续20年生产安全目标，获评“全省监狱系统表扬单位”。

【队伍建设】 2020年，乐昌监狱坚持“第一议题”制度，学习贯彻习近平新时代中国特色社会主义思想，开展“大学习、深调研、真落实”活动，抓好习近平总书记对人民警察训词精神学习。推进党支部“十个标准化”建设，建立健全“战区制”网格化党建责任制，打造“三纵四横”党建责任网络。开展“侦查能手、教育改造能手、讲评能手、优秀指挥员、生产经营管理标兵”等系列岗位技能竞赛活动。抓好民法典学习宣传，“法治进校园”志愿服务项目被团省委评为“重点培育项目”，三监区、医院监区获评韶关市青年文明号。实施“暖心”“暖警”工程，创新举办“警察荣誉仪式”。落实纪委监督清单，做好廉政风险防控平台动态监控，维护政治生态。

【安全管理】 2020年，乐昌监狱完成庆祝经济特区建立40周年安保任务，推进“扫黑除恶”攻坚战、“四防行动”主动战。建立“六大监管安全”风险评估及重点单位关注机制，推行全狱“100网格”化管理，创新开展

“扫雷”专项行动，在管教线开展“工匠精神”专项活动，锤炼行家里手。依法、依规做好罪犯伙房物资采购和调价管理，落实食品核酸抽样检测制度，罪犯伙房实现无刀化管理，生活卫生保障水平提升。

【教育改造】 2020年，乐昌监狱依托七个中心“空间力量”，提高教育改造针对性、有效性和科学性。开设“微视”改造栏目、亲情点歌台，打造罪犯教育管理“四大线上平台”，做实节日专题教育，引进“凤凰课堂”系统，开展线上辅学、心理咨询帮教。弘扬“正法安本、乐教德昌”改造宗旨，建设监区文化工作室，打造以“懂”为主题新生文化体系。建立警察、监区领导和业务科室“三级”接访机制，抓实抓细罪犯诉求管理、情绪管理、矛盾管理。制定落实《罪犯劳动考核实施细则》，规范罪犯劳动报酬计提工作，劳动改造回归功能得以体现。

【综合保障】 2020年，乐昌监狱完成监管区雨污分流，狱部生活区、省局培训基地、拓展训练基地升级改造，推进“十二五”安防及信息化配套建设、武警“智慧磐石”建设，推进规范化监区创建工作。“制度落实年”活动开展，梳理确定各类制度1720项，废止323项。强化预算管理，落实部门预算细化方案，完善《广东省乐昌监狱国有资产管理办法》，开展国有资产大盘点活动。依法、严格做好防疫物资采购，做好后勤补给，从严落实中央八项规定，全年“三公”经费开支96.4万元，较年初预算下降37.19%。

【新冠肺炎疫情防控】 2020年，乐昌监狱提前谋划预案完善、物资储备等工作，在单位划定3道防线，地毯式排查，精准实行警察职工69个单元网格化管控。将指挥中心打造成疫情防控指挥部，通过构建“防疫云图”，提升疫情防控信息化水平，联合乐昌医卫部门开展4次疫情应急处置演练。把党旗插在防疫一线，构建“党委每周、每日一议，党委致电慰问家属、监狱长每日寄语”等机制。出台疫情防控相关制度56份，受表彰三等功集体1个、个人三等功3人、嘉奖37人，1人获得“全国司法行政系统抗击新冠肺炎先进个人”称号；论文《监狱公共卫生突发事件应对与研究》《构建疫情防控下“七大体系”》被中国政府法制信息网刊发。

（廖志刚）

军 事

人民武装

【概况】 2020年，乐昌市人民武装部（以下简称乐昌市人武部）以习近平强军思想为根本指导，抓好中共十九大精神学习贯彻，突出用习近平新时代中国特色社会主义思想武装头脑，开展“不忘初心、牢记使命”“传承红色基因、担当强军重任”主题教育，抓好经常性思想教育，贯彻落实军委党建、基层建设会议精神，围绕巡视巡查暴露出来的问题，开展党的纪律教育和党风廉政教育，组织“加强道德修养、强化法律意识”专题教育和召开组织生活会，干部职工政治坚定、心稳神定，推进年度工作开展。

【战备训练】 2020年，乐昌市人武部树牢中心工作意识，坚持主业主抓，完成年度各项军事工作任务。落实党委议战议训，以军事训练条例为依据，落实年度备线训练工作。抓好人武部机关训练，组织开展基干民兵、专武干部、民兵连长和专业分队等各类训练；抓好应急、专业、特殊力量队伍训练，备战能力得到提升；构建人武部国防动员指挥所，完善指挥所指挥要素。

【主责主业】 民兵整组 2020年，乐昌市人武部担负分区赋予整组和基层正规化试点任务，按照“摸清底数、整体部署、试点先行，一体推进、统一验收”的原则，制定整组方案，对辖区民兵队伍进行组织整顿。2020年民兵整组工作在韶关军分区考评中排名第一。

征兵工作 2020年，乐昌市人武部对照国动部“五率”要求，以提高兵员质量为重点，建立“日跟踪、周讲评、月督导、季调度”工作机制，针对疫情常态化防控下开展征兵工作的要求，加强疫情监测，在征兵各阶段采取新方法、新手段。全年，乐昌市入伍青年总体情况良好，连续2年实现“零退兵”。

全民国防 2020年，乐昌市人武部着眼新时代国防教育工作新要求新特点，发挥乐昌红色基因雄厚优势，协调地方建立健全国防教育工作机构，组织宣讲队成员开展国防教育进学校社区活动，落实机关企业过军事日，协同市委宣传部组建国防教育讲师团，议军会审议通过《乐昌市全民国防教育实施意见》，组织事业单位开展国防教育专题课程，把国防教育作为新晋人员第一课，厚实公职人员关注、支持和热爱国防事业政治自觉。

【从严管理】 2020年，乐昌市人武部抓好新条令学习教育和贯彻执行，正规秩序，制定训练计划，严密组织军事训练；强化条令法规意识，加强对职工队伍的教育引导依据，固化活动实效，坚持边学边改、边查边改，把查找和解决问题贯穿活动全程。围绕保密防范的风险源隐患点，保密工作的重难点问题整治，拟制本部专项检查自查整改实施方案，对保密工作重点隐患问题清单进行督导检查，党委统揽统抓，主官主责主抓，各科分工负责全体人员主动作为。坚持以安全大检查和“百日安全”活动为牵引，扭住武装部安全管理工作特点，落实安全管理各项制度措施。议军会审议通过《乐昌市进一步加强专武干部队伍管理的意见》，规范专武干部使用管理，促进专武干部履职尽责。

【双拥工作】 2020年，乐昌市人武部发挥桥梁纽带作用，贯彻“以人民为中心”根本理念，协同地方开展争创“双优”活动，会同驻地举办“军民迎春联欢晚会”，对年度乐昌籍立功现役军人、优秀退役军人、双拥“先进个人”、双拥“先进单位”进行表彰。以“全国巾帼建功标兵”、二等功臣乐昌籍特战女兵廖华清为重点，协同地方加大现复转军人和拥军优属先进典型培养宣扬力度，加大拥军优属政策落实力度，推进军人荣誉体系建设，重塑从军拥军荣光的浓厚氛围。加强对高中学生军训工作的领导，提高军训质量，防止发生影响军民团结的问题。响应领袖号召，助力扶贫攻坚，协同地方培育和扶持一批退伍军人创业典型，发挥退役军人和民兵在经济建设中的带头作用。参与抢险救灾、应急维稳等急难险重任务，疫情期间，出动民兵1.5万人次。

（市人民武装部）

人民防空

【概况】 乐昌市人民防空办公室设在市住房和城乡建设管理局，属行政机关，行政编制1人，在职人数1人。乐昌市人民防空办公室坚持“长期准备、重点建设、平战结合”的方针，突出“战备人防、效益人防、和谐人防”的建设重点，推动乐昌人防建设全面发展。

【业务建设】 2020年，乐昌市人民防空办公室依法行政，加大人民防空执法力度，联系规划、建设、房管等部门开展联审制度，遵照“以建为主，以收促建”的原则，宣传、鼓励人防工程依法修建。全年人民防空窗口业务开展顺利，出具设计要点4宗；核准施工书2宗；竣工验收备案书3宗。在行政审批和行政执法过程中，未出现一例行政诉讼和行政复议案例，未接到投诉。

【机关准“军事化”建设】 2020年，乐昌市人民防空办公室接受政府和军事机关的领导、检查和监督，按照“准军事化”建设的要求，从政治思想、个人素质、团队作用、工作作风、办公秩序等方面抓机关作风转变。基于防控疫情的要求，参加4次不见面无接触式人防拉练以及2次人防机动指挥所野外拉练，提高该办干部职工业务知识和技能，增强区域协调和应急准备能力。

【宣传教育】 2020年9月18日，乐昌市人民防空办公室结合“9·18”纪念日鸣放防空警报，组织全市中小学生开展人防疏散演练，举办人防宣传画展活动，提高人民群众对人防工作的关注度。

【人防执法与“结建”工作】 2020年，乐昌市人民防空办公室贯彻落实《中华人民共和国人民防空法》及《广东省实施〈中华人民共和国人民防空法〉办法》，依法行政，加强人防执法，抓好人防工程易地建设费收缴工作。所征易地建设费全额纳入市财政专户，实行“收支两条线”管理，把工作重点放在落实结合民用建筑修建防空地下室方面，做好“以收促建”工作。

经济管理

发展和改革

【概况】 乐昌市发展和改革局（市粮食和物资储备局）（以下简称市发改局）位于乐昌市公主下路70号，为乐昌市人民政府的工作部门。行政编制22名，后勤服务人员2名。2020年有在职在编人员22名，其中行政编制20名，后勤服务人员2名。市发改局有8个内设机构，分别是办公室、综合规划股、投资服务与综合审批股、产业政策与社会发展股、价格与收费管理股、资源环境与能源股、粮食和物资储备股、市政府重点建设项目办公室；设下属事业单位2个，分别是市粮食和物资储备保障中心和乐昌市价格认证中心。市发改局的主要职责为研究提出全市国民经济和社会发展战略、中长期发展规划和年度发展计划，指导总体经济体制改革，承担规划重点建设项目和生产力布局的责任，拟订全社会固定资产投资总规模和投资结构的调控目标、政策及措施；提出年度价格总水平调控目标及价格调控措施并组织实施，管理国家、省、市列名管理的商品和服务价格，拟订并组织实施全市粮食流通和加工行业发展市场体系建设规划、产业政策措施等。

【规划计划编制】 2020年，市发改局牵头完成《乐昌市国民经济和社会发展第十四个五年规划和二〇三五年远景目标纲要》《乐昌市2020年国民经济和社会发展执行情况及2021年计划草案的报告》《关于应对新型冠状病毒感染的肺炎疫情支持企业复工复产的若干政策措施》《乐昌市促进消费工作实施方案》等文件的起草，制定并印发《乐昌市2020年重点建设项目计划》《乐昌市2020年固定资产投资计划》等文件。

【投资审批服务】 2020年，市发改局监测乐昌市固定资产投资完成情况，全市固定资产完成投资63.36亿元，同比增长6.1%。其中第一产业完成投资0.64亿元，同比增长39.9%；第二产业完成投资25.15亿元，同比增长33.7%；第三产业完成投资37.56亿元，同比下降7.2%。全市审批、备案、核准的固定资产投资项目157个，其中审批78个、备案79个。总投资额128.1亿元，其中审批22.21亿元、备案105.89亿元。

【项目资金申报】 2020年，全市争取到中央预算内资金项目1个共600万元，区域战略协调发展资金项目1个共200万元，债券项目23个共发行债券额度10.81亿元（其中专项债7.9亿元、一般债1.6亿元、特别国债1.31亿元）。

【重点建设项目】 2020年，市发改局牵头制定并印发《乐昌市领导挂点联系重点建设项目工作制度》《乐昌市重点建设项目总指挥部组建方案》《乐昌市重点建设项目专项指挥部组成方案》《乐昌市2020年重点项目建设工作“红黄”考评制度的实施方案（试行）》等文件，乐昌市计划实施的重点建设项目共57个，总投资额达89.08亿元，年度计划投资31.31亿元。全年完成投资35.05亿元，年度投资计划完成率111.9%。全市57个重点建设项目中，列入韶关重点的建设项目共22个，年度计划投资14.19亿元，全年完成投资22.13亿元，年度投资计划完成率155.9%，超额完成年度投资任务。

【社会信用体系建设】 2020年，市发改局规范信用信息公示工作，督促各相关单位将行政许可和行政处罚等信息在7个工作日内公开在乐昌市信用平台“双公示”板块。截至2020年年底，合计公开行政许可信息18679条，行政处罚信息109条。8月21日，牵头组织市社会信用体系建设统筹协调小组成员单位，在市职工文化广场举办“‘共建信用乐昌共享美好生活’——诚信建设万里行”主题宣传活动，加强人民群众的诚信教育。牵头举办信用平台操作培训会，11月19日，组织全市近30个单位派员参加培训，有助于各信用信息归集部门掌握信用平台应用以及数据报送流程，增强工作人员信用平台实际操作能力，提高全市信用信息数据覆盖率和数据更新质量。贯彻落实全面建立信用承诺制度，制定印发《乐昌市加强个人诚信体系建设分工方案》，以重点领域、重点人群为突破口，推动建立各行业个人诚信记录，强化应用，奖惩联动，使守信者受益，失信者受限。

【价格行政管理】 2020年，市发改局制定《关于阶段性降低坪石镇、廊田镇、长来镇工业、行政事业、商业用水销售价格的通知》《关于阶段性降低市区非居民用水销售价格的通知》《关于阶段性降低非居民用气销售价格的通知》《关于调整市区管道燃气销售价格的通知》等文件，其中，调整管道燃气销售价格，由4.8元/立方米降至4.32元/立方米。全年减免水费36.61万元、惠及市场主体户数20284户，减免电费1232.43万元、惠及市场主体户数16532户，减免燃气费用73.62万元、惠及市场主体户数286户。

【价格认证工作】 2020年，市发改局承办价格认定、涉税价格争议认定、公务用车定点维修价格认定等案件665宗、价格标的金额3411万元。其中公安刑事案件115宗、价格认定标的金额951万元，民事案件36宗、认定标的金额1386万元，存量房涉税争议案件16宗、价格认定标的金额978万元，公务用车定点维修价格认定498宗、价格认定金额96万元。

【特色小镇创建】 2020年，市发改局编制誉马葡萄酒特色小镇创建方案、发展规划、概念性设计，组织申报广东省特色小镇。誉马葡萄酒小镇于2020年8月成功申请并纳入省级特色小镇培育库名单。

【新冠肺炎疫情防控】 2020年，市发改局统筹抓好疫情物资保障储备，协调广东一智医疗器械有限公司协议采购2万只外科手术口罩，动员国投广东生物能源有限公司无偿捐赠5吨医用酒精，以供市新型冠状病毒感染的肺炎疫情防控指挥部统一调配用于全市新冠状病毒感染的肺炎疫情防控。

（吴素琴）

市发展和改革局领导班子成员名单

党组书记、局长、粮食和物资储备局局长、四级调研员：张超球
党组副书记、副局长、粮食和物资储备保障中心主任、一级主任科员：丁振华
党组成员、二级主任科员：向　明
党组成员、副局长：杨　平
党组成员、副局长、一级主任科员：朱裕超（8月—）
党组成员、副局长、二级主任科员：肖红涛（女，—10月）

统　计

【概况】 乐昌市统计局位于乐昌市公主下路68号，内设办公室、农业财贸股和工业投资股3个机构，机关行政编制13名，后勤服务人员2名。2020年年末，实际在编人员13人。乐昌市普查中心为市政府直属公益一类事业单位，副科级，归口市统计局管理，核定事业编制5名，其中主任1名，2020年实际在编人员4人。

2020年，乐昌市地区生产总值累计完成122.98亿元，同比增长3.3%。第一产业增加值28.61亿元，增长3.1%；第二产业增加值23.06亿元，增长8.9%；第三产业增加值71.31亿元，增长1.7%。

【统计服务】 2020年，乐昌市统计局强化统计数据监测预警分析，查找短板指标，挖掘新增长点，发挥统计服务职能作用，对全市经济运行过程中发现的问题，提出相应的对策和建议。撰写《乐昌市2019年国民经济和社会发展统计公报》，编印2018年度和2019年度《乐昌市统计

年鉴》，编发《乐昌统计月报》11期。

【第七次全国人口普查】 2020年，乐昌市统计局完成乐昌市第七次全国人口普查工作。11月1日零时起，正式开始第七次全国人口普查登记工作。组织相关业务骨干参加省、韶关市人口普查业务培训；完成市、镇、村（居）级人普机构的组建，完成人口行政资料比对和整理、区划和绘图工作的培训，完成人普试点、宣传、入户摸底工作、短表长表登记和普查数据核查、审核与验收、数据汇总、数据质量抽查。

（杨优英）

市统计局领导班子成员名单

党组书记、局长：易丘文

党组成员、副局长：

凌晓山（女）

邓金凤（女）

党组成员、普查中心主任：

姚文盛

党组成员、四级主任科员：

赖正强

审　计

【概况】 截至2020年12月31日，乐昌市审计局在职人员22人，其中行政编制人员16人、后勤人员2人、劳务派遣性质审计助理4人。乐昌市审计局内设6个职能股（室）：办公室、计划和整改监督股、法规审理股、经济责任审计股、财政经贸审计股、农业农村与生态环保审计股。中共乐昌市委审计委员会办公室下设在该局。2020年全年完成审计项目20项，其中政策落实跟踪审计1项、经济责任审计5项、民生审计4项、财政审计5项、企业审计1项、市委市政府临时交办审计项目4项。出具正式审计报告及调查报告25份，提出并被采纳审计建议72条，提交审计信息44篇。

【获得荣誉】 乐昌市审计局获得2019年度乐昌市“双争双促”主题实践活动“先进党组织”、韶关市审计局2020年全市同级审报告质量提升“先进单位”、韶关市审计局2020年全市审计质量“先进单位”等称号。

【政策落实跟踪审计】 2020年，乐昌市审计局完成乐昌市2019—2020年度国家和省重大政策落实情况跟踪审计，出具正式审计报告4份。做好统筹推进疫情防控和经济社会发展工作，保证“六稳”“六保”相关政策措施落实，通过明确目标、上下联动、源头把控、强化监督，确保实体经济企业及人民群众各项优惠政策应享尽享，助力地方经济发展。

【财政审计】 2020年，乐昌市审计局完成“乐昌市财政局2019年度预算执行和财政收支情况审计”“乐昌市卫生健康局2019年度预算执行和其他财政收支情况审计”“乐昌市2019年度本级财政预算执行和其他财政收支情况审计”“新增财政资金直达市县基层直接惠企利民情况专项审计”以及“乐昌市2020年广东粤北南岭山区山水林田湖草生态保护修复工程试点专项资金专项审计调查”。2020年，乐昌市审计局加强审计项目和审计组织方式“两统筹”，依托大数据运用，注重非现场审计，开展财政预算执行审计，实现财政审计“横向到边、纵向到底”全覆盖。开展“乐昌市2020年广东粤北南岭山区山水林田湖草生态保护修复工程试点专项资金专项审计调查”项目，以行动树立生态文明意识，贯彻习近平总书记“绿水青山就是金山银山”的发展理念，助力乐昌市建设粤北绿色发展先行地。

【经济责任审计】 2020年，乐昌市审计局完成“乐昌市市场监督管理局局长任期经济责任审计”“乐昌市卫生健康局局长任期经济责任审计”“乐昌市人民医院党委书记、院长任期经济责任审计”“乐昌市工业和信息化局局长任期经济责任审计”“乐昌市住房和城乡建设管理局局长任期经济责任审计”，强化对领导干部的权力运行和责任的监督，反映领导干部履职尽责情况，按照“党政同责、同责同审，应审尽审、凡审必严、严肃问责”的要求，推动经济责任审计工作全覆盖。

【民生审计】 2020年，乐昌市审计局完成“乐昌市2019年提高敬老院保障水平审计调查”“乐昌市2019年精准扶贫、精准脱贫跟踪审计”“乐昌市2019年乡村振兴相关政策和资金审计”及“乐昌市2019年至2020年6月困难群众基本生活保证政策落实和资金管理使用情况专项审计调查”。乐昌市审计局贯彻“以人民为中心”的发展思想，通过聚焦重点任务、聚焦监督质效、聚焦解决问题，“坚守为民初心助力民生改善”，加大对民生领域重点事项、重点资金、重点项目审计力度，推动保障和改善民生，促进提升人民群众获得感、幸福感和安全感。

【企业审计】 2020年，乐昌市审计局完成“乐昌市粮食购销有限公司2018年4月—2020年4月财务收支情况审计”，该局以“摸清底数、揭示问题、维护安全、促进发展”为目标，关注被审计对象贯彻执行党和国家重大政策措施情况、会计信息的真实性、经济活动的合法性、经营中的突出问题、绩效状况等，提出完善体制机制方面的审计建议，加强审计监督，促进国有企业规范经营管理，提高效益，实现可持续发展。

【临时交办审计任务】 2020年，乐昌市审计局服务全市中心工作，加大临时交办事项审计力度，确保交办审计事项“交办一件，快办一件，落实一件，办好一件”，发挥审计保障经济社会健康运行的“免疫系统”功能，完成“乐昌市应对新冠肺炎疫情防控资金和捐赠款物专项审计”“乐昌市扶穷协会及其下属企业经营运转、资金使用及资产管理审计调查”“乐昌市旧城提质工程（道路‘白改黑’）审计”及“乐昌市2017年1月至2020年4月期间贯彻党和国家重大政策及决策部署、推动经济社会科学发展、管理国有资源资产和公共资金、防控重大经济风险等情况审计调查”等项目，该局从机制制度层面入手，分析原因，提出改进建议；注重审计成果运用和转化，加大对审计结果的分析研究力度，为领导决策提供依据。

【干部培训教育】 市审计局加强干部培训，提升全员综合能力，采取集中学习与自学相结合、学习培训与实践应用相结合的方式，加大审计人员的教育培训力度，提高审计人员的业务能力和综合素质。2020年，有5人通过审计署计算机初级培训班。

【新冠肺炎疫情防控】 2020年，乐昌市审计局抽调近400人次参与入户排查、社区防控等工作，其中该局谭太明连续一个月奋战在梅花北收费站，守卫广东北大门；梁群英志因在疫情防控中勇于担当，冲锋在前，获得“最美巾帼奋斗者”称号。

（徐　菲）

市审计局领导班子成员名单

党组书记、局长：邹晓燕（女）
党组成员、副局长：
梁群英（女）
谭太明

市场监督管理

【概况】 乐昌市市场监督管理局是市政府工作部门，为正科级，加挂市知识产权局牌子。内设14个股室、1个事业单位、7个派出机构。全局公务员编制118名，老工勤3名、后勤服务人员3名、协管员19名、巡查员3名，事业单位编制3名。截至2020年12月31日，全局共计228人，其中在职131人（公务员104人、老工勤3人、后勤服务人员3人、协管员17人、巡查员3人、事业1人），离退休97人。

【助力复工复产】 2020年新冠肺炎疫情发生后，乐昌市市场监督管理局贯彻落实“加大对‘个转企’支持力度”“放宽信用监管”等措施，成立帮扶工作组、复工复产督导小组，对接帮助企业解决防疫物资匮乏问题，为复工复产个体工商户提供“双向快递”“预约办”等证照登记便利服务，开通特事特办、绿色通道指导企业安全有序复工复产，以审慎包容监管模式、柔性执法方式及扩大企业动产抵押范围增强企业动产抵押融资能力促进市场主体发展。全年分3批次为29家企业解决一次性口罩缺口11050只，完成动产抵押登记46份，抵押登记数额达19824.96万元。

【商事制度改革】 2020年，乐昌市市场监督管理局贯彻落实深化“放管服”改革，优化审批流程及服务模式，在窗口设置自助服务区，提供电脑、打印机等办公设备，为申请人提供便利，实行登记注册“零距离”“零收费”“零成本”，做好“马上办”“零见面”“跑一次”服务，深入推广“一门式一网式”政务服务、全程电子化登记服务，降低市场主体准入及退出门槛，深化市场主体退出制度。全年807户次企业通过全程电子化系统申报业务，其中有604家企业预审通过并取得核准登记，通过银证通服务办理登记业务73宗，通过简易注销企业64户、清退国有僵尸企业14户，通过网上公示公告走一般注销流程注销企业85户。

【企业实力提升】 2020年，乐昌市市场监督管理局加大对重点产品的监督抽查力度，以100%覆盖率开展小作坊提质工作，推进质量强市工作深入开展，开展商标培育，创建技术创新能力强、产品质量优、市场占有率高的名牌产品企业。全年检查食品生产小作坊85家（其中5家已注销），发放知识产权专利资助经费21.75万元。

【消费维权】 2020年，乐昌市市场监督管理局以24小时值班制度接收投诉工单，跟进处理并结合“3·15”开展消费维权活动。“3·15”期间，制作、张贴宣传画200余张，发放宣传资料和手册3200余份，向消费者发送消费维权知识短信1万余条。全年接收投诉工单940件，通过消委会调解维权，为消费者挽回经济损失16万元，收到消费者赠送锦旗2条。

【食品安全监管】 2020年，乐昌市市场监督管理局结合日常检查开展食品安全专项检查、重大活动期间食品安全保障、食品安全进社区科普宣传活动等工作，规范辖区内餐饮服务单位软硬件设备设施、操作流程和布局，指导落实相关法律法规和食品安全相关管理制度，提高食品餐饮单位依法经营意识和食品质量安全管理水平。全年检查餐饮服务经营单位2226家次、食品生产经营单位492家次；完成农贸市场快速检测15329批次，监督抽检食品及食用农产品500批次；开展科普宣传活动15场，累计接待群众1660余人次，派发宣传资料及小礼品2200余份。

【药品安全监管】 2020年，乐昌市市场监督管理局坚持问题导向，综合运用全项目检查、日常检查、飞行检查、跟踪检查等措施，采取分类分级监管的方式，强化属地监管责任，提高监管效能。推进开展高风险品种和医改重点品种药品专项检查、中药饮片质量专项整治、药品零售企业书面检查、药品零售企业执业药师“挂证”整治、药品零售企业跟踪检查、无菌和植入医疗器械专项检查、医疗器械使用单位全覆盖检查以及化妆品“线上净网线下清源”风险排查等专项整治工作。全年检查药品零售企业151家次，药品使用单位226家次，疫苗使用单位47家次，医疗器械生产企业2家次，医疗器械经营企业162家次，医疗器械使用单位220家次，化妆品经营单位213家次，上报药品不良反应报告417例，医疗器械不良事件报告201例，查处各类药品、药械违法案件41起，有效杜绝药品、药械安全风险。

【知识产权监管】 2020年，乐昌市市场监督管理局推动企业知识产权创造运用，指导企业开展知识产权贯标、质押融资工作，促进企业运用知识产权创新创业。加大知识产权保护和综合监管力度，做好知识产权争议处理、维权援助和纠纷调处，指导商标、专利执法工作。全年，专利申请611件，资助授权专利217件，资助金额21.75万元。

【特种设备安全】 2020年，全市注册在用特种设备数量共1942台（套），其中电梯1207台、起重机械275台、场内机动车辆163台、锅炉39台、压力容器230台、压力管道28条。面对突如其来的新冠肺炎疫情，特种设备安全监察工作围绕指导服务企业安全有序复工复产，服务经济社会安全有序发展，把“铁拳执法行动”、安全生产和消防安全大排查大整治、安全生产领域八大专项整治、市场监管领域安全生产专项整治、节前特种设备安全检查、安全生产专项整治三年行动计划有机结合，突出重点，有序推进。联合卫生部门开展医疗卫生单位专项治理行动；聘请汕尾市特种设备检测研究院开展电梯监督抽查，总计抽查电梯94台。全年出动检查人员869人次，检查特种设备使用单位288家，抽查特种设备363台，发现一般事故隐患114项，严重事故隐患15项，全部完成整改，下达《特种设备安全监察指令书》25份，查封特种设备1台，组织应急演练8次，全市未发生特种设备安全事故。

【监管执法工作】 2020年，乐昌市市场监督管理局坚守执法底线，以群众关心的行业和领域为重点，对市场监管领域违法行为重拳出击。打击疫情相关违法行为，立案查处口罩等防控产品案件9宗，其中1宗移送公安机关。打击走私行为，查获3车涉嫌无检验检疫证明冻品共73.43吨，另查获1车涉嫌走私洋酒，共547箱，涉嫌走私食品货值共计374.36万元；查处4宗涉嫌无证照经营成品油案件；开展打击市场经营长江流域非法捕捞渔获物专项行动；查处7宗侵犯他人注册商标专用权案，罚没款共计4000元。全年依法作出各类行政处罚189宗，移送公安机关或其他单位案件7宗。

【新冠肺炎疫情防控】 2020年疫情发生前、中期，乐昌市市场监督管理局每日“派员驻场”在各农贸市场内，对市场野生动物销售情况、落实防疫措施情况进行检查，强化进口冷冻肉制品和水产品、接触人员和环境等重点传播途径监管，做好食品安全全链条监管和冷库等重点场所核酸监测工作。全年累计出动执法人员11397人次，检查市场档口55410个次，派发《农贸交易市场预防新型冠状病毒感染的肺炎疫情预防控制指引》2800余份；完成农贸市场核酸检测1408份，完成冷库（含超市）核酸检测2241份；检查餐饮服务经营单位2226家次，检查药品、医疗器械经营单位3279家次；开展红外线体温计专项检定校准277台（把）。

（郑小文）

乐昌市市场监督管理局领导班子成员名单

党组书记、机关党委书记、局长：李卫东

党组成员、二级主任科员：符和平

党组成员、副局长：刘三志
崔　福
胡良驹

党组成员：吕晓芳（女）

自然资源管理

【概况】 乐昌市自然资源局于2019年3月经机构改革成立，前身为乐昌市国土资源局，是乐昌市政府工作组成部门，为正科级单位。机构改革后，主要承担全市自然资源开发利用和保护、国土空间用途管制、履行全民所有各类自然资源资产所有者职责、统一调查和确权登记，建立自然资源有偿使用制度、测绘和地质勘查行业管理等职责。设局长1名，副局长3名。有9个内设机构、16个基层自然资源所、6个直属事业单位。2020年，有机关行政编制29个，实际在岗人数26人；乡镇自然资源所行政执法编制46个，实际在岗人数40个；事业编制67个，实际在岗人数55人。

2020年，乐昌市自然资源局获2020年度广东省自然资源系统新闻宣传工作突出单位；乐昌市2020年省预下达奖励指标面积排名全市前五，“挣指标”工作表现突出，被韶关市人民政府通报表扬；省自然资源厅2020年度数据整合工作综合考评优良，乐昌市获增补奖励金120万元，被韶关市人民政府通报表扬；2020年度南粤古驿道保护利用现场培训会在坪石镇召开，成效明显；绿色矿山建设超额完成达300%，居全市第一；拆旧复垦工作超额完成任务达102%，居全市第五，获得韶关市自然资源局认可。

【党建品牌全面深化】 2020年，乐昌市自然资源局坚持党建引领，以模范机关创建为契机，贯彻市委“不忘初心、牢记使命”主题教育活动精神，推动模范机关创建，依托载体在自然资源领域中开展“党员示范岗”“双学双促”评比。全年开展专题学习会议58次，其中党组中心组学习18次共47个专题，开展“每周讲坛”22次，组织自然资源大讲堂8次、集中党课学习11次，学习习近平新时代中国特色社会主义思想、党章、党规、党纪和自然资源业务知识。强化“党建引领促工作”，党员领导干部领办重点工作53件，一批民生实事和要素保障得到落实；深化党建助推重点项目，围绕山水林田湖草生态修复试点工作、古驿道开发建设等重点项目，在项目部现场成立临时党支部，项目部建到哪里，党旗就插到哪里，营造党员带着干、领着干、帮着干到大家一起干的工作氛围。“坚持机制创新、细化廉政建设”，构建“分责实施，齐抓共管”的运行机制，定期开展谈话，全年开展谈心谈话11批次，范围覆盖局班子、部门负责人、岗位调整人员和新进人员等，强化研判分析、落实倒逼机制，定期召开党风廉政建设专题会和每季度召开党风廉政建设研判会，分析研判工作中存在的廉政风险点，确保班子成员落实好分管领域的党风廉政建设工作，及时解决苗头性、倾向性问题。

【宣传工作】 2020年，该局秉持“不忘初心、牢记使命”的思想内涵，提高舆论引导力，对外媒体累计投稿233篇，采稿200篇，位居广东省自然资源（县市区）宣传工作排名首位，获2020年度广东省自然资源系统新闻宣传工作突出单位称号，梅振勇获2020年度广东省自然资源系统新闻宣传工作突出个人称号。

【耕地保护】 2020年，乐昌市人民政府与韶关市人民政府签订《韶关市2020年度耕地保护目标责任书》，明确乐昌市耕地保护责任目标（期内全市耕地保有量不少于3.07万公顷，永久基本农田保护面积不少于2.64万公顷）。市人民政府和镇（街道）签订《乐昌市2020年度耕地保护目标责任书》，镇（街道）与村委会签订镇级2020年度耕地保护目标责任书，明确镇、村级耕地保有量，层层落实基本农田保护面积、耕地占补平衡责任。2020年，全市实际耕地保有量3.62万公顷，比韶关市级下达目标3.07万公顷多出0.55万公顷，超额完成韶关市级下达保护任务，全市永久基本农田2.65万公顷，比市级下达目标2.64万公顷多出108.73公顷，全年完成储备补充耕地整改面积311.79公顷。

【拆旧复垦】 2020年拆旧复垦共实施54个项目，涉及13个镇，立项面积54.5公顷，于2020年6月进场施工，10月完成竣工验收、系统资料报备和形成指标工作，生成复垦指标38公顷，待省厅安排复垦指标交易，预计保底收益2.85亿元，农民保底收益1.71亿元。拆旧复垦工作有效盘活农村闲置低效建设用地，促进农村合理规划布局，提升乡村风貌，增加农民收入，为贯彻落实中共十九大关于实施乡村振兴战略的决策部署，探索城乡融合发展新路径，打好精准脱贫攻坚战，促进美丽乡村建设贡献力量。

【生态修复】 2020年，乐昌市纳入粤北山水林田湖草治理项目库的项目7个，其中乐昌市自然资源局牵头实施项目有3个，分别为乐昌市2020年度历史遗留工矿废弃地复垦利用项目、广东省乐昌市长来镇罗村硫铁矿矿山地质环境治理恢复工程和广东省乐昌市北乡镇枫树下非采点矿山地质环境恢复治理工程，3个项目合计获批中央奖补资金1749.79万元，主体工程均竣工。生态修复试点工程保住青山绿水，修复生态环境，坚持“高水平规划、高标准建设、高质量发展”集中资源和精力重点打造乐昌生态修复示范工程，打造粤北生态保护先行地，建设善美乐昌。

【“三旧”改造】 2020年，乐昌市“三旧”改造主要以拆除重建项目和拆旧复垦项目为主，年度录入成效系统拆除重建新增及完成改造项目11个，拆旧复垦新增及完成项目19个。乐昌市全年超额完成新增改造任务面积34.84公顷（完成任务比例116.13%），完成改造任务面积24.64公顷（完成任务比例105.58%）。

【不动产登记】 2020年，乐昌市不动产登记登簿数2.9万宗，其中办理不动产登记业务发证

◆长来镇罗村硫铁矿矿山地质环境治理恢复工程修复后近景图（张春玲 摄）

6627宗，不动产登记证明1.4万宗。优化完善不动产登记、交易、税收征缴“一窗受理”，实现群众“最多跑一次”的不动产登记业务；压缩办理不动产登记的时间，不动产权注销登记、抵押注销登记、预购商品房预告注销登记、不涉及产权争议的一般登记信息的更正登记、查封登记和解除查封登记马上办；除法人或其他组织建造房屋首次登记、涉及历史遗留问题、非公证的继承等复杂的不动产登记外，于2020年12月14日达到抵押登记1个工作日、其他登记类型3个工作日内办结；推出“不动产登记+金融服务”，全市普及银行线上业务，各银行网点正常办理不动产预购商品房预告登记、预购商品房抵押权预告登记、不动产抵押权设立登记、不动产抵押权转移登记、不动产抵押权变更登记、抵押权注销登记、以按揭形式购买不动产时的不动产三级市场（二手房）转移登记业务，做到数据跑腿，缩短抵押登记办理时间，提高贷款效率；推动“不动产登记+民生服务”，群众在办理房屋首次登记和转移登记时，实现不动产登记与用水、用电、用气和用网业务一窗通办，优化不动产登记流程，实现不动产登记业务全员通办；实现不动产登记“一证两码”模式，通过手机扫不动产权证二维码，可查询证书附图、限制状态等信息；精简不必要的证明、盖章环节，将法律法规没有明确规定必需的证明、公证等材料剔除，凡是能通过部门信息共享手段获取或验证的信息不再要求申请人提供相关材料，不需要群众提供身份证、企业营业执照复印件。

【垦造水田】 2020年5月，廊田镇农庄等3个村、第一示范牧场垦造水田项目通过韶关市级验收，新增水田97.15公顷。通过招商引资，引进国内宝能集团统一流转种植，结合乡村旅游休闲综合开发，提升耕地潜在价值，促进地方经济绿色可持续发展，加快美丽乡村建设步伐。

◆廊田镇垦造水田项目（示范牧场片区）竣工效果图

（市自然资源局　供）

【生态建设】 2020年12月，乐昌市3家矿山开展绿色矿山创建工作，其中有1家通过省级评审并获得省级奖补资金。

【地质灾害治理】 2020年，乐昌市完成梅花镇南岭矿区关春一区滑坡等治理项目，年核销在册地质灾害点5个，完成年核减地质灾害点10%的目标，确保地质灾害点人民群众生命财产安全。

【国土空间规划】 2020年4月，省自然资源厅制定“2020年国土空间规划工作要点”，提出2020年粤东西北地区基本形成规划框架。2020年12月，乐昌市规划进展在韶关各县（市）中位居前列，形成“1个文本+1套图集+4个专题+1个数据库”的初步成果，其中“4个专题”是指乐昌市国土空间开发与保护战略研究、空间性规划实施评估、国土综合整治和生态修复研究、乐昌市历史文化特色与风貌研究。

【南粤古驿道项目建设】 乐昌市2019年西京古道活化推广项目下达资金1764万元，项目建设地址主要在坪石、梅花、云岩3个镇。至2020年9月“南粤古驿道重点线路西京古道（乐昌段）巩固提升项目及绿道建设”工程建设全部完成，其中，16千米绿道有13千米完成硬化，有3千米梅花镇双桥段完成土路基、山石路基等的道路通行建设。乐昌市2020年西京古道活化推广项目下达资金3300万元，项目建设地址主要在坪石镇，于2020年6月20日进场施工建设，至2020年12月完成人文名胜修缮打造15处，古驿道本体修复10.5千米等，完成项目总量的80%，完成实际支付1971万元，执行率60%，形象进度2546万元，占总资金77%。

【“房地一体”农村不动产登记发证】 乐昌市“房地一体”农村不动产登记发证工作涉及17镇（街）195个行政村，共计9.68万宗宅基地和集体土地。分四个标段，于2020年7月1日完成公开招标，总中标价1892.33万元，每宗单价为195元。全部采取全解析法外业测绘。完成2020年既定工作任务，依据合同条款从涉农资金中支付总价的20%，费用378.47万元。乐昌市房地一体农村不动产确权登记全部完成权籍测绘工作等基础性工作，通过确权登记发证，使农民享有的宅基地和集体建设用地使用权及房屋所有权得到法律的确认和保护，赋予农民财产权利，为农民增加财产性收入提供产权保障。

【经济创收】 2020年，乐昌市自然资源局全年创收3.12亿元，其中城市基础设施配套费6400.97万元、土地出让收益2.54亿元、非税收入（不动产登记费和工本费）91.28万元、其他一般性罚没收入84.92万元、测绘费12.01万元（不含未收取的政府项目测绘费968万元）、耕地开垦费4.8万元、矿业权占用费用0.15万元。

【执法监察】 2020年，乐昌市自然资源局开展农村乱占耕地建房摸排，10月23日对疑似问题图斑6206个核查完毕并上报。指导各镇（街道）加强村乱占耕地建房问题整治工作政策宣传，印发宣传手册1万份、海报153份、横幅17条。微信公众号发布“八不准”相关推文8篇，总阅读量达8038人次。利用在线巡查系统上报自然资源违法事件185宗，核查率100%，立案率100%。行业专项整治期间，共核查上级交办线索3条，办结3条。协助公安机关查处盗窃矿产资源案件一宗，为公安机关对案件定性提供证据。土地违法案件行政处罚14宗，罚款27万余元，涉案土地面积11.73公顷。行业专项治理期间未发现非法开采案件线索。

【扫黑除恶】 2020年3月20日，乐昌市自然资源局编制《自然资源领域行业治理专项运动方案》，4月27日编制《集中开展打击非法开采矿产资源专项行动整治工作方案》，形成制度性安排，做到工作有计划、整治有方案。7月27日制定《乐昌市自然资源执法监督巡查工作制度》，12月29日乐昌市公安局、市自然资源局印发《关于乐昌市公安局与市自然资源局建立打击涉黑恶违法犯罪联合执法的长效机制》，建立长效机制。

【用地报批】 2020年，乐昌市新增建设用地报批共计25个批次，获得建设用地指标31.64公顷，有效保障全市建设项目的用地需求。

（吴小花）

市自然资源局领导班子成员名单

党组书记、局长：廖桂英（女）
党组成员、副局长：
李永湘
苏华勇
谢海华
吴红雷（—12月）
党组成员：冯卫平（—8月）

应急管理

【概况】 乐昌市应急管理局（以下简称市应急管理局）是市人民政府主管全市应急管理工作的直属机构，局内设办公室、法规人事股、危险化学品安全监管股、安全生产基础股、应急综合股、火灾防治股、灾害救援股、综合减灾股、安全生产执法股9个职能股（室）。2020年，有工作人员28人，公务员19人，后勤服务人员3人，专职安全员5人，党委班子成员7人（其中正局长1人，二级主任科员1人，副局长2人，二级主任科员3人）。全市19个镇（街道、办事处）全部建立安监站，有安监站工作人员63人。2020年，全市发生各类生产安全事故113起，死亡11人，受伤16人，直接经济损失294.45万元，事故起数同比下降8.13%，死亡人数同比下降42.11%，受伤人数同比下降27.27%，直接经济损失同比上升46.77%。

【依法治安】 2020年，市应急局监督检查各类生产经营单位121个、351次，监督检查覆盖率97.6%，实施行政处罚3次，经济处罚6万元（其中事故罚款0万元、监督监察罚款6万元）。

【风险防控】 2020年，市应急局建立完善风险点危险源分级管控工作机制，经清理核查，全市风险点危险源122个，其中红色风险0个、橙色风险16个、黄色风险42个、蓝色风险64个。下发《关于做好安全生产事故隐患排查（检查）治理台账的通知》，推动各镇（街道、办事处）、各部门和企业建立隐患排查（检查）治理台账。

【宣传教育】 2020年，市应急局开展"安全生产月"和"安全生产南粤行"等安全生产宣传教育活动，通过电视台、广播、微信公众号等媒体面向社会、基层、企业、职工开展宣传。组织开展安全生产进企业、进学校、进机关、进社区、进农村、进家庭、进公共场所"七进"活动。组织开展关于地灾、消防、垮塌、高坠等各类应急演练，开展《生产安全事故应急条例》等法律法规宣贯10余场次，应急演练发放各类宣传资料10余万份，播放安全公益广告1万余条次。通过开展安全生产月活动，受教育群众达3万余人次，安全意识和安全理念得到提升。

【应急指挥中心建设】 2020年，市应急局初步建成乐昌市应急指挥中心并投入使用，指挥中心实行7×24小时全天候、无缝隙的领导带班和专职人员值守值班制度。定期开展会商，与重点行业主管单位沟通会商，掌握重点风险管控情况，形成会商报告，并开展工作部署。开展全市应急资源普查，清查全市范围内的专家队伍、应急队伍、救援装备、避难场所、水库地灾点处应急救援资源，录入应急系统形成"一张图"，确保随时方便调用和及时应急。

【防灾减灾救灾】 2020年，市应急局做好救灾应急物资储备，全市本级救灾仓库储备棉被1038张、迷彩服224套、折叠床98张、帐篷88顶、蜡烛48包、军大衣1339件。救灾物资储备库实行专人负责，一旦发生灾情，确保应急救灾物资调得出、用得上。是年，乐昌市城区及17个镇（街道）发生内涝、房屋倒塌、农田冲毁和交通、供水、供电中断等灾害情况，受灾人口116人，转移安置群众70人，房屋倒塌24间，洪涝农作物受灾404.4公顷（其中经济作物349.47公顷、粮食作物54.93公顷）；洪水损坏水利工程护岸4处，小型水库受损2座，堤防受损1处，塘坝受损3座，损坏灌溉设施2处，水电站引水渠受损4处；农村公路中断51条；乐昌城区发生内涝3处，无人员伤亡情况。全年完成8户"全倒户"民房重建工程。利用"5·12"防灾减灾宣传周进行防灾减灾救灾宣传，增强群众防灾减灾应急安全意识，提高群众自救自护能力，提升群众的防灾避险能力，营造防灾减灾社会氛围。

【防汛抗旱】 2020年入汛期间，市应急局与气象、水务、水文、自然资源、农业农村、交通运输等部门联合会商，及时发布险情灾情预警信息，遇重大灾情时直接叫应调度到一线，了解第一信息，提高响应时效，及时组织群众转移避险。全市各"三防"成员单位、各镇（街）于2月初至3月初开展为期1个月的防汛备汛安全隐患大检查，市防汛抗旱指挥部对查出的隐患均逐一登记造册并派出督查组督促跟踪整改，确保隐患彻底整改消除。

【地灾防治】 2020年，市应急局完善地质灾害防治"人防+技防"体系，通过微信、电话等方式向各乡镇政府、各防治单位发出预警10余次；邀请乐昌市地质灾害技术支撑单位，配合各自然资源所到辖区地质灾害点进行巡查和排查，发放地质灾害防治宣传手册1000余份，发生地灾后第一时间赶赴现场、设置警戒线，汛期累计出具调查报告10余份，发挥群防群测系统，加密预警期间的巡查频率，全年汛期出动巡查人员300多人次，保障人民群众生命财产安全，未发生因地质灾害造成的人员伤亡事故；为每个地质灾害隐患点配备群防群测简易监测工具45套，提升基层群防群测员应急处置和监测预警能力，提高全市地质灾害防治水平。加强地质灾害隐患点综合治理，核销地质灾害隐患点8个，减少受威胁群众166人，减少潜在经济损失681万元。

【防震减灾】 2020年，市应急局贯彻执行《中华人民共和国防震减灾法》，推进地震监测台网建设，提高地震监测能力。监测台设施设备完好，运行正常；聘请当地村民管理地震监测台的设施。开展科普宣传，编印地震地灾科普宣传手册200份，提高群众防灾减灾意识。

【政府信息公开】 2020年，市应急局主动公开政府信息181条，全文电子化率100%。未收到依申请公开事项；未收到涉及政府信息和政务公开工作的举报投诉；未发生行政复议和行政诉讼。

（余文琦）

市应急管理局领导班子成员名单

局　　　长：王小勇
二级主任科员：吕锦东
副　局　长：骆仕斌
　　　　　　丘永建
三级主任科员：王维新
　　　　　　罗　莹（女）
　　　　　　李良雄

消　防

【概况】 乐昌市消防救援大队前身为乐昌市公安消防大队，为中国人民武装警察部队中的公安消防部队，组建于1965年。2020年，乐昌市公安消防大队正式更名为乐昌市消防救援大队，担负全市辖区范围的消防安全保卫及京港澳高速公路坪石段的抢险救援任务，是一支集防火、灭火和其他以抢救人员生命为主的国家综合性消防救援队伍。

2020年，乐昌市消防救援大队有消防指战员63人，其中干部12人、国家队消防员28人、政府专职消防队员15人、大厅文员8人。下辖乐城消防救援站与坪石消防救援站，担负乐昌市区及16个乡镇、1个街道、2个办事处2421平方千米的灭火救援和抢险救援任务。

【消防救援】 2020年，大队共接警出动351起，其中火警103起，出动车辆647次，出动人员3649人次，抢救和疏散被困人员135人，抢救被困财产15.94万元。参与处置“11·23”九峰镇248省道塌方事故救援、“11·30”北乡镇木板厂着火等系列急难险重的救援任务。年内，乐城消防救援站瞿嘉玮获评乐昌市优秀团干，连辉勇、李鉴伦、冯颖辉3人获评乐昌市优秀团员，乐城消防救援站在市消防救援支队组织的6月比武会操中荣获团体第一名，5名政府专职队员考取国家队消防员，坪石消防救援站胡永恒获评省消防救援总队“优秀共产党员”；贺建建参加省消防救援总队援汉突击队工作表现突出，获评市消防救援支队“优秀共产党员”、省消防救援总队“抗击新冠肺炎疫情先进个人”、“韶关好人”、“广东好人”等殊荣。

【消防宣传教育】 2020年，乐昌市消防救援大队开展消防安全宣传工作，深入学校、企事业单位、住宅小区等场所开展消防安全培训55场次，培训人员7000余人；接待到队参观人数800余人；组织开展线上消防安全知识视频学习3次，受众人数达10万余人；组织线上消防安全知识测试，共8.09万人参与；11月9日，承办“119”消防宣传月启动仪式，展示消防救援队伍形象，提高群众消防安全意识；印制宣传海报及宣传册5万余份，发动各镇街消防网格员利用日常检查、人口普查时机上门入户进行面对面发放和培训；组织全市28个物业小区及53个消防安全重点单位开展员工消防安全知识培训及灭火演练162场次；在市融媒体中心利用主流媒体和“两微”（微信、微博）平台推送消防安全信息、隐患曝光及公益广告400余次，预计受众人数达20万余人，使消防安全知识深入千家万户。

【消防监督】 2020年，乐昌市消防救援大队共检查单位275家，发现存在消防安全火灾隐患问题110处，督促整改99处，下发责令改正通知书71份，行政处罚决定书18份，下发临时查封决定书7份，责令“三停”单位2家。

（王正飞　李小雪）

市消防救援大队领导班子成员名单

大　队　长：吕艳涛
教　导　员：谢　凯
大队部干部：王瑞林
　　　　　　唐耀湘
　　　　　　姚鹏鹏
乐城消防救援站指导员：彭　宏
乐城消防救援站站长：秦　卓
乐城消防救援站副站长：瞿嘉玮
　　　　　　　　　　王正飞
坪石消防救援站指导员：高志浩
坪石消防救援站站长：胡永恒

坪石消防救援站副站长：贺建建
肖其军

国有资产管理

【概况】 乐昌市国有资产监督管理局（以下简称市国资局）成立于2019年3月19日，为乐昌市人民政府工作部门。下设办公室、人事股、产权管理股、企业改革发展股，机关行政编制14名，2020年在职人数14人。

【基层党组织建设】 2020年，市国资局组建成立中共乐昌市国有资产监督管理局机关党委，机关党委设置7个党支部（含6个国有企业党支部），有党员115人。

【国资国企改革】 2020年，市国资局完成中央、省属国有企业职工家属区“三供一业”分离移交4576户，其中供电515户、供水1113户、物业管理2948户。完成中央、省属、市属国有企业退休人员社会化管理移交46家企业，接收国有企业退休人员5004人（含党员962人）。完成乐昌市机械厂企业转制，安置职工54人，解决企业历史遗留问题。成立乐昌市昌盛国有产权管理有限公司，解决改制企业简易注销问题。

【减免国有物业租金】 2020年，市国资局贯彻落实省、韶关、乐昌市复工复产扶持政策，完成对承租国有资产经营用房从事生产经营活动的企业和个体户减免租金约264.2万元，惠及经营户478户。

【收购东洛水库电站】 2020年，市国资局下属企业乐昌市水利投资有限公司竞得乐昌市东洛水库电站有限责任公司资产（以下简称东洛水库），后更名为乐昌市水利投资有限公司乐昌东昇水电站。东洛水库的收购，有利于充分发挥该水库防洪调汛、防洪灌溉、农业生产生活用水、发电生产等功能。

（郑　锋　何志花）

市国资局领导班子成员名单

局党组书记、局　长：邓　斌
局党组成员、副局长：邓文剑
林璞玮
陈宇轩

农·林·水·气象

农业农村

【概况】 乐昌市农业农村局属市人民政府工作部门，办公地址位于乐昌市河南大昌路54号，加挂市扶贫开发办公室牌子。市委农村工作办公室设在市农业农村局，市农业农村局内设机构根据工作需要承担市委农办相关工作，接受市委农办的统筹协调。市农业农村局内设办公室、法规与改革股、发展计划股、财务与审计股、农村社会事业促进股、乡村产业发展与农村合作经济指导股、扶贫开发指导与规划股（市老区建设办公室）、市场信息化与科技教育股（农业转基因生物安全管理办公室）、农产品质量安全监督管理股、种植业管理股、畜牧兽医与渔业股、农业机械化管理股、执法一股（执法一大队）、执法二股（执法二大队）、人事股和机关党委17个机构。市农业农村局机关编制54名，2020年在编49名。其中：行政编制39名，2020年在编35名；行政执法专项编制15名，2020年在编14名。

2020年，全市农林牧渔业总产值完成49.18亿元，同比增长2.5%，农林牧渔业增加值29.12亿元，增长3.1%。农村居民人均可支配收入18793元，增长13%。

【贯彻落实国家强农惠农富农政策】 2020年，乐昌市农业农村局落实国家耕地地力保护补贴政策，全年耕地地力保护补贴面积22753公顷，其中按确权面积登记核实补贴面积20454公顷，按家庭联产承包面积登记核实补贴面积1879.6公顷。2020年耕地地力保护补贴按时发放到位，没有出现漏发、多发的情况；完成政策性水稻、玉米和黄烟种植参保工作，全市水稻种植参保面积10267公顷，玉米参保面积2800公顷，黄烟参保面积1107公顷；开展禁渔补助、油价补贴工作，落实惠渔政策，发放2019年渔船油补资金58.31万元，补贴渔船121艘；2020年禁渔补助共补助禁渔船员201人，发放禁渔补助资金44.22万元。2020年，省财政厅、省农业厅下达乐昌市中央财政农机购置补贴资金为151万元，加上结余结转资金0.85万元，乐昌市可使用中央财政农机购置补贴资金为151.85万元。乐昌市落实农机购置补贴资金137.61万元，国补资金使用率90.62%，拉动农民投入购买农业机械资金500多万元，受益1098户，补贴推广各类农机具1291台（套）。

【农业生产情况】 2020年，全市播种农作物33173公顷，其中粮食作物播种面积14311公顷，经济作物5893公顷。全年播种水稻10673公顷，其产量7.45万吨，蔬菜播种面积11740公顷，水果种植面积7499公顷；油料播种面积5153公顷，其中，花生3487公顷；玉米2705公顷；烟叶1107公顷；薯类398公顷，大豆465公顷，茶叶1419公顷。

【科技兴农】 2020年，乐昌市农业农村局依托水稻、蔬菜、果树3个主导产业推广7个主导品种和6项主推技术，以及2020年乐昌市11个农业主导品种个、4项主推技术。实施2019年全国基层农技推广体系改革与建设补助项目，开展45名农技人员韶关级培训、5名农技骨干省级培训，推进北乡桂源马蹄农副产品流通专业合作社、九峰阿坚水果专业合作社基地2个科技试验示范基地建设，落实2个示范基地以及195户示范户的物化补贴，推进完善乐昌市基层农技推广体系建设。

遴选推荐9名农业经营主体申报广东省农村乡村专家。

【农业安全生产】 2020年，全市拥有无公害产品质量认证101个，绿色食品8个，有机产品44个，国家地理标志产品3个（北乡马蹄、张溪香芋、沿溪山白毛尖），国家地理标志商标1个（黄金柰李），国家级生态原产地保护产品4个［炮弹香芋、肖志平牌马蹄、沿溪山雾翔牌白毛尖茶、岭南天红茶（绿茶）］，全国名特优新农产品3个、广东省十大名牌产品2个（香芋、白毛尖茶），“粤字号”农业品牌37个，广东省“菜篮子”生产基地10家，粤港澳大湾区“菜篮子”生产基地7家。2020年，种植业定性检测2592批次，合格率100%；定量检测290（含监督抽查）批次，合格率100%；“瘦肉精”定性检测2880批次，合格率100%；畜禽水产定量检测135批次（含监督抽查），合格率100%。上级部门在乐昌市抽检的样品全部合格。开展农资打假专项治理行动、农产品质量安全监管专项整治活动，组织出动执法人员120人次，检查农资批发企业、农资经营门店、规模农产品生产基地及农民专业合作社共97家次，办理案件1宗，罚款3万元。维持高压打击私屠滥宰态势，联合市公安局、市市场监督管理局、市畜牧兽医水产事务中心共派出48名执法人员对确认的私宰点开展打击工作，共捣毁私宰点2个，立案2宗，移交司法机关2宗，没收用于从事私屠滥宰的工具40余把（个/台），无害化处理私屠滥宰生猪及生猪产品约3600公斤（生猪36头），移送司法机关处理。查处运输应当检疫未经检疫案件1宗，行政罚没22.39万元。做好农业面源污染防治，推进畜禽养殖废弃物资源化利用，2020年全市粪污综合利用率79.24%，规模养殖场粪污处理设施配套率96.1%；加快化肥农药零增长行动计划，农用地安全利用率90%。

【农村综合改革】 2020年，乐昌市农业农村局完成农村集体产权制度改革试点工作。截至10月底，全市完成资产量化的集体经济组织231个，量化资产额6183.38万元；没有或极少经营性资产的集体经济组织2038个，完成虚拟份额登记2038个，完成率100%；全市2269个集体经济组织完成登记赋码及办理农村集体经济组织登记证，完成率100%；92566本股权成员证完成登记打证工作。完成农村承包地流转省级试点任务。鼓励引导农民以出租等方式流转土地，将耕地流转到农业大户等经营主体，充分发挥农村承包地作用，实现农业增收、农民增收。以云岩镇为试点，对符合条件的土地流入方根据规模、时限等形成多种奖励标准进行一次性财政奖补，其中最低奖补标准是规模为0.33—0.67公顷，流转时限达到3年的即可按40元/亩给予一次性奖励。试点镇云岩镇共流转农村承包地268.95公顷，向流入方发放奖补资金28万元，共有6个农民专业合作社和15个种养大户受益，涉及农户数892户。推进做好农村宅基地改革和管理工作。根据国家、省、韶关市相关法律法规规定，制定《乐昌市农村宅基地审批管理工作指引》，明确各部门职责及审批流程，稳慎推进宅基地改革。截至12月底，农村宅基地建房申请数732宗，审批数289宗，审批面积2.9公顷，审批率39.48%。

【农业产业化发展】 2020年，乐昌市农业农村局推进农业适度规模化经营，全市有省级龙头企业8家、韶关市级14家、县级34家；有市场监管局登记农民专业合作社716家，其中国家级示范社5家、省级28家、韶关市级40家，县级54家，带动农户近三万人；全市市场监管局在册家庭农场346家，示范家庭农场省级10家，韶关市级51家，乐昌市级82家。加强富民兴村农业产业建设，推进“一村一品、一镇一业”工作，全年建设14个“一村一品、一镇一业”项目，覆盖14个行政村，建成香芋、大米、茶叶、蔬菜、生态茶油、药材、雪毛鸡、红薯干等村品镇业，全市2个镇获得省“一村一品、一镇一业”专业村镇认定，18个村获得省“一村一品、一镇一业”专业村镇认定。全市水稻种植10673公顷，早稻4083公顷（其中新增早稻种植面积240公顷）、中稻2000公顷，晚稻4590公顷，其中优质稻约9240公顷，水稻总产量约7.45万吨，其他粮食作物3638公顷。优质特色水果种植总面积达6667公顷；规模化发展香芋、茄子、辣椒等特色蔬菜种植面积达11066公顷；烟叶种植面积1107公顷，收购烟叶2250吨，烟农收入6283万元，烟叶税收入1382万元。

【农民合作社质量提升整县推进试点】 2020年，乐昌市以全国农民合作社质量提升整县推进试点工作为契机，围绕农民合作社不规范、发展不合理等问题，把推进合作社服务中心、联合社和农民专业合作社融合发展作为深化综合改革的抓手，带动农民合作社规范发展。截至2020年12月31日，全市登记注册农民专业合作社716家，同比新增129家。全市有国家级示范社5家、省级示范社28家（2020年新增10家）、韶关市级示范社29家、乐昌市示范社54家（2020年新增14家），成立1家农业协会，打造4家合作社联合社、1家妇女合作社联合社，培育2家县级农民合作社服务中心，18个农民合作社质量提升项目落地。

【农业产业强镇示范建设项目】 2020年，九峰镇被确定为2020年农业产业强镇建设单位。九峰镇农业产业强镇示范建设共有原料基地设施装备提升、农产品仓储保鲜冷链物流设施建设、黄金柰李精深加工建设、黄金柰李品牌创建营销提升、联农带农机制创设五大建设内容41个子项目，总投资1316.33万元，其中中央财政资金1000万元、自筹资金316.33万元。成立农业产业强镇建设工作指导小组，镇级成立农业产业强镇建设工作领导小组。经市政府同意，与市财政局联合印发产业强镇示范建设实施方案和资金管理细则。截至2020年12月底，完工子项目12个（6个为自筹资金项目，6个为财政资金扶持项目），其中6个财政资金扶持项目完成镇级验收，在建子项目22个，未动工子项目7个（3个为自筹资金项目，4个为财政资金项目）。

【高标准基本农田建设】 2020年，乐昌市高标准农田建设项目建设规模4760公顷，项目建设资金10710万元，在白石、梅花、坪石、沙坪、九峰等镇的24个村，修建渠道60千米，修建田间道路160千米。改善农田基础设施和农业生产生活条件，提高农业综合生产能力，推进农业生产机械化和土地规模化、集约化经营，带动农民增收致富。

【现代农业产业园建设】 2020年，乐昌市香芋省级现代农业产业园完成建设并投入运营。截至2020年12月底，香芋省级现代农业产业园投入资金28530.59万元，投资完成率136.7%。其中省级财政资金5000万元，使用率100%，县级统筹资金13616.16万元，企业自筹资金9914.43万元，财政资金撬动比为1：5.7。通过省、韶验收，绩效评价材料提交至省农业农村厅。乐昌市岭南落叶水果省级现代农业产业园于2020年6月获省政府批准建设，范围涵盖乐城街道、九峰镇、两江镇、梅花镇、坪石镇5个镇（街道）。水果产业园围绕“一心一轴三区”规划布局，重点建设岭南落叶水果全产业链构建、落叶水果全产业链提升建设等9大项目27个子项目。计划总投资22985万元，其中省级财政补助资金5000万元、企业自筹资金11985万元、县级统筹资金6000万元。截至2020年12月底，水果产业园累计投入资金7617.67万元，占计划总投入资金的33.14%；其中省级财政资金1768.56万元，占下达财政资金的35.37%；企业自筹资金2234.12万元；县级统筹资金3614.99万元。开工项目27个，开工率100%；完工项目4个；完成验收项目4个，完成省、韶下达的任务目标。

【2020年乐昌市“中国农民丰收节”暨消费扶贫月活动】 2020年9月22日至10月22日，乐昌市以“庆丰收、迎小康”为主题，举办2020年乐昌市“中国农民丰收节”暨消费扶贫月活动；打造创意农旅“廊田”新样板，推动特色农业、生态农业和文化旅游融合发展；活动覆盖人群约17万人次，累计接待乡村旅游游客25万人次。结合文旅互动、农旅融合、脱贫攻坚、美丽新农村等元素，组织农家趣味运动赛、农产品展播会、系列评比活动、生态农旅游、农耕“非遗”文化展、“三农”主题摄影展等活动，国庆期间吸引游客到乐昌游玩，带动乡村消费，宣传党的强农惠农富农政策，提升全市农民的荣誉感、幸福感、获得感。

（吴颖洁）

市农业农村局领导班子成员名单

市农业农村局局长，市委农办、市扶贫办主任：华癸莲（女）

市委农办、市扶贫办常务副主任：蔡立新
市委农办、市扶贫办专职副主任：杨嘉锋（3月—）
党组成员、副局长：
张增文
扶春莲（女，—7月）
黄慧康（—5月）
刘良华（8月—）
张湘权
刘永明（兼畜牧兽医水产事务中心主任）
党组成员：罗　东
副 局 长：叶炳良（挂职）
党委书记：华癸莲（女）
党委副书记：蔡立新
张增文
纪委书记：
扶春莲（女，—7月）

新时期精准扶贫精准脱贫

【概况】 新时期精准扶贫精准脱贫工作，乐昌市有39个省定贫困村，其中省直帮扶8个村，东莞市大朗镇和清溪镇共帮扶29个村，韶关市帮扶2个村，157个非贫困村（居）即面上贫困村由乐昌市派出17个扶贫工作组驻镇（街）帮扶，共有102个本级单位3495名结对帮扶分散村贫困户。到2020年年底，全市39个省定贫困村全部实现出列，建档立卡贫困户4960户13571人全部实现脱贫退出，脱贫退出率100%。

【帮扶成效】 2020年乐昌市立足贫困村、贫困人口的实际需要，突出抓好产业帮扶、就业帮扶、安全住房、安全饮水、教育保障、医疗保障、金融扶贫、消费扶贫等政策落实，扶贫工作取得良好成效。截至2020年年末，全市到位各级扶贫专项资金4.23亿元，实际支出4.23亿元，支出率100%，其中2020年各级到位扶贫资金共计6676.46万元，支出6676.46万元，支出率100%，有效推动项目实施，实现扶贫资金使用高效目标。

【扶贫成效】 2020年，乐昌市全市贫困户义务教育阶段入学率99.75%，2019—2020学年发放教育补助2836人，共949.55万元，每学年度教育补助落实率均达100%。落实社会保障兜底政策，全市建档立卡整户无劳动能力贫困户1993户3136人，100%纳入政策兜底保障；为符合参保条件贫困户7071人代缴居民养老保险，落实率100%。落实社会保险扶贫和医疗救助政策，全市建档立卡相对贫困人员100%参加基本医疗保险，对各项医保政策报销后合规医疗费救助比例按不低于80%比例进行救助，全年医疗报销和医疗救助13757人次2602.54万元。做好贫困户危房改造，全年完成无房户新建住房任务69户，完成新增19户危房改造任务，完成率100%。落实饮水安全保障，39个省定贫困村常住人口20户以上338个自然村均实现集中供水，所有建档立卡贫困户家居饮用水实现管道到户或通过饮用水安全检测。

【党建扶贫】 2020年，乐昌市搭建“联合党建+乡村振兴”战略合作平台。以组织振兴带动产业振兴，在产业链、项目和新兴业态上的各级党组织资源聚集起来，形成以党组织为核心，产业链为支撑，“产、供、销、科技、金融”五位一体的党建新品牌，通过联合党建引领乡村振兴之路。由“联合党建+乡村振兴”战略合作单位乐昌农商银行与九峰镇、市现代农业产业园、乐昌市供销社、绿峰合作社等单位签订战略合作协议，为各地“联合党建+乡村振兴”系列活动搭建起政银企合作框架的新样板。

【产业帮扶】 2020年，乐昌市制定出台《乐昌市2020年春耕生产技术指导意见》《乐昌市关于推动新型农业经营主体与精准扶贫有效衔接的奖励办法》等方案措施，为贫困户提供生产物资扶持，对带动贫困户参与农业产业生产的新型农业经营主体及企业进行奖励，调动贫困户参与种养、发展产业的积极性，增强贫困户内生动力和贫困户增收能力。依托“五带五基地”特色农业产业布局，推广“公司+基地+合作社+农户”“基地+公司+贫困户+代管代销”帮扶模式，完善产业扶贫利益连接机制，提升贫困户“造血”功能，覆盖带动2628户贫困户每年增收6000—9000元。发挥香芋现代产业园及岭南落叶果树产业园示范带动作用，全市建成产业扶贫种养基地72个共660多公顷，其中39个贫困村共建成扶贫产业基地45个。依托誉马葡萄酒庄园优势，出台《乐昌市酿酒型葡萄种植奖补办法》，对示范带动贫困户种植酿酒型葡萄的合作社、家庭农场进行奖补扶持，带动220户贫困户增收。

【消费扶贫】 2020年，乐昌市通过“乐昌每周消费扶贫日”活动及扶贫产品“八进”（进部委、进军营、进机关、进学校、进医院、进企业、进商超、进社区）行动等措施，搭建起扶贫产品销售便利渠道，助推农产品走出去，推动消费扶贫；在省扶贫办消费扶贫平台东西部扶贫协作线上平台，开通黄金柰李等扶贫特色水果预售渠道，借用农业银行“消费扶贫爱心卡”优惠活动，面向全省销售数十万斤扶贫水果，解决扶贫产品增产减收问题，推动贫困户、带贫合作社与外地消费市场有机衔接，办理消费扶贫爱心卡5289张；发放扶贫消费券1.5万余张，撬动全市消费扶贫约600万元，激活被疫情抑制的消费需求，促进全市扶贫产品消费增长，加强消费扶贫力度，打造乐昌扶贫亮点，树立贫困户及带贫合作社、家庭农场、企业参与扶贫产业信心决心。

【就业扶贫】 2020年，乐昌市针对受疫情影响返工就业贫困户，落实“三个优先”措施，实施就业和用工服务专员制度和“点对点”精准服务。会同东莞市人社部门，扶持就近或转移返岗（新上岗）878人，协助就业扶贫安置点复工复产。创建扶贫车间和开展公益性岗位安置就业工作，创建10个扶贫车间，累计带动600多人就业，其中解决建档立卡贫困户就业60多人，员工年平均收入达3万元。政府购买服务人员优先招聘建档立卡贫困家庭劳动力，累计在公益岗位实现就业101人。开展就地就近就业奖补及技能培训工作，安排128万元财政资金用于就地就近就业奖补，完成1099人的就业奖补发放工作；通过开展家政服务员、粤菜师傅、电工等技能培训，提高贫困户各项就业技能，2020年开展就业技能培训663人次、农业技能培训4921人次。

【金融扶贫】 2020年，乐昌市建立“金融+产业”扶贫模式，精准对接贫困户、扶贫产业等的金融需求，坚持产业创新与金融扶贫有机结合，推广“托管带种带养”模式，1292户贫困户使用扶贫小额信贷3673.8万元，发展生猪、雪毛鸡、清远棕鹅、兰花、香芋等“金融+产业”项目，年收益达320万元。

【资产管理】 2020年，乐昌市制定印发《乐昌市精准扶贫管理办法（试行）》，规范扶贫资产管理，防止扶贫资产闲置和损失浪费、防止扶贫资产不扶贫，确保扶贫资产保值增值、持续滚动发展，发挥扶贫资产收益保障作用，巩固脱贫攻坚成果，推进全面脱贫与乡村振兴有效衔接。经村级评议、镇级审核公告、县级核查和公告，初步认定扶贫资产1742项，其中国有扶贫资产1项、集体扶贫资产1741项，集体扶贫资产包括经营性扶贫资产780项、公益性扶贫资产961项。

【保障性扶贫】 2020年，乐昌市创新开展“幸福工程”，投入本级财政资金853万元，对1010户开展家庭用电安装、内墙粉白、室内整理等项目，改善贫困户的家居环境，提升贫困户的幸福感和获得感。创新开展深化社会扶贫、牵手共建贫困户幸福家居活动，向市直机关单位、各帮扶单位、社会各界发出倡议共同

◆2020年9月22日，乐昌市委书记沈河民（左二）和乐昌市委副书记、市长钟曦（右二）在乐昌市2020年“中国农民丰收节”活动现场宣传乐昌扶贫特色农产品 （市扶贫办 供）

帮助贫困户改善生活条件，提高生活水平。推送1568份贫困户家居生活需求心愿，促进贫困户家居条件质量提升。

【扶贫宣传】 2020年，上级媒体关于乐昌市脱贫攻坚类用稿130余篇，包括《人民日报》《经济日报》、“学习强国”等中央媒体及《南方日报》、南方+等，同时本地“清和乐昌”APP、乐昌发布、乐昌市融媒体中心公众号、抖音等自身新媒体平台共发布脱贫攻坚相关报道300余篇及电视报道80余篇，展现乐昌市脱贫攻坚成效，激发全市广大党员干部和群众的工作热情，营造社会氛围。

（陈良艳）

市扶贫办领导班子成员名单

市委农办、市扶贫办主任，市农业农村局局长：华癸莲

市委农办、市扶贫办常务副主任：蔡立新

市委农办、市扶贫办专职副主任：杨嘉锋（3月—）

三级主任科员：丘梓青

四级主任科员：方朋帮

综合组负责人：李再明

新农村建设

【概况】 中共乐昌市委农村工作办公室设在乐昌市农业农村局，负责组织开展“三农”问题的调查研究，协调推进和督促落实党中央、省委、韶关市委关于“三农”工作的决策部署。市委农办同时作为市委农村工作领导小组（实施乡村振兴战略领导小组）办公室，承担领导小组日常工作。市农业农村局的内设机构根据工作需要承担市委农办相关工作，接受市委农办的统筹协调。人事工资、党组织管理、工青妇等工作统一归口市农业农村局管理。

【农村人居环境整治】 2020年，乐昌市组织开展“防疫情、保健康”“冬季战役”等村庄清洁专项行动，全市195个行政村完成“三清三拆三整治”，制定《乐昌市农村卫生保洁长效工作实施方案（试行）》，建立农村卫生保洁队伍，巩固全市开展农村人居环境综合整治以来的工作成果。实施“千村示范、万村整治”工程，全市195个行政村中，达到干净整洁村标准的行政村103个，达到美丽宜居村的行政村86个，达到特色精品村的行政村6个。

【自然村整洁达标建设】 2020年，乐昌市以“四沿”等区域为重点，优先推进省际边界地区、南粤古驿道沿线、省道国道河流沿线、铁路高速路沿路、城市郊区等村庄的农村人居环境整治，选定130个自然村创建干净整洁自然村，印发《乐昌市创建130个干净整洁自然村工作的行动方案》。2020年，130个自然村均达到干净整洁村自然村标准，推进巷道硬化、垃圾处理、污水处理、厕所改造、集中供水、住房保障等基础设施建设。

【农村污水处理设施建设】 2020年，乐昌市成立以市委副书记黄艺坤为组长，市委农办等单位主要领导为副组长的村级污水处理设施建设专职小组，统筹协调推进全市村级污水处理设施建设。专职小组召开会议，研究年度任务，明确各村建设主体、建设时间以及建设资金安排。乐昌市通过镇村污水处理一体化PPP项目及新农村建设项目开展农村污水治理工作，统筹涉农资金推进20户以下自然村的污水处理设施建设，通过入户管网将污水统一收集，进行简易处理。全市累计完成污水治理的自然村849条，占比43.1%。

【农村破旧泥砖房“拆清用”】 2020年，乐昌市坚持“坚决拆、精准拆、稳妥拆”的原则，通过采取全面排查、建立台账、强化督导、定期通报等措施，推进全市农村破旧泥砖房拆除清理整治工作，做好全市农村破旧泥砖房拆除“后半篇文章”。全市摸排的泥砖房总数183559间4277038.9平方米，应拆尽拆破旧泥砖房65251间1677920.96平方米，拆除62441间1614405.37平方米，完成拆除160万平方米以上的农村破旧泥砖房的目标任务。全市农村破旧泥砖房拆后利用面积900254.13平方米，占已拆除破旧泥砖房面积的55.76%。

【农村“厕所革命”】 2020年，乐昌市加大排查力度，以镇（街道）为单位摸清农村户厕、公厕的数量、布点模式等信息，跟踪掌握农民群众厕所改造建设的意愿需求。坚持“先建后拆”的原则，加强资金保障，对户厕

◆“美丽乡村”白竹湾　（陈建良　摄）

改造按每户1000元进行奖补，公厕按每个蹲位7500元进行奖补。全市纳入户厕改造数是73625户，其中2019年至2020年共需完成无害化卫生户厕改造3372户，全部完工，农村无害化卫生户厕普及率达100%；全市2019年至2020年公厕建设任务数为210座，全部完工。

【美丽宜居乡村建设】　2020年，乐昌市以示范带、示范镇、示范村引领带动全市美丽宜居乡村建设，完成39个省定贫困村新农村示范村的基础设施建设，包括村道硬化、集中供水、雨污分流、垃圾处理等，均基本达到美丽宜居村标准，长来镇和村村达到特色精品村标准。实施省际廊道美丽乡村示范带建设，横跨坪石镇9个行政村、庆云镇3个行政村共110个自然村，完成G107等主要交通干线沿线1546栋农房的外立面整治，创建三星坪、三拱桥、白竹湾、仁里等5个示范村，实现“一年初见成效，两年基本完成”的创建目标。完成“桃李人家·自在九峰”省级新农村示范片建设，茶料、坪石、上廊、凰落、曹家洞等5个示范村实现主要村道、主要路段实施美化亮化，茶料片、坪石片、凰落片的创建效果显著。推进沿城市周边美丽乡村示范带建设，对市区周边乐城街道、北乡镇、廊田镇、长来镇4个镇街57个自然村实施整治提升，完成1131栋房屋沿线村庄农房风貌提升，美丽乡村建设成效初显。

（卢诗娟）

市委农办领导班子成员名单

市委农办、市扶贫办主任，市农业农村局局长：华癸莲

市委农办、市扶贫办常务副主任：蔡立新

市委农办、市扶贫办专职副主任：杨嘉锋（3月—）

畜牧兽医水产

【概况】　乐昌市畜牧兽医水产事务中心办公地址位于乐昌市人民北路7号，为乐昌市农业农村局管理的副科级参公事业单位，核定事业编制21名，2020年在职人员15人。

2020年，全市畜牧、渔业生产总产量39647吨，畜牧、渔业总产值156726.61万元；生猪饲养量57.08万头，存栏量23.54万头，出栏量33.55万头；家禽饲养量383.88万羽，存栏量73.49万羽，出栏量310.39万羽。全市能繁母猪投保量7720头、生猪投保182334头、家禽投保6万羽。

【各基层站、中心】　2020年，乐昌市设17个畜牧兽医水产站和1个动物疫病预防控制中心，属乐昌市农业农村局管理的正股级公益一类事业单位。根据《乐昌市深化乡镇街道体制改革完善基层治理体系实施方案》文件，基层畜牧兽医水产站在职人员41人，于8月31日前全部划转至乡镇，实行属地管理。市动物疫病预防控制中心在职人员10人。

【畜禽养殖】　2020年，乐昌市推进畜禽养殖废弃物资源化利用工作，粪污资源化综合利用率81.04%，规模养殖场粪污处理设施配套率96.62%。全市生猪年出栏50头以上有487户（场），牛出栏10头以上有10户，羊出栏30头以上有10户，肉鸡出栏1000羽以上有35户（场）。

【动物防疫】　2020年，乐昌市春季动物防疫猪口蹄疫免疫注射7.47万头，家禽禽流感免疫注射62.48万羽，羊口蹄疫免疫注射0.32万头，羊小反刍兽疫免疫注

射0.32万头，牛口蹄疫免疫注射0.14万头；秋季动物防疫猪口蹄疫免疫注射11.72万头，家禽禽流感免疫注射73.69万羽，羊口蹄疫免疫注射0.32万头，羊小反刍兽疫免疫注射0.32万头，牛口蹄疫免疫注射0.17万头。生猪产地检疫14.92万头，生猪屠宰检疫2.18万头。

【种苗繁育】 2020年，乐昌市有鱼苗繁育场4个，以繁殖和培育四大家鱼为主。加强四大家鱼的提纯与复壮工作，繁育鱼苗1.03亿尾。

【成鱼养殖】 2020年，全市池塘面积605公顷，产量3890吨，平均每公顷产量6430公斤，池塘养殖主要以四大家鱼为主，采用混养方式，搭配罗非鱼、鲤鱼、鲫鱼等品种。全市山塘水库面积1040公顷，产量1127吨，每公顷产量1084公斤；稻田养鱼面积1030公顷，产量415吨，每公顷产量403公斤。

【非洲猪瘟防控】 2020年，全市公路检查站（点）检查生猪运输车辆31903辆，运输生猪数量368.68万头；生猪产品运输车辆4594辆，运输生猪产品数量6307.51吨；禽类运输车辆1611辆，运输禽类739.7万羽；检查禽类产品运输车11740辆，运输禽类产品30211.16吨。

【屠宰厂异地新建】 2020年，落实市区生猪定点屠宰厂和坪石镇分公司两个屠宰企业异地新建工作。至12月31日，市区屠宰厂和坪石屠宰厂均完成主体工程建设工作。

（李井华）

市畜牧兽医水产事务中心领导班子成员名单

主　任：刘永明

副主任：朱　勇

　　　　周咏梅（女）

　　　　张国强

总畜牧兽医师：李振山

农业机械管理

【概况】 乐昌市农业机械事务中心是参照公务员法管理的事业单位，内设办公室、科技推广股、农机安全监督管理股3个股室，人员编制8人。中心领导班子设正副主任各1名。农业机械事务中心主要工作任务是宣传和落实中央财政农机购置补贴政策、农业机械质量投诉受理等。

【农机购置补贴】 2020年，省财政厅、省农业厅下达乐昌市中央财政农机购置补贴资金为151万元，加上结余结转资金0.85万元，乐昌市可使用中央财政农机购置补贴资金151.85万元。乐昌市落实农机购置补贴资金137.611万元，国补资金使用率90.62%，拉动农民投入购买农业机械资金500多万元，补贴推广各类农机具1291台（套），受益1098户。

【农业机械化发展】 2020年，全市农业机械总动力21.93万千瓦，同比增长2.45%；水稻综合机械化水平72.33%，同比增加2个百分点；拥有拖拉机3807台，水稻联合收割机385台，插秧机206台。

【农机安全】 2020年，市农业机械事务中心协助农业农村局执法一股深入田间、地头开展现场检查。检查农机具安全情况，查验拖拉机在作业中有无违章和带病作业等，发现问题当场制止，帮助纠正，检查拖拉机50多台，纠正不安全因素22处，杜绝机具带病作业，提高农机人员的安全生产意识，从源头上杜绝农机安全隐患。是年，全市没有发生农机安全重特大事故，实现全年农机安全生产“零事故”。

【牌证管理】 2020年，市农业机械事务中心协助农业农村局开展牌证管理工作。全市新入户拖拉机19台，完成拖拉机检验159台；新入户收割机35台，完成收割机检验35台。补换驾驶证223张。

（高文俊）

市农业机械事务中心领导班子成员名单

主　任：邓传有（—10月）

　　　　梁新来（10月—）

副主任：邓海瑛（女）

林　业

【概况】 乐昌市林业局是市人民政府组织、协调、管理、指导全市林业工作的职能部门。办公地址位于乐城街道佗城中路1

号，局机关行政编制25名，2020年年末在编22名。下设14个直属事业单位。

2020年，乐昌市林业用地面积191509.78公顷，占国土面积79.14%；全市森林覆盖率70.64%，森林蓄积量1094.21万立方米。年内，乐昌市龙山林场“国外松脂材两用种质创新及良种产业化关键技术”获得“南粤林业科学技术奖”特等奖，“杉木高产稳产种子园营建技术”获得“中国商业联合会科学技术奖”三等奖，“一种杉木种子园母树矮化修剪丰产的方法”获得国家发明专利证书。

【林业经济】 2020年，乐昌市林业经济发展实现稳步上升，全年林业总产值17.7亿元，同比增长5.2%，超额完成市委、市政府下达5%的目标增速。其中，第一产业产值11.88亿元，主要涉及营造林、经济林产品种植采集等；第二产业产值达0.88亿元，主要涉及竹木材加工产业；第三产业产值4.94亿元，主要涉及林业休闲旅游、林下经济服务业等服务产业。

【森林资源管理】 2020年，乐昌市林业局做好使用林地报批等服务工作，加强征占用林地管理，全市经上级林业主管部门审核批准使用林地38宗，面积117.63公顷，缴纳植被恢复费1106.17万元；完成林木采伐发证908份，采伐蓄积量55607.38立方米，木材出材量37837.82立方米。办理植物检疫证书534份，检疫木材20064.76立方米；完成2020年森林督查351个图斑内业核查和外业调查工作和2020年森林资源管理“一张图”更新工作。

【林业执法及案件查处】 2020年，全市按照“严格保护，积极发展，科学经营，持续利用”工作原则，宣传贯彻《中华人民共和国森林法》《广东省林地管理条例》等法律法规，打击盗伐滥伐林木、非法征占用林地等犯罪行为，全年查处林业各类案件69宗。其中，立刑事案件18宗，侦破12宗，刑事拘留10人，逮捕5人，取保候审8人；立行政案件41宗，处罚违法人员38人，罚款56万元；立治安案件10宗，治安拘留3人，罚款6人，警告1人。

【森林防火】 2020年，乐昌市印制40.9万份《乐昌市人民政府禁火令》《致全市市民的森林防火公开信》等宣传资料进村入户派发，举办全市大型森林防火宣传月启动仪式，提高人民群众森林防火意识；全市设立森林防火临时检查站（宣传岗）167个，开展实行森林防火宣传和火源管控工作；成立4个森林防灭火工作督查组，深入各镇（街道）检查镇、村干部和护林员责任落实、巡山护林、火灾隐患排查、值班值守情况，发现问题及时督促整改落实；加强对各类野外违法用火（烧杂草等）、燃放烟花爆竹等行为的查处力度，严管严控野外火源。2020年共查处野外违法用火案件15宗（其中行政案件3宗，刑事案件2宗，治安案件10宗）；共处理15人，监视居住2人，行政拘留3人，共处罚款7700元。全年实现全市无森林火灾的成绩。

【林业有害生物防治】 2020年，乐昌市林业局开展林业有害生物防控工作，应施监测面积12.65万公顷，实际监测面积12.65万公顷，监测覆盖率100%；全市林业有害生物成灾率0.35‰，防治率100%，无公害防治率95.2%。产地检疫面积177公顷，产地检疫率100%。全市林业有害生物没有发生大面积爆发情况，完成广东省2020年林业有害生物防治工作要点要求的林业有害防治任务。

【自然保护地管理】 2020年，乐昌市林业局组织实施乐昌市自然保护地整合优化各项工作。确认韶关市下达乐昌市任务数为自然保护地整合优化后总面积为42232.65公顷，形成《乐昌市自然保护地整合优化预案》并以乐昌市人民政府名义上报。整合优化后，全市自然保护地9个，其中自然保护区3个、自然公园6个，总面积42744.12公顷，为解决全市自然保护地建设中重叠设置、多头管理、边界不清、权责不明、保护与发展矛盾突出等问题提供支撑。

【野生动物管理】 2020年，乐昌市林业局组织开展全市以食用为目的人工繁育陆生野生动物退出工作。牵头制定《乐昌市以食用为目的人工繁育陆生野生动物退出工作方案》；落实已发放繁育许可21家养殖场证件回收注销工作和有关养殖户的移交管理工作；完成动物处置工作和转型转产工作，组织实施无公害处理养殖场22家（有证14家、无证8家），转型转产1家；完成退出补偿资金发放，累计发放全市13家养殖场、8户贫困户的以食用为目的的人工繁育陆生野生动物退出补偿资金合计540.12万元。

【林业投资】 2020年度，乐昌市争取中央和省级林业项目资金共计13389.24万元。其中，省级专职护林员补助141.48万元，生态公益林管护人员经费787.81万元，中央造林补助126万元，市级专职护林员补助103.68万元，林业有害生物防控经费75万元，林下经济127.4万元，乡村绿化美化建设160万元，森林碳汇造林500万元，森林碳汇抚育300万元，省级以上生态公益林效益补偿资金5878.56万元，中央森林抚育补助188万元，山水林田湖草生态保护修复试点工程项目5076.99万元，以及其他各项林业项目资金共计13492.92万元。

【党建党廉】 2020年，乐昌市林业局党委贯彻落实党委（组）理论中心组学习制度，党委（党组）理论学习中心组开展集中学习12次；党支部开展主题党课教育，结合开展“三会一课”以及“党课开讲啦”等活动，共计开展党课80余次；结合城乡党组织共建和在职党员到社区报到服务活动，组织林业局党员干部到村、访贫问效等活动，党员接单数达1100余次；选优配强党务工作者，完成6个党支部的换届选举工作，吸收预备党员4名，入党积极分子6名；推动机关作风和纪律建设向纵深发展，从严从实整治“不作为、慢作为、不善为”，共对涉嫌违法违纪的6名干部职工及党员进行立案查处（其中降低岗位等级处分1人、党内警告3人），共通报批评2人次，组织开展谈话提醒20人次，开展警诫谈话2人次。

【山林纠纷调处】 2020年，林业局将矛盾纠纷排查、调处作为维护林区稳定与和谐的重要工作，建立分组包案的制度，积极稳妥调处积案，化解矛盾纠纷。是年，全市有53宗积存山林纠纷案件，其中新受理11宗，协议结案2宗，裁决20宗，32宗在调处中。

【林业扫黑除恶】 2020年，林业局推动全市林业扫黑除恶专项斗争向纵深发展，制定《乐昌市林业局打击森林采伐领域黑恶势力长效机制》《乐昌市林业局打击林地资源领域黑恶势力长效机制》《乐昌市林业局打击野生动物领域黑恶势力长效机制》等机制，把开展行业专项整治工作制度化，使林业行业领域专项整治工作常态化。本级报送和上级移交共34条线索均办结。

【机构改革】 2020年，林业局根据《乐昌市深化乡镇街道体制改革完善基层治理体系实施方案》文件要求，协助配合乡镇街道体制改革工作。8月底，完成16个镇（街道）林业站在职工作人员和退休人员的转隶、档案及国有资产移交等工作；推进事业单位改革，林业调查规划与资源资产评估中心从三类事业单位转为二类事业单位。

【创建国家森林城市】 2020年，乐昌市创建国家森林城市获得国家林草局“双备案”；《乐昌市国家森林城市建设总体规划（2019—2028年）》通过国家级专家评审并印发实施，对照《国家森林城市评价指标》5类33项指标要求将责任分解落实，推进森林生态、森林服务、森林产业、森林生态文化和森林支撑五大体系建设；9月29日，举行韶关市全域创建国家森林城市巡回主题宣传活动（乐昌站）暨安口村“樟树王”公园开园仪式。

【省级自然保护区建设】 乐昌市有杨东山十二度水和大瑶山两个省级自然保护区，自然保护区面积2.49万公顷，占国土面积的10.28%。保护区筹措资金，增设防火设施设备、聘请管护人员、加强宣传基础设施建设和印发宣传资料、开展科研监测。保护区内全年未擅自批准在自然保护区内进行开发和商业性经营，实现无森林火灾、无森林病虫害、无乱采滥伐、无乱捕滥猎等现象发生目标任务。

2020年省级自然保护区领导班子成员一览表

表5

单位名称	主任	副主任	成立时间
广东乐昌杨东山十二度水省级自然保护区管理处	—	邝兆勇（负责全面工作）	2002年8月
广东乐昌大瑶山省级自然保护区管理处	徐国秀	邹　滨	2004年1月

（李慧荣）

市林业局领导班子成员名单

党组书记、局长：黄志雄

党组成员、副局长：

陈培华

吴子成

张清福

邱志勇（兼公安局森林分局局长）

党组成员：林　军

水　利

【概况】 乐昌市水务局位于乐昌市昌山西路77号，是乐昌市人民政府的水行政主管部门，行政编制数20人，2020年有在编人员15人。内设7个职能股室，分别为办公室、党委办、财审股、水资源水电与政策法规股（市节约用水办公室）、河湖管理股、规划建设与水保股、运行监督与调度防御股（市移民办公室）。

2020年，完成水利固定资产投资约3亿元。全市水利重点工作主要有乐昌市全域自然村集中供水工程2020年项目，完成投资2.05亿元；乐昌市坪石—梅花自来水扩网工程，完成投资7013.6万元；乐昌市万里碧道建设项目，西坑水建设工程完成投资420万元；市区河道清淤工程，完成投资1490.31万元。2019年度全面推行河长制工作考核在韶关市获得优秀等次。2019年实行最严格水资源管理制度考核，乐昌市为优秀等次。获得乐昌市2020年度无偿献血先进单位、乐昌市爱国拥军模范单位。

【运行管理与调度防御】 水利工程运行监督　2020年，乐昌市投资410万元用于28宗小型水库安全运行管理标准建设。第一批中央水利发展资金60万元及省级涉农专项转移支付资金150万元完成建设任务，市本级财政预算200万元用于28宗小型水库大坝安全鉴定完成建设任务。完成上级部门下达的42宗小型水库运行管理暗访工作。受理在建工程质量监督办理手续，开展质量监督检查工作，派员参与完工工程的竣工验收会议。

防御洪水抗御旱灾调度　2020年2月，乐昌市水务局派出2个汛前检查工作小组分片对全市范围17个镇（街道）的防汛备汛工作开展汛前安全检查。在全年历次的强降雨过程中，组织汛期防汛安全巡查。严格执行汛期24小时值班制度和领导带班制度，强降雨期增派值班人员，制定中型水库管理单位一日一报制度，加密报送水位、库容等情况，另派专人密切掌握雨情、水情、风情和灾情，及时、准确、全面地向市委、市政府报送紧急情况，部署落实防御措施，及时发布预警信息，适时启动应急响应。

【农村饮水】 2020年，乐昌市九峰镇和两江镇集中连片示范村集中供水工程概算总投资682.78万元，主要建设内容有新建陂头24座、新建蓄水池8座、布设管道7.01千米，工程于3月16日开工建设，7月完工。

全域自然村集中供水工程　2020年项目总投资2.05亿元，主要建设内容有新建拦河水陂178座、新建深水井8座、新建泉室或前池88座、泵房55座、新建清水池252座、新增一体化净水设备333套、消毒设备388套、慢滤池32座、改造输配水管道887.54千米。工程于6月10日开工建设，完成投资1.85亿元，2020年年底完成建设任务。

乐昌市坪石—梅花自来水扩网工程批复概算总投资7013.6万元，主要建设内容有坪石河西水厂取水口上移、河西水厂向梅花乐梅水厂管网连通。项目于6月开工建设，完成投资5620万元，2020年年底完成建设任务。

【市区河道清淤】 由于武江、廊田河部分河道淤积严重，影响河道行洪及水环境安全，部分河段不满足防洪要求，为减轻自然灾害，安定保护人民群众的正常生活，保护基层设施，乐昌市水务局开展武江、廊田河河道清淤整治。2019年8月，该局委托韶关市水利水电勘测设计咨询有限公司就武江和廊田河制定清淤整治方案，工程批复概算总投资1490.31万元，设计清淤总长4.25千米、清淤总量39.52万立方米。清淤工程于2019年12月25日完成施工招投标等前期准备工作，2019年12月底完成进场施工准备工作。廊田河利廊电站上游河道清淤段于2020年4月完工，清淤方量6.61万立方米；武江张滩电站下游清淤段于2020年12月初完工，完成清淤方量45万立方米。工程完成清淤总方量51.61万立方米，超出合同清淤方量13.97万立方米（合同清淤方量37.64万立方米），超出计划清淤方量10.96万立方米。

【碧道项目建设】 2020年，乐昌市完成年度10公里碧道建设考核任务，总投资420万元。西坑水碧道一期建设工程2.82千米碧道完成单位工程验收；乐昌市省际廊道美丽乡村项目建设完成。

【水库除险加固】 乐昌市秀水镇叶子川水库除险加固工程，概算总投资306.14万元，主要建设内容为土坝坝体加固、重建放水斜涵等。该工程于2020年3月20日开工建设，2020年9月完工。

乐昌市丰收水库除险加固工程，概算总投资208.91万元，主要建设内容为塌陷区回填处理、拆除重建有安全隐患的挡墙、修复损坏的溢洪道底板等。该工程于2020年3月18日开工建设，2020年4月15日完工。

【水库移民】 2020年，乐昌市到位水库移民资金1454.94万元，用于水库移民直补到人及基础设施建设。其中：水库移民直补到人238.98万元，基础设施建设1215.96万元。截至2020年12月31日，完成投资1188.21万元，具体为：新建文化室100平方米、机耕路硬化1.98千米、公路硬化4.34千米、路面硬化2888.5平方米、新建挡土墙235米、安装管网8.8千米、环境整治2宗、新建拦河水陂4座、新建清水池4座、慢滤池4座、新增一体化净水设备1套、消毒设备5套、造输配水管道6.12千米、碧道建设2千米。结存266.73万元，主要涉及项目3宗，具体为：坪石镇河丰村管埠村环境整治工程结存131.81万元、大源镇全域供水项目工程结存41.76万元、万里碧道建设项目武江坪石段（一期工程）结存93.16万元。

◆西坑水碧道 （张春玲 摄）

【河湖管理保护】 河湖“清四乱”及“五清”工作 2020年，乐昌市水务局按照省、韶关于开展河湖“清四乱”问题核查部署，印发《乐昌市水务局开展全市河湖“四乱”问题核查工作实施方案》，召开动员部署会议，确保工作落到实处、取得实效。截至10月底，完成自查自纠5宗河湖“四乱”问题，全部按要求完成整改；开展河道水域水面漂浮物集中清理专项行动，全年投入资金470.09万元，清理垃圾及水浮莲1.39万吨，清理河道长度5231.1千米。

河湖划界及河道采砂规划 2020年，乐昌市水务局完成乐昌市流域面积50平方千米以上17条河流（约430千米河长）的河道管理范围划界工作，为该市河湖执法、河道有序管理奠定基础。按照省、韶关于采砂规划编制工作的要求，落实工作经费100万元，编制完成采砂规划报告，邀请专家及有关单位进行技术评审，上报韶关市水务局审核通过。

【水政执法】 2020年，乐昌市水务局开展执法巡查检查95次，出动水政监察人员417人次，巡查河道里程3478千米，重点对河道采砂、河道占用、水土保持、水源保护区等方面进行巡查。截至2020年年底，该局立案查处河道采砂行为2宗，共计罚款16万元，全部作出行政处罚，诉讼期满后，移交法院强制执行。

【水资源管理】 2020年，乐昌市水务局制定年度“世界水日”“中国水周”宣传活动方案，围绕水周宣传主题，在公园、街道、网络上开展宣传活动，提升水资源保护意识。坚持取水许可制度，加大水资源费收取力度，全年办理取水许可70宗次，征收水资源费813.62万元。做好农村水电安全生产工作，落实每年全市263宗水电站三个责任人、电站防汛“双主体”责任并签订防汛责任书，开展全市水利汛前防汛安全检查，确保安全度汛。开展乐昌市小水电清理整改核查评估工作，落实工作经费98万元，8月初选定第三方编制单位，9月完成水电站现场核查工作，11月完成系统数据填报录入工作和乐昌市小水电清理整改核查评估报告编制。小水电站退出试点工作，该市退出试点的两宗水电站均完全淹没在乐昌峡库区内，电站淹没前发电设备完成拆除并获得拆除补偿。

【综治维稳】 2020年，乐昌市水务局组织开展水利系统综治维稳及平安建设工作，开展法治学习和法治宣传，提高居民水法治意识，增强法治观念，推进依法行政。截至12月底，共办理来信、来访9件，办结率100%。全年，该局无违规违法违纪案件的发生，未发生集体上访和群体性事件。

【机关党建】 2020年，中共乐昌市水务局直属机关委员会有党员118人，设5名党委委员。该局党支部有党员47人，其中正式党员41人，预备党员6人；在职党员24人（包含预备党员），退休党员23人。是年，共召开7次党委会议；运用“双周讲坛”平台，开展10余次交流学习活动；开展党员到社区报到活动，共开展活动337人次，累计服务时长817小时；开展“民情夜访”8次，到九峰镇了解群众需求，为民解忧排难；开展“结对共建”工作，为九峰镇上廊村投资15.56万元用于贫困户入户安装自来水，47户群众受益，解决村民吃水难的问题。

（吴春兰）

乐昌市水务局领导班子成员名单

1. 乐昌市水务局

水利系统党委书记，局党组书记、局长：陈昌树

水利系统党委委员，局党组成员、副局长：钟祥明

陈晓明

党组成员：李晓东

系统工会主席：李晓东

局工会主席：唐艳霞（女）

2. 龙山水库管理处

水利系统党委委员、管理处主任：李姣丽（女）

副主任：邓福庚

工会主席：杨瑞军

3. 廊北灌溉工程管理处

水利系统党委委员、管理处主任：曾学胜

副 主 任：谢高英

朱东楷

朱乐成

工会主席：简远芳

4. 乐昌市水政监察大队

副大队长：曾宪伟

5. 乐昌市防洪排涝工程管理处

副 主 任：何 辉

6. 乐昌市水库移民工作办公室

主 任：李三元

7. 东洛水库管理处

主 任：杨善明

8. 金鸡水库管理所

主 任：雷永友（—8月）

曾庆明（9月—）

副 主 任：段州彬

9. 机电排灌管理总站

站 长：朱瑞勇

副 站 长：郭志军

劳志坚

10. 梅花灌区水利联合管理所

主 任：何荣昌

副 主 任：冯春雷

11. 丰收水库管理所

主 任：吴桂标

副 主 任：杨帮明

气 象

【概况】 乐昌市气象局位于乐昌市碧桂路8号，建制相当正科级机构，实行气象部门管理为

主，地方党政领导为辅的双重领导。乐昌市气象局（台）正股级内设机构8个：预报股、站网管理股、防灾办、发展改革与财务股、办公室（人力资源股）、乐昌市气象公共服务中心、乐昌市气象局机关服务中心、乐昌市气象公共安全技术支持中心；地方机构2个：乐昌市突发事件预警信息发布中心（下设：防雷减灾管理办公室、人工影响天气办公室），乐昌市坪石气象站。国家编制8人，地方编制7人，2020年年末实有人数15人。

【2020年气候概况】 气温 2020年，乐昌市年平均气温20.9℃，偏高1.0℃。8月气温持平；出现气温正距平的月份为：1月、2月、3月、5月、6月、7月、11月，分别偏高2.8℃、3.1℃、2.4℃、2.1℃、1.1℃、1.4℃、2.3℃；出现气温负距平的月份有4月、9月、10月、12月，分别偏低1.7、0.7℃、0.5℃、0.3℃。年内极端最高气温为38.1℃，出现在7月29日；极端最低气温为1.0℃，出现在12月31日；高温天气（最高气温≥35℃）日数为28天，较历年偏少。其中，5月1天，6月3天，7月有14天，8月有7天，9月有3天。高温天气最早出现于5月5日，最迟出现于9月3日。

降水 2020年，乐昌市年平均降水量1421.3毫米，较往年偏少4%。年内降水分布极不均匀，月降水量最多在6月，367.7毫米，最少在11月，1.1毫米；与常年值比较，2月偏多25%、3月偏多51%、4月偏多22%、6月偏多66%、9月偏多48%。1月、5月、7月、8月、10月、11月、12月分别偏少54%、14%、74%、41%、85%、98%、61%。1—3月偏多21%；4—6月偏多31%；7—9月偏少36%；10—12月偏少84%。3月31日全省开汛，较全省历年平均偏早6天左右。

日照 全市平均日照时数1466.3小时，较常年偏多7%。

【灾害性天气】 2020年，乐昌市主要灾害性天气是暴雨，共发生4次暴雨级别以上的强降水过程。

1. 3月18日至19日，受弱冷空气和切变线影响，乐昌市过程雨量达到暴雨量级，平均雨量53.5毫米。其中有23个站点累计雨量大于等于50毫米（暴雨量级）。三溪镇录得最大累计雨量78毫米，无灾情发生。

2. 4月1日至3日，受弱冷空气和切变线影响，乐昌市过程雨量达到大暴雨量级，平均雨量131.3毫米。其中有30个站点累计雨量大于等于100毫米（暴雨量级）。广乐梅花北服务区站录得最大累计雨量187.1毫米，无灾情发生。

3. 5月20日夜至21日，受弱冷空气，高空槽和低涡切变影响，乐昌市出现大雨到暴雨，局部大暴雨，白石镇录得过程最大降雨量125.7毫米；25日夜间到26日早晨受高空槽和低涡切变影响，乐昌市出现大雨到暴雨，最大雨量出现在三溪镇90毫米，无灾情发生。

4. 5月29日至31日，受副高边缘不稳定和西南暖湿气流加大辐合影响，乐昌市出现1次暴雨，局部大到暴雨的强降水过程，其中最大雨量出现在廊田镇93.9毫米，无灾情发生。

【业务与气象服务】 2020年，乐昌市气象局测报质量观测错情率0.0‰、数据传输错情率0.0‰，操作错情率0.0‰，各项指标均达到上级要求。全年，该局向乐昌市委、市政府、市“三防”办等决策部门提供天气报告51期、重大气象信息专报7期、重大气象信息快报10期、疫情防控专报7期、气象旬报5期、人影简报1期、春运天气49期、雨情汇报9期，桃花节专题预报8期、桃花杯专题预报4期、农民丰收节专题预报6期、春运旅游天气专报17期、高考专报12期、中考专报5期、黄烟专报15期、春耕复产专报13期、秋收秋种专报3期、南粤古驿道专报3期、产业园运动会专报3期，天气服务短信约40余万人次；发布暴雨预警61次、森林火险预警25次、雷雨大风预警29次、寒冷预警19次、大雾预警8次、高温预警13次，发布各类天气预报短信300多次，合计42万多人次。利用微博、微信、电子显示屏等多种媒介，气象预警的“发令枪”“消息树”作用突显。全年未出现因预警信号发布不及时造成严重后果的情况。

（廖　珊）

市气象局领导班子成员名单

党组副书记、副局长：李　非
副　局　长：姚志文
纪检组组长：刘铸飘
党组成员：邹思为

工业·商贸

工业和信息化

【概况】 乐昌市工业和信息化局（以下简称市工信局）是市政府工作部门，为正科级，加挂市科学技术局牌子，内设办公室、运行监测股、产业技术与工业节能股、无线电与数字信息化和安全生产股、高新技术发展与产学研股、科技计划股、市中小企业局、人事股8个股室。机关行政编制21名，工勤人员编制4名；设有1个下属事业单位（乐昌市生产力促进中心），属公益一类事业单位，事业编制4名。截至2020年年底，在编公务员19人，在岗19人，在编事业编制人员3人，在岗3人，在岗工勤编制4人。

2020年乐昌市规模以上工业企业实现工业总产值47.57亿元，同比增长15.3%，实现工业增加值12.3亿元，同比增长11.8%，在韶关排名第四；完成工业投资25.15亿元，同比增长33.7%，其中技改投资2.43亿元，同比增长34.1%；全年培育新增上规模企业达11家（新升规8家、小升规3家），新升规数量排韶关第1。

【为企业发展提供金融支持】 2020年，市工信局共开展4次政银企对接活动，累计对1062家企业授信22.5亿元（乐昌市各金融机构授信额度17.3亿元），发放贷款13.76亿元。增加500万元风险补偿基金扩大资金池，撬动2.3个亿的中小企业风险补偿基金贷款，通过中小企业风险补偿基金为18家企业发放贷款达1.7亿元。为8家企业申请贷款贴息约400万元。通过普惠小微企业贷款延期支持工具和信用贷款支持计划两个新工具，指导农商行积极实施两个新工具发放667.6万元贷款，为11家企业解决“融资难、融资贵”的问题。

【培育企业做大做强】 2020年，市工信局强化对工业经济运行的监测力度，对拟上规企业的动态管理，通过完善培育扶持政策、建立“四个一”培育机制，加大对拟上规企业培育力度，实现11家工业企业上规模，其中新上规8家、下转上3家。通过“一企一策”暖企服务行动和挂点联系工业企业等举措为企业纾困解难、助其成长，2020年亿元工业企业数量从7家增加至14家。重点培育，加快企业发展步伐，指导6家优秀企业纳入韶关市“倍增计划试点企业”行列。

【产业发展量质提升】 2020年，市工信局引导坪石发电B厂、中建材、东锆等重点企业加大技改投入，支持宝创、沃府等新材料龙头对工业产业链的纵深开发，鼓励引进配套企业，打造先进装备制造、先进材料和现代轻工三大主导产业集群，培育发展电子信息、生物医药等新兴产业，全年乐昌市先进装备、先进新材料及现代轻工企业产值分别为6.71亿元、20.68亿元及3.81亿元。

【指导企业项目申报】 2020年，市工信局贯彻落实广东省对粤东西北先进装备制造业项目和企业技术改造项目的扶持政策，到60余家企业走访调研，了解企业技改意愿，梳理制定乐昌市装备制造业项目及企业技术改造项目表，分析项目可行性，讲解项目申报条件和要求，协调解决项目推进过程中存在的问题及困难。全年，该局组织5家企业申报省级先进装备制造业奖补资金，指导9家企业申报省级企业技术改造专项资金，累计帮助企业获得各类奖补资金4000万元以上。

【推进高企发展】 2020年，市工信局做好企业申报高企申报的指导工作，通过主动走访调研，梳理、筛选出8家优质企业申报高企，指导艾尔康完成高企整体转移工作。截至2020年年底，乐昌市有高企存量达24家，完成韶关市下达新增5家高企的目标。推进科技型中小企业入库评价工作，2020年完成高尔德、科优、宝创等18家企业进入科技型中小企业入库评价。

【支持企业建立研发机构】 2020年，市工信局实施科技创新战略，新增7家研发机构。截至2020年年底，乐昌市有研发机构21家，其中省级科技特派员工作站1家、省级工程技术研究中心4家，韶关市级工程技术研究中心17家。2020年，规上工业企业51家中有19家进行研发投入，占比37.25%，研究与试验发展经费比上一年增加4185万元，预计研发费用占GDP比重达到0.67%，完成韶关下达0.66%的任务。

支柱产业

【电力行业】 2020年，乐昌市规模以上电力企业有4家（同比增加1家），实现工业总产值13.99亿元，同比下降4.8%。骨干企业有：韶关市坪石发电厂有限公司（B厂）、乐昌富湾水电厂。

【纺织服装产业】 2020年，乐昌市纺织服装企业中规模以上企业有4家（与2019年相较持平），实现工业总产值2.72亿元，同比下降22.5%。骨干企业有：乐昌市恒发纺织企业有限公司、广东飞达轻工产品加工厂。

【建材产业】 2020年，乐昌市建材产业企业中属于规模以上企业有10家（同比增加1家），实现工业总产值12.4亿元，同比上升13.4%。骨干企业有：乐昌中建材水泥有限公司、乐昌市安捷铁路轨枕有限公司、乐昌市坪石三益水泥股份有限公司、乐昌市建强混凝土有限公司。

【机械铸造产业】 2020年，乐昌市机械铸造产业企业中属于规模以上企业有11家（同比增加2家），实现工业总产值5.69亿元，同比上升94.3%。骨干企业有：韶关韶瑞铸钢有限公司、广东博昇乐智能制造有限公司。

【新材料产业】 2020年，乐昌市新材料产业企业中属于规模以上企业有8家（同比增加1家），实现工业总产值7.75亿元，同比上升49.7%。骨干企业有：乐昌东锆新材料有限公司、乐昌市沃府新材料有限公司、乐昌市宝创环保材料制品有限公司、韶关龙督装饰材料有限公司。

（罗湖强）

乐昌市工业和信息化局领导班子成员名单

局　长：何毅华

副局长：管超元

　　　　罗　茵（女）

　　　　蔡银杏（女，—5月）

　　　　胡科水（5月—）

党组成员：刘贤汉（5月—）

　　　　何赟赟（女）

电力工业

【概况】 广东电网韶关乐昌供电局有限责任公司（以下简称乐昌供电局）是广东电网有限责任公司韶关供电局下属的县级供电企业，供电面积2419平方千米，供电客户22.58万户。设有7个部门，其中一级机构设“四部一室一中心”：党建人事部、生产计划部、工程建设部、安全监管部、办公室和供电服务中心；二级机构设“一个中心”：综合服务中心。管辖17个供电所：大型所2个（坪石所、乐城所），中型所1个（梅花所）；小型所14个（北乡供电所、长来供电所、廊田供电所、五山供电所、大源供电所、九峰供电所、两江供电所、黄圃供电所、白石供电所、庆云供电所、沙坪供电所、云岩供电所、秀水供电所、三溪供电所）。截至2020年12月，全局有在职员工381人。

【经营情况】 电网连续安全稳定运行3287天。2020年没有发生五级及以上电力安全事故事件及人为责任事件。完成购电量9.75亿千瓦时，同比增长16.07%；售电量9.4亿千瓦时，同比增长15.62%。完成配网固定资产投资7958万元。2020年电费回收率100%。线损率3.61%。客户平均停电时间（低压）4.95小时，同比下降22.84%。查处违约及窃电行为28宗，追回电费34.17万元。台区线损异常率由年初1.02%降至0.46%。全年开展审计项目9个，发现并整改审计问题15个，促进增收节支4.06万元。有效发明专利拥有数2件。连续3年获韶关供电局组织绩效考核A。连续2年获乐昌市机关绩效考核优秀。在乐昌市第三届国家机关“谁执法谁普法”履职报告评议中获评“优秀”等级。

2020年乐昌市全社会用电量11.63亿千瓦时，同比增长9.09%。其中，工业用电量同比增长27.28%；城乡居民生活用电量同比增长10.97%，乐昌市用电需求总体处于增长态势。

【贯彻重大决策部署】 2020年，乐昌市供电局统筹抓好常态化疫情防控和电力供应，实现电网“零事故”、员工“零感染”。落实国家降电价政策，全年降低用户用电成本1182.14万元，惠及工商业用户1.6万户。全年固定资产投资总额由年初计划的4580万元上调至6517万元，增幅42.29%。落实特殊时期欠费缓交政策，超过14万户居民享受“欠费不停电”服务、1.7万户企业享受缓交电费政策。完成民营企业逾期账款清付、到期应付质保金清理任务，未发生重大风险事件。对口帮扶的两江镇5个村、276名贫困人口全部实现脱贫出列。投资1004.3万元完成贫困村存量低电压台区的整治、小容量配变轮换，“两率一户”指标达到国家脱贫标准。完成贫困村322个台区2.64万户宽带通信模块改造工作，实现省定扶贫村用户电压数据全量监测覆盖。免费电政策到位率100%，为5000余户低（五）保户减免电费41.31万元。促进能源结构优化，配合市政府推进110千伏五山风电场、110千伏金扬100兆瓦农光互补发电综合利用等新能源项目接入系统工程。

【党建党廉】 2020年，乐昌市供电局落实党委及班子成员全面从严治党责任清单及到位标准。巩固深化“不忘初心、牢记使命”主题教育成果，领导班子带头抓好“第一议题”学习制度落实。加强党组织标准化建设，抓好“一本通”落地，制定党建工作、党支部活动开展指引，推行“三会一课”记录电子化。开展“党支部建设年”工作，实行“双A”等级评定，形成大抓支部、大抓基层的良好态势。围绕“安全”和“廉洁”常态化开展主题党日、讲党课，在党支部构建安全和廉洁“两道防线”。围绕工作重难点完成24个“书记项目”，党支部攻坚克难的战斗堡垒作用明显增强。完成韶关供电局党委政治巡察和2轮次脱贫攻坚专项检查。统筹内宣外宣讲好南网故事，在中央、省、韶关市主流媒体和系统内宣平台分别发稿27篇次、115篇次。以“党建带团建”激励青年干事创业，欧阳宏兴获评“韶关好人”和“乐昌好人”，扶家春获评韶关供电局第二届“十大杰出青年”。

【安全生产】 2020年，乐昌市供电局树立安全发展理念，坚持系统思维构建完善“大安全”工作格局，加快打造本质安全型企业。强化人身风险管控，明确全部岗位的安全生产职责及到位衡量标准。制定安全生产奖惩实施方案，实现奖励和处罚并重、分层分级激励，全年兑现5人次安全生产奖励。成立作业风险联动管控工作组和可视化监控中心，建立配网作业现场安全第一责任人机制，按照“同开同收”要求监督落实保命措施，通过“线上+线下”督查实现作业现场安全监督全覆盖。强化配网电力安全事件管理，开展“一案一分析”，落实14回高等级事件线路降级防控措施，电力安全事件同比下降3起。制定安全生产专项整治三年行动计划，排查建立问题隐患和制度措施“两个清单”。与政府相关部门合力推动电力安全隐患整治，结合铁拳行动、安全生产百日攻坚等专项行动，促请市发改局、市应急管理局分别下发《关于消除电力安全隐患的通知》《关于消除电力线行保护区森林火灾隐患的通知》等通知，督导客户及相关方及时消除隐患，未发生有责任的涉电公共安全事件。

【应急保障】 2020年，乐昌市供电局完善应急预案体系，组建应急指挥中心和应急特勤队，建立“灾前防、灾中守、灾后抢”的机制，定期开展低温雨雪冰冻灾害等应急演练，提高快速响应和精准处置能力。强化与市“三防”办、气象局等部门监测预警协同机制，及时发布4次响应、15次预警，成功应对16轮次高温汛期、雨雪凝冻自然灾害侵袭。

完成27项重大保供电任务。实现网络安全攻防演练“三不一零”（内网边界不失守、等保三级及以上系统不被控、敏感数据不泄露，缺陷隐患清零）目标，全年未发生网络安全事件。

【复工复产】 2020年，乐昌市供电局发挥复工复产的支柱作用，编制疫情防控期间保供电总体工作方案及14个重要保供电用户应急预案。建立专属服务团队，对医疗保障用户新增用电需求实行零上门、零审批、零投资“三零”服务。累计投入保供电人员347人次，车辆148辆次，开展设备特巡特维435人次，消除用电隐患85项，做好全市65家防疫重点单位和场所的用电保障工作。3月累计售电量增速实现疫情以来首次由负转正，全年售电量同比增长15.62%，增速居韶关市（县、区）局第一。

【电网建设】 2020年，乐昌市供电局推动电网规划融入国土空间规划，形成10个项目选址选线成果。推动政府出台电力工程简化审批政策，实行中压外线工程并联审批总时限不超过5个工作日、低压外线工程免审批备案制，大幅压减配网工程建设时间。制定新一轮农村电网改造城区开挖施工专项管控方案，加快城市基础设施建设。完成2020年配网规划修编工作，新增储备项目96个3257.77万元。完成110千伏吉龙站输变电工程、35千伏秀水站输变电工程可研。协助市局推进新建35千伏坪石北站、枇杷岭站技改项目。投产配网项目97项，新增配变容量1.29万千伏安，新增10千伏线路128.76千米。服务市重点项目建设，保障好岭南落叶水果产业园、产业转移工业园等园区供电，推进国际商贸城、母婴童产业基地等招商引资重点项目用电工程。建成乐昌市首个基于标准设计V3.0的智能配电网示范性项目“廊田新增示范牧场台区”。推进“两新一重”项目建设，完成11个5G基站站点“转改直”，新建充电桩6个。10回线路投入自愈，配网自愈线路实现“从无到有”，自愈覆盖率8.93%，自动化有效覆盖率77.7%，可转供电率46.5%。

【客户服务】 2020年，乐昌市供电局开展“止跳行动”，完成10回配电线路绝缘化改造、5回高故障线路“一线一册”消缺工作。提升设备健康水平专项行动取得实效，及时发现并消除缺陷593项，防范设备风险1032项，重载配变占比下降61.5%，重复停电用户比例45.1%，同比降低22.5%，中压线路故障率5.14次/百千米·年，同比降低32.89%。配合数字政府改革建设，推广应用“不动产登记+供电过（立）户”联动办理。打造敏捷前台，推行客户受电工程典型设计，低压非居民、中压业扩报装平均时间分别为2.23天和27.6天，优于南方电网及广东电网公司标准。助力清凉高考被南方日报、韶关日报等多家主流媒体报道；保障凤凰小学开学正常用电，获乐昌市委、市政府通报表扬。互联网业务比例99.68%，基本实现业务办理“零上门”。

【改革创新】 2020年，东洛公司管理权移交给乐昌市水利投资有限责任公司，解决东洛公司历史遗留问题。完成182名退休人员社会化管理改革工作。完成广铁职工家属区“三供一业”供电设施接收改造项目。市场化交易电量3.58亿千瓦时，同比增长36.57%，释放1442.64万元电改红利惠及企业184户。以减负为

◆2020年6月30日，乐昌供电局在韶关市率先完成无人机自主巡视的线路航线规划和线路通道巡视 （刘尉斌 摄）

着力点推动基层班组管理提升，优化供电所指标考核标准，细化各专业工作任务8项，减少非核心任务20项。成立无人机巡视小组，探索无人机运维模式，打造“问题发现中心”，完成乐昌全域2364.46千米中压配网架空线路三维建模。采取“一人双机”和中继无人机放大信号的“一人三机”方式，解决复杂区域信号弱、控制难问题，在韶关市率先完成线路航线规划和线路通道巡视。

【人才队伍】 2020年，乐昌市供电局制定员工组竞聘优化实施方案，完善“人员能进能出、岗位能上能下、收入能增能减”的动态管理机制。选优配强基层组织力量，通过内部人才市场公开竞聘、组织调配等多种途径，选拔13名优秀年轻业务骨干充实到基层一线。优化人才队伍结构，选拔后备人才3人、青年人才3人、墩苗人才1人。专家人才队伍不断壮大，新增助理五级技能专家4人，助理技术专家1人。组织基层班组常态化开展保命技能与核心技能“四段式”训练（“四段式”训练即个人网络理论学习、班组自主训练、单位标准化集中训练、班组自主强化复训四个阶段的训练，每年累计训练96学时，包括安全技能训练54学时，核心技能训练42学时，帮助员工练成“肌肉记忆”，让“要安全、懂安全、能安全、落实作业安全”成为员工行为习惯），中高技术技能人员持续增加，中高级技术人才66人，同比增长11.8%，中高级技能人员207人，同比增长22.7%。挂牌成立员工矛盾诉求调处化解中心，收集化解矛盾诉求5宗，实现“三不出、一不上交”（小事不出站所，大事不出县区，难事不出市局，矛盾不上交）目标。推行“积分+菜单”弹性福利制度，提升员工获得感。获评网公司四星级模范职工小家1个。新增省公司四星供电所1个和三星供电所7个。

（市供电局）

乐昌市供电局领导班子成员名单

执行董事、党委书记：王　涌

总经理、党委副书记：

沈炳华（1月—）

副局长、民盟盟员：华　瑛

副局长、党委委员：杨　伟

副局长、工会主席、党委委员：

杨海兵

乐昌经济开发区（产业转移工业园）

【概况】 广东乐昌经济开发区创建于1992年，1996年被认定为省级经济开发区，国家发改委核准面积303.33公顷，2014年9月，经省政府办公厅同意，开发区区位调整到乐昌产业转移工业园范围内。

乐昌产业转移工业园于2006年9月被认定为省级产业园。2017年5月京广高铁乐昌东站启用（距离园区3千米），园区抢抓进入珠三角1小时经济生活区交通区位优势，瞄准珠三角大湾区产业外溢转移和配套需求，制定以先进装备、先进材料和现代轻工为主导的产业发展规划，通过基础设施提升工程不断提高项目承载能力和竞争力，以优质服务促进项目落地建设达效，实施“引优培强”政策助推企业发展壮大。2017年至2020年，签约入园项目112个、合同投资总额117.41亿元，落地动工建设项目86个，新增投产企业61家，培育新增规上企业28家，产值、税收保持高速增长，连续获评韶关市园区考核优秀，2019年12月在全省工业园区高质量发展工作现场会上作典型经验发言。

2020年，在疫情影响经济下行严峻挑战下，园区培育新增规上企业10家，新增年产值亿元企业6家，认定高新技术企业4家，省级专精特新企业4家、市级专精特新企业1家，省级工程技术研究中心1家、市级工程技术研究中心4家，完成规上工业产值22.7亿元、同比增长41.9%，完成工业增加值5.9亿元、同比增长32%，完成固定资产投资19.2亿元、同比增长3.9%，实现税收1.19亿元、同比增长11.2%，继续保持蓬勃发展的势头。园区现有高新技术企业16家，省级专精特新企业4家、市级专精特新企业1家，省级工程技术研究中心3家、市级工程技术研究中心10家。

【招商引资】 2020年，乐昌经济开发区联同人社、职中等有关部门，对接校企双方，将企业需求、校园优势有机结合，为企业解决部分用工问题，为有需求的企业职工解决子女入学问题。搭建政银企服务平台，提高企业融资贷款效率，初步完成“一站式”服务窗口建设，加强竣工验收等各项服务。协同大朗指挥部、市商务局等有关部门，围绕先进装备制造业机、先进材料和现代轻工“2+1”主导产业进行精准招商，新签入园项目19个，合同投资总额39.55亿元，其中亿元以上项目8个，壮大产业集群，完善产业链条，增强发展后劲。

【园区建设】 2020年，乐昌经济开发区总投资2.7亿元的12条路网建设工程基本完工，北面延伸工程、道路建设提升及边坡防护工程（一期）A标段及金岭五路道路提升与整治工程竣工验收并投入使用；首期占地2.33公顷8栋建筑面积共2.54万平方米标准厂房及配套设施交付使用，自助办税服务厅和医疗站点投入使用，完善“两湖一公园”、公交枢纽站、大朗乐昌产业共建园等配套项目的规划建设；城东片区规划总面积726.8公顷，开发区域建设面积约406.2公顷，建成区域实现“七通一平”。综合整治项目完成68.72公顷土地征收及50.85公顷地上附着物补偿工作，土地平整128.50公顷，边坡修建约6340米，其中一期边坡防护、一期土地平整、二期土地平整及边坡防护工程竣工验收，三期土地平整及边坡防护工程完成总工程量约80%。

【重点产业】 百万平方米标准厂房建设工程 2020年，为加快园区建设发展步伐，形成产业集群集聚，乐昌市委、市政府研究制定三年百万平方米标准厂房建设工程，计划到2022年建成100万平方米标准厂房，构筑招商引资和“双创”有效载体充分发挥标准厂房配套完善，承接招商项目。以投资成本低、生产达效速度快优势，吸引中小企业集聚发展，提高土地集约节约利用水平。园区有标准厂房“园中园”项目4个，规划建设标准厂房72.28万平方米，其中建成农民创业就业基地、大朗乐昌共建科技园，共计14.98万平方米。正在建设中的母婴童产业园、大朗（乐昌）民营企业产业园，建筑面积共计18.6万平方米。

博昇乐智能制造项目 广东博昇乐智能制造有限公司由碧桂园集团旗下全资子公司广东博智林机器人有限公司投资设立，项目总投资4.2亿元，用地4.91公顷，建设升降式脚手架、升降物料平台、人货梯、塔吊、施工机器人等施工新设备、软件的技术研发及生产项目。该项目于2019年3月9日签约，3月28日动工兴建，11月18日建成试产，成为“大朗效率+乐昌服务”标杆。该项目是乐昌市“十百成长计划”重点培育对象，2020年产值1.8亿元，力争2021年产值达2亿元，“十四五”期间有望成长为年产值5亿元级企业。

艾尔康电子元器件（韶关）有限公司 艾尔康电子元器件（韶关）有限公司项目于2017年9月签约入园，总投资15亿元，用地2公顷，2020年6月建成投产。公司前身为德资上市企业Phoenix Mecano集团旗下的子公司深圳艾尔康电子元器件有限公司，完成整体转移和高新技术企业资格转移。公司主要从事探针、感应器接线端子、接插件等产品的研发生产，产品广泛应用于通信、医疗、汽车等领域。公司技术力量雄厚，自主研发接线端子自动化生产设备，生产效率是原来人工的5—10倍，品质更稳定。力争2021年实现年产值1亿元，2025年二期建成后预计年产值可达5亿元。

大朗乐昌产业共建科技园 大朗乐昌产业共建科技园项目用地6.24公顷，总投资3.3亿元，建设9栋标准厂房和1栋综合办公楼、2栋宿舍楼，建筑面积12.48万平方米。容积率2.06。共建科技园有五大特点：一是两地共同投资建设；二是企业拎包入住；三是实施企业化运营；四是孵化服务功能；五是“绿色工厂”“绿色生活”。项目保留原有0.53公顷原生态树林，毗邻碧水湖公园，追求金山银山和绿水青山相得益彰。引进企业9家，其中高新技术企业5家，投产企业8家，达产上规企业2家。招商引资全面达效后，预计年产值达3亿元以上，年创税1000万元以上。

（肖　萍）

乐昌经济开发区（产业转移工业园）领导班子成员名单

开发区管委会副主任兼产业园管委会常务副主任：袁瑞峰

开发区管委会副主任兼产业园管委会副主任：张坤强

开发区管委会副主任：

蔡银杏（女，5月—）

开发区管委会副主任：

刘贤汉（—5月）

大朗乐昌对口帮扶工作

【概况】 2020年，是第三轮大朗乐昌对口帮扶工作的开局之年。大朗乐昌对口帮扶指挥部始终以省委、省政府关于深化珠三角地区与粤东西北地区全面对口帮扶工作为遵循，围绕省构建“一核一带一区”区域发展新格局，贯彻落实莞韶指挥部和朗乐两地党委政府的工作部署，立足第二轮帮扶以来打下的工作基础，继续擦亮“大朗效率+乐昌服务”营商环境品牌，抓实做好产业共建和全面帮扶工作，完成莞韶“533”年度任务目标，2020年年度考核被莞韶对口帮扶指挥部确定为“优秀”等次。

【招商引资质效双升】 2020年，面对新冠肺炎疫情的冲击，大朗乐昌对口帮扶指挥部创新招商引资方式，转变招商观念，拓宽招引新渠道，招大引强，构筑起招商引资新格局、大格局，在逆势中实现招商引资质效双升。指挥部与乐昌市商务局先后10余次前往珠三角地区开展招商活动，通过参加大朗第十九届织交会进行招商推介活动，取得良好效果。邀请近40批客商到乐昌实地考察，引进招商引资项目24个，其中亿元以上项目11个，高新技术企业9家，上市企业2家，总投资额61.28亿元。贯彻“1+N+1”（1个牵头镇街+N个协助镇街+1个被帮扶地区）产业共建帮扶机制新要求，与道滘、石排镇对接，两镇分管领导率相关部门和部分企业家到乐昌考察，带动优质企业落户乐昌。

【营商环境持续优化】 2020年，大朗乐昌对口帮扶指挥部与乐昌产业园互相配合，通过做好“七通一平”、完善审批流程、优化“四个一”帮办服务机制等措施，加快项目落地建设、投产达效。推动新动工项目21个、新投产项目21个，平均每月推动1—2个项目动工和投产，在疫情期间确保项目有序推进。

【载体打造全面提升】 2020年，大朗乐昌对口帮扶指挥部通过优化园区规划、配套和管理，发展“2+1”产业发展模式和“园中园”开发模式，建设大朗乐昌产业共建科技园，提升园区承载功能。其中共建科技园北区一期（5栋标准厂房和1栋宿舍楼）于7月竣工验收，签约9家企业入驻，其中8家实现投产；南区（1栋综合楼）于12月竣工验收，招引2个项目入驻；北区二期（4栋标准厂房和1栋宿舍楼）完成工程量95%。共建园作为莞韶“十组团”中首批建成和投入使用的标准厂房项目，得到韶关和莞韶指挥部的肯定。

【全面帮扶点面开花】 2020年，大朗乐昌对口帮扶指挥部开展七大全面帮扶行动，投入资金973万元，促进农业、教育、医疗、文化、旅游等领域发展。通过大朗财政拨付200万元用于支持华南教育历史研学基地（坪石）项目建设，助推各项规划建设及活化利用工作开展。开展农业对接，大朗镇财政投入的345万元用于建设香芋和岭南落叶水果两个省级现代农业产业园，辐射带动3884户农户增收，促进区域农业结构调整和产业升级；投入的410万元用于坪石镇家禽生猪定点集中屠宰厂项目建设，实现规范化，力争扩大供应至粤港澳大湾区。开展大朗乐昌书画摄影联展活动，在乐昌和大朗举办书法摄影联展，展示两地合作

◆2020年11月2—5日，乐昌市委副书记、市长钟曦（右二）率队到东莞大朗开展招商活动 （大朗乐昌对口帮扶指挥部 供）

◆2020年4月5日，东莞驻乐昌扶贫工作组携手乐昌市扶贫办发起“心愿卡”活动，东莞市有关帮扶单位及爱心人士共捐赠总价值超过65万的“心愿”物资一批　（大朗乐昌对口帮扶指挥部　供）

共建的社会新貌和发展成果。开展爱心捐献活动，联合大朗镇人大办组织人大代表到九峰镇敬老院和学校慰问，捐赠慰问金、物资等合计6万多元；联合大朗镇团委在乐昌援建第17间“希望图书室”，捐出一批书架、文具和2500册图书合计4万多元。举办干部培训班，联合两地组织部门共组织50多名乐昌市直干部到大朗镇进行5天培训，提升业务水平、拓宽工作思路。举行健康扶贫暖心义诊活动，联合大朗镇卫健局组织大朗医疗系统到楼下、葫芦坪等10条贫困村开展慰问和义诊活动，共捐赠慰问金、抗疫物资药品等合计5万多元。深化改革对接，乐昌市委政法委、扶贫办先后到大朗镇有关单位开展交流学习，借鉴先进经验，提高政务服务水平。

【脱贫攻坚突显成效】　2020年，大朗乐昌对口帮扶指挥部加强统筹协调，召开4次脱贫攻坚工作推进会议，遍访29条贫困村，推动脱贫攻坚各项工作取得成效。29个省定贫困村全部达到出列标准，999户2991人建档立卡贫困户达到脱贫退出标准，达标率100%，完成莞、韶下达的任务目标。夯实“两不愁三保障”，累计发放教育补助金400多万元，帮助1500余名困难学生家庭减轻负担；落实医疗救助600多人次，同时补助3000多名贫困人口购买城乡医疗合作保险，实现困难群体全覆盖；共为250余户贫困户申报危房改造，持续改善贫困群众的住房条件。提高脱贫工作实效，创建10个扶贫车间，累计带动600多名贫困户在家门口就业，推进产业扶贫；举办“心愿卡”活动，东莞市有关帮扶单位及爱心人士为29个贫困村333户贫困家庭捐赠超65万元的物资，巩固脱贫成果。深入推动“消费扶贫”，组织乐昌“粤字号”名特优新农产品到大朗开展产销对接，共吸引1000余人次到场，最终农产品营业额近10万元，达成采购协议300万元。

（大朗乐昌对口帮扶指挥部）

大朗乐昌对口帮扶指挥部领导班子成员名单

总 指 挥：叶建华
代总指挥：魏建坤（7月—）
副总指挥：朱锋麟（—8月）
　　　　　邱才郁（8月—）

商　务

【概况】　乐昌市商务局办公地址位于乐昌市公园路17号，是乐昌市人民政府主管市场管理、对外经济合作、口岸管理和经济技术协作的工作部门。内设办公室、人事财务股、电子商务股、投资促进股、商贸流通股和口岸管理股，机关行政编制14名，后勤服务人员2名，一类事业编制5名，二类事业编制4名。对外同时挂乐昌市口岸局和乐昌市招商引资工作领导小组办公室牌子。2020年，在职在岗工作人员22人。

【招商引资】　2020年，乐昌市共新签项目24个，其中，亿元项目11个，新动工项目11个，新竣工投产项目8个，合同总投资额61.28亿元，合同数和合同投资额均超额完成韶关下达的全年任务。2020年，乐昌市实际利用外资799万美元，同比增长50.19%，完成年度目标任务数的102.4%。

【外贸进出口】　2020年，乐昌市外贸进出口总值完成3526万美元，同比增长51.7%，超额完成韶关下达的目标任务。

【商贸管理】 2020年，乐昌市社会消费品零售总额50.54亿元，同比下降7.4%；批发零售业销售额为47.24亿元，同比下降6.3%；其他营利性服务业企业营业额为0.65亿元，同比增长13.1%。全年新增限上批零企业5家，分别是乐昌市桔园加油站、乐昌市粤教文体用品有限公司、乐昌市穗源汽车贸易有限公司、乐昌市弘锐商贸有限公司、乐昌市景禾贸易有限公司，超额完成韶关市下达的新增3家企业的目标任务。

【电子商务进农村】 2020年，乐昌市建成1个市级公共电子商务服务中心，1个市级农村电商物流运营中心，17个镇级电商服务站，137个村级电商服务点，其中省定贫困村39个，完成镇村站点任务的100%。依托镇村级电商服务站点建立物流服务站点，其中部分站点投入运营。共开展线上培训课12场，培训4099人次，其中贫困户参与达到1855人次；开展线下培训30场，培训1422人次，在册贫困户共计培训1170人次。结合省级电子商务进农村综合示范县项目建设，申报入选“2021年国家级电子商务进农村综合示范县”。

（李思兰）

市商务局领导班子成员名单

局党组书记、局　长：李龙彪

局党组成员、副局长：

蓝伟华

何晓萍（女，6月—）

局党组成员：杨金含（—4月）

烟草专卖

【概况】 2020年，乐昌市烟草专卖局（分公司）在岗人员146人，内设机构有党建监察部、综合管理部、专卖管理办公室（内管派驻办，专卖稽查大队）、财务部、烟叶管理部（烟基办）、营销部，下设老坪石烟叶中心工作站、白石烟叶收购分站、黄圃烟叶收购分站、梅花烟叶收购分站、沙坪烟叶收购分站。1990年5月4日，成立广东省乐昌县烟草专卖局、广东省烟草公司乐昌县公司，实行两个牌子、一套人马，属县局级企业单位，执行企业工资；2002年，广东省烟草公司乐昌县公司更名为广东省乐昌市烟草有限公司；2007年12月28日起，成立广东烟草韶关市有限公司乐昌市分公司，主要职能是负责全市烟叶种植收购和卷烟经营以及卷烟、烟叶市场的专卖管理，实行全市统一报账制。

【烟叶工作稳中求进】 2020年，乐昌市计划种植烟叶面积1106.67公顷，约定收购量2250吨，分解到12个乡镇、59个村委、180个自然村、270户种烟户。没有出现超计划种植等情况。收购烟叶2248.54吨，完成计划的99.94%，均价1397.2元/担，其中：上等烟比例67.28%，中等烟比例32.72%，下等烟比例为零，上部烟比例32.93%，中部烟比例56.81%，收购等级合格率全部达到80%以上。收购工作管理规范，秩序良好，等级质量平稳。

【卷烟经营管理】 2020年，乐昌市烟草专卖局建设20支全零售连锁网络，全市安装上线“易灵通”店铺管家系统的客户有54户，其中20支功能店48户，形象店1户，加盟店1户，合作店5户，评星客户29户（含20支形象店）。截至2020年11月底，乐昌市共建成室外吸烟点70个、室内吸烟体验区6个、室外吸烟亭1个。

【专卖打假与市场监管】 2020年，乐昌市烟草专卖局发挥省际检查站作用，强化与京珠粤北站的联合执法，主抓省际非烟流动，严堵流入，严查流出，堵截真烟非法流通，净化卷烟市场。强化行政许可管理，优化服务，推进“互联网+许可管理”政务服务模式，建立“网上办证”常态化模式，提升许可服务便捷度。

（贺佳子）

市烟草专卖局领导班子成员名单

局长（经理）：朱志军

副局长：许坚鸿

副经理：彭健强

邓建良

粮食储备管理

【概况】 乐昌市粮食和物资储备保障中心（以下简称中心）为市发展和改革局（市粮食和物资

储备局）管理的公益一类事业单位，正科级。2020年9月，根据《中共乐昌市委机构编制委员会关于核减市粮食和物资储备保障中心事业编制的通知》（乐机编委〔2020〕41号），中心核定事业编制20名。其中主任1名、副主任3名；5个内设机构，正职5名、副职6名。1个下属企业，即乐昌市粮食购销有限公司。中心连续4年获韶关市粮食安全责任制考核优秀等次，获得韶关市政府通报表扬。

【监督检查和安全管理】 2020年，中心贯彻执行《粮食流通管理条例》等法律法规，以加强储粮安全和安全生产为核心，开展粮食流通监督检查，维护粮食流通秩序，为保证“两个安全”做好职责内的原粮质量与卫生安全监管工作。中心健全部门联动和区域监管机制，出台《乐昌市政策性粮食出库管理实施细则》和方案，成立乐昌市政策性粮食出库管理工作领导小组，增强粮食区域调控能力。建立粮食市场监测体系，在全市粮食收购、批发、零售三个环节上，分别设立十几个粮油市场信息监测网点，建立网上价格直报系统，采集当地粮食价格动态信息，关注粮食市场的粮油供应和价格变化情况，随时掌握市场动态趋势，确保区域粮食安全。

【粮食储备】 2020年，中心落实乐昌市市级储备粮管理暂行办法，对地方储备粮轮换计划进行轮换，确保各级储备粮定期轮换、推陈储新，保障质量安全。是年，完成韶关及本地储备粮稻谷轮换任务。

【物资储备】 2020年，中心抓好应急物资管理与设施建设，根据乐昌市应急仓库残旧、功能配套设施不全、存在安全隐患等方面问题，加大整改力度，对物资进行补充和完善设施功能。做出计划方案，拟定对物资储备仓进行标准化改造，确保应急物资的安全使用。

【优质粮食工程项目】 “优质粮食工程”包括产后服务体系、粮油质量检验检测、中国好粮油三大块内容。2020年，中心“优质粮食工程”均完成100%。

【智能化升级改造项目】 2020年，中心根据全省粮库智能化升级建设部署，按《广东省粮食局广东省财政厅关于开展2017年广东省“粮安工程”粮库智能化升级改造工作的通知》（粤粮科储〔2017〕39号）要求，于2019年12月底完成粮库智能化升级改造项目招标，签订建设合同，总投资金额405万元，2020年4月开工，10月底完成并通过终验，已投入运行使用。中心完成乐昌市2个粮食仓储设施建设，分别是乐昌市直属粮食储备库和坪石粮食储备库，在用仓库16座，获得“AAA级粮库”称号。

【精准扶贫】 2020年，中心挂扶的廊田镇岩前村建档立卡贫困户28户72人，其中一般贫困户15户48人、低保贫困户12户23人、五保户1户1人，全部达到“八有”（有安全住房、教育有保障、兜底保障、有安全饮用水、有电用、有电视信号覆盖、有网络信号覆盖，有稳定收入来源或最低生活保障）标准，实现稳定脱贫。

【新冠肺炎疫情防控】 2020年，疫情防控期间，中心发挥主渠道作用，保障乐昌全市粮油和物资库存充裕，供应有力，市场平稳有序。投入3万多元购买口罩、消毒液、测温枪等防护用具，确保干部职工生命安全。助力挂扶村委和社区，派出278人次深入廊田镇岩前、王屋、楼下、铜坑等村委开展“三合一”工作，派出335人次参加城东社区疫情防控。调拨粮食到坪石应急加工企业，援助防疫帐篷、军大衣等救灾物资到粤北防控站，确保市场供应与防控需求。深入企业235家次，出动人数281人次，助推企业复工复产，确保粮油物资供应不断档、不断供。

（市粮食和物资储备保障中心）

市粮食和物资储备保障中心领导班子成员名单

发改局党组副书记、副局长、中心主任：丁振华

中心副主任：范力田

陈忠英（女）

中心班子成员：李志学

供销合作社联合社

【概况】 乐昌市供销合作社联合社（以下简称市供销社）是市

政府直属参公事业单位。2020年在编参公人员15名，内设机构有办公室、人事监察股、财会股、基层企业管理股、社有资产管理股5个职能股（室），根据经营管理需要，市供销社机关内设基层企业财务结算中心，负责对所属企业资产经营和财务实行监管。

2020年，乐昌市供销社下属公司12个；镇级供销社16个、村级供销社5个；农民专业合作社17个；城乡社区综合服务社19个、农副产品配送中心1个、农资配送中心1个。全社系统在岗经营人员315人，经营管理人员21人。所属基层供销社、公司的用工实行聘用制，公司经理、基层供销社主任和财务人员由市供销社聘用，工资、福利待遇由企业在经营活动中自行负担。

2020年，全社系统完成商品销售总额40883.7万元。实现利润134.37万元，上缴税金4.3万元，社会贡献总额261.12万元。

【新型乡村助农服务示范体系】新型乡村助农服务示范体系是乐昌市供销社为贯彻落实上级关于深化供销合作社综合改革打造为农服务生力军的决策部署进一步夯实基层组织体系和提升为农服务能力水平打造的新型助农服务平台，包括县域助农服务综合平台和镇村助农服务中心（站）两部分。

县域助农服务综合平台　市供销社结合全国总社农业综合开发产后综合服务配套设施项目、省级现代香芋产业园农批服务中心等项目共同打造的助农服务综合性平台，是乐昌市供销社深化综合改革、不断创新发展的成果。该平台由位于市区站北路21—22号原乐昌市土产公司和生资公司进行改造升级建设而成，占地面积1.8万平方米，项目第一期工程占地1.1万平方米，总投资2300多万元，建有1栋三层农综服务大楼、3座农产品交易大棚和1个生活超市，引进乐昌市好方便电商公司、京东物流、饿了么等企业以及农民专业合作社、农民专业合作社联合社等企业20多家进驻，商户入驻率70%以上，具备农产品批发零售、展销展示、农残快检、初级分拣包装、冷链物流、电商线上线下，生鲜配送和农资农技、电商孵化培训等服务功能。第二期扩建项目：新建占地1500平方米的农产品交易大棚、占地3000平方米的大型停车场、占地500平方米的冷库及500平方米的附属基础设施，拟投资1200万元。

镇村助农服务中心（站）　作为新型乡村助农服务示范体系的重要组成部分，市供销社结合镇级供销社改造和“村社共建”工程，在全市建成16个镇级助农服务中心和5个村级助农服务站，助农服务中心（站）普遍具有电子商务、农产品展销、日用消费品供应等三项以上服务功能，推动形成“县域综合平台—镇级中心—村级站”的供销社系统助农服务组织架构，在整个体系全面建成达效后，预计年销售总额将突破5亿元，成为供销社服务“三农”强有力的组织体系和经营体系，助力农业农村现代化发展和乡村全面振兴。

【村级供销社试点建设】　2020年，市供销社利用村级党组织、村委会的组织优势和供销社的经营网络优势，以“党建带社建、村社共建”为抓手，围绕农民生产生活需要，拓展服务领域和提升服务水平，在北乡镇黄坌村、长来镇前溪村、九峰镇坪石村、云岩镇开封村和梅花镇关春村试点建设5个村级基层社。探索基层供销社与村集体经济的融

◆长来镇供销社助农服务中心　（唐嘉琴　摄）

合发展，与新型乡村助农服务示范体系对接，形成市镇村三级网络联结的服务体系，更好地为农服务。

【专业合作社建设与网点经营】

专业合作社与农副产品经营　2020年，市供销社系统有实行农超对接的专业合作社3家，配送中心1个，农副土特产品销售额13748.7万元。

农业生产资料经营　2020年，市供销社系统有农资专业合作社7个，配送中心1个，农资经营配送网点、加盟经营点22个。配送各类化肥4.95万余吨，农药0.42万余吨。农药、小型农机具、农资产品销售额11185.5万元。

日用消费品经营　在全市建有19个综合服务社，年日用消费品销售总额6945万元。

电商平台经营　2020年，市供销社系统所属电商平台交易额4000多万元，包括1个县域助农服务综合平台以及16个镇级助农服务中心、5个村级助农服务站的电商服务平台。

【社有企业资产】　2020年，全社系统用地面积152736.2平方米。房产面积85058.67平方米（其中：住宅面积12006.4平方米；门店面积9084.14平方米；仓库面积47594.78平方米；简易房、闲置房屋、危房面积共13558.62平方米）。

（张　楚）

市供销社领导班子成员名单

理事会主任：邱鑑林

理事会副主任：邓文斌

廖典香

监事会专职副主任：朱阳明

交 通

交通管理

【概况】 乐昌市交通运输局（以下简称市交通局）是政府的职能部门，办公地址位于乐城街道乐廊路5号。内设机构有办公室、人事股、规划基建股、综合运输股、安全法规股、执法一股（执法一大队）、执法二股（执法二大队）。2020年，市交通局有干部职工44人（含3个后勤人员）。下属事业单位交通运输服务中心，有干部职工5人；下属事业单位市地方公路站，有干部职工32人；下属事业单位乐昌市高铁东站广场管理处，有干部职工3人（含2名协管人员）。

截至2020年年底，乐昌市境内地养国道13.95千米，地养省道117.76千米，县道125.64千米，乡道1478.16千米，村道802.91千米，总里程2542.07千米。公路桥梁215座，总长6970.48米，初步形成以乐广、京港澳高速公路为主动脉，国省干线公路为骨架，县、乡、村公路为辅的公路网络。

交通运输行业有道路客运企业8家，其中设客运站3个、客运公司3家、出租车企业2家，有客运车辆211辆、出租车21辆；道路普通货物运输企业14家，有各类货运车辆429辆。维修行业有一、二类汽车维修企业17家，三类汽车维修企业99家，摩托车维修业60家。机动车驾驶培训机构3家，有174辆教练车。

2020年，完成道路旅客运输164.2万人次，旅客周转量4733.4万千米；完成交通建设固定资产投资1.68亿元。完成省道518线白石至两江段、省道249线秀水大罗岭至沙坪段路面改造工程，完成X332梅花至沙坪改建工程、Y651线长来至廊田道路升级改造工程等一批县乡道提升改造工程，完成“四好农村路”建设攻坚任务、农村公路硬化工程90千米、窄路基路面拓宽改造工程84千米、畅返不畅建设项目123千米，实现农村公路等级公路占比97%、路面铺装率80%。

【普通公路路长制“136”行动工作试点】 2020年，乐昌市作为韶关市推行普通公路路长制“136”行动工作试点县（市），强化工作统筹，成立以市委、市政府主要领导共同担任组长的普通公路路长制工作领导小组，统筹市镇村三级路长队伍，由市四套班子领导分片包干镇（街道）、镇（街道）干部包干村（居）、村（居）干部包村组，实行网格化管理、一路一长一专班，压实责任，狠抓工作落实，推进公路建、管、养、运协调可持续发展，巩固“四好农村路”国家示范县成效，助力乡村振兴战略实施。

【普通公路规划建设】 2020年，市交通局完成25.73千米砂土路改造和4千米产业园道路建设。完成90千米硬底化、84千米窄路基路面拓宽工程、123千米畅返不畅、3座危桥及2条县道改造。S248线环城路改道建设开展工可审查等前期工作。

【道路交通安全管理】 2020年，市交通局加大辖区道路交通秩序违法行为的执法管理力度，整治车辆乱停乱放、占道停车、无牌无证、酒驾现象，共查处交通违法行为5.2万余起。整治摩托车无牌无证、非法改装等交通违法行为，暂扣违法摩托车12759辆（其中大排量197辆、非法改装1133辆、“鬼火”1288辆、无牌无证9638辆）。

【交通基础设施建设】 2020年，市交通局从解决群众最关心、最迫切、最现实的行路难问题入手，科学编制年度实施计划，明确时间表和路线图，对交通量增长较大、经常出现拥堵的镇通行政村公路重点实施拓宽改造，对服务乡村旅游、产业发展、农业园区的重要农村公路提档升级，对边远人少地区的村道根据轻重缓急的原则进行硬化。2020年实施的交通建设项目包括：S518白石至两江路面改造工程（续建）、S249线秀水大罗岭至沙坪路面改造工程（续建）、X333线梅花至秀水改建工程（续建）、农村公路硬化工程90千米、X357坪石至中村改建工程8千米、危桥改造3座、窄路基路面拓宽改造工程84千米、畅返不畅建设项目123千米、X332梅花至沙坪改建工程6千米、Y651线长来至廊田道路升级改造工程13千米，总投资逾2亿元。

【公路养护】 2020年，市交通局推进农村公路（乡、村道）养护市场化，将全市划分为南、中、北三个片区，由企业承担区域内农村公路项目的养护服务工作，实行管养分离，提高养护水平，确保农村公路列养率达到100%。引导沿线群众参与养护监督，整合养护监督员与护林员、综治巡逻员等队伍，设置并用好农村公路养护公益性岗位，同等条件下优先安排贫困户参与，提升群众爱路护路意识。

【公路运营】 2020年，市交通局完善农村客运站点物流功能，整合邮政、商贸、供销等物流资源，打造多站合一、资源共享物流站，完善农村物流网络。推进“公路+产业”模式，重点建设产业路、扶贫路、通自然村硬底化等工程，推动普通公路与产业、文化旅游、红色教育基地等融合发展，激活农村经济新活力，助力乡村振兴。

【“绿色交通”建设】 2020年，市交通局推广应用新能源车辆，提升乐昌市公共交通分担率，加强交通运输排放控制，《乐昌市新能源公交车线路营运方案》通过市政府常务会议审议，淘汰15辆燃油公交车辆，增设14辆新能源公交。优化城区公交线路，开通乐昌至韶关定制出行服务，满足群众出行需求。

【“村村通客车”工程】 2020年，市交通局强化督促各道路运输企业采取早晚班、节假日班、圩日班等形式开行班车，定期抽查村村通客运班线运行情况，确保农村道路客运安全。分组前往各镇（街道）派发宣传单、加大村村通宣传工作，提高群众知晓率。

【公共交通设施】 2020年，市交通局根据政府审议通过的《关于乐昌市公交站点升级项目参照政府采购工作方案》，稳步推进公交站点升级项目建设工作。截至年底，完成41个公交站点升级改造工作。

【普通公路运营环境改善】 2020年，乐昌市按照片区经营原则，通过延长线路、调整路线、新增线路，在符合道路运输有关法律法规规定情况下灵活车型选取，开行早晚班、节假日班、圩日班等灵活形式班车，完成195个建制村通班车任务；建设14个客运站、165个候车亭，基本实现镇级有站、村级有亭和有通客运班车条件的行政村客运通车率100%的目标；其中，庆云镇自筹资金改造镇区废弃客运站场，重新启用客运站。

【农村物流综合服务网络节点体系建设】 2020年，市交通局制定《乐昌市农村物流三级网络节点体系发展规划》，发挥交通运输、商务、农业等部门的联动协同，整合货源和运力资源，推动以客运站、邮政局、供销合作社和区域性物流企业向农村地区延伸，设立服务站（点）。截至2020年年底，建立市级农村物流综合服务中心1个，选址定为莱丁农产品交易中心，镇级农村物流网点17个，村级农村物流网点156个，初步形成市农村物流综合服务网络节点体系。

【节假日交通运输】 2020年春运期间，全市发送旅客23.6019万人次，其中，公路16.8214万人次，铁路3.2277万人次，高铁3.5528万人次，受疫情影响，公路、铁路客运量明显下降，公路客运同比下降62.27%，铁路客运同比下降39.4%。春运期间，未发生责任死亡事故，未出现旅客长时间滞留现象，未发生重大服务质量投诉。

【推进放管服改革】 2020年，市交通局开展“减证便民”清理工作和全面做好行政许可事项取消和下放的工作。除上位法规定的办理政务服务事项时要求办事企业和群众提供的证明外，无违规自行设定需提交的各类证明，不截留，不搞变相实施。截至2020年年底，共受理和办理各项业务218宗，其中道路运输业务153宗、公路路政许可7宗、协助上级办理大件许可50宗、公路工程施工许可8宗。业务办结率、群众满意率均达到100%。

【新冠肺炎疫情防控】 2020年新冠肺炎疫情防控期间，市交通局联合卫生、公安部门在高速公路出入口、重点国省道路段设置24小时检疫站，对出入境、进出疫情发生地和运行中的交通工具及运送物资进行检疫查验；牵头做好“两站一场”疫情防控工作，设置测温检疫点，加强客运站场和运输工具的管控，紧急购置疫情防控用品分发至火车站（高铁站）、客运站，严把公共交通运输关口，落实外防输入，内防输出。抽调人员成立工作专班，保障疫情期间人员、物质运送工作，督促指导各站场做好通风消毒，口罩佩戴、体温测量登记，健康码查验、隔离室设置等工作，坚持疫情防控和复工复产“两手抓，两不误”。

（曹启英）

市交通局领导班子成员名单

党组书记、局　长：朱长林

党组成员、副局长：徐建雄

邹日昌

周满新

党组成员：罗佩明

韶关市乐昌公路事务中心

【概况】 韶关市乐昌公路事务中心是隶属韶关市公路事务中心的正科级事业单位（参照公务员法管理）。负责乐昌市东南片地区的普通国省道干线的建设、养护、安全监管、应急抢险等工作。办公地点位于乐昌市解放路14号。机关内设5个股室，下属单位1个：韶关市乐昌公路养护中心（事业单位）。2020年，有管理人员、后勤职工、养护技术工人60多人。拥有各式公路养护机械（装载机、挖掘机、压路机、路面清扫车、洒水车、养护机车等）一批。

2020年年末，管养公路总里程137.381千米，其中国道1条：G535线乐昌坳至乐昌市区段（K232+282—K257+620），全长25.338千米；省道2条：S247线金水湾至廊田段（K0+000—K37+706）全长37.706千米，S248线水楼下至东岸段（K41+550—K113+740）全长70.781千米；乡道2条：Y001铁路小学至乐昌段（K0+000—K1+154）全长1.154千米、Y010车站至贮木厂段（K0+000—K2+402）全长2.402千米。桥梁23座，共865.193米。

【公路建设】 “十三五”迎国评路况综合整治专项养护工程全长108.64千米，总投资629.2万元，工程于8月14日开工，9月30日完工。韶关市G106线等国道和“十三五”迎国评普通省道干线路面改造工程（乐昌段7.409千米）于9月16日开工，年底完工。省道248线乐昌市长来桥至乳源东岸段（K108+789—K113+740）硬路肩改造工程全长4.951千米，总投资404.29万元，工程于8月7日开工，9月30日完成工程建设任务。2020年上半年公路水毁修复工程，总投资113.15万元，完成第一期资金62.23万元支付，第二期资金50.92万元安排在2021年支付。国道535线（原S345线）乐昌段公路安全生命防护工程等5个项目于8月10日通过竣工验收，工程质量合格。2019年灾毁修复一、二期工程和省道247线K1＋800—K32＋720段水毁修复工程共7个项目于2020年11月25日通过竣工验收。

【公路养护】 2020年，乐昌公路事务中心落实公路小修保养制度，将日常养护和预防性养护有机结合，执行公路小修保养检查评比制度，合理安排生产计划，对病害处置和修补及时，对施工质量加强监管。全年清理水沟189.9千米，清理路肩堆积物（塌方）4164立方米，修剪路肩杂草5693千平方米，机械清扫路面7752千平方米，人工清扫6036千平方米，公路巡查50281千米，疏通桥涵排水1138座，清理桥梁伸缩缝1536米，翻新千米牌、百尺桩、示警桩、标志牌、防撞栏端头共5565块，路树刷白50.45千米，清洗防护栏19.4千米，机械清洗路面2622.6千平方米，清洗标志牌272块，清洗示警桩440根，维修路缘石1.31千米，修理防撞栏1226米等。通过第三方检测机构完成22座桥梁水下基础检测及定期检查，总投资28.5万元。

【路长制“136”行动与普通公路国省道沿线扬尘整治】 2020年，路长制“136”行动共投入养护作业人员平均20人/日，清扫车、洒水车、养护作业机械等共2844台班/264台（套），每周3次清扫车清扫城区路段公路（48.211千米/次），山区路段每周人工清扫1次（85.61千米/次），特殊情况加强清洗、清扫。对省道248线乐昌城区至长来镇段、国道535线乐昌廊田至市区路段种植2400多株路树。投入资金120.06万元（日常养护费用60.6万元、小维费42.54万元、绿化16.62万元、农村公路补助0.3万元）。参加路域整治、拆除违法建筑、路口硬化整治等工作共23次。投入资金32.88万元，对国道535线宝通驾校至汽车站段（K256+211—K257+400）路面破损采用6厘米厚沥青混凝土进行应急抢修复，修复破损水泥混凝土路面2740平方米。

【安全生产】 2020年，乐昌公路事务中心在“安全生产月”活动期间，开展防汛应急抢险演练和消防应急抢险演练各1次，查处养护生产和工程施工作业现场违规作业15起，现场教育纠正15起。全年投入各类安全隐患整治资金124.48万元。自筹资金投入消防、安全保护、作业、应急等设施3.35万元。依法维护路产路权，收取损坏路产赔偿费6宗/58065元（违法事项1宗/1950元、许可事项4宗/55350元、交通事故事项1宗/765元）。安全生产保持平稳态势，全年未发生安全生产责任事故。

（陈文辉）

韶关市乐昌公路事务中心班子成员名单

主任、党支部书记：蒋建国

副主任、党支部委员：邝乳明

杨志华

副主任：邓经辉（9月—）

韶关市坪石公路事务中心

【概况】 韶关市坪石公路事务中心成立于1988年（根据市委、市政府关于机构改革有关精神，韶关市坪石公路局于2019年7月16日更名为韶关市坪石公路事务中心），是隶属于韶关市公路事务中心管理的公益一类事业单位，正科级（参照公务员管理），内设5个股室，办公地址位于乐昌市坪石镇白沙桥61号。下属单位韶关市坪石公路养护中心，属韶关市坪石公路事务中心管理的公益二类事业单位，正股级，下辖韶关市坪石公路养护中心河西养护所、田头养护所。负责国道107线、国道240线、国道535线和省道248线的建设、养护。管养的公路总里程为91.586千米，其中国道107线19.296千米、国道240线41.509千米（其中与国道107线重复里程10.769千米）、国道535线40.083千米（其中与国道240线重复里程17.685千米）、省道248线41.55千米（其中与国道535线重复里程22.398千米）。2020年，有管理人员14人，退休人员10人，工勤人员2人，养护技术工人在职28人，退休81人，拥有公务车三辆及各式养护机械（装载机、划线机、扫路车、洒水车、养护机车等）一批。

【公路建设】 2020年，坪石公路事务中心完成韶关市坪石公路事务中心“十三五”迎国评路况综合整治修复、专项养护工程。完成国道535线乐昌坪石罗家头至田头街段路面改造工程的设计、施工招标工作。完成韶关市坪石2020年第一批灾毁修复工程。完成国道107线坪石段公路安全生命防护工程、国道535线（原省道248线）坪石段公路安全生命防护工程、省道248线坪石段公路安全生命防护工程、国道107线石灰冲桥中修工程、国道107线三星坪桥、省道248线煤炭坑桥中修工程、省道248线K35+200处水毁修复工程、国道107线和240线共3处水毁修复工程七个项目的竣工验收工作。完成管养桥梁的水下基础检测和桥梁定期检查。完成国道535线老坪石至上埔村段公路改建工程阶段性代建任务。完成国道107线韶关坪石段公路安全生命防护工程等7个项目的竣工验收工作。

【公路养护】 2020年，坪石公路事务中心加强对公路、桥梁日常巡查，加大桥梁专项维护力度，累计整修路肩边坡241875平方米，喷洒除草剂1253千平方米，公路巡查33520.576千米，清理桥梁伸缩缝6640.5米，清挖水沟211.5千米，维修水沟388米，清理路肩堆积物1255立方米，清扫路面27151千平方米，洗路面7154千平方米，修理铺砌路肩路缘石1.32千米，水泥砼路面清灌缝57千米，疏通桥涵排水394座，维修刷新标志1172件，粉刷路树91.55千米，护管路树396.15千米，清洗隔离栅12960米，清洗标志牌4811件，修复补种标志标牌94处，维修构造物11.2立方米，路面除冰79.66千平方米，更换水沟盖板191件，砍伐枯危路树511株。

【应急抢险】 2020年2月，受强降雨强对流及低温冰冻天气影响，管养省道248线K34—K40、国道240线K2226—K2232+600路面及路肩有薄冰，坪石公路事务中心启动应急预案，各部门紧急联动，融雪除冰，疏导滞留车辆，共计清除路面结冰79660平方米，使用融雪剂5吨，清理倒塌路树及边坡落石。对国道240线春运期道路受阻进行应急抢通，确保过往司乘人员安全出行。

【应急演练】 2020年，坪石公路事务中心结合安全生产月行动，采取悬挂横幅、开展专题讲座、学习交流活动，利用电子显示屏、张贴画册等方式，对《中华人民共和国消防法》《生产安全事故应急条例》《韶关市野外用火管理条例》等新法律法规及条例进行宣传，营造安全生产良好氛围。组织干部职工集中学习《公路养护安全作业规程》讲座，开展“2020年坪石公路事务中心养护突发事件应急演练”，有效提高公路突发事件的处置能力。

【安全生产】 2020年，坪石公路事务中心落实安全生产责任制和安全管理，层层签订《安全生产目标责任书》。每月召开1次安全生产工作会议确保安全生产工作的顺利开展。贯彻落实上级安全生产工作指示精神，先后制定《韶关市坪石公路事务中心安全生产“一岗双责”职责分解规定》《韶关市坪石公路事务中心安全生产“铁拳行动”专项整治工作方案》《“安全生产月”活动方案》；开展国省道安全生产整治行动、消防车通道集中治理攻坚行动、全国防灾减灾日活动、安全生产领域八大专项整治、“铁拳行动”等专项行动。联合养护中心对事务中心机关、养护中心及各养护所的办公区域、宿舍、车库房、出租房等地的电源线路、消防设施、现场养护作业路段和养护生产车辆进行安全排查，累计排查安全生产隐患81项，下发限期整改通知书81份，整改完成率100%。全年投入138239元对辖管路段交安设施进行更新与完善。

【主题教育】 2020年，坪石公路事务中心开展年度党风廉政建设述职报告和抓基层党建工作述职报告，组织全体党员干部签订《2020年党风廉政建设目标管理责任书》和《2020年廉政承诺书》，强化党员干部的党性、法纪、廉洁意识。制定《2020年党风廉政建设工作计划》《2020年党风廉政建设主体责任清单》，做好“两学一做”学习教育常态化制度化工作，开展“双争双促”和“双周讲坛”及纪律教育月活动，组织好全中心党员干部职工参加“韶关发布”“韶司在线”“乐昌党建”“乐昌发布”等学习工作，做好在职党员到挂

◆ 国道240线抗冰保畅通作业图 （刘卫彬 摄）

点单位乐昌市坪石办事处志愿服务活动和城乡基层党组织结对共建活动。坚持思想政治学习，多次召开党员大会和支委会议，组织全体党员干部集中学习《习近平谈治国理政》第三卷习近平总书记及系列讲话精神。

【新冠肺炎疫情防控】 2020年1月28日，坪石公路事务中心组织事务中心机关党员干部和养护中心职工全员到岗，抽调人员22人，3台车辆配合当地政府进驻所辖路段各防疫联合检查站进行防疫测温值班值守，成立临时党员突击队，参与支持乐昌市坪石办事处各社区防疫防控值守工作。组织开展党员支持疫情防控自愿捐款活动及慰问疫情防控一线党员活动。联合交通局、公安、医护人员参与省际站新冠肺炎防控工作，动用一批应急物资用于支援站点建设，坚持每天送消毒及后勤用品到检查站点，每天接送民兵上下班，做好春运期间公路保畅通工作。参加国道107线栗源站疫情防控检查工作，完成该工作阶段性任务。

（施晓斌）

韶关市坪石公路事务中心领导班子成员名单

党支部书记、主任：谷少峰

党支部副书记、副主任：刘熙宾

乐昌汽车站

【概况】 乐昌汽车站位于乐昌市人民南路9号，是有限责任公司（外商投资企业与内资合资），其行政、人事、业务隶属于广东省交通集团省粤运汽车运输有限公司，韶关市国资委、韶关市粤运汽车运输有限公司管辖，是国家二级客运站，下属单位有坪石汽车站。内设党群综合财务办、安全技术办、经营办。区域内乡镇设有九峰、两江、五山、客运售票分站。承接旅客运输、包车、汽车维修、材料销售、加油等业务。截至2020年12月末，有建制车85台，职员124人（含坪石17人）。

【生产经营】 乐昌汽车站从事经营范围：出租客运、客运站经营，县内班车客运，县际班车客运，市际班车客运，省际班车客运，普通货运，省际包车客运，市际包车客运，县际包车客运，县内包车客运，公交客运，普通机动车驾驶员培训综合类（A1），道路运输从业资格培训（危险货物运输驾驶员）（以上经营项目在许可证许可业务范围及有效期内经营）；代理机动车辆险、货运险、人身意外伤害险业务（以上经营项目在许可证许可业务范围内及有效期内经营）；自有物业租赁服务；提供停车保管服务；汽车充电设备的购销；电动汽车充电设施的建设及运营管理；销售预包装食品、日用杂品、酒类；汽车租赁；校车服务。2020年，乐昌汽车站发送班车20442班次，发送旅客量13.13万人次，总行驶安全公里562万千米。乐昌—韶关班线（上午6：40）的客车每天48个班次，乐昌汽车站发往珠江三角洲和各地长途班车线乐昌至深圳站（上午9：10）、东莞（上午8：40）、中山（上午9：35）发班。春运期间增加班次和线路有乐昌至深圳福田站和龙岗站、广州、中山等线路。

（袁晓慧）

乐昌汽车站领导班子成员名单

支部书记：李文龙

副 站 长：周文杰

站长助理：何苏雄

蒋 辉

乐昌火车站

【概况】 乐昌火车站位于广东省乐昌市境内，车站中心里程位于京广线自丰台站起1999千米+337米处，隶属中国铁路广州局集团有限公司广州车务段管辖。该站为三等站，按技术性质为中间站，按业务性质为客货运站。2020年，乐昌火车站在职人数为117人，为全日制合同编制。

【生产经营】 乐昌火车站在路网上的作用和业务特点：办理列车到发、会让；货物列车、小运转列车甩挂及专用线取送作业；办理客运、货运、军运及装卸作业。2020年，乐昌火车站日均装车2辆、卸车8辆；接发列车日均旅客列车131列，货物列车102列；日均发送旅客368人、到达旅客545人。办理客运营业旅客列车：上行2趟，下行2趟。

【爱路护路安全宣传】 2020年9月16日，乐昌火车站联合铁路公安，组织党团员青年在周边学校、乡村及产矿企业开展铁路“爱路护路安全宣传”教育活动，公安民警现场讲述日常生活工作中，在铁路线路附近需要注意的人身安全知识，并派发铁路安全知识宣传单及印有“爱路护路”标志的小黄帽、雨伞等。

（乐昌火车站）

乐昌火车站领导班子成员名单

站　　长：钟景初
书　　记：黄乐蓉
副 站 长：喻陈浩
工会主席：吴建辉

坪石火车站

【概况】　坪石火车站位于广东省乐昌市坪石镇境内，车站中心里程位于京广线自丰台站起1960千米+922米处，隶属中国铁路广州局（集团）有限公司广州车务段管辖。该站为二等站管辖（罗家渡站），站型为双向纵列式一站二场，按技术性质为中间站，按业务性质为客货运站。该站为坪石镇及周边8个镇，连州市、连南、连山、宜章、临武5个县市，坪木支线的人员、物资集散地。2020年，该站在职人数为129人，为全日制合同编制。2020年3月，该站获评中国铁路广州局（集团）有限公司广州车务段“春运先进单位”“优秀党支部”；2020年，获评中国铁路广州局（集团）有限公司广州车务段模范职工之家。

【生产经营】　坪石火车站在路网上的作用和业务特点：坪石场办理列车到发、通过、会让，客运及与坪木铁路支线的车辆交接取送等作业。坪石北场办理列车编组、解体、摘挂、车辆取送等调车作业，以及货运、军运、装卸和列车到发、通过、会让，机车乘务员换班等作业。2020年，坪石火车站月均装车80辆、卸车35辆；坪木支线月均转出1310辆、转入1286辆；停时计划20.5，完成20.4；日均发送旅客800人，到达旅客700人，客运收入日均1.6万元。

【爱路护路安全宣传】　2020年8月21日，坪石火车站联合铁路公安，组织党团员青年在周边学校、乡村及产矿企业开展铁路“爱路护路安全宣传”教育活动，由公安民警现场讲述案例，讲解在铁路线路附近需要注意的人身安全知识，并派发铁路安全知识宣传单及印有“爱路护路”标志的小黄帽、雨伞等。

（坪石火车站）

坪石火车站领导班子成员名单

站　　长：陆伟明
书　　记：邓志新
副 站 长：池后良
工会主席：何民全

京广高铁乐昌东站

【概况】　京广高铁乐昌东站（以下简称乐昌东站）位于乐昌市长来镇，距离乐昌市区3千米，于2017年5月1日正式投入运营，车站设有2个站台，4条到发线路。2020年，有在职员工19人。

【提升服务品质】　2020年，乐昌东站设计高峰小时发送量350人，日旅客吞吐量2532人，春运期间日均发送1022人。节假日、春运、暑运客流高峰，乐昌东站组织开展奉献日活动，联合车站派出所、安检、特保、保洁及地方辅警、春运志愿者，协力做好春运安全、组织工作，确保旅客出行安全有序。联系公交公司，增开公交车，通过媒体宣传旅客提前乘车，为旅客出行提供便利，提供良好的乘车环境。

【新冠肺炎疫情防控】　2020年，新冠肺炎疫情防控期间，乐昌东站合理安排疫情防控人员，做好物资配备梳理排查工作，确保进出站对每一个旅客进行体温检测及健康码监管工作，做好现场疫情防控情况登记，抓好应对处置措施落地落实，提高防控的针对性、精准性、科学性和有效性。

（陈运玲）

京广高铁乐昌东站领导班子成员名单

站　长：王红星
副站长：李晓龙

邮政·通信

邮　政

【概况】　中国邮政集团有限公司广东省乐昌市分公司（以下简称乐昌邮政）是一家肩负全市通信通邮、党报党刊征订投递、邮票零售预订业务、汇兑业务、邮政金融业务、电子商务、邮政物流业务、机要通信等重要服务职能的国有公共事业企业，按照国家规定承担提供邮政普遍服务的义务。2020年，乐昌邮政管辖17个乡镇支局、邮政所，2个城区支局，全市邮政从业人员139人，邮政服务网络实现全覆盖，各个建制村均通邮。

【市场经营】　2020年，乐昌邮政积极融入乐昌社会经济发展大局，在普遍服务、普惠金融、农村电商、精准扶贫、企业党建等工作上取得成效，在确保企业安全运营及邮政服务质量基础上，为全市人民提供优质的用邮服务。

【助力农村电商发展】　2020年，乐昌邮政打造“农产品寄递+普惠金融+农村电商”的邮政特色综合服务模式，为农民提供农产品寄递全环节优质服务，助力乡村农产品进城，让邮政普遍服务广泛惠及百姓。

（唐小蓉）

中国邮政集团有限公司广东省乐昌市分公司领导班子成员名单

总 经 理：陈庭忠

副总经理：彭增君

　　　　　陈日红

电　信

【概况】　中国电信股份有限公司乐昌分公司（以下简称乐昌电信分公司），属国有通信企业，承担乐昌市党政专网通信、应急通信、战备通信和抗自然灾害通信保障任务。拥有“天翼高清”“天翼光宽”“天翼4G”“云业务”“翼支付”等主打品牌。2020年，下辖6个营销服务中心，服务网点遍布全市城乡。

【云网融合服务】　2020年，乐昌电信分公司结合云网融合优势，支撑全市互联网+政务、医疗、教育、工业等信息化项目建设，协助打造“名厨亮灶”民生工程、快递行业邮政管理平台等；助力传统产业转型升级，推动5G新建设、智慧社区、平安乡村等重点工作，加快落实“智慧乐昌”目标。

【网络建设】　2020年，乐昌电信分公司加快“宽带乐昌光网城市”建设，100%的行政村以及80%的自然村实现光纤宽带覆盖，可满足千兆到户的高速光纤宽带需求。加快5G网络建设，完成乐昌无缝连接的高速无线宽带网，无线上网速度达到1000兆。按照当日报装、当日装的工作要求，实现装维服务优质化，提升对客户的服务能力。

【社会责任】　2020年，乐昌电信分公司发挥基础通信运营商的优质网络能力，疫情期间保障党政、军、卫健通信网络，支撑全市各中、小学校“停课不停学”线上教育活动；推进光进铜退、移动网络补盲、光网络向自然村延伸覆盖等助力乡村振兴；开展脱贫攻坚帮扶工作，选拔精干人员驻村协助帮扶工作，按要求100%完成任务，提升贫困地区网络覆盖，为全市贫困户制订扶贫套餐，提供通信业务优惠；完成新中国成立70周年以及澳门回归20周年等系列重大网络与信息安全保障工作。

（谭卫芳）

乐昌电信乐昌分公司领导班子成员名单

总 经 理：薛毅强

副总经理：吴兴旺

罗思尧

移　动

【概况】 中国移动通信集团广东有限公司乐昌分公司（以下简称乐昌移动公司）于2002年成立，是乐昌市最早提供移动电话服务的移动通信运营商。主要经营移动电话通信（包括话音、数据、多媒体等）、IP电话和互联网接入服务，从事移动通信、IP电话和互联网等设施的安装、工程施工和维修，经营与移动通信、IP电话和互联网业务相关系统的集成、网络托管业务、在线数据处理与交易处理业务、信息服务业务等。

【市场运营发展】 2020年，乐昌移动公司持续提升客户服务管理，重点关注客户感知，提升客户服务满意度。通过全量客户关怀下沉网格、提升营业厅服务形象、关爱老人服务、5G上网服务宣传等举措，全方位提升客户服务管理；通过全球通每周星动日、流量客户集中运营、客户优惠提醒办理等举措，重点提升客户使用感知。

【网络建设服务】 2020年，乐昌移动公司实现乐昌城区及坪石镇区域5G覆盖，实现乐昌大润发商圈、乐昌市政府、乐昌工业园、金鸡岭、粤北收费站等5G网络全覆盖，以5G助力政务、商业、工业、旅游业、交通行业，开启广东北大门5G新信息时代。增强2/4G网络，乐昌全境2/4G覆盖率达到98%以上，新增119个偏远农村4G信号覆盖。实现乐昌全境宽带覆盖率达到95%以上。新增68个行政村全光纤覆盖，298个自然村光纤覆盖。千兆宽带覆盖城区正升华府、锦江花园、丽华雅居、凯越豪庭、百信花苑、富锦湾等国标小区。

【新冠肺炎疫情防控】 2020年，乐昌移动公司做好“广东移动”APP的宣传，方便客户足不出户办理业务。组织落实疫情通信保障，对乐昌市卫健局疫情指挥中心、疫情定点收治医院乐昌人民医院等区域的网络质量和专线运行进行重点保障，确保网络响应及时有效。确保每个学生“停课不停学”打通“最后一公里”，实现网络教学和线上学习全覆盖。为困难家庭贴心提供联网使用指导，为偏远山区学子们扫除障碍，力保网课能时刻“在线”。

（刘蕴喆）

乐昌移动公司领导班子成员名单

总 经 理：朱小辉

副总经理：张国庆

联　通

【概况】 中国联合网络通信有限公司乐昌市分公司（以下简称乐昌联通公司）隶属中国联合网络通信有限公司韶关市分公司，是乐昌市全业务经营的通信企业。2020年，设有乐昌政要营服公司、乐昌综合营销服务公司、坪石综合营销营服公司三个职能模块，下设解放西路营业厅、坪石群众路营业厅2个对外服务窗口，代理服务网点遍布乐昌市各乡镇。2020年，在职员工30人。

【推进数字化转型】 2020年，乐昌联通公司继续推进数字化转型，坚持走“创新驱动、统筹协调、高效绿色、生态合作、共建共享”的发展之路，以数字化创新、价值网思维，实现内外资源融通创新，以智能中台为核心、以社区和场景为依托，以线上线下一体化营销模式为抓手推动公众市场转型，聚焦非传统链接、平台型、应用集成型创新领域，提升自主研发、自主集成、自主运营、自主维护能力。

【打造差异化发展模式】 2020年，乐昌联通加快产品创新步伐，以集成思维、客户体验思维和开放共享思维为指导，推动平台能力，硬件组合能力，软件能力，云网能力构建，聚焦目标市场，消费场景，客户痛点及执行渠道进行创新思考，满足用户多元化，定制化需求，构建“平台+网+X”商业模式。

（廖益芳）

乐昌联通公司领导班子成员名单

总 经 理：蔡志鸿

副总经理：廖满平

陈雄峰

城建·环保

住房和城乡建设管理

【概况】 乐昌市住房和城乡建设管理局（以下简称市住建管理局）成立于2019年3月，为市人民政府工作部门。根据《中共乐昌市委办公室 乐昌市人民政府办公室关于印发〈乐昌市住房和城乡建设管理局职能配置、内设机构和人员编制规定〉的通知》（乐办发〔2019〕25号）、《中共乐昌市委机构编制委员会关于同意市住房和城乡建设管理局增设建设工程消防设计审验股的批复》（乐机编委〔2020〕15号）及《中共乐昌市委机构编制委员会关于在市住房和城乡建设管理局设立执法机构的通知》（乐机编委〔2020〕29号）等文件通知，市住建管理局有贯彻执行国家和省有关住房、城乡建设、城市管理、建设工程消防审验和人民防空工作的方针政策和法律法规，拟订有关住房、城乡建设、城市管理和人民防空工作的规范性文件，编制住房、城乡建设、城市管理、建设工程消防审验和人民防空发展规划和年度计划，并监督实施等20项主要职责。有办公室、法规股等11个内设机构，有30名局机关行政编制，15名行政执法编制。其中：局长1名、副局长3名；正股级领导职数11名、副股级领导职数8名；后勤服务人员数4名。办公地址位于乐昌市公园路13号。

【建筑业】 2020年，乐昌市资质内建筑企业共32家，其中，施工总承包企业31家（二级资质4家、三级资质27家），专业承包企业3家。丙级设计企业3家，建筑材料检测室1所，建筑材料企业中预拌混凝土生产企业2家（其中预拌砂浆生产企业1家），新型墙材生产企业2家。全年建筑业增加值完成6.78亿元，同比增长3.9%；资质建筑企业建筑业总产值完成13.11亿元，同比增长7.2%。全年办理施工许可38项，建筑面积70.73万平方米；办理招标文件备案60项，投资总额约5.8亿元；办理竣工验收备案19项，建筑面积44.28万平方米，竣工验收合格率100%；房屋建筑工程质量投诉处理率100%。在建工程项目安全生产总体受控，建筑工程施工安全生产形势总体保持基本稳定，年度内未发生质量或安全事故。年内，乐昌市建设工程招标投标、造价管理进一步规范和完善，有形建筑市场运作健康有序；建筑节能和绿色建筑发展工作有力推进，建筑能效水平逐步提升，绿色建筑量质稳步提升；正升华府、碧桂园、宏大花园等项目得到广大市民好评。

【房地产业】 2020年，乐昌市具有资质的房地产开发企业共55家，其中有业绩的（投资或销售）房地产企业37家，在建项目11个。2020年房地产施工面积36.87万平方米，其中新开工面积20.15万平方米，竣工面积38.48万平方米。对申办商品房销售许可证的项目，进行一房一标，明码标价，年内共核发预（销）售许可证24项，商品房销售面积47.07万平方米，住宅销售面积43.34万平方米，住宅商品房销售均价4890.43元/平方米。2020年乐昌市通过两次联合检查整顿房地产市场，规范商品房销售备案，确保房地产市场平稳健康发展。

【住房保障】 2020年，乐昌市首次启动城镇老旧小区改造工作，项目分两期进行，一期改造老旧小区建筑面积41.32万平方米，涉及8个老旧小区，共279栋房屋3283户；二期改造老旧小区建筑面积21.3万平方米，涉及17个老旧小区，共107栋房屋2491户。通过改造，有效解决老旧小区普遍存在建筑物破损、环境脏乱差、配套设施不完善等问题，使被改造老旧小区的居住品质得到显著提升，群众幸福感、满意度进一步提高。

【村镇建设管理】 2019年，乐昌市全面启动镇街提升工作。重点开展首批廊田镇、长来镇2个试点镇镇街提升工作。乐昌市廊田、长来两镇“139”行动工作基本完成，通过韶关市试验收工作，验收结果为优秀。2020年，启动第二批北乡、九峰、坪石、梅花4个镇的镇街整治提升“139”工作，4个镇的镇区老旧小区和“139”行动工作有效结合。截至2020年年末，第二批4个镇的镇街整治提升工作基本完成，等待韶关市验收。

【农村危房改造】 2020年，韶关市下达乐昌市建档立卡贫困户中无房户改造任务共69户，本级财政资金兜底19户，全部完成任务。

【农村削坡建房排查整治】 2020年，乐昌市各镇、街道通过初步排查，共上报122处风险点为乐昌市农村削坡建房风险点整治台账。6月下旬，该市聘请第三方对各镇、街道初步排查风险点进行专业排查，经过专业排查后确定该市农村削坡建房风险隐患点共114处。2020年，韶关市下达乐昌市农村削坡建房整治任务共26户，全部完成任务。

【村镇污水设施建设】 2020年，乐昌市14个镇级污水处理厂的土建全部完成，管网铺设累计完成约70千米，长来、北乡、五山、九峰、庆云5个镇开始试运行，其余除坪石、秀水、大源3个镇外，都进行通水调试。村级站点建设任务519个，开工217个，15个完成设计，村级站点开建的232个，有287个在调研选址。省定贫困村126个，完工96个，非省定贫困村393个，完成78个。

【城市监察管理】 六乱整治 2020年1月，市住建管理局联合市国资局、市市场监管局、市公安交警大队等部门开展各市场周边违规占用消防安全通道行为的整治。2月，开展疫情防控工作。加强各市场周边的疫情防控宣传，要求自产自销摆卖农户佩戴好口罩，提高自身防疫意识；加大职工文化广场、河堤广场、人民公园、竹林公园、清河公园、体育馆周边等公共区域聚集人群的巡查管理。3月，联合公安交警部门对擅自投放共享电动自行车的行为开展为期5天的清理整治。5月，开展昌山路水果街占道经营整治，有效遏制水果销售旺季产生的占道经营行为违规行为反弹。7月，开展城区人民路、昌山路、公主路、佗城路、大瑶山路等主次道路两旁的“六乱”整治。10月，为巩固创文工作成果，确保创文检查顺利通过，开展创文迎检前城区市容市貌整治行动。12月，开展河南农贸市场周边整治，规范河南农贸市场二街及南塔路道路两旁的农产品自产自销临时摆卖点秩序。全年共整治清理乱摆卖行为1.26万多起，乱拉挂横幅1200多条，乱堆放杂物45车，乱停放车辆2500多辆次。

拆违控违 2020年1月至2月，市住建管理局组织完成韶关市交办的京广高铁沿线39个安全

◆2020年3月1日，市住建局联合市交警大队开展擅自投放超标共享电动自行车整治行动
（连成文 摄）

隐患点的整治工作，拆除违法建筑623平方米，并对相关房屋楼顶进行加固。4月组织拆除环城路长岭头铁道口附近两宗大型违法建筑4824平方米。6月，组织完成《高铁沿线安全专项整治回头看“第一批”问题》中属于乐昌市辖区内的2个安全隐患点的整治工作，清理废弃屠宰场和塑料薄膜；集中拆除工业大道四中路口至小地洞口沿线违法建筑4430平方米。7月，集中拆除站北路沿线违法建筑2520平方米。8月，组织完成《高铁沿线安全专项整治回头看“第二批”问题》中属于乐昌市辖区内的24个安全隐患点的整治工作，主要砍伐高铁沿线及其供电线路周边存在安全隐患的高大树木。9月，组织拆除人民中路红绿灯和北立交桥南端引线两侧违规大型户外广告20块，面积约2500平方米。7月至10月，牵头各部门对乐城街道办事处、长来镇和大源镇境内普速铁路沿线安全隐患进行治理，拆除违法建筑9710平方米，砍伐沿线存在安全隐患的高大树木。11月，结合老旧小区改造工程，拆除欧式小区、竹林小区、通用花苑、城南小区内违法建筑1.1万平方米。

【环卫燃气】 环卫 2020年，乐昌市城乡环卫一体化PPP项目在全市下辖的1个街道，16个镇，共有195个行政村，1916个自然村布置垃圾收集点5787个，全市分类垃圾桶19020个，购置各类全新先进环卫作业车辆134台，到位一线环卫保洁人员581人。每日保洁时间从凌晨5：00到晚上22：00，实行17小时四班制滚动作业。

燃气 2020年，乐昌市住建管理局开展燃气安全生产检查、排查工作6次，发出现场检查意见书48份；与企业签订燃气安全生产责任书8份；开展4次燃气供应点检查。2020年12月31日中午，联合乐昌市交通执法队在广乐高速公路乐昌市区出口（G0423）处查处一起跨区域经营石油液化气事件，共查扣52只YSP-15液化石油气瓶，由韶关市燃气协会督察队送气瓶检验机构做判废处理，并破坏性去功能处理。

◆乐昌市循环经济环保园（垃圾焚烧发电）项目全貌 （周宇 摄）

【乐昌市循环经济环保园（垃圾焚烧发电）项目】 乐昌市循环经济环保园（垃圾焚烧发电）项目是省韶乐三级重点项目，位于乐昌市乐城街道下西村委会学坧村小组与长来镇地域交界处（乐昌市垃圾填埋场内），总投资3.19亿元，工程安装1×500吨/日机焚烧线及对应配套系统、一套12兆瓦凝汽式汽轮发电机组。项目于2019年3月14日正式启动，12月31日正式进场施工。2020年12月31日，项目主厂房及各大单体均建设完成，项目预计于2021年1月中旬举行项目竣工点火仪式，预计2021年2月5日项目正式试运营投产。项目运营投产后预计年处理垃圾量达18.25万吨，产生年发电7212万千瓦时，项目年售电收入达3659.32万元。

【乐梅桥新建辅道项目】 2019年8月1日，乐昌市乐梅桥新建辅道工程通过施工总承包的公开招标方式，确定第一中标候选人——乐昌市市政建设工程有限公司为中标单位。乐昌市乐梅桥新建辅道工程（建设内容为乐梅桥头新建辅道规模：一条）；乐昌市乐梅桥新建辅道工程建设内容为：梅乐桥靠公安局辅道（延伸至公安局正门前佗城下路）、凤凰酒店侧桥底上下桥步梯、梅乐桥靠开发区红绿灯侧的上下桥人行通道。主要工程为：土石方工程、车行道、人行道、排水系统、照明系统、边坡防护、绿化工程等。该工程于2019年8月16日正式开工建设，2020年7月施工单位完成乐梅桥辅道全部工程量建设，8月7日组织设计、施工、监理、质监站等单位完成该工程竣工验收工作。

【乐昌市旧城提质项目】 乐昌市旧城提质项目工程总共涉及48条道路（含背街小巷）的改造，总长41.63千米。此项目建设投资21814.61万元，工程计划分两期实施。2019年8月起，乐昌市旧城提质项目（一期）工程开始动工建设。包括18条道路路段的排水整治、破损道路修复、沥青铺设、人行道铺装、路灯安装、行道树补种、施画标识标线等。2020年9月25日完成竣工验收工作。2020年9月开展乐昌市旧城提质项目（二期）勘察设计工作，二期涉及人民北路、金融路、佗城路（加铺沥青）等27条路段的改造。2020年11月旧城提质工程（二期）工程一标段、二标段施工单位均进场施工。乐昌市旧城提质项目工程累计完成投资约1.3亿元。

【消防审验】 根据国家机构改革要求，该局自2019年5月13日零时起承接乐昌市辖区内的建设工程消防设计审核、消防验收、备案和抽查职责，6月至9月为消防审验职责移交承接期。该局消防审验行政许可事项以政府购买技术服务方式协助实施，2020年，消防审验行政许可事项以政府购买技术服务方式协助实施，通过韶关市中介超市聘请第三方消防设计技术审查机构2家、消防技术验收机构3家，共同协助开展消防审验工作。消防审验工作坚持按照消防规范标准，从建筑、给排水、暖通、电气等各专业进行严格把关，重点检查违反消防强制性条款问题，从源头消除重大消防安全隐患，保障消防安全。2020年完成建设工程消防设计审查45项、消防验收30项、备案抽查17项，（其中其他29类建设工程消防设计审查4项，验收3项），下发问题整改单29项，责令整改消防车道、消防登高救援场地整改10项，消防审验经费共计73.7万元。为响应国家建设工程项目审批制度改革的需要，消防审验工作及审验结果并入工改系统、省执法网及全国信用双公开体系。该局从承接消防审验职责以来出具的审验合格文件已全部录入省执法网及全国信用双公开体系，累计录入消防设计审查45项，消防验收30项。

（黄伟崇　余和胜　杨竹英　徐俊　梁玉平　欧建华　何境华　陈晓亮　黄丽玲）

市住房和城乡建设管理局领导班子成员名单

党委（党组）书记、局长：
陈世军
党委副书记、党组成员、副局长、纪委书记：黄伟崇
党组成员、副局长：
周　鲲（女）
党组成员、人民政府国有土地上房屋征收与补偿办公室主任：
余和胜
党组成员：聂　森（4月—）

政府投资建设项目代建管理

【概况】 乐昌市政府投资建设项目代建管理局成立于2015年9月，于2016年5月挂牌，为市政府直属正科级公益一类事业单位，事业编制12名。主要工作任务为受市政府委托行使业主职能，负责政府投资建设非经营性工程项目的组织实施和管理工作。办公地点在乐昌市广福路98号，内设办公室、规划技术股、合同预算股、工程管理股。2020年在编人员8名。

【代建项目实施】 2020年，乐昌市政府投资建设项目代建管理局代建项目56个，完成建设29个，动工14个，前期阶段13个，完成投资2.96亿元。代建重点项目13个，其中完成建设8个，动工建设5个，完成投资额2.21亿元，其中，省、韶关、乐昌重点项目1个，为乐昌市第二人民医院新建医院项目，该项目完成建设，并获得广东省结构优质奖。

2020年，该局代建完成建设项目29项，分别为乐昌市省级新农村连片示范建设工程农村人居环境综合整治项目（第一期）勘察、设计、施工（EPC）总承包工程、乐昌市乐梅桥新建辅道工程、省际廊道美丽乡村示范重要节点建设项目（乐昌坪石镇龙珠、乐昌坪石镇仁里村、乐昌坪石镇三拱桥、乐昌坪石镇三星坪）、省际廊道美丽乡村示范区坪石镇金鸡村国道沿线村庄亮化美化项目、乐昌市昌山公

园（一期）建设工程、乐昌市一小路口改造工程、广乐高速乐昌出口公共停车场项目、市委党校（乐昌开放大学）原学员宿舍楼修缮改造项目、乐昌市部分敬老院消防整改及基础设施维修项目施工、乐昌市公安局坪石派出所规范化建设项目—修缮项目、乐昌市公安局黄圃派出所规范化建设项目、乐昌市公安局城关北区派出所规范化建设项目、乐昌市公安局梅花派出所规范化建设项目、乐昌市公安局城东派出所规范化建设项目、乐昌市公安局庆云派出所规范化建设项目、乐昌市公安局大源派出所规范化建设项目、乐昌市公安局坪石河西派出所规范化建设项目、乐昌市公安局秀水派出所规范化建设项目、华南教育历史研学基地（坪石）一期项目（定友图书馆修缮项目）、乐昌市第二人民医院（630千伏安）变压器安装工程（市电高压引入工程）、乐昌市大源镇卫生院市政绿化配套设施工程、乐昌市第二人民医院新建医院项目勘察、设计、施工总承包等项目；27个项目为续建和启动项目，分别为乐昌市城南市政道路（原水泵厂至电力新村）、乐昌市社会福利院老年公寓项目、武警韶关支队乐昌中队营房项目、乐昌市教师发展中心综合大楼项目、乐昌市第一中学新（扩）建普通高中学校基础设施建设工程、乐昌市体育场建设工程、黄圃镇卫生院新建门诊住院综合楼、乐昌市第二中学新建教学综合大楼工程、乐昌市坪石镇环绕新建二院市政道路建设项目、乐昌市公安局廊田派出所规范化建设项目、乐昌市公安局两江派出所规范化建设项目、乐昌市公安局云岩派出所规范化建设项目、乐昌市公安局五山派出所规范化建设项目、华南教育历史研学基地（坪石）一期项目、中山大学理学院天文台遗址公园（本体）项目、乐昌市公共卫生应急处置中心建设项目等，其中乐昌市乐梅桥新建辅道工程被韶关市住房和城乡管理局、韶关市建筑协会评定为韶关市房屋市政工程安全生产文明施工示范工地。

（张坚红）

乐昌市政府投资建设项目代建管理局领导班子成员名单

局　长：谢志飞

副局长：陈　薇（女）

　　　　张明才

房地产管理

【概况】 乐昌市房地产管理局（加挂乐昌市房产开发中心、乐昌市住房保障中心牌子）为市住房和城乡建设管理局管理的公益二类事业单位。下设乐昌市房地产交易中心，是房地产管理局归口管理事业单位。总核定事业单位编制34名（含乐昌市房地产交易中心）。办公地址在乐昌市金融路89号，内设办公室、计财股、房地产中介股、房屋租赁股、档案室、房屋安全管理股、住房保障中心办公室、测绘所、白蚁防治管理股（白蚁防治所）、坪石所10个部门。主要工作职责有：乐昌市公共租赁住房（保障性住房）配租管理、公共租赁住房安全管理和维修、商品房挂网销售监管、存量房上市交易监管、商品房预售款监管、房地产中介机构业务监管、白蚁防治业务监管、房产测绘监管、房产交易和测绘档案管理等。

【房地产交易监管】 2020年，房地产交易中心完成监管年度新增商品房挂网销售面积56.77万平方米（其中商品住房面积54.06万平方米、非住宅面积2.71万平方米）。批复商品房预售款申请500宗，金额18.74亿元。监管商品房买卖合同网签3887宗，面积47.07万平方米，成交金额23.58亿元；存量房买卖合同网签1625宗，面积14.51万平方米，成交金额4.83亿元。

【老旧小区提升改造】 2020年，乐昌市城南购物城小区、竹林小区、建筑公司小区等25个老旧小区为改造任务，改造内容包含小区道路白改黑、下水道、公共卫生、供水、供电、围墙大门及外立面翻新或增设、环卫设施、消防设施、路灯、雨污管网、垃圾处理设施、“三线”整治计划等，改造楼房386栋，涉及5774户，建筑面积63.4万平方米。

【保障性住房管理】 2020年10月，乐昌市房地产管理局成立保障性住房资格审核领导小组，完成53户申请公租房的资格审查工作，为其中34户办理入住手续，解决乐昌一部分低收入住房困难人群的居住问题。对出租的房屋进行清查，收回36套不符合申请条件的承租户承租的公租房；全年收缴公房租金约484万元。疫情期间加强对公租房小区物业公司的监督检查，保障小区居住环境。办理184间非住宅（经营性用房）资产移交市国有资产监督管理局事宜。

【保障性住房项目建设】 2020年，乐昌市房地产管理局完成英才公寓拎包入住装修工程项目。长岭头公租房4#和5#楼的装修工程方案经市常务会议审议通过，施工队进场作业。

【房屋测绘】 2020年，乐昌市房地产管理局为该市房地产开发商品房测绘，为产权登记、确权、交易、城市拆迁、新城区建设、规划等提供房地产测绘成果；对该市房产测绘成果备案，建立测绘成果档案。完成测绘成果报告书备案160宗，总建筑面积682656.69平方米；完成土地预权籍确权3幢；完成土地权籍调查图册441宗。完成乐昌产业转移工业园第一示范牧场内拆迁项目14宗；污水处理厂及污水收集管网11宗，总建筑面积6601.04平方米。

【房地产中介管理】 2020年，市房地产中介服务机构登记备案51宗，维护交易双方主体合法权益。配合乐昌市教育局新生入学就读资格工作，出具288份房屋租赁登记备案证明。

【信访维稳】 2020年，乐昌市房地产管理局共处理信访件42宗（其中5宗撤销，1宗退回），答复率100%。

（严昌莲）

市房地产管理局领导班子成员名单

局　　长：聂　森（5月—）
副 局 长：欧先程
　　　　　谢云红（女）
　　　　　钟智宽
党支部书记：欧先程

环境保护

【概况】 乐昌市环境保护局成立于1987年，位于乐昌市银滩路67号，2019年因机构改革调整为韶关市生态环境局派出机构，2019年5月21日挂牌更名为韶关市生态环境局乐昌分局，主要工作职责是对乐昌市生态环境保护工作实行统一监督管理。2020年，在编人员48人。

【环境质量】 2020年，空气质量优良率98.89%，$PM_{2.5}$、PM_{10}、二氧化硫（SO_2）、二氧化氮（NO_2）、一氧化碳、臭氧（O_3）等六项指标均达到《环境空气质量标准》（GB 3095—2012）二级标准。城区武江饮用水源全年稳定保持在Ⅱ类水环境质量标准，镇级饮用水源地水质达到或优于Ⅲ类，全市河流水质监测持续保持水质考核断面100%达标，全市辖区内河涌及广大农村地区未出现黑臭水体。2020年辖区受污染耕地安全利用率达90%以上，2020年污染地块安全利用率达到100%。

【污染防治攻坚战】 截至2020年12月31日，乐昌市全年有效监测天数361天，其中优良天数357天，空气质量指数（AQI）优良率98.89%。深入推进污染防治攻坚战，打好蓝天保卫战，常态化开展扬尘整治，落实“6个100%”（工地周边100%围档、砂土100%覆盖、场内路面100%硬化、出入车辆100%清洗、工地100%洒水压尘、空置场地100%

◆2020年10月21日，乐昌市污染防治攻坚战暨环保督察整改工作推进会在市政府礼堂召开　（市环保局　供）

绿化）；加强工业企业监管，鼓励开展循环化清洁化改造，降低工业废气废渣对环境的污染。打好碧水攻坚战，全面加强水源地环境保护，完成乐昌市辖区内的饮用水源划定以及整治工作；加快推进村镇污水处理设施建设，完成农村环境综合整治年度任务；打好净土防御战，推进涉重金属行业污染防控工作，完成涉重金属企业整治提升建设重点任务；落实农用地分类管理和建设用地准入管理，防控土壤环境风险，2020年辖区受污染耕地安全利用率达90%以上，全市化肥农药使用量实现零增长，2020年主要农作物测土配方施肥技术覆盖率达90%以上。

【环境监管】 2020年，乐昌市环境保护局抽取87家企业和19个建设项目开展双随机巡查工作，出动环境监察执法及环保专项行动人员1640人次，立案数为8宗，责令整改家数为20家，罚款入库数为4.4万元，对环境违法行为形成有效震慑。

【环境监测】 2020年，乐昌市环境保护局完成9家重点污染源企业、2家镇级污水处理厂监测工作，完成本年度四个季度农村环境环境质量监测工作，完成辖区内国控断面、省控断面、国考断面、省考断面、敏感水域及备用水源断面每月一次监测，完成城市交通干线噪声、区域环境噪声监测。2020年度共出具废气监测报告96份，废水监测报告47份，噪声监测报告93份。

【环境审批】 2020年，乐昌市环境保护局完成项目审批732件，其中国家排污许可证核发67件，国家排污许可证登记508条，建设项目环境影响登记表备案171件。建设项目环境影响审批34件，其中建设项目环境影响报告书审批2件、建设项目环境影响报告表29件、未批准3件。

【环保建设项目】 2020年，乐昌市环境保护局完成昌山变电站水质自动监测站建设、坪石子站护坡加固工程、固体废物堆存整治等项目，推进土壤重金属监测能力提升改造、涉镉重金属企业环境整治等项目。

【环境统计】 2020年，乐昌市环境保护局完成辖区内52家企业污染源的调查和数据采集录入、审核等相关工作。

【环境信访】 2020年，乐昌市环境保护局接到环境问题的群众信访投诉案件共计249件，其中“12345”平台受理191件、“12369”平台受理31件、信访局转办7件，所有信访案件都按要求在规定的时间内进行处理，接理率100%。

（郑芳芳）

韶关市生态环境局乐昌分局领导班子成员名单

党组书记、局长：黄常春
副　局　长：肖远雄
　　　　　　陈明才
党组成员：肖远雄
　　　　　陈明才
　　　　　曹海雄

财政·税务

财政工作

【概况】 乐昌市财政局属国家行政机关，是市政府工作部门。办公地址位于乐城街道公主下路68号。2020年10月，经机构改革，市财政局撤销综合股，设立资源环境和综合股；撤销金融和债务管理股，设立政府债务管理股；撤销教科文股，设立教育和文化股；撤销行政事业资产管理股，设立资产管理股；撤销政府采购管理办公室，设立政府采购监管股；撤销绩效评价股，设立绩效管理股；撤销监督检查办公室，设立监督股；撤销教科文股，设立法规和会计股。2020年8月，市财政局完成镇街体制改革人员转隶工作。市财政局内设办公室、预算股、国库股等17个机构，下辖3个事业单位，局机关有行政编制44名，后勤服务人员编制6名；乐昌市财政国库支付中心编制12名；乐昌市财政投资评审中心编制10名，乐昌市财政数据信息中心编制数1名。2020年年末，有干部职工69人。其中行政编制中实有正科级干部3人，副科级干部6人，正股长12人，科员及以下19人；老工勤1人；参照公务员管理事业单位实有人员12人；事业编制实有人员5人；临聘人员11人。

【财政收入】 2020年，乐昌市财政总收入176375万元，同比下降0.49%。其中税收收入完成105619万元，同比下降6.67%，包括增值税完成51935万元（同比下降10.06%），企业所得税完成21778万元（同比增长2.97%），个人所得税完成5348万元（同比下降6.32%），土地增值税完成5922万元（同比增长4.37%），契税完成4897万元（同比下降8.57%）。其中，全市上划中央收入完成45129万元，同比下降1.43%，省市共享“四税”收入完成22740万元，同比下降1.05%。一般公共预算内的非税收入完成36182万元，同比增长14.24%，主要增长来源于一次性大额非税款项入库（拆旧复垦指标出让款收入14252万元），国有资源（资产）有偿使用收入完成27034万元。政府性基金预算内的非税收入完成34575万元，同比增长6.72%，主要增长来源于国有土地使用权出让收入完成25286万元。

【一般公共预算】 2020年，全市一般公共预算收入完成72504万元，完成预算的102.77%，同比增长1.63%，其中：税收收入完成39844万元，同比下降4.95%；非税收入完成32660万元，同比增长11.02%。一般公共预算收入加上级补助收入、债务转贷收入、上年结余收入和调入资金等404244万元，全市一般公共预算总收入完成476748万元。2020年，全市一般公共预算支出完成432815万元，完成预算的100.46%，同比增长0.55%，其中：民生支出完成376825万元，同比增长2.09%，占一般公共预算支出的87.06%。一般公共预算支出加上上解上级支出和债务还本支出等12991万元，全市一般公共预算总支出完成445806万元。2020年全市一般公共预算总收支相抵，滚存结余29871万元（均为上级专项资金结余）。

【政府性基金预算】 2020年，全市政府性基金预算总收入完成133493万元，同比增长184.30%，其中：政府性基金预算收入完成34457万元，同比增长6.65%，完成预算的101.58%；转移性收入完成99036万元，同比增长576.11%。政府性基金收入大幅度增长的主要原因在于新增抗疫特别国债转移支付收入15300万元，地方政府专项债务转贷收入比2019年增长69000万元。2020年，全市政府性基金预算总支出完成133493万元，同比增长184.3%，其中：政府性基金预算支出完成107324万元，同比增长349.3%，完成预算的97.82%；转移性支出完成26169万元，同比增长13.44%。

【国有资本经营预算】 2020年，全市国有资本经营预算总收入完成613万元，完成预算的109.46%，其中：国有资本经营收入完成583万元，转移性收入完成30万元。2020年，全市国有资本经营预算总支出完成613万元，完成预算的109.46%，其中：国有资本经营预算调出资金完成583万元，年终结余30万元。

【社会保险基金预算】 2020年，全市社会保险基金总收入完成70244万元，其中：社会保险基金收入完成36506万元，转移性收入完成33738万元。2020年，全市社会保险基金总支出完成70244万元，其中：社会保险基金支出完成45384万元，转移性支出完成24860万元。

【政府债务】 2020年，全市政府债务余额18.11亿元，其中：一般债务7.99亿元，专项债务10.12亿元。从债务类型看，一是地方政府债券17.82亿元，其中：一般债券7.70亿元，专项债券10.12亿元；二是经清理甄别认定的截至2014年年末非政府债券形式存量政府债务0.29亿元。2020年，全市地方政府债务限额20.42亿元，其中：一般债务限额10.24亿元，专项债务限额10.18亿元。2020年，乐昌市政府债务余额均未超债务限额。

【财政收支管理】 2020年，乐昌市应对经济下行压力，收窄税收收入降幅。采取加大贷款风险补偿力度、保障企业防控物资需求、减轻企业租金负担等措施支持企业复工复产，促进经济平稳运行。财税等部门加强协调配合，形成工作合力，在确保税收“应减尽减”的同时严防“跑冒滴漏”，税收收入降幅不断收窄（从1月的37.58%收窄到4.95%）。盘活存量资金资产资源，财政平稳增长。践行“大财政、大预算、大资产”理念，利用拆旧复垦政策，全面梳理盘活闲置资产、低效资源，推进土地出让、拆旧复垦、资产处置等收入项目，确保财政预算收入实现合理增长。争取上级资金支持，支持全市建设发展。争取涉农资金4.15亿元、新增债券9.5亿元、抗疫特别国债1.31亿元。

【保障和改善民生事业】 2020年，全年“六保”支出完成130854万元，其中包括：保居民就业1774万元，保基本民生107404万元，保市场主体708万元，保粮食能源安全2068万元，保产业链供应链稳定2857万元，保基层运转16043万元。2020年，乐昌市落实省十件民生实事资金5172万元（本级配套），落实乐昌市十件民生实事资金25752万元。

教育方面　投入14473万元用于中小学校新建、改扩建等，包括新建凤凰小学项目5460万元、职业教育补短板2000万元、学前教育补短板2000万元等，缓解义务教育阶段大班额问题，提升教育教学质量。投入605万元实施学校“厕所革命”，确保各中小学校公厕达到文明公厕要求。投入350万元统一购买安保服务，加强校园安全管理，营造安全有序的校园环境。提高学校“保运转”水平，学前教育和高中教育生均公用经费标准分别提高到400元/年和1000元/年。

医疗卫生方面　投入11871万元开展医院、卫生院建设，包括第二人民医院建设8322万元、乡镇卫生院建设2286万元等。2020年第二人民医院投入使用，建成18间预防接种门诊，提高医疗服务质量。投入5076万元用于新建公共卫生应急处置中心，提高公共卫生应急处置能力和疫情防控能力。安排基本公共卫生服务项目经费2970万元，将人均补助标准提高到74元（按常住人口）。

社会保障方面　2020年，乐昌市城乡低保对象最低生活保障人均补差水平分别提高到609元/月和276元/月，城市特困和农村五保供养补助标准分别提高到1236元/月和852元/月，集中供养和分散供养孤儿基本生活最低养育标准分别提高到1820元/月和1110元/月，基本民生保障水平稳步提高，各项困难群众补助救助政策累计投入5931万元。困难残疾人生活补贴和重度残疾人护理补贴标准分别提高到175元/月和235元/月，全年投入2387万元。落实阶段性价格临时补贴政策，缓解物价上涨和新冠疫情对低收入困难群众基本生活的影响，全年发放困难群众价格临时补贴资金475万元，使困难群众基本生活得到保障。投入24072万元保障养老金正常发放，城乡居民基本养老保险基础养老金提高到每人每月180元。

就业保障方面　2020年，累计投入1774万元用于创业贷款贴息、扶持高校毕业生在韶就业、创业带动就业奖补和职业技能提升等，做好“稳就业”工作。

推进乡村振兴方面　投入乡村振兴战略资金11.43亿元，用于推进农村产业、生态、文化、组织、人才五方面振兴。投入18684万元实施农村集中供水项目，通过建设供水设施解决农村饮水难问题，提高农村饮用水安全保障水平；投入36643万元实施农村人居环境整治，开展“三清三拆三整治”“厕所革命”等新农村建设项目，改善村容村貌，打造“宜居、宜业、宜游”乡村。投入5446万元实施“139”镇街整治项目，重点打造提升坪石镇、梅花镇、北乡镇、九峰镇的基础设施和公共服务配套设施，提升镇街特色风貌和形象品位。投入13149万元扶持、发展乐昌市农业特色产业，实施“一村一品、一镇一业”、九峰镇农业产业强镇等项目，为带动农民增收打下基础。投入9745万元强化基层组织建设，保障村级基层组织正常运转，增强服务群众能力，提高基层公共服务水平。

城乡基础设施建设方面　投入14700万元开展旧城提质工程，基本解决旧城区路面经常积水、部分低洼的问题，有效改善城市面貌和市民出行环境。投入6900万元实施城区老旧小区改造，改善部分老旧小区脏乱差的状况，优化小区环境，提升小区居民的获得感、幸福感和满意度。投入17125万元完善公共交通基础设施，探索推行“四好农村路”打包项目包管理和“公路+产业”模式，推进实施“四好农村路”建设、“畅返不畅”整治、危桥改造3座及Y747线等县乡道提升改造工程，通过“公路+产业”的模式，群众出行“最后一公里”得到有效缓解。投入9000万元加快武江河饮用水源置换工程建设，保障城市供水水质安全，解决用水问题，提高饮水质量。投入8000万元建设大朗乐昌共建科技园，投入2.2亿元建设产业园区基础设施，持续完善产业园区路网、排水、公交枢纽站等配套基础设施，推进产业园区扩容提质。

【推进改革创新】　深化涉农资金改革。围绕考核清单、聚焦短板弱项发力，将有限的涉农资金集中投入解决重点问题，如农村饮用水安全保障、粤北省际廊道美丽乡村示范带、“四好农村路”建设等。探索实施符合农村实际情况的管理机制，提高涉农资金使用效益，如对农村人居环境整治采取“奖补”模式，加快建设生态宜居美丽乡村步伐。推进财政机构改革。实施“一个事项一个股室牵头，一个单位对应一个股室”，做到财政服务“强主责、强主业、强统筹”。推进镇级国库集中支付制度、权责发生制政府财务报告编制和政府会计制度等改革，推动市财政国库集中支付电子化管理运行，确保财政资金支付安全高效。推进预算绩效管理。执行印发的《乐昌市全面实施预算绩效管理工作方案（2019—2022年）》，推进全面实施预算绩效管理改革，完善绩效目标管理的机制，优化完善财政支出方向、规模、结构和管理制度，实现财政资金配置效率和使用效益“双提升”。

【财政监督管理】　加强政府投资项目管理。印发《乐昌市政府投资项目工程变更调整管理规定（试行）》，细化对政府投资项目工程变更和概、预、结算调整的规定，用制度约束评审行为、用制度保障评审质量。全年完成评审项目338个，评审金额26.36亿元（比上年增长123%），审定金额25.26亿元，核减1.11亿元，核减率4.2%，有效提高财政资金使用绩效。强化国有资产监督管理。出台《关于加强乐昌市行政事业单位国有资产处置管理的意见》等文件，规范国有资产监管和处置行为，优化国有资产配置，维护国有资产的安全和完整，防止国有资产流失，提高国有资产使用效率。加强财政监督检查。搭建全覆盖、全链条、全过程的监控系统，确保资金拨付和资金监管同步，“一竿子插到底"。对接部门反馈情况、督促整改，做到及时纠偏补漏。对部分重点资金的绩效目标落实和预算执行进度实行"双监控"，在监管资金使用合规性的同时关注资金使用成效，提高资金使用效益。

【新冠肺炎疫情防控】 2020年，乐昌市财政局统筹安排疫情防控资金4102万元，其中包括：核酸检测实验室建设921万元，人民医院、中医院发热门诊和卫生院、妇幼保健院发热诊室建设1052万元，中小微企业风险补偿金500万元，教育系统（含学校）热成像测温设备及口罩购置86万元等，为防控新冠疫情、实现全面复工复产复学和推动经济发展提供资金保障。

（欧雪芬　王剑梅）

市财政局领导班子成员名单

党组书记、局长：连旷怡（女）

党组成员、二级主任科员：彭荣华

党组成员、副局长：朱史文

连光军

谭泽斌

党组成员、三级主任科员：罗伟琼（女）

税务工作

【概况】 国家税务总局乐昌市税务局（以下简称市税务局）位于乐昌市人民南路25号，实行以上级局为主与市委市政府双重领导的正科级建制单位。税务局设置13个内设机构，2个事业单位，级别均为正股级，设7个派出机构，级别均为副科级。2020年，市税务局在职干部职工184人，退休干部职工174人，其中在职中共党员144人。

【全面从严治党】 2020年，市税务局推动党建、业务融合互促，打造"乐领动"党建品牌。是年，市税务局获得2018—2020年度"广东省文明单位"称号，市税务局两个办税服务厅认定2018—2019年度"广东省税务系统省级青年文明号"称号；获得"乐昌市2019年度政风行风民主评议第一名"称号；被乐昌市政府评为"爱国拥军模范单位"称号；市税务局办税服务厅获得"2019年度韶关市巾帼文明岗"称号。

【组织税费收入】 2020年，市税务局共组织各项税费收入212964万元，同比减收16699万元，下降7.3%。其中：税收收入110186万元，同比减收4868万元，下降4.2%。按预算级次分：中央级收入48061万元，同比下降3.7%，减收1822万元；省级收入22339万元，下降3.4%；市县级收入39786万元，下降5.4%。费金收入102778万元，同比减收11831万元，下降10.3%。其中社会保险费收入87030万元，同比减收2021万元，下降2.3%。累计办理出口退（免）税4516万元。

【减税降费】 2020年1—12月，乐昌市累计新增减税降费22358万元，其中：2020年出台的支持疫情防控和经济社会发展税费优惠政策新增减税降费15649万元；2019年年中出台政策在2020年翘尾新增减税降费6709万元。

【新时期精准扶贫精准脱贫工作】 2020年，市税务局推进云岩镇新时期精准扶贫工作。全年开展慰问160人次，民情夜访30人次，消费扶贫20人次，帮扶的80户贫困户脱贫率100%。

◆2020年1月12日，国家税务总局乐昌市税务局办税服务厅成立"青年导税团"，为纳税人提供个性化服务　（市税务局　供）

【依法治税】 2020年，市税务局打造阳光税务、规范税务、法治税务，更新执法公示平台信息956条，公示执法人员76人。推行"说理式执法"模式，提升税法遵从度。落实税收执法责任制，开展执法督察、督察审计工作，开展增值税发票管理、减税降费、社保费征缴及非税收入征收管理情况等重点领域执法督察，依规追责问责，形成"事前风险预警—事中查错纠弊—事后问责追究"的督审监督管理闭环，有效防范税收执法风险。

【纳税服务】 2020年，市税务局通过税企交流微信群、QQ、电话等与纳税人交流对话3500余次，帮助解决逾500个涉税问题，推送各类通告、政策逾200条。举办"助复产 促发展"税务春风课堂，为30余名规上企业、科技型企业送上最新税收优惠政策"礼包"。强化"非接触式"办税宣传引导，实行"网上办税为主、自助办税为辅、实体办税兜底"服务模式，全年纳税人预约办税率100%。推广领用和代开发票"网上申请、邮寄配送"服务，将服务"触角"延伸到纳税人"家门口"，2—6月共为888户（次）纳税人免费邮寄发票36248份。

【新冠肺炎疫情防控】 2020年，市税务局做好榴村片区"包联包创"以及云岩精准扶贫挂扶点的疫情防控工作，干部职工参与政策宣传、疫情排查等基础性工作，开展社区和扶贫村宣传429次，在疫情发生初期，连夜号召30名党员，组成党员先锋突击队，支援京港澳高速乐昌粤北检查站，守好"广东北大门"，彰显税务担当。

（陆晓莉）

国家税务总局乐昌市税务局领导班子成员名单

党委书记、局长：
林世远（—11月）
王朝军（12月）
党委委员、副局长：
李毓华（—3月）
李　辉
李颂华
凌旭明
张文才
党委委员、纪检组组长：陈大星

金融·保险

中国人民银行乐昌市支行

【概况】 2020年，中国人民银行乐昌市支行（以下简称人行乐昌支行）在职干部20人，其中：行长1人、副行长2人、副主任科员1人，一般干部16人；离退休干部21人。内设办公室、综合业务股、会计国库股和外汇管理股4个股室。截至2020年年末，乐昌市银行业金融机构各项存款（含本外币，下同）余额196.42亿元，同比增加12.52亿元，增长6.81%；各项贷款余额113.37亿元，同比增加18.74亿元，增长19.80%。存、贷款余额在韶关七县市排第一位。存贷比57.72%，在韶关七县市排第二位。

【服务地方经济发展】 2020年，人行乐昌支行推动货币政策有效落地，发放支小再贷款4000万元、扶贫再贷款1000万元，办理、发放信用贷款支持计划2597万元，贷款延期支持工具本金7952万元。落实金融支持稳企业保就业工作，指导辖区银行机构对604家次中小微企业发放贷款17.01亿元，对2001家次个体工商户发放贷款4.45亿元，对180家次企业5.99亿元贷款实行延期、展期。保障疫情防控重点企业资金需求，指导辖区银行机构对9家疫情防控物资生产企业发放1.03亿元贷款，其中促成1家企业申报中央财政贷款贴息。疫情期间金融支持复工复产工作，经验做法被《羊城晚报》、《韶关日报》、韶关市电视台和“韶关发布”微信公众号等媒体报道。深化LPR改革，推进存量浮动利率贷款定价基准转换，疏通货币政策传导机制，促进社会融资成本下行。联合市政府办金融工作股、工信局、住建局、人社局、工商联、妇联等单位或部门开展货币政策宣讲和召开政银企座谈会，提供和指导银行机构精准对接。加强信贷产品推介，提高线上金融服务。收集整理银行信贷产品信息，制作《指引：乐昌市银行机构暖企信贷产品名录》，在“乐昌发布”等主要微信公众号公开。推广应用中征应收账款融资服务平台、粤信融、银税平台、不动产登记平台等，加强线上金融信息对接和服务能力。

【金融服务】 2020年，人行乐昌支行拓展信用报告应用领域，推进“信用乐昌”建设。建立个人信用报告查询预约机制，做好公共场所和自助设备的消毒防疫工作，提供个人征信查询14496笔，企业征信查询225笔。强化银行结算账户管理，乐昌辖区共办理账户业务5468笔，其中开立2962笔、变更452笔、销户2054笔；排查农村商业银行存量企业银行结算账户3020户、个人银行结算账户近86万户（含社保卡）。加强国库业务管理，实现各级国库收入62.30亿元，同比增长14.05%；国库支出54.30亿元，同比增长17.59%。开辟“绿色通道”，拨付疫情防控资金，完成78笔2480.86万元的疫情资金拨付。落实“放管服”改革举措，加大便利化政策落实力度，支持涉外企业复工复产，优化营商环境。推进“互联网+政务服务”、外汇业务“线上办”等远程办理方式，全年办理7笔货物贸易名录登记外汇业务。

【防控金融风险】 2020年，人行乐昌支行开展金融稳定调查分析工作，加强对银行机构不良贷款的监测，督导做好金融风险事件舆情监测和重大事项信息报送工作，防范外延性金融风险。召开金融形势分析会，研判金融风险情况。健全和完善金融稳定和信息共享机制，多方联动开展对非法集资、网络诈骗等涉众型金融案件等金融风险隐患的监测和防范工作，维护金融稳定。落实反洗钱工作职责，摸排线索，会同公安部门做好反洗钱及金融领域扫黑除恶专项斗争，牵头开展金融放贷行业专项整治，优化经济金融生态环境，扫黑除恶专项斗争工作成效及经验做法被“乐昌发布”微信公众号专题报道。

【金融支持脱贫攻坚】 2020年，人行乐昌支行继续落实《乐昌市扶贫小额信贷工作实施细则》等制度，落实扶贫贷款风险分偿机制和贴息补偿机制，指导辖区涉农金融机构开展扶贫小额信贷工作。辖区三家涉农银行机构累计向贫困户发放扶贫小额贷款804笔，贷款金额2698万元，贷款余额2994万元。做好挂点帮扶工作，派专人进驻白石镇2个挂扶村开展精准扶贫工作。人行乐昌支行共对接贫困户32户，对口扶贫点的脱贫率达100%。人行乐昌支行党支部联合对口扶贫村党支部开展城乡基层党组织结对共建，领导干部带领干部职工多次深入支行扶贫点开展扶贫慰问、金融精准扶贫工作调研和爱心捐款捐物活动，争取社会资金和社会公益团体支持，帮助贫困户整治家居环境。

【推动普惠金融发展】 2020年，人行乐昌支行推进移动支付便民工程，优化农村地区支付结算环境。乐昌九峰镇被授予2020年度广东省移动支付示范镇称号。截至2020年年末，乐昌市辖区共建成2个移动支付示范镇，包含特色示范街区2条、示范商户100个，服务场景广泛覆盖公交交通、餐饮零售、医疗卫生、公共缴费等生活领域。推动“移动支付+消费券”“移动支付+电商扶贫”等模式应用，推动韶关市惠民消费券和汽车消费券活动，对本地消费回补和潜力释放发挥作用。

（杨　晨）

中国人民银行乐昌市支行领导班子成员名单

行　　长：姚兴伍

副 行 长：胡建东

　　　　　郭兴辉

副主任科员：肖思志（—12月）

中国银行股份有限公司韶关乐昌市支行

【概况】 中国银行股份有限公司韶关乐昌支行（以下简称中国银行韶关乐昌支行）是中国银行股份有限公司韶关分行下辖县（市）级支行，内设营业业务发展部，2020年在职员工13人。

【经营情况】 2020年，中国银行韶关乐昌支行支持乐昌政府民生、产业重点项目和地方中小企业的发展，通过个人住房贷款、消费金融贷款以及企业贷款助力民生事业发展和中小企业发展。截至2020年年末，各项存款余额75180万元，其中人民币企业存款余额20888万元；各项贷款余额73883万元，其中中小企业贷款余额13886万元，完成上级下达的任务。

【服务地方经济】 2020年，中国银行韶关乐昌支行支持乐昌重点项目和地方中小企业发展，中小企业贷款余额13886万元，改善企业融资难等问题。发挥外汇专业行的优势，做好出国金融服务，为居民提供便捷周到的一站式跨境金融服务。做好惠民金融，代理发放退休人员工资、中学生资助金等，为老百姓在社会保障、医疗卫生、教育助学、便民缴费、生活消费等方面提供便捷服务。

（中国银行韶关乐昌支行）

中国银行韶关乐昌支行领导班子成员名单

行　长：朱广明

副行长：刘青青（女，—5月）

　　　　杨红旭（女，6月—）

　　　　周正浩

中国工商银行股份有限公司乐昌市支行

【概况】 中国工商银行股份有限公司乐昌支行（以下简称工行乐昌支行）位于乐昌市公主上路21号，内设市场营销部、营业部，下辖乐城支行、坪石支行，辖内有坪石水晶宫自助银行1个、CDMA自动存取款柜员机15台。2020年年末在职干部员工48人。

【经营情况】 2020年年末，工行乐昌支行各项存款237645万元，比年初减少7188万元。其中：对公存款余额56711万元，比年初减少15313万元；储蓄存款余额180924万元，比年初增加8124万元。各项贷款余额129100万元，比年初增加20100万元。其中：公司贷款余额21300万元，比年初增长10500万元；个人类贷款余额107800万元，比年初增加9700万元。全年实现安全运营无事故、无案件的“双零”目标。

【社会责任】 2020年，工行乐昌支行参与精准扶贫工作，通过员工捐款，新增募集资金3000元，用于庆云镇永乐村、土佳寮村定向扶贫。参与“扫黑除恶专项斗争”“金融知识进万家”“防范非法集资”“3·15”消费者权益保护”“乐昌市巩文”等公益宣传活动。

（龚新华）

中国工商银行股份有限公司乐昌支行领导班子名单：

行长、党总支部书记：陈宜韶

副 行 长：谢钱广

行长助理：戴永东

陈卓峰

中国农业银行股份有限公司乐昌市支行

【概况】 2020年，中国农业银行股份有限公司乐昌市支行（以下简称农行乐昌支行）内设客户部、运营财会部、综合管理部、风险管理部，下辖乐昌侨成支行、乐昌江畔支行、乐昌坪石支行3个二级支行和支行营业部，共4个营业机构，在岗员工67人。在城区及乡镇设立自助银行区5个、ATM机11台，开办助农取款点107个。

截至2020年年末，全行各项存款余额25.3亿元，比年初增加3.34亿元。其中储蓄存款余额22.14亿元，比年初增加2.61亿元；对公存款3.16亿元，比年初增长0.73亿元。各项存款在五行一社中排名第二。各项贷款余额25.43亿元，比年初新增2.93亿元。其中法人贷款余额6.86亿元，比年初增长0.52亿元；个人贷款余额18.56亿元，比年初增加2.41亿元。其中个人住房贷款累计投放15.08亿元，比年初增加1.37亿元，贷款增量和市场份额均排名五行一社第二。全年实现中间业务收入1935万元。

【服务县域“小微企业”】 2020年，农行乐昌支行抓好客户筛选，按“一优一新”信贷政策指引，针对分行下发的客户清单优选，联系政府相关部门，从优势行业、新兴产业着手。利用简式贷、微易贷、税银通等融资业务，营销一批优质小微企业。

【服务县域“三农”】 2020年，农行乐昌支行支持地方基础设施与重点项目建设，推进民生惠民工程，推动中小企业和“三农”业务发展。以农村个人生产经营贷款和家庭农场（专业大户）贷款为重点产品，以新型农业经营主体为重点支持对象，实施农户贷款业务经营转型。结合乐昌当地特色资源，加大对农（林）业龙头企业带动的种养大户及农民专业合作社示范社的信贷支持力度，支持家庭农场、专业大户、农民专业合作社等新型农业经营主体贷款。依托农行网络金融优势，通过快农贷、便捷贷、农户建档、扫码支付等产品，开展走进农村、走进乡镇活动，服务乐昌乡镇个体工商户、农村专业合作社和农户等群体。以惠农通工程建设，做实惠农通服务点，方便农户代缴电费、电信话费功能。截至2020年年末，全行设立POS机622台、惠农通107台，“惠农通”金融服务点107个，覆盖90个自然村。

【履行社会责任】 2020年，农行乐昌支行开展精准扶贫工作，抽调业务骨干参与黄圃镇驻点扶贫工作，全行中层干部向贫困户捐出节日慰问金13500元。在全省扶贫济困日中，全行员工捐款11400元，用于黄圃镇里村村委会定向扶贫捐赠。落实疫情防控措施，组织党员及员工参与社区防控志愿活动，配合社区做好疫情防控宣传、环境卫生整治、社区值守、出入人员排查登记等工作。

（欧国芳）

农行乐昌支行领导班子成员名单

行　　长：李旺全

副 行 长：李航宇

纪委书记：冯利平（女）

副 行 长：庄小玲

中国建设银行股份有限公司乐昌市支行

【概况】 中国建设银行股份有限公司乐昌支行（以下简称建设

银行乐昌支行）位于乐昌市城镇昌山西路79号，有营业网点1个，内设综合业务部1个，个人贷款中心1个，自助银行4个，在岗员工23人。

【服务乡村振兴】 2020年6月，建设银行乐昌支行与乐昌市政府在长来镇签订乐昌市“百项政务服务进建行”政银合作协议，实现全省首个百项政务服务进建行的乡镇。响应建设银行广东省分行“万小企扶万农户”活动，结对乐昌市45户贫困户。加大信贷业务投放，支持特色农业产业发展，创新产品，推广农户信贷及个人消费信贷产品，加大对“菜篮子”“米袋子”相关的农业产业化龙头企业、家庭农场和专业合作社等各类经营主体支持力度。

【打造金融服务】 2020年，建设银行乐昌支行坚持服务广大企业、服务经济建设主旋律，运用金融科技、创新模式打造金融服务新生态，落实“六稳”工作“六保”任务，支持复工复产复业，助力乐昌市打赢经济翻身仗，加快发展。发挥住房租赁、普惠金融和金融科技的社会赋能、金融赋能作用，把“住房租赁、普惠金融、金融科技”三大战略作为服务全市经济、民生发展的第一动能。

【履行社会责任】 2020年，建设银行乐昌支行做好“劳动者港湾”工作，开展“情满港湾，因爱停靠”主题活动，拓宽服务项目，为广大劳动者提供便民服务，把温暖善意向社会公众传递，让港湾守望每一个劳动者。走进乡村，开展“劳动者港湾惠万家”金智惠民活动，搭建乡村服务平台，推进金融知识的普及，开展反网络诈骗的宣传教育，守护社会公众的资金安全。

【新冠肺炎疫情防控】 2020年，建设银行乐昌支行做好疫情防控工作，成立新冠疫情防控应急处置领导小组和“春晖行动”领导小组，对支行疫情期间各项工作作统一部署和安排，筑牢疫情防线。组织党员成立“张富清防疫攻坚服务队”，分别向挂钩村委、环卫工人社会劳动者等抗疫前线人员送上紧缺防疫物资。实现既无员工确诊病例，又无营业场所传染事件的“双无”成效。

（建设银行乐昌支行）

中国建设银行股份有限公司乐昌支行领导班子成员名单

行　长：邝细桥

副行长：张云山

　　　　朱有成

中国农业发展银行乐昌市支行

【概况】 中国农业发展银行是直属国务院领导的中国唯一的一家农业政策性银行。主要职责是按照国家的法律、法规和方针、政策，以国家信用为基础，筹集资金，承担国家规定的农业政策性金融业务，代理财政支农资金拨付，为国家战略、乡村振兴、农业和农村经济发展服务。中国农业发展银行乐昌市支行（以下简称农发行乐昌支行）位于公园路55号，是乐昌市内唯一的政策性银行，成立于1997年9月。内设办公室、信贷业务部、会计结算部。2020年年末，在岗员工15人。

【服务乐昌粮食安全】 2020年，农发行乐昌支行累计授信新发放和展期政策性粮油流动资金贷款超6000万元，重点支持各级储备粮油增储、轮换，持续发挥粮食收购资金供应主渠道作用。持续支持政策性国家粮安工程和智慧粮仓建设，服务保障乐昌市粮食安全和维护地方粮食市场稳定。

【落实“六稳”“六保”任务】 2020年，农发行乐昌支行发挥政策性银行补短板职能作用，向生猪养殖企业发放1.5亿元生猪产业流动资金贷款，把国家支持生猪生产的优惠政策、人行支农再贷款专用额度、农发行最优惠利率落到企业实处，确保地区生猪市场供应稳定，保障基本民生。

【支持企业复工复产】 2020年，面对疫情后的复工复产，农发行乐昌支行运用复工复产绿色通道，助力乐昌市重点建设项目复工复产，全年投放复工复产贷款6笔共1.2亿元，保障乐昌市重点民生项目的资金供应，发挥基础设施补短板作用。

（田慧嘉）

农发行乐昌市支行班子成员名单

党支部书记、行　长：杨志斌
党支部委员、副行长：林忠亮
党支部委员、办公室主任：
　　田慧嘉（女）

邮政银行乐昌支行领导班子成员名单

行　长：卢桂沐
副行长：何家兴（1月—）
　　　　李概彬（—1月）

中国邮政储蓄银行股份有限公司乐昌市支行

【概况】　根据国务院金融体制改革的总体安排，在改革原有邮政储蓄管理体制基础上，2007年3月中国邮政储蓄银行有限责任公司正式成立。2012年1月21日，经国务院同意并经中国银行业监督管理委员会批准，中国邮政储蓄银行有限责任公司依法整体变更为中国邮政储蓄银行股份有限公司。2020年，中国邮政储蓄银行股份有限公司乐昌市支行（以下简称邮储银行乐昌市支行）作为国有大型商业银行的分支机构，有在职员工36人，设立有8家网点，拥有ATM、CRS、ITM等自助设备32台。截至2020年年末，金融负债年增幅10.37%，金融资产年增幅37.66%。

【支持地方建设】　2020年，邮储银行乐昌市支行坚守服务社区、服务中小企业、服务“三农”的市场定位，以推进供给侧结构性改革为主线，发挥资金和渠道优势，加大对民营企业、小微企业和“三农”金融支持力度，支持乐昌地方建设。

（杨德忠）

广东乐昌农村商业银行股份有限公司

【概况】　2020年，广东乐昌农村商业银行股份有限公司（以下简称乐昌农商银行）下设16个职能部门、26个营业网点（其中营业部1个、支行24个、分理处1个），在职员工265人。截至2020年年末，乐昌农商银行各项存款余额82.58亿元，各项贷款余额32.97亿元，存、贷款规模居乐昌市各金融机构首位。全年实现经营利润1.17亿元，净利润5836万元，实缴纳税额3470.33万元。

【加强金融服务，助力复工复产】　2020年，乐昌农商银行增加信用保证类贷款投放，信用保证类贷款合计投放3454笔，金额5.27亿元。实施阶段性延期还本付息，落实延期还本付息政策，审批90户企业延期还本申请，涉及贷款本金17333万元，审批3户企业延期付息申请，涉及贷款利息153万元，缓解企业流动资金压力。运用“再贷款”专项资金为小微企业复工复产减轻负担，运用“再贷款”专项额度发放30笔贷款，发放金额5000万元，助推企业复工复产。

【新时期精准扶贫精准脱贫工作】　2020年，乐昌农商银行加大扶贫贷款投放力度，做到应贷尽贷，投放扶贫小额贷款705笔，金额2260.99万元。存量贷款734笔，贷款余额2325.61万元，较年初增长136.35万元，增速6.23%。扶贫小额信贷应贷尽贷率保持在100%。

【产品创新】　2020年，乐昌农商银行推出“悦农e贷”“悦农小微贷”等线上涉农信贷产品，实行总对总推广营销，发动全体员工推广，增大贷款营销力度。截至2020年年末，乐昌农商银行“悦农e贷”“悦农小微贷”授信客户数6346户，授信金额10.5亿元，贷款余额4.25亿元。

【数字银行转型】　2020年，乐昌农商银行开发“阳光信贷”系统，实现线上化申贷渠道，截至2020年年末，阳光信贷获客并建档2966户。首推“ETC无感加油”智能支付应用场景。9月18日，乐昌农商银行落地广东农信第一台ETC无感加油智能支付应用场景，实现免排队、免付款、免扫码，完成“极速加油”。完善绩效管理系统、客户管理系统，为“深度四进”提供技术支持和激励机制。

【企业文化】　2020年，乐昌农商银行开展“福满农商行　挥春送万家”新春送春联活动、“新春送温暖”春节慰问活动、“巾帼文明岗”创建活动、“粽叶飘香　浓情端午”主题活动、趣味运动会、“我运动　我健康”暖冬户外活动。组织开展消费者权益宣传活动、非法集资宣传活

◆2020年9月18日，韶关地区落地广东农信第一台ETC无感加油智能支付应用场景，并在乐昌举办“ETC无感加油”发布会

（乐昌农商银行　供）

动、普及金融知识万里行宣传活动、金融联合宣传教育活动、反洗钱主题宣传以及扫黑除恶宣传等宣传活动，提升乐昌农商银行的企业形象。

【履行社会责任】　2020年，乐昌农商银行履行社会责任，发挥自身区域金融优势，开展各类金融知识普及宣传活动；为“老、弱、病、残”等特殊群体提供上门服务；组织党员志愿服务队前往社区开展防疫登记排查工作；热心社会公益事业，组织参加无偿献血活动、开展“扶贫济困日”捐款；为华南教育历史研学基地（坪石）捐赠8万元；为建档立卡贫困户出资3万元用于改善其家居环境；为和政县狼土泉村扶贫捐款2.5万元，助力该村脱贫；开展“以购代捐”活动5次，购物资金共215020元；参加“中小学生平安系列图书”认购和赠书活动，关心关爱青少年成长和心理健康教育。

【新冠肺炎疫情防控】　2020年，乐昌农商银行发挥各党支部疫情防控第一道防线作用，铺开“千行千村”结对共建行动，组织党员捐款、成立志愿服务队，深入社区开展防疫工作。加大信贷投放，减费让利，创新贷款产品，推出“复工复产贷”等产品扶持实体经济。受到市政府及相关部门的表扬，其中收到韶关市政府表扬信4封。

（李嘉怡）

乐昌农商银行领导班子成员名单

党委书记、董事长：张敬川

党委副书记：张鹏良

党委副书记、行长：袁　兵

党委委员、纪委书记、监事长：

　　胡雪燕（女）

党委委员、副行长：潘观赛

　　　　　　　　　胡海波

中国人民财产保险股份有限公司乐昌市支公司

【概况】　中国人民财产保险股份有限公司乐昌支公司（以下简称乐昌支公司）是中国人保下属的分设机构，于1985年1月成立。2020年，乐昌支公司在职员工33人，内设经理室、综合部、理赔分部、业务部、农险部、坪石营业部、梅花营销服务部。

【业务范围】　2020年，乐昌支公司业务范围包括车险、非车险、政策性业务三大模块，细分为机动车辆保险、人身意外保险、短期健康险、财产保险、责任保险、信用保险、水稻、玉米、农房、能繁母猪、生猪、家禽等。独家承办乐昌市政策性水稻及玉米种植保险、政策性能繁母猪养殖险、政策性农房保险、政策性生猪及家禽保险等，是当地公务车中标承保单位。承保乐昌市人民公众责任保险，坪石B电厂、乐昌峡水利枢纽等乐昌标志性产业的财产险。

【经营和服务】　2020年，乐昌支公司完成上级公司交代的政策性业务服务工作，承保水稻早造3840.8公顷、晚造6428.27公顷，玉米2769.27公顷，实现乐昌市水稻、玉米承保全覆盖；承保能繁母猪7720头，生猪68229头，家禽6万羽；实现乐昌市农村住房承保全覆盖。发挥“社会稳定器”和“经济助推器”的作用，在服务全市经济社会发展方面，做出贡献。乐昌支公司全年实现保费收入5188.3万元，同比增长6.34%，稳居财产类保险市场份额的第一位。中国人保财险开通365天24小时全国服务专线“95518”、www.epicc.com.cn官网直销平台、4001234567电话销售专线、移动互联平台、柜面一体化和“中国人保”APP，形成强力服务网络，随时随地为客户提供投保咨询、理赔查询、一站式在线服务。

【公司履职】 2020年，乐昌支公司加强民生健康保障。推广由政府指导为韶关本地化定制的低保费、高保障的商业补充医疗保险“韶关市民保”，覆盖人数超过7000人。丰富医疗保险、疾病保险、失能收入损失保险、意外伤害保险等产品供给，满足人民群众差异化的健康保障需求。推广宣传上级公司开发的各类保障适度、保费低廉的小额保险，兜住困难群体生产生活风险底线。融入乡村振兴战略。联合党支部党员“一对一、点对点”对帮扶村乐昌市三溪镇白露塘村进行帮扶，履行帮扶责任，推进精准扶贫工作。落实“温暖工程”。3月25日，乐昌支公司梅花营销服务部联合镇领导、村委书记、到梅花中队召开劝导站投入使用前会议，劝导站于清明期间投入使用。乐昌区域共建一级劝导站1个、二级劝导站8个、三级劝导站4个。通过参与“两站两员”建设，把公司业务员、协保员融入劝导站队伍，把保险站和劝导站建设相结合，共同完成交通安全防范、交通事故处置、交通安全宣传、农村保险营销等综合服务。开展劝导工作，警保合作一级劝导站的劝导员每日工作时间不少于5小时，警保合作劝导站劝导员每日人均劝导至少10起交通违法行为。在县域地区形成多方共赢的独特服务和业务获取模式，共同促进农村道路安全工作，提升社会协同共治水平。

（李晓娇）

中国人民财产保险股份有限公司领导班子成员名单

党支部书记、总经理：黄信峰

总经理助理：吴　锟

曾亚山

中国人寿保险股份有限公司乐昌市支公司

【概况】 中国人寿保险股份有限公司乐昌市支公司（以下简称中国人寿乐昌支公司）内设总经理室、客户中心、收展发展部、营销发展部、银行保险部、团险销售部，培训部、综合部；下辖廊田营业部、第一营销服务部、第二营销服务部、第三营销服务部、坪石镇营销服务部、九峰镇营销服务部、梅花镇营销服务部等7个营业及服务网点。截至2020年年底，中国人寿乐昌支公司拥有人力1230人，其中：一线业务骨干及精英650多人，在职干部、职工25人（包括正经理1人、副总经理2人）。

【业务发展】 截至2020年年底，中国人寿乐昌支公司总保费收入21017万元，同比增加2486万元；全年给付支出3080万元，同比减少324万元（其中：满期给付支出1494万元，年金给付支出587万元，赔款给付支出392万元，伤残及死亡给付324万元，医疗给付283万元）。

【客户服务】 2020年，中国人寿乐昌支公司优化销售服务，搭建针对大额件、VIP客户及其特殊业务等特定人群的绿色服务通道；以客户为中心，推进运营全流程的e化服务，推动承保、保全、通知服务电子化和新型智能柜面，满足客户个性化、便捷化和场景化需求，提升客户满意度。

【推进政企合作】 2020年，中国人寿乐昌支公司联合政府开展“银龄行动、妇女两癌险”推广，参保率达到95%以，全市60周岁以上老人90724人全部纳入政府统保范围，覆盖率达到100%。

（伍文娟）

中国人寿乐昌支公司领导班子成员名单

总 经 理：颜　吕

副总经理：苏海艳

刘志勇

教育·科技

教育管理

【概况】 2020年，乐昌市教育局有领导班子成员8人，其中党组书记、局长1人，副局长3人，党组成员3人，三级主任科员1人；在职干部职工81人。内设12个股室（局办公室、人事股、审计监督股、基建财务股、基础教育股、职业与成人教育股、体育卫生与艺术教育股、市人民政府教育督导室、市招生考试中心、教育工委办公室、教师发展中心、财务结算中心）。市教育局加挂中共乐昌市委教育工作领导小组办公室。中共乐昌市委教育工作委员会辖2个党委（中共乐昌市第一中学委员会、中共乐昌市城关中学委员会），8个总支（中共乐昌市第二中学总支部委员会、中共乐昌市第三中学总支部委员会、中共乐昌市中等职业技术学校总支部委员会、中共乐昌市新时代学校总支部委员会、中共乐昌市第四中学总支部委员会、中共乐昌市第一小学总支部委员会、中共乐昌市坪石镇金鸡小学总支部委员会、中共乐昌市梅花镇中心小学总支部委员会）和75个党支部。

全市各类学校（园）146所。其中：特殊教育学校1所；小学教育学校31所（设小学教学点42所）；普通初中22所，其中九年一贯制学校15所，初级中学7所（含1所民办初中）；高中3所，其中完全中学2所，普通高中1所；中等职业教育1所；学前教育有88所，其中公办幼儿园26所，民办幼儿园62所。

有在校学生81902人，其中学前教育幼儿15386人，小学生41091人，初中生15696人，普通高中生7191人，中职生2448人，特殊教育学生90人。有在职教职工6015人，其中幼儿教职工1789人，小学教职工2209人，初中教职工1259人，普通高中教职工584人，职中教职工142人，特殊教育教职工32人。

2020年，通过新建乐昌市凤凰小学、乐园小学，增加2160个学位，全面解决城区义务教育阶段起始年级大班额问题。引进义务教育招生电脑派位系统，义务教育阶段学校招生更加公平、公正、公开。做好义务教育阶段适龄（残疾）儿童少年的入户摸底核实和入学安置工作。小学适龄儿童入学率100%；九年义务教育巩固率99.34%；初中毕业生升学率99.91%；高中阶段毛入学率96.8%；残疾儿童入学率96.89%。普通高考（夏季高考）实际参考人数2433人，本科总录取人数1011人。

【教育工作指标】 学前教育完成情况 乐昌市2020年全市在园幼儿15386人，公办园在园幼儿4150人，政府向普惠性民办幼儿园购买学位3600个，购买学位后公办园在园幼儿共7750人。乐昌市2020年公办幼儿园在园幼儿数占辖区在园幼儿总数比例为50.37%，达到50%的目标。

教育财政投入 2020年教育投入84825万元，对比2019年的84814万元增长11万元，增长率0.01%。

教师培训经费保障 乐昌市教师年工资总额288703786元，教师培训经费7070590.13元，占教师工资总额的2.45%。

教师发展中心建设 乐昌市教师发展中心办公大楼主体工程于2020年11月建成完工，装修工程于2020年12月底完成。

基础教育

【学前教育】 2020年，乐昌市推进民办普惠性幼儿园发展，全市共认定普惠性民办幼儿园54所，加上公办幼儿园26所，普惠性幼儿园达80所，普惠性幼儿园占比90.9%。全市学前三年适龄幼儿数15657人，在园幼儿15386人，入园率98.27%。

【化解义务教育大班额问题】 2020年，市教育局结合实际，制定解决乐昌市中小学校大班额问题工作专项规划及实施方案。2020年秋季，新建的凤凰小学、乐园小学建成并交付使用，增加义务教育学位2160个。加快义务教育标准化学校建设，结合改薄工程及寄宿制学校建设，改善乡镇和乡村学校办学条件，减少城乡、校际间差异，稳定乡村生源。实行免试就近入学制度，遏制“择校热”。推进义务教育阶段适龄儿童、少年免试就近入学制度。2020年秋季学期，小学阶段学校一至三年级全部实行标准班额45人/班进行招生，四至六年级全面控制在班额55人以内；初中阶段全面控制在标准班额50人以内，全面消除义务教育阶段学校大班额。

【平安中高考】 2020年，市教育局加强保密室建设，抓好试卷的安全保密。考试期间，24小时严防严守，实行人防、物防、技防“三位一体”的防控措施，利用国家教育考试网络远程巡考指挥中心系统，确保远程监控，报警系统全天候发挥作用；建立《安全保密工作突发事件应急预案》，加强考点及周边环境的安全管理；做好报名考试期间疫情防控工作；制定考试期间疫情防控工作应急预案，保障广大考生和考试工作人员的生命安全和身体健康。

【高水平中职学校建设】 2020年秋季学期，中职学校超额完成韶关下达的招生任务数，超出150人。开展企业员工培训，为社会人员进行食品安全管理员培训考证180人，社会人员育婴员职业技能鉴定297人，为“稳就业保民生”做出贡献。中职学校与企业建立多种形式的联合办学，推行半工半读、工学交替、订单教育、招收冠名班的力度，开展与企业零距离的教学。完善中职学校办学条件，推进省高水平中职学校建设。推进中职学校体艺馆项目建设、校园环境优化整治、专业优化设置及功能场室优化配置。

专项工作

【安全工作】 推动市政府办公室印发《乐昌市学校安全工作联席会议制度》；联合公安、卫健、消防等部门分别开展春秋季学期学校安全工作大检查；要求全市学校全面排查特殊学生，并登记建档，开展专门跟踪教育和家校联系工作，对学校落实特殊学生跟踪教育情况进行督查；全市学校开展防溺水、交通安全、消防安全、预防煤气中毒、预防校园欺凌等安全教育。

【德育工作】 开展线上线下德育主题教育活动，强化思想引领。利用“4·15”国家安全教育日组织中小学开展“国家安全”的线上主题教育活动。引导学生将总体国家安全观贯穿抗疫全过程，履行应对突发公共事件的职责义务，提升维护国家安全的自觉性和主动性；组织开展“返校复学第一课”系列教育活动；深入培育和践行社会主义核心价值观，深化“扣好人生第一粒扣子”系列主题教育；加强心理健康教育，认真做好学生返校复学前后的心理调适；加强密切家校联系，促进家校合作协同育人。

【教师招聘和教师培训】 开展乐昌2020年教育教学类“丹霞英才”招聘。创新人才招聘模式，打破往年“先定岗位再录用”的招聘模式，采取“先定片区再选岗”的招聘方式进行。共招聘168名教师，其中，中职学校网络视频招聘1名研究生，开放大学网络视频招聘2名研究生，中小学面向社会公开招录105名教师，幼儿园面向社会公开招录60名教师。开展教师培训工作。以“三区教师”全员轮训为统领，全面落实教师培训工作，开展教师全员继续教育培训，争取省项目县资金100万元，开展校长领导力提升班、名校长名教师班、培训师班和名师工作室培训班等，全年开展26个项目培训，培训教师2100多人次。推进“强师工程”，开展中小学教师继续教育工作，选派教师参加国、省、市等各层面培训，做好本级教师培训工作，组织培训教师4000多人次。

【“一有三声五进”工作】 继续实施“一有三声五进”（“一有”指有理念；“三声”指增强读书声、增强唱歌声、增强运动声；“五进”指进课堂、进图书室、进实验实训室、进运动场、进社会）工程，全面提升教育教学质量。加强对中小学教学工作的管理和指导，规范办学行为，全面实施素质教育。12月，完成乐昌市2020年中小学教学常规工作暨“一有三声五进”工程考核评估。

【助学工作】 贯彻国家学生资助政策，足额发放各种助学金。2020年春季学期，发放建档立卡等家庭经济困难学生生活费补助2673人，补助资金455.55万元，免学费305人，补助资金42.875万元，合计498.425万元。2020年秋季学期，发放建档立卡等家庭经济困难学生生活费2654人456.5万元，免学费338人48万元，合计504.5万元，发放率100%。

（陈运思）

乐昌市教育局领导班子成员名单

市委教育工委书记、教育局党组书记、局长：欧建来

市委教育工委副书记、纪工委书记，教育局党组成员、副局长：
谢海雄

教育局党组成员、副局长：
罗琦辉（—12月）

市委教育工委委员、党组成员、副局长：张瑞辉

教育局党组成员：
曹远翔（4月—）

教育局党组成员、招生考试中心主任：刘　斌

教育局党组成员、乐昌市教师发展中心主任：余春荣（5月—）

教育局三级主任科员、办公室主任：谢　冲

学校选介

【乐昌市乐昌小学】 乐昌市乐昌小学占地面积12989平方米，建筑面积15378平方米。该校是一所直属小学，创办于1960年9月，前身是乐昌县人民委员会直属小学。1963年7月改为乐昌城关镇第四小学，1987年8月改名为乐昌市乐昌小学。该校先后被评为“乐昌市学校管理和教育教学先进单位”“韶关市行为规范示范校”“韶关市教学质量优秀单位”“韶关市安全文明校园”“韶关市信息化建设与应用评比先进学校”“广东省义务教育规范化学校”“广东省书香校园”“全国优秀家长学校”“韶关市学校管理和教育教学先进单位”等。

2020年，乐昌市乐昌小学有在编在岗教职员工129人，其中专任教师125人，省特级教师1人，省级优秀教师6人，市级优秀教师45人。教师中有高级教师6人，一级教师106人，具有本科学历80人，专科学历48人，教师100%达到任教学历标准。学校领导班子和教师队伍将育人宗旨置于首位，朝气蓬勃、爱岗敬业，在工作上积极钻研，追求卓越，每年的教学、教研成绩都名列前茅，在社会上赢得广泛的信任和赞誉。

乐昌市乐昌小学有53个教学班，学生2544人，其中残疾学生3人，双亲留守儿童159人，单亲留守儿童91人，困境学生47人。学校致力于特殊群体的帮扶教育工作，促进全体学生的共同进步与健康成长。

（乐昌小学）

乐昌市乐昌小学领导班子成员名单

校　长：吴建华（—6月）
　　　　简骄阳（11月—）

副校长：曾翠萍（女）
　　　　陈　健（女）

【乐昌市长来中学】 乐昌市长来镇中学是一所初级乡镇中学，位于乐昌市长来镇大赛村旁，毗邻省道248线，占地面积60667平方米。2020年学校共有15个教学班，在校学生637人，在职教职工54人。2020年9月，学校数学教研组被评为乐昌市“先进教研组”。

学校抓好特色办学，开展全国青少年校园足球特色学校的足球普及工作，举行第六届校园足球班级联赛。进一步巩固省级禁毒示范校的工作成果，通过广东省绿色学校评估验收。

（长来中学）

乐昌市长来中学领导班子成员名单

校长、党支部书记：李根茂

副校长、党支委委员：谭永明

副校长、工会主席：
邓胜梅（女，—12月）
工会主席：罗华祥（—7月）
党支部副书记：谭景秀（女）

【乐昌市黄圃镇中心学校】 乐昌市黄圃镇中心学校地处粤北偏远山区，是由原乐昌市黄圃镇中学、乐昌市黄圃镇中心小学合并而成的一所九年一贯制学校。原黄圃镇中学始办于1956年秋，依托黄圃小学附属开设初中班，一年后独立办校，1969年黄圃中学附设高中班，1982年秋高中班停办。原黄圃镇中心小学的前身为清光绪二十六年（1900）创办的“庐溪社学”，民国17年（1928）在庐溪社学原址重建民国第七区第一高级小学，后曾更名为塘村小学，1951年秋改名为黄圃小学，学校历经百年风雨洗礼，办学规模不断发展壮大。为适应现代化教育的需要，按广东省教育强镇的标准和要求，2012年7月，两校正式合并成九年一贯制学校。

黄圃镇中心学校占地27510平方米，校舍建筑面积24856平方米，另附加一个中心幼儿园和紫溪小学教学点。学校现有教学班38个，在校学生1694人，在职专任教师80人，其中本科学历43人，专科学历37人，学历达标率100%。2020年，学校在“立德树人，责任教育”办学理念的指引下，齐心协力，开拓创新，谋求发展，从规范学校管理、完善装备设施、加强师资培训、打造学校特色、提升校园文化等方面入手，努力改善办学条件，提升办学水平。现学校功能室齐全，教学设施完备，校园文化氛围浓厚，办学特色不断凸显。

（黄圃镇中心学校）

乐昌市黄圃镇中心学校领导班子成员名单

校　长：白演强
副校长：雷林辉
杨健斌

【乐昌市中等职业技术学校】 乐昌市中等职业技术学校（乐昌市职业技术教育中心）是由乐昌市人民政府举办的一所全日制中等职业学校，坐落在乐昌市大昌路36号（原五一九厂）。学校创办于1985年，校园占地面积34万平方米，建筑面积7.6万平方米，固定资产8850万余元，其中教学、实训设备4367万余元。学校2000年被评为全国首批国家级重点中等职业学校，2002年被确定为广东省中等职业教育实训中心，2006年被确定为“广东省百万农村青年技能培训工程”培训点，2009年被确定为广东省中等职业教育课程改革试点学校，机电技术应用和电子技术应用专业被确定为广东省重点建设专业。2015年，以乐昌市中等职业技术学校为依托，成立乐昌市职业技术教育中心，集中职学历教育、继续教育、社区教育和社会培训“四位一体”县级职业技术教育中心。2020年该校正积极创建广东省高水平中职学校。

学校开设电子技术应用、机电技术应用、电气技术应用、模具制造技术应用、数控技术应用、会计电算化、电子商务、计算机及应用、学前教育等主干专业，2020年增设汽车电子技术应用和美术设计与制作专业，并于2020年9月正式开始招生。学校建立数控铣工、数控车工、装配钳工、机修钳工、维修电工、家用电子产品维修工、育婴员等7个工种的初、中级国家职业技能鉴定所。

建有校内实训室50个，大型实训车间5个，各种仪器设备1000多台（套），全校计算机总数达1350台，其中学生用机1184台，全校所有教室均连入校园网，课室安装交互式电子白板、数字投影仪、中控多媒体计算机等多媒体教学设备，100%的课室具有多媒体教学功能；数控铣床20台，数控车床20台，线切割机8台，高级电工维修设备50多套；2020年投入资金加强对职教中心大楼建设、云桌面实训室、电子商务实训和汽车电子技术实训室等项目正式投入使用。馆藏纸质图书5.6万册、电子图书15万册。

2020年9月，在校学生2448人。学校先后与乐昌产业园和珠三角等地100多家企业建立校企合作关系，积极探索校企合作、产教融合人才培养模式，建立35个较稳定的校外实习基地。学校教职工编制173人，实有在编在岗教职工140人，其中“双师型”教师68人，占专业课教师的80.95%；专任教师本科以上学历占98.25%，硕士研究生以上学历占2.99%；专任教师中高级职称教师占12.69%。有广东省特级教师1人，广东省南粤优秀教师5人，广东省首届职业院校教学名师1人，首期享受韶关市政府特殊津贴人才2人，韶关市名校长、首席教师、名教师、教学能手、名班主任各1人，乐昌市学科带头人12人。2020年学校教师参加国培省培12人次，市培52人次。2020年教师申报韶关市级教科研课题3个，结题5个，16位老师在国家级或省级刊物发表论文18篇，出版专著1本。

学校组队参加2020年韶关市中职学生技能大赛，4项获团体二等奖，1项获团体三等奖，个人二等奖2个、三等奖5个。广告设计与制作（个人）参赛队代表韶关市参加2020年广东省中职学校学生技能大赛，获个人二等奖。

2020年学生参加“3+证书”高考，上线率99.33%，超过韶关市高职类考生平均上线率，稳居韶关市同类学校前列；在广东农工商职业技术学院、广东机电职业技术学院对口自主招生“三二分段”考试中，46名学生参加考试，44人被拟录取，上线率100%。

深化与区域、行业、韶关和乐昌工业园区的合作，建立健全合作机制并有效运作。与行业领先企业在人才培养、技术创新、社会服务、就业创业、文化传承等方面深度合作，形成校企命运共同体。加强订单式培养，举办学徒制班等，开设“美的”班和“产业园”班，先后与乐昌产业园和珠三角100多家企业建立校企合作关系，积极探索校企合作模式，建立35个较稳定的校外实习基地。根据对6个用人单位的120名2020届毕业生的抽样调查，企业对该校毕业生满意度达到96.8%；毕业生就业满意度92.3%；毕业生对母校满意度和推荐满意度为95.6%。

优化学校专业结构设置，适度扩大办学规模。2020年9月增设汽车电子技术应用和美术设计制作两个新专业，着力增加优质职业教育资源，服务地方经济社会发展。2020年8月，投入3000万元启动乐昌市中等职业技术学校体艺馆项目建设，预计2021年9月投入使用。

（乐昌市中等职业技术学校）

乐昌市中等职业技术学校领导班子成员名单

校　长：文海明
副校长：白远方
　　　　薛玲瑛（女）
　　　　黄常明（7月—）
　　　　罗光溢（—5月）
　　　　余春荣（—4月）

科技管理

【推进高企发展】 2020年，市工信局做好企业申报高企申报的指导工作，通过主动走访调研，梳理、筛选出8家优质企业申报高企，指导艾尔康完成高企整体转移工作。截至2020年年底，乐昌市有高企存量达24家，完成韶关市下达新增5家高企的目标。推进科技型中小企业入库评价工作，2020年完成高尔德、科优、宝创等18家企业进入科技型中小企业入库评价。

【支持企业建立研发机构】 2020年，市工信局实施科技创新战略，新增7家研发机构。截至2020年年底，乐昌市有研发机构21家，其中省级科技特派员工作站1家、省级工程技术研究中心4家、韶关市级工程技术研究中心17家。2020年，规上工业企业51家中有19家进行研发投入，占比37.25%，研究与试验发展经费比上一年增加4185万元，预计研发费用占GDP比重达到0.67%，完成韶关下达0.66%的任务。

（罗湖强）

卫　生

卫生健康

【概况】　根据《中共乐昌市委 乐昌市人民政府关于印发乐昌市机构改革方案的通知》（乐发〔2019〕1号）精神，将市卫生和计划生育局的职责，以及市民政局的老龄工作职责，市安全生产监督管理局的职业安全健康监督管理职责等整合，组建市卫生健康局。市老龄工作委员会的日常工作由市卫生健康局承担。不再保留市卫生和计划生育局。

根据上述职责，乐昌市卫生健康局内设10个机构：办公室、规划统计与家庭发展股、财务股、职业健康与综合监督股、疾病预防控制与爱卫股、医政股、基层卫生与妇幼健康股、中医与老龄健康股、人事股、工委办公室。机关行政编制26名，2020年实有在职人数25人。

2020年，乐昌市县域内有各级各类医疗卫生机构370个，其中无偿献血委员会办公室1个，卫生应急办公室（120医疗急救指挥中心）1个，红十字会办公室1个，医院6个，卫生院16个，社区卫生服务机构1个，专业公共卫生机构4个（妇幼保健机构1个，慢性病防治机构1个，疾病预防控制中心1个，卫生监督机构1个），村卫生站（含延伸点）251个，其他医疗卫生机构89个。编制人数2691人，在岗职工3254人，其中卫生技术人员2756人，执业助理医师以上920人，注册护士1297人，药师（士）156人，技师（士）139人，检验师101人，其他卫生技术人员314人，管理人员40人，工勤技能人员147人。编制床位数3539张，实有床位数3386张。

2020年年底，全市户籍总人口为55.42万人，出生为5751人，出生性别比106.94，出生率10.36‰，自然增长率4.86‰，政策生育率78.49%，其中一孩出生2069人，一孩率35.98%，二孩出生2223人，二孩率38.65%，三孩及以上出生1459人，多孩率25.37%，政策外多孩率20.38%。

【加强党的建设】　2020年，乐昌市卫生健康党工委结合新冠肺炎防控攻坚决胜各项工作，巩固医院领导体制基础，补齐重点任务落实短板，推动党建业务融合互促。4间县级公立医院建立健全公立医院党委（院级党组织）会议、院长办公会议等议事决策规则。截至2020年12月，该系统党工委所属有24个基层党组织，其中党委2个、党总支2个、党支部20个；党员499名，其中在职人员党员361名，退休人员党员138名，男性党员202名，女性党员297名。

【卫生健康领域民生建设】　2020年7月，乐昌市第二人民医院新建医院项目完成整体搬迁并投入使用；2020年8月，乐昌市公共卫生应急处置中心动工建设，该项目计划总投资1.45亿元，拟新建业务楼、实验室楼、医学隔离观察场所以及配套相关设施设备；2020年，投资800万元用于乐昌市中医院提升项目，其中包括污水处理系统升级改造工程，急诊科、检验科、5号楼等业务用房提升改造及购置核磁共振等设备；2020年，投资2000万元用于乐昌市乡镇卫生院建设项目，包括17个乡镇卫生院医疗废水处理设施建设、改造提升18个数字化4A预防接种门诊建设，实施黄圃卫生院综合住院楼建设，完成大源镇卫生院附属工程建设等。

【医疗卫生体制综合改革】 2020年4月，乐昌市制定《乐昌市紧密型县域医疗卫生共同体建设实施方案（实行）》，启动县域医共体建设工作，分别组建以乐昌市人民医院、乐昌市第二人民医院为总医院的第一、第二县域医共体，于5月29日挂牌成立。2020年12月，经乐昌市医管委推选，决定任命乐昌市人民医院院长为第一医共体总院院长、乐昌市第二人民医院院长为第二医共体总院院长，成立第一、二医共体理事会。

【创建省级慢性病综合防控示范区】 2020年12月，乐昌市省级慢性病综合防控示范区建设工作通过省级专家评审。该项目启动于2019年，经过乐昌市两年的努力创建，市、镇、村三级慢性病防控工作体系完善，慢性病防控知识知晓率由17.76%提高到61.68%；创建健康示范单元133个，居韶关市前列；设置自助式监测点121个，覆盖率43.7%；将健康知识与非物质文化遗产“乐昌花鼓戏”融合，助力慢性病防控的特色案例，受到省、韶肯定。

【省民生实事疫苗冷链管理及预防接种门诊建设项目】 2020年，乐昌市18间预防接种门诊、7间产科接种门诊、17间乙级狂犬病暴露预防处置门诊、1间甲级狂犬病暴露预防处置门诊以及1间成人接种门诊均实现疫苗流通和预防接种信息全程数字化管理，每支疫苗从出厂、配送、储存、接种等全程均可追溯，乐昌市疾控中心的冷链配送系统同步完成建设。各类型接种门诊建立预防接种服务网络，预防接种安全和服务质量得到提高，满足人民群众疫苗接种服务需求。

【医疗机构发热门诊（发热诊室）规范化建设】 2020年，乐昌市完成3家公立医院发热门诊和17间基层医疗机构发热诊室改造。建立基层医疗卫生与发热门诊对口转诊关系：南面医疗机构发热病人转诊至市人民医院发热门诊，北面医疗机构发热病人转诊至市第二人民医院发热门诊。

【医疗卫生现代化建设】 2020年，乐昌市推进远程医疗应用体系建设和开展医疗机构信息便民“五个一”攻坚行动。截至2020年年底，乐昌市4家县级公立医院以及17个乡镇卫生院（社区卫生服务中心）远程医疗完成建设并投入使用，4家县级公立医院均完成“一码通用”建设，提高乐昌市“互联网+医疗健康”服务能力。

【职业卫生健康工作】 2020年，乐昌市完成乐昌一中等11所中小学校创建韶关市百所卫生示范校工作，该项工作为韶关市2020年十件民生实事之一。乐昌市开展尘毒危害专项治理、尘肺病防治攻坚行动，成立市政府主要领导负责的尘肺病防治工作领导小组，将尘肺病防治纳入政府议事日程，将辖区内用人单位粉尘危害基本情况（共13家）底数全部摸清，建立粉尘危害基础数据库，包括粉尘危害基本信息及其地区、行业、岗位、人群分布情况。2020年，用人单位负责人培训率100%、职业健康管理人员培训率100%、接尘劳动者培训率100%。

【健全医院感染管理和医疗质量控制工作体系】 2020年，乐昌市卫生健康局成立乐昌市医院感染管理领导小组和医院感染管理质量控制中心，完善医院感染管理，完善基层护理和医院感染管理组织。12月，乐昌市卫生健康局组织专家对辖区内二级医院、妇幼保健院、乡镇卫生院医疗质量、院感防控、新冠疫情防控、安全生产、科教管理等方面工作进行全方位督导检查，加强全市各医疗机构医疗质量管理和疫情防控等工作。

【中医药事业加快发展建设】 根据广东省中医药局（《关于印发2016年中医药强省建设专项创建全国基层中医药工作先进单位项目实施方案的通知》粤中医办函〔2016〕48号）文件精神，乐昌市被列入2016年创建全国基层中医药先进单位评审工作先进单位，创建周期为3年（2016年—2018年）。2019年，乐昌市创建全国基层中医药工作先进单位工作通过广东省中医药局初审；2020年9月，国家中医药管理局对乐昌市创建全国基层中医药工作先进单位进行评审工作。

【爱国与卫生运动】 2020年，乐昌市成功创建五山镇、北乡镇、梅花镇3个省卫生镇，5个省卫生村，23个韶关市卫生村，开展“防疫有我，爱卫同行”的宣传活动，启动创建国家卫生城市工作。

【基层医疗卫生人才队伍建设】 2020年，乐昌市继续实施百名首席专家下基层计划、组团式对口帮扶计划以及全科医生特设岗位计划，续聘3名医疗卫生首席专家留任，组团式帮扶团队队员进行轮换，完成乐昌市17家基层医疗卫生机构34个全科医生特设岗位的聘任工作。通过“丹霞英才”招聘计划、基层医疗机构引才计划等公开招聘，引入医疗专业卫生技术人员100人，其中“丹霞英才”聘用11人，县级公立医院聘用28人，基层医疗卫生机构聘用61人。为加强医疗卫生专业技术人员培养，乐昌市卫生健康系统共签订农村卫生人才订单定向培养协议14人，实施农村医学中职专业培养10人和全科、产科、儿科转岗培训（37人）。

【新冠肺炎疫情防控】 2020年，乐昌市新冠肺炎疫情防控办公室设在市卫生健康局，承担着全市疫情防控的日常事务工作。市卫生健康局牵头负责疫情防控办综合组、疫情防控组、医疗救治组3个组以及发热门诊排查、疫苗接种使用、新冠病毒检测及集中隔离场所4个专班。

为应对突如其来的新冠肺炎疫情，市卫生健康系统各单位严格执行值班值守制度和疫情日报、零报制度，卫生健康、疾控中心、医疗机构等重点岗位工作人员及相关医疗机构医务人员24小时坚守岗位，把疫情防控工作作为头等大事来抓。立即组织乐昌市人民医院、乐昌市中医院和乐昌市第二人民医院制定疫情防控应急预案，集中全市医疗资源，成立55人的新冠肺炎救治专家组，组建90人的疫情应急处置队伍和近1200人的基层医疗卫生应急队伍。组建4支专业防控队伍（1支防控专家队伍、1支流行病学调查队伍、1支实验室检测队伍和1支心理疏导队），科学应对乐昌市疫情防控工作。完成3家公立医院和1家疾控中心新冠病毒核酸检测能力建设，完成3家公立医院发热门诊和17间基层医疗机构发热诊室改造，落实“四早”措施（早发现、早报告、早隔离、早治疗），满足乐昌市群众核酸检测“应检尽检”“愿检尽检”，为乐昌市疫情防控建立坚实屏障。

2020年，乐昌市卫生健康系统黄海辉获评“广东省抗击新冠肺炎疫情先进个人”；余秀芬、彭记伍获评“韶关市抗击新冠肺炎疫情先进个人”，乐昌市人民医院获评“韶关市抗击新冠肺炎疫情先进集体”。

（许剑涛）

市卫生健康局领导班子成员名单

党组书记、局长、市委卫生健康工委书记：余秀芬（女）

党组成员、副局长、二级主任科员，市委卫生健康工委副书记、纪工委书记：吴广玉

党组成员、副局长：张家磊
王献君

党组成员、三级主任科员：
张松峰

疾病预防控制

【概况】 乐昌市疾病预防控制中心是乐昌市疾病预防控制、卫生监测检验和卫生学评价的技术指导中心，为副科级公益Ⅰ类事业单位。有内设机构13个（12个科室，1个挂靠机构为市健康教育所）。

【省级慢性病综合防控示范区创建工作】 根据中共乐昌市委办公室、乐昌市人民政府办公室关于印发《乐昌市创建省级慢性病综合防控示范区工作实施方案》的通知要求，2019年乐昌市申报省级慢性病综合防控示范区，2020年乐昌市委再次将示范区创建工作列入重点工作。12月，广东省卫生健康委专家组对全市创建工作进行调研，通过初审确认乐昌市为“省级慢性病综合防控示范区”。

【免疫规划管理】 2020年，乐昌市疾病预防疾控中心结合基本公共卫生服务项目的开展以及相关文件要求，指导全市各镇开展儿童免疫规划信息的录入及接种工作，至12月全市所有儿童常规免疫接种（统计报表数据）基础、加强接种率均达到95%以上。

【传染病监测】 2020年，全市报告甲、乙、丙类传染病2375例，与上年报告5574例比下降57.39%，报告死亡病例6例，与上年报告14例比下降57.14%。

【慢性病管理】　截至2020年12月31日，乐昌市高血压患者管理13986人，高血压患者管理任务完成率78.13%；规范管理人数8480人，规范管理率60.63%；血压达标人数7524人，血压控制率53.80%。糖尿病患者管理5245人，糖尿病患者管理任务完成率68.12%；规范管理人数3041人，规范管理率57.98%；血糖达标人数2573人，血糖控制率49.06%。乐昌市65岁及以上老年人接受健康管理的人数19528人，老年人健康管理率52.90%。建立居民健康档案382387人，电子健康档案建档率91.15%，健康档案使用率48.35%。按常住地址及死亡日期统计，乐昌市共报告死亡病例2318例，审核2318例，报告死亡率4.55‰，报告及时率99.00%，审核及时率100%。

【艾滋病综合防治】　2020年，乐昌市疾病预防控制中心加强全市艾滋病监测与检测、病例随访管理、抗病毒治疗、高危人群干预、宣传教育等工作。在全市各中学开展艾滋病防治知识讲座，提高中学生艾滋病知识知晓率，全市有近2万名中学生参加知识讲座。结合“世界艾滋病日”“全民禁毒宣传进家庭”等法定宣传日开展宣传活动。结合党员志愿者活动开展艾滋病防治知识。

【公共卫生监测】　2020年，乐昌市疾病预防控制中心开展年度生活饮用水卫生监测工作。全年检测水样2675份，其中，城市集中式供水水质监测40份水样，合格率100%；乡镇农村集中式供水水质监测实际采集383份水样，合格率90.08%；城市市政供水水龙头信息公开水质监测112份水样，合格率88.39%；其他水质监测共检测2248份水样。对全市的公共场所进行10间次的委托性卫生监测，总检测项目数266项，合格项目数260项，合格率97.74%。

【食源性疾病监测】　2020年，乐昌市累计有21家食源性疾病监测医院上报465份食源性病例个案调查表。全市发生食源性疾病暴发事件2起，均为疑似毒蘑菇中毒事件，发病人数4人，无死亡病例。

【消除疟疾监测工作】　2020年，根据在“中国疾病预防控制信息系统”上报告的法定传染病监测资料统计，全市未发现疟疾病例。

【健康教育工作】　2020年，市健康教育所开展全市新冠肺炎疫情防控，发放疫情防控宣传资料11种、54.06万份。开展健康教育宣传，印制19种宣传资料，发放24.7万份；更新宣传栏1143版，开展讲座和咨询活动分别为560场和328场，覆盖人口约2万人次。推进全市健康支持性环境建设，创建健康村（社区）94个，创建比例43.72%；创建健康医院18家，创建比例90%；创建健康家庭21629户，创建比例20.1%；创建均达到考核指标。

（谷小俭）

市疾病预防控制中心领导班子成员名单

主　任：彭记伍

党支部书记兼副主任：

胡慧明（女）

副主任：吴凌霄

李铁来

医院选介

【乐昌市人民医院】　乐昌市人民医院位于乐昌市盐围街70号，始建于1939年，是一所集医疗、康复、预防、保健、教学、科研、急救等功能于一体的综合性二级甲等医院，曾3次被省卫生厅授予“文明医院”称号，是全市的医疗、急救中心，是韶关学院医学院、连州卫校的教学医院，是乐昌市的医疗保险定点医院、广铁集团驻粤单位医保定点医院、粤北人民医院医联体成员单位，与中山大学附属口腔医院成立联合口腔医疗中心。

该院总建筑面积4.96万平方米，其中业务用房面积4.27万平方米。医院编制病床500张，设有内一科（含心血管、神经内科、ICU病房）、传染科、内三科（普通内科，含呼吸、消化、内分泌、泌尿、血液内科、血液净化中心）、外一科（含骨科、神经外科、矫形专科、烧伤外科、手外科、椎间盘突出治疗专科和疼痛专科）、外二科（含普通外科、泌尿外科、肿瘤外科、微创外科、痔疮专科、前列腺专科、乳腺专科）、麻醉科、妇科、产科、儿科（含新生儿室）、中医科（含中医、康复及疼痛治疗科）、五官科、口腔科、急诊科13个临床科室，放射科、药剂科、检验科、功能科（含病理室、放免室、B超室、心电图室、脑电图室、脑血流图室、电子胃镜室、电子结肠镜室等8个功能检查室）等医技科室，以及健康体检科、临床支持中心、社区卫生服务中心等。

该院拥有美国通用电气公司全新智能型1.5T磁共振（MRI）、64排螺旋CT、美国GE16排螺旋CT、6000飞天全功能数字化X线摄影系统（DR）、多功能介入诊断治疗机、美国GE-E8四维彩超、心脏专用彩超、电子内镜治疗系统、电子鼻咽喉镜、关节镜、腹腔镜、前列腺电切镜、气压弹道碎石机等一批专科医疗仪器设备。

2020年，该院在职职工463人（含合同制专业技术人员145人），其中专业技术人员428人，占全院人员的92.4%；专业技术人员高级职称53人，中级职称124人，初级职称251人，硕士学历人员1人。

2020年，因受新冠肺炎疫情影响，该院总诊疗249874人次，同比减少11858人次，同比减少4.53%；入院15403人次，同比减少4.86%；手术3778人次，同比减少5.71%。

2020年1月22日，该院传染科综合楼投入使用，设立预检分诊、发热门诊、隔离病房，有序开展疫情防控工作，做好新冠肺炎诊疗和防控工作。4月26日，开通自助机服务，包括自助建档、自助挂号、自助挂号、自助缴费，可用微信、支付宝、医保卡、银行卡进行就诊缴费，同时开通微信预约挂号服务，优化门诊就医流程，减少患者排队等候时间。5月28日，在医院门诊大楼前举行乐昌市县域医共体启动暨乐昌市第一医共体成立揭牌仪式，正式成为乐昌市第一医共体牵头医院。6月2日，外一科成功开展乐昌市首例腰椎间盘突出微创椎间孔镜下髓核摘除术。7月1日，新建核酸检测PCR实验室，经韶关市临床检验质量控制中心验收合格，正式投入使用。8月，门诊核酸采样室启用，普通门急诊病人和发热门诊病人实行分开采样点采样，降低感染风险。9月27日，组织义诊医疗组到两江镇开展“服务百姓健康”义诊活动，为群众送医送药，进行健康宣教、乡村医生培训活动。12月9日，门诊、住院正式启用医疗收费电子票据。12月11日，胃肠镜室成功开展首例内镜下黏膜切除术（EMR），为消化道息肉患者的诊治提供便利。7—12月，推进县域“医共体”工作，定期安排医疗专家到各乡镇卫生院开展“医共体内基层卫生院培训班”，就县域内常见病、多发病的业务知识对各乡镇卫生院的医务人员及乡村诊所的乡医进行培训，进行专业知识讲座、技术指导、教学查房等，提升带动基层分院的医疗技术水平和医疗服务质量。

（李艳华）

乐昌市人民医院领导班子成员名单

院　长：李资文

副院长：吕敏文
　　　　李发仁
　　　　李瑞华
　　　　包拥政（挂职，3月—）

【乐昌市中医院】 乐昌市中医院始建于1952年，前身是乐城镇医院，于1988年6月改名为乐昌县（市）中医院。医院地处市区中心，交通便利，是一所集医疗、保健、康复、教学、科研于一体的既有中医特色，又有现代医院功能的综合型中医医院。是卫生部确定的“爱婴医院”、国家中医药管理局评审通过的“二级甲等中医医院”、广东省卫生厅、广东省中医药局确定的“中医名院创建单位”。曾获“广东省文明中医医院”“韶关市十佳医院”“乐昌市标兵文明单位”称号。先后与广东省中医院、南部战区总医院、南方医科大学珠江医院结为技术协作医院，与广东省第二中医医院对口建立“组团式紧密型帮扶”关系，是韶关市劳动和社会保障局确定的韶关市城乡居民基本医疗保险定点医疗机构、韶关市社会工伤保险定点医院、韶关医学院临床教学医院，与乐昌市人民医院共同承担乐昌市120指挥中心调派的急救任务。

全院占地面积5833平方米，建筑面积21777平方米，业务用房15280平方米，编制床位350张，实际开放床位338张，开设康复科、外一科（骨伤科和颅脑外科）、外二科（普外科、泌尿外科、肿瘤外科、肛肠外科）、妇产科、儿科、内1科（心脑病科、肾病科）、内2科（肺病科、脾胃科、糖尿病科、风湿病科、肿瘤科）、急诊科（发热门诊）、门诊部（设肛肠、肝病、五官、内科、外科、糖尿病专科）、手术麻醉科、治未病中心、口腔科、血液净化室、药剂科、放射科、检验科、功能科（心电图室、B超室、内窥镜室）、供应室、病人服务中心。拥有西门子双排螺旋CT、全数字化医用X线摄像系统（DR）、西门子彩超、东芝全自动生化仪、尼普洛和费森尤斯血透机、腹腔镜、宫腔镜、等离子电切镜、高清内窥镜、输尿管镜等。急诊科与市人民医院共同承担120急救任务，开设“急救绿色生命通道”，配备全自动除颤仪、呼吸机等急救设备，急诊出车及时、迅速，得到社会的好评和认可；检验科设备齐全，是省卫生厅确定的“广东省一级性病实验室”；内科开设ICU重症监护室、血液透析室；外科运用中医正骨手法治疗跌打、内外兼治、骨折愈合快速；能开展开颅手术、外伤开胸抢救、股骨头置换术、微创颅内血肿穿刺、碎吸术等；中医妇科、腹腔镜微创手术是妇产科的特色治疗；治未病中心是省中医药局批准的“广东省中医治未病健康工程试点单位”；康复科是医院的龙头科室、韶关市中医重点专科、国家中医药管理局确定的“国家第二批农村医疗机构中医特色专科”。

2020年，全院有职工483人（其中：在职在编人员235人、编制外人员167人，退休职工81人），全年业务总收入11698.56万元，同比增长212.24万元；总诊疗人次224468人次，同比增长4402人次；年出院人次13751人次，同比下降1115人次。

2020年抗击新冠肺炎疫情期间，该院选派骨干人员奔赴抗疫前线。安排20多名医护人员进村入户进行核酸采样、到九福兰花公园隔离区、粤北高速收费站、乐昌市火车站和花苑汽车站监测人群体温。内二科医生张树培、内一科医生李江山分别于2月9日、2月11日逆行北上，支援湖北抗疫，于4月4日胜利归来。其中张树培被湖北省人民政府评为“最美逆行者”，被武汉东西湖方舱医院表彰为“先进标兵”光荣称号。

2020年，该院申请卫生领域中央预算内投资资金860万元，用于急诊科改造（含新建集采样室、诊室、隔离留观室、检验室、留观病房、药房、挂号处为一体的标准化发热门诊建设）、检验科升级改造系（含PCR核酸检测实验室建设）、污水处理系统升级改造等，改善就医环境，为疫情防控提供基础保障。

（黄 娟）

乐昌市中医院领导班子成员名单

院　长：刘梓平
副院长：罗　杰
　　　　徐伟明（—7月）
　　　　谭繁胜
　　　　罗小英（女）
　　　　曾科学（挂职，1月—）
　　　　陈　俊（10月—）

【乐昌市第二人民医院】 乐昌市第二人民医院位于乐昌市坪石镇内，距乐昌城区33.75千米。该院是一所集医疗、科研、教学、预防保健于一体的综合性二级医院，于1954年成立，2017年异址新建，2020年完成整体搬迁。担负着乐昌北面9个乡镇近30万人口的医疗、预防保健、计划生育技术指导、公共卫生突发事件和境内京珠高速公路等五大交通主干道意外事故的医疗救治任务，是多间医学院校的教学医院、助理全科医生培训基地、居民医保定点医疗机构。

该院于1995年通过二级医院评审，达到二级乙等医院标准，建筑面积4.7万平方米，其中工作用房面积3.7万平方米。开放病床350张，设康复医学科、急诊科、门诊部、五官科、口腔科、内一科、内二科、外一科、外二科、儿科、新生儿室，妇产科、传染科、中医科、血液净化室、麻醉科、肛肠痔瘘及皮肤性病科、麻醉科、功能科、放射科、检验科、药剂科等20多个专业科室。

拥有全身60排CT、全数字化X线摄像系统（DR）、彩超、电子阴道镜、电子咽喉镜、进口呼吸机、全自动生化分析仪、全自动血球计数仪、血气分析仪、液基细胞学（TCT0）检测（宫颈癌筛查），尿液沉渣检测，电脑胎儿监护仪、全麻机、德国产血液透析机、腹腔镜等150多台先进的医疗设备，为成功救治危重病人创造良好的工作条件。

该院注重医疗服务质量的提高。外科担负着乐昌北面乡镇及境内铁路、京珠高速公路和107国道及省道突发事故的急救工作，可开展颅脑手术、甲亢、甲瘤、开胸、乳腺癌根治术、肝破裂修补术、脾切除、胆囊切除、胆管取石、泌尿系切开取石、肛肠手术、各类骨关节手术、微创颅内血肿碎吸术、脑室引流术及泌尿外科腔镜手术、腹腔镜微创手术。妇产科能处理各种危重、疑难病人，开展新式剖宫产、卵巢肿摘除、子宫肌瘤割除、宫外孕、全宫切除术、无痛人流、无痛分娩及新生儿抚触游泳。内科、儿科、传染科发挥专科特长能处理各类危重、疑难病人，专业技术水平在本地区处于领先地位。中医康复科突出中医特色，采用针灸、推拿、理疗、牵引、拔罐、小针刀、功能训练等一系列治疗锻炼，对颈椎病、肩周炎、椎间盘突出症、风湿性关节炎、骨质增生、面神经炎、中风后遗症等患者的治疗有显著疗效。急诊科24小时开诊，医院“120”急救电话24小时值守。

2020年，该院编制床位490张，在职在岗人员341人，其中卫生技术人员308人，执业医师106人，注册护士145人，本科以上卫生技术人122人，中高级卫生技术人员132人，百名医疗卫生首席专家3名，帮扶专家12名。

2020年，该院业务收入7811万元，同比增加90.43万元，增长1.17%；药占比22.51%，同比降低4.03个百分点；总诊疗人次104945人次，同比减少15515人次，减幅12.88%；出院人次11447人次，同比减少768人次，减幅6.29%；手术人次3304人次，同比增长277人次，增幅9.2%；病床使用率86.57%。

（市第二人民医院）

乐昌市第二人民医院领导班子成员名单

院　长：杨克祥

副院长：陈劲松

　　　　邓顺林

　　　　肖锦忠

【乐昌市妇幼保健院】 乐昌市妇幼保健院位于乐昌市乐成镇人民南路206号，成立于1957年，为县级二级妇幼保健机构，是全市妇幼保健、计划生育业务指导和服务中心，是乐昌市唯一一家妇女、儿童专科医院，承担着全市的妇幼保健、计划生育技术指导、考核和妇女儿童专科医疗服务。该院秉承“一切以人民为中心、以人民健康为中心”的办医理念，为广大妇女儿童提供高质量的专科医疗、保健、康复服务，为保障全市妇女儿童健康做出贡献。

医院属公益二类事业单位，财政差额补贴，人员编制120名，实际在职146人，其中专业技术人员136人，高级职称11人，中级职称37人。编制床位150张，实际开放101张。2020年，医疗总收入2338万元，出院3680人次，分娩1303人次，手术519人次，完成门诊量74270人次。

2020年5月19日，该院在市民政局一层设置婚前医学检查中心，实行“一站式”服务，方便婚登对象进行婚姻登记、婚前医学检查和孕前优生检查，提高全市婚检率和孕前优生检查率；装修改造B超诊查室、候诊区和女性康复中心，在候诊区和两个住院部设立4台自助服务机；开展火龙灸、埋线拔罐等中医特色理疗新项目。

医院临床科室设有产科、妇科、儿科（新生儿科）、中医科；康复保健科室有儿保科、婚前医学检查和孕前优生健康检查科、女性保健中心、儿童康复中心；医技功能科室有检验科、药剂科、B超室、心电图室、放射科。拥有进口三维彩色B超、DR、乳腺钼钯、宫腔镜、全自动生化仪、麻醉呼吸机等一批现代化医疗设备。

（龚洪斌）

乐昌市妇幼保健院领导班子成员名单

院　长：李科卫

副院长：丘才娣（女）

　　　　汤　莉（女）

　　　　何立伟

文化·旅游·体育

文 化

【概况】 乐昌市文化广电旅游体育局（以下简称市文广旅体局）于2019年3月成立，由原市文化广电新闻出版局的文化、广播电视管理职责和原市旅游局的职责，以及原市体育局的行政职能整合组建而成，是乐昌市人民政府工作部门，为正科级。机关行政编制27名，后勤服务人员数4名，2020年在职29人（含后期服务人员4人）。负责贯彻落实党中央、省委、韶关市委关于文化、广电、旅游、体育工作的方针政策和决策部署，按照市委工作要求，在履行职责过程中坚持和加强党对文化、广电、旅游、体育工作的集中统一领导。内设办公室、公共服务股、市场管理股、宣传推广股、青少年和群众体育股、产业发展股、文物和非物质文化遗产股、执法股（执法大队）8个职能股室。下属单位有乐昌市图书馆、乐昌市博物馆、乐昌市文化馆、乐昌市体育场馆管理中心、乐昌市业务体育学校。

2020年，乐昌渔鼓表演唱《承诺》和儿童相声《大话非遗》获2020第六届韶关市戏剧曲艺花会曲艺类银奖，男女对唱《桃李人家》获广东省群众艺术花会铜奖。

【文化基础设施建设】 2020年，市文广旅体局推进“三馆一站”达标升级工作。完善镇级综合文化站软硬件设施，全市17个镇级综合文化站基本达到省二级站标准，基础公共文化场所效能加强。完成乐昌风度书房中原路分馆、坪石分馆和乐昌图书馆产业园分馆建设。启动乐昌市博物馆二期工程项目的可研编制、立项、设计等前期工作，完成可研的初步编制。

【文化惠民工程】 2020年，市文广旅体局克服新冠肺炎疫情的不利影响，落实文化惠民工程，完成送戏下乡20场，送书下乡8万册任务。做好各场馆免费开放工作，乐昌市图书馆举办2020年新春活动暨《流动儿童的彩色世界》巡展。承办“阅读，伴我成长——2020年世界阅读日粤港澳创作比赛乐昌赛区”活动、“大师的艺术细节”——艺术阅读马拉松全国挑战赛乐昌赛区和“让阅读滋养心灵——打卡21天，和名师相约春天里”等活动。全年，接待进馆读者13万人次，外借54640册次，送书下乡8万册次，开展读者活动12次、展览6期、消防安全知识讲座3期。乐昌市文化馆举办4场“开心广场·百姓舞台”广场文艺展演等活动，创编乐昌渔鼓表演唱《承诺》等文艺精品。博物馆内展出“岭南文明走廊——乐昌商周至秦汉文物展”“乐昌革命文物展”2个展览，五山红军长征临时指挥所展出《红军过五山》展览，梅花大坪杨家寨展览、坪石舨塘村史馆免费开放，参观人数约10万人，其中未成年人约6.5万人。

【文化活动精彩纷呈】 2020年，市文广旅体局做好“千人书画大赛”“我们的节日”“开心广场·百姓舞台”季度文化展演等群众文化活动品牌。开展“我们的节日”活动，举行2020年乐昌市军民迎春联欢晚会、乐昌市非物质文化遗产项目宣传展示及推广活动、2020年公民道德宣传日活动暨乐昌市“开心广场·百姓舞台”季度广场文艺展演、2020年“庆中秋，迎国庆”季度广场文艺展演活动、传承保护非物质文化遗产·弘扬优秀传统文化”乐昌市2020年渔鼓原创作品展演和乐昌市2021年“庆元旦”季度广场文艺展演等活动，营造文化氛围，丰富群众精神文化生活。

【文化遗产传承保护】 2020年，市文广旅体局开展文物普查工作，开展红色文化发掘活动，普查长征遗址76处，完成坪石镇皈塘村21个红色遗址挂牌。做好文物保护单位申报工作，“广州会馆”和“李氏宗祠”完成申报韶关市第七批文物保护单位。加强文物修缮利用，完成五下开封村凉亭、岭脚下洞心亭、石榴下村驿站、武阳司国立中山大学法学院旧址3间古建筑、三星坪国立中山大学工学院旧址10间古建筑、三星坪朱氏宗祠、沈氏门楼（门楼二）、壮士不留亭、文学院遗址建筑修缮工作。加强非物质文化遗产的保护和宣传，加大传统文化和技艺的挖掘力度，陈有记辣椒酱制作技艺、张氏接骨术、韶州黄茶、乐昌擦糍粉相继入选乐昌市第八批非物质文化遗产代表性项目名录，其中，陈有记辣椒酱制作技艺入选韶关市第八批非物质文化遗产代表项目。开展“非遗”进校园活动、戏曲进校园活动。

【文艺精品创作繁荣发展】 2020年，市文广旅体局加强对文艺创作行业的指导，制定文艺精品奖励办法，传承发展乐昌花鼓戏、三溪青蛙狮等地方特色节目。创编乐昌渔鼓表演唱《承诺》等文艺精品。是年，乐昌渔鼓表演唱《承诺》和儿童相声《大话非遗》获第六届韶关市戏剧曲艺花会曲艺类银奖，男女对唱《桃李人家》获广东省群众艺术花会铜奖。

【文化市场管理】 2020年，市文广旅体局强化文化旅游市场检查，结合扫黑除恶、扫黄打非等专项工作，开展节假日和疫情防控排查等专项检查，抓好“双随机、一公开”等日常巡查工作，累计出动执法人员630余人次，检查文化和旅游经营单位290余家次，整改安全隐患11处，查处1宗网吧未成年人案件。接处文化和旅游市场投诉及咨询40件，均办理结束，法定时限结案率100%。

（黄昌平）

乐昌市文化广电旅游体育局领导班子成员名单

局　　长：周杏林（女）
党组副书记：邬建华（—9月）
副 局 长：李启平
　　　　　李小珍（女）
　　　　　王金红（女）
　　　　　韩秋阳
党组成员：邓　斌

旅　游

【概况】 2020年，受新冠疫情影响，乐昌市旅游接待游客275万人次、同比下降51.55%，旅游综合收入18.25亿元、同比下降52.58%。

【旅游商品】 马蹄　乐昌素有“马蹄之乡”的美称。马蹄是乐昌较大宗的土特产之一，总种植面积达666.7公顷，产量过万吨。以乐城和北乡为主要产区，廊田、河南、长来、九峰等乡镇也有种植。

乐昌马蹄以个大肉嫩、清甜多汁、爽脆无渣的特点而闻名全省及港澳地区市场，其品质最优者为乐城田洞10公顷产区出产的马蹄，年产约240吨。

张溪香芋　乐昌出产优质香芋历史悠久，其中以河南镇的张溪香芋品质最优。张溪村位于九泷十八滩出口的右侧，小垌张溪水流淌其中，垌面宽阔平坦，土质为稀流冲积砂壤土，土层深且肥沃，所产香芋个大肉嫩，内有槟榔花纹，煮熟时松软如棉，香气四溢。

沿溪山白毛茶　白毛茶是乐昌又一大宗名优土特产。乐昌的大源、九峰等山区，终年云雾缭绕，雨量充足，其出产的茶叶芽尖及叶背均披上薄薄的一层白毛，“白毛尖”因此得名。乐昌白毛茶有大叶白毛、中叶白毛和尖叶白毛三类，以大叶白毛品质较优，分布也较广，总种植面积566.7公顷，年产约350多吨。乐昌白毛茶八成为手工制作，保持其原汁原味。其最大特点是茶叶肥厚，茸毛多，制成的绿茶其汤色微绿，清澈透明，清香四溢，饮后舌底生津，回甘持久。清朝时代沿溪山的白毛茶就曾被列为朝廷贡品。产品销往美国、日本、英国、法国等国家和中国港、澳、台等地区，饮誉海外。

九峰柑橘　乐昌市九峰镇属亚热带季风气候，平均海拔526米，早晚温差大，垂直气候变化，辖区适宜种植水果，所产柑橘甘甜可口，令人回味无穷。九峰柑橘分早熟、中熟、迟熟品种，上市时间为8月到12月。

九峰黄金柰李　中国地理标志产品证书，九峰独特的夏季温差造就九峰黄金柰李的独特风味，果大形美，核小肉厚，质脆致密，风味浓甜，清香可口，果实心形似桃，果皮黄绿色，果肉黄色，半离核，含有丰富的糖、维生素、果酸、氨基酸等营养成分，营养价值高。一般在7月中旬市场交易量达最高峰。

坪石水蜜桃　坪石镇水蜜桃主要分布在龙珠、陈家坪、莲塘等村，其中尤以龙珠所产闻名，果实硕大光嫩，色泽鲜艳，肉嫩汁多，味清甜爽脆，全村种植面积达233.3公顷，年产3000吨，以特早熟与中熟相结合种植。

梅花猪　在中国诸多“名猪”里面，梅花猪堪称广东代表。早在五代十国时期已经培育而成，因产于乐昌梅花镇而得名。梅花猪皮薄、肉嫩、味美，有大骨猪与细骨猪两种。全身黑白花纹，头、嘴、耳、臀及尾为黑色。鼻尖，腹部等部位为白色。其腹大，耳大均下垂，瓦筒嘴、背腰阔而微凹。

梅花子姜辣椒　梅花子姜辣椒产于乐昌梅花镇，是一种把生姜与辣椒混合一起腌制的特色美食。原料选自昼夜温差大、污染少、水质优的高寒山区，以地方传统技术制作，不含任何防腐剂、色素，风味独特、爽口开胃，已成为当地人日常生活、居家必备的烹食调料佳品。梅花子姜辣椒在韶关地区乃至珠三角等地均具有较高的知名度，在2007年韶关市首届旅游商品大赛中获优秀旅游商品奖，2012年韶关旅游手信大赛中获得农副土特产品银奖。

黄圃板栗　黄圃镇因土质适宜板栗生长，多种植于山坡地，黄圃板栗个大、味香甜、肉质松化，营养价值很高，甘甜芳香，含淀粉51%—60%，蛋白质5.7%—10.7%，脂肪2%—7.4%，糖、淀粉、粗纤维、胡萝卜素、维生素A、B、C及钙、磷、钾等矿物质，可供人体吸收和利用的养分高达98%。普遍用于食品加工、烹调宴席和副食。板栗生食、炒食皆宜，糖炒板栗、拌烧仔鸡，喷香味美，可磨粉，亦可制成多种菜肴、糕点、罐头食品等。

桃花酥　以新鲜桃花为辅料，将酥饼做成桃花的形状，口感酥脆香甜，芬芳四溢。

【旅游资源开发】　2020年，乐昌市坚持全域旅游发展理念，立足实际，谋划符合行业发展的项目。发展乡村旅游，以九峰花海乡村旅游示范区为龙头，打造乡村旅游集群片区。加快九福兰花公园、百臻生态农业园、誉马葡萄酒庄园等农旅融合项目建设，推动乡村旅游串珠成链、统筹发展、提质升级。发展研学旅游，推进华南教育历史研学基地项目（坪石）建设，项目建设取得阶段性的进展，基本完成一期项目主体工程建设，被评定为2020年度广东省文物古迹活化利用典型案例。借助华南教育历史研学基地（坪石）项目建设契机，加强与广东省研学旅游协会等研学旅游专业机构的交流，与广东省嶝柏仕体育产业股份有限公司初步达成《乐昌市全域研学旅行项目合作协议》，推进乐昌市研学旅游规范化、专业化发展。

【旅游景点介绍】　古佛洞天风景区　古佛洞天又名古佛岩，属国家AAAA级旅游景区，乐昌新八景之一，因洞内的石笋和钟乳石，形状如仙似佛，前人在洞内安放过佛像，在洞口又建有佛寺而得名。位于乐昌市城西南5千米处。古佛岩属大型石灰岩溶洞，洞内上下重叠三层，最高处达30米，总面积1.2万平方米，常年气温保持在19℃—20℃。岩洞内的景区主要分为古佛殿、观音殿、王母殿、玉皇宫、西游宫、逍遥宫和金龙殿7个宫殿，整个游程570米。洞内石笋、石花、石柱、石幔，千姿百态，或插其中，或悬其上，色彩斑斓，景象纷呈，蔚为奇观，最妙处是钟乳石群，其状如仙人佛众，形神各异。古佛岩还有3亿年前的海底珊瑚化石和罕见的大型石脑，难得一见。

龙王潭生态旅游区　龙王潭生态旅游区属国家AAA级旅游景区，其中龙潭飞瀑是乐昌新八景之一。景区位于乐昌市东北18千米处，集温泉、绿湖、奇山于一体，即由龙泉、龙湖、龙谷三大分区组成，故又称三龙谷生态旅游区，是广东省唯独仅有的优势资源组合。

金鸡岭风景区　金鸡岭属国家AAA级旅游景区，位于广东北大门——岭南第一镇之称的坪石镇，是广东省八大名山之一，金鸡啼晓是乐昌新八景之一。景区占地面积约1.6平方千米，因山岭的西北峰有座丹红色巨石，貌似金鸡，故而得名。此金鸡石鸡头向北尾朝南，故俗说“金鸡吃着北方的粮食，把金宝财富下放到广东，这就是今日广东繁荣昌盛的原因”，因而被称为广东“风水鸡”。金鸡岭属典型的丹霞地貌，海拔338米，相对高度168米，四周悬崖如刀切，雄伟险峻。

北乡九福兰花公园　属国家AAA级旅游景区，处于省道248线，位于香樟公园、九峰十里桃花等旅游黄金线路的门户位，占地面积约80公顷。为农业观光主题参观园，兰花生产与经营为主业，是省级现代农业示范基地；同时发展观光休闲，配置大型兰花主题展馆、古道文化馆、蝴蝶谷、南药园、粤北植物园、郊外体育公园、登山徒步道、兰花客栈、兰花餐厅，集食、住、玩等功能于一体。

九峰花海　乐昌新八景之一。每年阳春三月，九峰十万亩桃花、李花争相怒放。漫山遍野的花海让慕名前来的游客仿若置身“桃李花长廊”之中。九峰镇连片栽种桃李等果树，形成“春季赏花、夏秋摘果”的旅游品牌，成为享誉省内外的乡村旅游点。

五山梯田　乐昌新八景之一，2014年被农业部评为“中国美丽田园”。梯田坐落在乐昌市杨东山山脉，海拔800米。在梯田的西南、西北和正北三个角度为最佳观赏摄影点。站在山上，放眼望去，可见数百级乃至上千级的梯田，梯田一年四季景色各异。

庆云户昌山古村落　庆云古村又称“户昌山古村落”，乐昌新八景之一，距今有800多年历史。曾先后出现一批进士、举人、贡元以及“六品军功”等显赫人物。至今村前大坪上仍存几十对“旗杆石”。村内完好保存密集的明清时期古建筑群，祠堂、私塾、雕梁、壁画、牌匾随处可见，有为数众多的文物古迹以及精美的建筑、雕刻和书法绘画艺术。2012年被评为第三批“广东省古村落”。

梅花大坪古村　乐昌新八景之一，村内完整保留着大量的明清古建筑，这些古建筑群青石为道，高墙深巷、曲水绕舍，具有江南地的徽派风格，又以围屋为墙，似是聚族而居，夹杂一些客家的特征。建筑群雕梁画栋、布局齐整，采用青砖黛瓦，飞檐起翘、檐下有书画装饰，大门上的透窗雕龙画凤，墙头古画均配以古诗、古书法，展示民间古建筑的特色和雕工画艺的精美。大坪古村还是广东省的革命老区村庄之一，20世纪30年代，中国共产党地下党的活动人员在杨家寨开展地下革命斗争，成立粤北乐昌县第一个党支部。朱德、陈毅率南昌起义军部队曾驻村里，并在贤关阁文奎楼召开关于智取宜章年关暴动的军事会议。

西石岩寺　西石岩寺位于乐城西北2千米处。门楼“西石岩寺”牌匾为全国政协原副主席、全国佛教协会会长赵朴初亲笔题字。自唐宋以来，这里就是佛、道、儒三家和历史名人的活动场所，是“七十二福地”之一。洞中有一小石穴，相传为佛教禅宗南宗六祖惠能去黄梅山求学时在此憩息，故又有“仙人石室”之称。石室洞壁上有许多历代碑刻，其中唐代茶圣陆羽所书的“枢室”碑刻，为全国罕有的陆羽遗迹；石窟厅中央竖有一面“玄帝赞”古碑，为全国仅有的两块“玄帝赞”古碑。至今，西石岩寺仍香火旺盛，游人络绎不绝。

白水寨生态园　白水寨生态区位于乐昌市五山镇大乐村东洛水库旁，景区面积约2平方千米。景区于2007年开始开发建设，2008年6月完成首期工程建设。景区分清爽世界瀑布观赏区、竹林观赏区、杉木林观赏区、东洛水库湖面风光观赏区、游客服务中心5个功能分区，观赏游览步道约1千米，游程约1小时。6个天然的瀑布连成一线，总落差达200多米，其中最大的瀑布落差超过60米，形成壮观的瀑布群景观。

广东誉马葡萄酒庄园　位于乐昌城区西南5千米，距韶关市区50千米，地理位置优越，其纬度位于22.6度，是种植葡萄最佳地理位置。庄园葡萄种植面积66.67公顷，可以了解葡萄的种植、压榨、酿造到灌装，葡萄园管理、酒庄酒生产的全过程，还可以品酒、赏酒、休闲、度假。

梅花镇百臻生态农业园　规划总面积1533. 33公顷，园区参照台湾休闲农业模式，结合梅花当地人文地理特征，打造成一年四季都能让游客体验到种植、

采摘、品尝应季特色农产品的休闲佳地。以原生态特色农产品鱼稻、糯麦、草莓、水蜜油桃、红心猕猴桃、紫玉淮山、秋葵及特优玉米等特色产品的种植及配套农村旅游的酒店设施为主，是一家科普教育、旅游为辅的一体化休闲农业与乡村旅游的综合农业园区。

长来镇和村　长来镇和村有醉美乡村公路，乡村壁画和谭氏宗祠等景点。醉美乡村公路上，长达十几千米的公路两旁种植一棵棵又高又直的水杉树，像一个个昂首挺立的威武士兵，等待首长检阅。谭氏宗祠是为纪念乐昌宋代第位进士谭必而建，始建年代失考，现存建筑为清乾隆年间（1736—1795）重修。2012年10月公布为广东省第七批文物保护单位。

华南教育历史研学基地（坪石）　民国29年（1940）至34年（1945），国立中山大学、培正培道联合中学、岭南大学农学院、省立仲恺高级农业职业学校、国立华侨第三中学等院校纷纷迁至乐昌办学，办学地点分布在坪石、梅花、乐城、长来、北乡等地，留下教育救国的宝贵精神财富。按照项目规划设计，华南教育历史研学基地（坪石）项目分3期实施建设。截至2020年年底，基本完成坪石老街国立中山大学校本部纪念园、三星坪国立中山大学工学院纪念地、铁岭国立中山大学文学院纪念地、长尾洞培正培道联合中学纪念地、武阳司国立中山大学法学院纪念地项目主体工程，以及定友图书馆，长尾洞社区体育公园篮球场和足球场等项目建设。

【旅游线路推荐】

（一）乐昌乡村美食旅游线路建议

广乐高速乐昌出口—古佛洞天—葡萄酒庄园—九福兰花公园—百臻生态农业园—大坪古村—金鸡岭—华南教育历史研学基地（坪石）

（二）农民丰收节乡村体验线路建议

广乐高速乐昌出口—古佛洞天—葡萄酒庄园—廊田白马寨—龙王潭—五山红军临时指挥所—五山梯田

（三）红军长征乡村体验线路建议

抵达广乐高速乐昌出口—古佛洞天—葡萄酒庄园—长来镇和村—龙王潭—五山红军临时指挥所—五山梯田

（四）乐昌红色历史乡村旅游线路建议

广乐高速乐昌梅花北出口—百臻生态农业园—西京古道（乐昌段）—大坪古村—金鸡岭—皈塘古村

（五）华南教育历史研学基地（坪石）旅游线路建议

广乐高速乐昌坪石西出口—武阳司国立中山大学法学院办学旧址、亚南书舍、《资本论》与中国经济教育历史陈列馆—三星坪国立中山大学工学院办学旧址—坪石老街国立中山大学校本部办学旧址、定友图书馆—铁岭国立中山大学文学院办学旧址—长尾洞培联中学办学旧址—塘口国立中山大学天文台旧址、国立中山大学理学院办学旧址—管埠国立中山大学师范学院办学旧址、国立中山大学师范学院历史陈列馆、诗音漫道—广乐高速乐昌梅花北出口

（六）乐昌赏花摘果生态乡村游线路建议

抵达广乐高速乐昌出口—古佛洞天—葡萄酒庄园—长来镇和村—北乡兰花公园—九峰花海

【主要旅行社和星级饭店】

旅行社：

（一）乐昌市旅游公司。地址：乐昌市金融路33号。

（二）乐昌市长城旅行社。地址：乐昌市昌山西路65号。

（三）乐昌市中青旅行社。地址：乐昌市文化路紫荆花苑8栋13号。

星级饭店：

（一）金海洋假日酒店，国家三星级旅游饭店。地址：人民南路12号（市体育馆旁）。

（二）金鸡宾馆，国家二星级旅游饭店。地址：坪石镇金鸡南路3号。

（黄昌平）

体　育

【概况】　2020年，乐昌市主要公共体育场馆有乐昌市体育馆，建筑面积10123平方米（馆外附属设施有篮球场1个全场、5个半场，五人制足球场1个）；竹林游泳场，占地面积6673平方米（包括1个50米×25米标准池、1个25米×25米中池和1个娃娃池）。

2020年，乐昌市举办2020年南粤古驿道定向大赛首战赛事、

2019—2020年“乐昌桃花杯”全国女子甲级联赛等高水平赛事，塑造该市“象棋之乡”城市品牌形象。

【全民健身基础设施建设】2020年，乐昌市加强公共体育场馆建设，完成乐昌市体育场项目主体工程建设，新建长尾洞社区体育公园一期足球场、篮球场项目，对外开放。完善各街道社区建设活动场所，开辟新的晨晚运活动场所，完成乐昌街道办事处大洞村委会等15个村委会体育服务场地建设。

【全民健身赛事活动】2020年，乐昌市举办2020年乐昌市五人制足球联赛、2020年乐昌市“农商银行杯”男子篮球赛、“8·8”全民健身系列活动（国民质测定、游泳、排舞）、2020年迎国庆中秋“广东凌空实业杯”象棋、围棋竞赛、2020年乐昌第四届徒步活动和2021年乐昌市百信花苑杯迎新年环城跑等群众体育赛事活动，吸引大批健身爱好者参加，营造全民健身的良好氛围。

【国家、省级赛事】2020年6月13—14日，市文广旅体局承办2020年南粤古驿道“Hello5G杯”定向大赛第一站赛事，该赛事是广东省统筹推进疫情防控和积极推进复工复产后的首场省级体育赛事。乐昌市人民政府、市文广旅体局获得该赛事“优秀组织单位”；10月29日至11月1日举办2019—2020年“乐昌桃花杯”全国象棋女子甲级联赛，乐昌代表队获团队第二名。

（黄昌平）

广播电视

【概况】根据《中共韶关市委机构编制委员会办公室关于设立乐昌市融媒体中心的批复》（韶机编办发〔2019〕146号），设立乐昌市融媒体中心，加挂乐昌市广播电视台牌子，为市委直属的公益二类事业单位，归口市委宣传部领导，正科级。

内设机构有全媒体综合部、新闻采编部、节目部、舆情信息部、行政部、技术部、运营部。截至2020年12月31日，在职在编54人。

2020年，在韶关市广播电视好新闻评比中，该中心送评的电视主持作品《我为家乡打call》获得广播电视节目奖一等奖，电视长消息《带着父亲去教书》、广播新闻专题《扎根山村情洒农家——陈晓明》获得广播电视节目奖二等奖，《如歌岁月》《炫青春——李小伟的帮扶日记》等4件作品获得三等奖。

【融媒体发展】2020年，乐昌市成立融媒体中心建设工作领导小组，财政投入资金480万元，其中争取中央、省、韶关市级扶持资金180万元，本地财政投入300万元，制定《乐昌市融媒体中心建设工作实施方案》，明确指导思想、工作原则、功能定位、组织领导和工作任务等内容，在机构、人事、财政、薪酬等方面具体落实。9月3日，通过省委宣传部对县级融媒体中心建设工作的考核评估。

依托省技术平台，完成本地化生产指挥调度系统建设。与广东广播电视台沟通协商，制定《乐昌融媒体中心整体升级方案》。建成独立客户端、融媒体生产系统、管理系统、手机直播系统、大数据及智能推荐系统、舆情监控系统、指挥调度系统等，实现“一体策划、一次采集、多元生成、多渠道发布”目标，将融媒体中心的聚合功能做大做强。

2020年1月初，“清和乐昌”APP上线运行。截至2020年年底，APP下载用户数43420人次。40多个镇、街道和市直单位完成平台入驻，“清和乐昌”客户端成为乐昌域内集中发布信息的重要平台。

拓展“新闻+政务+服务”，提升融媒体中心引导力、公信力、传播力和影响力。整合各类媒体资源，重点打造“清和乐昌”APP，开设融媒体官方抖音号、快手公众号，以及“乐昌发布”和“乐昌融媒体中心”公众微信号、微博，加入腾讯企鹅号、南方+、无线韶关等，形成立足本土、抓住本土、服务本土的传播新矩阵。拓展“新闻+政务+服务”模式，与省触电新闻合作，采用“网络直播+短视频+推文+海报”多种形式呈现方式，推出为乐昌打call网络直播活动，取得传播效果，该网络直播点击浏览量近100万人次。

【宣传工作】2020年，乐昌市融媒体中心播出电视新闻稿件1543篇，留关台新闻联播45条、民生新闻39条、县市区连线366条；公众号“乐昌市融媒体中心”发布信息2115条，图片12690张，关注人数9000多人，点击量487478次，评论15条；《乐昌发布》发布信息2411条，图片16839张，关注人数17606多人，点击量1416221人次，评论876多条。“清和乐昌”和乐昌客户端全年发布信息5023条，图片25515张，安装用户数43309户，注册用户数22399人。

是年11月5日，乐昌人民广播电台复播，播出新闻218条，播出精准扶贫专题节目13期，播出公益广告270条次。

该中心策划《“一把手”访谈》，宣传报道各单位践行“不忘初心、牢记使命”，在决战决胜全市脱贫攻坚工作中的信心决心和思路，政策举措。在相关专题报道中，策划录制播出《葫芦坪村：党建促扶贫走出特色小康路》《三溪镇环镇公路“白改黑”升级记》《两江镇党建引领修好打赢脱贫攻坚战的“致富路”》《九峰镇党建引领电商开路搭建脱贫致富“金桥”》等，展示基层党组织发挥的“头雁”效应。

【应急广播建设】 2020年，乐昌市应急广播系统按照“平时服务、战时应急”的原则，以建设应急灾害预警信息发布、基层政务信息发布、文化科技宣传普及、党的创新理论宣传等平台为主的功能定位，由政府出资建设，统筹整合市、镇两级应急指挥调度系统、各类专业预警系统和广播资源，建设形成市、镇、村、村小组四级贯通的应急广播体系。

乐昌市应急广播系统于5月立项、6月完成政府采购招投标、7月开始建设、11月投入试运行，共完成市级应急广播平台1个，2780个高清大喇叭，覆盖全市19个镇（街道、办事处）、195个行政村、28个社区和1582个村小组。公共场所接收终端，安装高清广播大喇叭2780个，实现“全覆盖、村村响、人人听得到、不漏一人”的目标。打通基层宣传“最后一公里”，扩大地方宣传的覆盖面，成为宣传推介乐昌的权威平台。

【安全播出】 2020年，乐昌市融媒体中心为确保广播电视节目安全播出，特别是确保重要保障期、重要时段安全播出，定期开展安全检查，发挥安全播出领导小组的作用，完善与修改安全播出制度与预案，进行4轮安全播出隐患排查。对发现的隐患完成整改3项，后续的播出系统更换正在进行中。对发射台、播出部及相关部门工作人员进行培训演练，分别进行机房信号应急切换演练、无线发射台市电停电应急演练等。国庆前夕，全面检查无线发射台、全媒体综合部等部门的制度建设、设备运转、信号源系统和电力系统等情况。对存在隐患的播出设备，及时作出更换和改造。

【无线覆盖】 2020年，乐昌市融媒体中心根据国家广播电视总局关于中央广播电视节目无线覆盖运行维护工作“三满”绩效目标要求，结合全市无线覆盖发射台运行实际，制定运行管理制度，健全各项运行工作和安全播出操作处置流程，按照行业维护技术标准，制定设备设施操作规程和周检、月检、季检、年检等周期性的维护计划。加强信号播出监测和运行保障值班工作，各套发射转播系统坚持全天候24小时播出，按照“满频率”“满时段”“满功率”规定做好中央和省、市广播电视节目无线覆盖运行、维护和安全播出工作。

（周忠军　谢祖军　陈世娟）

乐昌市融媒体中心领导班子成员名单

主　任：张济楚（—6月）
　　　　陈　凯（6月—）
副主任：周　赞（女）
　　　　蔡茂淋（女）

文物考古

【概况】 乐昌市博物馆位于乐昌市乐城街道办事处红岭社区东环南路1号，于1984年2月28日成立，编制10人，2020年在职人数6人，为全民所有制公益性事业单位。博物馆首期工程（1#展馆、工作楼）占地面积15333平方米，建筑面积1852平方米，2005年7月，1#展馆展出“乐昌商周至秦汉文物展”，2015年8月利用工作楼改造为展室，展出“乐昌革命文物展”，两处展览均向社会免费开放。展馆设计为园中有馆、馆中有园的仿汉代建筑风格，环境优美、宁静。

2020年6月、12月，博物馆欧伦彬先后被评为乐昌市第七批市管专业技术拔尖人才、《源流》杂志2019—2020年广东省老区宣传报道工作“优秀作者”。

【红色革命遗址普查】 2018年11月15日，乐昌市成立以市委常委、组织部部长为组长，市文广新局、市委宣传部、党史研究室、民政局、博物馆为成员单位的红色革命遗址普查工作领导小组。2019年全面开展红色革命遗址普查工作，到五山、梅花、坪石等地普查，新增登记红色革命遗址47处。2019年7月起，派员参加华南教育历史研学基地工作专班，对抗战时期在乐昌办学的遗址进行普查，普查办学旧址等121处。2020年继续做好红色革命遗址普查工作，普查长征遗址76处，对坪石镇皈塘村21个红色遗址挂牌。

【不可移动文物保护】 韶关市第七批文物保护单位公布 2020年9月3日，韶关市人民政府公布“广州会馆”和“李氏宗祠”为韶关市第七批文物保护单位。

乐昌市不可移动文物单位公布 2020年2月11日，乐昌市人民政府将83处文物点公布为乐昌市不可移动文物单位。

文物点修缮 2019年5月，广东省人民政府下拨下开封村凉亭、岭脚下洞心亭、石榴下村驿站合计110万元维修、抢修专项资金，该工程于2019年11月入场施工，2020年年底竣工，完成验收。2020年9月至10月，修缮皈塘宜乐县委皈塘区委寨头岭支部旧址，白石镇红军长征烈士墓；铺设长来谭氏宗祠门楼地面鹅卵石和砌筑标识牌；10月，修缮五山大王山张姑岭红军长征烈士墓、大坳子红军长征烈士墓、蘸纸田红军长征烈士墓、麻坑八岭下解放军烈士墓及陈德钊墓。

文物消防安全检查 2020年5月，乐昌市博物馆联合公安消防、文化执法部门对乐昌市不可移动文物点进行消防安全检查，排查安全隐患，告知文物管理、使用单位进行整改。

【文化挖掘与宣传】 配合拍摄宣传 2020年6月，乐昌市博物馆配合广东电视台体育频道到乐昌市西京古道云岩下开封段和仙婆庙村草鞋岭段拍摄采录，配合拍摄南粤古驿道定向大赛。11月，配合广东省新闻媒体拍摄“海丝路上的西京古道”纪录片。

红色文化挖掘宣传 2020年5月，乐昌市博物馆编辑、布展《光辉的足迹——坪石镇皈塘村革命文物展览》，申报入选“2020年广东省弘扬社会主义核心价值观主题展览”；配合做好五山红军长征突破第三道封锁线展陈工作和长征国家文化公园现场勘查、资料的收集等工作。10月，编辑出版《佗城拾遗——华南教育历史研学基地（坪石）学术文章选刊》总第3期。6—12月，在《源流》《韶关日报》等报刊发表红色文化研究文章《乐昌农军参加南昌起义》《青山处处埋忠骨，实物见证军民情》《一把刺刀的故事》等。

配合古驿道调查 2020年5月至10月，韶关市博物馆组成对乐昌市云岩、梅花、沙坪、秀水等镇进行古驿道调查的小组，乐昌市博物馆派员参与古驿道调查工作。

【文物馆藏与管理】 文物征集 2020年1月，乐昌市博物馆在坪石镇皈塘村寨头岭支部旧址征集子弹1颗、匕首1把、眼镜1副、游击队员使用过的生活用具一批；5月，征集军大衣1件、白氏族谱1套、坪石镇京口村生产用具一批；10月，征集欧阳氏族谱1套；11月，征集秀水镇朱氏宗祠“恩荐”牌匾1件。

文物管理 2020年，乐昌市博物馆按要求定期组织人员对仓库文物进行例行清点、检查核实，进出仓库执行出入库登记制度；对文物库房进行检查，排除安全隐患。保卫人员24小时值班，夜间2人巡逻，落实人防、物防、技防三举措施，确保文物展品安全和正常开放工作秩序。对省、市级文物配备消防灭火器，建立微型消防站。全年无事故发生。

【对外开放】 免费开放 2020年，乐昌市博物馆内展出“乐昌商周至秦汉文物展览”“乐昌革命文物展览”，文物点五山红军长征临时指挥所“红军长征过乐昌”，梅花镇大坪村杨家寨展览、坪石镇皈塘村史馆展览5处固定展览免费对社会开放，周一至周六免费开放，春节等公众节假日照常开放。开展“5·18”国际博物馆日、“中国文化遗产日”送展进社区、送展进校园，

“七一”“八一”配合各单位开展主题党日活动、爱国主义教育活动。全年参观人数约10万人，未成年人6.5万人。

流动展览　秦末，乐昌属南越国疆域，乐昌市博物馆与西汉南越王博物馆联合制作流动展览《南越国遗迹》，向世人展示帝国边缘的南越王国的政治、文化和社会风尚。

◆广州会馆　（市博物馆　供）

【文物古迹选介】

1. 五汪村谭氏宗祠

五汪村谭氏宗祠位于广东省韶关市乐昌市长来镇五汪村，为纪念谭必而建造，始建年代失考，现存所见是清乾隆年间重修。坐东北向西南。谭氏宗祠面阔三间11.4米，二进深21.5米，砖木结构，青砖墙体。头门采用木构牌坊结构，进深二间2.5米，面积199平方米。庑殿顶，设斗栱藻井。龙船形正脊，灰塑鳌鱼脊吻。头门内有天井、两廊，头门后廊与天井两侧廊均有望板。正厅硬山式屋顶，抬梁与穿斗式梁架结构，11架梁。谭氏宗祠是乐昌市民间较有特色的宗祠建筑之一，对研究清代宗祠建筑具有一定的价值。2011年5月17日，经乐昌县人民政府批准被公布为第四批文物保护单位。2012年10月20日，经广东省人民政府批准，公布为第七批省级文物保护单位。2019年，省财政拨款对谭氏宗祠进行修缮。

◆五汪村谭氏宗祠　（市博物馆　供）

2. 广州会馆

广州会馆（又名羊城会馆），位于广东省韶关市乐昌市黄圃镇唐村街社区居委会唐村老街43号，始建于清代。坐东向西，为砖木石结构建筑，面阔三间8.86米，进深三间32.82米，通高约9米，面积437平方米。分前中后三个大厅，前后硬山顶，灰色瓦垅，檐下有青砖雕花及灰塑图案装饰，中厅抬梁穿斗式十七架梁，厅前有大小天井各一个，汉白玉铺砌。该会馆曾是湘、粤、赣边商贸的一处场所。为乐昌市现存清代规模较大的会馆之一。1929—1936年，乐乳宜边工委、湘南特委、湘粤边赤色游击大队曾在此秘密活动。对研究乐昌市清代会馆建筑风格和革命史具有较高的价值。2011年被乐昌市人民政府列为乐昌市不可移动文物名录，2018年被乐昌市人民政府评为乐昌市第七批文物保护单位，2020年9月被韶关市人民政府列为韶关市第七批文物保护单位。

3. 李氏宗祠

李氏宗祠位于广东省韶关市乐昌市坪石镇畈塘村委会中心村小组上李家李氏宗祠，建于清道光十五年（1835），坐东向西，为单檐硬山顶。砖木结构，风火式山墙。门楼面阔一间4.75米，进深一间2.25米，门额正中楷书：“李氏宗祠”。前1厅面阔三间12米，进深一间5.5米。经过天井、拾阶四级为祠中厅，面阔三间12米，进深三间8.7米。经过后天井、拾阶三级为祠后厅，面阔一间5米，进深一间6.9米。天花正中有八角形藻井，后厅与前厅左右两旁各有厢房一间，宽3.5米，总面积338平方米，为二层楼房建筑。1928年2月1日，朱德率领工农革命军在老坪石打败湖南许克祥，2月2日在畈塘召开“坪石大捷”庆功会。是晚，朱德住在该祠后厅右厢房，陈毅住在左厢房。李氏宗祠是畈塘乡苏维埃政府所在地之一，1931年至1949年期间，湖南特委、湘南游击队、宜乐县委便利用它作为联络、住驻、会议的地方。1978年11月，乐昌革命委员会批准公布为第一批文物保护单位。该旧址对乐昌市进行爱国主义教育具有重要历史意义。

4. 龙虎隘古道

龙虎隘古道，是“湖广古道”的重要通道，位于湖南省汝城县井坡乡界头村—乐昌市五山镇青岭村委会隘口子—地前坳—塘坳—松子岭路段，通往五山、廊田、乐昌。地前坳口分出四路：东北方向通往岭背、青龙头村和青岭村委会；东西方向通往江西排、塘坳村；东南方向左路通往甫竹龙、雪坑村；右路通往棕树坪、白寒水、寨头等村庄。界头—地前坳2千米全部由鹅卵石铺就；地前坳—塘坳—松子岭段由青石和麻石砌筑；其余大多为土路，崎岖光滑处则砌有石板便于行走。乐昌段总长约4千米。在两山相夹的险要通道口，筑有石寨，名曰“龙虎隘”。龙虎隘由两个拱券式结构的石墙筑就，高约3米，长约6米，宽约2.5米。龙虎隘建于清道光二十一年（1841），石门上方，中间阴刻“龙虎隘”三个大字，右边阴刻“道光辛丑仲夏”，左下方阴刻“桂阳县事刘澐督建”，字体遒劲，颇有功力。在龙虎隘下方十米处，曾有一庵，墙面涂红漆。20世纪60至70年代，有尼姑在此每天敲木鱼诵经修道，90年代初，尼姑庵因年久失修已毁。下方20余米处建一凉亭，青砖瓦结构，高3.4米，长6米，宽3.2米，面积20平方米。亭顶损毁，残存四面墙。

清《皇朝经世文续编》卷八十八“兵政十四塞防（上）”载：“城溪隘之右二十里曰龙虎隘。下行入粤之乐昌，距县治六十里而遥，距乐昌界五里而近。乘垣望可见数里，内有隙地，容数百人。不百武有水泉。山旧曰分界岭，以龙虎团在其内，故命之龙虎。”

改革开放前，乐昌和汝城等地乡民到湘粤地带，均走此古道前往经商、买卖、谋生或走亲串友，是湖广重要的交通要道。

据《郴州文史》记载，1934年11月，红军长征时，红一军团第一师和中央军委直属团、第一、二纵队从此道进入青岭宿营，第二天经学堂山翻越国字脑到达石下村、大王山。在红军长征部队经过龙虎隘时，遭到国民党地方武装陈国英部的突然袭击，两位战士不幸牺牲，葬于距龙虎隘前方左侧20余米的地方。另据《中共乐昌地方史》记

◆李氏宗祠　　（市博物馆　供）

◆龙虎隘古道之龙虎隘

（张春玲　摄）

◆龙虎隘古道之古凉亭

（张春玲　摄）

◆龙虎隘古道之鹅卵石路面

（市博物馆　供）

载，1949年10月4日，奉命解放韶关的中国人民解放军第四兵团14军由湖南汝城界头龙虎隘古道进入乐昌五山青岭，当晚在青岭宿营。10月5日，14军从青岭出发，经石下、山溪到达麻坑。两支大部队经过此道时均在此驻足、歇息。对研究古时湖广交通脉络和革命史有一定的价值。

2018年11月30日，经乐昌县人民政府批准公布为第七批文物保护单位。

5. 中共宜乐县委皈塘区委寨头岭支部旧址——狮子岩

狮子岩为一大型石岩，原为“狮子仙”庙，庙里有一阴刻石碑，碑文显示重修于清道光十五年（1835）秋。石岩长47.5米，宽16米，高5米，面积350平方米。有三道泥砖砌筑的主门（前门、中门、后门），墙三面，房屋7间。中门内有一舂米踏碓，一石臼。2018年发现该岩洞时，拾得鸟铳1支、子弹1颗、匕首1把、铜钱5个，铜钱分别铸有“康熙通宝”“乾隆通宝”“嘉庆通宝”“咸丰通宝”“库平广钱”字样。另有锣鼓、碟子、陶罐、老花镜、煤油灯、竹篮等。

◆龙虎隘古道之红军长征烈士墓　　（市博物馆　供）

据《谷子元纪念文集》（湖南人民出版社）记载，1932年春，为了便于领导乐昌、宜章地区的武装革命斗争，湘南特委决定打破县界，成立“中共宜（章）乐（昌）县委员会”，县委机关先后设在黄圃司、桃坪等地。由于国民党反动派的大规模“围剿”，1933年1月，县委机关秘密设在坪石皈塘寨头岭狮子岩。县委书记为谷子元，张才仔、廖求秀、谭京文、杨绍绩、肖超、邓丁贵为县委委员。宜乐县委管辖的范围有梅花特区、黄圃区委、皈塘区委。梅花特区下面有坪石支部、大坪杨家支部。皈塘区委有4个支部，分别为寨头岭支部（支书：李会德）、坳丘支部（支书：李金才，党员：李水生、李继学、邱辉珍、肖英、李有英）、京口支部（支书：李青青，党员：李培成、李柏取、谭爱珠）、杉树窝支部（支书：李万林）。与此同时，

◆中共宜乐县委皈塘区委寨头岭支部旧址——狮子岩（市博物馆　供）

组建一支20多人的小型游击队，队长为邓丁贵。希望用这支小型武装来保卫这一地区党团组织的安全。他们先后奇袭国民党坪石警卫队田头中队、破杨村反动武装和镇压桃坪天子地的反革命分子。

1934年11月底，红军长征经过乐昌、宜章后，这支游击队被派去宜章县城附近一带活动，他们住在岐岭山脚下一个保长家里，因麻痹大意，被宜章来的敌人袭击，队长邓丁贵、谷安细等17人牺牲，只有一人突围出来。紧接着，国民党反动派大肆进行清乡扫荡，湘南特委机关被破坏，宜乐县委也遭受严重破坏。

从1929年至1937年近10年的革命岁月里，中共乐（昌）乳（源）、宜（章）边工委、宜乐县委、湘粤边工委和湘粤边赤色游击大队曾在寨头岭村和狮子岩等地秘密从事地下革命活动，使这里成为一片红色的热土。

2020年2月，狮子岩被列为乐昌市不可移动文物。

【新冠肺炎疫情防控和森林防火】　新冠肺炎疫情防控　2020年1月，新冠肺炎疫情发生后，乐昌市博物馆，关闭展厅，派员到乐昌九福兰花公园和梅花镇大坪村委会、大塘边村委会和马糍湖村委会参与疫情防控工作。4月，展厅恢复对外开放，对入馆参观群众做好登记工作，测量体温，佩戴口罩，控制入馆人流量，定期消毒。

森林防火　2020年，乐昌市博物馆按时派员到梅花镇大坪村委会、大塘边村委会和马糍湖村委会参与森林防火工作。

（欧伦彬　何　茵）

乐昌市博物馆领导班子成员名单

馆　长：欧伦彬

副馆长：丘卫平（女）

　　　　白和琴（女）

群众文化

【概况】　乐昌市文化馆地处人民南路22号，建筑面积2723平方米，核定编制24人，2020年在职干部职工21人，退休人员14人，其中在职副高级职称1人、中级职称8人、初级职称6人。馆内常年开设书画展览厅、非物质文化遗产展览厅、培训课室、多功能小剧场、舞蹈培训室、音乐辅导室、文艺创作辅导室、电子阅览室、文化艺术大讲堂、书画创作辅导室、乐昌花鼓戏展览厅（地址原文工团），数字文化、橱窗、电子屏、流动牌等宣传。2020年开展6期展览，各橱窗展示照片1000多张。

【千人书画大赛】　2020年1月1日，乐昌市文化馆在市区体育馆开展“学习新思想 筑梦新时代”千人书画大赛活动，全市中小学校、幼儿园、培训机构等33个单位近1500人参加大赛。12月22日，承办2020年乐昌市北面镇市第5届千人书画征稿大赛，北面乡镇20多个学校，近500人参加大赛。

【免费开放与服务】　2020年，乐昌市文化馆一楼展览厅和二楼非物质文化遗产展览厅、电子阅览室，向群众免费有序开放，展示本地及友好地区交流作品，展出乐昌市非物质文化遗产项目相关的道具、乐器、书籍以及“非遗”项目介绍等。开设免费艺术培训班，课程包含电子琴初级班、声乐班、舞蹈初级班、芭蕾舞初级班、绘画班等。新冠肺炎疫情阶段，为丰富群众在防控期间的精神文化生活，推进乐昌市书画艺术的持续发展，4月11日，该馆举办“我们的节日·清明”百花争艳墨彩成春——线上新春书画作品展，5月1日，该馆举办2020年庆“五一”线上书画作品展览，共展出乐昌市书画爱好者创作作品200余幅。

【群众文化活动】 2020年2月至3月，乐昌市文艺爱好者创作30余篇反应抗击新冠肺炎疫情的小型戏剧（小品）、戏曲（戏歌）、朗诵、曲艺等类别主题作品，书画作者创作一批抗疫主题的书画作品，参加省市的展览。4月22日，乐昌市文艺创作中心团队筹备会在乐昌市文化馆召开。12月21日，乐昌市文化馆开展“关注安全生命至上”消防安全知识讲座，参加培训人员20余人。

【书画摄影与“非遗”展览】 2020年1月25日，乐昌市文化馆举办2020年乐昌市贺新春书画作品展览、非物质文化遗产展览；4月11日，开展“我们的节日·清明”百花争艳墨彩成春线下书画作品展；5月1日，开展“我们的节日·五一”2020年乐昌市书画作品展；6月24日，开展2020年大朗乐昌书法摄影作品联展；7月27日，开展2020年大朗乐昌书法摄影作品联展线上展览；10月1日，开展“弘扬社会主义核心价值观”乐昌市青少年书画作品展览。展出作品共计1000余幅。

【民间民俗文化展演】 2020年6月9日，在“文化和自然遗产日”乐昌市文化馆开展2020年“文化和自然遗产日”乐昌分会场系列活动之乐昌市第六届民俗民间艺术展演。6月14日，乐昌市非物质文化遗产保护项目狮舞《青蛙狮》参加2020年南粤古驿道定向大赛（韶关乐昌）2020年南粤古驿道“Hello 5G杯”定向大赛第一站。12月27日，开展“传承保护非物质文化遗产弘扬优秀传统文化”乐昌市2020年渔鼓原创作品展演。

【群众文化艺术展演】 2020年1月20日，乐昌市文化馆参加由中共乐昌市委、乐昌市人民政府主办的2020年乐昌市军民迎春联欢晚会，晚会为2019年度双拥工作先进个人和单位进行颁奖，鼓励受到表彰的单位和个人，珍惜荣誉，再接再厉，继续谱写军爱民、民拥军的新篇章。每个季度开展“开心广场·百姓舞台”群众文艺演出，丰富人民群众的精神文化生活。在春节、端午、中秋、重阳节的传统节日开展“我们的节日”主题文化活动、群众文化的展演会演等。是年，季度广场展分别是：9月27日，2020年公民道德宣传日暨乐昌市“开心广场·百姓舞台”季度广场展演；9月27日，新时代文明实践活动之“我们的节日”乐昌2020年“庆中秋，迎国庆”文艺展演；12月27日，新时代文明实践活动之“我们的节日”乐昌市2021年“庆元旦”季度广场文艺展演。9月5日，“同饮一江水”2020广东打工者歌唱大赛及2020年“我最OK”全民才艺大比拼（乐昌赛区）海选、决赛。

【文化惠民演出】 2020年1月始，乐昌市文化馆开展一系列送戏下乡巡回演出活动，设“戏曲进农村演出活动”、“新时代文明实践活动——戏曲进校园演出活动”、“送文化”志愿服务活动、“扫黑除恶”、“森林防火”等专题。有业余团队演绎的乐昌花鼓戏、渔鼓说唱等“非遗”节目和小品、舞蹈、快板等，及总馆表演的传统乐昌花鼓戏、现代花鼓戏、情景剧、

◆2020年12月4日，乐昌市戏曲进校园——促进健康素养文明巡演三溪镇演出现场（市文化馆 供）

小品、山歌演唱等，每场演出观众人数均达400余人，总人数达5万人。

【文艺培训和公益文化服务】2020年，乐昌市文化馆接受业余文艺团队的申请，对各团队进行辅导，平均每个月5—9次，辅导人数共计700多人次，节目形式以大型舞蹈歌舞、乐昌花鼓戏、乐昌渔鼓、广场舞、小品快板以及表演唱等。每季度举办1次文化广场展演，为业余队伍提供提升展示平台；每个月不重复抽选队伍，评选有地方特色经典的节目，进行下社区、敬老院等下乡慰问演出。

【业余文艺作品成绩显著】2020年2月，乐昌市文化馆丁瑞玲的美术作品《妈妈，等您平安归来》入选韶关市文联协防疫主题创作展。6月，该馆创作的舞蹈《狮·承》在2019年度全省群众文艺作品评选中获得三等奖。10月，该馆组织发动全市书画作者创作，选出12幅作品参加第十四届广东艺术节优秀作品展，其中胡晓敏的纸本水彩作品《枯萎是常态·坚韧》入展；周丽萍编导的渔鼓表演唱《承诺》和由周丽萍导演、邱土明编剧的相声《大话非遗》参加“韶关市等六届戏剧曲艺花会”，获得曲艺类银奖；由周丽萍编排、市文化馆演出的九峰山歌对唱《桃李人家》参加广东省群众艺术花会比赛，获得铜奖。12月，该馆组织选送“2020年度韶关市群众文艺作品评选”作品19件，获奖19件，其中：吴乐琴创作的小品《断奶》获得一等奖；王超杰创作的小品《回家》、杨宝英创作的小品《大闹离婚》、罗其森创作的表演唱《共克时艰抗疫情》、黄清创作的相声《说对仗》获得二等奖；杨宝英创作的小戏《阳光下的村庄》、巫锦清创作的小品《妈妈你什么时候回来》、邝岳云创作的渔鼓说唱《抗击疫情保平安》获得三等奖；张树生、邱土明、黄清等人创作的11个作品获得优秀奖。

【非物质文化遗产保护、申报及宣传】2020年2月3日，罗其森被列入韶关市第六批非物质文化遗产代表性项目传统戏剧之“乐昌花鼓戏”传承人名单。4月10日，广东省文化和旅游厅公布第六批省级非物质文化遗产代表性项目代表性传承人名单，邝治彬被列入第六批省级非物质文化遗产代表性传承人名录。6月13日，乐昌市省级“非遗”保护项目狮舞（青蛙狮）和市级“非遗”保护项目“沿溪山茶”赴仁化参加2020年“文化和自然遗产日”“非遗”宣传展示广东主会场暨“全域旅游在行动·广东人游广东”健康出行季系列活动。7月，乐昌市广东省级非物质文化遗产代表性项目狮舞（青蛙狮）在韶关文化馆举行华南师范大学音乐学院挂牌仪式。9月22日，乐昌市“非遗”项目参加廊田镇白马寨举行的2020年“中国农民丰收节”，在主会场上设立乐昌市非物质文化遗产展区。9月30日、10月1—3日，乐昌市“非遗”项目参加2020年韶关市戏剧曲艺花会开幕式、韶关市戏剧曲艺花会专场、2020年“庆国庆、贺中秋”主题活动等；10月1日，乐昌市“非遗”项目乐昌沿溪山茶、陈有记辣椒酱制作技艺、乐昌擦糍粉“非遗”团队参加韶关市戏剧曲艺花会（韶关市“非遗”美食汇）。11月1—2日，韶关市非物质文化遗产保护中心组织乐昌市“非遗”项目《乐昌擦磁粉》赴东莞参加“粤港澳非遗墟市暨横沥百年牛墟风情节”。11月11日，乐昌市省级“非遗”项目《乐昌花鼓戏》《青蛙狮》等参加2020年韶关市“非遗少年说”“我来画非遗”“我来写非遗”大赛作品颁奖暨宣传展示活动，获得组织奖。11月，传统技艺《张氏接骨术》、传统技艺《乐昌擦糍粉》、传统技艺《韶州黄茶》、传统技艺《陈有记辣椒酱制作技艺》被列入乐昌市非物质文化遗产名录项目名录。12月27日，由周丽萍编导、李玉云辅导的舞蹈《青蛙狮》参加韶关市第二十五届中小学（幼儿园）“英东杯”文艺竞赛舞蹈小学组，获得一等奖。

【文化惠民和文化志愿者活动】2020年，乐昌市文化馆文化志愿者服务队开展各项志愿服务活动，组织文化志愿者到乐昌各个城区开展“文明交通志愿”行动和深入基层开展文化活动，结合宣传党风廉政建设、扫黑除恶工作和全市森林防火宣传工作，围绕“森林防火宣传”“扫黑除恶”主题，在全市多个村镇开展“本土戏曲助推森林防火、扫黑除恶、全民健康知识传播”文艺巡演活动和乐昌市“戏曲进农村”文艺巡演活动。定期开展各类公共文化服务系列活动，通过开展欢乐送万家、季度广场展演活动、戏曲进校园，戏曲进乡村、社区文化培训和辅导等，为文艺爱好者提供免费观赏、展示和学习的平台。提高各业余文艺团队的综合素质，把学雷锋文化志愿服务活动推进到乐昌每个社区、乡镇、学校、村委会等，传递正能量，传播文化惠民，文化育人的理念，推动全市公共文化服务的常态化，开展长效化。该馆有3支志愿者队伍，每个队伍3—6人，坚持每月1—2次下基层辅导，以教、传、授等手段对每个队伍的节目创作、编排进行辅导。实现文化站、文化室，社区业余演出队资源的配置，每月辅导人数400多人。新冠肺炎疫情时期，开展文化志愿者进社区支援，协助做好疫情防控等工作。

（肖柏秀）

乐昌市文化馆领导班子成员名单

馆　长：周丽萍（女）

支部书记、副馆长：

李红坚（女）

图书管理

【概况】　乐昌市图书馆位于乐昌城西竹林公园内，占地面积5400平方米，建筑面积1950平方米，是一座园林式图书馆。乐昌市图书馆于1977年5月12日建立，馆舍于1984年7月动工兴建，1986年4月建成并向社会开放。2010年1月被文化部评定为“三级图书馆”，2013年10月被文化部评定为“二级图书馆”，2018年8月被文化和旅游部评定为“三级图书馆”。乐昌市图书馆为市文化广电旅游体育局管理的公益一类事业单位，正股级。有编制人员13个，2020年有工作人员12人，其中设馆长1人、副馆长2人，有本科学历4人、大专学历8人。大专以上学历占职工人员100%。具有副高职称1人，中级职称3人，初级职称3人。

从2011年1月26日起，乐昌市图书馆对外免费开放，周开放57小时。馆内有藏书148268册，电子图书7万册，报刊226种；有阅览座位186个（其中在电子阅览室设有无障碍服务阅览座位1张），计算机25台，歌德电子借阅机1台、少儿阅读学习机1台，广东文化E站1台，馆内500M光纤接入，馆内WiFi全覆盖。图书馆设有文化信息资源共享工程乐昌支中心、广东流动图书馆乐昌分馆、外借处、综合阅览室、少儿阅览室、乐昌市市民廉洁文化学习中心、外借书库、展览室等8个功能室，提供外借、阅览、参考咨询、视听等服务，举办讲座、培训、展览、读书等活动；馆内有公共活动空间，各楼层设有读者饮水设施；馆外设有无障碍坡道入口，是县一级建筑设计比较规范的图书馆。2020年，乐昌市图书馆接待进馆读者13万人次，外借54640册次，送书下乡8万册次，开展读者活动12次，展览6期，消防安全知识讲座3期，建设风度书房2间、分馆1间。

2020年4月23日，在“阅读，伴我成长——2020年世界阅读日粤港澳创作比赛”中，乐昌市选送的参赛作品获得初小组二等奖和三等奖各1名，优秀奖3名，高中组二等奖和三等奖各1名，优秀奖2名，乐昌市图书馆获得“优秀组织奖”；5月25日，副馆长林斌被政协乐昌市委员会评为2019年度优秀委员；7月23日，副馆长林斌在中国民主建国会乐昌市基层委员会第一次代表大会上，当选为民建乐昌市基层委员会第一届委员会委员、民建乐昌市一支部第一届委员会副主委；8月28日，在乐昌市精神文明委员会2020年全体成员（扩大）会议暨四城联创工作推进会议中，乐昌市图书馆被评为乐昌市文明单位；8月，副馆长林斌的摄影作品《乐昌东站晨曦》入选“2020年大朗乐昌书法摄影作品联展”；9月9日，副馆长林斌在乐昌市第七次归侨侨眷代表大会上当选为常委。

【惠民活动】　2020年1月7日下午，市图书馆前往梅花镇开展精准扶贫遍访、春节慰问和“齐动手，共创建”村庄清洁大行动；3月3日，由广东省立中山图书馆、香港公共图书馆、澳门公共图书馆主办，乐昌市图书馆承办的“阅读，伴我成长——2020年世界阅读日粤港澳创作比赛乐昌赛区”参赛作品收稿总量246件，其中初小组100件、高中组146件；共选送作品118件，其中初小组60件、高中组58件；3月23日至4月23日，市图书馆和童画坊联合承办“大师的艺术细节”——艺术阅读马拉松全国挑战赛乐昌赛区活动，活动吸引37

名5岁至15岁的儿童参与，34名参赛选手完成打卡挑战任务；4月10日至30日，韶关市图书馆联合乐昌市图书馆、曲江区图书馆等10个韶关图书馆联盟共同举办“让阅读滋养心灵——打卡21天，和名师相约春天里”活动，乐昌地区共有32名读者参与，完成任务10人；7月5日上午，市图书馆和童画坊联合在该馆举行“4·23”世界读书日系列活动颁奖仪式，市图书馆馆长罗启良、童画坊负责人罗晓晨出席仪式，活动仪式向“阅读，伴我成长——2020年世界阅读日粤港澳创作比赛”“大师的艺术细节——艺术阅读马拉松全国挑战赛乐昌赛区”“让阅读滋养心灵——打卡21天，和名师相约春天里”“《窗外》原创之旅绘画比赛”“每日美好小小签到”等活动共120名获奖者进行颁奖；8月，市图书馆和童画坊联合举办艺术阅读马拉松全国挑战赛（暑假赛季）乐昌赛区活动；10月1日，乐昌市文化广电旅游体育局、乐昌市图书馆、乐昌市图书馆学会、乐昌市城关中学联合在乐昌市风度书房中原路分馆内举办“采撷青春的花絮——阅读分享会”。

【展览与讲座】 2020年1月3日，乐昌市图书馆举办2020年消防安全知识讲座；1月21日，由广东省立中山图书馆主办，市图书馆承办的2020年新春活动暨《流动儿童的彩色世界》巡展在市图书馆展览室举行，展期17天；4月18日至5月31日，市图书馆学会举办诗词生活主题书展、泛阅读主题书展、趣味阅读主题书展、答题战疫等系列线上活动；8月6日下午，市图书馆举办2020年消防安全知识讲座；9月中旬，在市图书馆一楼大厅举办“社会主义核心价值观教育实践活动暨乐昌市公民道德宣传日‘道德模范——乐昌好人’”专题展览；10月1至28日，市图书馆一楼展厅举办由广东省文化和旅游厅、广东省立中山图书馆主办，乐昌市图书馆承办的“阅读，伴我成长——2020年世界阅读日粤港澳创作比赛优秀作品展”乐昌巡回展览；11月27日，市图书馆举办2020年公共安全消防安全知识讲座。

◆2020年10月1日，市文广旅体局、市图书馆、市图书馆学会、城关中学联合在乐昌市风度书房中原路分馆内举办“采撷青春的花絮——阅读分享会”（市图书馆　供）

【风度书房与分馆建设】 2020年10月1日，乐昌市风度书房中原路分馆、定友图书馆开馆对外开放；10月27日，乐昌市风度书房坪石分馆和粤书吧开馆对外开放；11月30日，乐昌市风度书房兴业茗居分馆关闭。

【教育培训】 2020年，乐昌市图书馆开展线上线下继续教育培训11人，共计1004.5学时；9月15日至18日，副馆长林斌到肇庆市图书馆参加由广东省立中山图书馆联合广东图书馆学会、肇庆市图书馆学会举办的“图书馆‘十四五’规划主题研讨会暨2020年广东公共图书馆业务培训班”。

（林　斌）

市图书馆领导班子成员名单

馆　长：罗启良

副馆长：林　斌

　　　　余少武

图书经营

【概况】 广东新华发行集团乐昌新华书店有限公司（以下简称乐昌新华书店）是南方出版传

媒股份有限公司105家子公司之一，属国有独资企业，是乐昌地区历史最悠久的文化企业。主要经营国内版图书、音像制品、文体用品等文化产品。2020年有正式在职员工15人，全年发行教材900万元，为全市（城镇、乡镇）范围内6万余名学生发行教材超过80万册。

【线上阅读】 2020年，受疫情影响，乐昌新华书店减少线下交流活动，推广线上阅读渠道，维护微信群阅读氛围，每周日晚上在读者服务群开展微信小活动（包括成语接龙、猜古诗、看图猜成语等活动）；“4·23”世界读书日期间，与市图书馆、共青团委合作，开展线上诗词朗读评选活动，300多名读者报名参与，征集朗读素材200多部。

【基层服务】 2020年，乐昌新华书店走进乡镇，在全市范围内15个乡镇开展“送书下乡，全民阅读”活动，乡镇文化宣传覆盖率100%；为九峰镇、秀水镇等乡镇阅览室捐赠图书超过2万元，丰富乡镇偏远地区的阅读资源，提高村民的阅读兴趣。

【新冠肺炎疫情防控】 2020年，乐昌新华书店成立防疫工作小组，制定防疫规范工作制度，确定区域责任人，保证防疫工作落实到位，统筹防疫物资，每天定期测量体温，消毒办公区域，确保员工和读者的人身安全。组织全体党员对家属楼和公共区域的楼道进行大扫除和消毒，组织防疫物资，向全市范围内各中小学校捐赠口罩一批。

（李俊鹏）

乐昌新华书店领导班子成员名单

总经理、党支部书记：
罗艳红（女）
教材部经理：梁全有
综合部经理：黄吉洪

档案和史志

【概况】 乐昌市档案馆（乐昌市史志办公室）位于乐昌市乐城街道公主上路23号市政府大院内，是市委直属公益一类事业单位，为正科级。内设办公室、接收整理和保管利用股、编研和技术声像股、党史股和方志股5个股室。人员定编12名，工勤编1名。2020年年底，在职人员9人，工勤人员1人。

乐昌市档案馆于1990年11月被评定为省二级目标管理达标单位，2007年12月晋升省一级目标管理达标单位。2020年，全市有档案综合管理达标单位国家二级2个、省特级23个、省一级4个、省二级36个。乐昌市档案馆藏档案全宗140个，中华人民共和国成立前档案（民国档案）663卷，中华人民共和国成立后档案122507卷又60132件，图书资料10779册，照片3604张（84册），光盘56张，字画、牌匾、旧印章等实物656件。

是年，由市史志办公室组织编纂的《乐昌年鉴（2019）》在全省年鉴质量评比中获三等奖（县区级综合年鉴类）。

【依法接收和保管档案】 2020年，乐昌市档案馆加强各单位的档案接收的指导与监督，做到档案移交、接收的规范化、制度化，重点做好涉改单位应接收进馆档案的督促检查和验收工作，确保涉改单位的档案及时、安全地移交进馆。2020年，该馆接收档案506卷、18309件。

【强化查档接待服务】 2020年，乐昌市档案馆指定专人做好现行文件接收整理、保管、提供利用等服务工作。该馆接待前来查阅和利用档案资料及现行文件787人次，调阅档案2667卷，复印档案5178张，为各项决策、招商引资、土地确权、土地征用、各类山林、土地房屋纠纷、案件侦破、婚姻调解、个人档案、社保退休工龄的判定等提供凭证材料。

【档案信息化建设】 2020年，乐昌市档案馆馆藏储存案卷级条目130161条、卷内条目639008条、归档文件目录68920条，档案目录数字化比例100%。完成乐昌市农村土地承包经营权确权登记颁证档案全文数字化扫描74319卷、7274件、2853092页，累计完成全文数字化扫描78071卷、7274件、3240156页。1—11月，市档案馆主动公开政府信息42条，累计主动公开政府信息469条，全文电子化率100%。12月，停用政府信息公开平台，保留重点领域信息公开专栏的预决算公开。

【档案业务指导】 2020年，为规范档案整理服务，乐昌市档案馆与该市从事档案整理业务的中介服务机构沟通交流，通过对档案整理质量进行前置把关，对其服务活动进行指导。为各单位提供档案业务指导，推动机关企业事业单位档案立卷归档工作，指导协助各单位采取子母卷和以件的形式对2019年度的文书档案进行立卷归档，解决在档案业务活动过程中遇到问题和困难。9月23日，乐昌市档案馆、市扶贫办在九福兰花山庄联合举办乐昌市精准扶贫档案管理培训班，指导各镇级、村级按时高质量做好扶贫档案收集、整理和移交等工作。

【馆舍日常管理工作】 2020年，乐昌市档案馆加强对档案的保管、利用、保护、保密，实行档案专人保管，专人查阅，集中归档，执行《档案资料保管制度》《档案保密制度》《档案统计工作制度》《档案鉴定销毁制度》《档案资料库房管理制度》等制度，落实档案库房的“八防”（防盗、防光、防高温、防火、防潮、防尘、防鼠、防虫）和文书、诉讼、会计、科技、声像等档案的保密工作，执行用电、用水安全，消除档案馆内的安全隐患，定期检查库房档案资料的数量、质量、霉变等保管情况，保持库房内部设施的正常运行，发现问题及时解决，做好情况登记，落实档案管理安全责任制。

【地方志资料年报】 2020年，乐昌市档案馆明确资料年报报送时间及内容，要求2020年年底前全市94个承编单位完成志书下限年2001年的资料年报报送工作。档案馆组织对年报资料进行审查验收与整理、汇编，指定专人、专室集中妥善保管年报资料。2020年，全市有72个单位完成下限年2001年的资料年报报送工作。

【《乐昌年鉴（2020）》编纂】 2020年12月，《乐昌年鉴（2020）》由天津古籍出版社公开出版发行。该年鉴由中共乐昌市委、市政府主办，市史志办公室组织实施，各承编单位共同参与编纂，设31个类目，共70万字，客观记录2019年乐昌市政治、经济、文化、社会等各方面的基本概况与发展成就，在“年度关注”栏目中收录乐昌市荣获“全国象棋之乡”称号、九峰镇入选全国“一村一品”示范村镇、五山镇红军长征指挥所被列入省红色革命遗址重点建设示范点、梅花镇大坪村和黄圃镇石溪村入选第五批中国传统村落名录等专题；在“附录”栏目中重点介绍华南教育历史研学基地、各办学旧址简介等特色内容。

【地方志图书资料数字化入库】 2020年，乐昌市史志办公室按照省情数据库的入库标准，将出版印刷的乐昌市综合年鉴和志书扫描成PDF、转换成双层PDF、再转换成WORD文档、图片提取处理、审核报告、入库发布审批表6大项工作后制作出的数字化文件。是年，完成乐昌年鉴（2010卷至2015卷）6本和乐昌县志3本共4700页图书双层PDF文档、WORD文档、图片文档制作工作并上传至广东省情数据库，其中《乐昌年鉴（2011）》和《乐昌年鉴（2014）》在广东省情网全文发布，其余在省级审批中。

【全市自然村落历史人文普查】 乐昌市自然村落历史人文普查工作于2016年3月启动，全市列入普查的自然村1919个。普查内容包括自然村的地理环境、历史沿革、民族、方言、风俗习惯、家谱族谱、宗教信仰、文物遗址、掌故传说、历史事件、人物等35项内容。2019年基本完成自然村调查、普查表填写、系统录入、村落概况撰写、文稿总纂任务。全书分5册，近300万字，收录图片4000多张。2019年公开出版1册，2020年有2册根据出版社意见进行修改完善，另有2册正由出版社审校。

【镇村志、部门志编纂】 2020年，乐昌市史志办公室推动地方志编修工作向镇村基层、部门延伸。《坪石镇志》申报中国名镇志文化工程，通过韶关市复审；在《九峰镇志》《平富村志》《共青团志》公开出版的基础上，推动人大续志、政协续志的编纂工作。

【自然村普查资源开发利用工作】 2020年，乐昌市史志办公室坚持修志为用，开发利用自然村普查工作成果。为利用普查资料，选取乐昌市23个有千年历史的古村，从历史沿革、自然环境、民居建筑、民俗文化、乡贤名士等方面进行详细描述，编印内部资料《乐昌千年古村落选编》；结合档案馆馆藏族谱资料，对全市姓氏族谱、家谱中的家训、家规进行搜集整理，编印内部资料《乐昌市族谱家训家规》。

◆2020年4月7日，乐昌市档案馆到坪石镇皈塘村开展革命遗址普查工作（张春玲　摄）

【党史工作】 2020年1—5月，乐昌市档案馆对全市1919年至1949年产生的革命遗址开展普查，确认乐昌有78处革命遗址入选全省红色革命遗址名录。筹划编纂《广东省红色革命遗址精选》《广东省红色革命遗址大博览》等书籍。组织党史编写队伍完成《中国共产党乐昌历史第三卷（1978—2012）》后续增加的十年（2003—2012年）的初稿编写任务，总字数约55万字。编撰印制《乐昌市申报革命老区县材料汇编》，参与全市的红色资源开发利用工作，为宣传部、组织部、文广旅体局等单位提供红色革命历史资料，配合相关部门建设乐昌市红军长征突破第三道封锁线遗址群修缮保护项目和编制《长征国家文化公园（广东段）建设保护规划》（乐昌部分）；配合有关部门开展中国共产党成立99周年、抗日战争胜利75周年等重大历史事件的纪念活动，加强对乐昌革命历史和红色故事的宣传。

（黄润萍　丁彩凤）

乐昌市档案馆领导班子成员名单

馆　长：薛会祥

副馆长：陈懿茜（女）

　　　　龚国梅（女）

社会生活

人力资源和社会保障

【概况】　根据《中共乐昌市委办公室乐昌市人民政府办公室关于印发〈乐昌市人民政府机构改革方案〉的通知》（乐发〔2010〕11号），设立乐昌市人力资源和社会保障局（以下简称乐昌市人社局），为市人民政府工作部门。根据《中共乐昌市委办公室　乐昌市人民政府办公室关于调整乐昌市人力资源和社会保障局职责机构编制的通知》（乐办发〔2019〕23号），机构改革后，乐昌市人社局设办公室、就业促进股、专业技术人员管理股、职业能力建设股、社会保险股、事业单位人事管理股、工资福利股、劳动保障监察综合执法大队（信访投诉中心）8个内设机构；下属有人才工作管理办公室、劳动人事争议仲裁院2个事业参公单位，就业服务管理局、人才发展中心2个事业单位。定编行政编制22名、行政执法专项编制8名、事业参公编制8名、事业编制66名、后勤服务人员4名。2020年年末，实有在职人员85名，其中行政编制27人、参公7人、事业编14人、工勤人员4人、丹霞英才29人、其他人员8人。

2020年，乐昌市人社局获韶关市人社窗口单位业务技能练兵比武团体一等奖、韶关市“粤菜师傅”工程优秀组织单位，被评为2018—2019年度乐昌市文明单位、2020年度《乐府信息》报送工作优秀单位。

【就业指标】　截至2020年12月底，城镇新增就业3123人，完成任务总数的100.74%；城镇失业人员再就业2809人，完成任务总数的100.32%；就业困难人员实现就业263人，完成任务总数的101.15%。城镇登记失业率2.30%，控制在3.5%以内。扶持创业155人，完成率103.33%，促进异地创业务工人员返乡创业就业46人，完成率102.22%，创业带动就业183人，完成率101.67%。

【培训指标】　2020年，乐昌市人社局对70家企业5417人开展企业线上适岗培训，其中3570人领取补贴。34名职工参加新型学徒培训；落实技能提升补贴政策，2020年累计发放技能提升补贴429人次。完成培养“粤菜师傅”技能人才累计130名。完成南粤家政培训600人次。全年发放补贴3999人次，资金总计417.699万元。6月底前对全市有劳动力的贫困劳动力100%进行培训，共培训4921人次。完成全年补贴性职业技能培训指标任务。

【社保指标】　截至2020年12月底，乐昌市参加城镇职工基本养老保险计划数78000人（含离退休），完成79515人，完成率101.9%，其中参加企业职工基本养老保险计划数34800人（不含离退休），完成37248人，完成率107.03%，参加机关事业单位养老保险计划数10100人（不含离退休），完成10461人，完成率103.57%。参加城乡居民基本养老保险计划数163000人，完成160448人，完成率98.44%。参加工伤保险计划数32610人，完成33900人，完成率103.96%。参加失业保险计划数18400人，完成19285人，完成率104.81%。

【劳动关系协调】　2020年，乐昌市人社局共接到劳动保障投诉举报欠薪案件164件，其中协调处理案件16件，信访投诉案件147件，立案查处案件1件，协调处理案件涉及人数约319人，为劳动者追回劳动报酬797.1万元，案件均按法定时限进行调处完成。劳动争议仲裁院共接到劳动争议仲裁申请66宗，仲裁申请决定受理59宗，不予受理7宗。受理的仲裁案件涉及劳动者131人，涉及劳动报酬、经济补偿、违法解除劳动关系、工伤待遇等方面，涉案金额333.62万元。法定期限内结案率100%，累计结案率100%（考核指标为95%），调解成功率75.1%，一裁终局率84.1%。

【公共就业服务招聘】 2020年，乐昌市人社局共举办各类招聘会活动25场（其中线上招聘会20场、现场招聘会5场，含2场精准扶贫招聘会），疫情期间为做好疫情防控稳就业工作，开发“乐昌就业”微信小程序，提供不见面咨询、投档、岗位推荐、面试、培训等线上招聘服务。全年举办招聘会进场企业共402家次，提供岗位数1672个次，达成就业意向人数1960人次，其中疫情防控物资生产企业（宝创）430人。招聘会派发春风卡等宣传资料1900份。

【灵活就业社保补贴申领工作】 乐昌市2020年就业困难人员灵活就业社会保险补贴申领工作分别于2020年6月3日和10月9日启动，办理时间分别为2020年6月3日至6月16日、2020年10月15日至2020年10月23日的工作日，办理地点为乐昌市人力资源和社会保障局一楼办事大厅，补贴对象为乐昌市符合条件的就业困难人员实现灵活就业后，向公共就业人才服务机构申报就业并以个人身份缴纳社会保险补贴的人员。截至2020年12月，共发放就业困难人员灵活就业社保补贴2546人次，补贴金额480.12万元。

【乐昌市“乐峡杯”粤菜师傅技能工匠竞赛】 2020年9月10日、11日，乐昌市“乐峡杯”粤菜师傅技能工匠竞赛在乐昌市华城国际酒店举行。来自乐昌市餐饮行业的60名厨师参加比赛。竞赛内容包括理论知识和操作技能两个部分，竞赛通过专家面授和集训提升等模式，加强入围选手的竞技水平和烹饪知识。按照国家职业标准四级（中级工）技能知识水平，凡竞赛选手其理论、实操成绩均达到合格（单科达到60分及以上），由韶关市职业技能鉴定指导中心颁发中式烹调师四级的职业资格证书。经过角逐，评委按口味、质地、造型、色泽、创新、营养卫生等六部分进行评分，最终评出第一至十二名和优秀奖，来自乐昌市人民政府梅田办事处的朱强和范玉明分别获得第一名和第二名，来自乐昌市金海洋假日酒店的张敬翔获得第三名。

（周旭贤）

乐昌市人社局领导班子成员名单

党组书记、局长：欧多纯
党组成员、市社会保险基金管理中心主任：邓勇辉
党组成员、二级主任科员：
江少波
副局长：杨新荣
党组成员、副局长：何　宝
党组成员、二级主任科员：
梁美霞（女）
党组成员：赖建有
党组成员、市人才工作管理办公室主任：罗福连（女）

社会保险

【概况】 乐昌市社会保险基金管理中心（以下简称乐昌社保中心）为正科级建制，公益一类事业单位，编制33名。乐昌社保中心自1984年3月2日设立韶关市乐昌县社会劳动保险公司成立以来，前后经历乐昌县社会劳动保险公司、乐昌县社会保险事业管理局、乐昌县社会保险基金管理中心（副科级）、韶关市社会保险基金管理中心乐昌办事处（副科级）、韶关市社会保险乐昌办事处（正科级）、韶关市社会保险服务管理局乐昌分局。2019年4月，下划乐昌市人民政府管理，更名为乐昌市社会保险基金管理中心（尚未正式挂牌）。由乐昌市人力资源和社会保障局代管，主要负责经办养老、失业、工伤、医疗、生育保险等业务。截至2020年12月，乐昌社保中心有干部职工48人（含临时工和坪石工作站），下设9个科（股）室：人秘股、社会保险关系股、企业养老和失业保险股、职工医疗工伤生育保险股、城乡居民医疗保险股、社会保险稽核股、计划财务股、机关事业养老保险股（2016年新增）、城乡居民养老保险股（2019年新增）。

【落实疫情期间社保待遇审核支付工作】 2020年，乐昌社保中心对于新型冠状病毒肺炎防控期间已领取养老待遇资格认证而未进行认证的离退休人员，不停发基本养老金，提倡通过“粤省事”“广东人社”APP等线上方式开展资格认证服务，确保疫情期间，全市养老、工伤、失业、生育、医疗保险各项社会保险待遇均按时发放或支付到位。

【开通二代社保卡即时发卡业务】 2020年疫情期间，乐昌社保中心与广东乐昌农村商业银行股份有限公司深化业务合作，优化业务办理流程，于4月26日联合推出社保卡即时发卡发放业务。该业务的推出改变群众社保局与银行两头跑、等待时间长的问题，缩短发卡周期，将2—6个月的补换卡时间压缩到15分钟，实现社会保障卡新申请和补换卡业务的“当天申请，立等可取”。在乐昌农商行开展的社保卡即时发卡业务预计惠及乐昌35万人口，占该市总人口的70%，是韶关地区首家推广该业务功能的县（市）区。

【企业稳岗补贴工作】 2020年，乐昌市企业稳岗补贴采取网上申报。根据韶关市社保局下发的企业名单，乐昌社保中心进行梳理，其中30人以上企业1066家，30人以下企业47家。3月，该中心与中国移动公司签订协议，开通企业短信群发服务，对上述企业进行短信通知，提醒其开展网上申报工作。截至2020年12月，有188家企业在网上进行申报，受理123家。

【推进机关事业养老保险改革工作】 2020年，乐昌社保中心分别完成机关事业养老保险费和职业年金的征收工作，共征收养老金19966万元、职业年金9983万元，参保在职人数9787人；完成机关养老退休费的支付工作，参保退休人数5501人，共支付退休费32325万元；完成市机关事业单位参保人员改革前按原机关个人缴费政策缴纳的改革前个人缴费本息清退工作，清退人数6324人，清退金额9995万元；4月始，开展市原参加企业职工基本养老保险的机关事业单位工作人员个人缴费清退工作，清退人数2124人，清退金额1452.55万元。

【退役士兵基本养老保险参保补缴工作】 2020年，乐昌社保中心根据《中共中央办公厅、国务院办公厅印发〈关于解决部分退役士兵社会保险问题的意见〉的通知》（厅字〔2019〕3号）文件的要求，解决该市以政府安排工作方式退出现役的退役士兵未能及时参加基本养老、基本医疗保险或参保后因企业经营困难、下岗失业等原因缴费中断，享受养老、医疗保障待遇面临困难的问题，保证退役士兵享有的保障待遇与服务贡献相匹配、与经济社会发展水平相适应，维护利益，开展核查补缴工作。

【2020年主要工作指标完成情况】 （见表6，数据截至2020年12月31日）

2020年社保目标任务完成情况统计表

表6

险种名称		目标任务	已完成任务	完成任务（%）	备注
企业养老保险	参保人数（人）	34800	37248	107.03%	缴费人数：36327人。领取待遇人数：26305人
	基金收入（万元）		20579		
	基金支出（万元）		72663		
失业保险	参保人数（人）	18400	19285	104.81%	现在领取待遇人数：114人
	基金收入（万元）		181		

续表

险种名称		目标任务	已完成任务	完成任务（%）	备 注
失业保险	基金支出（万元）		333		
职工医疗保险	参保人数（人）	—	48082	—	
	基金收入（万元）		17483		
	基金支出		13847		
工伤保险	参保人数（人）	32610	33900	103.96%	
	基金收入（万元）		271		
	基金支出（万元）		974		
生育保险	参保人数（人）	—	28473	—	办理生育保险待遇856人次
	基金收入（万元）		1330		
	基金支出（万元）		621		
城乡居民养老保险	参保人数（人）	163000	160448	98.43%	领取待遇人数：58020人
	缴费人数（人）		68431		
机关养老保险	参保人数（人）	10100	10461	103.57%	领取待遇人数：5501人

（李露菲）

乐昌市社会保险基金管理中心领导班子成员名单

主任、书记：邓勇辉

副主任、副书记：廖厚金

副主任：耿恺淳

医疗保障

【概况】 乐昌市医疗保障局（以下简称乐昌市医保局）内设机构有办公室、待遇保障和医药服务管理股、医药采购和价格管理股。2020年年末有在职干部10人，其中行政在编9人、后勤服务人员编制1人。单位办公地址：乐昌市人民中路104号社保局七楼。

【医疗保险报销】 2020年，乐昌市医保报销300046人次，金额20505.48万元，其中：城乡居民门诊及住院享受医疗保险待遇189920人次，统筹基金支付18084.97万元；城镇职工门诊及住院享受医疗保险待遇110126人次，统筹基金支付2420.51万元。

【生育保险报销】 2020年，乐昌市生育保险报销454人次，生育基金支付444.45万元。

【医疗救助】 2020年，乐昌市实行统一医疗救助政策、统一医疗救助基金管理，救助对象合规医疗费用救助比例达到85%，其中重点救助对象医疗救助比例达到100%。2020年，救助对象住院救助共13557人次，住院救助金额901.62万元，门诊救助共8394人次，门诊救助金额36.74万元。对重点救助对象、低收入救助对象、建档立卡的贫困人员等参加城乡居民基本医疗保险的个人缴费部分，给予全额资助。2020年，资助参加基本医疗保险人数共23126人，资助金额达578.47万元，参保率100%。

【城乡居民基本医疗保险参保缴费】 2020年，乐昌市城乡居民基本医疗保险参保缴费工作超额完成工作任务，截至12月底，参保人数381669人，完成率100.18%，在韶关市排名第三。

【国家医保信息平台（试点）上线】 2020年，乐昌市医保局成立局医保平台上线工作领导小组和办公室，安排专人跟进专线连接、POS机更新、“三目”匹配、数据切割等平台上线准备工作。到乡镇人社所、定点医疗机构开展督导，了解经办机构、医疗机构遇到的问题，向省项目组反馈，寻求解决方法。截至12月底，乐昌市24家定点医疗机构、14家定点私人门诊、88家定点零售药店、32家村卫生站加入医保医保信息平台，完成医保专网接入、POS机升级、系统接口改造和三大目录匹配等工作。

【医保基金监管】 2020年，乐昌市医保局开展打击欺诈骗保专项治理，对4家定点医疗机构、3家药店、2名参保人欺诈骗保行为作出追回、拒付医保基金处理，涉及金额3.98万元；对市社保中心以及乐昌市39家定点医疗机构、90家定点零售药店在医保基金使用、高值医用耗材和大型仪器设备使用情况进行专项治理；开展药品和医用耗材采购情况专项检查，规范定点医疗机构药品和医用耗材采购行为。

【医保业务培训和宣传】 2020年8月，举办定点医疗机构中期检查通报会暨基本医疗保险业务培训班，医保局全体干部职工及市本级各定点医疗机构院长、分管副院长、医保管理人员共80余人参加培训；2020年，举办8场大型医保政策宣传活动，制作宣传视频2条、派发宣传资料3万多份。

◆2020年11月，国家医保信息平台上线　　（市医保局　供）

【核酸检测费用医保结算】 2020年，乐昌市医保局贯彻落实国家和省、韶关市的新冠肺炎特殊医疗保障政策，确保医疗机构不因政策问题、参保人不因费用问题影响救治，全年完成新冠肺炎病毒核酸检测费用结算累计47622人次，累计金额291.85万元。

【党建工作】 2020年，乐昌市医保局巩固拓展“不忘初心、牢记使命”主题教育成果，将党建工作与业务工作同部署、同检查。是年，共召开党组会议7次、决策“三重一大”事项13次、党员大会8次、领导讲党课4次，开展主题党日活动12次。

【巡察整改工作】 2020年，乐昌市委第一巡察组对乐昌市医保局进行为期3个月的巡察，市医保局就巡察发现的问题制定问题清单、整改清单，责任到人，建章立制，按巡察整改要求进行整改。

（韩慧聪）

市医疗保障局班子成员名单

局　长：何国志

党组成员、副局长：

夏文辉

李德全（5月—）

民　政

【概况】 乐昌市民政局内设办公室、社会救助股、社会福利股、社会事务股、基层政权和区划地名股和计划财务股6个股室，行政编制数18名。办公地址位于乐城街道昌山西路113号。2020年，在职人员21人（其中公务员16人、工勤人员5人）。有乐昌市老年人服务中心、乐昌市社会福利院、乐昌市流浪乞讨人员救助安置中心、乐昌市殡仪馆、乐昌市麒麟山陵园所5个下属单位，并负责管理乐昌市慈善会。

【最低生活保障】 从2020年1月1日起，乐昌市城镇低保标准从每人每月702元提高到772元，人均补差标准从每人每月554元提高到609元。农村低保标准从每人每月484元提高到532元，人均补差从每人每月251元提高到276元。共发放低保临时价格补贴418.7万元。全市共清退低保户113户、254人，对13户不符合条件低保户违规领取的低保金进行追缴，共追缴低保金17264.42元。

【特困人员供养】 农村五保供养标准由每人每月775元提高到每人每月852元，城市“三无”定救由1124元提高到1236元。完成对全市特困供养人员照料护理评估工作，发放日常护理费133万元、住院护理费27万元；发放五保临时价格补贴47万元。

【流浪乞讨人员救助】 2020年，乐昌市民政局共救助91人次，寻亲成功并护送回家7人；开展“夏日送清凉”和“寒冬送温暖”专项救助，“夏日送清凉”专项救助行动期间共劝返6人次。“寒冬送温暖”共救助5人，其中劝返3人，2人在粤北三院救助；为长期滞留的20名流浪乞讨人员落实户籍。

【困境儿童救助】 2020年，全市有孤儿65名，纳入供养范围，集中和分散养育孤儿基本生活保障标准分别提高到1820元、1110元，共计发放102万元。全市享受事实无人抚养儿童生活保障金253人，共计发放178万元。累计走访困境和留守儿童约3800人次。

【残疾人救助】 2020年，困难残疾人生活补贴标准从1890元/年提高到2100元/年，共发放2989人、592万元；重度残疾人护理补贴标准从2640元/年提高到2820元/年，共发放6059人、1629万元。

【敬老院建设】 2020年，乐昌市民政局提升养老机构改造提升工程，投入85万元推进梅花镇、沙坪镇、三溪镇、黄圃镇4所敬老院安装热水供暖一体化设备工程；实施长来镇敬老院维修提升工程、廊田镇敬老院修缮和白石镇、两江镇敬老院围墙修建工程。投入47万元对全市敬老院开展消防安全评估活动。为全市养老机构集中供养五保老人303人给予补助3个月的伙食费18.2万元，发放450公斤消毒水、6900个口罩。

【养老服务体系建设】 2020年，乐昌市民政局为9837名符合条件的80岁以上老人发放高龄津贴253万元。为全市18家养老福利机构的399张床位数进行责任保险统保示范项目的投保手续，投保金额4.7万元。投入100万元对社会福利院的A楼、光荣楼进行维修和完善监控系统。完成4个居家养老服务站和3个城乡社区养老综合服务项目建设。

【新时期精准扶贫精准脱贫工作】 2020年，乐昌市民政局做到精准扶贫和兜底保障无缝对接。全市有建档立卡贫困对象13571人，其中无劳动能力贫困户3136名、残疾贫困户2502名全部纳入低保、五保兜底保障。全市扶贫系统内完全或部分丧失劳动能力且无法依靠产业扶持和就业帮助脱贫的贫困户全部纳入民政兜底保障，实现对其基本生活保障全覆盖。

【婚姻登记】 2020年，全市办理结婚登记2767对，离婚登记973对，补领结婚证448宗，补领离婚证86宗，办理涉外、港澳台、华侨结婚登记4对，离婚登记3对，登记合格率100%。

【殡葬服务】 2020年，乐昌市民政局在乐昌市殡仪馆组织开展乐昌市第五次殡仪馆公众开放日活动。全市火化遗体1442具，免除殡葬基本服务费1454宗，免费总金额196.3万元。

【社会组织和社会工作】 2020年，乐昌市民政局新登记成立社会组织14家。全市依法登记的社会组织240家，其中社会团体143家，民办非企业单位97家。全市拥有社工433人（初级社工376人、中级社工57人），6个社会工作服务站共开展活动362次，发放物资和现金约77万元，帮助困难群众1.3万人次。

【基层政权】 2020年，乐昌市民政局会同有关部门开展正常离任村干部信息采集至省级归档工作，共2845人。完成全市215个（村委会195个、社区20个）村（居）委会村规民约修订工作。指导全市城乡社区工作者录入“村居通”系统信息共计4570人。推进疫情防控一线城乡社区工作者临时工作补助发放工作，核实发放1730人，总天数52061天，发放金额520.6万元。

【区划地名】 2020年，乐昌市民政局完成对“乐浈”县级界线界桩联检。推进第二次地名普查档案归档工作，并移交至档案馆，共计：按件计算13342件683盒，按卷计算487卷52盒、卷筒33个。完善历年道路命名台账整理工作，对2005年以来所命名、更名的市区65条道路有关台账进行整理。完成全市镇级31条界线联检工作。

【慈善事业】 2020年，乐昌市慈善会共收到各方捐款454.86万元，捐赠资金拨付和使用575.34万元（含往年资金）。

【扫黑除恶】 2020年，乐昌市民政局印发《乐昌市民政局扫黑除恶专项斗争工作要点》《乐昌市民政局扫黑除恶专项斗争民政行业领域治理工作方案》。全年结合宣传入户136户710人，宣传费用累计6600元。

（陈 玻）

市民政局领导班子成员名单

党组书记、局长：陈嘉强

党组成员、副局长：

吴满娥（女）

骆云辉

黄小兵

党组成员：龚 鹏

退役军人事务

【概况】 乐昌市退役军人事务局于2019年3月19日组建成立，为乐昌市人民政府工作部门，正科级单位，内设办公室、军休安置管理股、双拥工作股3个机构，下属有乐昌市退役军人服务中心和乐昌市烈士陵园服务中心2个公益一类事业单位。2020年，有在职在岗人数19人（含下属事业单位人员）。

【双拥工作】 开展春节、“八一”等重要节日慰问、清明网上祭扫、“9·30”烈士公祭、第一届“乐昌最美退役军人”评选、“最美退役军人”事迹宣讲、参与“追寻先烈足迹”短视频网上征集展示等活动，成立乐昌市爱国拥军促进会，向优抚对象发放补助。2020年10月，乐昌市获省“双拥模范市”荣誉称号。

【军休安置】 2020年，乐昌市退役军人事务局发放退休军转干部解困金、生活补助，春节、“八一”慰问金，为军队移交政府的退休人员发放生活补助，并将其纳入医疗保险范围，阶段性完成退役士兵社会保险接续工作，办结率100%。完成计划分配军队转业干部安置任务；完成2020年省下达乐昌市符合政府安排工作退役士兵安置任务。办好2020年秋冬季退役军人接收手续、档案管理、系统审批等工作，全员适应性培训参训率100%；支持退役军人学历提升，2020年乐昌市退役军人参加高职扩招，报名参加中等职业技能（教育）培训。

◆2020年9月14日，乐昌市退役军人事务局工作人员在韶关东站迎接退役士兵返乡 （市退役军人事务局 供）

【退役军人服务保障体系建设】 2020年，乐昌市退役军人事务局提升退役军人服务中心（站）规范化建设，开展广东省退役军人服务中心（站）星级示范创建工作，乐昌市退役军人服务中心和10个镇（街道）退役军人服务站创星达标（五星级：乐昌市退役军人服务中心、乐城街道办事处退役军人服务站、九峰镇退役军人服务站、庆云镇退役军人服务站、三溪镇退役军人服务站；四星级：梅花镇退役军人服务站、坪石镇退役军人服务站、长来镇退役军人服务站、廊田镇退役军人服务站、北乡镇退役军人服务站；三星级：秀水镇退役军人服务站），确保有场所、有编制、有人员、有经费、有制度开展退役军人事务工作。与广东务本律师事务所签订法律顾问合同，邀请法律顾问到乐昌市退役军人服务大厅开展免费法律业务咨询。是年，为退役军人申请应急救助资金。

【走访慰问】 2020年，乐昌市退役军人事务局开展退役军人常态化联系，建立常态化工作机制，做到日常联系“六必访”，为乐昌市烈属、军属和退役军人等家庭悬挂光荣牌、发放慰问信、联系卡、宣传册、立功送喜报。

【党建工作】 2020年，乐昌市退役军人事务局党支部共有党员10名，健全完善局机关内控管理制度、党内监督管理制度、意识形态责任制等制度，推进党支部标准化规范化建设，把落实机关基层组织工作条例、三年行动计划和模范机关创建同部署、同落实。开展党支部结对共建、主题党日、“民情夜访”、在职党员进社区、“巾帼文明岗”示范创建、“双周讲坛”等活动，完善和推进阵地建设，召开党员大会13次、党员领导讲党课4次，开展主题党日活动12次、“双周讲坛”16次、“民情夜访”7人次，党员报到累计服务时长282.8小时。

【新时期精准扶贫精准脱贫工作】 2020年，乐昌市退役军人事务局对口帮扶九峰镇茶料、浆源、文洞3个村共35户89人。按照脱贫考核标准，对贫困户进行排查和遍访，开展访贫问效、消费扶贫、扶贫济困、以购代捐、赠送家居等活动。购买扶贫产品6617元，赠送一批价值14393元的电器、家具；扶贫济困日，单位和个人捐赠3000元，驻地部队捐赠25044元，发放一批价值19108元农用物资；联合村委会、帮扶对象开展环境卫生整治，提升生活环境质量。

【续创省文明城市】 2020年，乐昌市退役军人事务局开展“我们的节日”活动；落实联系挂点镇、村（社区）各项协助工作，做好乐城街道西联挂点村环境卫生整治、市容秩序劝导、创文问卷调查、普法、巡河等工作，到九峰镇开展森林防火、乡村振兴、人居环境整治等工作；组织干部职工、党员志愿者对责任区主要街道路口、重要交通枢纽点开展文明交通劝导活动，节假日进社区开展环境卫生整治等活动。

【新冠肺炎疫情防控】 2020年，乐昌市退役军人事务局开展新冠肺炎疫情防控工作。成立乐昌市退役军人“战疫”行动突击队，号召退役军人捐赠现金和防控物资，共计捐赠现金及物资总价值18966元；号召各镇（街道、办事处）退役军人参与一线防控。暂停退役军人服务中心（站）业务办理及做好烈士陵园闭园工作，定期做好场所消毒。组织全体干部职工到责任点西联村和九峰镇进行疫情防控值守，做好疫情防控知识宣传、入户排查、提醒劝导、出入人员及车辆登记工作。对韶关复退军人医院工作人员开展健康排查和健康管理。

（邓娟梅）

乐昌市退役军人事务局领导班子成员名单

党组书记、局长：李伟文

党组成员、副局长：

黎晓岚（女）

何相平

民族·宗教

【概况】 乐昌市民族宗教事务局是中共乐昌市委统一战线工作部组成部分，是主管民族宗教事务的职能部门，设民族宗教工作股。新成立市民族宗教事务服务中心，协助加强对民族、宗教日常社会事务指导、服务和管理。

【民族工作】 2020年，乐昌市民族宗教事务局做好民族聚居村加快高质量发展工作，争取中央少数民族发展资金40万元为北乡镇下西坑瑶族村新建10座便桥，利用本级少数民族发展资金12万元解决6个少数民族聚居村灌渠建设、河基修复等民生实事。做好铸牢中华民族共同体意识工作。做好民族团结宣传，组织单位开展民族团结进步宣传月活动，营造平等、团结、互助、和谐的民族氛围。做好少数民族聚居区少数民族考生统计。做好少数民族聚居区少数民族大学生资助金的申报工作，全市有7名少数民族大学生享受资助金。与市扶贫办协作，确保少数民族贫困人口如期稳定脱贫。加强对外来少数民族流动人口的服务和管理，确保生产生活稳定和谐。

【宗教工作】 2020年，乐昌市民族宗教事务局把宗教政策理论纳入全市村级党组织书记培训班内容，把“平安宗教”创建考核纳入统战考核，完善三级宗教工作网络和两级宗教工作责任制。加强安全生产监管工作，开展“铁拳”执法行动、安全生产专项整治三年行动等专项检查、联合检查等行动，开展消防安全培训，做好宗教场所疫情防控工作，加强值班值守，确保宗教场所安全。做好宗教整改“回头看”专项工作。引导宗教界人士参与社会慈善公益活动，是年，组织宗教界人士参与“广东扶贫济困日”活动，筹得善款1.32万元，其中，居士林捐款1万元。此外，居士林为武汉疫情防控工作捐款10230元，西石岩寺主持仁涤大师资助一名贫困大学生在校期间费用2.1万元。抓好宗教领域重点问题的监管，排查佛教、基督教、天主教存在的矛盾纠纷隐患和不稳定因素，强化部门联动，维护宗教领域平安稳定秩序。

（廖凤珍）

乐昌市民宗局领导班子成员名单

局　长：毛志鹏

关心下一代工作

【概况】 2020年，乐昌市关心下一代工作委员会（以下简称市关工委）开展内容丰富、形式多样的教育活动，开展爱心助学，关爱农村留守儿童，帮教“五失”青少年，举办农村创业青年培训班和跟踪服务，为青少年健康成长成才做出有益工作。庆云华翔木业有限公司总经理李仁斌被中国关工委授予全国农村“双带”青年人才称号；长来镇农兴食品有限公司董事长龚健林被省关工委授予全省农村“双带”人才称号。在韶关市关工委成立20周年会议上，长来镇等6个关工委被授予先进集体称号；吴豪被授予突出贡献奖；姜正国等13名同志被评为先进工作者。

【“中国梦、家风美”征文活动】 2020年，在韶关市关工委、韶关市教育局联合举办的“中国梦、家风美”征文活动中，乐昌市四中廖艺红的《中国·永远在我心中》被评为初中组一等奖；市第三中学周紫莉的《传承好家风、共筑中国梦》和市中英文学校李沛耘的《中国梦、家风美》获得初中组三等奖；市第四中学徐睿、五山镇中心学校李雯琪获得小学组三等奖；关春中学张敏、五山镇中心学校张紫瑶、秀水镇中心学校张紫芊获得优秀奖。

【传承红色基因】 2020年，市关工委协助各中小学校组织学生前往省党史教育基地龙王潭景区、皈塘革命老区、梅花红七军烈士纪念园、坪石岭南教研基地参观学习，共有4万多名中小学生参与活动。

【爱心助学】 2020年，市关工委募集接收爱心助学善款1322016元，共资助贫困学生583名，其中资助大学生110名、高中生448名、初中生7名、小学生9名，助圆贫困学生读书梦、大学梦。

【援建校舍和教学设备】 2020年，香港同胞余兰英捐赠善款60万元，援建长来镇前溪小学教学楼；顺德区爱心人士黄荣烽、黄擎津赠送九峰小学课桌椅150套，价值2万元；深圳爱心人士邓剑锋赠送长来中学、九峰中学、乐城一小、大源中心学校饭堂碗碟一套，价值3.8万元。

【举办农村创业青年培训班】 2020年9月17日至20日，关工委在坪石镇政府礼堂举办农村创业青年药材种植专业培训班，参加学员102名，市委副书记黄艺坤作《脚踏实地，勇担使命》动员讲话，华南植物园陈国华、广州中医药大学陈红峰、何国振、安子德等专家教授讲授中药材生产种植技术、病虫害绿色防治技术，组织学员前往乐昌市运龙农业发展有限公司吴茱萸等中药材生产基地参观学习。

【授牌仪式】　2020年，华翔木业有限公司、长来镇农兴食品有限公司被韶关市关工委授予农村创业青年培训基地称号，11月25日，韶关市关工委执行主任李石保，乐昌市委副书记、市关工委主任黄艺坤等为示范基地举行授牌挂牌仪式。

【纪念表彰】　2020年，关工委召开市关心下一代工作委员会成立20周年纪念暨表彰会，表彰20个先进集体、3名突出贡献奖、29名先进工作者。

（沈仁发）

市关工委领导班子名单

主　　任：黄艺坤
第二主任：陈继平
执行主任：姜正国
常务副主任：罗忠德
陈华山
李正恒
副 主 任：胡金山
沈仁发
李伟平

老区建设促进会

【概况】　乐昌市革命老区建设促进会（以下简称市老促会）是受乐昌市委、市政府委托，负责联络、服务革命老区的特殊团体。办公地址位于乐城街道竹林公园老干部局7楼。2020年年末，有工作人员4人。全市有老区村委9个，分别是坪石镇皈塘村、京口村、新岩下村、梅花镇大坪村、大富村、流山村、黄圃镇桃坪村、秀水镇消山村、大源镇湖洞村。

【老区困难家庭子女就学】2020年，市老促会发动老区初三应届贫困生报读江门德昌机电学校，6人报考，2人被录取，被录取的学生减免食宿费用，并发放衣物用品。资助烈士后裔1人助学金6000元。

【皈塘老区村史馆】　2020年，市老促会协助建设皈塘老区村史馆。村史馆征集革命文物以及历史文物200多件，展示红色革命图片100多张。

【《乐昌市革命老区发展史》出版发行】　2020年8月，《乐昌市革命老区发展史》由广东人民出版社出版发行，字数30万字，印数2000册。《乐昌市革命老区发展史》分为区域和革命老区概况（区域概况、资源优势、基础设施、革命老区概况）、大革命时期及土地革命战争时期（党组织的建立及其活动、朱德率领的工农革命军在乐昌、建立赤色游击队开辟革命根据地、红七军在乐昌、红军长征过乐昌）、抗日战争时期（乐昌党组织的恢复、中山大学迁址坪石、乐昌人民的抗日救亡运动）、解放战争时期（抗日战争胜利后乐昌党组织的活动、党领导下的工人运动、学生运动和武装斗争、乐昌解放）、建设发展时期（清匪反霸巩固政权、合作化与人民公社运动、基础设施建设、教育扫盲）、改革开放时期（落实党的各项政策与工作重点转移、国民经济快速发展、社会各项事业的稳步发展、新时代新征程）等6个章节，并设序言、附录、主要参考文献以及后记等内容，配图71张，记载1924年至2017年乐昌市的发展史。

（余远红）

乐昌市革命老区建设促进会领导班子成员名单

会　长：陈志刚
副会长兼秘书长：何辉平
常务理事兼副秘书长：余远红
常务理事兼办公室主任：杨帮娇

镇（街道、办事处）

乐城街道办事处

【概况】 乐城街道办事处位于市乐昌市区河南武江河畔，于2003年7月，由乐城镇、河南镇合并组成，管辖原乐城、河南两镇11个居委会和16个村委会。所辖范围东与廊田镇相邻，南与长来镇相连，西与乳源瑶族自治县交界，北与北乡镇相接。全街道城区面积12.2平方千米，辖区总面积187.78平方千米。2020年年末，户籍人口147127人。境内旅游景点有古佛岩，有市（县）文物保护单位龟峰塔、文峰塔、西石岩寺、伯陵堂、赵佗城遗址等。乐城街道自然资源丰富，武江河贯穿而过，溪流众多，森林资源以松树、杉树为主，有国家一级保护植物红豆杉和名贵植物乐昌含笑等；农业以蔬菜种植、水产养殖、生猪养殖为主，名优特农产品有张溪香芋、香葱、下西反季节蔬菜、塔头番茄、小洞毛茶、河南莲藕等，是乐昌市的重要“菜篮子”基地。2020年11月，乐城街道城北社区被中央精神文明建设指导委员会评为第六届全国文明单位。

【城北社区获得第六届全国文明单位称号】 2020年11月20日，全国精神文明建设表彰大会在北京召开，中央文明委表彰第六届全国文明城市、文明村镇、文明单位，第二届全国文明校园、文明家庭和新一届未成年人思想道德建设先进典型。乐昌市乐城街道城北社区获得第六届全国文明单位称号。

【社会事业发展】 2020年，乐城街道上半年纳入低保51户、87人；下半年纳入低保43户、67人。大病医疗救助合计16人次，低保户对象2人次、精准扶贫对象1人次、城乡低收入对象1人次、困难群众11人次；困难群众二次医疗救助11人次；临时救助合计45人次；城镇“三无”人员3人次、农村“五保”对象3人次。全年办理公租房19户，办理80岁老人津贴321人，办理90岁老人津贴58人。走访慰问军烈属47户、五保户48人，全年发放慰问金近1.41万元。全年办理残疾人城乡居民医保1043人；办理残疾人生活津贴70人；办理重度残疾人护理补贴158人。

【凤凰小学投入使用】 2020年9月1日，乐昌市凤凰小学完成第一期建设并投入使用。凤凰小学占地5.33公顷，是六年制公办小学。建设规模54个教学班，分两期进行建设。第一期投入6500万元，建设36个教学班，提供1620个学位。建设场地分别配有教学楼、综合行政楼、400米田径场、篮球场、排球场、器械体操区等。它的建成启用，有效缓解城区义务教育学校“大班额”问题，对提高全市教育现代化水平、不断满足人民群众对优质教育资源需求具有重要的现实意义。乐昌市凤凰小学配备教师79名，开设一至六年级35个班，招收学生1413人。

【社会主义新农村建设】 2020年，乐城街道完成年度耕地地力保护补贴项目5935户，共计1764.79公顷，共发放补贴2234219.08元。全面开展农村人居环境整治村庄清洁行动、“三清一改”（清理生活垃圾、清理村内塘沟、清理畜禽养殖等生产废弃物，改善影响人居环境的不良习惯）春季、冬季战役行动，清理巷道柴草杂物500处，清理积存垃圾194处，清理积存垃圾

86吨，清理河岸垃圾30吨，清理沿村公路和村道沿线散落垃圾50吨。清理畜禽养殖粪污等农业生产废弃物38处18吨。清理村内塘沟179条，清理淤泥、漂浮物和障碍物90吨，整治生活污水规范排放175处。围绕建设生态美丽家居乡村的目标，拆除农村破旧泥砖房3116间、94554平方米。农村户厕改造任务数80户，年底全面完成改造任务，超前完成公厕改造1间。完成对辖区12宗山塘、6宗水库、27宗水电站隐患排查监督管理，全年未发生水利安全生产事故。完成村抗旱饮水管道安装5800米，新建供水设施1套，打抗旱水井2座。完成规模以上河道清“四乱”（乱占、乱采、乱堆、乱建）工作，完成10宗“四乱”问题销号，清理面积约1400平方米，疏浚河道1.5千米。

【劳动和社会保障事业】 2020年，乐城街道完成城乡居民医疗保险续费63578人，完成率101%。新增居民基本养老保险参保274人，参保总人数16214人，任务完成率100.43%。完成2020年享受退休待遇人员的生存认证工作，参保续费7576人，完成率104.08%。完成就业困难人员认定191人。发放就业困难人员社保补贴2360多人次。新增就业人数1302人，城镇失业人员再就业民1222人，就业困难人员实现就业155人。

【乡镇机构改革工作】 2020年8月13日，乐城街道举行街道机构改革集中揭牌仪式。街道设置党政综合办公室、人大办公室、党建工作办公室等共10个机关内设机构，以及公共服务中心、财政所、退役军人服务站等3个事业单位，做好改革后人员转隶工作。

【村（社区）“两委”换届工作】 2020年，乐城街道对村（居）“两委”干部、村（居）后备干部进行谈心谈话，共谈话谈心56人次，及时准确掌握村居换届前“两委”干部思想、学习、工作方面的动态。12月初，举办专题培训班，街道全体领导班子、换届办人员、驻村干部职工、村（社区）“两委”干部等185人参加换届业务培训。做好换届纪律宣传工作，制作宣传横幅54条，换届纪律明白卡5000张，发放并签订换届纪律承诺书约3000份。指导27个村（社区）召开换届纪律专题组织生活会，督促各村（社区）党组织开展抓学习、访村（社区）情和办实事“开门三件事”主题活动。12月底，完成村（社区）党组织换届，选举产生新一届党组织委员135人，其中党组织书记27人，男性21名、女性6名。

【教育】 2020年，乐城街道创建省级农村职业教育和成人教育示范县，在月坵村誉马庄园建立韶关市农村技能培训中心，接受省政府教育创建省农村职业教育和成人教育示范县的验收考核。配合开展街道辖区的非法校外培训机构和非法幼儿园的整治工作。“六一”儿童节购置一批文具、书籍及牛奶等物资慰问学校的特困户，教师节到各中、小学开展慰问活动。

【文化】 2020年，乐城街道组织策划“庆六一儿童节·书香飘万家”亲子阅读活动，联动市图书馆流动香车开展“书香农家”读书活动送书进村。组织送戏下乡15场，送电影下乡40多次。利用辖区文化广场平台，结合中国传统节日，举办群众喜闻乐见、广泛参与的文化活动，开展“我们的节日”主题文化活动和体育培训活动10次以上，参与人员3000多人。在27个村（社区）分别成立扫黄打非工作分站。

【卫生】 2020年，乐城街道以迎接省卫生城市复审、建设健康城市为重点，联合环卫所，对街道大街小巷、重点场所等城乡环境卫生进行整治，共清理卫生死角203处，总面积3750平方米；整治围蔽待建用地5处，面积870平方米；清拆窝棚16处，面积365平方米；清理淤泥垃圾约26.8吨；重点清除蚊、蝇滋生地和鼠患严重点共108处，面积1000平方米，通过巩固省卫生城市复审。

【新时期精准扶贫精准脱贫工作】 2020年，乐城街道16个行政村11个居委会共有贫困户360户，贫困人口950人。其中：一般贫困户162户，人数583人；低保贫困户172户，人数341人；五保户26户，人数26人。筹集32万元，解决没有纳入危房改造的贫困户9户的房屋建设，落实15户贫困户“幸福工程”改造，帮助3户无房户的贫困户纳入省级改造任务，为22户贫困户购置家具，落实8户贫困户的厨房炉灶建设，8户贫困户的户厕改造。

根据贫困户种养意愿和需求，安排28.4263万元产业扶持启动资金购置生产物资发放至贫困户家中。截至2020年12月底，街道建档立卡贫困户360户950人全部脱贫，脱贫率100%。

【计划生育】 2020年，乐城街道出生人口1189人，政策生育率86.29%，性别比116.18。

【土地确权工作】 2020年，乐城街道共149个经济合作社，均按照工作流程开展土地确权工作。原有农户基数5864户，实际应确权农户数5970户，确权总面积26483.85公顷。完成颁证农户数5949户，颁证率99.64%。

【新冠肺炎疫情防控】 2020年，乐城街道成立新型冠状病毒感染肺炎疫情应对处置工作领导小组，在辖区实行领导分片包村（居）责任制，建立村居防控网络化管理三人小组。抗击疫情初期，动员广大党员发挥先锋模范作用，组建94个党员突击队、先锋队477人，设立党员示范岗45个，发动党员志愿者322人参加到疫情防控一线；做好疫情期间党员自愿捐款工作，发动街道2537名党员自愿捐款，参与捐款率100%，捐款165767.9元。全面开展健康排查，2020年1月26日，街道全体干部职工取消春节假期，对辖区各村居开展全员健康排查，完成排查186995人。强化舆论引导，派发宣传手册、海报约6万余份，设置横幅、告示牌等669条（张），宣传车辆广播560多小时，在媒体平台发布通讯稿件32篇，加强群众防疫意识。

（梁丽娟）

乐城街道办事处领导班子成员名单

党工委书记：肖永剑
党工委副书记、办事处主任：熊海泉
人大工委主任：谭玖英（女）
党工委副书记、综治信访维稳中心主任：刘伙生
党工委副书记：李分勤（女）
党工委委员、办事处副主任：张建志
党工委委员、综治信访维稳中心副主任：曾　硕
党工委委员：邓少洪
　　周艳君（女）
　　卢祝优（女）
党工委委员、武装部部长：罗　荣
党工委委员、纪工委书记：郑东生
办事处副主任：罗根源
　　胡红英（女）

2020年乐昌市乐城街道村（居委会）基本情况表

表7

序号	村（居）委会	书记	主任	村民小组（个）	居民小组（个）	总户数（户）
1	榴　村	李彩文	李彩文	7	—	416
2	练　塘	钟贵昌	钟贵昌	2	—	336
3	大木垇	李平华	李平华	6	—	379
4	长　迳	江会兵	江会兵	5	—	219
5	西　联	邓炎俊	邓炎俊	9	—	684
6	附　城	温良华	温良华	8	—	751
7	河　南	林俊武	林俊武	10	—	480
8	张　溪	郭炳华	郭炳华	16	—	514
9	塔　头	童海球	童海球	9	—	359

续表

序号	村（居）委会	书记	主任	村民小组（个）	居民小组（个）	总户数（户）
10	洪　莲	付桥明	付桥明	11	—	608
11	天井岗	邱英学	邱英学	10	—	457
12	下　西	王良华	王良华	10	—	715
13	月　垅	黄日旺	黄日旺	14	—	677
14	王　坪	钟永良	钟永良	10	—	255
15	大　洞	肖佐文	肖佐文	10	—	238
16	小　洞	钟武灿	钟武灿	18	—	283
17	先　锋	邓均兰	邓均兰	—	11	4809户
18	大　昌	黄艳红	黄艳红	—	15	5636
19	新　村	苏艳谊	苏艳谊	—	10	3705
20	府　前	邝卫鹤	邝卫鹤	—	8	3168
21	城　南	童国景	童国景	—	4	716
22	城　北	李志斌	李志斌	2	14	7280
23	竹　林	陈阳海	陈阳海	—	5	3370
24	城　东	饶魁新	饶魁新	—	14	6548
25	站　前	黄立红	黄立红	—	12	4050
26	花　明	罗桥发	罗桥发	—	8	7966
27	红　岭	欧翠迎	欧翠迎	—	11	4032

长来镇

【概况】　长来镇位于乐昌市南部，东邻廊田镇，南与乳源瑶族自治县桂头镇交界，西面和北面与乐城街道接壤，距市区7千米，属粤北山区丘陵平原地带，地处乐昌盆地南部。2020年，辖1个居委会、12个村委会、56个自然村；年末户籍人口25843人，其中农业人口24498人，外来人口2306人。全镇土地面积94平方千米，其中常用耕地面积1521公顷；粮食播种面积1684公顷，粮食产量10440吨；林地面积4666公顷，森林覆盖率77%。

2020年，全镇一般公共预算收入1393.09万元，同比下降44.54%；农村居民人均可支配收入14703元，同比增长12.3%。自然资源主要有石灰石、铁矿石。地方特产有香芋、马蹄等。境内有新石器时代的园岭遗址，省级文物保护单位五汪村谭氏宗祠。有“过会”（糍粑节）的传统习俗。

【农业和农村工作】　2020年，长来镇继续推广良种良法，抓好特色农业项目示范点的建设。做好森林防火工作，开展森林防火巡护、火源管理、日常检查等。按照农村集体产权制度改革工作部署，全镇基本完成股权配置、建章立制、发放股权成员证等工作。

【综治维稳】 2020年，长来镇受理群众来信来访16宗，调处矛盾纠纷9宗。开展扫黑除恶专项斗争宣传，在各主要路口、人流密集地、村内悬挂宣传横幅；通过发放宣传单、公开信，制作宣传栏等营造扫黑除恶舆论氛围。在长来村等9个村建成村级心理服务室，开展心理咨询、心理健康知识宣传等服务。

【新时期精准扶贫精准脱贫工作】 2020年，长来镇建档立卡贫困户340户879人均达到脱贫退出标准。贫困人口全部由政府统筹参加城乡基本医疗保险，纳入大病救助范围，将劳动能力贫困人口纳入财政兜底最低生活保障。2020年，各帮扶单位及镇政府消费扶贫金额1277671.9元。

【发展特色产业】 2020年，长来镇发展乡村特色产业，前溪村种植香芋100公顷，和村种植无公害蔬菜67公顷，灵口村种植地膜西瓜20公顷，东边村种植马蹄33公顷，罗村种植沙糖桔112公顷。“温氏”集团、粤俊种猪有限公司、“松子鸡”等现代养殖业全面推进。依托示范家庭农场、示范社及农业龙头企业等种养大户，辐射带动特色农业项目向规模化、专业化、商品化发展。

【镇区建设】 2020年，长来镇完成镇级污水处理厂主体建设和管道铺设工程并投入使用。乐昌市第二污水处理厂征拆工作稳步推进。省道248线昌山村至乳源瑶族自治县交界处两旁安装路灯380盏，于10月1日正式亮灯。

【农村农业基础设施建设】 2020年，长来镇完成上坪、大赛、前溪、灵口村委会新建、硬化巷道水泥路28584平方米。推进东边、金竹山、上坪等8个村委会全域自来水建设，基本完成管道入户工作。

【农村合作医疗】 2020年，长来镇城乡居民医疗保险工作推进目标任务21274人，完成21939人，完成率103.12%。

【文化】 2020年，长来镇开展农民丰收节、“送戏下乡”等大型群众性文化活动5场。完成长来镇文化站二级馆达标升级工作。

【卫生工作】 2020年，长来镇推进基层医疗卫生机构基础设施建设，建成罗村、金竹山村卫生站。增强对慢性病防治知识的宣传，增进村民对慢性病防治知识的认识和了解，倡导培育健康生活方式。

【计划生育】 2020年，全镇出生人口301人，性别比106.16，出生率7.95‰，死亡率8.22‰，人口自然增长率-0.27‰。

【打造生态旅游】 2020年，长来镇依托2019年“韶关市十大樟树王”评选活动，在安口村委贝兴村建成樟树王公园。公园总体规划面积约22460平方米，第一期项目工程于2020年8月中旬动工，9月底竣工。公园建设期间，秉承对古树最少干预、保持古树周边生态稳定的原则，通过采用自然环保材料、乡土植物配置的做法，践行生态优先、生态旅游理念。以樟树王公园为依托，深入挖掘千年樟树王及安口贝兴村在历史文化、学术研究、生态旅游等方面的丰富资源，将和村“最美乡道”、“五汪谭必

◆樟树王公园 （长来镇 供）

◆ 新建村级文化室　（长来镇　供）

文化街区”、万亩花田、前溪兰花种植基地等当地乡村旅游热门景点统筹融合，打造一条“文化+旅游”、农旅融合、生态旅游、有当地民俗特色的精品乡村旅游线路，推动乡村文化旅游产业发展。

【森林防火】　2020年，长来镇加强森林防火宣传工作，通过发放宣传单张、悬挂横幅、流动宣传车等方式大力宣传森林防火知识及相关法律法规。重点加强春节、清明节、春耕秋收等重要时节的值班值守巡查工作。

【党建工作】　2020年，长来镇将健全党建阵地建设作为提升党组织战斗力的首要工作任务，增加资金投入对未完成建设的3个村进行升级改造，13个村（社区）党群服务中心均完成标准化建设，软弱涣散党组织前溪村党支部整顿提升工作全部完成。切实开展“头雁”工程，加强党组织书记管理，健全原有村（社区）党组织书记档案，实行“一人一档”。深化驻点联系群众制度，开展“民情夜访”活动。推动在职党员到社区报到开展服务常态化制度化，其中镇政府机关支部在职党员共49人。是年，全镇发展党员8名，其中农村党员5名。

【社会主义新农村建设】　2020年，长来镇逐步推进农村破旧泥砖房拆除工作和新农村建设项目申报、建设工作，完成14个自然村污水处理设施建设、12个自然村雨水处理项目、10间文化活动室建设，对已拆除的破旧房场所进行拆后利用复绿美化，完成冲下村和塘头村的复绿美化工程；完成安口贝兴村至西牛潭村道路“白改黑”、绿化、房屋外立面改造、路灯、停车场等美化亮化项目建设。和村村小组绿化、瓦面墙面翻新、道路硬化、排水沟等提升村容村貌项目工程基本完成。

【精神文明建设】　2020年，长来镇增设上坪村上坪坝村小组、十二岭村小组、灵口村大巷村小组等三个村小组文明实践点。

（黄小庚）

长来镇领导班子成员名单

党委书记：朱新玉（女）
党委副书记、镇长：邹方球
人大主席：王土根
党委副书记、综治信访维稳中心主任：张云山
党委副书记：邝积刚
党委委员、副镇长：肖正国
党委委员、武装部部长：雷春红
党委委员：何次英（女）
　　　　　余文敏（女）
　　　　　吴卫明
副 镇 长：王忠俊

2020年乐昌市长来镇村（居委会）基本情况表

表8

序号	村（居委会）	书记	主任	村民小组（个）	总户数（户）	总人口（人）	集体经济纯收入（万元）
1	长来街社区	龚东阳	龚东阳	—	655	1345	—

续表

序号	村（居委会）	书记	主任	村民小组（个）	总户数（户）	总人口（人）	集体经济纯收入（万元）
2	罗　村	李龙辉	李龙辉	2	558	2120	16.2
3	灵　口	余志华	余志华	7	611	2478	3.4
4	大　赛	张细英	张细英	4	293	1098	6.8
5	东　边	张永强	张永强	3	420	1662	4.5
6	长　来	龚荣祥	龚荣祥	5	854	3280	5.1
7	安　口	王志奇	张鉴尧	9	529	2037	4
8	上　坪	林基赞	林基赞	6	276	1084	6.5
9	金竹山	张国才	张国才	5	439	1752	4.6
10	水　口	沈汉民	沈汉民	7	458	1867	3.2
11	和　村	肖锦凤	肖锦凤	2	527	2298	18.2
12	昌　山	黄国清	黄国清	10	252	994	13.8
13	前　溪	张志勤	张志勤	5	964	3828	3.3

北乡镇

【概况】 北乡镇位于乐昌市北部，距离城区6千米，武广高铁、省道248线贯穿镇内。全镇土地面积93.6平方千米，辖8个村民委员会（其中1个为瑶族村民委员会），85个自然村。2020年年末户籍人口1.61万人，其中农业人口15490人。耕地面积1340公顷，全年粮食播种面积330公顷，粮食产量2500吨。林地面积6666公顷，森林覆盖率75%，活立木蓄积量100万立方米。北乡镇素有“马蹄之乡”的美称，是全国“一村一品”示范镇，地方特产有马蹄、香芋，旅游资源有九福兰花公园。2020年12月，北乡镇获得广东省乡村治理示范镇、广东省卫生镇称号。

2020年，全镇生产总值4.22亿元，同比增长1.9%。地方一般公共预算收入3804万元，同比增长59.19%。农村常住居民人均可支配收入15136元，同比增长1.8%。

◆九福兰花公园　（市史志办　供）

【特色农业产业】 2020年，北乡镇继续推广种植桂蹄2号、3号新品种马蹄种苗，提高马蹄产量，提升马蹄品质，进一步打响“马蹄之乡”名片；开展农民丰收节促进旅游项目，重点推进九福兰花公园由国家AAA级旅游景点向AAAA级升级，推进一、二、三产业融合；拓展农业配套物流运输服务及电商渠道，打造镇级电商服务站，实现农业经济高效化、规模化经营，激发北乡内生动力。

【新时期精准扶贫精准脱贫工作】 2020年，北乡镇投入资金11.11万元用于对种植农作物的贫困户发放种苗、化肥等生产物料；投入12.49万元为全镇18户不稳定户开展肉猪养殖采购猪苗项目；解决泥砖房重点关注户室内批荡2户，渗水漏水修缮30户，电线整理4户，整改落实增配电视51户，电视信号接通34户，更换、添置家具8户，落实床具6户，卫生清洁清理17户，落实户厕问题5户。对脱贫的贫困户实施动态监控，实时掌握其生活状态，对8户脱贫不稳定户及3户边缘易致贫户制定针对性帮扶措施，巩固脱贫成效。

【社会维稳】 2020年，北乡镇突出抓好矛盾纠纷化解，深入贯彻落实“调解优先”原则，及时密切掌握社情动态，确保大局稳定。全年，镇调委会与下属8个村调委会排查和调解各类矛盾纠纷案件69宗，涉及人数138人，成功调解案件67宗，成功调解率97%，为当事人避免和挽回损失3万余元，办案率和满意率均达100%；发挥“红袖章”平安志愿的作用，组织建立三类“红袖章”平安志愿者队伍共140余人；积极推进社会治理现代化和社会心理站建设工作，成功申报黄坌村作为全市维稳工作创新项目，完成镇心理站和4个村社会心理站建设工作。

【全面落实土地确权】 2020年，北乡镇为加强农村住房建设管理，优化农房规划布局，提高农房建设质量，改善农村人居环境，按照乐昌市产权制度改革工作领导小组部署，继续推进产权制度改革，完成“三资”清查、成员身份确认、资产量化、证书打印等环节工作并分类整理归档，建立归属清晰、权责明确、利益共享、保护严格、流转规范、监管有力的农村集体经济组织产权制度，集体经济得到壮大。

【新农村建设】 2020年，北乡镇部署“三清一改”村庄清洁行动战役，整治“脏、乱、差”等环境问题，开展农村破旧泥砖房清理整治，摸排泥砖房总数9202间，面积233143平方米，应拆尽拆破旧泥砖房3532间，面积86245平方米，整治完成率100%；前村村莲花岗组、茅坪村鹅湾组完成拆后空地绿化美化工作。推动农村环境卫生清扫保洁托管，全镇8个行政村（85个自然村）的农村保洁工作委托给乐昌市中航城乡环卫有限公司管理和运营，城乡生活垃圾无害化处理率得到有效提升。

【镇区“139”工程建设】 2020年，北乡镇以“9大基础工程”强化基础设施和公共服务配套设施，共投入3700万元，用以提升镇街特色风貌和形象品位。省道248线镇墟坪段两旁房屋基本完成整治提升建设，达到“五个”统一，即统一门窗风格、空调外机风貌、广告牌设计、屋顶类别、外墙颜色。完成镇街绿化美化亮化工程，镇区主街道道路白改黑（沥青铺设）完成率100%，优化行道树种植，增加灌木花卉景观，建设双边人行道并安装路灯。新建停车场，解决群众停车难的问题，为群众生活提供便利。新建文化公园、文体中心、文化书屋等文体休闲的活动场地，丰富群众文化体育生活，群众幸福感不断提升。

【卫生健康工作】 2020年，北乡镇提倡全面两孩政策，不断完善孕前风险评估、孕前优生健康检查机制，提高再生育夫妇孕前优生检查比例，做到应检尽检，对36人进行免费孕前优生健康检查；开展健康知识讲座，对特殊家庭、困难家庭和“三留守”人员等弱势群体进行走访慰问；镇敬老院对孤寡老人开展健康检查、健康咨询服务、发放慰问品等工作；开展镇“一元爱心捐助”活动。

【扫黑除恶与禁毒工作】 2020年，北乡镇持续开展扫黑除恶专项斗争，严厉打击黄赌毒等各类违法犯罪及非法金融活动，及时调整镇扫黑除恶专项斗争工作领导小组，广泛开展宣传，壮大扫黑除恶声势。深入开展禁毒整治专项行动，联合安全生产监督管理站和派出所综合运用多种工作措施对易制毒重点场所进行排查，全镇8个村委会实行巡查覆盖，共排查、巡查出租房、商铺70间及厂房21间，与10个场所签订《乐昌市重点场所、部位禁毒责任书》。

【社会保障】　2020年，北乡镇强化对新型城乡医保和城镇居民社会养老保障制度的宣传工作，城乡居民基本养老保险、基本医疗保险参保面扩大；开展特困人员专项大排查行动，解决特困人员的生活起居问题，落实优抚对象的各种优待政策，把优抚对象纳入医疗救助平台，解决优抚对象看病难、看病贵等问题；镇卫生院对已婚育龄妇女开展以乳腺癌、宫颈癌为主的“两癌”筛查和失业育龄妇女的妇女病普查工作；开展农村富余劳动力转移就业培训工作，重点帮扶“4050”和困难家庭实现再就业，有针对性地开展“一对一”的专项就业服务，以多渠道、多形式实现再就业。

（林　琳　丘志嘉）

北乡镇2020年领导班子成员名单

党委书记：谭　辉

党委副书记、镇长：

陈永英（女，1月—）

人大主席：

陈永英（女，—9月）

陈昌泉（9月—）

党委副书记：白新朝

党委委员、副镇长：薛旭军

党委委员：张国梁

党委委员：骆志为（女）

党委委员、纪委书记：

林　琳（女）

党委委员、武装部部长：

谭学聪（4月—）

副镇长：邱远东

唐静娴（女）

2020年乐昌市北乡镇村委基本情况表

表9

序号	村	书记	主任	村民小组（个）	总户数（户）	总人口（人）	集体经济收入（万元）	农民人均可支配收入（元）
1	上丛村委会	陈胜有	陈胜有	10	628	2460	25.8	12180
2	前村村委会	赵根福	赵根福	14	659	2489	31.5	12360
3	上西坑村委会	沈保明（—9月） 沈军华（9月—）	沈军华	6	164	658	23.9	11180
4	下西坑村委会	简谷来	简谷来	6	215	903	25.1	10289
5	茅坪村委会	李泽健	李泽健	12	711	2963	33.8	12998
6	东红村委会	龚荣球（—9月） 龚荣家（9月—）	龚荣家	6	189	769	24.1	11300
7	黄坌村委会	谭堂顺	谭堂顺	14	591	2419	2.7	14900
8	新村村委会	谢业文	谢业文	18	689	2844	36.1	12573

廊田镇

【概况】 廊田镇位于乐昌市东部，距市区13千米，国道535线和省道247线贯穿境内，与仁化县、浈江区、乐昌市乐城街道、五山镇、长来镇、北乡镇等相连，素有“粤北粮仓”之美称，是粤北地区两省二县七镇的农产品流通集散地。2020年，全镇辖17个村委会和1个居委会，197个村民小组、5个居民小组，年末总人口约3.8万人。全镇土地面积147平方千米，耕地面积2936公顷，粮食播种面积3000公顷（含复种面积），粮食产量2.3吨。主要种植“银粘”“美香粘”“台香粘”“宜香10号”“超级稻五优308”等水稻品种。林地面积约1万公顷，森林覆盖率59.98%，活立木蓄积量616943立方米。自然资源主要有金、钨、铁、石英、锰、砷、稀土等矿产资源。地方特产有廊田香米、廊田马蹄、廊田香芋、葫芦坪冬笋、笋干等。廊田特色菜有猪汤、猪红、香芋扣肉、芋头泥鳅、酸笋田螺煲等。旅游资源有龙王潭、龙山温泉、白水寨、白马寨等。古迹有天石岩、楼下古村等。2020年，乐昌市“中国农民丰收节”主会场活动在廊田镇马屋村白马寨举办，吸引游客约40万人次，廊田镇马屋村白马寨组被中共乐昌市委农村工作办公室评为2020年乐昌市十大“最美村庄”。

2020年，全镇地方一般公共预算收入0.2146亿元。农村常住居民人均可支配收入17129元，同比增长9.5%。

【农业和农村工作】 2020年，廊田镇种植水稻3000公顷，香芋380公顷，马蹄400公顷，地膜花生200公顷，蔬菜360公顷，其他经济作物（如玉米、薯类、瓜类、豆类等）350公顷。有专业合作社55家，其中省级示范级合作社2家，乐昌示范龙头企业1家；家庭农场15家，其中示范级家庭农场7家，其中省级示范家庭农场1家，韶关示范级家庭农场2家，乐昌示范级家庭农场4家。2020年9月，东庄村（柑橘）被评为首批省级“一村一品、一镇一业”专业村；2020年2月，廊田镇被认定为乐昌市第一批“一村一品、一镇一业”专业镇（水稻）。2020年，全面完成集体产权制度改革工作，所有村组均完成资料归档，确认户数8230户，系统录入户数8230户，完成率100%。

【综治维稳】 2020年，廊田镇综治信访维稳中心共接待来信来访群众39批108人次，受理、调处各类矛盾纠纷18宗，受理、办结信访事项15宗，受理信访事项同比下降10%，2020年未发生一宗到省进京非正常越级上访事件。开展“红袖章”治安联防组织建设，18个村（居）均组建有“红袖章”治安联防组织，有治安联防队员183名，严格落实“红袖章”治安联防“三个一”工作制度，做到每村（居）一群组、每日一巡防、每周一调解，有效服务于矛盾纠纷化解、野外用火防控、疫情防控等工作。开展“中心+网格化+信息化”“雪亮工程”建设工作，基础网格经过优化后调整为53个，全年录入抗击肺炎网格事件共668条，一般网格事件2479条。建立严重精神病患者服务管理体系，全镇建档在册精神障碍患者247人，均得到有效管控、救助。开展社区禁毒、戒毒等工作，配有3名禁毒社工规范化、常态化对辖区内吸毒人员进行帮扶和管控工作。

【新时期精准扶贫精准脱贫工作】 2020年，廊田镇坚持从讲政治的高度扎实开展脱贫攻坚工作，因地制宜落实扶持政策到村到户到人，严格落实扶贫各项保障措施，大力实施产业扶贫、就业扶贫、教育扶贫、金融扶贫、消费扶贫、政策兜底等帮扶措施。积极发展产业扶贫，光伏发电项目、代种百香果、砂糖橘、茶叶、鹰嘴桃项目等产业扶贫项目发展卓有成效，帮助贫困户增收。2016年至2020年累计投入各类扶贫资金约4417万元，用于完善贫困村基础设施、改善人居环境，提高贫困村集体、贫困户收入，提升贫困户家居环境。有劳动能力户人均可支配收入从2017年的11164元提高到16569元，比2017年增长48%。6个省定贫困村村级集体经济收入均达到20万元以上。截至2020年年底，444户建档立卡贫困户，6个省定贫困村均已达到出列标准，完成脱贫攻坚目标任务。

【社会主义新农村建设】 2020年，廊田镇推进农村泥砖房拆除工作，拆除泥砖房5558间、

◆白马寨村田园风光　　（市史志办　供）

16.18万平方米。打造马屋村委会白马寨村和白平村委会岗九村两个新农村建设示范点。白马寨村被评为乐昌市“十大美丽乡村”，成为广大游客的“网红打卡地”，2020年乐昌市“中国农民丰收节”主会场活动在白马寨举办，白平村委会岗九村“忘忧红九林”公园成为全省统计系统开展“传承红色基因、恪守初心使命”红色主题教育实践活动和岭南统计文化教育的主要基地。

【民营经济】　2020年，全镇有个体工商户415家、企业42家，主要涉及水力发电、矿山开采及加工、电子加工等行业。

【招商引资】　2020年，廊田镇创新招商方式，优化营商环境，引进乐昌市悦宝田园综合体项目、廊田农业文化康养小镇项目、乐昌市廊田镇粤北粮仓大米深加工和粮食储备库项目等重点项目，初步形成生态旅游发展格局。

【镇区建设】　2020年，廊田镇对廊田老街进行改造升级，完成道路“白改黑”，建设人行道，规范设置停车位，解决廊田老街脏乱差、道路拥堵等问题。完成廊田河（镇区段）两岸路灯和彩灯安装，一河两岸实现美化亮化。2020年5月，廊田镇在韶关市“139”乡镇（镇街）整治提升行动首批试点镇考核验收中被评为“优秀”等次。

【农村合作医疗】　2020年，廊田镇城乡居民基本医疗保险参保人数32509人，完成率100%；城乡居民基本养老保险参保人数14223，完成率95.42%，养老待遇发放率100%，城乡养老保险生存认证工作完成率100%。

【教育】　2020年，全镇中小学有在校学生3772人，在职教师240人（其中在编教师212人、临聘教师16人、支教教师12人）。适龄儿童入学率和巩固率均为100%，小学生辍学率0，初中生辍学率0.18%。廊田中心学校中学部在全市各类学校（不分城区、乡镇）教育教学质量评比中，综合排名第九。

【文化】　2020年，廊田镇开展镇综合文化站升二级建设，将功能室增加到9个，强化镇文化站的服务功能。在马屋村白马寨村小组、廊田村同吉店村小组分别打造村史馆，传承与发扬廊田优秀的文化传统。在镇区广场新建设灯光舞台，为群众开展文化活动提供平台。开展“端午粽飘香、携手战疫情”“‘七一’红色教育文艺会演”“农民丰收节文艺会演”等活动，丰富人民群众文化生活，促进全镇文化事业的发展。参加2020年乐昌市“农商银行杯”男子篮球联赛，取得企业组第二名的成绩；参加2020年乐昌市“农民丰收节”活动——农家趣味运动赛，获得第二名。

【卫生】　2020年年初，廊田镇开展新冠肺炎疫情防控工作，成立疫情防控工作领导小组，统筹领导全镇疫情防控工作。强化网格管理，组织镇村干部、党员、志愿者参与疫情防控工作，在入村主要路口设置设卡检查，控制外来人员入村。对外来人员第一时间落实居家隔离措施。动员本地企业、在外乡贤、帮扶单位等捐赠口罩、消毒液、体温计等防疫物资，保障全镇防疫物资供应。2020年，全镇建立电子健康档案22154人，建档率89.18%，登记管理65岁及以上老年人2160人，中医保健指导1947人（儿童440人、老年人1507人），慢性病管理登记管理并提供随访高血压患者894人，登记管理并提供随访的糖尿病患者351人，按要求录入居民电子健康档案系统。组织动员无偿献血40人次，被乐昌市人民政府授予2020年无偿献血先进单位。

【计划生育】 2020年，全镇出生413人，其中：一孩142人，二孩161人，三孩及以上110人，男女性别比102.45；出生率10.45‰，总和生育率1.61，人口自然增长率5.21‰。组织120余人次参加免费孕前优生健康检查。

【造林绿化】 2020年，廊田镇完成迹地更新造林25.5公顷，幼林抚育面积733.3公顷，完成木材生产采伐9350.44立方米。森林病虫害预测面积620多公顷，防治100.8公顷。

【党建工作】 2020年，廊田镇党委有5个党总支部，党总支部下设17个党支部、13个村（社区）党支部、2个机关支部、4个企事业支部；党员总数881人，正式党员868人，女性党员220人。其中，高中及中专学历206人，大专学历147人，本科及以上学历84人；30岁及以下党员103人，30至40岁党员150人，40至50岁党员159人，50至60岁党员168人，60至70岁党员174人，70岁及以上党员114人。2020年新发展党员13名，其中女性党员1名，35岁及以下党员6名，专科及以上学历3人。

【精神文明建设】 2020年，廊田镇增设免费开放公共文化服务项目，在原有风度书房、多功能培训室、电子阅览室、图书室、多功能活动室5个免费开放公共文化服务项目基础上，增设青少年心理辅导室、棋牌室、室内健身室、书画培训室，达到9个免费开放公共文化免费服务项目。完成文化广场舞台建设，配备舞台灯光，提升群众文艺活动的品质。镇村（社区）设有18个基层性文化服务中心、每个基层性文化服务中心设有电子阅览室、图书室、多功能活动室等。开展“庆丰收、迎华诞”文艺会演活动、“戏曲进农村”、“公民道德宣传日读书活动”暨“分享活动”等丰富多彩的文化活动10余场。设有18个扫黄打非工作站，联合派出所、市场监管所开展扫黄打非宣传活动2次，发放宣传材料100余份，扫黄打非工作取得成效。

（池泽相）

廊田镇领导班子成员名单

党委书记：陈金旺
党委副书记、镇长：
何勇斌（6月—）
人大主席：李森林（—8月）
李国飞（9月—）
党委副书记、综治信访维稳中心主任：李国飞（—9月）
周卫长（9月—）
党委副书记：华艳梅（女）
党委委员、副镇长：连契山
党委委员、纪委书记：詹乐平
党委委员：何　勖（女）
黄　萍（女，—4月）
黄国雄（4月—）
党委委员、武装部部长：邓家城
党委委员（挂职）：傅伟斌
副镇长：沈希凡
卢春苟（4月—）

2020年乐昌市廊田镇村（居）委会基本情况表

表10

序号	村（居委会）	书记	主任	村民小组（个）	居民小组（个）	总户数（户）	总人口（人）	集体经济纯收入（万元）
1	社　区	邓广胜	邓广胜		8	635	1832	1.73
2	廊　田	张锦辉	—	17	—	760	2979	25.68
3	沙　洲	钟考忧	钟考忧	17	—	620	2550	30.97
4	葫芦坪	刘井古	刘井古	13	—	366	1591	26.16

续表

序号	村（居委会）	书记	主任	村民小组（个）	居民小组（个）	总户数（户）	总人口（人）	集体经济纯收入（万元）
5	岩　前	朱润古	朱润古	19	—	790	3173	44.64
6	龙　山	李淑珍	李淑珍	6	—	168	764	30.37
7	农　庄	谢均仔	谢均仔	31	—	781	3236	35.66
8	铜　坑	李太金	李太金	12	—	525	2141	38.46
9	王　屋	王有志	王有志	5	—	295	1201	24.54
10	白　平	戴天福	戴天福	8	—	519	2039	24.74
11	寨　头	张俊治	张俊治	1	—	210	948	19.74
12	平　富	朱荣有	朱荣有	4	—	284	1224	33.74
13	新　寮	谢汉红	谢汉红	5	—	228	873	21.41
14	马　屋	张修金	张修金	5	—	459	1844	28.02
15	白　山	尹胜明	尹胜明	11	—	756	2989	29.03
16	楼　下	邓泗洲	邓建明	24	—	1032	4273	28.88
17	东　庄	邓传发	邓传发	12	—	516	2081	25.73
18	旱禾田	卢深明	卢深明	7	—	429	1858	23.83

五山镇

【概况】 五山镇位于乐昌市东北部，东部与仁化县红山镇交界，南部与廊田镇相邻，西与九峰、北乡镇相连，北与湖南省汝城县（盈寿乡、井坡镇、大坪镇）接界，省道247线南北贯通，距乐昌市区33千米。因原管辖区有大王山、小王山、瓦片山、龙山、寺山等5座山峰而得名。土地面积18390公顷；耕地面积1840.96公顷，其中水田面积1340.49公顷；林业用地面积16564.8公顷，森林覆盖率达86.57%。镇域毛竹资源丰富，有毛竹面积8666.67公顷（占韶关市毛竹种植面积的48%），年产量约1500万条，是乐昌市四大林区之一、粤北著名的“毛竹之乡”。2020年，辖11个村委会、128个村小组。年末户籍人口22466人。五山镇农业主要以种植水稻（中造）为主，农副产品有香菇、茶叶、生姜、红薯、优质稻、竹笋、竹筒酒等。镇域矿产资源丰富，主要有萤石矿、钨矿、石英矿、稀土矿、钾长石矿等。全镇水利资源丰富，有大小水电站54座，总装机容量2.5万千瓦。开发五山风力发电项目，开发容量100兆瓦，总投资约8.41亿元。五山镇是红军长征途中8.6万红军主力全部宿营过的乡镇，红军长征临时指挥所被纳入首批广东省54个红色革命遗址重点建设示范点，被中共韶关市委宣传部、韶关市社会科学联合会授予“韶关市社会科学普及基地”称号。保留有红军长征临时指挥所、红军墓、红军战壕及红军留下的文物等。生态旅游资源主要有石下村上黎组梯田、大乐村白水寨、东洛水库、沙田村龙王潭、竹海森林公园等。

2020年，全镇生产总值1.42亿元，同比增长5.1%；地方一般公共预算收入1013.38万元，同比减少23.33%；农村常住居民人均可支配收入14630元，同比增长0.8%。

【农业与农村工作】 2020年，五山镇围绕有机、绿色等特色农产品，建立完善土地流转机制，实行适度农业产业的规模经营，打造“一村一品”工程。在石下村开展“五山梯田生态米”项目，项目投入资金114.7万元，在石下村上黎村、和家村、郑家村种植油菜花33.33公顷，投入资金21万元。种植“东方美人”茶种及本地兰花香大叶白毛茶种40公顷，投入110万元建设小山茶叶加工厂。麻坑村、文书村、大乐村、山溪村、小山村共投入243万元入股乐昌市扶穷协会，打造“能哥竹筒酒”品牌，以“合作社+基地+农户”模式，带动农户增收。2020年投入专项扶贫资金33.59万元，重点针对脱贫不稳定户和有种养需求的一般贫困户继续开展产业扶持，与市级龙头专业合作社发展生猪代养项目，帮助贫困户增收，确保脱贫不脱政策。全年发放耕地地力保护补贴3412户、1564332元。

【综治维稳维及社会安全稳定】 2020年，五山镇共受理各类矛盾纠纷12宗，网信6宗，调解成功18宗，调解成功率100%。无群体性和非正常进京上访事件、无邪教组织、无重大治安事件发生。做好新冠肺炎疫情防控工作。镇村干部全部下沉到全镇129个网格，核查上级推送重点人员11人，全镇没有发生新冠肺炎感染病例和疫情防控不稳定因素。

【新时期精准扶贫精准脱贫工作】 2020年，五山镇共有5个省定贫困村，分别是麻坑村、山溪村、大乐村、文书村、小山村（麻坑、山溪、大乐、文书由东莞市大朗镇帮扶，小山村由省委台办帮扶），有建档立卡贫困户329户1036人，其中相对贫困村198户676人，分散贫困户131户360人。全镇有劳动能力贫困户221户840人，无劳动能力户108户196人，低保户131户314人，五保17户17人。2020年，全部实现脱贫。

【民营经济】 2020年，五山镇有54座水电站，总装机容量约24730千瓦。其中规模较大的有铭源、东溪、扶村、金山水电站。抓好毛竹龙头产业，集中打好“麻坑牌笋干”“智品青竹酒”“能哥竹筒酒”“五山梯田生态米”等品牌；充分利用五山镇的风力资源，实施“一企一策”，开发五山风力发电项目，开发容量100兆瓦，总投资约8.41亿元。其中五山风力东区项目设有15个基建风力机，总投资约3.8亿元。

【计划生育】 2020年，全镇出生人口271人，出生率12.12‰；出生人口中女性135人，男性136人，出生性别比100.74。全镇11个村卫生站建设完成，投入使用。

【打造红色文化特色小镇】 2020年，乐昌市红军长征突破第三道封锁线遗址群修缮保护项目有序推进，红军长征临时指挥所展览馆片区约11959.63平方米，合约1.2公顷，其中新建长征文化展览馆建筑面积1600平方米、长征文化培训中心建筑面积1000平方米、游客服务中心建筑面积800平方米，绿化景观提升工程3520平方米，红军革命烈士墓修缮面积约4158.16平方米，坪田红军革命烈士墓占地约1728.39平方米，含墓碑修缮以及广场和停车场修建；石下红军革命烈士墓占地约2429.77平方米，含210平方米烈士墓、60米石阶梯、30米的铁梯以及临时停车点修缮。

【造林绿化】 2020年，五山镇新造林62公顷，幼林抚育面积360公顷。加强林政管理，遏制乱砍滥伐现象；落实强林惠农政策，给农户优惠购买林业保险逐年增加，2020年达285户2812公顷；加强镇村两级护林防火员队伍建设，严格管控野外用火，全年无重大森林火灾事故发生。

【党建工作】 2020年，五山镇继续巩固“不忘初心、牢记使命”主题教育成果，把广大党员干部的思想统一到坚决打赢疫情防控战上，组织党员线上及线下专题学习65次，参与党员2580人次，各党支部自发组织131名党员成立疫情防控党员志愿队，开展“民情夜访”活动178次，参加活动的领导干部504人次，共走访群众233户，解决群众问题23个；实行双“113”机制［乡镇（街道）班子成员每人包干负责1个片区，所有干部每人挂点指导至少1个村（社区），联系帮扶至少3户村（居）民］，开展“头雁工程”及“青苗工程”工作，全年走访4786户，收集群众反映问题19项，反映问题26宗，共走访联系户5032户，涉及农业生产、交通、医疗、教育和党建等方面，解决26项，问题解决率98.6%。大乐村党建公园完成建设，成为全镇第一所村级党建公园。

【社会保障】 2020年，全镇参加城乡居民基本医疗保险17187人、城乡居民基本养老保险8784人。全年审核上报农村低保户262户560人，城镇低保4户4人；全镇有“五保”供养对象31户31人，其中集中供养12人，分散供养19人。做好退伍军人的优抚安置工作，残疾人生活津贴、重度残疾人的护理补贴以及农村高龄老人津贴的调查和发放等工作。

【新农村示范村建设】 2020年，全镇有5个省定贫困村新农村建设项目70个，总投资7536.03万元。2020年9月，70个项目全部竣工验收。共建设文化室41座、污水处理终端16座、公厕83个，均交付使用。完成户厕改造46户。全镇5个省定贫困村的12个村级污水站点，完成建设6个。全镇拆除破旧泥砖房2223间39161平方米，应拆尽拆破旧泥砖房面积完成率96.9%。完成石下村吕家组、曹家组、青岭村塘坳组、邓家组、牛头洞村下洞子组、黄家组、袁家组、沙田村赤水组共8个非贫困村污水处理设施建设。全镇配齐102个自然128个村小组127名保洁员，实现村村有保洁员，筹措保洁资金52.6万元，推进全镇农村卫生长效保洁工作。

【镇区污水处理厂运行】 2020年8月22日，五山镇镇区污水处理厂建成并运行，工程投资1608.63万元，占地面积2608.89平方米，处理规模700立方米/日，纳污面积2平方千米，纳污人口约3500人。

【五山镇小山村茶厂】 2020年，五山镇投入110万元建成小山村茶叶加工厂。种植“东方美人”茶种及本地兰花香大叶白毛茶种40公顷，带动务工人数达200人，其中长期工近70人，基本解决小山村留守村民家门口务工的问题。

（五山镇）

五山镇领导班子成员名单

党委书记：张广润
党委副书记、镇长：
梁新来（—9月）
聂晓峰（—9月）
人大主席：梁志雄（—9月）
邓庆华（—9月）
党委副书记：邓曲院
党委副书记、综治信访维稳中心主任：彭振兵
党委委员、副镇长：朱欢明
党委委员（宣传）：邓发良
党委委员（组织）：
陈洁莉（女）
党委委员、武装部部长：许松春
党委委员、纪委书记：邓海平
党委委员（挂职）：叶赞辉
副镇长：丘　进
李艳华（女）

2020年乐昌市五山镇村委会基本情况表

表11

序号	村（居委会）	书记	主任	村民小组（个）	总户数（户）	总人口（人）	集体经济纯收入（万元）	农民人均纯收入（元）
1	沙　田	郭伟华	郭伟华	7	297	1245	51000	16921.08
2	大　乐	陈永古	陈永古	10	403	1705	559533	17189.91
3	麻　坑	张求华	丘洪森	22	687	3362	76166	15827.02

续表

序号	村（居委会）	书记	主任	村民小组（个）	总户数（户）	总人口（人）	集体经济纯收入（万元）	农民人均纯收入（元）
4	嶂　下	谢朝荷	谢朝荷	6	228	1112	53000	16487.22
5	山　溪	张汉山	张汉山	5	268	1387	73983	17047.03
6	小　山	吴镜清	吴镜清	11	492	2531	62159	13454.02
7	石　下	何标城	何标城	19	586	2621	46800	16092.21
8	青　岭	连贵成	连贵成	18	613	2980	42850	15020.97
9	坪　田	张树荣	张树荣	8	485	2570	51000	16009.96
10	文　书	张乐文	张乐文	9	187	979	82871.66	19205.08
11	牛头洞	刘庚有	刘庚有	13	253	1351	69540	16327.92

九峰镇

【概况】　九峰镇位于乐昌市北部，是林区中心镇，距乐昌市区31千米，省道248线贯穿境内。东临五山镇、西与两江镇毗邻，南与北乡、大源两镇相连，北与湖南省汝城县交界。境内群峰叠嶂，因有五指、向日、马蹄、青云、紫微、云祖、太乙、羊角、三星九座山峰而得名。全镇辖12个村委会和1个社区，171个自然村，总人口22098人；辖区总面积192平方千米，其中耕地面积903.1公顷，林地面积1.78万公顷，森林覆盖率92.18%以上。土特产主要有黄金柰李、黑布朗、油桃、水蜜桃、鹰嘴桃、水晶梨、橘子、椪柑、脐橙、手工擦糍粉、糯米糍、黄糍、金银花、茶叶、红薯干、魔芋、禾花鱼、食用菌等。境内的景点有茶料花海、石壁潭花海、桃花长廊、桃花王、桃李人家、上廊银杏林、九峰杨东山十二度水省级自然保护区、抗日名将薛岳旧居（广东省文化厅第六批文物保护单位）等。山歌《啦打》被列入省级非物质文化遗产保护项目。九峰素有“粤北水果之乡”美称，被广东省人民政府评为水果专业镇，被广东省林业厅评定为“广东省森林小镇”，茶料村被农业农村部评定为“中国美丽休闲乡村”，九峰镇被农业农村部评定为全国第九批“一村一品”示范镇，被广东省文化和旅游厅评选为首批“广东省旅游风情小镇”，获得“广东绿美森林小镇潜力奖”，被广东省爱国卫生运动委员会评定为广东省卫生镇；被韶关市农业农村局评定为“一村一品、一镇一业”专业镇；坪石村和横坑村被国家林业和草原局评选为“国家森林乡村”。

2020年全镇生产总值4.42亿元，同比增长3.5%。其中农业总产值3.36亿元，同比增长9.4%；工业总产值0.73亿元，同比增长5%；第三产业总产值0.34亿元，同比下降33.4%，人均纯收入18576元，同比增长9.5%。

【农业和农村工作】　2020年，九峰镇实施“广东省2020年农业产业强镇建设项目”和文洞村省级“一村一品、一镇一业”建设项目，以打造特色农业产业为抓手，带动全镇水果产业不断稳步发展。全镇水果种植面积4333.3公顷，其中，黄金柰李和柑橘各占1666.6公顷、桃子533.3公顷、其他杂果466.8公顷。全镇有家庭农场13家，以绿峰合作社为代表的农民专业合作社49家，有社员1675人。2020年，新增乐昌市级农民专业合作社示范社1家。茶料村（黄金柰李）、上廊村（黄金柰李）、小廊村（水果）、坪石村（黄金柰李）被评为首批省级“一村一品、一镇一业”专业村。

【农村集体产权制度改革工作】 2020年，九峰镇完成农村集体产权制度改革资产量化工作，全镇171个经济社、12个经联社完成份额确认。

【综治维稳】 2020年，九峰镇接待群众来访65批次、110人次，参与各类人民调解案件55宗，调解成功51宗，调处成功率93%。开展矛盾纠纷排查调处工作，确保到省进京上访事件零发生。开展严重精神障碍患者排查和救治救助工作，全镇有在册危险性精神病患者118人，其中0—2级113人、3级5人。签订严重精神障碍患者监护有奖协议、监护责任书112人，为严重精神障碍患者购买监护责任补偿保险112份，为112个监护人申请补助资金。开展扫黑除恶专项斗争工作，线索摸排54次，重点领域摸排26次，排查出5宗突出问题矛盾纠纷，均化解并结案。

【新时期精准扶贫精准脱贫工作】 2020年，九峰镇有贫困户215户542人，其中，一般贫困户105户346人，低保户73户158人，五保户37户38人；有劳动能力127户427人，无劳动能力88户115人。根据贫困户的实际情况，因地制宜制定帮扶措施，举办种植技术培训班、电商培训班、技能提升培训班，发放肥料，推荐就业等。为28户贫困户进行户厕改革、36户贫困户进行家居提升。7月，排查出脱贫不稳定户5户21人，通过对其发展生猪代养等产业项目，就业岗位推荐和以奖代补，落实教育、医疗养老、兜底政策等消除返贫风险，实现稳定脱贫。截至2020年年底，全镇215贫困户542人均摘掉贫困帽子，脱贫率100%，省定贫困村上廊村出列标准经复核达标。

【镇区建设】 2020年，九峰镇巩固广东省卫生镇建设成果，整治街道“脏、乱、差”，改善镇街面貌。开展“139”镇街整治提升项目建设，以“一个规划、三项整治、九项基础工程”为指引，完成镇街提升规划编制；落实“三整治”（垃圾整治、污水整治、六乱整治），清除堆积的生活垃圾和建筑垃圾，对镇区乱搭乱建等进行拆除，整顿市场秩序，加强卫生清理，摊贩入市场集中经营。是年，建设完成1个文化书屋、1个镇级污水处理厂、2个门户标识、2个公厕、3个镇区停车场，打造一座长1.4千米的九峰“一河两岸”文化公园，完成农贸市场提升改造，实行镇区主街道通信线路“三线下地”，镇区街道重新铺设约1.5千米的道路“白改黑”。九峰一街、九峰二街实行风貌改造，统一商铺招牌和房屋外立面风格，铺设人行道1.6千米。

【公路交通建设】 2020年，九峰镇清理乡村公路大小损毁点50处，对三廊片区（Y695、Y696）公路进行路面破损修复工程11千米；硬化逞洞村新田排下屋1.2千米、逞洞村茶头背0.22千米、大廊村羊角峰秧田埂0.65千米、大廊村下山子1.75千米、溪下村山口2.95千米、茶料村水角子0.55千米、浆源村大利岐0.65千米；镇政府投入10万元把横坑Y698线路2.95千米，打造为“农村四好公路”，茶料村老虎冲桥（危桥）重建工程浇筑完成。

【水利基础设施建设】 2020年，九峰镇有序开展河长制工作，镇、村两级河长共25名，4月、9月开展两次清漂专项行动，参加人员252人次，清理垃圾4.38吨，清理河道32千米。

【农村合作医疗】 2020年，九峰镇完成城乡居民基本养老参保人数9893人，完成率100.16%；城乡居民基本医疗保险参保缴费18008人，完成率100%。

【计划生育】 2020年，全镇出生人口239人，其中，男孩114名、女孩125名，出生性别比91.2。免费孕前优生健康检查完成106人。

【农村人居环境整治工作】 2020年，九峰镇制定并实施《九峰镇农村卫生长效保洁工作实施方案（试行）》，全年支付保洁员工资18.765万元。推进人居环境整治工作，全镇清理农村生活垃圾261吨，清理村内水塘86口，清理村内沟渠6.8千米，清理畜禽养殖粪污等农业生产废弃物20吨，开展进村入户宣传教育

96次，发放宣传资料6000份，张贴宣传标语数量240条，发动农民群众投工投劳5063人次，拆除破旧泥砖房985间23907平方米，拆除率94.24%，完成茶料村、坪石村特色精品村创建标准，上廊村、联安村、横坑村和三联村的美丽宜居村创建工作，浆源村、文洞村、小廊村、大廊村、逞洞村、溪下村的干净整洁村创建工作，达到市级创建标准。

【党建工作】 2020年，九峰镇有25个党支部、733名党员，其中，农村党支部18个，农村党员625名。发展党员11名，入党积极分子20名。

【九峰镇被评选为“广东省卫生镇”】 2020年2月13日，九峰镇被广东省爱国卫生运动委员会评定为“广东省卫生镇”。全镇投入135万元，对镇区污水沟渠进行疏通和铺浇水泥盖板，维修镇农贸市场，对镇区内的卫生死角以及河道垃圾进行清理；开展“六乱”专项整治，拆除乱搭乱建的雨棚84处、1550平方米，拆除违建15处。

【九峰镇获得“移动支付示范镇”称号】 2020年10月，九峰镇获得广东省地方金融监督管理局颁发的“移动支付示范镇”称号。九峰镇以“旅游小镇”为契机，围绕九峰花海等亮丽景点，推动“移动支付+旅游休闲”融合应用，指导银行机构因地制宜推广悦农e付等移动支付产品，将移动支付覆盖至镇区交通、医疗、政务、学校、餐饮、商店等多个便民场景，提升移动支付应用便利化水平。

【九峰镇小廊村、茶料村、坪石村获评2020年广东省首批“一村一品、一镇一业”专业村】 2020年8月24日，九峰镇小廊村、茶料村、坪石村被广东省农业农村部评为广东省首批“一村一品、一镇一业”专业村。九峰镇利用各村水果产业特色优势，发展壮大农民专业合作社，利用合作社的示范带动，推进“一村一品、一镇一业”专业村建设。

◆2020年9月26日，乐昌市“中国农民丰收节”九峰镇捉鱼趣味活动现场（九峰镇　供）

【黄金柰李王评比活动】 2020年7月25日，黄金柰李王评比活动在九峰镇举行，全市各合作社、种植大户、家庭农场参加评比活动。评委通过单果重量、测果实可溶性固形物含量、专家品尝口感、外观四方面进行打分，评选出金牌黄金柰李王1名、银牌黄金柰李2名、铜牌黄金柰李3名。

【九峰镇农民丰收节活动】 2020年9月26日，九峰镇农民丰收节成功举行，开展九峰山歌传唱、舞狮等文艺表演、九峰山妇女农业专业合作社联合社揭牌仪式、摄影比赛颁奖、打糍粑、捉鱼趣味活动等节目。

（江泽亮）

九峰镇领导班子成员名单

党委书记：马建民
党委副书记、镇长：
　　赵平平（女）
人大主席：王献栋
党委副书记、综治信访维稳中心主任：吕晓华
党委副书记：谭云能（—8月）
党委委员、副镇长：邓鸿平
党委委员（宣传）：雷林亮
党委委员、武装部部长：扶国军
党委委员、纪委书记：
　　沈翠琼（女）
党委委员（组织）：
　　廖　宇（4月—）
副镇长：钟高义
　　梁应珠

2020年乐昌市九峰镇村（居）委会基本情况表

表12

序号	村（居委会）	书记	主任	村民小组（个）	总户数（户）	总人口（人）	集体经济纯收入（万元）	农民人均纯收入（元）
1	浆　源	刘建才（—10月）刘根平（10月—）	刘建才	11	374	1558	6.40	15756
2	文　洞	钟远标	钟远标	6	270	1070	3.51	16807
3	茶　料	廖会雄（—10月）罗会忠（10月—）	廖会雄	18	523	2150	6.44	17188
4	联　安	谢立和	谢立和	16	537	2193	10.94	18218
5	坪　石	薛功勇	薛功勇	14	487	1959	11.66	17731
6	三　联	周礼成	周礼成	14	400	1686	24.68	16118
7	横　坑	伍洪波	伍洪波	18	482	2015	6.71	17502
8	上　廊	薛明山（—10月）刘根平（10月—）	薛明山	19	490	1991	8.71	18115
9	小　廊	黄守泰（—10月）黄土根（10月—）	黄守泰	12	433	1825	4.16	16749
10	大　廊	丘寿强	丘寿强	19	553	2200	3.49	16022
11	塱　洞	徐路财	徐路财	12	304	1297	5.92	17564
12	溪　下	张小鹭（—7月）柏火胜（7月—）	钟心良	12	342	1346	4.8	15234
13	九峰街道	黄新华（—10月）徐　耀（10月—）	黄新华	—	395	808	—	—

两江镇

【概况】 两江镇位于乐昌市西北部，距离乐昌市区45千米。东与九峰镇相邻，南与大源镇交界，西与庆云镇接壤，北毗邻白石镇和湖南盈洞乡。全镇辖7个村委会、101个自然村，土地面积130.91平方千米。2020年年末户籍人口1.30万人，其中农业人口6589人，外来人口115人。耕地面积976公顷，粮食播种面积620公顷，粮食产量3624吨。林地面积1.2万公顷，森林覆盖率89.8%，活立木蓄积量82万立方米。自然资源有萤石矿。有21座小水电站，被称为“粤北小水电之乡”。地方特产有黄金柰李、鹰嘴桃、柑橘、西瓜。旅游资源有凰落花谷、月湾古桥、狮子山古楠木森林公园、徐锡勋墓、徐氏宗祠、蔚岭关等。

2020年，全镇农村经济总收入2.71亿元，同比增长7%；地方一般性财政收入1052.5万元，同比增长3.3%；农民人均纯收入16800元，同比增长6.2%。

【农业和农村工作】 2020年，两江镇发展优质水果产业，不断革新技术提高水果品质，打造绿色水果品牌，通过“互联网+农业”模式，畅通水果销售渠道，提高水果经济效益。2020年，全镇水果种植面积1483公顷，其中，柰李483公顷，柑橘733公顷，油桃200公顷，其他品种67公顷。全面开展农村人居环境综合整治，农村面貌初步改善。

【综治维稳】 2020年，两江镇调处各类矛盾纠纷64件，调解成功56宗，剩余8宗处于调解处理阶段；受理办结4宗信访件，联合镇村进行大小排查12次。

【新时期精准扶贫精准脱贫工作】 2020年，两江镇开展8次合计31天的扶贫调研，家居环境提升28户，教育补助105人，全额资助贫困户购买基本医疗保险及符合条件的贫困户购买基本养老保险。脱贫退出216户586人。

【社会主义新农村建设】 2020年，两江镇推进新农村示范建设，完成凰落和曹家洞两个贫困村省级新农村连片示范建设项目，普乐村、上长塘村新农村示范村建设项目于2020年8月完工。加强人居环境整治，开展“百日攻坚”“三清一改”“齐动手，共创建”等村庄清洁行动，7个行政村均达到干净整洁村的标准，打造3个美丽宜居村（曹家洞、凰落、上长塘）。拆除农村破旧泥砖房524间、10700平方米。推进农村“厕所革命”，完成农村无害化卫生户厕48个，文明公厕累计建成29个；完成拆旧复垦面积2.49公顷。

【发展特色产业】 2020年，两江镇造林面积130多公顷，生态公益林补贴按时发放到位，林业经济效益和环境效益进一步提高。开展“一村一品、一镇一业”工作，发展优质水果、茶叶等产业，结合农村电商畅通销售渠道，提高果农收入。

【镇区建设】 2020年，两江镇持续推进镇街“139”提升工程，制定两江镇规划编制，两江农贸市场整治取得初步成效。镇标准化水厂建设项目接近完工，管线全部接通。镇区污水处理厂主体工程基本完工。

【农村农业基础设施建设】 2020年，两江镇完成镇区标准化水厂建设项目，全域自然村集中供水工程第一批28个工程主体基本完工、第二批集中供水工程完成规划设计。拓宽并硬化茶坪至白石公路，农村出行条件不断改善。融资公路硬化共计19千米，对13处乡村道路塌方和掏空点的修复，方便群众生产生活。镇级文化站升级达标稳步推进，完善相关活动室和功能室，基本满足镇区群众的精神文化需求。

【农村合作医疗】 2020年，两江镇城镇居民医疗保险参保缴费11120人，参保率99.8%，城乡居民养老保险参保5252人，完成率92.45%。新增城镇就业63人，城镇登记失业率控制在3.5%以内。低保、五保生活补助均按时足额发放到位。

【文教卫工作】 2020年，两江镇镇中小学阶段辍学率控制在“零”。完善教育基础设施建设，完成两江中心学校运动场改造。开展广东省慢性病综合防控示范区创建工作。通过成人文化技术学校，开展2场电商培训，培育农村实用人才。落实“三奖一扶”、生育登记、再生育审批等政策。

【计划生育】 2020年，两江镇出生人口146人，出生率10.37‰，死亡率5.33‰，自然增长率5.04‰。

【打造生态旅游】 2020年，两江镇支持生态休闲旅游发展，打造“赏花摘果”的旅游品牌，融入乐昌全域旅游格局，举办“中国农民丰收节”两江分会场活动。完成狮子山古楠木森林公园建设，发挥自然生态资源优势，挖掘蔚岭关、徐氏宗祠等人文景观价值，推动生态休闲旅游发展。

【造林绿化】 2020年，两江镇开展绿化植树活动，造林155公顷。抓好春节、清明、火灾高发期森林防灭火工作，建立17人的护林员队伍，加强护林巡查。增配防灭火装备，购买防火头盔30个、防火手套30双、开路柴刀30把、救火探照灯5个、油锯1把，设立3个森林防火检查站。

【党建工作】 2020年，两江镇有13个基层党组织，其中5个党总支，发展党员7名，其中5名是农村党员。开展民情夜访、乡村夜话活动，走访农户264多户，收集解决群众难题105个。

【精神文明建设】 2020年，两江镇开展“优秀家训进家庭”“讲文明树新风”“崇德向上，敦风化俗”等主题活动，获评2020年乐昌市妇联系统“家越美 粤幸福”项目工作先进集体；集中力量推进农村人居环境整治、新农村建设，打造3个美丽宜居村。

（谢斯琪）

两江镇领导班子成员名单

党委书记：沈家和
党委副书记、镇长：黄元勇
人大主席：黄 彪
党委副书记：邓军强
陈明华
党委委员、副镇长：谭小峰
党委委员、宣传委员：龚尤东
党委委员、组织委员：邹 智
党委委员、武装部部长：邓茂松
党委委员、纪委书记：张伙明
副镇长：白田媛（女）
黄 勇

2020年乐昌市两江镇村委会基本情况表

表13

序号	村（居）委会	书记	主任	村民小组（个）	总户数（户）	总人口（人）	集体经济纯收入（万元）	农民人均纯收入（元）
1	普 乐	罗水华	罗水华	18	824	2967	193.85	15710
2	凰 落	陈家强	陈家强	12	523	1964	38.81	15183
3	岐 乐	罗福招	罗福招	13	392	1285	31.93	15395
4	上 斜	徐双堂	徐双堂	12	487	1912	31.85	15427
5	上长塘	李伟强	李伟强	19	636	2243	30.31	15576
6	曹家洞	曹会庭	曹会庭	17	553	2241	10	15160
7	茶 坪	唐寿生	唐寿生	10	220	954	23.73	15378

大源镇

【概况】　大源镇位于乐昌市中部，东与北乡、九峰、两江三镇相连，南与乐城街道办事处毗邻，西与梅花镇交界，北与坪石、庆云两镇接壤，武江河、京广铁路、广乐高速公路贯穿境内。2020年辖9个村（居）委会、78个自然村，全镇土地面积329.93平方千米。年末户籍人口11007人，农业人口2213人，外来人口0人。耕地面积607.78公顷，粮食播种面积531.2公顷，粮食产量3330吨。林地面积23278.37公顷，森林覆盖率87.65%，活立木蓄积量219.12万立方米。是全国白毛茶基地、茶叶之乡。2020年“一村一品、一镇一业”（茶叶）专业镇。地方特产有茶叶、蜂蜜、黄姜、烟熏腊肉、腊肠、走地鸡等，旅游资源有大源镇菖蒲塘森林公园、乐昌峡湿地公园、“乐昌峡”库区、湖洞革命老区、“燕子岩”溶洞、蜂蜜生产基地等。

2020年，全镇生产总值0.29亿元，同比增长3.3%。地方一般公共预算收入0.01亿元，同比下降15%。农村常住居民人均可支配收入15692元，同比增长7%。

【农业和农村工作】　2020年，大源镇“一村一品、一镇一业”项目资金使用进度100%。完成政策性水稻保险购买任务301.13公顷，政策性玉米182.13公顷，投保率100%。完成2020年689.15公顷耕地地力保护补贴发放和2021年690.28公顷耕地地力保护补贴面积申报及公示工作。完成全镇9个经济联合社及77个经济合作社的农村集体经济组织登记赋码工作和清产核资工作。指导全镇9个经济联合社、77个经济合作社制定资产量化方案、制定章程、进行户内成员虚拟股份（份额）登记以及股权证的打印工作。

【综治维稳工作】　2020年，大源镇排查民间矛盾纠纷67件，其中林地矛盾纠纷宗36，其他矛盾纠纷31宗，调解成功66件。开辟扫黑除恶宣传专栏10版、大型户外广告牌4块、户外宣传牌18个，悬挂横幅90余条，粘贴宣传海报200余张，覆盖辖区内9个村委会；开展“无毒社区”创建工作，召开禁毒专题会议5次，举行大型禁毒宣传文艺会演2次，开展禁毒入村入户宣传活动4次，禁毒宣传覆盖到9个村委会，发放禁毒宣传资料5000余份。要求精神病患者监护人落实监护责任，签订监护协议书，为精神病患者本人购买保险。是年，全镇完成精神病患者监护人补助申报工作，100%患者本人购买保险。

【新时期精准扶贫精准脱贫工作】　2020年，大源镇有贫困户169户459人，包括一般贫困户99户337人，低保户51户102人，五保户19户20人；其中省定相对贫困村永济桥村17户63人，分散贫困户152户396人，有劳动能力贫困户共108户363人。经驻村、驻镇工作组成员入户核查，村级公示、镇级公告，确定大源镇所有贫困户均达到脱贫标准。大源镇扶贫办组织驻镇工作组完成2019年20户贫困户的“幸福工程”验收工作，为每户贫困户申请奖补资金5000元，合计10万元；对2020年19户完成“幸福工程”的贫困户进行奖补，合计9.2583万元，督促完成新秦2户无房户的危房改造新建工作；完成4户贫困户家居环境提升工作；向27户贫困户发放白毛茶苗29150株和46户贫困户发放油茶苗14050株；向79户贫困户发放各类肥料合计460包；为14户脱贫不稳定和未退出户签订肉猪代养代销协议，确保贫困户的脱贫质量。举行茶叶技能培训、粤菜师傅技能培训、黄姜种植等培训，提高贫困户的技能水平。为8名贫困户人口提供公益性岗位，为56户70人申请8.1万元就业奖补。

【社会主义新农村建设】　2020年，大源镇拆除破旧泥砖房2836间，100618.98平方米，实现应拆尽拆。拆后进行资源整合，完成墩子村下张组集中建设生产生活用房约20间410平方米。截至2020年12月，完成户厕改造任务122户，申请奖补117户，户厕完成率100%。2020年9月底，完成永济桥村公共服务中心建设任务，总投资121.8万元。完成全镇11个20户以下自然村污水处理设施建设。

【发展特色产业】　大源镇企业乐昌市绿茗茶叶有限公司有茶叶生产、加工等有机认证农产品5项；乐昌市湖洞茶场有限公司有茶叶生产、加工等有机认证农产品3项，该公司“粤源白毛茶”被评选为广东省名牌产品（农业类）；乐昌市绿乐源农产品专业合作社有蔬菜植物生产等有机认证农产品32项。2020年，乐昌市茶源茶叶专业合作社成功申报广东省“一村一品、一镇一业”项目，专项资金使用进度85%。乐昌市绿茗茶叶有限公司和墩子村合作社（乐昌市创联种养殖专业合作社）联合成功申报2021年申报广东省“一村一品、一镇一业”项目。

【民营经济】 2020年，大源镇共认定镇级农民专业合作社示范社4家，分别是乐昌市绿乐源农产品专业合作社、乐昌市茶源茶叶专业合作社、乐昌市郑家埂农业专业合作社和乐昌市大源利来种养专业合作社；拥有2家乐昌市龙头企业，为乐昌市绿之源农业科技有限公司和乐昌市湖洞茶场有限公司；有1家韶关市级示范合作社，为乐昌市绿乐源农产品专业合作社；有2家韶关市示范级家庭农场，为乐昌市远华家庭农场和乐昌市大源镇志彬家庭农场。

【农村农业基础设施建设】 公路建设 2020年，大源镇新改造道路11条，硬底化建设里程共计20.516千米，应急清理Y626、Y681主干线塌方5处，修复公路涵洞2处，修复破损路面约5千米。

医疗设施 大源镇9个村委会的卫生站全部建设完毕。

养老设施 桥头村申请建设农村养老服务“幸福计划”居家养老服务站。

文化建设 保证9个村级综合性文化服务中心的正常运作，定时按时向群众开放。

民主健全 推进村委会的人大联络站建设，设置独立办公室、联络员，购买基本办公设备，确保该镇镇级人大中心联络站能及时受理群众反映的问题。

【农村合作医疗】 2020年，大源镇开展城乡低保、社会救济、五保供养、扶残助残等工作。全年完成城乡居民医疗保险参保9171人，完成率100.02%；城乡居民基本养老保险参保人数4420人，城镇新增就业45人，完成率100%，城镇失业人员再就业30人，完成率100%；就业困难人员实现就业3人，完成率100%。

【教育】 2020年，大源镇有小学教学点1所，位于桥头村，学生人数47人，教师11人。大源镇联系社会帮扶力量进行帮扶，11月，深圳市吉尊玛慈善基金会“OTO助学圆梦计划”项目对大源镇19位困难家庭的子女进行资助；12月，韶关市科技局、韶关市科技馆联合市科协科技志务大队到大源镇桥头小学开展“科技大篷车进校园”活动，进行物资捐赠。

【文化】 2020年，大源镇文化站在九福兰花公园举办“迎中秋、庆国庆”户外拓展活动及趣味运动会；联合镇农业、扶贫等部门在湖洞村举办“庆丰收、迎小康”暨茶叶主体烹饪比赛；组织人员参加乐昌市“农商行杯”男子篮球赛、乐昌市第四届徒步运动活动等活动。联合镇农业办等部门在墩子村举办精准扶贫产业帮扶技能培训班、黄姜病虫害防治技术培训班等，共培训200余人次。

【卫生】 2020年，大源镇每月开展2次爱国卫生运动，做好无烟单位创建、慢性病防控、钉螺监测及开展病媒生物防治、韶关市卫生村创建等工作，组织相关部门对全镇的病媒生物进行检查，发现问题现场解决，有效控制传染病的发病率。向村民讲解爱国卫生运动知识，发动群众参与预防传染病、重大疾病，自觉摒弃不讲卫生、随地吐痰、乱扔杂物的不良习惯和不文明行为，培养讲卫生、爱清洁的良好风尚。2020年，大长滩村被评为“韶关市卫生村”创建村。

【计划生育】 2020年，大源镇总户籍人口11243人，已婚育龄妇女2116人，出生人口129人，其中一孩44人；二孩59人；三孩及以上26人。

【党建工作】 2020年，大源镇与韶关学院政法学院签订党建共建协议，到华南研学教育基地开展主题党日活动。12月中旬，推进村“两委”换届工作，9个村推选45名支委委员（含9名支部书记），其中11名为新进支委。2020年，全镇党员发展指标7名，发展7名党员，均为农村党员；应转正党员9名，转正9名。

【精神文明建设】 2020年，大源镇成立新时代文明实践所1

个、新时代文明实践站9个、新时代文明实践点5个，累计投入经费5万元，新时代文明实践志愿服务总队由5人上升至50人，村级志愿服务队有63人。是年，大源镇新时代文明实践志愿服务总队共开展政策理论宣讲20次，环境保护志愿活动6次，邻里互助活动2次，健康教育宣传1次，“我们的节日”活动3次。依托新时代文明实践服务站、点等阵地，通过宣传栏、绘制文化墙、电子显示屏、海报等多元化的宣传手段，营造邻里和睦、团结互助、文明和谐的浓厚氛围。

（何瑞琪）

大源镇领导班子成员名单

党委书记：邹　亮
党委副书记、镇长：
张　青（女）
人大主席：罗招良
党委副书记：邝玉红
谢城美
党委委员、副镇长：
杨嘉锋（—4月）
吴　东（4月—）
副镇长：张其彬（—4月）
杨俊飞（6月—）
蒋中永
党委委员、纪委书记：邓晓辉
党委委员、组织委员：
李红翠（女）
党委委员、武装部部长：肖锦琦
党委委员：黎　雅（女）

2020年乐昌市大源镇村委会基本情况表

表14

序号	村	书记	主任	村民小组（个）	总户数（户）	总人口（人）	集体经济纯收入（万元）	农民人均纯收入（元）
1	永济桥村委会	钟森明	钟森明	7	179	625	106.60	14850
2	大长滩村委会	张　帆	张　帆	10	237	727	11.28	11692
3	小滩村委会	谢永城	谢永城	12	95	285	9.47	10875
4	水源村委会	陈春伟	陈春伟	9	220	846	13.41	12179
5	新秦村委会	何茂升	何茂升	9	164	1178	8.12	10063
6	泗公坑村委会	丘朝光	丘朝光	8	293	1293	10.54	11531
7	墩子村委会	张永传	张永传	7	122	540	13.69	12780
8	桥头村委会	张宗林	张宗林	8	168	540	11.82	11987
9	湖洞村委会	丁城林	丁城林	7	120	562	12.63	12374

坪石镇

【概况】 坪石镇位于乐昌市西北部，毗邻湖南省宜章、临武、汝城县，南距乐昌城区33.75千米，北距湖南省郴州市70千米。京珠高速公路、广乐高速公路、国道240线、535线、107线在镇内交会，京广铁路纵贯全镇，是广东省北部的重要交通枢纽和重要边贸城镇，是省内外和南来北往物资的重要集散地。历史上曾被誉为广东八大重镇之一，素有“广东北大门、岭南第一镇”之称。2020年，辖25个村委会、4个居委会、256个自然村，总面积271.47平方千米。年末户籍人口54950人，农业人口35896人，外来人口20076人。耕地面积3893公顷，粮食播种面积1297.87公顷，粮食产量8222吨。林地面积2.5万公顷，森林覆盖率76%。2020年，全镇地方一般公共预算收入11559.47万元。地方特产有天堂生姜、水牛湾无花果等。旅游资源有金鸡岭、“7011”工程景区等。年内，坪石镇人民政府获得乐昌市人民政府“2020年市重点建设项目责任单位先进单位”荣誉称号；坪石镇人大办获得“乐昌市人大常委会新闻信息工作优秀单位”荣誉称号；坪石镇妇联获得乐昌市妇联“家越美粤幸福”项目工作先进集体、“小额贷款工作先进集体”、“妇女大病救助工作先进集体”、“基层组织建设先进集体”、“实施妇女儿童发展规划先进集体”荣誉称号。

【农业和农村工作】 2020年，坪石镇做好农村集体产权制度改革工作，农业办对全镇281个村级、组级农村集体经济组织实行赋码登记、资产量化，其中灵石坝一、二、三组实行农村集体经济份额量化，量化总资产6.18万元；完成全镇9615本股权证打印、资料归档及制度上墙工作。做好耕地地力保护补贴面积申报工作，累计补贴面积34392.74亩，受益7493户。做好农产品质量保障工作，每月开展检测的农产品在40例以上，全年检测农产品528份。做好农技推广培训，针对农村妇女、种养大户、家庭农场、农民专业合作社等农业主体开展4场农技培训，累计培训120人次。开展春耕生产督导工作，全镇种植早稻640公顷、玉米480公顷、各类蔬菜14.67公顷、黄烟113.33公顷，完成2020年度政策性水稻、玉米参保申报工作，全镇参保面积1228.27公顷。承接农村宅基地审批工作，接收申请12份，实地勘查8户。2020年，全镇分别注射猪口蹄疫疫苗4567头剂，占应注射数的100%；注射小反刍兽疫疫苗380头剂，占应注射数的100%；注射H5亚型和H7亚型禽流感疫苗73665羽，占应注射数的100%；注射牛羊口蹄疫疫苗490头剂，占应注射数100%。2020年，全镇累计入场查验肉猪4994头，开具动物检疫合格证明（动物B）386份，瘦肉精检测猪只约360头（份），无发现染病动物及动物产品。开展消毒灭原及病死畜禽无害化处理工作，及时对病死畜禽进行无害化处理，全年无害化处理非正常猪只数量56头，共计6场（次）。开展“三无”船舶巡查工作，对滞留武江河存在安全隐患的“三无”船舶进行集中清理整治，集中处理6条“三无”船舶，渔民自行处理40余艘。

【综治维稳工作】 2020年，坪石镇开展社区矫正工作及刑满释放安置帮教工作，接受社区矫正人员181人，累计解除156人，安置帮教人员 45人。强化“一村（居）一法律（顾问）”工作，法律顾问共接待服务对象465人次，接受咨询378人次，上门提供服务37次。禁毒工作站接收107名社戒社康人员，建立一人一档档案，减轻吸毒人员对社会和家庭的危害。悬挂6块大型户外宣传牌、12块专题宣传栏、扫黑除恶横幅210条，发放张贴各类海报110张，各村（居）委会自制标语287条。进村入户，面对面直接宣传，组织志愿者、社团、文艺队开展多种形式的宣传活动，印发5000份扫黑除恶宣传资料、1.8万份禁种铲毒宣传资料、8000份“平安三率”宣传资料、3000份“平安三率”调查问卷，发放宣传品（袋子、扇子等）2600份。通过市“12345”政府服务热线受理488宗；通过韶关市信访业务管理系统受理信访38宗，有29个大网格，网格系统录入网格化事件4911宗。

【新时期精准扶贫精准脱贫工作】 2020年，坪石镇有建档立卡贫困户583户1697人，2020年度全镇脱贫1户4人，脱贫率100%，贫困户583户1697人退出，11个省定贫困村全部达到出列标准。2020年，坪石镇党政一把手主持召开会议专题研究脱贫攻坚工作21次，党委书记和镇长围绕贫困村生产生活条件、新农村建设、贫困户安全饮水、安全住房、家居环境提升等开展扶贫专题调研共计48天。全年坪石镇党委书记落实遍访贫困户制度走访278户，各村党支部书记分别完成遍访，完成率100%；2020年，到位扶贫资金771万元，资金使用率100%。2019—2020学年坪石镇建档立卡贫困学生在校生353人，落实教育补助353人。2020年坪石镇建档立卡贫困户583户1697人，其中因病致贫贫困人口364人。应参加基本医疗保险和大病保险1697人，实际政府全额资助参加1697人，参保率

100%。财政全额出资帮助贫困人口购买城乡居民基本医疗保险和大病保险，落实率100%。建档立卡贫困人口实现定点医疗机构住院和门诊特定病种医疗报销人次574人次，其中符合标准应落实定点医疗机构住院和门诊特定病种医疗救助人次574人次，救助率100%。建档立卡贫困人口普通门诊医疗报销人次446人次，其中符合标准应落实普通门诊医疗救助人次446人次，救助率100%。完成11户贫困户危房改造工作（其中无房户10户、本级兜底1户）。坪石镇11个省定贫困村20户以上自然村104个，均完成集中供水，完成率100%；水质经县级以上检测部门检测合格，基本解决坪石镇贫困人口安全饮用水问题。全镇无劳动能力贫困户187户288人，其中纳入五保49户52人，纳入低保138户236人，所合计纳保率100%。全镇16—60周岁非在校生建档立卡贫困人口共932人，全部参保，参保率为100%。全镇60周岁及以上贫困人口共有368人，享受养老待遇368人。坪石镇组织开展种养技能培训，提高种养技能，增加贫困户收入，坪石镇在家务农贫困户229户，产业带动229户，产业带动率100%。坪石镇有意愿务工贫困劳动力337人，实现就业337人，就业率100%；有劳动能力建档立卡贫困人口724人，参加实用技能培训或转移就业培训人员共724人，培训率100%。开发公益性就业岗位34个，实现公益性岗位就业贫困劳动力34人，公益性岗位就业率100%。创办扶贫车间3个，其中在岗贫困户8人。2020年坪石镇消费扶贫采购消费总金额共102.1167万元。2020年，坪石镇举办扶贫干部脱贫攻坚扶贫政策和业务知识的测试和镇工会开展办理“消费扶贫爱心卡”工作；坪石镇脱贫攻坚工作共在27家媒体上报道90次，其中在县级媒体报道31次、县级以上媒体报道59次。坪石镇单位干部职工积极参与办理消费扶贫爱心卡，通过个人消费扶贫产品助理消费扶贫，办理数达到145人。坪石镇及帮扶单位干部职工消费扶贫总金额共172646.7元。

【新农村建设】　2020年，坪石镇纳入改厕范围户数6198户，完成改成无害化卫生户厕数477户，利用厕所革命奖补政策实施建设公厕数1座。全镇各村清理村巷道乱堆乱放1863处17428.8吨，清理房前屋后和村巷道杂草杂物、积存垃圾2122处7236.5吨，清理沟渠池塘溪河淤泥、漂浮物和障碍物823处6319.4吨；拆除危、旧、弃房、废弃猪牛栏、露天厕所茅房7424间221413.4平方米，拆除乱搭乱建违章建筑36处，拆除非法违规商业广告、招牌131处，清除违规小广告700余处。全镇排查泥砖房10740间275773.24平方米，其中破旧泥砖房4893间136000.4平方米，完成拆除4816间134040.4平方米，完成率98.56%。2020年，省际廊道新农村项目共79个。

【发展特色产业】　2020年，坪石镇拥有“三品一标”的单位有6家，涉及雪毛鸡、无花果等9个农产品。乐昌市坪石镇林新连家庭农场被认定为2020年广东省省级示范家庭家场，生产基地面积达13.33公顷，主要种植橘子、桃、西瓜等特色农产品。完成2021年“一村一品、一镇一业”项目申报工作，共申报无花果标准化种植与加工，皇帝柑、葡萄标准化生态栽培示范基地建设，稻田养鱼标准化建设与品牌提升推广项目等4个项目。分别与乐昌市雪毛农业发展有限公司、乐昌市运龙农业发展有限公司签订“一村一品”专项资金监管协议。

【镇区建设】　2020年，坪石镇启动古街实施省新型城镇化城镇提升工程项目（一期），立项总估算3247.69万元，实施总投资2500万元，完成老街段建设内容为老坪石街道2千米三线下地项目、老坪石农贸市场改造项目、老坪石1.5千米国道人行道项目、广同会馆附近107国道4条支线路面改造、107国道一楼外立面、广告牌整治提升项目及登峰街、森下坪步行街的路面改造、排水设施改造及亮化、老坪石边贸城的路面改造、排水设施改造等工程建设。完成镇区街道亮化项目，肖家湾湿地公园，金鸡小学地下人行通道，河西大道绿化提升等镇区建设提升工程。开展路域整治行动对G107、G240、G535沿线违规搭建厂棚、广告牌进行整治。完成华南教育历史研学基地项目一期项目定友图书馆改造、广同会馆修复、小剧院建设、铁岭文学院改建，华南教育历史坪石研学基地之武阳司村国立中山大学法学院办学旧址保护与更新项目进场施工；完成华南教育历史坪石研学基地之坪石老街街道建筑立面风貌整治项目可行性研究报告的编制。完成国道535、240沿线美化、绿化、亮化项目，建设完成金鸡岭后山旅游公厕、老坪石107国道红绿灯建设项目、河西大道人行道建设项目等民生事项。

【农村农业基础设施建设】 2020年，坪石镇万亩耕地拥有农机动力达到2020年乐昌市万亩耕地拥有农机动力的80%以上。坪石镇主动承担高标农田建设任务，配合协调处理村民矛盾纠纷。开展巡查，落实后期管护责任，全年未发现故意损毁工程设施的情况。

【农村农业合作医疗】 2020年，坪石镇城乡居民基本医疗保险参保目标任务数为41005人，参加城乡居民医保40198人，完成率98.03%。

【教育】 2020年，坪石镇制定“奖教奖学”工作方案，出资10万元对镇区各学校和老师进行奖励，用于奖教奖学调动学校和教师的积极性，提高教育教学水平。开展春秋季学校食堂及周边食品安全检查，共下达责令改正通知书3份，监督意见书35份。开展高考前食品安全专项检查，对乐二中高考考点食堂以及校园周边食品经营单位共下达监督意见书3份，在高考期间对食堂所用食品原料进行快检23批次。

【文化】 2020年，坪石镇搭建服务平台，在东莞大朗镇的帮扶下进行升级改造，文化站有1000平方米的对外服务场所，图书室、电子阅览室、书画创作展览室、培训室、舞蹈室、健身活动室、老年人棋牌室、儿童乐园，功能室达到二级文化站数量，拥有图书量超过1万册。落实免费开放措施，每周免费开放时间51.5小时，错时开放时间19小时。在全镇29个村建立综合性文化服务中心，按照“1个文化活动室、1个文体活动广场、1个农家书屋、1个电子阅览室、1个文化及广播器材”的标准实现全覆盖。为25个村配备文体协管员。举办春联送万家、“三八”妇女节、清明节祭奠英烈扫墓活动、端午节包粽子等“我们的节日”系列活动、送戏进农村进社区系列活动、2020年农民丰收节文艺演出等，深化坪石镇文化品牌活动；开展文化市场检查，不定期对书店、网吧、KTV和学校周边进行检查，确保文化市场平安稳定。

【卫生】 2020年，坪石镇落实防控新冠肺炎疫情工作。开展重点疫区返乐昌人员排查，先后对湖北、北京、浙江温州、深圳、汕尾、云南瑞丽、新疆等疫情防控重点地区到坪石镇人员开展排查，排查核实上级疾控部门反馈、村居提供信息近千条；开展出租屋排查，共排查出租屋586间，排查租住人口1484人；开展全员健康排查，共排查镇辖区人口74066人。全年共排查出重点人员管控对象253人，实施医学观察251人。完善乐昌市创建广东省慢性病综合防控示范区建设工作，配合乐昌市政府完成创建工作验收。落实2020年度无偿献血工作，2020年9月4日组织干部、群众参与坪石片无偿献血活动，完成乐昌市分配的无偿献血任务。

【计划生育】 2020年，坪石镇全年出生人口420人，政策生育率84.05%，多孩率19.29%。全年办理一孩生育登记219人次，办理二孩生育登记248人次，办理再生育审批32人次。

【打造生态旅游】 2020年，坪石镇做好华南教育历史坪石研学基地建设工作。开展中山大学、培正培道联合中学、岭南大学农学院、中山大学五七干校、省立仲恺高级农业职业学校、国立华侨第三中学、省立高级工业职业学校等办学旧址的可移动文物和不可移动文物普查和登记造册工作，进行挂牌保护80多处。一期EPC项目四大纪念地基本完成主体工程。定友图书馆项目、长尾洞社区体育公园（一期）篮球场、足球场项目完成建设。亚南书舍、《资本论》与中国经济教育历史陈列馆于7月1日正式开馆对外开放、管埠村国立中山大学师范学院历史陈列馆于9月3日正式开馆。武阳司国立中山大学法学院旧址3间古建筑、三星坪国立中山大学工学院旧址10间古建筑、三星坪朱氏宗祠及沈氏门楼（门楼二）的修缮。三星坪沈氏门楼（门楼三）修缮完成90%，陈宗南旧居修缮完成60%，铁岭文学院遗址修缮完成95%。成功举办华南教育历史研学基地（坪石）韶关千名学生研学首发团活动、2020年南粤古驿道定向大赛第一站（乐昌坪石）大型赛事活动、华南研学“七一”主题党日活动暨探寻历史的足迹活动。

【党建工作】 2020年，坪石镇落实村级“头雁”工程、“青苗”培养工程，共培养储备村级后备干部87人，其中村党组织书记后备人选58人。依托镇委党校及村级分教点、现代远程教育等平台载体定期开展培训。专人帮带培养，每名后备人选确定一名党员干部进行培养。在镇“后备人选微信交流群”推送有价值的资讯信息展开学习。对后备人选参加学习培训、实践锻炼、完成工作任务和考核奖惩等情况进行全程纪实，开展定期谈话。积极参与疫情防控、森林防火等实践锻炼后备干部237人次。打造标准的服务阵地，完善办公场所。2020年，坪石镇8个村级公共服务中心建设任务完成建设6个。开展党员志愿服务，疫情期间共391名党员参与镇疫情防控一线工作中。推动在职党员到社区开展志愿服务，2020年坪石镇社区开展活动129次，累计参与党员1191人次。做好直联、双“113”工作，全镇29个驻点团队走访户数12969户，收集涉及国土城建、医疗社保、党建村务、农业生产等方面群众反映问题33条，解决问题24条。开展好“乡村夜话”和“民情夜访”活动。镇领导干部职工利用傍晚或晚上群众在家闲暇时机通过“民情夜访”活动共走访群众864户，解决问题78个。

【精神文明建设】 2020年，坪石镇党委理论学习中心组集中学习13次。落实理论学习新要求，用好学习强国学习平台，全镇1832名党员中有1421名在手机上下载“学习强国”APP，覆盖率超过70%，动员近1500名非党员下载学习强国。开展铁路沿线环境综合整治专项行动，加强文明村镇创建工作，指导各村开展文明建设活动和资料整理，11个省定贫困村建成乐昌市文明村，14个非贫困村铺开文明村创建工作，完成向乐昌市递交创文、未成年人思想教育工作的整套资料。开展星级文明户评选和报送乐昌好人、韶关好人工作，1638户被评为乐昌市星级文明户，大罗家罗镇海被评委韶关好人，金鸡小学陈德云、坪南路朱娥玉被评委乐昌好人。要求各村居对宣传栏定期检查上报，整改印有国家领导人头像的宣传栏23处。对镇村（居）微信、QQ工作群进行摸底登记。对“7011”景区涉及林彪宣传的内容全部整改到位。完善信息发布审核制度，把团结稳定鼓劲、正面宣传工作落到实处。强化网络安全保障，加强网上舆情引导，对群众反映的问题和诉求，做到及时回应处理，全年回复网络舆情22宗。

（肖桃容）

坪石镇领导班子成员名单

党委书记：邓新建
党委副书记、镇长：邓勇健
人大主席：王重华
党委副书记：刘良华（—7月）
何金锭（女）
党委委员、副镇长：白英辉
党委委员、纪委书记：扶治和
党委委员：朱君水
潘　廷
文福才
沈忠明
邱锦萍（女）
张　鑫（女，4月—）
邓光勇（4月—）
副镇长：谭文斌（—3月）
余梅锋（4月—）
罗云峰（7月—）
张　鑫（女，—4月）

2020年乐昌市坪石镇（街道）村（居委会）基本情况表

表15

序号	村（居委会）	书记	主任	村民小组（个）	总户数（户）	总人口（人）	集体经济纯收入（元）
1	皈　塘	李松田	李松田	21	552	2070	77434

续表

序号	村（居委会）	书记	主任	村民小组（个）	总户数（户）	总人口（人）	集体经济纯收入（元）
2	京　口	李红亮	李红亮	9	247	955	179332
3	新岩下	范红生	范红生	12	272	1019	73983
4	金　鸡	吴剑伟	吴剑伟	10	1194	1952	31300
5	灵石坝	谢广雄	谢广雄	7	710	1389	148364.18
6	罗家渡	李继林	李继林	9	312	1144	180997
7	田　头	李小林	李小林	12	345	1437	68398
8	长排寮	余冬才	余冬才	6	146	528	88024
9	河　丰	廖书明	廖书明	5	503	2112	43149
10	大罗家	罗军祥	罗军祥	11	364	1480	66784
11	天　堂	邓法良	邓法良	18	680	2868	155740
12	转　村	黄俊友	黄俊友	7	182	668	134298.84
13	仁　里	黄月良	黄月良	18	480	1840	151523.11
14	三拱桥	彭林军	彭林军	8	216	927	71396.59
15	武阳桥	肖发旺	肖发旺	7	293	1125	68148
16	白　竹	付军祥	付军祥	6	245	885	81880
17	龙　珠	何新义	何新义	11	293	1193	110240
18	莲　塘	钟新战	钟新战	7	303	917	153280
19	陈家坪	赖洪茂	赖洪茂	10	401	1322	109120.6
20	吴　塘	罗国辉	罗国辉	7	236	1132	26080
21	三星坪	肖军生	肖军生	13	454	1651	164729.21
22	神　步	范飞生	范飞生	9	357	1190	82245
23	百家洞	郑显飞	郑显飞	7	244	1187	87969
24	武阳司	沈春明	沈春明	14	715	2649	209034
25	肖家湾	黄运强	黄运强	13	645	2256	114565.42

续表

序号	村（居委会）	书记	主任	村民小组（个）	总户数（户）	总人口（人）	集体经济纯收入（元）
26	群众路	吴　菲	吴　菲	9	4447	6896	—
27	坪南路	杨玉蓉	杨玉蓉	10	4346	7034	—
28	劳动路	廖　峰	廖　峰	7	2111	2833	—
29	老　街	裴后亮	裴后亮	5	1907	2291	—

三溪镇

【概况】　三溪镇位于乐昌市西北部，东面与坪石接壤，南、西、北三面与湖南省的宜章县交界。2020年辖8个村委会，86个自然村。2020年年末户籍人口1.27万人，农业人口10727人，外来人口537人。全镇土地面积113.3平方千米，其中耕地面积14074公顷，粮食播种面积199.33公顷，粮食产量1392吨；林地面积9469公顷，森林覆盖率76.97%，活立木蓄积量255857立方米。地方特产有红薯干、豆腐乳、红柚。旅游资源有谢家塘古村落遗址、浪头古戏台遗址、龙门塘古屋遗址、座马岭双鹤亭等文物古迹；还有乐昌花鼓戏、青蛙狮、渔鼓等广东省非物质文化遗产保护项目，是全国广东省非物质文化遗产传承基地。2020年全镇生产总值1.15亿元，同比增长1.03%；地方一般公共预算收入1264.3亿元，同比减少58.38%；农村常住居民人均可支配收入13465元，同比增长8%。

【新时期精准扶贫精准脱贫工作】　2020年，全镇有建档立卡贫困户196户578人，实现贫困户全部脱贫，省定贫困村全部出列。全年完成使用扶贫资金335.42万元，支出进度100%。其中投入10.42万元为12户脱贫不稳定户发放产业帮扶物资肉猪45头，用于扶持贫困户发展养殖产业，增加贫困户收入。全镇无劳动能力贫困户62户89人，全部纳入低保、五保政策兜底。全镇196户贫困户全部纳入基本医疗、大病医疗保障范围，16岁以上60岁以下非在校贫困人口全部全额资助购买城乡居民基本养老保险。继续实施四季攻势“两不愁、三保障”、饮水安全大排查工作，解决存在的突出问题。

【新农村建设】　2020年，三溪镇推进农村破旧泥砖房“清拆用”工作，排查破旧泥砖房2603间约5万平方米，拆除2140间约4.3万平方，完成率84.9%。开展泥砖房拆后绿化美化建设工作，其中产业发展1.4万平方米，建设公共服务设施550平方米；落实拆旧复垦工作，2020年第一批石村村、神前岭村、白露塘村拆旧复垦立项2.21公顷；第二批石村村、神前岭村、仕坑村拆旧复垦立项2.19公顷。投入5739万元实施新农村建设项目109个，竣工109个，完成验收项目109个，完成结算项目76个。推进三溪镇农村“厕所革命”工作，全镇厕所革命户厕改造建设数253座，完成建设247座，奖补申报175座，奖补申报资金17.5万元。推进污水设施建设项目，全镇建设污水处理设施43个村，完成建设终端21个，20户以下污水处理全面开工。

【人居环境综合整治】　2020年，三溪镇统筹市镇村三级资金完善全镇长效保洁工作机制，明确责任单位和责任人，细化各村小组卫生责任区域，组织镇村干部开展爱国卫生运动，对沟、渠、塘、道路边、房前屋后进行清理。督促环卫公司按照扫、清、管三步措施，对全镇主次干道、环卫中转站、垃圾桶等关键点进行清洁，实行“全天候、全区域、全方位”保洁消毒，垃圾日产日清。加大环境卫生专项整治力度，清理重点部位、重点地带、重点场所的环境卫生，清除病媒滋生地。对镇区人群聚集的公共场所进行清洁、消毒和通风，对公共交通工具进行消毒，加强对圩日的环境治理，通过社区消防车对镇区、卫生院、学校、敬老院等场所不定期消毒。

【基层党建】 2020年，三溪镇完成党群服务室建设41个，常态化督导已建好党群服务室村开展“三个一”活动（一次集中学习活动、一次宣传活动、一次实践活动）。三溪村党群服务中心完成扩建，石村村党群服务中心新建计划完成造价预算。镇党委书记带头开展“民情夜访”活动，全年累计夜访次数56次，走访群众67户，解决问题42个。

【综治信访维稳】 2020年，全镇受理信访案件9宗，办结8宗，其中处理跨省纠纷1宗。网上办理“12345”政府诉求32件，全部信访事项均及时受理并按期办理，没有发生一起因工作失责引发的重大群体性事件和重大信访事项；落实“三个一”工作制度，全镇8个治安联防队每日开展巡防，全年排查小隐患45起、平息小诉求21件、调解小纠纷65件、协破案件1起。推进“雪亮工程”建设，新增探头，扩大村委会、村小组视频监控的覆盖面，治安隐患点和辖区主要路段特别是进出湖南的路口做到覆盖率100%。继续与湖南宜章县、栗源镇等相邻镇签订《睦邻友好协议》，共同维护边界稳定。落实精神障碍患者监护人44名，协助监护人88名，实现监护人协议签订率100%，精神障碍患者监护责任补偿保险投保率100%。

【扫黑除恶专项斗争】 2020年，三溪镇开展扫黑除恶专项斗争宣传活动，开展送法下乡活动1次，送法进校园2次，送戏下乡8次，发放宣传资料8000余册。是年，摸排受理涉黑涉恶线索1条，已办结。

【民生保障】 2020年，三溪镇做好低保户105户、196人，五保户32人、大病救助6人、事实无人抚养儿童4人等弱势群体核查工作，做到应保尽保、应退则退。改善敬老院的基础设施，完成敬老院供暖一体化建设，提高敬老院工作人员的综合素质和服务水平。落实残疾人“两项补贴”政策，投入20万元建设完成镇区残疾人康园中心，为残障人提供学习娱乐场所，辅助残障人员恢复健康。完成全镇城乡医保参保10608人，完成率100.65%。完成全镇社保扩面50人，完成率100%。城乡居民养老保险新参保122人，累计参保5525人，参保率100%。做好医保征收结报工作，解决农民因病致贫问题，全年服务群众完成城乡医保报销158人次。

【镇村基础设施建设】 2020年，三溪镇启动镇区道路白改黑项目，自筹资金135.6万元，对镇区内1.8千米道路进行沥青路面改造，打造陈家塘至仕坑最美景观路段，沿路种植中国红、乐昌含笑、樱花、黄花风铃木等景观植物，完成谢家塘至雷打岭、塘背至桐木水以及小石至天堂坪共5.65千米道路硬底化建设，完成板家坝至白露塘和陈家塘至仕坑8.51千米道路扩宽硬化项目建设。代表乐昌市接受韶关市“136”路长制考核，获得优秀等次及奖励资金200万元，奖金用于完成三溪至丫告岭全长5.2千米“畅返不畅”路面改造工程；建设加快标准化自来水厂建设，完成设备的安装与调试并投入使用；推进农村安全饮用水工作，第一批全域自然村饮水工程29个工程点动工建设，第二批全域供水34个工程点完成初步设计；申报三溪镇水系联通示范镇项目，进行初步测绘并纳入项目库。落实现代化电网建设，投入20余万元建设永兴10千伏环网电路建设，形成市区供电和镇区供电双环网线路，保障镇区在遇到线路故障时紧急用电的需求，加快户表更新建设，完成更换省定贫困村智能电表1300块、智能模块1100块。

【安全生产】 2020年，三溪镇对重点领域、重点企业和重点部位加强监管，防止重大安全事故发生，全镇辖区范围内未发生一例生产安全、消防安全和食品安全事故。签订各类责任书75份，构建齐抓共管，层层落实的工作格局。发放“安全生产月”“消防安全常识”宣传材料400余份，张贴海报宣传30余张，组织辖区5家企业对员工进行安全生产安全培训，提高群众的安全生产和消防安全的意识。加大专项整治力度，及时消除各类隐患。

◆2020年9月28日，乐昌市“中国农民丰收节”三溪镇活动现场

（三溪镇　供）

成立安全检查组定期对辖区内中心学校、敬老院以及5家企业、30家“三小”场所等进行全面安全生产和消防安全检查，重点整治消防设施、器材、标志等，排查隐患24处，下发整改5处，整改率100%。

【森林防火】　2020年，三溪镇成立野外用火管理联合执法队，启动护林员巡山护林制度，包片负责巡山护林。设置森林防火临时检查站、宣传点8个。全年悬挂森林防火横幅65条，张贴标语480条，发放宣传资料7000份，出动宣传车40次，小型摩托车宣传车1000多次，全年处理违规野外用火案件4宗，共处罚金3000元。全面排查火灾隐患点，登记造册重点管理，特别防护期蹲点看守，连续2年实现特别时期山林火灾零事故。

【水务“三防”】　2020年，三溪镇完成全镇3个水库、3个电站“三防”责任书的签订，落实管理责任，明确管理制度。印发三溪镇、村、组三级山洪灾害防御预案共98份，明确灾害防御职责，防灾救灾注意事项，组织各村进行“三防”演练。组织镇、村工作人员对全镇独居老人、留守儿童及伤残人员等特殊群体进行摸排，落实特殊群体临灾转移的“四个一”工作机制［“每户一对接”转移责任、“每村（居）一台账”转移清单、“每镇（街）一张网”转移体系、“每灾一行动”转移启动机制］。落实“三防”值班值守制度，完善交接班制度，明确值班职责，对“三防”信息系统的各类信息及来电做到指示有落实，要求有答复，确保责任落实到人。

【科教文卫】　2020年，三溪镇中心学校2020年中考7人被乐昌一中录取，该校被评为全国足球特色学校。完成文化站二级站的评估升级工作，投入2万元建设分站，免费开放面积达到800平方米。加大“非遗”宣传影响力度，组织“非遗”团队参加2020年“文化和自然遗产日”“非遗”宣传展示活动和2020年南粤古驿道定后大赛演出；“非遗”传承人创作的戏曲《乡村好医生》获得2019年度广东省群众文艺作品评选三等奖。9月，举办“中国农民丰收节”暨“庆丰收、迎小康”主题活动。做好健康基础工作，家庭医生签约率100%；开展“三减三健”巡讲9场，参与人数400余人。做好计生三奖对象补贴发放，节育奖58人，家庭奖43人，伤残奖4人，做好动态更新。

（张芷茵）

三溪镇党政班子成员名单

党委书记：吴伟标
镇　　长：丁　琦
人大主席：杨宏华
党委副书记：龚云亮（女）
　　　　　　贺卓华
党委委员、副镇长：张伟清
党委委员：张宗荣
党委委员、武装部部长：何红金
党委委员、纪委书记：王元根
党委委员：雷云龙
副镇长：吴荣斌
　　　　陈　强

2020年乐昌市三溪镇（街道）村（居委会）基本情况表

表16

序号	村（居委会）	书记	主任	村民小组（个）	总户数（户）	总人口（人）	集体经济纯收入（万元）
1	三　溪	邝德寿	邝德寿	8	660	2005	3.11
2	大坪头	邝贤忠	邝贤忠	7	320	1237	7.11
3	车头园	邝国六	邝国六	10	505	1907	4.65
4	丫告岭	何良章	何良章	7	287	1112	10.37
5	神前岭	邓贵祥	邓贵祥	12	402	1636	2.52
6	石　村	邓广祥	邓广祥	12	471	1822	8.76
7	白露塘	何元庆	何元庆	13	318	1325	6.82
8	仕　坑	何红金	何红金	17	420	1681	8.82

梅花镇

【概况】 梅花镇位于乐昌市西北部，东邻大源镇、南与云岩镇相连、西与秀水镇和湖南省宜章县栗源镇相隔、北与坪石镇连接，京港澳高速、乐广高速、国道240线（坪乳公路）、国道535线（乐梅公路）贯穿境内，是“梅寮四地”（梅花、秀水、沙坪、云岩4个镇的简称）经济、文化、交通中心。2020年，全镇辖17个行政村、1个居民委员会、215个自然村。辖区土地面积197.77平方千米。耕地面积1853.3公顷，粮食播种面积1534公顷，粮食产量6.6万吨。林地面积14180.4公顷，森林覆盖率69%，活立木蓄积量141240立方米。自然资源有锡矿。地方特产有梅花猪、花生豆腐、子姜辣椒、黄烟、无公害绿色蔬菜、紫心薯、香花梨（沙梨）等。旅游资源有梅花红七军烈士纪念碑、万古金城、韩泷祠、仙人岩等古迹；有位于韶关市旅游名村深塘村的百臻生态农业园，生态园是一处集休闲、餐饮、购物、住宿于一体的乡村旅游胜地，获“中国森林养生基地”、粤港澳大湾区“菜篮子”生产基地等称号；有位于坪溪村的金山温泉、大坪村的桥背温泉；有“红色革命老区”大坪村和“游击革命老区”流山、大富村；有明清古建筑群大坪杨家寨、深塘古子坑古村等。每年2—3月间，有极具观赏价值的万亩油菜花海。年末户籍人口6.1万人，其中农业人口5.5万人，外来人口0.6万人。2020年，全镇生产总值9.5亿元，同比增长3%；农村常住居民人均可支配收入15928元，同比增长7%。

【优化农业产业结构】 2020年，梅花镇发展特色农业项目。完成2个2019年“一村一品”验收工作，成功申报碧春晖油茶项目等2个2020年“一村一品”项目，申请流山村油茶种植项目等4个2021年“一村一品”入库项目；乐昌市梅花镇培云蔬菜基地、乐昌市梅花镇莓花蔬菜基地、乐昌市百臻生态蔬菜基地3个蔬菜种植基地通过广东省“菜篮子”基地初评；梅花镇大坪村（蔬菜）、深塘村（水稻）2个村被广东省农业农村厅认定为首批省级“一村一品、一镇一业”专业村；梅花镇（蔬菜）被认定为第二批省级“一村一品、一镇一业”专业镇。完成加强高标农田建设。高标准农田建设项目涉及梅花村等7个村，8月动工建设，项目建设总规模1600公顷，总投资3600万元，主要建设内容有修建排灌渠道29千米，修建田间道路47千米，配套建设过路涵、机械跨渠盖板、人行桥等小型水工建筑物。推进农村集体产权制度改革工作。梅花镇股权成员证共12925户，完成农村集体经济组织登记赋码工作。推动非洲猪瘟防控及动物防疫工作。做好防疫物资的发放、动物检疫合格证明的检疫开票工作，累计发放疫苗2150瓶、消毒粉2307包，检疫生猪1317头、禽类920羽、兔子1100只。举办2020年第三届乐昌市中国农民丰收节梅辽四地分会场庆祝活动，吸引数千名梅辽四地群众参与和观摩。

【人居环境综合整治】 2020年，梅花镇安排专项资金用于村庄清洁行动，发动社会力量参与村庄清洁行动。制定印发《梅花镇农村卫生长效保洁工作实施方案》，建立有制度、有标准、有队伍、有经费、有督查的村庄人居环境管护长效机制。是年，全镇有村级保洁员229人，镇级中航环卫公司保洁员27人、管理人员1人，垃圾清运车6辆、垃圾桶1802个，垃圾清运215个村小组全覆盖。持续清理整治破旧泥砖房，共清理整治破旧泥砖房6121间，清理整治面积189487.59平方米，清理整治破旧泥砖房示范村草家坪村申请并完成拆后复绿美化项目。大富村通过广东省卫生村验收，石带、关春村通过韶关市卫生村验收。

【农村基础配套设施】 2020年，梅花镇协助市住管局推进47个村小组PPP村级污水处理建设，大坪村上坪组等11个村小组完成终端设施和主管网建设。推进“厕所革命”工作，卫生户厕建设任务129户，建成118户；卫生公厕建设任务5座，基本完工。

【新农村建设】 2020年，梅花镇完成大坪村王家、墩里村小组新农村建设项目、大坪村杨家寨村道建设项目、大坪村新一组综合性文化场所设施建设项目、鹿村村鹿村组新农村建设项目、鹿村村竹子塘组新农村建设项目5个新农村建设项目。

【重点项目】 2020年，梅花镇推进“139”镇（街）整治提升工作，投资1300万元实施的第一期项目乐昌市梅花镇镇街提升项目（主干道提升工程），建设内容为镇区国道240线（坪乳公路）两侧，含人行道建设、停车场建设、绿化美化及小型休闲公园建设，工程进入收尾阶段。完成镇街绿化美化亮化工程、镇街停车场建设工程、镇街门户标志标识节点、文体中心建设工程、公厕改造门户。完成老旧小区改造项目，项目占地总面积3200平方米，建设范围为梅花镇区沿溪路即梅花中心卫生院周边，主要建设内容及规模为道路扩宽及白改黑、停车场建设、排水渠修建、文体公园改造以及其他配套设施建设等内容。实施坪石—梅花自来水扩网工程，该项工程由市水务局牵头，项目总投资6727.74万元，从坪石河西水厂至梅花乐梅水厂敷设管道线15.56千米，预计2021年2月完工并通水，工程建成后可向梅花镇供水规模达7855.7立方米/日，解决梅花镇镇区及周边村庄约3.1万人的用水问题。完成农光互补发电综合利用项目，引进乐昌市金扬100兆伏农光互补发电综合利用项目落户流山村（该项目跨梅花、沙坪2个镇），该项目总投资5亿元，总装机容量91000千瓦，总面积240公顷，年发电量8000万千瓦时，预计可年上缴税收900万元。实施潜江—韶关输气管道工程，梅花段征（租）地约14.5千米，完成14千米征（租）地工作。新建梅花烟叶工作站，工作站位于梅花镇政府附近（G240公路旁），规划设计年收购量1万担，仓储能力5840担的烟叶工作点，8月底建成并投入使用。

【新时期精准扶贫精准脱贫工作】 2020年，梅花镇完成全镇贫困户402户1079人脱贫任务。是年，完成韶关市、乐昌市扶贫考核和贫困户遍访问题整改，为104户贫困户发放电视机并为无电视信号的贫困户安装卫星电视信号，为79户贫困户开展家居环境提升“幸福工程”并通过镇级验收，为贫困户发放肥料、猪苗、鸡苗、玉米等生产物资。

【污染防治】 2020年，梅花镇做好河长制工作，完成8条河道巡查工作，共巡查300余人（次），有效解决群众普遍关注、影响城乡环境的河道水面脏乱差现象，提升河道景观水平和改善城乡人居环境；加强森林资源管护和野外用火管理，落实森林防灭火工作“23条”，提高森林火灾综合防御能力，在重点林区、重点路段、公路沿线、风景区设置和刷新醒目的森林防火警示牌及横幅400余幅，张贴森林防火海报480份，制作文明祭祀及禁止野外用火音频，通过村委大喇叭、护林员、宣传车进行巡回广播宣传，组建综合执法队，对野外违规用火严格执法，是年，共处理12起野外违规用火，行政拘留3人、警告8人；落实环境监管网格化，每村设立环保监督员，对所在区域内的群众居住地、河流、企业等环境进行巡查，做好环境污染的防治工作以及协助上级环保部门做好调解工作。

【补齐民生事项短板】 2020年，梅花镇完成重度残疾人护理补贴发放729人（每人每月235元）、困难残疾人生活补贴295人（每人每月175元）、殡葬火化46例；入户核查低保、特困及未脱贫建档立卡贫困对象“两不愁”“三保障”情况，共入户410户，其中低保344户、特困66户；申报残疾人辅助器具14人，扶残助学5人。完成高龄老人津贴生存验证、低保、五保、困难群众等各类医疗救助、二次救助和临时救助申请等工作。完成全镇298名正常离任村干部信息采集、系统上报工作。完成适龄残疾儿童少年入学工作，是年全镇有适龄残疾儿童少年77人，其中缓学1人、送教上门19人、特殊教育学校就读9人、普通学校随班就读35人、残疾程度严重生活无法自理和居住在外地等其他情况者13人。推进梅花敬老院消防整改工作，完成简易喷淋安装、报警系统升级等。完成镇级行政区域界线勘定工作，牵头完成秀水—梅花线和梅花—大源线的界线勘定，配合完成坪石—梅花线和梅花—云岩线的界线勘定。做好2021年村“两委”换届民主测评工作，7个村委会完成村主任补选。开展普通公路路长制“136”行动，新修建坑口至禾地坳等8段公路，合计18.45千米，其中“四好农村公路”13.51千米；完成梅花红七军烈士纪念园梅花树种植绿化，大富村、铜山村党群服务中心建设，梅花镇社区康园中心建设项目。完成梅花镇第七次全国人口普查工作。举办第十届“和谐杯”篮球赛。完成文化站升省二级站硬件设施打造，综合文化站设施健全，管理规范，实现全年免费对外开放。在计生大楼增设2个文化站分站，面积约300平方米。

【综治维稳】 2020年，梅花镇排查登记矛盾纠纷62宗，化解52宗；受理“12345”热线诉求工单134宗，按时回复117宗，剩余17宗办理中，来访13宗，办理12宗，1宗办理中。全镇未发生重大公共安全事件和重大群体性事件，无重大治安事故，无重大安全事故发生，群众安全感、政法工作满意度、平安创建知晓率得到提高。

【禁种铲毒】 2020年，梅花镇对辖区内易制毒场所开展重点排查及管控，加强精麻药品的管制工作，与重点场所、单位签订禁种铲毒责任书，和各村居、村小组签订禁种铲毒责任告知书，与往年重点人员签订禁种铲毒承诺书；租用无人机、组织镇村干部对田野、废旧房屋、山间地头进行全方位、零死角地毯式排查；联合公安机关对辖区内快递寄投行业突袭检查，切断毒品传播途径；开展对吸毒人员的查处收戒行动。是年，梅花镇开展户外百人以上禁毒宣传活动6次，派发禁种铲毒倡议书800份，组织涉毒人员帮扶培训2次，走访慰问涉毒贫困家庭12人次。梅花镇在册吸毒人员23人，其中社区戒毒人员18人，社区康复人员5人。

【乡镇街道体制改革】 2020年，梅花镇推进乡镇街道体制改革工作。8月，共接收财政所、林业站、农技站、畜牧站转隶人员16名（事业编13名、参公人员3名），整合资源重新挂牌成立党政综合办公室、人大办公室、党建工作办公室（组织人事办公室）、纪检监察办公室、公共服务办公室、综合治理办公室、综合行政执法办公室、规划建设办公室、应急管理办公室、农业农村办公室等10个部门；重新挂牌成立乐昌市梅花镇财政所、乐昌市梅花镇公共服务中心、乐昌市梅花镇退役军人服务站等3个事业编制部门。

【新冠肺炎疫情防控】 2020年，梅花镇通过在各村（社区）

及主要交通路段设立检查站、组织专业队伍开展全员全覆盖的健康档案登记排查工作、推广“粤康码”、开展爱国卫生大运动、采取对重点地区返梅人员隔离监控、筹集保障防疫物资等一系列疫情防控保障措施，完成疫情防控工作。

（邝　琴）

梅花镇领导班子成员名单

党委书记：颜昌松（—12月）
　　　　　卢保新（12月—）
党委副书记、镇长：林俊仪
人大主席：付仙保
党委副书记：罗增平
　　　　　　李　挚
党委委员、武装部部长：温则东
党委委员：朱小兵
党委委员、纪检书记：张剑平
党委委员：林玉明
党委委员、副镇长：赖　锋
党委委员：李增清
　　　　　吴　瑜（女，4月—）
副镇长：谭先文
　　　　官竞敏

2020年乐昌市梅花镇村（居委会）基本情况表

表17

序号	村（居委会）	书记	主任	村（居）民小组（个）	总户数（户）	总人口（人）	集体经济纯收入（万元）
1	关春村	吴进明	吴进明	27	1486	6518	6.4
2	三和村	李木新	李木新	13	1029	4591	3.5
3	梅花村	邓永增	邓永增	26	1890	11077	3.9
4	流山村	陈凤玲	陈凤玲	13	782	3424	3.6
5	大富村	范美养	范美养	9	643	2670	3.7
6	鹧鸪塘村	吕金河	吕金河	11	935	3954	4.5
7	谭司村	杨帮珠	杨帮珠	10	565	2580	3.3
8	大塘边村	杨利民	杨利民	4	301	1339	7.4
9	石带村	余新辉	余新辉	6	498	2151	3.3
10	马糍湖村	饶远平	饶远平	9	438	1817	2.9
11	清洞村	罗志辉	罗志辉	9	477	2039	3.3
12	鹿村村	叶济群	叶济群	2	335	1405	3.3
13	铜山村	刘春石	刘春石	11	689	3026	3.0
14	坪溪村	杜忠友	杜忠友	17	729	3095	6.5
15	大坪村	杨文星	杨文星	20	1052	4610	5.7
16	深塘村	余勋炉	余勋炉	21	1318	5614	3.3
17	石溪村	李福林	李福林	7	520	2261	3.3
18	梅花居委会	邓光源	邓光源	1	822	5398	0

秀水镇

【概况】 秀水镇位于乐昌市西北部，东连梅花、云岩镇，南邻沙坪镇，西、北两面与湖南宜章县栗源、关溪交接，是典型的石灰岩地貌区域。2020年，辖10个村委会、77个自然村。年末户籍人口2.11万人，其中70%的人口外出务工。全镇土地面积56平方千米，其中耕地面积866.67公顷，林地面积3866.67公顷。自然资源有煤炭、石灰石等。地方特产有黄糍粑、花生豆腐、山地鸡、皇帝柑等。旅游资源有大竹山森林公园、朱家村紫阳书院等。2020年，全镇工农业生产总值22494万元，固定资产投资完成1500万元；农村经济总收入完成17602万元，同比增长5.3%；农村常住居民人均可支配收入14862元，同比增长19%。

【农业和农村工作】 2020年，秀水镇以生态发展镇为区域发展定位，抓好蔬菜、特色水果、油茶、山地鸡等特色农业发展，其中特色水果有贡柑、脐橙、香瓜、鹰嘴桃。鼓励扶持农业专业合作社的发展，形成“龙头企业+合作社+基地+农户”的产业化经营模式。有农民专业合作社和家庭农场共60个，2020年申报1家省级示范合作社。

【综治维稳】 2020年，秀水镇收到群众网信来信来电来访等信访案件（系统）5宗，受理调解各类矛盾纠纷23起，调解成功22起，调解终结1起；采取多形式、多渠道，对公民常用的法律法规进行宣传，累计发放各类法治宣传资料3000余份，制作20余条宣传横幅、2个大型电子宣传栏。

【新时期精准扶贫精准脱贫工作】 2020年，秀水镇有贫困户255户756人，其中：一般贫困户123户433人，低保贫困户115户306人，五保贫困户17户17人；无劳动能力户90户165人；残疾户119户138人。截至2020年年底，秀水镇255户贫困户756人全部脱贫退出。

【文化】 2020年，秀水镇文化站进行整体搬迁，完成省二级文化站的升级达标工作，文化站集文明大讲堂、图书阅览室、电子阅览室、多功能培训厅、棋牌室、健身室、心理辅导室、陈列室于一体；开展“粽叶飘香庆端午”主题活动和“2020年关爱老人 欢声笑语庆中秋”主题活动，服务群众约450人。

【精神文明建设】 2020年，秀水镇各村参与乐昌市精神文明创建活动，共提交县级文明村申报材料10份。开展星级文明户评选活动，共评选出54户家庭为星级文明户。

【基层党建】 2020年，秀水镇完成6个村委会党群服务中心的新建、扩建、改建工程，完善规范镇委党校及各村分教点的建设；实施头雁工程、“青苗培养”工程，对10个村党组织书记进行理论及业务培训和党性教育3次，各村党组织与后备人选集体谈话2次，通过参加“疫情防控”“森林防火”等实践锻炼160次，组织后备干部集中培训2次；抓好村“两委”换届工作，2020年通过前期逐村深入调研，形成“一村一策”，10个村党组织完成选举。

【新农村建设】 2020年，秀水镇推进农村人居环境综合整治工作，铺开“三清、三拆、三整治”，通过将农村生活垃圾清运外包给中航环卫公司进行统一清运并建立相关保洁员制度，提升全镇乡村风貌；完成污水处理厂土建工程、绿化装饰、机电设备调试和入厂道路硬化，铺设污水收集主管网5708米；2020年完成户厕改造101户，完成公厕建设计划数32座，实现正常通水通电，卫生长效维护；推进秀水镇农贸市场经营环境整治提升、冲里村小组示范村建设、饮用水水源保护区和饮用水源地标志设立规范建设等项目。

【镇区建设】 2020年，秀水镇投资26万余元完成镇政府前广场道路硬化及相应的亮化工程；完成镇区道路“白改黑”建设；完成镇区标准化自来水厂建设，实现秀水、西河、田心3个村委会扩网集中供水。

【卫生】 2020年，秀水镇共计聘请58名保洁员维护77个自然村环境卫生；悬挂卫生宣传横幅24条，固定卫生宣传碑28块。黄金洞村、何家冲村被韶关市爱国卫生运动委员会授予“韶关市卫生村”称号。

【护林防火】 2020年，秀水镇进行森林消防演练2次，固定森林防火宣传碑40块，悬挂森林防火宣传横幅120条，出动车辆进行森林防火巡山宣传9000余架次；通过强化火源管理、严格执行值班制度等举措，确保秀水镇在2020年无山火发生。

【特色农业产业】 2020年，秀水镇确定特色主导产业数量、发展规模和空间布局，在东部秀水、何家冲、芳塘、大罗岭4个村委会种植贡柑和鹰嘴桃，中部西河、田心、消山3个村委会种植脐橙，西部黄金洞、中排、大竹山3个村委会种植油茶，使特色农产品生产逐步向优势产区集中，向配套设施完善、生产条件好、发展潜力大、优势明显的区域集中，逐步形成专业化生产格局。

（曾列韦）

秀水镇领导班子成员名单

党委书记：邝贤松
党委副书记、镇长：
李月明（9月—）
朱裕超（—9月）
人大主席：李月明（—9月）
党委副书记：丘秀娥（女）
骆学文
党委委员、副镇长：刘盛盛
党委委员、武装部部长：李格志
党委委员、纪委书记：邓德文
党委委员、组织委员：
邝丽红（女）
党委委员：叶　聪
副　镇　长：赖　海
张展聪

2020年乐昌市秀水镇村委会基本情况表

表18

序号	村（居委会）	书记	主任	村民小组（个）	总户数（户）	总人口（人）	集体经济纯收入（万元）	农民人均纯收入（元）
1	秀　水	丘冬香	丘冬香	9	891	3810	5.4	14670
2	西　河	邝火明	邝火明	12	723	3112	2.4	16530
3	田　心	朱君华	朱君华	12	715	3215	3.65	15090
4	黄金洞	张志平	张志平	5	320	1313	2.64	13070
5	芳　塘	陈世菌	陈世菌	6	457	2015	3.8511	15420
6	大竹山	陈聪华	陈聪华	5	246	1126	2.7	14730
7	中　排	彭春杏	彭春杏	6	290	1254	2.8080	14200
8	大罗岭	张群文	张群文	6	340	1670	2.7	14840
9	消　山	张宗泉	张宗泉	10	446	1922	3.4054	15310
10	何家冲	王土才	王土才	6	352	1692	2.4	12940

沙坪镇

【概况】 沙坪镇位于乐昌市西南部，东、南两面与乳源瑶族自治县交界，西面与湖南省的宜章县关溪乡、笆篱镇毗邻，北面连接秀水、云岩镇，距乐昌市区60千米。辖雷家窝、沙坪、马子坪、关山、山坪、柘洞、茶园7个村委会和1个八宝山林场，86个自然村。2020年年末户籍人口2.4867万人，农业人口2.0077万人，外来人口1031人。全镇总面积146平方千米，其中耕地面积1579.582公顷，粮食播种面积404.6公顷，粮食产量3031吨。林地面积6445公顷，森林覆盖率70%。沙坪镇是粤北最典型的石灰岩贫困山区，属于喀斯特地貌，地理环境特殊，有“七分石头三分地”“一个斗笠盖块地”之称。主要特产有土榨花生油、辣椒、花生豆腐、山地玉米鸡、土鸡蛋、番薯干等。有八宝山森林公园、西京古道等名胜古迹。年内，沙坪镇山坪村王蒙家庭获得韶关市文明家庭称号。2020年，全镇地方一般公共预算收入1206.16万元，同比下降59.80%。农村常住居民人均可支配收入14612.74元，同比下降4.14%。

【农业和农村工作】 2020年，沙坪镇建立1家供销社助农服务中心、7个科技示范户、8家村级益农信息社，实现科技示范、农业信息服务行政村全覆盖。做好土地确权勘误工作，截至2020年年末，沙坪镇收集土地确权勘误信息80条。2020年，沙坪镇创业致富带头人黄先凤被评为广东省“优秀创业致富带头人”、乐昌市“最美创业致富能手”。

【信访维稳】 2020年，沙坪镇建立20个综治网格，覆盖下辖的7个村和86个自然村，“综治网格化”覆盖率100%。镇综治信访维稳中心开展48次矛盾纠纷排查，受理和调处矛盾纠纷共87宗，办结85宗，反馈率100%，办结率97%。对吸毒人员施行重点管理、跟踪帮教等措施。是年，沙坪镇登记在册吸毒人员61人。

【三大攻坚战】 2020年，沙坪镇打好脱贫攻坚战，通过产业扶贫、就业扶贫、消费扶贫、保障性扶贫等帮扶政策，帮助建档立卡贫困户270户798人实现全面脱贫。完成45个扶贫项目资产管理确权工作，录入“三资”系统。打好防范化解重大风险攻坚战，防范化解安全生产风险，加大安全领域资金投入，落实安全生产双主任责任制；防范化解社会领域风险，构建社会矛盾纠纷多元化解机制，依法处理信访诉求，打击信访活动中的违法犯罪行为。打好污染防治攻坚战，打好“青山、蓝天、碧水、净土”四大保卫战，确保生态环境质量持续向好。以创建国家森林城市为契机，完成公益生态林种植666.67公顷。

【新农村建设】 2020年，沙坪镇做好破旧泥砖房拆除工作，对各村的泥砖房、破旧危房、废弃猪牛栏和露天厕所等泥砖房进行拉网式排查，7个村共排查13957间291291.22平方米，截至2020年年末，拆除破旧泥砖房4087间89186.25平方米。推进无害化户厕改造工作，对59户村民住宅进行无害化户厕改造。推进农村生活污水处理工作，镇级污水处理厂完成主体工程建设。推进农村房屋安全隐患排查整治工作，对存在重大安全隐患的农村房屋，及时采取措施，防止发生安全事故。截至2020年年末，共排查房屋2753间。

【农田基础设施建设】 2020年，沙坪镇落实属地责任，配合乐昌市农业农村局实施完成2020年高标准农田建设项目。该项目建设涉及该镇所辖的7个行政村，共建设高标准农田1706.67公顷，修建衬砌渠道2.34千米，修建机耕路63.23千米。

【农光互补光伏发电综合利用项目建设】 金扬100兆瓦农光互补光伏发电综合利用项目投资主体为阳光电源股份有限公司，其中在沙坪镇投资约4亿元。项目建设位于关山村、沙坪村和马子坪村，涉及11个自然村，600多户农户。项目于2019年9月进场施工，2020年6月正式投产。项目投产后，光伏发电量1亿千瓦时/年，光伏发电产值5500万元/年，增创税收年平均约700万元，总发电25.2亿千瓦时，将减排二氧化碳250万吨，减排二氧化硫7.5万吨，节约标准煤100万吨，减排粉尘57万吨。

【全域集中供水】 2020年，沙坪镇保障饮用水安全，实施全域集中供水工程，解决和改善约17270人饮用水问题。接通东西线输配水管40千米，其中田下村、蟾蜍塘村、太平冲村、迳子里村、青山下村、大塘下村接通进村主管。

【文化】 2020年，沙坪镇做好文化服务工作，文化站文化服务功能室有图书阅览室、文体娱乐室、多功能舞厅、书画室、电子阅览室、老年人活动中心、未成年人活动中心、陈列展览室。投入资金40002.1元购买3572册图书，累计藏书8000册。

【计划生育】 2020年，沙坪镇出生人口306人，政策生育率74.84%，男女出生性别比109.59。计划生育服务证和流动人口管理证的管理与服务实行免费办理，免费孕前服务优生检查、做好避孕药具的发放工作，送药进村入户。

【基层党建】 2020年，沙坪镇委党校开展集中学习33次，培训党员干部1487人次，组织直属党支部到乐昌龙王潭红色教育基地开展"追寻红色印记，牢记初心使命"主题党日活动。推动党建引领扶贫，帮助建档立卡贫困户实现全面脱贫。推行网格化智能管理，完善党建带群建制度，沙坪镇各村实现"一门式，一网式"网格化管理，加强村操作员的业务培训，提升村级便民服务水平。抓好换届工作，沙坪镇于2020年12月24日至25日顺利完成党组织换届选举，全镇7个党支部均一次性选举成功，所有班子成员均实现组织意图，党员参选率86.7%。

（贺　婷）

沙坪镇领导班子成员名单

党委书记：廖远强
党委副书记、镇长：余树晗
人大主席：张锦锋
党委副书记、综治信访维稳中心主任：邓培养（—9月）
党委副书记：宋俊霞（女）
党委委员、副镇长：
　　杨福达
　　黄华光（—6月）
党委委员：李丹华（女）
　　　　　李　龙
党委委员、纪委书记：陈荣标
党委委员、武装部部长：雷智群
副镇长：陈丽琴（女）
　　　　廖永香（女）

2020年乐昌市沙坪镇村委会基本情况表

表19

序号	村委会	书记	主任	村民小组（个）	总户数（户）	总人口（人）	集体经济纯收入（万元）	农民人均纯收入（元）
1	雷家窝村	雷春杵	雷春杵	12	369	1859	29.47	16504
2	马子坪村	张际养	张际养	22	590	2866	29.36	14193
3	沙坪村	廖国华	廖国华	28	806	4173	36.43	12911
4	山坪村	谢炳林	黄好东	19	605	3025	30.44	14935
5	关山村	黄春城	黄春城	24	759	3770	46.11	14193
6	茶园村	潘月华	潘月华	24	864	4455	28.7	15278
7	柘洞村	陈文明	谢金生	25	798	4102	29.03	14445

云岩镇

【概况】 云岩镇位于乐昌市西南部，距乐昌市区55千米，是典型的石灰岩高寒山区，东南部与乳源瑶族自治县大桥镇交界，西南部与沙坪镇相连，西接秀水镇，北部与梅花镇接壤。京港澳（G4）高速公路和国道240坪乳公路及县道357线经过境内。全镇辖9个村委会，55个自然村。土地面积66平方千米。年末户籍人口1.73万人，农业人口16855人，外来人口210人。耕地面积805公顷，粮食播种面积331.86公顷，粮食产量2218吨。林地面积4018.6公顷，森林覆盖率60.3%，活立木蓄积量4.6万立方米。自然资源有钨、锡、砷、铁、煤、石灰石等。地方土特产有雪莲果、红衣花生、紫心红薯、香芋冬瓜、香芋南瓜等有机蔬菜，有机水稻及高山油茶，还有吴茱萸、玉竹、何首乌等优质药材。旅游资源有青莲山法治森林公园、云岩水库、西京古道、观音岩等。2020年，全镇农村经济总收入650万元，同比增长4%；地方一般公共预算收入1310万元，同比增长9%；农村常住居民人均可支配收入13059元，同比增长6%。

【农业和农村工作】 2020年，云岩镇打造绿色蔬菜、高山油茶、优质药材、特色水果和有机大米五大农业基地，以特色黄糍和辣椒酱加工为支撑，打造蔬菜、水稻、油茶、药材、水果及农产品深加工农业基地。成功创建农民合作社省级示范社2家、韶关示范社3家、乐昌示范社6家。乐昌市云岩镇新绿园种养专业合作社、乐昌市瑞祥种养专业合作社成功创建为乐昌市“一村一品”项目，分别获得项目扶持资金100万元和50万元。实现全年种植优质蔬菜和水稻233.33公顷，高山油茶、药材、优质水果累计566.67公顷推进土地流转工作，全镇新增流转土地面积200多公顷，其中有18个合作社和种植大户规范化流转农村承包地经营权累计266.67公顷，涉及农户892户，涉及奖补资金28万元。

提升农业服务工作，推动成立云岩镇农民专业合作社联合社，统筹全镇30多个合作社和家庭农场，推动“公司（合作社）+基地+农户”的产业化模式。参与乐昌市第三届“农民丰收节”梅辽四地分会场活动，宣传云岩特色农产品。推进农村公益事业财政奖补项目建设及国家农业综合开发高标准农田建设项目后续完善工程，抓好烟田水利基础设施建设和基本农田保护金的资金使用情况监督。抓好植保、防疫、统计和农产品质量安全工作。

【基础设施建设】 2020年，云岩镇完成3户无房户贫困户危房改造；推动敬老院后续维护工程建设；推进公厕户厕建设，完成58户户厕改造和新建公厕19座；完成斯茅坪、开封、云岩、祖岭、长塘、出水岩6个行政村15个自然村纳入第一批全域自然村集中供水工程，申报2021年18个自然村纳入第二批全域集中供水工程；督促做好水库移民项目，投资39.84万元硬化长塘村半斤塘公路和下陂村防护栏新建工程，投资52.5万元选家洞村文、谢家巷道和公路硬化工程和饮水管道改扩建等工程；完成寨下到牛塘等3条机耕路共3.6千米公路和祖岭村7千米公路拓宽硬化；完成5个20户以下的自然村污水处理设施建设及管网建设；污水处理厂、废砷矿区综合治理等重点项目全面推进，年内实现完工。

【新时期精准扶贫精准脱贫工作】 2020年，云岩镇坚持党建引领，全面落实镇村两级书记抓脱贫攻坚和遍访贫困户制度，因地制宜落实扶贫政策到村到户到人。市帮扶单位到镇调研指导精准扶贫工作，自筹组织帮扶干部到镇村户指导精准扶贫工作，开展精准帮扶工作。宣传扶贫小额信贷政策，发动引导贫困户参加小额信贷贴息贷款58户，动员贫困户注资参股加入扶贫产业葡萄基地面积2.67公顷，开展种植养殖、就业培训，实现产业扶贫、就业扶贫、金融扶贫“三位一体”助力精准扶贫，“扶智”与“扶志”同步推进，实现177户507人脱贫。

【新农村建设】 2020年，云岩镇开展新农村建设，云岩、开封、出水岩、选家洞4个行政村新农村建设项目第一期工程总计26项目全面完工。开展“三清三拆三整治”工作和推进“厕所革命”，拆旧复垦验收通过1.41公顷、1.84公顷立项实施中。实施村庄保洁委托第三方代理、门前三包及牲畜圈养等制度，村环境卫生及整洁程度得到提升。完成镇污水处理厂及云岩废砷矿区综合整治等项目建设，进一步保护水源和土壤，提升灌溉水源水质，提升农产品质量。

【生态保护】 2020年，云岩镇落实河道保洁属地管理行政首长负责制，建立河道保洁制度，加强对河道水库水面漂浮物的清理打捞；完成石漠化治理碳汇造林86.67公顷，发动干部群众植树造林近千亩，封山育林1000余公顷；筑牢森林防火安全屏障，森林防火基本实现“零火情”；营造天更蓝、山更绿、水更清、环境更优美的生态环境，为争当北部生态发展区高质量发展排头兵奠定坚实基础。

（曾送强）

云岩镇领导班子成员名单

党委书记：罗其桓
党委副书记、镇长：丘永和
人大主席：黄志斌
党委副书记：龚旦强
　　　　　　蔡　东
党委委员、副镇长：廖光荣
党委委员、纪委书记：罗湛华
党委委员（宣传委员）：
　　　　廖艳英（女）
党委委员、武装部部长：陈勇新
党委委员（组织委员）：陈　亮
副镇长：黄志明
　　　　彭道城

2020年乐昌市云岩镇村委会基本情况表

表20

序号	村委会	书记/主任	村民小组（个）	总户数（户）	总人口（人）	集体经济纯收入（万元）	农民人均纯收入（元）
1	石　冲	廖远明	7	445	1269	8.9	12559
2	长　塘	廖来聪	7	491	2437	14.3	12749
3	开　封	余席省	5	235	1140	13.2	13558
4	出水岩	廖永萍	5	317	1498	5.3	12543
5	祖　岭	廖光华	4	232	1115	3.5	12474
6	云　岩	胡云昌	12	1172	4290	16.4	12499
7	选家洞	谢亚荣	9	606	2520	20.4	13759
8	白　蚕	谢聪林	3	168	761	7.4	13588
9	斯茅坪	邱良辉	5	562	2438	10.4	12460

黄圃镇

【概况】　黄圃镇位于乐昌市北部，东与白石镇相连，南邻庆云镇，西壤坪石镇，北面与湖南省宜章县的白石渡镇、杨梅山镇、赤石乡交接，距离乐昌市区97千米，距京珠高速坪石出口27千米、夏蓉高速出口15千米。2020年辖11个村委会、81个自然村，土地面积79.97平方千米，年末户籍人口1.918万人。耕地面积800公顷，粮食播种面积600公顷，粮食产量4154吨。林地面积5778.67公顷，森林覆盖率54.09%，活立木蓄积量254139立方米。黄圃镇素有“板栗之乡”的美称，土特产主要有板栗、优质稻、黄烟、西瓜、香（蜜）瓜、金银花、水晶梨、脐橙、花生、辣椒、油菜籽、油茶等。主要旅游资源有里村碧水洞、应山村“四古”（古村、古桥、古庙、古亭）、“三白虎”（白虎嶂、白虎砦和白虎仙）、石溪古村、紫溪甘棠镇古村、东村欧阳古祠及桃坪革命老区等。2020年，全镇生产总值2.69亿元，同比增长2.1%；地方一般公共预算收入1292.07万元，同比下降20.44%；农村常住居民人均可支配收入14790元，同比增长2.6%。

【综治维稳】　2020年，黄圃镇综治维稳中心受理“12345”等网络问政62件，在规定时间内办理完结。开展扫黑除恶专项斗争宣传活动4次，累计派发宣传资料7000余份。社区矫正对象4人，在管人员4人。通过排查研判，全镇户籍在册吸毒人员71人，高风险1人，中风险22人，低风险48人，强制戒毒2人，行政拘留3人，罚款1人，社区戒毒8人，社区康复5人。镇综治部门牵头，会同公安、计生、民政、残联、卫生院，摸底排查登记精神病患者52人，精神病患者监护人与镇政府签订监护责任书，签订率93%（另有4人长期在外居住），享受监护人补助资金48人，购买韶关市严重精神障碍患者监护责任补偿保险44人；开展对严重精神障碍患者救治救助，移送粤北三院治疗6人、出院2人。推进“红袖章”志愿巡防队伍创建，充实扩大网格员队伍，加强网格治安巡查，全镇建立“红袖章”志愿巡防队12支队伍，有巡防员129人。

【新时期精准扶贫精准脱贫工作】 2020年，黄圃镇建档立卡贫困户共333户821人，五个省定贫困村共231户601人，五个分散贫困村共102户220人，均达到退出标准，五个省定贫困村均达到贫困村十项指标，已按程序退出。

义务教育保障　2020秋季学年黄圃镇贫困户子女义务教育学生应入学80人，入学79人，辍学1人，入学率98.75%。2019—2020学年黄圃镇贫困户子女义务教育学生应入学93人，入学92人，辍学1人，入学率98.92%，应落实教育补贴138人，落实教育补贴138人，发放生活费补助合计43.9万元。

最低生活保障　2020年黄圃镇无劳动能力贫困户151户230人，全部纳入民政兜底保障，落实率100%；全镇16—60周岁非在校建档立卡贫困人口共401人，全部由政府代缴养老保险，落实率100%；全镇60周岁及以上贫困人口共245人，全部享受养老保险待遇，落实率100%。

基本医疗保障　2020年黄圃镇贫困人口全部参加城乡居民基本医疗保险（包含大病保险），定点医院和门诊报销452人次、费用合计177.25万元，救助452人次、费用合计28.54万元，普通门诊报销537人次、费用合计2.01万元，救助537人次、费用合计4.33万元，有医疗报销记录的贫困户享受医疗救助比例100%。

住房安全保障　2020年黄圃镇危房户及无房户改造任务合计8户，全部竣工，发放补助合计32万元，完成率100%。

饮水安全保障　2020年黄圃镇各村基本解决居民安全饮用水问题，相对贫困村20户以上自然村均完成集中供水，水质经县级检测部门检测均合格。2020年黄圃镇对扶贫干部、驻村驻镇干部以及村党组织书记开展专题扶贫培训6次。

产业扶贫　2020年为未退出及脱贫不稳定贫困户17户70人开展生猪代养产业扶持项目，投入资金18.23万元，发放猪苗79头，与公司签订代养协议，年分红收益8%；斗湾、应山、石溪及紫溪四个省定贫困村使用东莞扶贫引导资金合计270万元投入乐昌市昌德兰花有限公司代种代销项目，预计年收益分红8%，收益分配主要用于各村基础建设及改善贫困户生产生活条件；2020年黄圃镇在家务农有劳力贫困户100户，均建立产业项目，均签订产购销合同；2020年创业致富带头人共19人，每个贫困村均有3人以上，指标任务完成率100%。

消费扶贫　黄圃镇参与消费扶贫活动，各帮扶单位开展各类型对口帮扶消费扶贫活动，从对口帮扶村及扶贫电商平台等渠道采购贫困户、贫困村的农产品，与帮扶单位签订采购协议，采购种类包括百香果、大米、花生、西瓜、土鸡等，2020年采购金额合计约21.4万元，涉及贫困户56户；黄圃镇建立电商服务站，五个省定贫困村均建立电子商务公共服务点。

就业扶贫　2020年黄圃镇有务工意向贫困劳动力人员共80人，全部参加就业，全部参加培训，就业率和培训率100%，有健全的就业帮扶台账；全镇有培训意愿人员159人，有就业意向人员全部参加技能培训，培训率100%。黄圃镇公益性岗位贫困户就业人数4人；2020年黄圃镇公益性岗位就业人数4人。2020年1月，梳理出144户贫困户家居环境中主要存在的家居简陋、家居环境差等问题，逐一建立问题台账。

家居环境改造提升　项目费用合计约36万元，分别由挂点帮扶单位、镇政府、村委会三方面共同承担，其中挂点帮扶单位负责总费用50%，镇政府负责总费用20%，村委会负责总费用30%，经过整改，贫困户家庭环境卫生、居住条件均得到改善，贫困户生活质量得到提升，有效巩固全镇脱贫攻坚成果。

【镇区建设】 2020年，黄圃镇不断完善镇区基础设施，成立工作组开展“六乱”和道路畅通整治，缓解道路拥堵状况。配合推进邮政大楼、镇区污水处理厂、猪婆井自来水厂、卫生院门诊住院综合楼、凉桥修复工程等建设项目工作，镇区公共设施得到完善，为“139”镇街提升工程的推进打下基础。

【新农村建设】 2020年，黄圃镇共计81个新农村建设项目，覆盖5个行政村50个自然村（小组），建设内容包括村道、集中供水、综合性文化广场、公厕、巷道、排水沟、污水处理等基础设施建设。项目总投资7500万元，截至2020年10月完工建设项目81个，完成资金支付5591万元。2020年，黄圃镇稳步推进农村人居环境，综合整治工作，做好5个省定贫困村建设项目的工程质量的监督工作及项目验收工作，谋划2021年建设项目。2020年年底，全镇村级污水处理项目完成43个村建设，完成率88%，5个省定贫困村81个建设项目竣工并完成验收。5个非贫困村的31个自然村完成项目设计。申报桃坪村、上东村、玉带村、塘村湾4村小组2021年新农村建设项目。开展“三清三拆三整治”（清理村巷道乱堆乱放，清理房前屋后垃圾、卫生死角，清理沟渠池塘溪河淤泥、垃圾；拆除危旧房、废弃猪牛栏及露天厕所茅房，乱搭乱建、违章建筑、非法违规商业广告、招牌；整治垃圾、污水、畜禽污染）工作，截至2020年全镇累计拆除破旧泥砖房3952间，共计124094.4平方米。投入25万余元专项经费，组织开展4次覆盖全镇10个行政村81个自然村的农村人居环境综合整治村庄清洁行动；全面落实农村卫生长效保洁机制，全镇10个村委会81个自然村落实长效保洁机制，镇村共计投入资金47.6万元，解决长效保洁费用。完成黄圃镇10个村委会，共83个经济合作社农村集体经济产权制度改革工作，全镇确认成员身份数20497人，其中户籍确认成员数17771人，非户籍确认成员数2726人，完成产权证书打印4000余本。加强对农办专业合作社的管理监督工作，对全镇34家农民专业合作社开展日常监督管理工作，2020年有省级示范农民专业合作社1家，省级示范家庭农场1家、县级示范家庭农场5家。加强农产品质量检测，对15家生产食用农产品生产单位的产品进行检测，并将检测数据上传至广东省农产品溯源管理平台。

【农业农村基础设施建设】 2020年，黄圃镇发放耕地地力保护补贴共计103.957万元。申请2021年高标准农田建设项目，新建机耕路5.4千米，改善农业生产生活条件。开展产权制度改革工作：全镇10个经济联合社83个经济合作社开展农村集体产权制度改革工作，2020年年底完成产权制度改革股权成员证打印，全面完成农村产权制度改革工作。依法对东村下东村组非法占用地搭建的违章建筑物强制拆除。

【自然资源】 2020年，黄圃镇开展土地管理工作，打击“非采”活动，发放责令停止违法行为通知书7份、责令改正违法行为通知书1份、限期整改通知书1份。配合开展农村乱占耕地建房图斑核查工作，共计完成1877宗图斑核查工作。

【安全生产】 2020年，黄圃镇开展安全生产集中整治行动，重点在危险化学品、烟花爆竹、建筑施工、交通运输、消防安全、特种设备、人员密集场所等行业（领域），排查消除安全隐患，专项整治期间，全镇负有监管职责的部门通过专项检查、联合检查等方式，共查各类企业单位40家（次），排查出各类事故隐患7项，5家，处罚案件3起，罚款金额6万元。

【劳动和社会保障】 2020年，黄圃镇城乡居民养老保险目标任务7218人，实际完成7292人，新参保缴费58人，续保缴费3977人，待遇资格认证3315人，新享受待遇150人，补办社会保障卡68张，社保卡激活1256人次；城乡医疗保险目标任务14740人，办理正常医保参保缴费14861人，新生儿中途参加医保缴费78人，收集异地住院费用资料243份。疫情期间援助就业，向各村委会推送就业岗位信息10期，提供管理人员、技术工、普工、纺织工、销售员等岗位300余个，达成26个就业意向；建立扶贫就业安置点1处，解决贫困劳动力就业3人次；完成“粤菜师傅”等各类培训任务35人次。接处劳资纠纷事件3起，协调解决3起，未造成群体上访事件。

【文化】 2020年，黄圃镇文化站、村级文化服务中心在疫情期间全部闭馆暂停服务，多次上门发放疫情防控宣传资料，联合工商管理部门，对饭店、旅馆、棋牌室等易聚集场所进行排查并对聚集人员进行劝阻解散。文化站升级准备工作，明确升级为省定二级文化站的工作任务，作出计划方案并按月向上级单位汇报整改进度。补充完善扫黄打非系统中各基层站点信息内容。组织各村级文化服务中心负责人参加广东省文化和旅游公共服务设施管理系统操作视频培训，制作系统填报指南，指导各村填报文化服务中心基本内容。成立新时代文明实践所，吸纳社会志愿者队伍，引领群众参与各类赛事节庆活动。对全镇1个镇级、11个村级综合文化服务中心完善配套设施，提高镇区公共文化服务能力，落实正常工作日、节假日免费开放管理模式，确保文化中心发挥社会效益，真正服务群众。2020年11月5日，在新塘村委会丰田组举办黄圃镇第二届农民丰收节暨首届农民趣味运动会。

【教育】 2020年，黄圃镇有九年一贯制中心学校1所、公办中心幼儿园1所、民办幼儿园3所。

【河长制】 2020年，黄圃镇试点推进规划建设万里碧道，基本完成田头水石溪段杨柳塘村至石溪村1千米碧道建设。科学划定和优化完善黄圃镇城镇供水重点饮用水水源地猪婆井水源保护区，加强饮用水水源保护。全镇81个自然村实现村村通自来水全覆盖，农村生活饮用水水质卫生合格率达到90%以上，5个省定贫困村完成水质提升工作，新增集中供水覆盖人口0.8万人。完成镇区1个污水处理厂建设，全镇完成57个自然村的污水处理建设任务。集中关闭和整治推进规模化养殖污染治理5家，实现按证排污或养殖废水零排放。完善洪水风险管理机制，组织开展江河洪水、山洪灾害、地质灾害及城乡内涝等隐患排查3次，治理隐患5处，完善防洪预案81个，组织开展预案演练2次。加强小型水库安全风险管控，完成新塘水库和甘棠镇水库的大坝安全监测，未发现重大安全隐患。强化黄圃水电站、云杰水电站和应山水电站的安全运行管理，全年开展安全检查10余次，发现隐患6宗，整改6宗。推进河湖“清四乱”常态化规范化，清理河道10余千米，投入人力100余人次，清理建筑垃圾3处，投入资金1万余元开展对涉水域违法捕鱼和非法采砂联合执法行动，集中处理非法捕鱼渔具10件。加强河湖名录、“一河一策”、“一河一档”等河长制基础性工作。通过“广东智慧河长”加强河道巡河效果，全年开展巡河415人次，发现问题1宗，解决1宗。通过电子显示屏、广播喇叭和宣传横幅等各种形式，开展河湖保护教育宣传1000余次。

◆2020年11月5日，黄圃镇第二届农民丰收节暨首届农民趣味运动会在新塘村委会丰田组党群活动广场举行 （邝文平 摄）

【应急管理】 2020年，黄圃镇推进全镇应急广播建设工作，完成符合条件安装应急广播站76个。贯彻落实“韶关市三防十五条”，全年签订镇、村三防责任书11份，山塘水库责任书20份、水电站责任书3份。落实24小时领导带班值班值守制度，强化隐患排查，组织人员对重点区域、重点领域开展巡查检查工作，累计开展各类巡查检查50余次，建立低洼地带转移群众台账85户289人，涉及3个村委会8个村小组，全部落实责任人和安置点。开展汛前物资储备，全镇设有“三防”物资仓库1个和消防和森林防灭火物资仓库1个，各仓库备齐备足各类应急救援物资，确保全镇2020年度平安度汛。

【森林防灭火】 2020年，黄圃镇印发《黄圃镇关于进一步加强森林防火工作的通知》，建立健全森林防火包干包片制度。制定《黄圃镇护林员管理制度》，规范护林员法治化、制度化管理，实行护林员工作实绩考核制度。加大野外用火打击力度，查处野外用火现象30余起，林业行政处罚9起，口头教育20余起。开展森林防火宣传，组织各村委会干部发放《乐昌市人民政府森林防火禁火令》（〔2020〕第1号）6000余份、《黄圃镇2020年清明期间文明祭扫倡议书》5000余份、《清和乐昌 防火为先》防火彩色宣传单4000余份、《乐昌市人民政府森林防火禁火令》（〔2020〕第2号）6000余份、《乐昌市森林防火通告》5000余份、《致全市市民的森林防火公开信》5000余份，在各村（居）委会采取悬挂横幅、张贴标语、电子横幅、村宣传大喇叭、宣传车播报等方式，宣传《韶关市野外用火管理条例》和《禁火令》。

【普通公路路长制】 2020年，黄圃镇制定《黄圃镇普通公路路长制“136”行动方案》，强化责任包干。全镇在册路段75条，进行路段责任包干制，主要路段完成责任包干标识牌，确保每条道路“巡到位、管到位、养到位”。开展日常道路巡查，交通劝导工作。全镇开展道路巡查320余次，其中市级路长巡查12次、镇级路长巡查50余次、村级路长巡查258次。巡查发现问题12处，整改12处。6月23日，黄圃镇人民政府联合市路长办和市交警大队开展联合执法行动，出动人员40余人，发放宣传资料500余份，查扣改装摩托车2台，报废货车车辆2台，交通违法处罚15宗，教育违法行为30人次。结合农村道路交通安全劝导，全年开展农村道路交通安全劝导1800余次，纠正违法行为1000余人次。

【卫生健康】 2020年，黄圃镇出生人口196人，总政策符合率70.66%，二孩政策符合率100%；总性别比115.83。完成特殊困难家庭走访，特扶济困慰问2户，每户3000千元慰问金。“5·29”协会“一元捐”活动募得善款1340元。做好妇幼及老龄健康服务工作，卫生院妇幼医生每月参加卫健工作例会，与专干对接相关信息，完成新生儿访视79人，系统管理26人，孕产妇系统管理率75.96%，0—6岁儿童系统管理819人次，系统管理率90.90%，完成幼儿园体检工作，共计体检412人。做好家庭医生签约服务工作，全年签约人数6403人，其中贫困人口819人。制定《黄圃镇尘肺病防治攻坚行动实施方案》，完成辖区5家涉及职业病危害企业的职业健康基本情况摸排，开展职业病防治健康教育宣传。35人参与无偿献血，完成全年献血任务。创建广东省慢性病综合防控示范区，紫溪村委会获2020年广东省卫生村称号，鱼池岭村委会获2020年韶关市卫生村称号。加强乡村一体化工作，全镇10个“规范化乡村卫生站”全部建成，各村卫生站设备齐全。黄圃卫生院门诊住院综合楼以及附属设施改造提升工程于2020年7月正式启动。

【新冠肺炎疫情防控】 2020年，黄圃镇做好疫情防控工作，成立疫情防控工作领导小组，下设指挥部，设立11个工作小组，统筹领导全镇疫情防控工作；将全镇划分为11组81个网格，进行地毯式摸排，对流入和返乡人口通过行程轨迹查询、粤康码认证进行分类管理，对中高风险等重点地区返乡人员第一时间实施隔离包保措施，通过微信、广播、横幅等宣传疫情防控知识，发动党员和其他志愿者参与疫情防控工作，确保全镇无确诊疑似病例发生。

（吴晓玲）

黄圃镇领导班子成员名单

党委书记：张以社
党委副书记、镇长：欧志勇
人大主席：张柏根（10月—）
党委副书记：陈建安
　　　　　　张柏根（—10月）
党委委员、副镇长：李亮生
党委委员、武装部部长：张德生
党委委员、纪委书记：李承照
党委委员、组织委员：陈红亮
党委委员、宣传委员：邓秀强
副镇长：黄　娟（女）
　　　　易伟华

2020年乐昌市黄圃镇村（居委会）基本情况表

表21

序号	村（居委会）	书记	主任	村民小组（个）	总户数（户）	总人口（人）	集体经济纯收入（万元）	农（居）民人均纯收入（元）
1	新　塘	邓君仁	邓君仁	16	697	2725	17.1	12500
2	应　山	白国樑	白国樑	5	334	1324	15	13000
3	桃　坪	谷检山	谷检山	3	221	934	8.3	11000
4	石　溪	邓国润	邓国润	13	632	2374	14	13000
5	斗　湾	白勇亮	白勇亮	14	718	2792	17	12000
6	塘　村	李来元	李来元	6	501	1984	13	15900
7	东　村	邓志华	邓志华	8	439	1775	14.7	14000
8	里　村	欧国树	欧国树	9	412	1604	8.1	11000
9	紫　溪	曹广义	曹广义	7	563	2162	13.9	14000
10	鱼池岭	欧荫文	欧荫文	7	169	619	7.5	13400
11	塘村社区	吴海燕	吴海燕	3	417	890	0	28000

庆云镇

【概况】 庆云镇位于乐昌市北部，地处蔚岭关西侧，狮子山下。东邻两江镇，南连大源镇，西南与坪石镇相连，北与黄圃镇、白石镇相接。省道248线贯穿全境，京广客运专线从境内穿越9.7千米。辖8个村委会、105个村小组，2020年年末户籍人口1.28万人，农业人口1.22万人。全镇土地面积90.24平方千米，其中耕地面积882公顷，粮食播种面积736公顷，粮食产量4873吨；林地面积6919公顷，森林覆盖率72.85%，活立木蓄积量86767立方米。地貌以石灰岩为主，平均海拔400米，狮子山高地海拔890米。境内锑、煤等矿产资源储量丰富。主要地方特产有高山有机茶、“华航丝苗”米、黄烟、黄糍粑、板栗、蔬果等。有独具特色的“五古”旅游线路，即游古山（狮子山及206微波塔），访古村（永乐户昌山古村），行古道（宜乐古道和蔚岭关），拜古庙（广田村湊云仙古庙），品古韵（庆云悠久人文历史和淳朴民风）。2020年全镇生产总值22309万元，同比增长2.3%；地方一般公共预算收入1228.08万元，同比增长7.8%；农村常住居民人均可支配收入12713元，同比增长0.6%。2020年4月，庆云镇被评为2018—2019年度乐昌市“文明镇”。

【综治维稳】 2020年，庆云镇接受群众网信3件次，结案3件次；接待群众来访18件次，有效类18件，结案18件次。平安志愿者排查安全隐患20宗，化解矛盾纠纷8起，镇平安志愿者李方礼获得2019—2020年乐昌市“十佳平安志愿者”称号、韶关“优秀平安志愿者”称号。

【新时期精准扶贫精准脱贫工作】 2020年，庆云镇通过巩固“八有”（有安全住房、教育有保障、兜底保障、有安全饮用水、有电用、有电视信号覆盖、有网络信号覆盖，有稳定收入来源或最低生活保障）脱贫措施、核查整改户档资料、实施“幸福工程”提升工程、产业扶持、基础设施修缮、扶贫领域整改等，发挥“镇党委+驻镇帮扶单位+村党组织”合力，推进精准扶贫工作。全镇精准扶贫贫困户176户461人实现100%脱贫。

【扶贫济困日活动】 2020年6月30日，庆云镇开展“广东扶贫济困日”募捐活动，募集资金36万多元、电视机46台，用于实现贫困户家居环境提升，其中厨卫提升4户，家庭用电线路优化8户，厨房烟囱改造45户，灶台切菜台提升11户，家具添置53户，全面改善贫困户生活条件。

【新农村建设】 2020年，庆云镇实施省际廊道生态美丽宜居乡村示范带建设项目，计划总投资4500万元，涵盖庆云镇土佳寮、袂田、湾雷3个行政村39个高铁沿线村小组共73个项目，完工71个，完工率97.26%。39个村小组村庄基础工程建设基本完成，5个节点村村庄提升建设项目完成总进度的85%。

【人居环境整治】 2020年，庆云镇推进5个干净整洁行政村的创建工作，完成“三清三拆三整治”工作目标任务，推进生活垃圾处理和建立健全农村卫生保洁长效机制，村容村貌得到改善；完成新建农村户厕71户、公厕2个，无害化卫生户厕普及率100%，农村公厕新建总任务数完成率100%。分两批进行新农村建设项目共78个，包含有文体场所、公共厕所、雨污分流、饮水工程、巷道硬化等建设项目，工程项目正在推进。2020年，庆云镇推进农村破旧泥砖房的排查和拆除工作，共排查泥砖房12035间235717.77平方米，包括应拆尽拆泥砖房3023间75774.48平方米。累计拆除应拆尽拆破旧泥砖房3023间75774.48平方米，2020年全部实现拆除，拆除率100%。

◆2020年，庆云镇省际廊道生态美丽宜居乡村示范带建设项目取得新成效 （庆云镇 供）

【人口普查】 2020年，庆云镇推进人口普查，完成全镇4203户13302人的普查工作，为国家掌握人口情况，科学制定经济和社会发展规划提供依据。

【基层党建】 2020年，庆云镇组织党员前往坪石镇华南历史教育研学基地参观学习，开展“不忘初心、牢记使命”主题教育；筹措20余万元资金按标准化规范化建设广田村党群服务中心；开展“社区吹哨、党员报到”活动53次，累计服务时长876.3小时；开展“头雁”工程、“青苗计划”，发展党组织后备干部队伍，共培养储备村级后备干部24人，其中村党组织书记后备人选16人，3名后备人选当选村党组织书记（1名女性村党支部书记）；发展党员12名，其中大专以上学历3名，35岁以下9名；谋划村“两委”换届选举工作，8个村全部完成“两委”换届。

【发展特色产业】 2020年，庆云镇夯实茶叶产业优势，帮助3家茶叶企业申报2021年“一村一品、一镇一业”项目，协助庆云镇广北茶场生态茶园示范基地建设项目完成验收。推动自然鲜农产品公司和大广行生态农业公司成功申报乐昌市农业龙头企业。全年，种植优质茶叶266.67公顷。2020年，庆云镇被认定为省级“一村一品、一镇一业”茶叶专业镇，五里冲村、金坪村被认定为省级“一村一品、一镇一业”茶叶专业村。

【森林防火】 2020年，庆云镇入户发放禁火令1.5万余份，悬挂横幅标语120条，制作永久性宣传牌32个，广播宣传300余次，设立森林防火宣传值守点，协同4个市挂点单位，落实森林防火高风险防护期应急值班工作制度，管住野外火源，实现全年“零火灾”的目标。

【安全生产】 2020年，庆云镇开展安全生产隐患排查54次，发现安全隐患47个，开展消防安全隐患排查150家次，发现安全隐患23个，均及时整改。开展“安全生产月”和“安全生产南粤行”宣传活动，全年通过电子横屏标语、张贴宣传栏、派发宣传单等形式开展安全宣传活动10次。

【城乡居民社会保障】 2020年，庆云镇城乡居民养老保险参保任务人数5149人，实际参保人数5011人，完成率97.32%；缴费目标人数2427人，实际缴费人数2636，完成率108.61%；城乡居民医保参保任务人数9816人，实际参保人数9959人，完成率101.46%。

【计划生育】 2020年，庆云镇已婚育妇女2350人，女性初婚39人，期内人口出生144人，出生率10.96‰；网上申请办理计划生育服务证3例，一孩生育登记60例，二孩生育登记76例，再生育审批12例。

【新冠肺炎疫情防控】 2020年，庆云镇开展新冠肺炎疫情防控，发放宣传资料1万多份，张贴海报400多张，出动宣传车2台，全员健康排查8065人次，筑牢疫情防线。

（邓彩霞）

庆云镇领导班子成员名单

党委书记：邓继润

党委副书记、镇长：

何勇斌（—6月）

谭云能（8月—）

人大主席：赵平南

党委副书记、综治信访维稳中心主任：白深言

党委副书记：李润昌

党委委员、副镇长：邓永雄

党委委员、纪委书记：江庆锋

党委委员：成　鹏

吴　冬（—4月）

邓年生（4月—）

党委委员、武装部部长：赵世俊

副镇长：余梅锋（—3月）

谭文斌（3月—）

张　煜（女）

2020年乐昌市庆云镇村（居委会）基本情况表

表22

序号	村（居委会）	书记	主任	村民小组（个）	总户数（户）	总人口（人）	集体经济纯收入（万元）	农民人均纯收入（元）
1	湾　雷	张文党	张文党	19	693	2667	10.5	13807
2	金　坪	欧军礼	欧军礼	12	403	1445	10.7	13172
3	广　田	白永全	欧回根	15	311	1093	5.2	12140
4	袄　田	谢发礼	谢发礼	8	200	755	5.0	11862
5	土佳寮	邓云生	邓云生	12	535	2010	9.5	14036
6	永　乐	邓永际	邓永际	18	485	1774	7.6	12482
7	下　黄	何田根	何田根	9	280	1055	9.3	11533
8	五里冲	白深宝	白深宝	12	380	1426	7.0	12673

白石镇

【概况】　白石镇位于乐昌市最北部，东邻两江镇，南连庆云镇，西接黄圃镇，北与湖南省宜章县里田乡、汝城县文明乡交界，距乐昌市区69千米。2020年辖9个村委会、90个自然村，年末户籍人口16376人，农业人口15580人，外来人口208人。全镇土地面积79.3平方千米，其中耕地面积1315.9公顷，粮食播种面积86公顷，粮食产量774吨。林地面积5214.5公顷，森林覆盖率为65.8%。自然资源有金矿、铜矿、大理石、花岗岩石、石灰石、水晶石等。地方特产有黑布朗、辣椒、板栗、水晶梨、西瓜、黄烟等。旅游资源有铜鼓岩和云祖仙。2020年，全镇生产总值2.81亿元，同比增长5%；地方一般公共预算收入0.14亿元，同比下降49.7%；农村常住居民人均可支配收入13612元，同比增长1%。2020年，白石镇被评为2020年度征兵工作先进单位。

【新农村建设】　2020年，白石镇开展“三清三拆三整治”农村人居环境综合整治工作，拆除破旧泥砖房3773间，面积81518平方米，完成率99.08%。实施镇、村污水处理设施建设及配套管网建设项目，完成镇区污水处理厂建设主体工程及设备安装、调试和运行；完成油甫村李家新村、神岭、水井村茶坳背、坛祖村塘窝4个村小组及19个20户以下村小组污水集中处理建设项目；厕所革命任务，2020年建设完成75个，完成率100%。全镇公厕建设任务共16个，2020年完成率100%。油甫、上黄、新田、坛祖、富村达到干净整洁村创建目标。

【民生工程】　2020年，白石镇完成镇区标准化自来水厂建设，惠及街道及周边4个村委会13个村小组共6000余人；第一批全域集中供水工程稳步推进，完成14宗，正在建设18宗。

【社会保障】　2020年，白石镇纳入低保家庭212户，享受低保人数415人；特困供养人员25人，其中集中供养7人、分散供养18人。落实事实无人抚养儿童生活保障金、困难残疾人生活补贴和重度残疾人护理补贴、80岁以上高龄老人生活补贴、退伍军人优抚及关爱留守儿童等政策。是年，白石镇城乡居民社保基本养老保险新增参保任务人数7043人，完成新增参保人数7045人，新增参保完成率103%，续保参保任务人数3396人，完成续保参保任务人数3739人，续保缴费完成率110.10%，社保扩面和“银龄安康行动”工作稳步推进。

【农村集体产权制度改革】　2020年，白石镇9个行政村90个村小组完成农村集体经济组织赋码、资产量化工作，入股成员18773人。

【现代化农业发展】　2020年，白石镇推进特色农业产业发展，培育以烟叶、辣椒、水晶梨、“一点红”红薯、红薯干、白石板栗、黑布朗、油茶等为主导的特色农产品。全镇黄烟生产种植面积77.73公顷，完成收购烟叶200吨，当阳村委会小南瓜种植10公顷和上黄村禾花鱼养殖66.67公顷，蔬菜种植面积75.73公顷，红薯种植面积786.84公顷，名优特水果黑布朗、水晶梨、西瓜等种植面积332.61公顷。实施科技兴农战略，加快农作物良种良法的引进、改良和推广工作，开展种植农户农技知识培训，全年培训736人次。注重农民专业合作社的示范带动作用，推动专业合作社和家庭农场建设。

【发展特色产业】　2020年，油甫高山红薯种植加工项目被乐昌市评为省级“一村一品、一镇一业”品牌建设项目；坛祖村油茶产业项目被乐昌市评为2021年省级“一村一品、一镇一业”品牌建设项目。

【文化教育】　2020年，白石镇完成镇级综合文化站升级达标改造，建成“八室一馆”9个功能室。组织队伍参加篮球比赛等各类文体活动，开展送电影下乡、戏曲进农村等文化活动。配合综治等部门做好校园及周边环境安全动作，关心关爱师生情况，了解中心校中考情况，拨专款用于教师表彰工作，组织社会人员或企业开展爱心助学活动。

（申松柏）

白石镇领导班子成员名单

党委书记：丘永锋

党委副书记、镇长：丁钢文
人大主席：罗发强
党委副书记：雷塘旺
　　　　　　刘　锦
党委委员、纪委书记：李寒生
党委委员、副镇长：朱清林
党委委员、宣传委员：尹　英
党委委员、武装部部长：罗兴文
党委委员、组织委员：龚玉文
副镇长：黄若沙
　　　　欧汉杰

2020年乐昌市白石镇（街道）村（居委会）基本情况表

表23

序号	村（居委会）	书记	主任	村民小组（个）	总户数（户）	总人口（人）	集体经济纯收入（万元）	农民人均纯收入（元）
1	水　井	姚清古	姚清古	11	458	1444	57.0242	14110
2	富　村	邓文强	邓文强	7	430	1386	31.037	14819
3	坛　祖	周泽海	周泽海	6	382	1163	25.0946	13233
4	涧　水	刘集旺	刘集旺	8	542	1835	32.0268	14007
5	三界圩	黎万平	黎万平	7	384	1262	19.9012	13296
6	当　阳	雷回才	雷回才	10	429	1411	30.1962	12770
7	上　黄	欧五全	欧五全	15	480	1623	19.3712	11796
8	新　田	赖福养	赖福养	6	433	1392	5.0079	13726
9	油　甫	陈良兵	陈良兵	20	1810	4860	3.4641	13350

坪石办事处

【概况】　坪石办事处位于乐昌西部，是乐昌市人民政府派出机构，正科级单位，是省属企业原坪石矿务局破产关停后，为使矿区各项社会职能实行属地管理而设立。坪石办事处机关驻地位于乐昌坪石镇坪南路1号，内设党政办公室、社会事务办公室、纪工委办公室、维稳综治办公室和退役军人服务站，附设原企业离退休人员管理分中心、公共服务中心。下辖南岭、八字岭、关春、河西、新村5个居民区。2020年年末户籍人口9612人。辖区内有乐昌市三益水泥股份有限公司、乐昌市南岭水泥厂等民营企业。

【基层党建】　2020年，坪石办事处有党总支5个，党支部18个，党员709人。是年，批准转正党员2人，接收预备党员1人；落实直联和民情夜访工作，全年走访3021户，走访7083人，收集群众问题91个，解决问题91个；利用社区吹哨平台，开展活动23次。

【原坪石矿棚户区改造】　2020年，坪石办事处交清原坪石矿棚改实物安置房655户房款，发放房产证590户；开展棚改房质量问题排查，将问题反馈给房地产开发公司进行整改。

【精神文明建设】　2020年，坪石办事处开展学习实践科学理论、宣传宣讲党的政策、培育践行主流价值等主题活动22场次；深化志愿服务工作，全年人均志愿服务时长85小时；开展文明家庭创建活动，评选文明家庭116户。

【社会保障和社会救助】 2020年，坪石办事处为102户186人发放低保金额1399448元；建立完善由363人组成的残疾人信息库，享受残疾人重度护理、困难生活补贴314人，发放残疾人两项补贴674805元。

【综治维稳】 2020年，坪石办事处排查各类矛盾纠纷36件，成功调处36件，调解率和成功率均达100%；全年无群体性事件、无非正常上访。

【社区建设】 2020年，坪石办事处完成新村居民区C区排水沟盖板、南岭居民区洗煤厂球场路面硬化工程；开展省级慢性病防控示范区创建，建立居民健康档案。

【计划生育】 2020年，坪石办事处新出生人口53人，出生率5.45‰，性别比120.83，人口自然增长率下降6.07‰；慰问计划生育困难户2户，发放慰问金1000元。

【安全生产】 2020年，坪石办事处开展安全生产、消防安全、食品安全等法律法规宣传教育培训12次，组织各种安全生产检查26次，开展大型消防安全应急演练1次，消除安全隐患28处；落实河长制各项工作制度，办事处级组织巡查24人次、居民区巡查120人次。

【新冠肺炎疫情防控】 2020年，坪石办事处成立办事处及居民区共计6个三人工作组，组建以96名党员骨干为核心的社区防控工作网格进行疫情防控，发放包括《疫情防控告知书》、海报等各类宣传品12035份，排查7083人，送集中隔离4人，居家医学隔离65人，采样7人。

（彭增贵）

坪石办事处领导班子名单

党工委书记：詹彬文

党工委副书记、办事处主任：杨容斌

党工委副书记、纪工委书记、综治信访维稳中心主任：孙　斌

党工委委员、办事处副主任：古想俭

党工委委员、办事处副主任：谢国汉　连韶武

党工委委员、办事处副主任、武装部部长：张安山

2020年坪石办事处居民区基本情况表

表24

序号	村（居委会）	书记	主任	居民小组（个）	总户数（户）	总人口（人）
1	南岭居民区	吴尾青	吴尾青	5	1227	2168
2	关春居民区	刘亚辉	刘亚辉	4	1291	2646
3	河西居民区	谭美娥	谭美娥	3	1085	2411
4	八字岭居民区	陈正学	陈正学	3	742	1737
5	新村居民区	谢四清	谢四清	3	301	870

梅田办事处

【概况】 梅田办事处位于乐昌市坪石镇群众路97号，属乐昌市人民政府派出机构，管辖坪石镇武水河西岸约1.5平方千米的居住面积。是省属企业原梅田矿务局于2002年12月26日关闭破产后，从湖南宜章、临武返迁广东境内安置于此，经广东省、韶关、乐昌各级政府批准设置的正科级派出机构，2020年管辖矿区乐昌户籍职工家属7554户、15873人，是一个较典型的

企业职工家属聚居生活区。梅田办事处内设党政办公室、社会事务办公室、计划生育办公室、维护稳定及社会治安综合治理办公室、退役军人事务办公室、安全生产监督管理站；附设企业退休失业人员管理分中心、公共服务中心。梅田办事处下设坪东居民区、坪西居民区、坪北居民区、坪中居民区和坪梅居民区5个居民区，其中坪梅居民区主要管辖具有乐昌市户籍的异地居住人员。坪东、坪西、坪北、坪中管辖常住人口。梅田办事处河西生活区内有初级中学1所（坪梅中学），在校学生约900人；小学1所（坪梅小学），在校学生约1000人；乐昌市第二高级中学与乐昌市第二人民医院均坐落于河西片区内。河西梅田矿工聚居生活区，依山傍水与金鸡岭遥相呼应；京珠高速、国道107线、省道248线、坪乳公路相汇于此，坪石新大桥联结坪石镇河东的京广铁路坪石站。

【维护社区和谐稳定】 2020年，梅田办事处在河西生活区设立司法所与综治维稳中心，完善信访、维稳、调解三位一体的工作机制。扩大充实社会工作委员会队伍；聘请常年法律顾问，5个社区实现一社区一法律顾问，推动社区法治教育、普法宣传、安置帮教、社区矫正、法律服务、指导人民调解。2020年，成功调解民间纠纷24宗，刑释解教5人，帮教率100%。

【社会事务民生保障】 2020年，梅田办事处清查审核城镇居民最低生活保障人员，经入户调查、三榜公示、逐级审核，为176户279名居民办理最低生活保障金，年保障金额209万元；为7252人办理城镇居民医疗保险，为2094人办理城镇居民养老保险（其中1466人领取城镇居民养老待遇）基本实现全覆盖；为498位残障人士发放护理补贴91万元；为211名80岁以上高龄老人申办高龄津贴。

【基层党建】 2020年，梅田办事处制定《梅田党工委加强党的基层组织建设三年行动计划实施方案（2018—2020年）》。组建126名党员志愿者队伍；建立“三无”老人帮扶小组3个；留守儿童关爱责任人43人；组建60名党员治安巡逻队；设立工委、总支、支部三级信访责任岗22个。巩固“无邪教办事处、居民区”的创建成果；开展“民情夜访”活动；坪西党总支部作为“社区吹哨、党员报到”工作机制示范建设点。

【人口普查与计划生育】 2020年，梅田办事处开展第七次全国人口普查工作。组织12名普查员，普查20677人，核实整理空挂户6858人。为132对夫妇免费进行孕前优生体检，做好评估报告与随访工作；与民政部门、残联部门、计生协会、妇女联合会共同举办多次关爱行动。

【公共服务与网络问政】 2020年，梅田办事处构建便民体系，增设“企业退休失业人员管理分中心”窗口办公。推动政务公开、党务公开、居务公开。是年，共接受13件网络问政，均在第一时间进行调查、解答，做到事事有回音，件件有着落。

【精神文明与社区建设】 2020年，梅田办事处坪梅居民区、坪北居民区、坪中居民区、坪西居民区、坪东居民区完成韶关市“民主法治社区”创建工作、巩固“无邪教办事处”的工作体系。在坪西居民区设立“图书阅览室”，引导居民团体开展广场舞蹈、老年书画等文娱健身活动；协助市公共资产中心做好河西市场扩容管理工作；开展社区绿化美好及创文、创卫工作活动。

【扫黑除恶专项斗争】 2020年，梅田办事处开展扫黑除恶专项行动，上报线索1条，开除党籍1人。

【安全生产管理】 2020年，梅田办事处编制年度安全生产规划、三防工作计划、河长制区域管理方案。成立森林防火小组，组建森林防火宣传队、巡逻队，在5个社区开展禁止野外用火宣传。发放宣传单、禁火令13000张，52名巡逻队员，对办事处辖区及附近山村路口进行巡查和宣传。组建以3名专职6名兼职的安全生产监管队伍，各居民区设置“安全协管员”岗位。辖区5个居民区签订《安全生产责任书》，全年进行14次安全生产大检查。加强河长制办公室监管力量，对河道管理责任区，定期巡查，定期清理。

【宜居环境建设】 2020年，梅田办事处推进“四清理一协调一绿化”行动。成立社区戒毒康复小组，建立管理制度与综治中心+网络+信息化小组相联结，打造社区人文与环境相统一的宜居秩序。

【数字政府建设】 2020年，梅田办事处推进2020年“数字政府”改革建设。在河西4个居民区改建社区党群服务中心；安装云视讯视频直播会议系统、应急值班会商直播会议系统，提升办事处机关单位工作效能；推动“粤系列”移动终端应用，“粤省事”小程序在辖区内88%的覆盖率，拓展“粤省事”服务事项覆盖范围；落实持续推进“县镇村”三级政务服务事项标准化，实现同一事项在全市范围无差别审批。对政务服务事项权责清单动态调整和管理，完善审批管理体系和监管方式。

【新冠肺炎疫情防控】 2020年，梅田办事处在辖区各路口设置疫情防控检查站，组建7个社区防控点，组织动员基层党组织17个和146名党员干部为社区巡查志愿者。购置防疫物资，对进入辖区的人员进行劝返和检测登记。督导各区开展环境卫生整治及消毒灭杀工作。在坚决打赢防疫阻击战中，1217名党员为疫情防控捐款41906元。有21名党员被评为防疫一线积极分子。

（文幼琼）

梅田办事处领导班子成员名单

党工委书记：李兴军

党工委副书记、办事处主任：
　　李　杰

党工委副书记、纪工委书记、综治信访维稳中心主任：
　　陈潮辉（—8月）

党工委委员、办事处副主任兼武装部部长：
　　沈建军（2020年8月28日任党工委副书记、综治信访维稳中心主任）

党工委委员、办事处副主任：
　　金　剑（女）
　　张世旭

2020年乐昌市梅田办事处（居民区）基本情况表

表25

序号	村（居委会）	书记	主任	村民小组（个）	总户数（户）	总人口（人）
1	坪东居民区	尹淑芳	邓马英	9	619	1470
2	坪西居民区	叶荣华	谢　彬	9	730	1846
3	坪北居民区	彭咏梅	黄丽萍	12	762	2046
4	坪中居民区	朱广民	朱广民	9	384	1102
5	坪梅居民区	袁小兰	雷　均	3	4592	11490

荣誉榜

乐昌市2020年度获市级以上先进集体称号一览表

表26

获奖单位名称	评定单位	荣誉称号	获奖时间
乐昌市龙山林场	中国商业联合会	杉木高产稳产种子园营建技术——中国商业联合会科学技术奖三等奖（证书号：2019-3-24-D01）	2020年1月
乐昌市	国家信访局	2019年信访工作“三无”县（市、区）	2020年4月
乐昌市九峰镇	农业农村部办公厅、财政部办公厅	全国农业产业强镇	2020年5月
乐昌市龙山林场	国家知识产权局	一种杉木种子园母树矮化修剪丰产的方法——发明专利证书（证书号第3926306号）	2020年8月
乐昌市老促会	中国老促会	老区宣传工作三等奖	2020年9月
粤北公安检查站	公安部	全国公安系统抗击新冠肺炎疫情先进集体	2020年9月
乐城街道城北社区	中央精神文明建设指导委员会	第六届全国文明单位	2020年11月
北乡镇中心幼儿园	教育部办公厅	2020年全国足球青少年特色学校	2020年12月
乐昌市退役军人事务局	退役军人事务部、中央宣传部、中央网信办、国家文物局、国家档案局	乐昌市退役军人事务局组织拍摄的《坚守，永恒的赞礼》获“机构推选优秀作品”奖	2020年12月
乐昌市司法局	中华全国人民调解员协会	全国宣传人民调解先进集体	2020年12月
乐昌市	中共广东省委、广东省人民政府、广东省军区	广东省双拥模范市	2020年1月
乐昌市公安局坪石分局	广东省委、省政府	广东省抗击新冠肺炎疫情防控工作先进集体	2020年1月

续表

获奖单位名称	评定单位	荣誉称号	获奖时间
乐昌市公安局坪石分局党支部	广东省委	广东省先进基层党组织	2020年1月
乐昌市九峰镇	广东省地方金融监督管理局	移动支付示范镇	2020年1月
乐昌市龙山林场	广东省林学会	国外松脂材两用种质创新及良种产业化关键技术——南粤林业科学技术奖特等奖（证书号：2019-特-L01-D05）	2020年1月
坪石分局党支部	广东省委	广东省先进基层党组织	2020年1月
乐昌市坪石镇老人活动中心	中共广东省委组织部、中共广东省委老干部局	广东省离退休干部先进集体	2020年1月
乐昌市九峰镇	广东省爱国卫生运动委员会	广东省卫生镇	2020年2月
乐昌市供销合作社联合社	广东省供销合作联社	2019年度全省供销合作社系统综合业绩考核县级优胜单位（二等奖）	2020年2月
乐昌供电局生产计划部	广东电网有限责任公司生产技术部	获评广东电网有限责任公司2019年度生产技术类先进集体	2020年3月
乐昌市	广东省司法厅、广东省文化和旅游厅、广东省普法办公室	成功创建省级法治文化主题公园	2020年4月
中共乐昌市委组织部	广东省党的建设研究会	2019年度调研课题优秀成果（三等奖）	2020年4月
乐昌市图书馆	广东省文化和旅游厅、广东省立中山图书馆	优秀组织奖	2020年4月
北乡镇黄坌村	广东省农业农村厅	省级“一村一品，一镇一业”马蹄香芋专业村	2020年5月
北乡镇茅坪村	广东省农业农村厅	省级“一村一品，一镇一业”马蹄香芋专业村	2020年5月
乐昌市	中共广东省委全面依法治省委员会办公室、中共广东省委农村工作办公室、广东省司法厅、广东省民政厅	乐昌26个村（社区）成功创建省级“民主法治村（社区）”并被通报表扬	2020年6月
大源镇泗公坑村	广东省司法厅	民主法治村	2020年6月
乐昌市黄圃镇新塘村	中共广东省委全面依法治省委员会办公室、中共广东省委农村工作办公室、广东省司法厅、广东省民政厅	2019年广东省“民主法治村”	2020年6月

续表

获奖单位名称	评定单位	荣誉称号	获奖时间
乐昌市黄圃镇鱼池岭村	中共广东省委全面依法治省委员会办公室、中共广东省委农村工作办公室、广东省司法厅、广东省民政厅	2019年广东省“民主法治村”	2020年6月
广东乐昌农村商业银行股份有限公司团总支	共青团广东省农村信用社联合社委员会	2019–2020年度五四红旗团支部（总支）	2020年6月
大源镇湖洞村	广东省农业农村厅	“一村一品、一镇一业”专业村	2020年8月
大源镇水源村	广东省农业农村厅	“一村一品、一镇一业”专业村	2020年8月
乐昌市九峰镇小廊村、茶料村、坪石村、上廊村	广东省农业农村厅	广东省首批“一村一品、一镇一业”专业村	2020年8月
乐昌市九峰镇小廊村、茶料村、坪石村、上廊村	广东省农业农村厅	广东省首批“一村一品、一镇一业”专业村	2020年8月
乐昌市梅花镇（蔬菜）	广东省农业农村厅	第二批省级“一村一品、一镇一业”专业镇	2020年8月
梅花镇深塘村（水稻）	广东省农业农村厅	首批省级“一村一品、一镇一业”专业村	2020年8月
梅花镇大坪村（蔬菜）	广东省农业农村厅	首批省级“一村一品、一镇一业”专业村	2020年8月
乐昌市庆云镇（茶叶）	广东省农业农村厅	省级“一村一品、一镇一业”专业镇	2020年8月
庆云镇五里冲村（茶叶）	广东省农业农村厅	省级“一村一品、一镇一业”专业村	2020年8月
庆云镇金坪村（茶叶）	广东省农业农村厅	省级“一村一品、一镇一业”专业村	2020年8月
乐昌市档案馆（乐昌市史志办公室）	广东省地方志办公室	《乐昌年鉴（2019）》获得县区级综合年鉴三等奖	2020年9月
乐昌市总工会	广东省总工会	2015年—2019年工会女职工工作先进集体	2020年11月
乐昌市文化广电旅游体育局	广东省体育局、广东省文旅厅、广东省自然资源局	2020年南粤古驿道定向大赛优秀组织单位	2020年11月
农发行乐昌支行办公室	中国农业发展银行广东省分行	“五一巾帼标兵岗”	2020年11月
北乡镇人民政府	广东省委农村工作办公室	广东省乡村治理示范镇	2020年12月
北乡镇人民政府	广东省爱国运动委员会	广东省卫生镇	2020年12月

续表

获奖单位名称	评定单位	荣誉称号	获奖时间
乐城街道武装部	广东省乐昌市国防动员委员会	2020年度民兵整组先进单位	2020年12月
乐城街道武装部	广东省乐昌市人民政府征兵办	2020年度征兵工作先进单位	2020年12月
乐昌市黄圃镇紫溪村	广东省爱国卫生运动委员会	2020年广东省卫生村	2020年12月
乐昌市税务局	中共广东省委、广东省人民政府	2018—2020年度广东省文明单位	2020年12月
乐昌市退役军人事务局	广东省退役军人事务厅	乐昌市10个乡镇（街道退役军人服务站）和乐昌市退役军人服务中心被命名为星级示范退役军人服务中心（站）	2020年12月
乐昌市市场监督管理局	广东省打击走私领导小组办公室	表扬信	2020年12月
长来镇和村村	中共广东省委全面依法治省委员会办公室、中共广东省委农村工作办公室、广东省司法厅、广东省民政厅	长来镇和村村成功创建省级“民主法治示范村（社区）” 并被通报表扬	2020年12月
廊田镇马屋村、九峰镇茶料村、长来镇和村村、梅花镇大坪村、坪石镇三拱桥村、三溪镇三溪村	中共广东省委农村工作办公室、广东省农业农村厅、广东省委组织部、广东省委宣传部、广东省民政厅、广东省司法厅	2020 年广东省乡村治理示范村	2020年12月
中共乐昌市委办公室	韶关市委办公室	2019 年度全市党委系统政务信息工作先进单位	2020年1月
中共乐昌市委办公室	韶关市委办公室	2019 年度全市党委系统舆情信息工作先进单位	2020年1月
乐昌供电局	广东电网有限责任公司韶关供电局	获评2019年度韶关供电局先进集体	2020年1月
乐昌市人民检察院第一检察部	韶关市人民检察院	集体三等功	2020年1月
乐昌市人民检察院办公室	韶关市人民检察院	集体嘉奖	2020年1月
乐昌市妇联	韶关市妇女联合会	乡村振兴巾帼行动工作先进单位	2020年1月
乐昌市妇联	韶关市妇女联合会	妇女维权服务先进单位	2020年1月
乐昌市妇联	韶关市妇女联合会	“两癌”筛查宣传工作先进单位	2020年1月

续表

获奖单位名称	评定单位	荣誉称号	获奖时间
乐昌市妇联	韶关市妇女联合会	“妇女之家”“儿童之家”“善美儿童之家”项目建设先进单位	2020年1月
乐昌市妇联	韶关市妇女联合会	妇联系统信息报送工作先进单位	2020年1月
乐昌市妇联	韶关市妇女联合会	家庭教育工作先进集体	2020年1月
乐昌市妇联	韶关市妇女联合会	妇女儿童发展规划实施先进集体	2020年1月
乐昌市妇联	韶关市妇女联合会	选派挂职干部工作先进集体	2020年1月
秀水镇人民政府黄金洞村	韶关市爱国卫生运动委员会办公室	韶关市卫生村	2020年1月
秀水镇人民政府何家冲村	韶关市爱国卫生运动委员会办公室	韶关市卫生村	2020年1月
中国电信乐昌分公司城区营销服务中心	中国电信韶关分公司	2020年韶关分公司窗口服务优秀团队	2020年1月
中国电信乐昌分公司坪石营销服务中心	中国电信韶关分公司	2020年韶关分公司投诉处理优秀团队	2020年1月
粤北公安检查站	韶关市公安局	集体三等功	2020年2月
乐昌供电局安全监管部	广东电网有限责任公司韶关供电局	获评韶关供电局2019年度安全生产先进集体	2020年2月
乐昌市人民法院家事审判团队	韶关市妇女联合会	韶关市“巾帼文明岗”	2020年3月
乐昌市供销合作社联合社	韶关市供销合作联社	2019年度工作先进单位	2020年3月
乐昌市供销合作社联合社	韶关市供销合作联社	2019年度信息报送工作先进单位	2020年3月
乐昌市供销合作社联合社	韶关市供销合作联社	2019年度助农服务体系建设先进单位	2020年3月
乐昌市供销合作社联合社	韶关市供销合作联社	2019年度会计基础工作先进单位	2020年3月
乐昌市供销合作社联合社	韶关市供销合作联社	2019年度统计基础工作先进单位	2020年3月
乐昌供电局供电服务中心	广东电网有限责任公司韶关供电局	获评韶关供电局2019年度营销（农电）工作先进集体	2020年3月
乐昌供电局工会委员会	广东电网有限责任公司韶关供电局工会委员会	获评2019年度韶关供电局工会工作先进集体	2020年3月

续表

获奖单位名称	评定单位	荣誉称号	获奖时间
广东乐昌农村商业银行股份有限公司营业部	韶关市妇女联合会	巾帼文明岗	2020年3月
乐昌市税务局	韶关市妇女联合会	2019年度韶关市巾帼文明岗	2020年3月
三溪镇三溪村	韶关市司法局	民主法治村	2020年3月
乐昌市市场监督管理局	韶关市人民政府	2019年韶关市食品安全工作考核A级	2020年3月
乐昌市廊田镇妇联	韶关市妇女联合会	2019年度韶关市妇女联合会评为“韶关市三八红旗集体”	2020年3月
乐昌市	韶关市司法局、韶关市律师协会	乐昌5名结对律师被评为韶关市优秀村（社区）法律顾问并被通报表扬	2020年4月
中共乐昌市委组织部	韶关市新闻工作者协会、韶关市新闻学会	2020年度韶关市优秀媒体融合作品鼓励奖	2020年4月
乐昌供电局	广东电网有限责任公司韶关供电局	获评韶关供电局2019年度财务工作先进集体	2020年4月
乐昌市总工会	韶关市总工会	2019年工会工作优秀单位	2020年4月
乐昌市总工会	韶关市总工会	2019年韶关市工会基层组织建设工作优秀奖	2020年4月
韶关市生态环境局乐昌分局	韶关市污染防治攻坚战指挥部	水环境质量目标完成情况评估结果为优秀；水污染防治重点工作完成情况评估结果为优秀	2020年4月
乐昌供电局乐城供电所	广东电网有限责任公司韶关供电局生产技术部	获评韶关供电局2019年度电力可靠性管理先进集体	2020年5月
中国电信乐昌分公司综合维护中心	中国电信韶关分公司	2020年韶关分公司抗疫先锋先进集体	2020年5月
乐昌市	中共韶关市委	2019年度脱贫攻坚工作先进县（市）	2020年6月
乐昌市梅花镇专职消防队	韶关市消防救援支队	2020年乡镇专职消防队业务技能比武垂直铺设水带第五名	2020年6月
乐昌市梅花镇专职消防队	韶关市消防救援支队	2020年乡镇专职消防队业务技能比武90米快速出水控火操第四名	2020年6月
中国电信乐昌分公司城区中心党支部	中国电信韶关分公司	2020年度韶关分公司先进基层党组织	2020年6月
乐昌市人力资源和社会保障局	韶关市人力资源和社会保障局	2020年度韶关市人社窗口单位业务技能练兵比武团体一等奖	2020年7月

续表

获奖单位名称	评定单位	荣誉称号	获奖时间
乐昌供电局综合业主项目部	广东电网有限责任公司韶关供电局	获评韶关供电局2019年基建工作先进单位	2020年7月
广东乐昌农村商业银行股份有限公司	韶关市金融消费权益保护协会	2019年度韶关市金融消费权益保护工作先进单位	2020年7月
乐昌市退役军人事务局	韶关市退役军人事务局	表扬信	2020年7月
乐昌市市场监督管理局	韶关市市场监督管理局	2020年度“安全生产月”特种设备宣传活动表现突出单位	2020年7月
乐昌市公安局	韶关市扫黑除恶专项斗争办公室	2020年决战决胜扫黑除恶专项斗争誓师大会工作突出单位	2020年7月
长来镇安口村樟树王	韶关市绿化委员会	韶关市“十大樟树王”	2020年8月
乐昌市	韶关市高标准农田建设工作领导小组	2019年高标准农田建设先进单位	2020年9月
乐昌市市场监督管理局	韶关市市场监督管理局	2019年度企业年报公示工作先进单位	2020年9月
乐昌供电局生产计划部	广东电网有限责任公司韶关供电局	获评韶关供电局2019年度节能环保先进集体	2020年9月
广东乐昌农村商业银行股份有限公司	韶关市银行业公会	2020年韶关市“抗疫复产·银行给力杯”男子篮球赛体育道德风尚奖	2020年9月
中国人民银行乐昌市支行	中国人民银行广州分行办公室	广州分行“央行梦·国库情”——央行经理国库35周年微视频作品评选二等奖	2020年9月
乐昌市普法办	韶关市普法办	乐昌市普法办在韶关市“我与民法典有个约”主题演讲比赛中被韶关市普法办评为优秀组织奖	2020年10月
广东乐昌农村商业银行股份有限公司	共青团韶关市金融工作委员会、韶关市银行业公会、韶关市保险行业协会	韶关银行业保险业“清廉金融杯”系列比赛优秀组织奖	2020年10月
乐昌市农业农村局	韶关市农业农村局	韶关市农业农村信息宣传工作先进单位	2020年11月
乐昌市公安局法制大队	韶关市公安局	2020年度韶关市公安民警法律知识竞赛团体三等奖	2020年11月
乐昌市老促会	韶关市老促会	老区宣传工作优秀奖	2020年11月
乐昌市退役军人事务局	韶关市双拥办	表扬信	2020年11月
乐昌市纪委监委	中共韶关市委反腐败协调小组	韶关市追逃追赃工作先进集体	2020年11月

续表

获奖单位名称	评定单位	荣誉称号	获奖时间
乐昌市市场监督管理局	韶关市普法办	韶关市第二届法治文化节系列活动优秀奖	2020年11月
乐城街道人大办	韶关市人大常委会办公室	2020年韶关人大宣传信息工作优秀单位	2020年12月
乐昌市人力资源和社会保障局	韶关市“粤菜师傅”“广东技工”“南粤家政”三项工程工作领导小组办公室	2020年韶关市“粤菜师傅”工程优秀组织单位	2020年12月
中共乐昌市委组织部	韶关市委组织部、韶关市直属机关工作委员会	韶关市“双周讲坛”活动精品课程理论政策类三等奖	2020年12月
中共乐昌市委组织部	韶关市委组织部、韶关市直属机关工作委员会	韶关市“双周讲坛”活动先进单位	2020年12月
乐昌市人民法院坪石人民法庭	中共韶关市中级人民法院党组	集体三等功	2020年12月
广东乐昌农村商业银行股份有限公司	韶关市市场监督管理局	2020年度韶关市知识产权质押融资工作先进单位	2020年12月
民建乐昌一支部	民建韶关市委员会	先进基层组织	2021年12月
乐昌市审计局	韶关市审计局	2020年全市同级审报告质量提升“先进单位”	2020年12月
乐昌市沙坪镇人大	韶关市人大常委会办公室	2020年韶关人大新闻信息工作优秀单位	2020年12月
乐昌市市场监督管理局	韶关市市场监督管理局	2020年度全市市场监管系统标准化工作先进单位	2020年12月
乐昌市市场监督管理局	韶关市市场监督管理局	2020年食品生产安全监管工作成绩突出单位	2020年12月
乐昌市市场监督管理局	韶关市市场监督管理局	2020年度打击走私工作评为先进单位	2020年12月
乐昌市市场监督管理局	韶关市市场监督管理局	2020年度“两品一械”稽查执法工作先进单位	2020年12月
乐昌市市场监督管理局	韶关市市场监督管理局	2020年度产品质量监管工作先进单位	2020年12月
乐昌市市场监督管理局	韶关市市场监督管理局	2020年限上餐饮业指导工作优秀单位	2020年12月
乐昌市市场监督管理局	韶关市市场监督管理局	评为农贸市场疫情防控工作先进单位	2020年12月
乐昌市市场监督管理局	韶关市市场监督管理局	2019—2020年度质量强市工作评为先进单位	2020年12月
乐昌市市场监督管理局	韶关市市场监督管理局	2020年度全市知识产权工作先进单位	2020年12月

续表

获奖单位名称	评定单位	荣誉称号	获奖时间
乐昌市市场监督管理局	韶关市市场监督管理局	2020年特种设备安全工作表现突出单位	2020年12月
乐昌市司法局	韶关市委政法委	乐昌市司法局在2020年度“韶关市青少年平安系列图书自愿购书赠书”活动中被韶关市委政法委评为先进单位	2020年12月
乐昌市司法局	韶关市关工委、韶关市文明办	乐昌市司法局被韶关市关心下一代工作委员会 韶关市精神文明建设委员会办公室评为全市关心下一代工作先进集体	2020年12月
民革乐昌总支	民革韶关市委	参政议政工作先进集体	2020年12月
乐昌市人大办	韶关市人大常委会	韶关市人大新闻宣传工作先进单位	2020年12月
乐昌人武部	韶关军分区	练兵备战先进单位	2020年12月
乐城街道下西村委会治安联防队	韶关市公安局	韶关市治安联防先进组织	2020年12月
乐昌市审计局	韶关市审计局	2020年全市审计质量“先进单位”	2020年12月
乐昌市退役军人服务中心	广东省退役军人事务厅	被评为广东省五星级退役军人服务中心	2020年12月
乐城街道退役军人服务站、九峰镇退役军人服务站、庆云镇退役军人服务站、三溪镇退役军人服务站	广东省退役军人事务厅	被评为广东省五星级退役军人服务站	2020年12月
梅花镇退役军人服务站、坪石镇退役军人服务站、长来镇退役军人服务站、廊田镇退役军人服务站、北乡镇退役军人服务站	广东省退役军人事务厅	被评为广东省四星级退役军人服务站	2020年12月
秀水镇退役军人服务站	广东省退役军人事务厅	被评为广东省三星级退役军人服务中心	2020年12月
乐昌市教育局关工委、乐昌市司法局关工委、乐昌市长来镇关工委、乐昌市云岩镇关工委、乐昌市坪石镇关工委、乐昌市华翔木业有限公司关工小组	韶关市关心下一代工作委员会、韶关市精神文明建设委员会办公室	韶关市关心下一代工作先进集体	2020年12月

乐昌市2020年度获市级以上先进个人称号一览表

表27

姓名	单位名称	评定单位	先进称号	评定时间
李增清	乐昌市梅花镇人民政府	司法部	大排查、早调解、护稳定、迎国庆专项活动表现突出个人	2020年1月
潘国平	乐昌市九峰镇绿峰果菜专业合作社	中共中央国务院	2020年度全国劳动模范	2020年11月
杨烈军	广东电网韶关乐昌供电局有限责任公司	中国能源化学地质工会全国委员会	创作的《安全守望者》获得2020年“京能杯”第三届微电影微视频创作大赛二等奖	2020年11月
袁　珩	广东电网韶关乐昌供电局有限责任公司	中国能源化学地质工会全国委员会	创作的《安全守望者》获得2020年“京能杯”第三届微电影微视频创作大赛二等奖	2020年11月
潘国平	乐昌市九峰镇绿峰果菜专业合作社	中共中央国务院	2020年度全国劳动模范	2020年11月
邓天鹏	乐昌市公安局九峰所	公安部	个人二等功	2020年11月
刘永民	乐昌市公安局禁毒大队	公安部	个人二等功	2020年12月
侯春郁	乐昌市公安局指挥中心	公安部办公厅	从事公安档案工作十五年荣誉证书	2020年12月
苏佩颖	乐昌市妇联	中华全国妇女联合会	第四期中国妇女社会地位调查优秀个人	2020年12月
胡建东	中国人民银行乐昌市支行	国家卫生健康委、中国红十字会总会、中央军委后勤保障部卫生局	2018—2019年度全国无偿献血奉献奖银奖	2020年12月
邓火坚	乐昌市司法局	司法部	“全国模范人民调解员”荣誉称号	2020年12月
吕眉洁	民盟乐昌市总支部	中国民主同盟中央委员会	民盟社会服务工作先进个人	2020年12月
朱　飞	乐昌市畜牧兽医水产事务中心	农业农村部畜牧兽医局	生猪生产跟踪调度工作表现先进个人	2020年12月
李仁斌	华翔木业有限公司	中国关工委	全国农村“双带”人才	2020年12月
叶林和	乐昌市人民法院	广东省高级人民法院	通报表扬	2020年3月
张树培	乐昌市中医院	湖北省人民政府	最美逆行者	2020年4月
邓天鹏	乐昌市公安局九峰所	广东省公安厅政治部	援疆工作队第二批先进个人	2020年4月

续表

姓名	单位名称	评定单位	先进称号	评定时间
罗　展	广东电网韶关乐昌供电局有限责任公司	广东电网有限责任公司	广东电网有限责任公司2019年度市场营销工作先进个人	2020年4月
余小华	广东电网韶关乐昌供电局有限责任公司	广东电网有限责任公司	广东电网有限责任公司2019年度巡察工作先进个人	2020年4月
何珍娥	乐昌市中医院	广东省中医药学会护理专业委员会	2019年度广东省中医系统优秀护士	2020年4月
邓惠群	共青团乐昌市委员会	共青团广东省委员会	2019—2020年度广东省优秀共青团干部	2020年5月
邹志源	共青团乐昌市委员会	共青团广东省委员会	2019—2020年度广东省优秀共青团员	2020年5月
张树培	乐昌市中医院	共青团广东省委员会	广东省优秀共青团员	2020年5月
韩广军	乐昌市公安局刑侦大队	广东省禁毒委	广东最美禁毒人	2020年6月
胡永恒	乐昌市消防救援大队	广东省消防救援总队	优秀共产党员	2020年6月
郭燕飞	粤北公安检查站	广东省公安厅	全省公安机关新冠肺炎疫情防控工作辅警先进个人	2020年7月
丘建全	永济桥村村民委员会	广东省扶贫办	优秀创业致富带头人	2020年7月
陈国雄	民建乐昌市基层委员会	民建广东省委	2020年度民建广东省委社会服务工作优秀会员	2020年7月
何双庆	乐昌市人民法院	广东省高级人民法院	“全省法院联络工作先进个人”	2020年7月
曾秋坚	乐昌市人力资源和社会保障局	广东省人力资源和社会保障厅	2020年度广东省人社系统窗口单位业务技能练兵比武活动最佳风采奖	2020年8月
黎广炽	中共乐昌市委办公室	广东省文化学会	乡村振兴故事大赛活动启动仪式先进个人	2020年8月
贺建建	乐昌市消防救援大队	广东省精神文明建设委员会办公室	“广东好人”	2020年8月
袁兵贵	韶关市生态环境局乐昌分局	广东省第二次全国污染源普查工作领导小组办公室	第二次全国污染源普查表现突出个人	2020年9月
黄海辉	乐昌市人民医院	广东省人民政府	广东省抗击新冠肺炎疫情先进个人	2020年10月
黄仕鹏	乐昌市公安局坪石分局	广东省公安厅	全省最美基层民警	2020年11月
谢仲勋	乐昌市公安局法制科	广东省公安厅执法管理委员会	全省公安民警法律知识竞赛优秀个人	2020年11月

续表

姓名	单位名称	评定单位	先进称号	评定时间
贺建建	乐昌市消防救援大队	广东省消防救援总队	“抗击新冠肺炎疫情先进个人”	2020年11月
欧伦彬	乐昌市博物馆	广东省老区建设促进会、广东省源流杂志社	广东省老区宣传报道工作优秀作者	2020年12月
丘德胜	韶关市生态环境局乐昌分局	广东省生态环境厅	全省生态环境保护执法工作表现突出个人	2020年12月
龚健林	农兴食品有限公司	广东省关心下一代工作委员会	全省农村“双带”人才	2020年12月
廖锦荣	乐昌市公安局指挥中心	韶关市公安局	2019年度韶关市警察协会第二届优秀特约研究员	2020年1月
邱伟京	乐昌市人民检察院	韶关市人民检察院	个人三等功	2020年1月
刘志伟	乐昌市人民检察院	韶关市人民检察院	从检30年	2020年1月
董　玲	乐昌市人民检察院	韶关市人民检察院	个人三等功	2020年1月
曾　波 杨慧红 官百惠 张元仕 谭崴巍 胡启玲	乐昌市人民检察院	韶关市人民检察院	个人嘉奖	2020年1月
朱建财	中共乐昌市委办公室	韶关市委办公室	2019年度全市党委系统政务信息工作先进个人	2020年1月
范锦标	中共乐昌市委办公室	韶关市委办公室	2019年度全市党委系统政务信息工作先进个人	2020年1月
张　万	中共乐昌市委办公室	韶关市委办公室	2019年度全市党委系统舆情信息工作先进个人	2020年1月
汤夏磊	中共乐昌市委办公室	韶关市委办公室	2019年度全市党委系统舆情信息工作先进个人	2020年1月
张树培	乐昌市中医院	武汉东西湖方舱医院	先进标兵	2020年2月
王仁礼	乐昌市公安局黄圃所	韶关市公安局	个人三等功	2020年2月
徐建宇	乐昌市公安局交警大队	韶关市公安局	个人三等功	2020年2月
江玉婷	乐昌市公安局政工办	韶关市公安局	2018—2019年度全市公安机关巾帼建功先进个人	2020年2月
欧　平	乐昌市气象局	韶关市气象局	先进工作者	2020年2月

续表

姓名	单位名称	评定单位	先进称号	评定时间
姚志文	乐昌市气象局	韶关市气象局	先进工作者	2020年2月
张　伟	乐昌市气象局	韶关市气象局	先进工作者	2020年2月
李　鑫	乐昌市气象局	韶关市气象局	先进工作者	2020年2月
罗瑞科	乐昌市气象局	韶关市气象局	先进工作者	2020年2月
扶家春	广东电网韶关乐昌供电局有限责任公司	广东电网有限责任公司韶关供电局工会委员会	韶关供电局2019年度“安全生产贤内助”荣誉称号	2020年3月
黎丽绮	广东电网韶关乐昌供电局有限责任公司	广东电网有限责任公司韶关供电局工会委员会	韶关供电局2019年度“安全生产贤内助”荣誉称号	2020年3月
何少梅	广东电网韶关乐昌供电局有限责任公司	广东电网有限责任公司韶关供电局工会委员会	韶关供电局2019年度“安全生产贤内助”荣誉称号	2020年3月
包洁雯	广东电网韶关乐昌供电局有限责任公司	广东电网有限责任公司韶关供电局工会委员会	韶关供电局2019年度“安全生产贤内助”荣誉称号	2020年3月
朱正韬	广东电网韶关乐昌供电局有限责任公司	广东电网有限责任公司韶关供电局	韶关供电局2019年度营销（农电）工作先进个人	2020年3月
朱平柱	广东电网韶关乐昌供电局有限责任公司	广东电网有限责任公司韶关供电局	韶关供电局2019年度营销（农电）工作先进个人	2020年3月
朱君方	广东电网韶关乐昌供电局有限责任公司	广东电网有限责任公司韶关供电局	韶关供电局2019年度营销（农电）工作先进个人	2020年3月
熊锦群	广东电网韶关乐昌供电局有限责任公司	广东电网有限责任公司韶关供电局	韶关供电局2019年度营销（农电）工作先进个人	2020年3月
欧建伟	广东电网韶关乐昌供电局有限责任公司	广东电网有限责任公司韶关供电局	韶关供电局2019年度营销（农电）工作先进个人	2020年3月
胡雅婷	广东电网韶关乐昌供电局有限责任公司	广东电网有限责任公司韶关供电局	韶关供电局2019年度营销（农电）工作先进个人	2020年3月
张雪华	广东电网韶关乐昌供电局有限责任公司	广东电网有限责任公司韶关供电局工会委员会	韶关供电局2019年度优秀工会工作者	2020年3月
李晓婷	广东电网韶关乐昌供电局有限责任公司	广东电网有限责任公司韶关供电局工会委员会	韶关供电局2019年度优秀工会工作者	2020年3月

续表

姓名	单位名称	评定单位	先进称号	评定时间
赵美蓉	乐昌市人民法院	韶关市妇女联合会	2019年度韶关市“三八红旗手”	2020年3月
秦　琳	乐昌市妇联	韶关市妇联	韶关市三八红旗手	2020年3月
姚志文	乐昌市气象局	韶关市气象局	防雷减灾先进个人	2020年3月
欧　平	乐昌市气象局	韶关市气象局	防雷减灾先进个人	2020年3月
周建勇	乐昌市气象局	韶关市气象局	防雷减灾先进个人	2020年3月
陈　萍	中国人民银行乐昌市支行	中国人民银行广州分行	“凝心聚力 携手抗疫——广东国库系统战‘疫’”文艺作品征集活动优秀作品	2020年4月
廖晓奇	中共乐昌市委组织部	韶关市新闻工作者协会、韶关市新闻学会	2019年度韶关市好新闻鼓励奖	2020年4月
曾韶洲	广东电网韶关乐昌供电局有限责任公司	广东电网有限责任公司韶关供电局	韶关供电局2019年度供应链工作先进个人	2020年4月
欧阳宏兴	广东电网韶关乐昌供电局有限责任公司	韶关市精神文明建设委员会办公室	在2019年第三季度“韶关好人”评选中被评为见义勇为好人	2020年4月
张树培	乐昌市中医院	共青团韶关市委员会	韶关市优秀共青团员	2020年5月
扶家春	广东电网韶关乐昌供电局有限责任公司	共青团广东电网有限责任公司韶关供电局委员会	韶关供电局第二届“十大杰出青年”	2020年5月
黎　滢	乐昌市税务局	共青团韶关市委员会	2019—2020年度韶关市优秀共青团员	2020年5月
许译尹	乐昌市税务局	共青团韶关市委员会	2019—2020年度韶关市优秀共青团员	2020年5月
黎广炽	中共乐昌市委办公室	共青团韶关市委员会	2019—2020年度“韶关市优秀共青团干部”	2020年5月
刘仲华	乐昌市法律援助处	韶关市司法局	乐昌市法律援助处律师刘仲华被韶关市司法局记个人三等功一次	2020年5月
吴兴旺	中国电信乐昌分公司	中国电信韶关分公司	2020年韶关分公司抗疫先锋先进个人	2020年5月
邓志祥	中国电信乐昌分公司	中国电信韶关分公司	2020年韶关分公司抗疫先锋先进个人	2020年5月
叶　霞	中国电信乐昌分公司	中国电信韶关分公司	2019年度韶关分公司先进绩效个人	2020年5月

续表

姓名	单位名称	评定单位	先进称号	评定时间
沈孝民	中国电信乐昌分公司	中国电信韶关分公司	2019年度韶关分公司先进绩效个人	2020年5月
杨志明	中国电信乐昌分公司	中国电信韶关分公司	2019年度韶关分公司先进绩效个人	2020年5月
邓志祥	中国电信乐昌分公司	中国电信韶关分公司	2019年度韶关分公司先进绩效个人	2020年5月
李绍锋	中国电信乐昌分公司	中国电信韶关分公司	2019年度韶关分公司先进绩效个人	2020年5月
叶强光	中国电信乐昌分公司	中国电信韶关分公司	2019年度韶关分公司先进绩效个人	2020年5月
杨志明	中国电信乐昌分公司	中国电信韶关分公司	2019年韶关分公司劳动模范	2020年5月
姚兴伍	中国人民银行乐昌市支行	中共中国人民银行韶关市中心支行委员会	2019年度韶关中支优秀党务工作者	2020年6月
胡建东 郭兴辉 何晓华 赵志辉	中国人民银行乐昌市支行	中共中国人民银行韶关市中心支行委员会	2019年度韶关中支优秀共产党员	2020年6月
邓家城	廊田镇人政府	韶关军分区	优秀民兵	2020年6月
姚兴伍	中国人民银行乐昌市支行	中共中国人民银行韶关市中心支行委员会	2019年度韶关中支优秀党务工作者	2020年6月
胡建东 郭兴辉 何晓华 赵志辉	中国人民银行乐昌市支行	中共中国人民银行韶关市中心支行委员会	2019年度韶关中支优秀共产党员	2020年6月
李江山	乐昌市中医院	中共韶关市委宣传部、韶关市科学技术局、韶关市科学技术协会	韶关市最美科技者	2020年6月
叶　霞	中国电信乐昌分公司	中国电信韶关分公司	2020年度韶关分公司优秀共产党员	2020年6月
李绍锋	中国电信乐昌分公司	中国电信韶关分公司	2020年度韶关分公司优秀共产党员	2020年6月
邓志祥	中国电信乐昌分公司	中国电信韶关分公司	2020年度韶关分公司优秀共产党员	2020年6月

续表

姓名	单位名称	评定单位	先进称号	评定时间
沈孝民	中国电信乐昌分公司	中国电信韶关分公司	2020年度韶关分公司优秀党务工作者	2020年6月
贺建建	乐昌市消防救援大队	广东省韶关市消防救援支队	优秀共产党员	2020年7月
卢志清	广东电网韶关乐昌供电局有限责任公司	广东电网有限责任公司韶关供电局	韶关供电局2019年度基建工作先进个人	2020年7月
苏俊文	广东电网韶关乐昌供电局有限责任公司	广东电网有限责任公司韶关供电局	韶关供电局2019年度基建工作先进个人	2020年7月
谢骏凯	广东电网韶关乐昌供电局有限责任公司	广东电网有限责任公司韶关供电局	韶关供电局2019年度基建工作先进个人	2020年7月
彭晓路	乐昌市公安局禁毒大队	韶关市禁毒委	全市全民禁毒工程先进个人	2020年8月
赵志斌	乐昌市公安局沙坪所	韶关市公安局	个人三等功	2020年9月
韩广军	乐昌市公安局刑侦大队	韶关市公安局	个人三等功	2020年9月
孙国栋	乐昌市公安局刑侦大队	韶关市公安局	个人三等功	2020年9月
贺　咏	乐昌市公安局坪石分局	韶关市公安局	个人三等功	2020年9月
李　靖	广东电网韶关乐昌供电局有限责任公司	广东电网有限责任公司韶关供电局	韶关供电局2019年度节能环保先进个人	2020年9月
吕秀珍	广东电网韶关乐昌供电局有限责任公司	广东电网有限责任公司韶关供电局	韶关供电局2019年度节统计工作先进个人	2020年9月
林育宏	广东电网韶关乐昌供电局有限责任公司	广东电网有限责任公司韶关供电局；韶关市总工会	获得抄核收专业个人三等奖	2020年9月
林育宏	广东电网韶关乐昌供电局有限责任公司	广东电网有限责任公司韶关供电局；韶关市总工会	授予“韶关市职工技术创新能手”称号	2020年9月
张树培	乐昌市中医院	韶关市精神文明建设委员会办公室	韶关好人	2020年9月
李江山	乐昌市中医院	韶关市精神文明建设委员会办公室	2020第一季度敬业奉献韶关好人集体奖（援鄂第二批医疗队）	2020年9月
孙国栋	乐昌市公安局刑侦大队	韶关市公安局	韶关十佳刑警	2020年10月
曾祥标	乐昌市公安局廊田所	韶关市公安局	韶关辅警之星	2020年10月

续表

姓名	单位名称	评定单位	先进称号	评定时间
叶土明	广东电网韶关乐昌供电局有限责任公司	韶关市妇女联合会；韶关市精神文明建设委员会办公室	荣获2020年度韶关市“十大最美家庭”	2020年10月
朱连青	广东乐昌农村商业银行股份有限公司	共青团韶关市金融工作委员会、韶关市银行业公会、韶关市保险行业协会	韶关银行业保险业“清廉金融杯”系列比赛书法作品二等奖	2020年10月
马化聪	广东乐昌农村商业银行股份有限公司	共青团韶关市金融工作委员会、韶关市银行业公会、韶关市保险行业协会	韶关银行业保险业“清廉金融杯”系列比赛征文作品优秀奖	2020年10月
苏佩颖	乐昌市妇联	韶关市关工委、韶关市精神文明办	韶关市关心下一代先进个人	2020年10月
刘宏伟	乐昌市人大办	韶关市委党校	优秀学员干部	2020年10月
杨　晨	中国人民银行乐昌市支行	中国人民银行广州分行办公室	央行经理国库35周年主题文学、书法、歌曲作品评选书法类三等奖	2020年10月
林成辉	乐昌市公安局北乡所	韶关市公安局	个人三等功	2020年11月
魏彬锡	乐昌市公安局治安大队	韶关市公安局	个人三等功	2020年11月
胡　敏	乐昌市看守所	韶关市公安局	个人三等功	2020年11月
王俊雄	乐昌市公安局城北所	韶关市公安局	个人三等功	2020年11月
陈　健	乐昌市公安局老坪石所	韶关市公安局	个人三等功	2020年11月
麦祥锟	乐昌市公安局长来所	韶关市公安局	个人嘉奖	2020年11月
王丽芳	乐昌市公安局出入境户政管理科	韶关市消防安全委员会	全市2020年度热心消防公益事业先进个人	2020年11月
谢仲勋	乐昌市公安局法制科	韶关市公安局	全市公安民警法律知识竞赛优秀个人	2020年11月
余远红	乐昌市老促会	韶关市老促会	老区宣传工作特别奖	2020年11月
许　平	乐城街道统计站	国家统计局韶关调查队	优秀辅助员	2020年11月
曾培伟	乐昌市纪委监委	中共韶关市委反腐败协调小组	韶关市追逃追赃工作先进个人	2020年11月

续表

姓名	单位名称	评定单位	先进称号	评定时间
詹振威	中共乐昌市委办公室	中共韶关市委机要和保密局	韶关市“建设密码强国 贡献广东力量”主题征文活动优秀奖	2020年11月
龚晓静	广东省乐昌市公证处	韶关市司法局	乐昌市公证处公证员龚晓静报送的公证案例被韶关市司法局评为优秀案例	2020年11月
周杏林	乐昌市文化广电旅游体育局	韶关市人民政府	华南研学工作先进个人	2020年12月
李启平	乐昌市文化广电旅游体育局	韶关市人民政府	华南研学工作先进个人	2020年12月
彭淑贞	乐昌市人民法院	中共韶关市中级人民法院党组	集体三等功	2020年12月
李嘉怡	广东乐昌农村商业银行股份有限公司	韶关市银行业公会	2019年度韶关市银行业信息工作先进个人	2020年12月
黎跃飞	民建乐昌一支部	民建韶关市委员会	韶关民建2020年度优秀会员	2020年12月
穆湘潮	民建乐昌二支部	民建韶关市委员会	韶关民建2020年度优秀会员	2020年12月
胡建东 曾婉旭	中国人民银行乐昌市支行	中国人民银行韶关市中心支行工会工作委员会	2019年度韶关中支工会“优秀工会干部”	2020年12月
陈　赛 何帼颖	中国人民银行乐昌市支行	中国人民银行韶关市中心支行工会工作委员会	2019年度韶关中支“工会积极分子”	2020年12月
关志雄	乐昌市市场监督管理局	韶关市关心下一代工作委员会、韶关市精神文明建设委员会办公室	韶关市关心下一代工作先进工作者	2020年12月
欧三养	中共乐昌市委党校	中共韶关市委党校	党课《中国共产党为什么“行”》获得第二届全市党校系统精品课党性教育类二等奖	2020年12月
昌恺婷	中共乐昌市委党校	中共韶关市委党校	党课《血染梅花华更艳——红七军与梅花血战》获得第二届全市党校系统精品课现场教学类三等奖	2020年12月
李江山	乐昌市中医院	中共韶关市委、韶关市人民政府	2020年度韶关市劳动模范	2020年12月
韩德香	民革乐昌总支	民革韶关市委	党务先进工作者	2020年12月

续表

姓名	单位名称	评定单位	先进称号	评定时间
王笑芳	民革乐昌总支	民革韶关市委	参政议政先进工作者	2020年12月
胡燕芬	民革乐昌总支	民革韶关市委	社会服务先进工作者	2020年12月
谢四清	乐昌市人民政府坪石办事处新村居民区	韶关市公安局、韶关市政法委、韶关市民政局	优秀平安 志愿者	2020年12月
刘宏伟	乐昌市人大办	韶关市人大常委会	韶关市人大优秀通讯员	2020年12月
胡晓利	乐昌人武部	韶关军分区	三等功	2020年12月
盛　军	乐昌人武部	韶关军分区	嘉奖	2020年12月
孙　京	乐昌人武部	韶关军分区	优秀职工	2020年12月
杨帮剑	乐昌人武部	韶关军分区	退役报废武器销毁先进个人	2020年12月
古　荧	乐昌市人大办	韶关市人大常委会	优秀撰稿员	2020年?月
黄良慧	乐昌市教师发展中心	韶关市关心下一代工作委员会、韶关市精神文明建设委员会办公室	韶关市关心下一代工作先进工作者	2020年12月
吴　豪	乐昌市关工委	韶关市关心下一代工作委员会、韶关市精神文明建设委员会办公室	突出贡献奖	2020年12月
姜正国	乐昌市关工委	韶关市关心下一代工作委员会、韶关市精神文明建设委员会办公室	韶关市关心下一代工作先进工作者	2020年12月
胡金山	乐昌市关工委	韶关市关心下一代工作委员会、韶关市精神文明建设委员会办公室	韶关市关心下一代工作先进工作者	2020年12月
华艳梅	廊田镇关工委	韶关市关心下一代工作委员会、韶关市精神文明建设委员会办公室	韶关市关心下一代工作先进工作者	2020年12月
黄学斌	乐昌市秋光艺术团	韶关市关心下一代工作委员会、韶关市精神文明建设委员会办公室	韶关市关心下一代工作先进工作者	2020年12月

续表

姓名	单位名称	评定单位	先进称号	评定时间
陈国雄	乐昌市雄利房地产开发有限公司	韶关市关心下一代工作委员会、韶关市精神文明建设委员会办公室	韶关市关心下一代工作先进工作者	2020年12月
陈华山	乐昌市老干部局	韶关市关心下一代工作委员会、韶关市精神文明建设委员会办公室	韶关市关心下一代工作先进工作者	2020年12月
黄国清	乐昌市长来镇昌山村委会	韶关市关心下一代工作委员会、韶关市精神文明建设委员会办公室	韶关市关心下一代工作先进工作者	2020年12月
蔡　东	乐昌市云岩镇关工委	韶关市关心下一代工作委员会、韶关市精神文明建设委员会办公室	韶关市关心下一代工作先进工作者	2020年12月
梁兴仁	乐昌市文化用品印刷厂	韶关市关心下一代工作委员会、韶关市精神文明建设委员会办公室	韶关市关心下一代工作先进工作者	2020年12月
李海辉	韶关市大农电商务有限公司	韶关市关心下一代工作委员会、韶关市精神文明建设委员会办公室	韶关市关心下一代工作先进工作者	2020年12月

统计资料

乐昌市2020年国民经济和社会发展统计公报

2020年，面对严峻复杂的国内外环境特别是新冠肺炎疫情严重冲击，在乐昌市委、市政府的坚强领导下，各镇（街道、办事处）、各部门坚持稳中求进工作总基调，统筹疫情防控和经济社会发展工作，扎实做好“六稳”工作、全面落实“六保”任务，我市经济运行逐季改善、逐步恢复常态。

一、综合

全市经济保持平稳发展。根据韶关市地区生产总值统一核算结果，2020年我市地区生产总值（初步核算数）122.98亿元，同比增长3.3%。其中，第一产业增加值为28.61亿元，同比增长3.1%，对地区生产总值的贡献率为19.4%；第二产业增加值为23.06亿元，同比增长8.9%，对地区生产总值的贡献率为48.2%；第三产业增加值为71.31亿元，同比增长1.7%，对地区生产总值的贡献率为32.4%。三次产业结构23.3：18.7：58。第三产业中，运输仓储邮政业增加值下降6.3%，批发和零售业增加值下降6.9%，住宿和餐饮业增加值下降15.3%，金融业增加值增长6.1%，房地产业增加值增长3.4%。

全年新增就业人数3123人，城镇失业人员再就业人数2809人，困难人员实现就业人数263人，促进创业155人。年末城镇登记失业人员1508人，城镇登记失业率2.3%。全年完成劳动力技能晋升培训429人。

全年地方一般公共预算收入7.25亿元，增长1.6%。其中税收收入3.98亿元，下降5%，非税收收入3.27亿元，增长11%。地方一般公共预算支出43.28亿元，增长0.6%，其中，一般公共服务支出3.22亿元，下降18.3%，教育支出8.48亿元，与上年持平，社会保障与就业支出6.59亿元，下降15.4%，卫生健康支出5.3亿元，增长7.5%。

二、农业

全市农业龙头企业累计有34家（省级龙头企业8家，市级龙头企业14家，县级龙头企业34家），其中2020年新增县级农业龙头企业8家、省级农业龙头企业1家。全市登记注册农民专业合作社716家（2020年新增农民专业合作社159家），其中国家级示范合作社5家，省级示范合作社28家（2020年新增10家）、韶关市级示范合作社40家（2020年新增11家）、县级示范合作社54家（2020年新增14家）。全市目前注册认定家庭农场152家。

目前全市有无公害认证46家单位101个农产品，绿色认证4家单位8个农产品，有机认证10家单位44个农产品。

全年农林牧渔业总产值49.18亿元，增长2.5%。其中，农业产值28.69亿元，增长6.5%，林业产值2.56亿元，增长10.3%，牧业产值15.89亿元，下降5.6%，渔业产值0.79亿元，增长0.8%。农林牧渔业增加值29.12亿元，增长3.1%。

全年粮食作物播种面积21.47万亩。其中，稻谷播种面积16.01万亩（早稻播种面积6.12万亩，晚稻播种面积9.89万亩）。全年实现粮食总产量9.88万吨，其中稻谷7.45万吨。

生猪年末存栏23.54万头，生猪全年出栏33.55万头；家禽年末存栏73.49万羽，家禽全年出栏310.39万羽；禽蛋总量2998吨。

三、工业和建筑业

全部工业增加值16.28亿元，增长10.7%。规模以上工业增加值12.3亿元，增长11.8%。在规模以上工业企业中，轻工业增加值2.21亿元，增长19.9%；重工业增加值10.08亿元，增长10.1%。年末乐昌产业转移工业园企业30家，规模以上工业增加值5.95亿元，增长32%。

全年规模以上工业企业主营业务收入48.23亿元，增长16.1%；主营业务成本40.9亿元，增长13%；利润总额2.37亿元，增长438.6%。

2020年规模以上工业主要产品产量情况表

表28

产品名称	计量单位	产量	比上年±%
发电量	亿千瓦时	17.28	–14.5
其中：火力发电	亿千瓦时	16.21	–15.9
人造板	万立方米	1.99	–9.3
石灰石	万吨	90.85	–14.7
铸钢件	万吨	1.47	–9.1
铸铁件	万吨	1.38	51.6
商品混凝土	万立方米	56.21	–7.1
砖	万块	15936	43.9
塑料制品	万吨	3.05	26.5
硫酸（折100%）	万吨	1.74	–73.3
水泥	万吨	169.45	9.3
自来水生产量	万立方米	1365.00	10.3
硅酸盐水泥熟料	万吨	96.18	19.6
棉纱	万吨	1.10	–16.5
非织造布（无纺布）	万吨	0.43	178.5
口罩	万个（只）	4699	–

全年建筑业增加值6.78亿元，增长3.9%。年末资质等级建筑企业29家，全年建筑业产值13.11亿元，增长7.1%。全年实现主营业务收入22.21亿元，利润总额2.15亿元。房屋施工面积279.44万平方，增长1%，房屋竣工面积60.88万平方，增长115.7%。

四、固定资产投资

全年固定资产投资增长6.1%。其中，项目投资完成额增长10.8%（5000万元及以上项目投资下降6.4%）；房地产开发投资下降2.9%。分投资主体看：国有及国有控股经济投资增长3.2%；民间投资增长2.3%。外商及港澳台投资增长489.1%。分产业看：第一产业完成投资增长39.9%；第二产业中的工业完成投资增长33.7%；第三产业完成投资下降7.2%。

全年商品房销售面积45.88万平方米，增长12.6%，其中住宅商品房销售面积42.64万平方米，增长11.8%。商品房销售额22.77亿元，增长6%，其中住宅商品房销售额20.88亿元，增长6.5%。

五、贸易和外经

全社会消费品零售总额50.54亿元，下降7.4%。核算指标中，批发业销售额下降4.7%；零售业销售额下降8.2%；住宿业营业额下降24.7%；餐饮业营业额下降19.4%。

年末限额以上贸易企业32家，其中批发业6家，完成销售额15.52亿元，下降8.9%；零售业12家，完成销售额2.89亿元，下降12.3%；住宿业8家，完成营业额0.36亿元，下降26%；餐饮业6家，完成营业额0.20亿元，下降21.8%。

全年招商引资新签约项目24个，下降40%；内联到位资金16.76亿元，下降2.8%；外资到位资金798万美元，增长48.9%。

六、交通、邮电和旅游

全年交通运输、仓储和邮政业增加值5.31亿元，下降6.3%。

全年客运量164.2万人，旅客周转量4733.4万人千米。年末公路通车里程2538.42千米。国道通车里程471.08千米；省道通车里程293.35千米；乡道通车里程1478.16千米。

全市家庭宽带用户数为11.19万户，较2019年新增0.88万户，上升8.5%；手机上网用户数为34.88万，较2019年新增2.45万，上升7.5%；光纤接入用户数为24.40万户，较2019年新增2.73万户，上升12.6%；基站总数量为1756个，较2019年新增102个，上升6.2%。

全年旅游总收入18.25亿元，同比下降52.6%，接待国内外游客275.9万人次，同比下降51.6%。其中，国内游客275.9万人次。旅游住宿设施接待过夜游客71.17万人次，下降75.5%。至年末，全市各类旅行社3家；已评定的星级饭店3家；A级景区4个。

七、金融和保险业

年末金融机构本外币各项存款余额196.42亿元，增长6.8%，其中住户本外币存款余额165.07亿元，增长11.7%。年末金融机构本外币各项贷款余额113.37亿元，增长19.8%。住户贷款余额74.43亿元，增长14.9%，其中：住户中长期消费贷款70.32亿元，增长14.6%；住户短期消费贷款4.11亿元，增长19.6%。

全年保费总收入26205万元，增长11.9%。其中：人寿险保费收入21017万元，增长13.4%，人寿险赔付支出3080万元，下降9.5%；财产险保费收入5188万元，增长6.3%；财产险赔付支出2364万元，增长15.1%。

八、教育和科学技术

全年普通教育类招生数（包括职业中学）20760人，在校学生80812人，毕业生19647人。其中，普通高中招生2568人，在校生7191人，毕业生2193人，升学率95.2%。初中招生5002人，在校学生15696人，毕业生5368人，升学率99.9%。普通小学招生6421人，在校生41091人，毕业生5051人，升学率100%。幼儿园招生5812人，在校生15386人，毕业生6402人。

2020年我市申报科技计划项目13项，其中省级项目1项，经费支持100万元；韶关市级项目12项，经费支持62万元；全年新增国家高新技术企业6家，企业研发机构6家，共获省产业共建高企转移、韶关市高企转移及高企认定奖补、企业研发机构奖补1540万元。

九、文化、卫生和体育

年末共有文化馆1个，博物馆1个，公共图书馆1个，公共图书馆图书总藏量17.33万册。2020年博物馆接待参观人数10万人次，图书馆接待进馆读者11.94万人次，文化馆免费辅导招生163人次。

年末全市共有各类卫生计生机构370个，其中，医院6个，卫生院16个，社区卫生服务机构1个，妇幼保健机构1个，专科疾病防治机构1个，疾病预防控制中心1个，卫生监督机构1个、村卫生站251个。全市卫生机构拥有在岗职工3257人；其中，执业医师和执业助理医师920人，注册护士1297人；拥有医疗床位

3386张，其中医院2573张。全市乡镇卫生院拥有卫生技术人员641人，床位806张。

全市体育场馆共4个，其中体育馆1个，游泳池1个，标准足球场1个，五人足球场1个。2020年6月，成功举办2020年南粤古驿道定向大赛首战赛事。2020年8月，开展“8·8”全民健身日系列活动。2020年11月，举办“乐昌桃花节”全国女子象棋甲级联赛。2020年11月—12月，举办乐昌市乒乓球联赛、元旦环城跑活动。

十、人民生活、社会保障与安全生产

年末户籍人口52.77万人，比上年末减少1849人；全年出生人口5751人，出生率10.4‰；死亡人口3053人，死亡率5.5‰；自然增长人口2698人，自然增长率4.9‰。

全市居民人均可支配收入24665元，增长6.2%。其中：城镇居民人均可支配收入29476元，增长5.2%；农村居民人均可支配收入17508元，增长9.4%。城乡居民收入比为1.68：1。

参加城镇职工基本养老保险（含离、退休人员）79515人，同比增长4.5%，其中，参保职工47709人，同比增长5.9%。参加城乡（镇）基本医疗保险432435人，同比增长1.4%，其中，城镇职工基本医疗保险48082人，同比增长7.4%；城乡（镇）居民基本医疗保险384353人，同比增长0.7%。参加失业保险19285人，增长18.5%；参加工伤保险33900人，增长4%；参加生育保险28473人，增长7.6%。全年累计领取失业保险金人数1336人次，同比下降21.7%。

2020年末在册低保对象8216人（其中城镇1091人、农村7125人），低保资金（含各类补贴）支出4171.36万元。城乡低保平均标准分别为每人每月772元和532元，分别比上年增长9.9%和10%；特困供养人员921人，支出1217万元。城乡特困人员供养标准分别为852元、1236元，分别比上年增长9.9%、10%。

重度残疾人和困难残疾人分别5952名、2925名，发放补助金额分别1629.14万元、591.54万元。发放标准分别为每人每年2820元、2100元。分别比上年增长6.8%和6%。

2020年全市发生各类生产安全事故113起，死亡11人，受伤16人，直接经济损失294.45万元，与2019年同期相比，事故起数下降8.1%，死亡人数下降42.1%，受伤人数下降27.3%，直接经济损失上升46.8%。其中：道路交通发生事故10起，死亡9人，受伤16人，直接经济损失15.03万元，与2019年同期相比，事故起数下降41.2%，死亡人数下降47.1%，受伤人数下降27.3%，直接经济损失上升54.5%。工矿商贸领域和水上交通发展安全事故1起。

十一、资源与环境

全年水资源总量252300万立方米，比上年减少10.2%。平均降水量1613毫米，较上年偏少10.8%。年末全市大型水库蓄水总量16187万立方米，比上年增加16.8%。

2020年年末全市发电装机容量85.43万千瓦，比上年年末下降11.6%。其中，火电装机容量60万千瓦，下降17.2%；水电装机容量25.43万千瓦，增长5.4%。

农村自来水普及率95.4%。

全年完成造林更新面积3925.2公顷，其中，人工造林600公顷，迹地更新377.5公顷，封山育林1947.7公顷。全市森林抚育面积6878.3公顷，比上年减少5%。完成义务植树91万株，比上年增加1%。活立木蓄积量1096.6万立方米，同比增长5.1%。

乐昌城市生活垃圾无害化处理率达100%。城市建成区绿地面积465.67公顷，比上年增长1.1%；建成区绿地率达到22.3%；比上年提高0.2个百分点；城市人均公园绿地面积12.38平方米，比上年增加0.2平方米。建成污水处理厂1座，城市污水日处理能力达到2.5万吨；城市污水集中处理率95.4%。

全市平均灰霾天气日数2天，比上年减少2天；全年日照时数1466.3小时，比历年偏多7%；年降水量1421.3毫米，较上年偏少21%。

注：

1. 公报中的2020年数据为初步统计数。部分数据因四舍五入的原因，存在着与分项合计不等的情况。

2. 地区生产总值、各产业增加值绝对数按现价计算，增长速度按可比价计算。

3. 资料来源：各相关部门。

附　录

乐昌市坚持把实施乡村振兴战略作为“三农”工作的头等大事和重大民生工程，围绕“产业、人才、文化、生态、组织”等五大振兴目标，以发展精细农业、建设精美农村、培育精勤农民为主攻方向，探索走出一条产业旺、乡村美、百姓乐的乡村振兴之路。涌现一批服务“三农”工作的先进典型，培育农业创业致富人才。2020年，由“丰收节”组委会经过网络投票、专家评审、意见征集等方式评选出最美乡味、最美农特产品、最美创业致富能手、最美扶贫干部、最美庭院、最美村庄“乐农·六美”系列。

十大“最美乡味”

桃花酥：手工细作，软糯Q弹、酥香可口、清甜不腻。内馅由桃胶玫瑰和肉松结合，颜值不仅好看又好吃，掺有花瓣碎的馅料细腻而清爽，沾一沾蜂蜜或果酱，配上一壶香茶或果酿更好。桃花酥背后还有一个美丽动人的故事，相传有一名乐昌小伙子在九峰的桃花林，遇上心仪的姑娘，为了迎娶这位美得像桃花的姑娘，他特意在酥饼中加入桃花瓣碎，然后将酥饼的形状做成桃花的样子，姑娘的母亲品尝后非常满意，继而同意了这一门亲事。

粳米糍粑：五山镇粳米糍粑富含蛋白质、脂肪、钙、磷、铁及维生素B等，是用金竹枝叶烧制成碱性灰，用干净的山泉水过滤，制成碱性灰水，用碱性灰水浸粳米12小时后，把粳米放入金竹枝叶开水中煮粳米饭至七成熟，再用木甑蒸煮熟，把熟饭放入石臼中反复使用木春用力压打，然后摊凉，揉搓成椭圆条形团，颜色为淡黄色，切片后呈蜡白色。粳米糍粑成品光滑透明，柔中有韧，滑而不粘，味带碱香，米香浓，清甜爽，口感好。

黄金柰李焗排骨：以九峰黄金柰李、土猪排骨为主食材，青红椒、洋葱为配菜加工而成；做法：选用上等好排骨，蘸取土鸡蛋汁和生粉，下锅炸至

◆桃花酥

◆粳米糍粑

◆黄金柰李焖排骨

◆五山豆腐干

金黄；黄金柰李去皮，切件，兜炒，配上柰李汁作为甜酸酱焖出香味；味道甜酸适中，排骨外脆里嫩，柰李酸甜嫩滑，是下酒送饭最佳菜肴，深受小朋友们喜爱。

五山豆腐干：豆腐干，汉族传统豆制品之一，是豆腐的再加工制品。咸香爽口，硬中带韧，久放不坏，是中国各大菜系中都有一道美食。豆腐干营养丰富，含有大量蛋白质、脂肪、碳水化合物，还含有钙、磷、铁等多种人体所需的矿物质。五山豆腐干采用最原始的制作方法，更有豆腐清香，多种烹饪方法都能衬托其香味。豆腐干可以做农家小炒，炒辣椒、炒腊肉、炒芹菜、炒五花等。

特色牛腩串：韶关乐昌地区的一种风味小吃，由肉丸、牛腩、牛筋、牛肚、莲藕、豆腐串成一串串组成，在料汁中煮熟后淋上店家自己特制的酱料，吃起来风味十足。被称为乐昌特产之一。

香芋扣肉：选用著名的乐昌香芋，乐昌市张溪土质为稀流冲积砂壤土，土层深且肥沃，所产香芋个大肉嫩，内有槟榔花纹，煮熟时松软如棉，香气四溢，令人闻之垂 ，向来为宴请嘉宾喜上名菜。另一边肥腴的本地土猪的五花肉制成的扣肉香味浓郁。香芋吸收扣肉的荤香，而扣肉充盈着香芋的醇厚，食材食味之间取长补短，令整道菜口感润滑，美味非常。

北乡菜包：菜包是乐昌市北乡镇的名小吃，不知道的人会以为是包子的一种，其实是像糯米鸡一样的小吃，不同于糯米鸡用荷叶的做外皮，菜包是用菜叶做外皮的，在乡下是用 种叫“砉莛菜”的叶子包裹着糯米还有冬菇虾米猪肉等馅料制作而成的，非常好吃。

◆特色牛腩串

◆香芋扣肉

◆北乡菜包

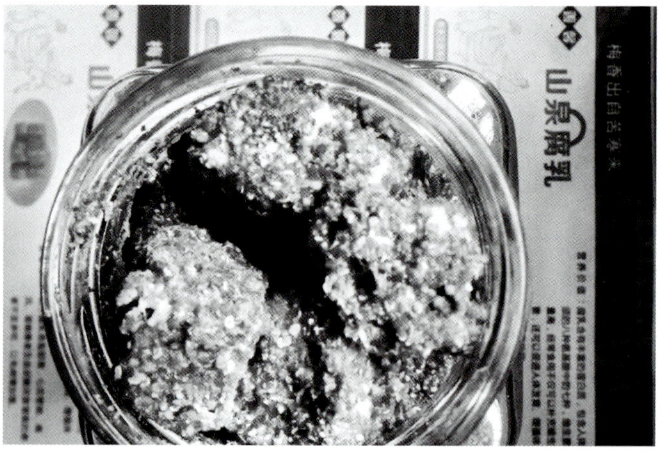

◆善馨豆腐乳

善馨豆腐乳：善馨山泉腐乳，选用绿色优质农家黄豆为原料，利用深山上的泉水，采用十六道历史传承的传统工艺，经过自然发酵制作而成。制作过程不添加人工添加剂，保持腐乳自然清香和健康营养，倡导“健康无添加，自然美味香”的健康理念。善馨豆腐乳块头小，质地软滑，入口即化，醇香浓厚，口味鲜美，刺激味蕾，回味无穷，唇齿留香。既可单独食用，亦可烹调佳肴，是居家旅行必备佐食。2019年9月9日，善馨山泉腐乳获得“黄埔杯”第六届“创青春”广东青年创新创业大赛暨第二届粤港澳大湾区青年创新创业大赛农业农村组三等奖。

庆云黄糍粑：黄糍粑是庆云的传统名点之一。每逢春节过年，家家户户都要做黄糍粑，其味道香有嚼劲。黄糍粑生产制作工艺比较复杂，先是熬碱水，用一种特殊灌木趁新鲜烧成灰，在一只箩筐内垫上棕或布后将灰装到里面，烧好一大锅开水，把灰筐架到锅上将开水反复地往灰上淋，滤出来的溶液就是碱水，属熬出金黄色的碱水最靓。然后配米，灰水滤出来之后，按一定比例将碱水和糯米混合，盛满在大圆盘上，最后上锅蒸熟即可食用。黄糍粑的吃法很多，可用炒、煎、煮、蒸等方式烹饪成美味佳肴。当地人尤爱将黄糍粑先上锅煎软，再煎成金黄色，在糯糯的糍粑表面蘸上一层白糖，色泽金黄透亮，口感柔韧香甜。

擦糍粉：九峰擦糍，又称“擦磁粉”，其形为圆条状，类似米线，比米线稍粗，以优质稻米（黏米）为原材料，用清水浸泡半个月后加入10%蒸熟的米饭拌匀，磨成米浆，用棉布袋装，上加重物压实，待其沥干大部分水分，形成团状，用螺旋式榨筒压榨出粉条，风干后制成成品出售。因韧性特好，爽滑可口，深受大众喜爱，是九峰民间富有特色的传统美食之一。

◆庆云黄糍粑

◆擦糍粉

◆炮弹香芋

◆北乡马蹄

十大"最美农特产品"

炮弹香芋：种植历史已超过340年，全市有种植面积约2000公顷，主要分布在乐城街道办、长来镇、廊田镇等地。炮弹香芋口感特别粉糯、芋香浓郁、营养丰富，可作粮食和蔬菜，也可加工制成淀粉，是制作饮食点心、佳肴的上乘原料，又是滋补身体的营养佳品，清朝年间列为大清贡品，因而享有"皇室贡品"之称。炮弹香芋获得"广东省名牌产品""广东省十大名牌产品""中国国家地理标志产品"等称号，是粤港澳大湾区"菜篮子"生产基地农产品。

北乡马蹄：主产地为乐昌盆地，涵盖北乡镇、长来镇，出产的马蹄肉质脆嫩、清甜多汁、爽口化渣的特色。有"地下雪梨"之美誉。全市种植面积1300多公顷。获评中国地理标志保护产品、全国农特优新农产品、绿色食品标志、无公害农产品标志；通过生态原产地保护产品认证，出口源基地认证，粤港澳大湾区"菜篮子"基地认证。通过品牌效应，北乡马蹄行销全国各地及东南亚地区。

黄金柰李：产自北纬25度、海拔600米的广东省乐昌市九峰、两江等镇，有20多年种植历史，面积约1700公顷。黄金柰李是通过应用套袋技术，果实外观变成金黄色，玲珑剔透；口感改善，酸涩变爽脆；隔离农药，果品无污染。黄金柰李果大、形美、核小、肉厚、甜香，深受消费者喜爱。"九峰山""粤北九峰"牌黄金柰李获得广东省名牌产品荣誉称号。2018年，"乐昌黄金柰李"获得中国地理标志证明商标。

雪毛鸡、雪毛鸡蛋：雪毛鸡是乐昌市雪毛农业

◆黄金柰李

◆雪毛鸡、鸡蛋

◆誉马庄园葡萄酒

◆ “大廣行DGHTEA”茶叶

发展有限公司的产品。粤北得天独厚的地理条件，丰富的动植物资源环境，独特的岭南气候，为雪毛鸡繁殖生息，生产高品质雪毛鸡创造条件。在纯天然氧吧环境中生长的雪毛鸡，营养丰富，风味独特，成为乐昌的知名肉鸡，是乐昌十大特产之一。公司与华南农大共同保种选育，研究雪毛鸡优良基因，进行分子育种，开发高抗病性品种，鸡种自身富含多种微量元素，辅喂天然酵母硒，经权威部门检测达到富硒，能增强人体抵抗力，提高免疫力。

誉马庄园葡萄酒：选用中国南方高山刺葡萄——紫度葡萄作为誉马庄园葡萄酒酿造主调，结合法国传统酿造技艺以及中国千年的陶缸“陈化”技术，充分融合东西方文化。紫度葡萄富含不饱和脂肪酸、白藜芦醇、花青素等，其花青素更是高于传统酿造葡萄三倍以上，比传统葡萄具有更明显的抗衰老、软化血管及美容养颜的作用。誉马庄园是中国首家对外开放的葡萄酒透明工厂，从原料到压榨处理再到灌装全程透明可见，杜绝勾兑，是100%原浆葡萄酒。为增加贫困户收入，公司采取“公司+农村合作社+农户”的基地运营模式。带动30多个经济合作社、22个村级集体、15个“基地+公司+贫困户+代管代销”模式发展葡萄种植业约340公顷，带动人数约7000人，其中贫困户2400多户。

庆云镇云雾茶：庆云镇海拔高度600米以上，属典型的高寒山区气候，雨热同季，阳光充足，雨量充沛，土层深厚，肥力高，植被覆盖率高达90%，昼夜温差大，云雾多，无工业污染，所生产的云雾茶品质优良，汤色翠绿，清香醇厚，饮后回甘。全镇茶叶种植面积约330公顷，茶叶品种有金观音、金萱、黄金芽中茶108、丹霞一号、福云六号、乐昌大白毛、福鼎大白，制作成绿茶、白茶、

◆象牙香粘

◆ “臻香”牌高山茶籽油

◆ “水牛湾”无花果

黄茶、乌龙茶、红茶。注册商标有庆云华昇、凑云山福缘牌、大廣行DGHTEA、狮子山云雾茶、狮子山等。2018年10月，“大廣行DGHTEA”获广东省省级名牌产品称号；2019年11月，“凑云山福缘牌”“大廣行DGHTEA”获广东省省级名牌产品称号。

象牙香粘：乐昌市梅花镇百臻生态农业科技发展有限公司所种植的水稻——象牙香粘，是南方特一级籼米品种，种植面积70公顷，种植采用被联合国世界粮农组织列入世界重要农业遗产的“稻鱼共生、合为一体”的生态体系，该体系充分发挥鱼类对水稻的“耕田、除虫、施肥、促优产”的功效。生产基地环境条件优良，耕种方式符合有机标准。所产大米色泽清透、饭粒油亮、香味浓郁，口感极佳。该公司在2014年申请注册“粤北百臻”商标；“粤北百臻鱼稻山泉米”获得2016年、2019年“广东省名牌产品”。

高山茶籽油：“臻香”牌高山茶籽油产于韶关市乐昌市秀水镇大竹山，产地平均海拔480米。油茶生产是秀水镇传统农业产业，是秀水镇人民政府为振兴乡村、扶贫攻坚的重点产业。凌峰油茶种植专业合作社种植良种油茶300余公顷，其中开始挂果有收成的油茶林约90公顷。油茶品种主要为粤韶系列、岑软系列。注册商标为“臻香”高山油茶于2012年投资种植，2016年产出成品。食用油加工厂于2018年10月投产使用，年可加工食用油脂500吨，很好地解决当地劳动力就近就业。

◆ 子姜辣椒

无花果：“水牛湾”无花果主要种植基地在坪石镇肖家湾、灵石坝、莲塘、罗家渡4个贫困村，带动贫困户96户289人种植无花果增收脱贫。有无花果鲜果、无花果干、无花果茶、无花果酒等产品。无花果取得“水牛湾”注册商标，通过无公害农产品认证和有机转换认证，种植基地取得出境水果果园注册登记证书，是“广东省无花果种植标准化示范区”创建单位。

子姜辣椒：子姜辣椒是乐昌市农村传统腌制食品，主要产自梅花镇、坪石镇，选用当地绿色食材子姜和辣椒及其他配料，通过传统制作方法腌制而成。乐昌市鑫星蔬菜种植专业合作社制作子姜辣椒，在原料的筛选上一丝不苟，在工艺上既严格按照传统的制作方法，也注意现代先进加工技术相结合。该合作社生产的子姜辣椒具有完美的传统土特产的风味，不添加防腐剂，是真正绿色健康食品。绿色美味，开胃消食，食之爽、辣、脆。可调味、烹饪、拌食。

十大“最美创业致富能手”

徐小惠：2016年成立乐昌市御龙园生态家庭农场，经营面积约12公顷，主要种植香芋、马蹄、水稻、花生、无花果、柑橘等作物。2019年，获得广东省示范家庭农场称号。

钟冬冬：2020年成立乐昌市大王山叶师傅茶叶种植专业合作社，合作社基地种植茶叶600多亩，个人先后获得国家二级茶艺技师、国家高级茶评员。

薛坚雄：2015年成立乐昌市九峰阿坚水果专业合作社，合作社种植的黄金柰李获得有机认证证书，黄金柰李、三华李获得广东省名牌产品。2018年，获得广东省农民专业合作社示范社称号。

谢永梅：2014年成立乐昌市绿乐源农产品专业合作社，合作社种植基地达48.4公顷，种植的瓜类蔬菜、豆类蔬菜、绿叶蔬菜等均获得有机认证证书。2019年，获得韶关市农民专业合作社示范社称号。

肖志平：2012年成立乐昌市北乡桂源马蹄农副产品流通专业合作社，合作社种植的马蹄获得北乡马蹄地理标志保护产品专用标志证书。2016年，获得韶关市农民专业合作社示范社称号。

黄先凤：2017年成立乐昌市沙坪镇先凤家庭农场，经营面积约11.66公顷，主要种植梨、枇杷、桃等果树，饲养三黄鸡、麻鸡等1500羽。2019年，获得广东省示范家庭农场称号。

叶群英：2019年成立乐昌市群英种养专业合作社，合作社主要从事梅花猪养殖，养殖梅花猪母猪60余头，肉猪年出栏量达1000余头，辐射带动本地农户30余户养殖梅花猪。

龚健林：2016年成立乐昌市农兴食品有限公司，企业采用“公司+合作社+农户+基地”的运营模式，开展香芋种植、加工、销售一条龙服务。2019年，获得韶关市农业龙头企业称号。

李秀红：2016年成立乐昌市坪石镇绿诺康国秀家庭农场，经营土地面积约35.9公顷，种鸽养殖存栏35000羽，土鸡存栏12000羽。成功注册乐农稻谷哥、艺田丰盛、韶乐鸽哥等农产品商标。2018年，获得广东省级示范家庭农场称号。

廖石秀：2013年成立乐昌市富树山农业科技开发有限公司，企业采用“公司+合作社+农户+基地”的运营模式，主要从事油茶种植、加工、销售一条龙服务。2019年，获得乐昌市级农业龙头企业称号。

十大“最美扶贫干部”

余　波：省政府办公厅三级调研员，时任长来镇和村第一书记兼工作队队长，驻村以来，他不断激发脱贫攻坚内生动力，积极推进人居环境综合整治，打造生态宜居家园。2019年，和村成功创建全国综合减灾示范社区，入选首批广东省乡村旅游精品线路；2020年，《人民日报》两次对和村相关工作进行报道。

张福先：广东省委老干部局派驻坪石镇陈家坪村第一书记兼工作队队长，他心系扶贫，情系农村，通过打好党建、产业、扶智“三张牌”，用好感情、消费、宣传“三个方”，实践出一条“支部引领、产业突破、合作发展”富群众、富集体的脱贫致富之路。2019年，陈家坪村有劳动能力贫困户人均可支配收入达到23221元，实现100%高质量脱贫。

曾志涛：东莞市大朗医院院务委员，时任乐城街道塔头村第一书记兼驻村工作队队长。驻村以来，他始终奋战在一线，全力促成村民与乐昌市共胜种养专业合作社合作，以“消费扶贫”形式为村民创收7.27万元。发挥医疗专业优势，主动担当全村“健康管家”。2019年，曾志涛被评为乐昌市乐城街道精准扶贫攻坚工作模范。

吴　广：东莞市清溪镇派驻坪石镇扶贫工作队领队兼肖家湾村第一书记。他带领清溪扶贫团队在坪石镇大力发展无花果、鹰嘴桃、肉鸽等种养殖产业，以“公司+车间+村集体+村民”的运作模式开办扶贫车间，帮助贫困村和贫困户增产增收。2020年新冠肺炎疫情期间，他积极筹措防疫物资，帮助扶贫车间安全有序复工复产，实现村民就近就业140余人。

傅伟斌：东莞市大朗镇商务局副局长，时任廊田镇楼下村驻村第一书记兼扶贫队长。驻村以来，他带领驻村工作队，与村“两委”班子通力合作，通过党建结对、产业就业帮扶、教育帮扶、完善生产生活基础设施等有效措施，不断增加贫困村和贫困户收入。截至2019年年底，村集体经营性收入22万元，比2018年的5.4万元翻了4倍。

林志和：东莞信托有限公司驻三溪镇仕坑村第一书记兼工作队队长。2016年4月起，他坚守扶贫一线，团结带领村“两委”干部深入群众，干实事、办好事，因地制宜，精准施策，开展一系列帮扶项目，取得良好的帮扶成效。仕坑村39户贫困户全部达到脱贫标准，村容村貌有了明显改观，村集体经济实力得到较大提升。

徐良洪：韶关市审计局法规审理科科长，时任廊田镇楼下村驻村党建指导员。驻村以来，他积极打造“四强”基层党组织为抓手的党建引领脱贫攻坚和乡村振兴新路子，为脱贫攻坚和乡村振兴注入新活力。楼下村村基础设施建设、村居环境、产业发展和村集体收入等得到大幅提升。

丘伟明：乐昌市税务局副股级干部，时任云岩镇驻镇工作队成员。从2010年扶贫开发“双到”至2020年决胜脱贫攻坚，他始终坚守在扶贫工作前沿阵地。在他的积极推动下，云岩镇斯茅坪村村民打通“脱贫路”，走上“致富路”。他积极对接单位帮扶干部和贫困户，助力消费扶贫，销售贫困户农产品共计3万余元，真正做到用心、用情、用力做好扶贫工作。

张　鑫：坪石镇党委委员，2016年7月开始分管坪石镇扶贫工作，2018年被评为韶关市“最可爱的脱贫攻坚人”。她在脱贫攻坚工作中积极履职，尽心尽力帮助困难家庭，确保小康路上不少一户、不拉一人。全镇建档立卡贫困户586户1699人，均达到脱贫标准，11个省定贫困村全部达到出列标准，达标率100%。

白乐辉：庆云镇农业办、扶贫办主任。2017年8月从事扶贫工作以来，他因地制宜引导贫困户大力发展水稻、油茶、兰花、紫秋酿酒葡萄、走地鸡等种养殖产业，推动全镇有劳动能力贫困户年人均收入超1万元；注重宣传基层脱贫攻坚故事，撰写宣传稿件29篇，发布在“南方+”、《韶关日报》等多家媒体。

十大“最美庭院”

◆乐城街道办事处黄世强家

◆秀水镇陈柏荣家

◆九峰镇王朴家

◆廊田镇张建文家

◆廊田镇谭勇发家

◆梅花镇邓树有家

◆大源镇罗新华家

◆北乡镇赵慧霞家

◆长来镇徐忠礼家

◆坪石镇沈文东家

十大“最美村庄”

◆ 长来镇和村村和村组

◆ 廊田镇马屋村白马寨组

◆ 坪石镇龙珠村白竹湾组

◆ 九峰镇茶料村黎家组

◆ 两江镇凰落村谭家组

◆ 坪石镇肖家湾蔬菜一、二组

◆ 乐城街道下西村畔子组

◆ 北乡镇茅坪村下茅坪组

◆ 大源镇永济桥村曹堆坑组

◆ 五山镇文书村石墩背组

◆ 三溪镇三溪村庙湾组（并列）

（市农业农村局　市史志办）

索　引

主　题　索　引

说　明

一、本索引采用主题分析法编制。索引范围包括类目、分目、条目等。
二、本索引按主题词首字汉语拼音音序（同音按音调）排列，若首字拼音相同则按第二字音序排列，以此类推。
三、索引款目后的数字表示内容所在的页码，数字后的英文字母（a、b、c）表示栏别（即版面的 1 、2 、3栏）。
四、类目、分目用黑体字。

C

D

E

F

G

K

L

M

N

T

表 格 索 引